廣州文物卷

不可移动文物卷

中共广州市委宣传部
广州市文化广电旅游局　编
广　州　市　文　物　局

广州新华出版发行集团
广州出版社

图书在版编目（CIP）数据

广州文物志. 不可移动文物卷 / 中共广州市委宣传部，广州市文化广电旅游局，广州市文物局编. -- 广州 ：广州出版社，2025. 5. -- ISBN 978-7-5462-3801-2

Ⅰ. K872.651

中国国家版本馆 CIP 数据核字第 2025JT7069 号

廣州文物志 不可移动文物卷

Guangzhou Wenwuzhi Buke Yidong Wenwu Juan

出 版 人 柳宗慧
出版发行 广州出版社
（地址：广州市天河区天润路87号9楼、10楼　邮政编码：510635
网址：www.gzcbs.com.cn）
项目统筹 蚁燕娟
责任编辑 霍婉兰　伍秀娟
责任校对 王俊婕　李少芳
责任技编 刘雁明
装帧设计 紫上视觉 刁俊锋+黄隽琳
印　　刷 广州市岭美文化科技有限公司
（广州市荔湾区花地大道南海南工商贸易区A幢　邮政编码：510385）
规　　格 889 毫米×1194 毫米　1/16
字　　数 943 千
印　　张 34.75
版　　次 2025年5月第1版
印　　次 2025年5月第1次印刷
书　　号 ISBN 978-7-5462-3801-2
定　　价 368.00 元

发行专线：（020）38903520　38903521
如发现印装质量问题，影响阅读，请与承印厂联系调换

（封面图片为陈家祠堂）

《广州文物志·不可移动文物卷》编纂团队

主　　编：易西兵

副 主 编：朱明敏

撰 稿 人：（以姓氏笔画为序）

王　慧　王　磊　王慧琴　艾　晶　朱明敏　闫晓青
李志鹏　李克义　李雨珈　何　婕　谷俊杰　宋中雷
张　希　张　雄　张百祥　张嘉颖　陈　丽　林绍洪
范欣智　易西兵　罗　翀　冼永城　胡　金　胡晓宇
饶　晨　胥雪松　栾　成　黄　浩　黄玉清　黄雪霁
黄碧雄　曹耀文　梁云诗　覃　杰　程　浩　蔡元白
廖文宇

编　　务：李雨珈　胡丽华　赵菁瑶

总　序

农历乙巳年，新编修的《广州文物志》陆续出版，这是广州学习贯彻习近平文化思想的重要实践，是广州文物博物馆事业的一件大事、喜事，是广州文化建设的又一项标志性工程。

盛世修志，志载盛世。地方志书是全面系统地记述一个地区自然、政治、经济、文化和社会的历史与现状的资料性文献，是中华优秀传统文化的重要载体。编修地方志是中华民族的优秀文化传统。文物志是行业志，是地方志书的重要组成部分。文物单独修志，是文物博物馆事业地位提升和成就显著的重要体现，也是社会发展和文明进步的重要表现。

党的十八大以来，在全国各地的考察和调研中，习近平总书记多次对历史文化遗产保护工作做出重要指示，强调要重视保护文物古迹和遗址，指出：文物"承载灿烂文明，传承历史文化，维系民族精神，是老祖宗留给我们的宝贵遗产，是加强社会主义精神文明建设的深厚滋养"，"保护文物功在当代、利在千秋"，"保护好文物，就是保存了城市的历史和文脉"，并提出"要让文物说话，让历史说话，让文化说话"，坚定推进优秀传统文化的创造性转化、创新性发展，让传统文化在新时代"活起来"。

岭南文质，楚庭未央。广州历史源远流长，两千多年间名卿巨公辈出，醇儒志士蝉联，昭山海之精华，成人文之渊薮，留下极为丰富的文物古迹。新中国成立以来，历届广州市委市政府十分重视文物事业，1952年成立广州市文物管理委员会，负责组织考古发掘、文物普查和保护、文物流通管理等工作。1953年起，广州揭开大规模田野考古工作的序幕，被列为"全国城市考古的重要据点"。新中国成立至2022年，广州共组织开展了五次全市文物普查和一次可移动文物普查工作。1960年10月，广州市文物店成立，负责流散文物管理征集等工作。通过考古发掘、文物普查和文物征集等工作，发现、抢救和保护了大量地下地上文物，极大地丰富了博物馆收藏，增强了广州的历史厚度和文化深度，进一步夯实了广州的历史文化名城根基。

传承文明，博物致知。广州十分重视修编文物志工作。1990年，《广州市文物志》

出版，这是广州第一部文物志，也是全国最早出版的地方文物志之一。1999年，《广州市志》出版，其卷十六包含《文物志》。2000年，《广州文物志》出版。10年编修三版文物志，这在全国地方志编修史上并不多见。三版文物志主要收录20世纪特别是新中国成立以来至1998年广州的重要考古发现、地上史迹、馆藏文物，如实记录了广州文物博物馆事业发展的重大成就。

1999年至今，20多年过去了。和全国其他地方一样，广州的文物博物馆事业发展迅速，特别是新时代以来，取得了开创性、历史性成就。文物保护法律法规日益健全，重要考古发现层出不穷，文物普查不断有新成果，文物流通市场活跃，文物保护和活化利用工作成效显著，备案博物馆数量由1998年的不足20家增长到74家。在这样的形势下，作为反映文物博物馆事业发展成就的重要载体，文物志的编修工作就显得十分迫切了。《地方志工作条例》规定，地方志书每20年左右编修一次。因此，现在编修广州文物志，可以说是恰逢其时、水到渠成，意义非凡。

2022年底市委市政府作出编修广州文物志的工作安排后，广州的文博工作者迅速行动起来，勇挑重担，精心策划。这次编修，一个重大的变化就是由原来的一册扩展为不可移动文物、可移动文物、文博事业共三卷，条目、体量大幅增加，再加上所有文物条目都配精美图片，工作量成倍增长。文博工作者按照志书编修的严格要求，或风餐露宿，深入文物史迹现场核查，或青灯黄卷，在资料室翻查档案文献。正是由于他们的勤勉工作，三卷本的《广州文物志》才得以面世。在此，谨向参与此次编修工作的广州文博工作者致以崇高的敬意和由衷的感谢。

方寸览千年，文物观世代。当前，广州正在积极参与粤港澳大湾区建设，继续在高质量发展方面发挥领头羊和火车头作用，市委市政府正在打造广州“红色文化、岭南文化、海丝文化、创新文化”品牌。文物博物馆事业将为广州的文化建设提供重要的历史依据和精神支撑。我们希望，《广州文物志》不只是一套彰显广州历史文化内涵、记录广州文物博物馆事业发展成就的行业志书，静静地存放在图书馆、档案馆和文博工作者案头，而是走出书斋、走向大众，成为所有人“读懂广州”的生动教材、新老广州人“热爱广州”的文化辞典和彰显“文化广州”内蕴的坚厚基石。

是为序。

《广州文物志》编委会

二〇二五年五月

凡 例

一、本志编纂坚持以马克思列宁主义、毛泽东思想、邓小平理论、“三个代表”重要思想、科学发展观、习近平新时代中国特色社会主义思想为指导，运用辩证唯物主义和历史唯物主义的观点方法，实事求是记述广州市不可移动文物、可移动文物资源状况，以及文物博物馆事业的历史与现状、发展与变化。

二、本志分不可移动文物、可移动文物、文博事业三卷。

三、本志记述地域范围，以2023年底广州市行政区划为准。

四、本志记述时间范围，上限不限，下限至2023年12月31日，重点记述1949年中华人民共和国成立以来广州市文物资源变化，以及文物博物馆事业的发展历程。

五、本志体裁形式为志、述、记、传、图、表、录七种体裁，以志为主，力求内容与形式统一。全志设总序，各卷分设概述。图和表随文插入相关章节。本志主体为篇章结构，主体设置章、节、目三个层次。

六、本志总序、各卷概述采用议叙结合的记述方法；大事记采用编年体记述方法；主体志坚持横分门类、纵述史实、详近略远、述而不论的原则；人物传坚持生不立传的原则。

七、本志采用规范的语体文、记叙体，力求朴实、简洁、流畅。标题做到简短精练、题盖文章。

本志文字、标点、数字、计量单位等，均按国家出版物相关规定表述。

清代以前的使用年号纪年，括注公元纪年。民国时期的不可移动文物，有碑刻或其他文字材料标注的，以民国纪年括注公元纪年的方式表示；其他一律用公元纪年。1949年中华人民共和国成立后，一律使用公元纪年。时间书写格式为年、月、日。

八、本志资料主要来自历史档案和文物行政部门、文博单位提供的资料，以及社会调查、座谈会等口碑资料，均经考证后入志，一般不注明出处。

《广州文物志·不可移动文物卷》编纂说明

一、《广州文物志·不可移动文物卷》（下称“本卷”）为本版《广州文物志》的组成部分。

二、本卷记述广州下辖11区不可移动文物现状及重要考古遗址、墓葬相关信息，力求系统、客观、全面。

三、本卷主体结构分章、节、目，以条目形式为主，按条目类型或性质分类，依年代顺序排列，一般在文物名称前冠以朝代或时期。

四、全国重点文物保护单位、广东省文物保护单位、广州市文物保护单位、区级文物保护单位及未列入文物保护单位的重要考古遗址、墓葬，以条目形式编排。登记类文物以表格清单呈现。

五、每一条目尽可能配照片或拓片，力求做到图文并茂。

六、本卷收录的照片、拓片，主要由各文博单位提供，恕不一一注明拍摄者或供图者。

七、关于区级文物保护单位的公布信息，由于涉及行政区划调整、撤县设市、撤市设区等变动情况，条目中均保留原公布文件中的表述，以符逻辑。

八、本卷按条目的首字拼音顺序编排索引附后，以利检索。

新石器时代至商时期　金兰寺遗址

新石器时代　横岭遗址

新石器时代　茶岭遗址

新石器时代至商时期　狮象遗址

商时期　墨依山遗址

西汉　南越国宫苑曲流石渠遗址

西汉　南越文王墓主棺室和后藏室

西汉　南越国木构水闸遗址

西汉　农林东路“人”字顶木椁墓

东汉　广州动物园东汉墓

南朝　横枝岗元嘉十七年墓

唐至清　南海神庙

唐至民国　北京路古道遗址

唐　怀圣寺光塔

唐　清真先贤古墓

五代十国　南汉德陵

五代十国　南汉康陵

宋　六榕寺塔

宋至清　光孝寺大雄宝殿

明清　五仙观及岭南第一楼

明至民国　镇海楼与广州明城墙

明　莲花塔

明　琶洲塔

明　赤岗塔

明　莲花书院遗址

清末　广州圣心大教堂

清末　陈家祠堂

清末　广州沙面建筑群

清末　广东咨议局旧址

民国　粤海关旧址

民国　黄花岗七十二烈士墓

民国　广州大元帅府旧址

民国　黄埔军校旧址

民国　广东省农民协会旧址

民国　广州农民运动讲习所旧址

民国　中山纪念堂

民国　南石头监狱遗址

民国　越南青年政治训练班旧址、越南青年革命同志会旧址

中华人民共和国　广州起义烈士陵园之广州起义烈士纪念碑

中华人民共和国　五羊石雕

目 录

第二章　古墓葬 ………………………………………… 37

第四章　石窟寺及古石刻 ……259

第五章　近现代重要史迹和代表性建筑 ……271

第二节　近现代代表性建筑 …………………… 364

概　述

广州，位于珠江三角洲北部，南邻大海、北通中原，地处海洋文明和大陆文明交汇之地，地理位置优越。

广州是首批国家历史文化名城，岭南文化的中心地、海上丝绸之路的发祥地、中国民主革命的策源地、改革开放的排头兵。“五羊衔谷，萃于楚庭”的美丽传说，成为名城广州一个重要的文化符号，“羊城”“穗城”由此得名。在这里，红色文化、岭南文化、海丝文化、创新文化融合发展，绘就出一幅既古老又现代、既本土又国际、既有都会气脉又具烟火气息的城市人文画卷。

一

早在五六千年前的新石器时代，广州地区已有先民繁衍生息。增城金兰寺遗址是目前广州地区考古发现年代最早的遗址，其彩陶遗存距今约6000年，对研究史前时期珠江三角洲地区人群迁徙与文化交融意义重大。从化狮象遗址和横岭遗址见证了新石器时代晚期珠江三角洲北部先民与粤北、粤东地区的交往与互动。

黄埔陂头岭遗址发掘数量众多、分布密集的新石器时代晚期的灰坑、窖穴，以及一处战国晚期至西汉初期的高等级越人墓地，实证这一区域在距今4000多年的新石器时代晚期、距今2000多年前的战国晚期至西汉初期都是珠江三角洲重要的人类聚落中心。

黄埔甘草岭遗址发现的玉琮残件、茶岭遗址发现的玉环镯，是长江下游良渚文化传播到珠江三角洲的实证。茶岭、甘草岭、陂头岭、马头庄、狮象等遗址发现的炭化水稻和小米遗存，说明至少在距今4500年前，珠江三角洲的先民已经开始了原始稻作或稻黍混作的农业模式，无疑是史前文明发展的一次飞跃。

南沙鹿颈遗址年代从新石器时代晚期到早商时期，是广州迄今发现堆积最厚、出土器物种类最多最丰富的先秦遗址，对研究环珠江口区域考古学文化编年和海岛型遗址生业方式等有着重要意义。

增城浮扶岭遗址清理新石器时代晚期至西汉前期的墓葬500多座，是目前珠江三角洲考古发现墓葬数量最多的先秦墓地。增城墨依山遗址出土商时期玉牙璋、T字形环，形制、材质与香港大湾遗址同类型几乎相同，表现出两地文化属性的高度同源性，是中原夏商玉礼文化南渐岭南的重要物证。

在广州历史城区的西湖路，以及城郊的太和岗、西村、马岗顶等地发现的商周时期文化遗存，表明在任嚣建城以前，云山珠水间的广州已有比较密集的人群。

二

秦始皇三十三年（前214），秦定岭南，设桂林、南海、象郡。秦将任嚣筑城番禺，为南海郡治，此为广州建城之始。秦汉时期，番禺已成为全国著名的九大都会之一，是海外珍宝的集散地，是中国境内最早通往南海的港口城市之一。

汉高祖四年（前203），秦南海尉赵佗自立为南越武王，建南越国，定都番禺。西汉元鼎六年（前111），汉武帝灭南越国，在岭南分置九郡，番禺由南越国都变回南海郡治。秦汉时期，广州以至岭南经济社会大发展，中原文化、海外文化和百越文化交流融合。

东汉末年，步骘任交州刺史。东汉建安二十二年（217），步骘迁交州治于番禺，番禺重新成为岭南经济、政治和文化中心。三国吴黄武五年（226），吴主孙权"分交州，置广州"，辖南海、苍梧、郁林、合浦四郡，治所番禺，广州自此得名。

魏晋南北朝时期，广州因地处岭外、远离中原，受汉末以来的战乱之苦影响较小，逐渐成为"衣冠南渡"之所。海上丝绸之路迅速发展，南海及印度洋沿岸的一些国家派遣使者经交趾、广州与中国通好，更多的商人、商船在广州登陆，与中国商人发展贸易。来自南亚的众多高僧泛海而来登陆广州弘扬佛法，一批中国僧人西行求法，广州成为佛教东传、翻译佛经的重要场所。光孝寺（时称为王园寺）作为广州现存年代最早的佛寺，是当时岭南地区著名的佛教圣地。

隋开皇九年（589），隋朝廷废南海郡，改设广州部总管府，以原南海郡治所在地番禺县设置南海县（今佛山市南海区），县治设于广州，直至北宋复置番禺县。开皇十四年（594），隋文帝下诏在广州城东建南海神祠，祀南海神祝融，保佑海不扬波。

唐代，广州的政治地位进一步提升。唐朝设岭南道，在广州设都督府，广州是岭南道的道治与都督府的府治所在地。岭南45州分属广州、桂州、容州、邕州、安南5个都督府（又称岭南五管），五府皆隶于广州，长官称为五府（管）经略使，由广州刺史兼任。后来升五府经略使为岭南节度使。广州都督（节度使）是岭南最高行政长官，广州都督府时称广府，位置在今北京路、中山四路一带。唐末，岭南道分为东、西两道，东道治广州，西道治邕州（今南宁）。

唐代广州成为东方第一大港，是我国最早设市舶使管理蕃货海贸的港口城市之一。至迟在唐玄宗开元年间，设置市舶使，主管东南海路邦交和贸易，市舶使驿馆“海阳馆”设在广州城下珠江岸边。高僧鉴真第五次东渡日本，海上遇飓风漂至海南振州，辗转至广州，见珠江中“有婆罗门（印度）、波斯（阿拉伯）、昆仑（东南亚）等舶，不知其数；并载香药、珍宝，积载如山”。贞元年间，宰相贾耽记录的“广州通海夷道”，航船从广州出发，过东南亚，通西亚和东非，经历90余个国家和地区，航程长达14 000多公里，是当时世界上最长的航线。不少来自阿拉伯、印度、东南亚以及中亚的蕃商、蕃客留居广州，州城以西有“蕃坊”，成为外国人聚居、从事商贸之地。伊斯兰教通过海路登陆广州，开始在中国传播。怀圣寺是中国最早的清真寺，其内光塔，既是宣礼塔，也是当时处于珠江北岸的航标。怀圣寺与光塔共同见证了伊斯兰教沿海上丝绸之路初传中国，并与中国文化相互影响的历史进程。

后梁贞明三年（917），唐清海军节度使刘岩（后改名龑）据岭南称帝，建立南汉国，以广州为都城，改称兴王府。南汉是岭南地区第二个以广州为都城的地方政权，历三世四主，共55年，宋太祖开宝四年（971）被北宋所灭。

宋代是广州城重要变革时期，由子城向东西两侧扩展，东城、子城和西城并列，形成三城格局。南宋时又增建南城。子城开四门，东、西各一门，南有二门，城北不设门，子城核心在今中山四路的南越国宫署遗址，今北京路是子城镇南门入城主道，也是中轴大街。西城界到今人民路，是蕃汉杂居、宝货汇聚的商业区。当时，通过对广州城市水系治理，形成六条南北走向的水渠，号称“六脉渠”。六脉渠汇集城市北部的来水与东西两濠和玉带濠相连，流入江海，具有通舟楫、给排水、防火等多种功能，一直沿用至明清。

北宋开宝四年，朝廷在广州设立中国历史上首个市舶司。一百多年后，元祐二年（1087）方在泉州增置福建路市舶司。广州市舶司从开宝四年一直运作到南宋祥兴元年（1278），前后三百余年。唐宋时期，广州一直是中国通往南海的第一大港，全国对外贸易的中心。广州城内，汉人“与海中蕃夷、四方商贾杂居”，多元包容的城市特色进一步彰显。

元至元十三年（1276），元军攻占南宋都城临安。元军进攻广州，本地军民奋力抵抗，致使元军三进三出，直至崖山海战后才结束。祥兴元年，元廷下令夷城，广州城损毁严重。元朝在全国分置十个行省，广东属于江西行省，在广州设置广东道宣慰使司和广州路总管府。元朝在宋代市舶条例的基础上，制定《市舶则法》，海外贸易分官府经营和私商经营两种方式，是民间海外贸易最兴盛的时期。据陈大震《大德南海志》所载，当时从广州出洋涉及国家达147个，远超前代。

明洪武二年（1369），广东成为明朝的十三行省之一，广州作为行中书省治所，是岭南最大的城市，又是当时中国最重要的对外贸易口岸。洪武三年至十三年（1370—1380），官府大规模修城，将宋元三城连为一城，并将城墙扩展至观音山（今越秀山），并在山上建五层楼，时称望海楼（嘉靖时改称镇海楼）。现越秀山上的明城墙，即是这次扩建的城垣遗迹。由大北门至归德门的直街，即大北直街（今解放路），形成城区中轴线的雏形，由此奠定了广州城“六脉皆通海，青山半入城”的格局。嘉靖四十三年（1564），在“老城”南侧增筑“新城”。清初在“新城”两侧增筑东西鸡翼城。此后三百余年间，广州城池“后倚越秀，前临珠江”的格局始终未改变。明代大文学家汤显祖目睹珠江上洋商夷舶及各省商船云集的繁华盛景，留下“临江喧万井，立地涌千艘。气脉雄如此，由来是广州”的千古诗词。

清顺治三年（1646）十一月，明宗室朱聿鐭在广州称帝，改元绍武，史称绍武政权。政权仅存40天即被清军消灭。

顺治七年（1650）二月，清军兵临广州城下，开始了长达九个月的围城攻坚，至十一月破城，广州正式纳入清政府统治。

康熙二十四年（1685），清廷“开海贸易”，设置粤、闽、浙、江四海关。乾隆二十二年（1757），朝廷颁旨，要求闽、浙、江三地海关停止中西贸易，“四口通商”变成“一口通商”，西洋、南洋船只全部集中到粤海关。粤海关成立后，由官府指定若干家洋货行与外国商人开展进出口贸易。官府指定的广州商行数量并不固定，有“公行”“洋行”等称谓，统称“十三行”。粤海关的关税收入，鼎盛时期占全国关税收入的近一半。道光二十三年（1843），十三行毁于一场大火，从此逐渐衰弱。

道光二十年（1840），第一次鸦片战争爆发。道光二十一年（1841）五月，英军占领广州。道光二十二年（1842）中英《南京条约》签订，中国被迫开放上海、广州、福州、厦门、宁波为通商口岸，广州“一口通商”的局面结束。第二次鸦片战争时期，咸丰九年（1859），英法两国胁迫广州地方官员重新划定租地，“选定”十三行西南面的沙面为租界。英、法、德、意、荷、葡等国在沙面设立领事馆，各国商行、银行等机构迁入沙面，建成楼堂馆舍，配置各种公共设施。

明清两朝，称广州为省城，延续至今。西方人称广州为Canton，而Canton正是粤语“广东”的音译，畅行国际，通用至今。广州城分属两县，西属南海县，东属番禺县，两县大概以城中双门底大街（今北京路）为界。

辛亥革命后，1911年11月广东军政府设立，南海县署从广州迁至佛山，番禺县移至市桥镇。1918年10月，广州成立广州城厢市政公所，第一次使用“广州市”这个称谓。1921年2月成立广州市政厅，制定《广州市暂行条例》，划定广州市区。广州市政厅作为当时全市最高权力机关的建立，标志着广州作为近代建制城市的形成。广州成为民国时期广东省第一个建制市，也是近代中国最早设立的市。新成立的市政公所发出第一号公告，拆除城墙及城门修筑马路，古城墙仅遗越秀山一段。

第一次世界大战爆发后，欧美华侨纷纷回国避乱，兴建欧美风格的房子，东山与西关的建筑，形成了两种迥然不同的风格，人的生活模式也有不同。民国初年，珠江以南的河南岛（今海珠区）是广州城市扩张的主要方向。市政部门将河南纳入市区范围，大量建设市政工程，兴建大马路、建造海珠桥，经济快速发展。

三

广州是中国民主革命的策源地，是一座英雄的城市，具有光荣的革命传统。

鸦片战争时期，民族英雄林则徐在广州发起禁烟运动。三元里人民高举反抗侵略的大旗，英勇抗击英国侵略军。

光绪十七年（1891），康有为租借邱氏书室，创办万木草堂，聚徒讲学，宣传改良主义思想，培养变法人才，开展政治活动，成为戊戌变法的策源地。

1911年（农历辛亥年）4月，同盟会在全国各地及华侨中挑选精干人员组成“选锋”（即敢死队）聚于广州，在黄兴率领下进攻清两广总督署等军政机关，打响了辛亥革命第一枪，敲响了清王朝的丧钟。起义失败后，同盟会会员潘达微冒险收得72具烈士遗骸埋葬于红花岗（后改称黄花岗），是为黄花岗七十二烈士墓。

伟大的民主革命先行者孙中山先后三次在广州建立政权。1917年7月和1920年11月，孙中山率革命党人两次在广州开展护法运动，为国民政府的成立奠定了基础。1921年5月5日，孙中山在广州就任中华民国非常大总统。

十月革命一声炮响，为中国送来了马克思列宁主义。1919年五四运动进一步促进了广州工人运动的发展和马克思主义的传播。杨匏安在广州宣传马克思主义，是华南地区系统介绍马克思主义的第一人，与李大钊并称“南杨北李”。1920年底，在共产国际的帮助下，在广州成立了广东共产党组织。1921年春，在陈独秀的主持下，“开始成立真正的共产党”，当时取名为“广州共产党”，是全国最早成立共产党早期组织的六个城市之一。1921年7月23日，中国共产党第一次全国代表大会在上海法租界开幕。中共一大的召开，宣告中国共产党正式成立。

中共一大召开后，中共广东支部旋即在广州成立，广东支部积极宣传马列主义，大力开展工农运动。在中国共产党的领导下，中国社会主义青年团第一次全国代表大会、第一次全国劳动大会于广州先后召开。

1923年4月，中共中央局南迁广州。6月，中国共产党第三次全国代表大会在广州召开，会议正式确立建立革命统一战线的方针，决定共产党员以个人身份加入国民党，推动两党合作，开启了革命新篇章。1924年1月，国民党第一次全国代表大会在广州召开，确定了联俄、联共、扶助农工的三大政策，实现了国共两党第一次合作。广州成为大革命的策源地和中心。

1924年6月，孙中山在苏联和中国共产党的帮助下，创办黄埔军校，培养革命军事人才。

1924年7月，经共产党人彭湃倡议，国民党中央执行委员会决议开办农民运动讲习所。广州农讲所共举办六届，1926年5至9月第六届农民运动讲习所在番禺学宫举办，毛泽东任所长。

1924年10月，中共广东区执行委员会成立，成为大革命时期领导党员人数最多、覆盖区域最广的地方党组织。广东区委最早设立了监察委员会、军事运动委员会等机构。

1925年5月，第二次全国劳动大会在广州召开，建立了中国工人阶级全国统一的工会领导机关——中华全国总工会，制定并通过了总工会章程。中华全国总工会领导了反对帝国主义的上海五卅运动和省港大罢工，大力发展各地工会组织，是大革命时期中共领导的全国工人运动中枢。同时，广东省农民代表大会在广州举行，与会者为全省21个县的117名代表，全省农会会员20余万人，大会决定成立广东省农民协会，领导农民运动快速发展。

1925年7月，由大元帅府改组而成的国民政府在广州成立。1926年7月，国民革命军在广州誓师，开始了旨在推翻北洋军阀统治的北伐战争。

正当北伐军势如破竹之时，1927年4月12日，蒋介石在上海发动反革命政变，大肆捕杀中共党员和革命人士。从4月15日起，国民党反动当局亦在广州对共产党员和革命群众实行大逮捕、大屠杀，革命陷入低潮。

1927年12月，中国共产党领导发动广州起义，第一次打出“工农红军”旗帜，与南昌起义、秋收起义一起成为中国共产党独立领导革命战争和创建人民军队的开端。

1932年1月，侵华日军制造“一·二八”事变，由粤人组成的十九路军奋起抗击。战后，在广州沙河顶修建了广东籍淞沪抗战中英勇牺牲将士的坟园。1938年10月，广州沦陷。1945年8月15日，经过全体军民的卓绝努力，抗战取得全面胜利；9月16日，华南地区侵华日军签字投降仪式在中山纪念堂举行。

1949年10月14日，广州解放。10月28日，广州市人民政府正式成立，叶剑英任市长，广州迎来人民当家作主、城市现代化发展的新纪元。

1957年4月25日，首届中国出口商品交易会在广州开幕，周恩来总理提议将“中国出口商品交易会”简称“广交会”，开辟了新中国与世界的贸易通道。

1978年12月，党的十一届三中全会召开，实行改革开放和社会主义现代化建设，广州先行一步，为广东和中国的改革开放探索了新路，提供了经验。

1982年，国务院公布广州为首批24座国家历史文化名城之一。

1984年5月，国务院决定开放广州在内的14个沿海港口城市和海南岛，广州各方面的建设事业生机勃勃，成为全国经济发展最快的城市之一，国民生产总值大幅度增加，成为全国经济最发达的地区之一。

2008年12月，国务院批复《珠江三角洲地区改革发展规划纲要（2008—2020年）》，首次以官方文件形式明确广州的“国家中心城市”定位。

党的十八大以来，习近平总书记五次赴广东考察，作出重要指示批示，肯定广州是中国民主革命的策源地和中国改革开放的排头兵，寄望广州积极参与粤港澳大湾区建设，继续在高质量发展方面发挥领头羊和火车头作用。习近平总书记的重要指示批示，为广州高质量发展指明了方向，提供了根本遵循。

四

数千年的历史积淀，为广州留下了数量丰富、种类繁多又独具特色的文物史迹。截至2023年底，全市共有全国重点文物保护单位33处，广东省文物保护单位63处，广州市文物保护单位362处，区级文物保护单位364处，尚未核定公布为文物保护单位的不可移动文物3016处。据统计，广州全市现存不可移动文物数量，约占广东省总量的14.5%。

按照不可移动文物分类标准，不可移动文物分为古文化遗址、古墓葬、古建筑、石窟寺及古石刻、近现代重要史迹和代表性建筑等。其中，古建筑数量最多，约占全市不可移动文物总量的60.9%；近现代重要史迹和代表性建筑次之，约占23.1%；古墓葬相对较少，约占12.9%；古遗址、石窟寺及古石刻相对更少，占比均不超过2%。

从文物分布情况看，在绝对数量上，以番禺区为最高，白云区次之，分别占全市总量的18.4%和16.3%。越秀、荔湾、天河、海珠、黄埔、番禺六区的文物保护单位数量较多，是全市文物工作的重点区域。考虑到各区国土面积的因素，越秀、荔湾作为广州老城区，不但文物史迹点高度集中，且超过八成的国保级文物分布在这两区，是全市文物保护工作的重中之重。

从文物时代看，最早的可至新石器时代中晚期（增城金兰寺遗址），最晚的是2006年（黄埔九佛革命烈士纪念碑），跨度达五六千年。明代以前的文物古迹相对较少，明清两代的古建筑、古墓葬和民国之后的近现代史迹和代表性建筑占绝大多数。

上述文物史迹，既是广州五六千年的人类生产生活史、2200多年的城市发展史和对外交流史的实物见证，又是广州开放开拓、多元包容、敢为人先城市特质的具象体现，是历史文化名城的精华所在，更是中华优秀传统文化的核心价值载体。

广州市委市政府历来高度重视文化遗产保护和传承工作。1952年，广州市文物管理委员会成立，统筹全市文物保护工作；1953年起，配合城市建设开展大规模田野考古工作，抢救和保护了大批地下文物，被列为“全国城市考古的重要据点”；1953年对农讲所旧址进行保护修缮，周恩来同志为旧址题额“毛泽东同志主办农民运动讲习所旧址”，同年，依托旧址建立纪念馆；1983年发掘南越王墓后，实施原址保护并建设博物馆；1995年、1997年对南越国宫署遗址进行发掘和保护；1996年对黄埔军校校本部遗址进行发掘，清理出军校校舍建筑基址，并按照“原位、原尺寸、原面貌”的要求实施校本部复原工程；2000年发掘南越国木构水闸遗址后结合商业广场实施保护展示；2002年发掘北京路千年古道遗址并实施原址保护展示；2003年自主启动广州市第四次文物普查，开启了新一轮全国性文物普查的先河，为第三次全国文物普查的开展积累了宝贵经验；2014年又自主在全市范围内开展了覆盖范围更广的“文化遗产大普查”，以进一步完善广州历史文化名城保护体系；2023年南汉康陵完成保护展示工程并面向公众开放；等等。这些文物保护工作和案例在全国具有典型的示范意义。

新时代以来，广州市委市政府始终坚持以习近平新时代中国特色社会主义思想为指导，学习贯彻习近平文化思想，按照“保护第一、加强管理、挖掘价值、有效利用、让文物活起来”的新时代文物工作要求，扎实推进“考古前置”工作机制改革、设立文物保护专项资金、强化文物安全监管、积极牵头海丝保护与申遗等工作，努力推动文物事业高质量发展，为城市现代化发展提供深厚历史土壤和重要文化支点。

第一章

古文化遗址

新石器时代至商时期　金兰寺遗址

位于增城区石滩镇金兰寺村。遗址于1956年发现，1958—1961年先后开展三次小范围考古发掘，发掘面积216平方米，发现新石器时代中期、晚期，战国时期三个时期四叠压文化层，出土距今约6000年的彩陶。2020年11月—2021年5月，广州市文物考古研究院对金兰寺遗址再次进行发掘，发掘面积800平方米，清理出约500平方米的贝丘文化层堆积，发现新石器时代晚期至商周时期墓葬四十六座：出土保存较好的人类骨骼遗骸四十三具，除两座为屈肢葬外，其余皆为仰身直肢葬；流行碎物葬习俗，随葬品见鼎、豆、釜、圈足罐等陶器和石锛、石环、贝玦等，为完善珠江三角洲地区考古学文化编年序列，研究史前时期人群互动交流提供了丰富资料。

研究表明，新石器时代晚期的金兰寺人过着渔猎采集的生活。此外，历次发掘还发现汉代墓葬，唐宋至明清时期灰坑、柱洞、水井等遗迹，证明金兰寺村在不同时期皆有人类生存。金兰寺遗址是广州目前考古发现年代最早的史前贝丘遗址。

1984年3月，公布为增城县文物保护单位。

金兰寺遗址

新石器时代　横岭遗址

位于从化区温泉镇新园村。2013年7—12月发掘，发掘面积4630平方米，揭露出一处新石器时代晚期墓地，整个遗址经勘探确认范围约7万平方米。横岭遗址发现新石器时代晚期墓葬五十一座，这些墓葬均为长方形竖穴土坑墓，墓坑在风化的岩石中开挖，坑壁明显，顺山势东西向成排分布，可见二次葬和碎物葬习俗。墓内随葬品有陶器、石器，部分随葬有玉器，陶器有鼎、罐、釜、豆、纺轮等，石器有镞、锛、环等，玉器见环、镯等。

横岭遗址

根据墓室规模大小和随葬品丰俭情况来看，墓主人的身份等级存在一定的差别，但不十分突出。横岭遗址墓地兼具珠江三角洲本地、粤东虎头埔文化和粤北石峡文化的文化因素，为研究珠江三角洲地区新石器时代晚期考古学文化谱系增加了重要新材料，也为探讨粤北石峡文化通过北江水系和粤东虎头埔文化通过东江水系南渐珠江三角洲的路径及其融合过程提供了新线索。

新石器时代　茶岭遗址、甘草岭遗址

位于黄埔区龙湖街知新路与博华六路交会处。2017年8月—2018年2月发掘。

茶岭遗址发掘面积3113平方米，清理新石器时代晚期至早商阶段墓葬一百七十四座、普通灰坑一百一十一个、窖穴类灰坑十九个、柱洞三百零二个，出土陶器、石器、玉器等不同质地的文物五百多件。茶岭遗址是目前广州地区发现的文化堆积最丰富、遗迹现象最复杂、出土遗物最多的新石器时代晚期遗址。

甘草岭遗址与茶岭遗址相隔知新路与博华六路，发掘面积2900平方米，清理新石器时代晚期至战国阶段的墓葬一百七十座、普通灰坑七十七个、窖穴类灰坑四个、灰沟三条、柱洞约四十个，出土陶器、石器、玉器等不同质地的文物两

茶岭遗址

百多件，其中一件玉琮残件圆角方形，壁较薄，两端各有一由内向外的单面钻孔。从出土陶器来看，甘草岭遗址与茶岭遗址的年代相近，大致相当于石峡文化中晚期。

甘草岭遗址

茶岭遗址、甘草岭遗址总体属于粤北石峡文化的范畴，其文化特征体现出源自粤北石峡文化乃至环太湖良渚文化的深度影响，又存在一定的区域特点。

新石器时代至汉　陂头岭遗址

位于黄埔区龙湖街中新广州知识城九龙湖内。2016年6月—2017年3月、2020年10月—2021年7月进行两次考古发掘。遗址存在新石器时代晚期至夏商之际和战国中晚期至西汉早期两个阶段的文化遗存。

新石器时代晚期至夏商之际遗存以储藏性质的窖穴（或祭祀坑）最为重要。这些窖穴基本呈圆形直壁桶状，坑壁清楚，底部较平，堆积丰富，分层清晰，不少窖穴的填土堆积中含大块夹砂陶残片。H4深达5.8米，堆积可细分为五十三层，是岭南考古发现规模最大的新石器时代晚期窖穴，第④层发现有明显的炭化稻。

陂头岭遗址

战国中晚期至西汉早期遗存基本为墓葬，可分为大中型和小型两类。大中型墓朝向基本一致，且以山顶的M30为中心成排有序分布；在地表的封土明显且保存较好，封土边缘多置有至少一个祭奠性质的完整陶瓮；有的墓坑底部铺垫石子或河砂成为椁床，有的椁底下和顶板上似铺设一层青膏泥。小型墓则无以上特征。从以上特征可知，大中型墓是一处有规划的、以埋葬高等级越人为主的墓地，是目前岭南地区发现的数量最多、规模最大、封土保存最为完整的高等级越人墓地。

新石器时代至汉　浮扶岭遗址

位于增城区增江街白湖村。广州市文物考古研究所、增城市博物馆于2009年8月—2010年9月对其进行抢救性勘探和发掘。考古发掘表明，浮扶岭遗址作为专门的墓葬埋藏区延续时间近4000年，早到新石器时代晚期，晚到近现代，西周至春秋阶段是其高峰期。

遗址以西周中晚期至春秋早中期的遗存居多，硬陶夔纹（双“F”纹）瓮和罐、原始瓷豆为其特点。其次是战国晚期到西汉早期，米字纹和方格纹硬陶罐或瓮是其典型特征。新石器时代晚期或夏商之际的墓葬较少，以夹砂陶豆和泥质曲折纹圈足罐为代表。三个阶段墓葬的分布区域、排列疏密和方向略有不同。M511是发掘区规模最大的墓葬，底铺石子，上置木椁，具有典型的越人墓特征，墓葬规模和残存随葬器物都彰显墓主人身份非同一般，时代大致在秦至南越国早期阶段，这也是目前所见岭南地区规模最大的铺石子木椁墓。

浮扶岭遗址年代跨度大，墓葬数量多，分布密集，内涵丰富。

浮扶岭遗址

新石器时代至商时期　榄园岭遗址

位于黄埔区龙湖街道何棠下村东部。2015年、2021年进行两次发掘。遗址分布面积超过4000平方米，存在新石器时代晚期至早商、西周至春秋时期共两个时期的文化遗存，其中新石器时代晚期至早商时期遗存为生活类遗存，以灰坑及柱洞等生活类遗迹为主，墓葬数量较少，出土文物不丰富，遗物以夹砂陶器、石器为主，文化内涵与邻近的汤村茶岭、甘草岭遗址，沙岭遗址第一期遗存，黄田村陂头岭第一期遗存相近。西周至春秋时期遗存为一处较完整的墓地，墓葬规模小，基本沿等高线分布，墓葬之间不存在叠压、打破关系。出土遗物以夔纹陶罐及原始青瓷豆为主，同时出土有领玉环、玉玦等玉器。

榄园岭遗址

新石器时代至商时期　鹿颈遗址

位于南沙区港湾街道鹿颈村。面积1万余平方米。2000年、2002年、2009年进行三次发掘。遗址存在新石器时代晚期和商时期这两个时期的遗存。

新石器时代晚期遗存属沙丘性质的堆积。清理出成片成堆的陶片和石块相杂的堆积。陶片以夹砂黑陶占大多数，纹饰以绳纹为主，器型以卷沿或折沿的圜底釜为大宗；泥质陶较少，以灰陶居多，纹饰有绳纹、较为凌乱的曲折纹以及双线方格填十字纹等，可辨器型主要是高领鼓腹圜底或圜底加扁圈足的罐。

商时期遗存分布广，内涵丰富，出土大量的陶器、石器、骨器、蚌器，还有数量众多的鱼骨、动物骨、贝壳等。陶器以夹砂陶为主，但泥质陶比例显著增加。夹砂陶以侈口卷沿或折沿的圜底釜和罐占绝大多数，纹饰主要是绳纹、交错绳纹、方格纹、刻划的水波纹等；泥质陶种类较多，有大口卷沿折肩的圈足罐、小口广肩鼓腹的圈足尊、圈足豆，纹饰以几何形纹占绝对优势，其中又以曲折纹为主。发现商时期墓葬一座，随葬陶器四件，出土一具完整的人骨架。该人骨架经中国社会科学院考古研究所专家鉴定为成年男性，是广州地区首次发掘完整的商时期人骨架。

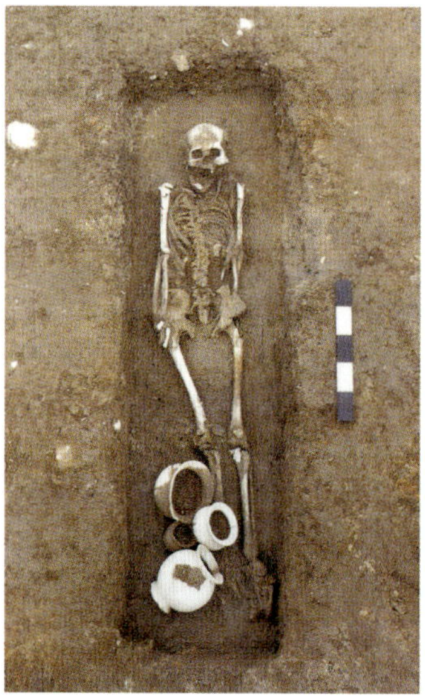

鹿颈遗址M1

新石器时代至商时期　狮象遗址

位于从化区吕田镇狮象村东南狮象岩。遗址由台地、洞穴、岩顶构成。其中台地区位于狮象岩北侧，南靠岩体，东、北、西由冲沟环绕，总面积9411.96平方米。2002年底至2003年初进行试掘，试掘面积200平方米；2022年、2023年进行主动性考古发掘，发掘面积780平方米。

三次发掘发现一批新石器时代晚期墓葬、灰坑、柱洞等遗迹，出土陶鼎、釜、豆、罐、纺轮、器座，石锛、镞、环，玉镯等文物数百件。狮象岩体共计发现四个洞穴，其中1、2号洞经调查试掘确认有史前时期遗存，发现陶、石器等遗物，出土大量动物骨骼和炭化植物遗存，年代和内涵与台地区相近。岩顶经勘探试掘确认有史前时期遗存分布，年代、内涵与台地、洞穴遗存相近，但遗址性质尚不明晰。

狮象遗址

狮象遗址地处珠江三角洲与粤北山地过渡地带，是珠江三角地区目前考古发现类型最丰富的史前遗址，兼具珠江三角洲、粤北、粤东三地文化因素，对研究石峡文化与横岭类型遗存分布、史前时期多地文化交流等具有重要意义。狮象遗址考古发现大量动物骨骼和水稻等的炭化种子，为研究珠江三角洲北部山地古环境及生业方式，长江流域稻作农业向珠江三角洲地区传播等重要课题提供了丰富材料。

2008年12月，公布为广州市文物保护单位。

新石器时代至春秋　飞鹅岭遗址

位于天河区中国科学院华南植物园内。遗址以飞鹅岭为代表，还包括附近的青山岗、菱塘岗、红石柱岗、明星岗（鸡公咀）、西岗坳、水路岗、大火镰岗、崩岗等多处山岗台地，海拔高

飞鹅岭遗址

度60米上下。多数岗表水土流失严重，不见原生文化层，地表散布有许多以夔纹、云雷纹等为纹饰的印纹陶片、陶纺轮、陶网坠，还有斧、锛、凿、矛、镞等石器。1956—1957年，广州市文物管理委员会和中山大学联合在该处进行考古调查、发掘。经试掘，基本确认遗址年代为新石器时代晚期至春秋时期。

2012年10月，公布为天河区文物保护单位。

商周至宋　隔田山遗址

位于黄埔区云埔街火村社区隔田山半山腰。2006年5—9月进行考古发掘。

隔田山遗址

发掘面积2000平方米，在山顶小平台清理三座商时期墓葬，从随葬陶器的特征来看，时代在商时期中段偏晚，绝对年代距今3500—3200年。山脊南坡区域发现春秋战国时期的灰坑、柱洞及文化层等堆积，出土陶釜、罐、豆、支座，砺石、石镞，以及一件青铜斧和青铜斧的残石范等遗物，文化遗存范围超过2万平方米。在东北坡脚清理春秋战国时期的柱洞及文化层堆积，以及南宋时期的村落建筑基址。

2009年8月，公布为萝岗区文物保护单位。

商时期　墨依山遗址

位于增城区朱村街官田村。2016年7—11月进行考古发掘，揭露面积约1650平方米，清理商周至明清时期墓葬一百二十七座，其中晚商时期墓葬七十六座、西周时期墓葬一座、南越国时期墓葬一座，明清时期墓葬四十九座，灰坑十座，灰沟一条。出土陶器、石器、玉器等不同质地文物一百九十七件（套）。

墨依山遗址

墨依山遗址是广州地区发现的第一个具有相当规模的晚商时期墓地。以大口尊、“T”形玉环、牙璋等为代表的出土文物，显示增江流域晚商时期的文化面貌与粤东、闽南地区的浮滨文化具有密切联系。M66、M70两座墓葬随葬的玉牙璋是墨依山遗址考古发掘的重要发现，牙璋与陶器、石器等遗物共出，年代明确，在珠江三角洲地区尚属首次。

商时期　竹园岭遗址

位于黄埔区龙湖街道何棠下村。2022年5月—2023年7月开展考古发掘，发掘面积1.35万平方米。该遗址存在商时期和宋至民国时期的文化遗存。

商时期的遗迹主要为灰坑和柱洞，也有一些灰沟。遗物数量最多的是各类石器，有璋（戈）、戚、钺、锛、凿、镞、砺石、磨盘、杵、环、有领环等，以残器、半成品、副产品、废料和余料为主，完整器只占极少数。最引人瞩目的是璋（戈），数量较多，磨制精细，风格较为统一。璋（戈）、戚、钺等礼器，反映了中原礼制对于

竹园岭遗址

岭南文化的影响。遗址发现一件保存完好的石碾槽，磨制精细，为广东先秦考古发现所罕见。此外，还出土一件玉璧形器，以及一件水晶玦。陶片以泥质灰陶和灰白陶、夹砂灰黑陶和橙黄陶为主，纹饰有长方格、方格凸点、重方格凸点、方格对角线、重菱格凸点纹、叶脉纹等，器型有泥质高柄豆、凹底罐、圜底釜、纺轮等。从出土遗物来看，其年代应与东莞村头遗址二、三期相近。

竹园岭遗址是目前珠江三角洲地区考古发现面积最大的商时期遗址。

商时期　老虎岭遗址

位于增城区仙村镇沙滘村北部。2006年2—3月、2022年10—12月、2023年7—10月分别进行考古发掘。

发现先秦时期灰坑、柱洞、灰沟，东汉墓等遗迹，出土陶器、石器、铜器、玉器及料珠等文物数百件（套），此外还有动物骨骼、炭化种子和东汉人骨遗骸三具。先秦遗存可分为四个时期：一期属新石器时代晚期，仅见少量印纹陶器，器型见罐、豆等；二期为主体遗存，陶器见夹砂陶釜、罐、器座、范，泥质陶豆、罐、壶等，石器有锛、镞、环、砺石、网坠等，此外还有少量浮滨文化釉陶罐、尊、豆残片，内涵和年代与村头、围岭遗址相近，为商时期；三期属夔纹陶遗存，器型见豆、罐、瓮等；四期仅见少量米字纹陶片，属战国晚期，最晚可到西汉南越国时期。此外，发现汉墓六座，包括五座竖穴木椁墓、一座砖室墓，土坑墓规模较大，出土文物较丰富，除陶器外，还发现保存较好的一批铜器。其中，M13出土保存较好的人类遗骸三具，为研究汉代人类体质特征提供重要材料。

老虎岭遗址

商时期　围岭遗址

位于增城区石滩镇沙陇村。广州市文物考古研究所、增城市博物馆于2000年1月进行发掘，发掘面积850平方米，清理先秦时期灰坑三十一个、柱洞三处、灶坑一个、基槽一条，此外还有东汉砖室墓十座。先秦遗存分早、晚两期，早期遗存以夹砂高领罐为代表，陶器见圜（凹）底器和圈足器，器型有罐、釜、豆、盘、碗、器座、范等，还有少量釉陶器，石器有锛、镞、斧、矛、穿孔石器等，此外还发现少量骨器和兽骨，属岭南新石器时代末期向青铜时代过渡阶段。有浮滨文化特征的釉陶器的发现对研究珠江三角洲地区与粤东文化交流具有重要意义。晚期遗存以夔纹陶等几何印纹陶为代表，器型有罐等，属西周至春秋时期。东汉墓均为砖室墓，有长方形券顶和方形穹隆顶两种，大多遭盗扰，随葬有陶器、铜器、银器及琥珀、水晶串饰等；M10出一块东汉明帝永平十年（67）纪年砖。

围岭遗址

西周至战国　沙岭遗址

位于黄埔区龙湖街道汤村南部。2017年、2020年进行考古发掘。

沙岭遗址

遗址分布面积约4000平方米，存在新石器时代晚期至早商时期、西周晚期至春秋时期、宋至明清时期的文化遗存。新石器时代晚期至早商时期遗存以灰坑、柱洞等生活类遗迹为主，可能存在先民居住的干栏式建筑。西周晚期至春秋时期遗存为一处大型墓地，墓葬规模小，基本沿等高线分布，墓葬之间少叠压、打破关系。墓地发现有数条弧形窄沟，可能与墓地排水及茔域划分有关。墓葬随葬品较少，部分墓葬未见随葬品。出土遗物以原始瓷豆为主。宋至明清时期遗存发现宋代墓葬一座、沟两条；明清时期墓葬十五座。

沙岭遗址是西周晚期至春秋时期的一处完整越人墓地，为研究广州地区这一阶段南越族群的文化面貌、丧葬习俗、社会结构、历史发展进程等提供了丰富的材料。

春秋战国　广东广雅中学先秦墓地

位于荔湾区环市西路。2019年10月—2020年10月开展考古发掘。共清理古代文化遗存一百八十八处，包括墓葬一百二十五座、灰坑三十二个、水井七处、沟四条、池两个，出土陶瓷器、青铜器、石器等各类文物四百七十余件（套）。四十一座先秦墓葬均为竖穴土坑墓，东西向，排列有序。随葬器物以陶豆、铜匕首、铜剑、铜斧及玉玦为代表。其墓葬的埋葬方式、随葬品的形态都有统一且鲜明的特点。

这是迄今考古发现的距离广州古城最近、分布最集中的先秦时期遗存，为探索广州建城以前珠江北岸、越秀山附近的人类活动提供了重要实物资料，也为研究广州城建城历史提供了重要线索。

广东广雅中学先秦墓地

春秋　暹岗遗址

位于黄埔区联和街暹岗社区东部。1965年当地农民在暹岗大岭南面的山岗种竹，发现五件青铜器。1973年再调查，采集到印纹硬陶片和石器。遗址范围包括按“品”字形分布的三个小土岗。以西北面的苏元山为主，遗物最多，农民发现的青铜器就出在此岗的近岗顶处。岗上遍植竹树和菠萝，水土流失严重，已露出生土。印纹陶片遍地，还有石器。陶片的器型以瓮、罐为多，纹饰有夔纹、羽状纹、窃曲纹、虺纹、云雷纹、三角纹、曲折纹等，同一纹样亦有多种变化。石器有斧、锛、凿、箭头等十四件，还有石环、砥石。青铜器包括：戈一件，两面铸云雷纹，长18.5厘米；短剑一件，有格，茎分两段，剑身宽叶式，两面饰圆涡纹，长29.4厘米；刀一件，平脊，一面近刀脊处饰雷纹，长17.2厘米；方筒卷角形铜饰两件，长9.5厘米。戈与短剑的形制和中原春秋时期的相近，所铸花纹亦见于同出陶片，应是当地所铸。推断遗址的年代约相当于春秋时期。

1965年在暹岗遗址采集的铜短剑

1965年在暹岗遗址采集的铜短剑纹饰拓片

战国　西瓜岭窑址

位于增城区荔湖街西瓜岭村东南。1962年广东省文物管理委员会和中央美术学院美术史美术理论系发掘。遗址有四层文化堆积，清理两座残窑址。出土遗物有陶器、铜器、铁器和石器等，陶器居多。陶器属几何印纹硬陶，陶质以细泥陶为主，颜色有灰红、灰褐和红色三种，以灰红色陶器为大宗，火候较高，制法均为轮制。大部分陶器腹部都饰有各种几何纹，纹饰有印纹、划纹、印划组合纹三种。碗、杯、盅、盂等器底部和瓮、罐、釜等器的肩部多刻画有记号。部分器物施釉，属青釉系统，制作方法均为蘸釉，厚而不匀。器类以瓮、罐最多，其余见盘、壶、坛、盒、盅、碗、杯、鼎、似鬲足器等。有制陶工具压槌、杵、印模、环形垫等，还有陶鸡、陶马和角状陶器，此外出土有青铜刻刀、铁斧和铁口锄、砺石、敲砸器等。遗址年代大体相当于战国早中期。

秦代　造船遗址

位于越秀区中山四路西段以北、北京路以东。地块原为广州市文化局办公楼，1974年在建筑施工过程中发现木构遗存，1975年试掘，1994年再次试掘，1997—1998年、2004 年又进行发掘。

1975年进行第一次试掘。从发现木构遗存的地方由北往南开挖三条32米×4米的东西向探沟（编号T1、T2、T3），试掘总面积约400平方米。T1、T2的地层堆积分十一层，自上而下分别为：近代堆积层、明清层、宋至明堆积层、唐宋堆积层、

遗址出土木构遗存

南朝至唐代堆积层、晋南朝堆积层、东汉至晋堆积层、回填土和砖石走道及早期破坏层、西汉初年堆积层、“船场”遗址层（第十层）、灰黑色沉积粘土层（第十一层）。发现两组木构遗存，均建造在灰黑色沉积粘土层上。1号木构遗存在南面，2号木构遗存在中间，均揭开一部分，都是水平式的。经钻探，北面还有3号木构遗存。三组木构遗存呈东西向平行排列，东偏北10度。木构遗存保存有枕木、厚木板和木墩。1号木构遗存两行木板之间相距1.8米，木板与枕木之间没有榫卯固定。木板东端有挡板构成的“横阵”。木板上方有两两相对共13对木墩，木楟底部平整，直接竖立在木板上。2号木构遗存两行木板间距2.8米，木板下方分别有枕木垫承。木板上的木墩底部都有一个小圆榫与木板上凿出的圆卯相套合。1、2号木构遗存之间还有一列立椿，其位置与木板上的木墩基本相对应。受发掘面积所限，三组木构遗存的长度不详。1号木构遗存南侧堆积出土瓦、陶器、铜器、漆器、木器等。

1994年进行第二次试掘。在1975年试掘区域西侧布东、西、北三条探沟，规模分别为24米×3米、23米×3米、40米×3米。清理1、2号木构遗存向西延伸部分，仍未到尽头。3号木构遗存结构与1号木构遗存相同，两行木板之间的距离也是1.8米。出土铜镞、筒瓦、踏步空心砖、云树纹瓦当、砺石等遗物。

1997—1998年再次进行发掘。在1号木构遗存往南60米，清理出木料加工场地，发现埋入地下呈南北向并列、栽入生土层的两排圆木桩，木桩直径18—20厘米，底部平整，顶部有小凸榫。木桩向南已到尽头，向北延伸，长度不明。

该遗址以“广州秦汉造船工场遗址”条目被列入《中国大百科全书·考古学》（中国大百科全书出版社1992年版）。1996年以“秦代造船遗址、南越国宫署遗址、南越文王墓”名称被公布为第四批全国重点文物保护单位。《广州文物志》（2000年版）收录“秦造船遗址”条目。

遗址自发现以来，造船界、建筑学界有不同看法，不少学者撰文进行讨论。有的学者认为该遗址是西汉南越国宫殿的建筑基址。考古发掘结束后，对木构遗存实施回填保护。

1996年11月，公布为全国重点文物保护单位。

西汉　南越国宫署遗址

位于越秀区中山四路西段以北。1975年发现，根据考古勘探，遗址总面积约15万平方米，东起仓边路，西至广大路，南起中山路，北至越华路；核心区域4.8万平方米，东起忠佑大街，西至北京路，南起中山路，北至广州大厦门前。1995年、1997年进行抢救性发掘，清理石构水池和曲流石渠，分别被评为当年“全国十大考古新发现”。2002—2009年进行主动性发掘。遗址文化层堆积厚达5—6米，不仅是西汉南越国、五代十国时期南汉国的都城王宫核心区，也是秦统一

南越国宫署遗址

岭南以来历代地方官署所在地。

南越国御苑在宫署遗址东南部，主要由蕃池和曲流石渠组成。蕃池是王宫内蓄水的池沼，其人工水景来源于“一池三山”理水模式。池为方形，石砌总面积约4000平方米。1995年发现时仅清理西南一角，面积约400平方米。池壁用石板铺砌，取密缝冰裂纹砌法，向南供水于曲流石渠。曲流石渠遗迹保存较好，全长约160米。渠体自北而南曲折向西，蜿蜒多姿，模拟出山谷溪涧的自然野趣。石渠分别有急弯处、弯月池、斜口渠陂、平桥、步石等景点，组成南越宫苑的人工园林水景。

宫殿区在御苑西面。已经发掘的1号宫殿台基东西长30.2米，南北宽14.4米，面积434.88平方米。台基两侧有通道入殿内，残留三块近方形柱础石，南北础石间距5.8米。殿内留有火烧烤过的活动硬面，平整、光滑，台基外侧的散水铺大型印花砖和卵石。2号宫殿位于1号宫殿西南，目前只揭露出东北一角，台基有拦边砖包边，外侧散水结构和铺砌形式与1号宫殿基本相同，散水宽1.48—1.5米，已揭露散水南北长11.5米。在2号宫殿一侧的瓦砾堆中，发现一件戳印“华音宫”的陶器残盖，为确定宫殿名称提供了依据。南越国宫殿用砖形式多样，分为大方砖、长方砖、三角砖、带榫砖、转角砖、扇形砖和空心砖等。不同规格的砖各具有不同用途，每一个构件均显示出南越王宫建筑的气势恢宏。

清理出的一段宫墙在宫署遗址北部，东西走向，方向268度，东西长17.6米，南北残宽3.8—4.8米、残高0.42米。墙体在原山岗生土的南、北两侧向下各挖一条基槽，保留中间生土做墙芯，在南、北基槽内填土夯筑至槽口向外展宽后再往上夯筑而成。生土墙芯表面经夯打平整，宽1.76—1.88米。墙基南侧有散水，散水之下还有夯土护墙坡。

2004年底，在南越国宫署遗址的一口水井

（J264）内清理出木简百余枚。木简长25厘米，宽1.7—2.1厘米，厚0.1—0.2厘米，长约为汉制一尺一寸，比中原同类简略宽厚，墨写隶书，最多二十三字。木简是南越王宫的文书档案，包括管理、财务、军事、法律等内容，涉及纪年、地名、职官、宫室管理、物品进贡、奖罚制度、社会风俗等方面。

南越宫苑遗址出土大量植物种实和动物残骸，植物有四十多个种类，动物则近二十种。在植物遗存中，发现了稻谷与粟等农作物，还有品种丰富的水果种子，反映出当时宫苑的植物生态和王宫日常饮食内容。

南越国宫署遗址还发掘出五代南汉国宫殿和御苑，以及秦至民国时期的遗存。考古表明，遗址不仅是西汉南越国、五代南汉国王宫所在，也是秦汉郡治、六朝衙署、隋唐都会、宋元督府、明清布政司的所在地，一直是两千年来岭南的政治中枢。

1996年11月，公布为全国重点文物保护单位。

西汉　南越国木构水闸遗址

位于越秀区西湖路南侧光明广场内。东邻大佛寺，西邻龙藏街。2000年4—12月发掘，发掘面积约600平方米。

木构水闸南北走向，北偏东10度。修建在河相或海相淤泥土之上，距地表深约3米。木构水闸平面向南呈“八”字形，从北向南可分为北水渠道（引水渠）、闸室和南水渠道（出水渠）三部分。水闸自北向南，出入水口长3.7米；入水口宽5.35米，出水口宽4.95米；残高1.7米。现存南北长20米左右。闸室南向珠江呈“八”字形敞开。水闸底部用方木或圆木组成矩形框架基座，以承托闸室。两侧竖木桩榫卯相接，嵌入枕木两端，木桩内横排三块挡土木板，残高1.7米。闸口中间有两根木桩凿出凹槽，槽口宽10厘米、深12厘米，用来插板闸水，现存留最底的一块子母口闸板。由于水闸是建筑在淤泥软土地基上，为了保证软基建闸的可靠性和稳定性，建造时采用清

南越国木构水闸遗址

基换土的方法，即把原来的淤土挖去，其范围比闸室略大，回填纯净灰膏泥和密度较大的山岗黏土，目的是加强抗渗和减少沉降。这种控制水闸的泄流技术，在当时已是十分成熟、高超。

南越国木构水闸遗址是国内当时已发现的年代最早、保存最完整的水闸遗址，具有防洪、防潮及排水的功能，为研究秦汉时期城市水利设施、南越国都城南界，以及广州城区珠江岸线变迁等提供了重要的实物材料。

2006年5月，公布为全国重点文物保护单位。

汉　海幅寺窑址

位于海珠区同福中路海幢公园西南角。发掘区位置相传为明清海幅寺旧地，距现珠江南岸约400米。1996年7月发掘，发掘面积250平方米。文化层堆积厚1.35—3.8米，分为九层：第一至第二层为明清、近代至现代建筑基址，第三至第九层为汉代窑场废弃物堆积，第九层下为生土。遗迹主要包括六处汉代的瓮、罐排列遗迹和唐代灰坑、水井等，初步判断瓮、罐排列遗迹为汉代窑场内用作废料堆积分区、分界的标记或“挡墙”。

窑址出土汉代陶器丰富，主要器类有瓮、罐、碗、盆、魁、钵、盂、网坠、纺轮、垫饼、瓦类等，其他器类有壶、樽、卮、杯、盒、釜、灯、仓、屋、井、俑等。夹砂陶数量较少，主要用来制作釜、垫饼等；泥质陶占绝大多数，其中

海幅寺窑址

以泥质灰陶为主。陶器制法以轮制为主，少量模制、手制。根据陶器上的痕迹和窑具分析其烧造方法有叠烧、仰烧两种。绝大多数的泥质灰白陶和少量泥质灰红陶施釉，釉色以黄褐、黄绿为主，釉层普遍较薄。素面为主，纹饰与器型有相对固定的搭配。烧造时间从西汉中后期一直延续到东汉后期，烧造产品涵盖广州地区同时期汉墓所出的大多数日用陶器种类，尤以瓮、罐、碗、盆、钵、盂等为大宗。

结合窑址的分布范围和文化层堆积情况，推测海幅寺窑址可能为一处较大规模的由官府统一管理的汉代窑场，窑场内应有窑炉区、作坊区、放置销售区、废料堆积区等不同功能分区。这是广州首次发现汉代窑场。

汉至清　中山六路建筑基址和生活遗存

位于越秀区中山六路东段北侧。2020年5—12月发掘，发掘面积2400平方米，发现晋南朝至民国时期的文化层，清理汉代至民国时期遗迹四百三十处，其中灰坑一百九十五个、井五十六口、磉墩五十二个、池四十三个、柱洞四十二个、沟十八条、墙十七处、路三条、房址两处、台基一座、护堤一处，出土各时期陶器、瓷器、铜器、铁器等各类文物二千五百零八件（套）。

遗迹以晚唐五代、宋、明、清、民国时期的灰坑、水井、池等生活类遗迹为多。出土遗物丰富，既有汉代陶器、瓦当，也有南朝青釉瓷器，特别是晚唐五代的遗物最为丰富。宋代建筑基址是最重要的发现。在发掘区中部发现五十二个磉墩，其布局规整、排列有序，初步判断可以分为四组建筑。其中SD7、SD8、SD33、SD37等二十一个磉墩规格较大，呈东西走向，可能是一座主体建筑的北界及檐廊；SD38、SD39、SD52等十个磉墩和SD1、SD2、SD54等八个磉墩分别位于第一组大磉墩东西两侧，规格较小，呈南北走向，可能是两组廊式建筑，这三组建筑同属一座大型建筑的一部分。SD15、SD16等十二个磉墩规格最小，呈东西走向，打破主体建筑磉墩的布局，可能是后期改建。

中山六路建筑基址和生活遗存

中山六路汉至清代遗址是近年来广州城市考古发掘面积最大的遗址，大量唐代到民国时期的生活类遗迹、遗物反映了自唐代以来这一带为人口聚居、商业繁华之地。五十二个磉墩表明宋代此地有一处等级较高、规模较大的建筑。遗址内发现来自全国各地的不同窑口的遗物，反映广州在唐宋时期海上丝绸之路的重要地位。

西汉至清　莲花山古采石场

位于番禺区石楼镇东陲、狮子洋西岸。莲花山海拔108米，总面积约250万平方米，由四十多个山丘组成，北距广州城区约20千米。

莲花山的主体结构属于红色砂岩。这种赭红色石料，可做砺石（即磨刀石），故莲花山又名石砺岗。由于前人在此大规模采石，因此山中的

莲花山古采石场

岩洞潭壑千姿百态，是古代石工采石留下的矿场遗址。

莲花山古采石场从山南的莲花岩起，偏东至莲花山渔港基地，折而向北延伸，长约3000米，开采面平均高约25米（局部达40米），估算开采面积达33.3万多平方米。今日的莲花岩、象鼻山等石景区，都是当年石矿场遗址。上述各处，不但钎痕历历，桩孔累累，而且莲花岩等地，还留下一些当年未来得及运走的石料或半成品。砌筑南越文王墓石室的石材可能采自于此。2016年10月，广州市文物考古研究院在此开展了考古调查勘探工作，对文物保存现状、遗存分布等情况有了进一步认识。

2001年6月，公布为全国重点文物保护单位。

东汉、东晋、南朝　中山五路城墙遗址

位于越秀区中山五路南侧。1996年夏至1998年初进行两次发掘，发掘面积300平方米，揭露出一段长16米，呈南北走向，经历过三个不同时期修筑的城墙。该城墙始建于东汉，晋代和南朝扩建沿用。

东汉城墙为夯土墙垣，修筑于红色生土上，基部保存较好，经后代修削，现存夯土墙垣面宽5米，残高1.85米，夯筑十九层，每层之间铺垫草茎。夯层中出土大量汉代板瓦、筒瓦和陶罐等残片。

东晋时以东汉墙体为芯扩宽、夯筑加固，用红黄色网格纹砖包边，以向上收分的方式砌筑。残存墙体上宽7.6米、底宽8.8米、高1.4米。夯层出土青釉瓷碗、罐等残片，在外墙基础部

中山五路城墙遗址

分发现有的砖模印“泰元十一年……”（按：东晋孝武帝司马曜有“太元”年号，十一年即386年，“泰”与“太”通），明确了筑墙时间绝对年代。

南朝的城墙在晋砖墙两边填土扩宽，墙壁也包砖砌筑。宽21米、残高1.5米。在西侧还发现一处马面结构，南北长9.1米、北边宽7.3米、南边宽8.1米，构筑形式与墙体相同。出土青釉碗、酱釉罐等。南朝墙体的西、东两侧分别有唐代和宋代的路面、水池遗迹，表明此城墙到唐代已被废弃。

汉代城墙属广州首次发现，三个历史时期的城墙套合一起，沿用时间跨度达五百年以上，这在全国也是罕见的。

东汉至宋　中山四路城墙遗址

位于越秀区中山四路南侧。北邻中山四路，南接鱼塘后巷，西邻长兴里，东邻大塘街。2010年12月—2011年10月，广州市文物考古研究所进行发掘，发掘总面积2150平方米。在发掘区北部发现东汉—东晋—南朝时期广州城墙东南角台遗址以及东汉—南朝—唐护城河岸堤遗址，中部与南部发现南汉至宋代城墙，以及与城墙同时规划和建设的大型排水渠。

东汉—东晋—南朝时期东南角台遗址平面大致呈方形，四周砌砖墙，中间填土夯实。西北角砖墙未闭合，西边及北边墙体均行至一段便分别向西及向北拐弯，延伸。结合地层与出土遗物，初步推断城墙始建于东汉晚期或比东汉晚期稍晚，东晋时加以修补，南朝时又进行两次扩建。第一期（东汉）城墙建造在河滩淤泥之上，分两级。上级城垣为直垣，单隅，南北宽11.5米、东西长10.8米、残高1.06米。下级城垣呈倒置覆斗状，包边砖墙单隅，由下而上逐级收分，残高1.2米，与地面的夹角达34度，东墙方向23度。底边南北宽18.5米、东西长14.9米。两级城垣间有台面。第二期（东晋晚期）对城墙进行了大规模修建。一是废弃残破的下垣，对上垣墙基外侧土面进行修整，填补缺口，并铺斜坡面至护城河边。河岸堆填散砖细石，并以木桩挡板拦护，起到既护坡又护岸的作用。二是修补上垣墙体，北壁及西壁沿用东汉墙，在残存的墙体上进行增补，南壁及东壁因毁坏严重，基本上重新砌过，南壁位置不变，东壁则紧贴着东汉墙。二期墙体部分城砖上有“泰元十一年十月九日立”阳文，是东晋修城的证据，也为判断第一、第三、第四期城墙的年代提供了佐证。第三、第四期（南朝时期），因角台外围地面不断抬高，加上墙垣塌毁，对角台进行了二次改建，形成了第三、第四期墙垣。由于受后期破坏影响，这两期墙垣保存情况较差，仅存底部。

中山四路城墙遗址

南汉至宋代城墙位于发掘区中南部，为砖包土结构，分两次修筑。方向北偏西19度，残长56米。根据地层关系、墙芯夯土出土遗物及包边墙用砖形制基本确定城墙年代。南汉时首次修建，墙垣略呈下宽上窄梯形，底宽7.2米，墙芯夯土，两侧用青灰色素面砖贴面。包边砖墙厚0.5米，西侧砖墙保存较好，残留最高处0.9米；东侧砖墙多已损毁，仅余一小段，残留最高处0.45米。宋代在南汉墙垣的西侧进行扩建，墙垣底宽10.2米，包边砖墙厚达1.2米，残存最高处0.35米。此次修城用砖较杂，残垣上可见到东汉、晋、南朝、唐代等多个时期、不同风格的砖。其中一块砖上印有“建兴二年甲戌皆封候位”纪年吉语。在宋代墙垣东侧南段还发现有凸出墙体的长方形结构，南北长11米、东西长9.6米，可能为马面。

南汉至宋代砖砌水渠位于发掘区中部。水渠最早与南汉城墙同时设计建造，宋代经历了两次扩建与改建，明代被废。揭露总长29米，根据其与城墙的关系，可分为西、中、东三段。西段在城内，中段在城下，东段在城外。中段为涵洞式暗渠，东、西两段皆为露天明渠。水渠的关键部位是城墙下的暗渠，总宽3.5米、长9.7米，顶部做成拱形券顶，抗压力强。渠内宽1.3米、高1.8米。宋代将墙垣扩宽，对水渠进行改建。主要是将南汉暗渠两端予以加长，使暗渠进、出口凸出墙垣。此时暗渠长度达到13米。

东汉—东晋—南朝时期广州城墙东南角台遗址以及东汉—南朝—唐护城河岸堤遗址具有重要的古城地理坐标意义。南汉至宋代城墙，以及与城墙同时规划和建设的大型排水渠，确定了南汉广州城东界、宋代广州城子城东界的具体位置，是当时城市排水系统的重要实证。

东汉至宋　旧仓巷城墙遗址

位于越秀区中山四路以北、旧仓巷以西。2005年7—8月，广州市文物考古研究所对其进行发掘，发掘面积约100平方米，揭露出一段长9米，大致呈西北—东南走向，经历过四个不同历史时期修筑的城墙。

第一期始建于东汉。夯土墙，修筑于灰黑色河滩淤沙之上，上窄下宽，残高2.8米。基础部分保存较好，宽约8米，上部残损。第二期建于东晋。加宽了东汉夯土墙体，并在内、外两侧砌单隅网格纹砖包边，有的还有“泰元十一年十月”纪年铭文。第三期建于唐代。在东晋城墙基础上再次扩宽，基础部分以石块垒筑，上部包砖收分明显，墙垣包砖为双隅，用砖较为随意。第四期建于南汉或北宋。对墙体进一步加宽，单隅砖墙包边，用砖讲究，规格统一，并发现局部可能与马面、瓮城有一定关系的遗迹。出土东汉陶器、绳纹瓦、筒瓦，东晋纪年砖，晋、南朝青釉瓷，唐代黑釉瓷，宋代青瓷等。

此处城墙遗址与1996—1998年在中山五路发现的东汉、东晋、南朝城墙遗址，确定了东汉至南朝广州城和宋代广州子城的东、西城墙位置。

旧仓巷城墙遗址

晋　贪泉遗址

位于白云区石井街道兴隆居委铁道部石门疗养院西侧白沙河边。相传这里有一井泉，凡饮过此泉水的人都会变得贪婪，因而得名。东晋元兴年间，广州刺史吴隐之赴任，途经石门，闻贪泉之说，有感而饮贪泉，并赋诗云“古人云此水，一歃怀千金。纵使夷齐饮，终当不易心”，千古传诵。贪泉在五代时已渐湮没，明万历二十二年（1594）由李凤等人立“贪泉”石碑。原碑收藏在广州博物馆，现碑为复制件，屹立在一座观音庙前面，高2.05米、宽0.88米、厚0.17米，正面丹书“贪泉”两个大字，刻有吴隐之的诗《酌贪泉》。

碑左还遗存有码头的石阶。贪泉遗址周围庙宇香火鼎盛。

2015年8月，公布为广州市文物保护单位。

贪泉遗址

唐　康乐村唐代水井

位于海珠区新港西路135号中山大学南校区。2019年1月发掘。

井口平面近圆形，外径1.8米、内径1.12米、残深3.25米。井壁以青灰色长方形砖双隅顺缝砌筑，每隔一层平砖顺砌加侧砖丁砌，井底用砖呈“人”字形铺就。井内出土青釉陶罐、青釉陶壶、青釉陶碗、瓦当等文物二十二件。青釉器是来自珠江三角洲本地窑口曾边窑的产品，莲花纹瓦当显示附近很可能存在过高等级建筑。这眼水井是海珠区考古发现保存最好的唐代水井，在广州地区也不多见，具有重要的历史和科研价值，发掘结束后在原址保护。

康乐村唐代水井

唐　曾边窑遗址

位于番禺区新造镇曾边村和南约村交界处。2018年4月发掘。清理出唐代残窑一座、泥池一座、灰坑十二座、灰沟四条，出土大量陶瓷器。其中陶器以釜、罐为主，有夹砂和泥质两种胎质；瓷器以罐、盆、碗为主，碟、钵类较少，还有釜、杯、壶、纺轮等。曾边窑部分器物的器型、制作工艺等与佛山高明窑、新会官冲窑以及著名的印度尼西亚沉船“黑石号”出水广东产陶瓷器颇为相近，时代相差无几，均为中晚唐时期。曾边窑遗址是广州地区目前考古发现的唯一一座唐代窑址，也是广州发现最早的瓷窑遗址。

曾边窑遗址

唐宋　越华路城墙遗址

位于越秀区越华路。1998年2—5月发掘，发掘面积160平方米，发现两段分属唐、宋时期的城墙基址。

唐代墙址呈南北向，只清理了墙体的东部。墙体以红褐色山岗土夯筑，但夯层厚薄不均，有的地方不见夯层，土质亦不纯，含陶瓷片、砖瓦等。墙体东侧缘上半部分有宋代修整砖砌，下半部分用天然石块垒砌护坡。墙垣直接修筑在基岩上。已清理的墙体南北长14米、东西宽4米、残高3米。这是广州地区首次发现唐代城墙。从其方位来看，应该是唐代广州城（衙城）东墙墙垣。

越华路城墙遗址

宋代墙址呈东西向，可分为两期，两期墙体相贴，西端都依托着唐代的城墙。墙垣的横截面略呈梯形。夯土都是从他处专门运来的山岗土，层理明显。第一期墙体在南侧，夯土为红黄色花土。因场地限制，南部边缘未能发掘；北砖壁基础部分保存较好，砖壁底部有黄白色砂岩石块作为基垫。第二期的墙体紧贴第一期，包边砌砖局部打破第一期。夯土为黄绿色花土。东边墙壁数次修改。原来以砖包边，后来改用长条形砂岩石，基础部分以粗树干作支护，底部打破唐代文化层，修建在生土上。这段城墙应当是宋代广州城子城的北墙，1996年发掘的位于文溪东的为宋广州城东城北墙。

今仓边路一带文溪（汉代称为“甘溪”），从白云山自北向南注入珠江，宋代盐仓设于此。古代的城墙，就以文溪为界。史载，汉至唐的城墙在溪西，北宋才在溪东修筑东城。

唐至清　解放中路安置房项目遗址

位于越秀区解放中路以东、惠福东路以南。2018—2019年进行考古勘探发掘。发掘面积800平方米，发现晚唐至民国各时期文化遗存，清理灰坑、水井、排水沟、墙、灶、路面、房址等遗迹一百一十八处，出土陶器、瓷器、铜钱等各类文物二千三百四十四件（套）。

遗址的文化层堆积最厚超过6米，自下而上包含晚唐、五代南汉、两宋、元明清及民国等各时期的堆积。遗址最下部为灰黑色河相淤积堆积，平均厚度近2米，淤积堆积下部是五花土原生堆积，表明遗址所在区域历史上长期为河涌或湖泊，可能是珠江水道范围。此次考古发掘出土十余件唐代木鞋，其中多件保存基本完好。遗址出土大量晚唐、五代时期陶瓷器，来自长沙窑、越窑、水车窑等多个窑口，一些器物如青釉灯、青釉杯等，可能与海上丝绸之路贸易有关。

遗址地处唐代广州城西、宋代广州城西城范围，西邻蕃坊，地理位置重要。此次考古发

解放中路安置房项目遗址

现为探索唐代广州城西的人类生活和商业面貌、历史地理环境特别是珠江岸线变迁，以及唐宋广州城市发展和功能布局提供了重要考古材料。

唐至民国　北京路古道遗址

位于越秀区北京路商业步行街。2002年6—7月进行发掘。发掘面积420平方米，清理唐代至民国时期共十一层古道路面、宋代至明清时期拱北楼建筑基址等遗存。

古道路面位于北京路北段、中山四路以南。考古发掘部分南北长44米、东西宽3.8米，在距地表深3米以下，共发现层层叠压的十一层路面，由上而下分属民国、明代、宋元、南汉、唐代等五个历史时期。其中宋代道路分四期，五代南汉道路分两期，唐代道路分三期。各期道路以砖或石板铺面，以五代南汉、宋代路面铺砌最为规整。唐代路面

北京路古道遗址

以下，距地表深约4.5米为青灰色淤泥层，含有南越国时期的瓦片，地表3.9米以下还发现西汉建筑遗迹，表明至迟从西汉开始就有人类活动。

古楼基址在南部发掘区，今广州百货大厦门口。在现代路面下1.6—2.2米深处发现层层叠压的五层建筑基址，最早一期基址直接建造在红黄色山岗土之上，五层建筑基址的建造年代涉及宋、明、清三代。根据文献记载和历史地图显示，北京路靠近西湖路口原有重要的门楼建筑，其渊源可追溯至五代南汉时期的双阙，宋代改双阙为双门，元代在楼上置计时器——铜壶滴漏，明、清时期重建，名为“拱北楼”。根据古楼基址形制并结合历史文献判断，该基址就是具有千年传承的拱北楼遗存。

2019年4月，公布为广东省文物保护单位。

五代十国　药洲遗址

位于越秀区教育路80号。又名九曜园，原为南汉刘岩的御苑。南汉乾亨年间，刘岩利用原来的天然池沼，罚罪民凿长湖五百余丈（约合今1600米），史称西湖或仙湖。湖中建洲，在此炼丹求仙药，故称药洲。湖中有瑰奇怪石九块，美称为“九曜石”。沿湖有亭、楼、馆、榭，风景甚美。米芾、翁心存、翁方纲、阮元、陈澧等名士曾在此题诗赋词，刻石立碑，留下了宝贵的石刻。明代“药洲春晓”为羊城八景之一。据研究考证，遗址应名“藥洲”。

药洲遗址

1949年，药洲遗址的面积只有2000多平方米，其中湖水面积仅440平方米。文物部门从1988年开始对遗址进行修缮，将埋于地下的景石提升，并向西拓展恢复部分湖面。1993年重新设计建造了仿五代风格的门楼和碑廊。门楼坐东向西，面阔三间，进深两间，悬山顶。碑廊内有碑刻七十方。

1989年6月，公布为广东省文物保护单位。

五代十国　大佛寺院区建筑基址

位于越秀区西湖路大佛寺内。2009年，广州市文物考古研究所在大佛寺北院区考古发现商时期陶片，大佛寺北院区是迄今为止在广州古城区范围发现的唯一一处先秦文化遗存。2018—2019年，广州市文物考古研究院在大佛寺南院区开展考古发掘，清理出晚唐、五代及宋、元、明、清时期建筑基址、灰坑、水池等遗迹。晚唐时期陶器堆积规模较大，可能与当时的陶瓷器贸易有关。五代南汉时期建筑基址分布面积大，砖铺地面结砌规整，推测为高等级官衙或寺庙建筑，为探索五代南汉兴王府城市布局提供了重要考古新材料。

大佛寺院区建筑基址

五代十国至宋　长塘街城墙遗址

位于越秀区中山四路以南、长塘街以西。2007年，广州市文物考古研究所进行发掘。发掘面积200平方米。清理民国、清、明、宋、唐及晋南朝时期文化遗存，文化层堆积厚约4.5米。

城墙顶面距现地表约1米，大致为南北向。主体以夯土筑成，外侧砌砖包边。城墙经两期修建。第一期城墙直接修筑于河相淤积堆积上，以灰黄黏质土和贝壳瓦砾堆积相层叠夯筑，外部包砖。清理出的西侧包边砖墙残长2.8米、东西宽0.55米、残高0.66米。砖墙西侧有河卵石砌筑的散水，宽1.15米，略向西倾斜。散水西部有一层石块堆积，东西宽约4米，平均厚度约0.5米，再往西为小河卵石堆积。第二期城墙在第一期城墙基础上进行加宽加固。清理出的包边砖墙南北长4.4米、东西宽1.1米。砖墙西侧残存砖铺地面，略向西倾斜。城墙受晚期人类活动影响，破坏严重。同时，受发掘面积所限，此次发掘未见城墙东侧包砖，城墙东西宽度尚不确定。

长塘街城墙遗址

根据层位关系及出土遗物判断，第一期城墙的始建年代为五代南汉，第二期城墙建于宋代。五代南汉城墙是广州城的东城墙南段，宋代城墙是广州城子城的东墙、东城的西墙所在。

鉴于此次发现的城墙价值重要，发掘结束后，文物部门将城墙包边砖墙和散水整取，迁移到南汉二陵博物馆进行展示。

北宋　西村窑遗址

位于荔湾区西村增埗河东岸岗地上。遗址于1952年发现，1956年清理。南北长1000多米，残存废瓷堆积三处，以皇帝岗最大，是西村窑场的主要遗存。

西村窑遗址

皇帝岗堆积高约7米，略近圆形，计有6069立方米。在堆积东南角发现一座龙窑残址，残长36.8米。拱顶已毁，窑身中部最宽4米，首尾稍收窄，窑床铺砂，坡斜13度。窑前有圆形坎穴。窑首的火门及炉膛部分伸入地表下，后段砌筑在废瓷堆上，窑尾已毁。

西村窑的产品分粗瓷和精瓷两类。以前者为主，后者属青白瓷和影青瓷。釉色以青釉为主，黑酱釉为次，还有少量低温绿釉。有碗、盏、碟、盆、执壶、凤头壶、军持、罐、盒、唾壶、注子、净瓶、灯、熏炉、烛台、枕等日常生活用器二十九种；还有雀食、碾轮、漏斗、埙及狗、马等杂器、玩具十四种。纹饰有刻划花、印花、彩绘、点彩和镂刻等。产品中有橄榄青釉印团菊和缠枝菊纹的碗、盏、碟、大盆，是仿耀州窑器制成；还有周边刻花，盆心绘酱褐色釉菊纹或牡丹的青白釉大盆，是西村窑特有的产品。

西村窑的产品在我国西沙群岛及东南亚、南亚地区都有发现，菲律宾、印度尼西亚等地有不少传世。根据堆积中埋有“天顺”“正德”纪年的明墓，堆积下发现多座汉、唐墓葬，出土的瓷器未见有南宋的造型等情况，推定此窑场是北宋年间外销瓷器的重要产地。

北宋　大通烟雨井遗址

位于荔湾区芳村大道中。2004年7—10月，广州市文物考古研究所进行考古发掘。清理建筑基址和水井等遗迹。

大通烟雨井遗址

建筑遗迹经过多次重建或改建，分三期。第一期在唐代建筑（小型棚式建筑）层面上始建，规模较大，有以红、黄、灰色黏性土为特征的台基址，磉墩规模较大，建筑材料丰富，有莲花纹、凤纹瓦当。建筑规格较高，应与南汉时期始建的宝光寺有关。第二期建筑在第一期的基础上重建，占地面积有所扩大，建筑基址以南的J2是该期始筑南扩时的附属设施。第一期建筑基址上叠压的瓦砾层出土几件青白瓷碗，外底用墨书“大通”二字，是确认该建筑为大通寺的重要物证。第三期建筑保存较差，形制不明，其年代仍属宋。

结合文献材料，可以确认J2即为历史上著名的大通寺烟雨井。宋政和六年（1116），赐额“大通慈应禅院”，称大通寺。寺内有井，雨后有烟雾升起，时人称为“大通烟雨”，宋元时期被列入“羊城八景”。清康熙六年（1667），重建大雄宝殿及天王殿，在烟雨井上建造六角亭，修建供人观景的烟雨楼及精舍。井周围的井台、井亭等遗迹，因该井清开后即确定原址保护，未对其开展全面的清理。从水井打破的层位关系看，其始建年代与大通寺第二期建筑同时，当时应存在井亭类建筑。考古发掘结束后，大通烟雨井在原址保护展示。

2008年12月，公布为广州市文物保护单位。

宋　沙边窑遗址

位于番禺区南村镇市头村沙边自然村，地处珠江市头水道南岸。沙边村东的大顶岗、孖窑岗、陈岗、后底岗等均发现有废瓷、匣钵和窑砖等堆积。窑址于20世纪50年代发现。1990年、1994年，广州市文物管理委员会办公室和番禺县文物管理委员会办公室联合对大顶岗、孖窑岗两处窑址进行发掘，揭出三座窑。2015年，广州市文物考古研究院在后底岗清理了200平方米的废弃堆积，堆积厚度达2米，遗物丰富，但未发现窑炉及相关遗迹。

沙边1号窑位于大顶岗的东坡。窑东向105度。仅存窑身，长约20米，为单隅砖结砌。窑床

沙边窑遗址

铺砂三层。下面的两层窑壁走向各有偏移，表明这个窑已经历三次兴废。沙边2号窑位于孖窑岗北坡。保存较完整，除烟囱已毁无存外，窑头的引火门、炉膛、窑尾部（稍残缺）尚存，全长45.97米（窑床长41.4米）。红砖单隅结砌，顶已塌毁。窑身中宽3.4米，两端较窄。南壁开一窑门，外连一段门墙。窑床底铺细砂。沙边3号窑破坏严重，仅存一小段。

已发掘的三座窑，其产品和窑具都相同。以青釉为主，黑釉、酱釉占少数。器型以碗、碟、杯为主，有极少量是青釉绘褐彩的盆，与广州西村窑相类。沙边窑不见于文献记载。从调查和发掘情况得知，沙边村的窑址堆积同属北宋年间，是宋代一处规模较大的民窑工场。

2008年12月，公布为广州市文物保护单位。

宋 打水坑砖窑遗址

位于增城区宁西街斯庄村打水坑山（土名鸡石冚），距荔城镇西南21千米。七座砖窑沿着山边排列，相距5—6米不等。窑室是从山边向里掏挖而成，平面如一钟形，长5.7—6米不等，底平。窑口收窄，宽1.6米、高1.8米，往里渐扩宽，至窑尾处宽2.7米、高2.1米，顶呈圆弧形，后壁平直，壁间挖有三条垂直的烟道，直通岗面，烟道宽20厘米、凹入15厘米，窑内已空无一物。周壁因长时期高温烧结形成硬壳，偶有局部呈釉块状的窑汗。在附近地面偶可见到零星的残断砖块，完整的极少，其中一块长32厘米、宽20厘米、厚7厘米，青灰色，扁平面有“广州修城砖”五个字的楷书长条形戳印。砖窑群前不远是西福河的旧河道，当日出窑的成品砖可由此水路运往广州。

打水坑砖窑遗址

宋 越秀北路城墙遗址

位于越秀区越秀北路以东、东濠涌以西、东风中路以南。2015年12月—2016年1月，广州市文物考古研究院进行发掘。发掘面积近300平方米，清理五代南汉至民国时期的砖墙、角台、红砂岩墙体、路面等遗迹，以及南朝至民国时期的文化遗物，出土陶球、陶蒺藜、瓦当、青瓷碗等文物标本三十五件（套）。

越秀北路城墙遗址

最重要的发现是上、下两层砖墙基址，从层位关系并结合出土遗物看，上层砖墙属于角台基址，其年代为宋代，应当是宋代广州城东城东北角台基址。下层砖墙年代不晚于五代南汉，由于其南、西部未清出，结构不明，其性质不能完全确定。初步推测很可能与城墙有关，或至少是大型防御设施。这一发现确认了宋代广州城东城的东北角，与2002年在越秀北路发掘的宋代城墙一起修正了文献中关于宋代广州城东城东界在芳草街以西的记载。

考古发掘结束后，对遗址实施原址回填保护。

宋　扶胥古运河遗址

位于黄埔区南岗街南岗头社区东江口至穗东街庙头社区。相传开凿于南宋，全长约5千米，由时任广州佥判的邬大昕奉命在波罗庙（南海神庙）至东洲驿一线开凿。工程东自东洲驿，西接波罗庙前的黄木湾，沿规划岸线培土凿石筑堤，形成了瓦滘（今南岗头至黄木湾的一段运河）。因运河流经鹿步圩（今南岗街鹿步村），又名鹿步滘。运河开凿完工后，在黄木湾的船只有了避风之处，来往于广州至东江沿线各埠的船只避开了狮子洋的风浪，又缩短了航程。

扶胥古运河遗址

扶胥古运河遗址是宋代广州对外贸易兴旺的见证，具有一定的历史价值。

1994年6月，公布为黄埔区文物保护单位。

宋、明　广州市第一人民医院城墙遗址

位于广州市越秀区盘福路1号，南隔彭家巷与光孝寺相邻。2014年6—11月，为配合广州市第一人民医院磐松楼2号楼建设，广州市文物考古研究院对其施工建设范围进行了考古工作，发掘面积500平方米。

此次清理宋、明时期城墙遗迹最为重要。宋代城墙位于发掘区中部，城墙底部宽约11.5米，内（南）侧包边砖墙残高2.8米、宽约1.2米，许多砖墙面或侧边有“番”或“番禺”铭文。城墙内

广州市第一人民医院城墙遗址

侧有黄砂岩条石砌筑的散水，还有路面及护边墙等遗迹。宋代城墙外侧包砖被明代城墙内填土叠压，残存四层包砖。明代城墙位于发掘区北部，宋代城墙北侧。城墙大致为东西走向，包边砖墙墙体顶面宽1.5米，自顶至墙基底部4.05米，至活动面约3.6米。出土遗物有宋代建筑构件、青瓷和青白瓷碗，明代青花瓷器和瓦当等。

根据文献记载，北宋神宗熙宁四年（1071）筑西城，明洪武十三年（1380），永嘉侯朱亮祖合宋广州三城为一，并向北扩至越秀山。此次考古发现的宋代城墙，应为宋代广州城西城的北墙。这是第一次考古发现宋代广州西城城墙，也是目前保存最好的宋代城墙。明代城墙在宋代城墙基础上扩建，其外壁与越秀山明代城墙结构及砌筑方法一致。这次发现的宋、明时期城墙遗址与文献记载吻合，具有重要意义。

元至清　烟管岗烽火台遗址

位于番禺区化龙镇莘汀村烟管岗岗顶。据清乾隆版《番禺县志》载：“元末义兵元帅屈仲舒起兵保障邑里，筑烟台其上。”自此称为烟管岗。清咸丰四年（1854）五月，红巾军首领（番禺石楼人）陈显良曾率众于此祭旗，起义反清。现烽火台残址犹存岗顶，坐北向南，立面呈梯形，底部用红砂岩和花岗岩混合砌筑，台顶部用青砖砌筑，在不同时期有多次重修。台南面左侧开口，以五级楼梯登临，原设有木梯，现已损毁。台分三层，底层是水成岩石料砌成，中层和

上层是红粉石、红砂石叠砌。

2008年12月，公布为广州市文物保护单位。

烟管岗烽火台遗址

明　西门瓮城遗址

位于荔湾区中山七路与人民中路交会处。建于明代，红砂岩石条砌筑，切面呈“H”形，宽18米、残高3.7米。1996年、1998年，广州市文物考古研究所进行两次考古发掘，清理出瓮城基址总长18.45米。墙垣用红砂岩石条包边，横竖错缝叠砌，以灰浆黏接，墙芯以黄褐色土夯实，外壁向上斜收，内壁较直。南墙壁有一拱形门阙，白色花岗岩条石砌成，建成时间稍晚于前者。此处遗址为拱卫城门而设，曾在清代和民国沿用、修缮和改建。考古发掘后，对城墙遗址实施原址保护，并植上花草，四周建保护栏，遗址以北建人行木桥。现遗址中部仍被埋于中山七路底，北段

西门瓮城遗址

大部分压在民居之下，未发掘。西门瓮城遗址是迄今发现保存较好的明代西城墙基址。

1999年7月，公布为广州市文物保护单位。

明　莲花书院遗址

位于增城区宁西街南香山东南山麓。南香山南距东江8.7千米，海拔434.1米，是“广东三樵”之一的南樵，又名南樵山。2018年，广州市文物考古研究院对遗址进行考古发掘。遗址分布在人工堆填的五级平台上，总面积约1800平方米。考古清理房址、石墙、台阶、坑、排水孔、路面等遗迹，出土红砂岩柱础、麻石柱础、石碑等文物一百多件（套），其中“乙巳春泉翁书”残碑，为红砂岩材质，表面刻有“乙巳春泉翁书”。此碑刻中“泉翁”指的就是湛若水。湛若水（1466—1560），号甘泉，“乙巳”为干支纪年，结合湛若水的生平，可确定该“乙巳”年为明嘉靖二十四年（1545），与文献记载吻合，从而确认本次发掘的遗址就是湛若水创办的莲花书院。

莲花书院遗址

明代莲花书院遗址的形制布局与相关文献记载相互印证，其时代明确，是湛若水创办的四十余所书院中目前唯一经过考古发掘且保存完整的书院遗址。考古发掘后，对遗址实施原址保护。

2021年3月，公布为广州市文物保护单位。

清　四方炮台遗址

位于越秀区越秀公园蟠龙岗顶。清顺治十年（1653）建。原名永宁炮台，重修时因避道光皇帝名讳，改为永康炮台，因炮台长宽似四方形，故俗称“四方炮台”。据顾炳章《虎门内河炮台图说》载，四方炮台是广州城防的重要据点，“外台周围四十九丈九尺，高一丈七尺；台中子台周围十六丈八尺，高二丈一尺。垛墙青砖，外台石砌，南面各开大门一道”，“外台配炮十三位”，“子台配炮九位”，“官厅二间，兵房十六间，药局一间。系广州协左营管辖。派记委兵丁李全亮等二十名在台防守”。

第一次鸦片战争期间，1841年5月，英军占领城北各炮台，并在四方炮台设司令部，四处骚扰滋事，激起中国人民无比愤慨之情。5月31日，三元里一带一百零三个乡的民众及番禺、南海、增城、从化等地群众包围四方炮台，次日英军被迫撤出广州。撤出时，将炮台及各炮破坏。后经修复。第二次鸦片战争时期，炮台又遭破坏，现仅存地基。1959年炮台发掘出大炮一门，现陈列于广东革命历史博物馆。该遗址是鸦片战争重要遗迹之一。

1999年7月，公布为广州市文物保护单位。

四方炮台遗址

清　穗石村炮台遗址

位于番禺区小谷围街道穗石村北约马展冈东北麓。2003年，广州市文物考古研究所对遗址进行清理、发掘。炮台修筑的年代，据清康熙

穗石村炮台遗址

《新修广州府志》载：“番禺县新设墩台凡七：曰白蚬壳炮台，曰海珠炮台……曰石子头。”又据《番禺县续志》及其他民国地图，在穗石村北面有“石子冈”“马展冈”等地名，可判断炮台始建于清代，但荒废已久。炮台面向东南面的沥滘水道，由三合土版筑的十五个炮洞呈圆弧形排列。位于圆弧形炮台后面有一座高约5米的小土丘，为炮台山，该山可俯视沥滘水道，也是瞭望和指挥的平台。考古发掘结束后，对炮台遗址实施原址保护。

2008年12月，公布为广州市文物保护单位。

清　鐣塘潭古采石场遗址

位于南沙区大岗镇大岗村人民公园内。

据民国《香山县志续编》与《姓氏族谱》载述：有河源周族、张族和兴宁陈族于清乾隆年间到大岗采石谋生，长年开凿而成此奇观。鐣塘石

鐣塘潭古采石场遗址

壁长110米、宽65米、高23.7米。山壁上钎凿痕迹至今仍清晰可见。古采石场由两个石场组成，在公园西南角的叫深塘，在东南角的叫罉塘。罉塘因形状似瓦罉（粤方言，即砂锅），故名“罉塘”。罉塘内四面悬崖峭壁，峰岩奇屹，峭壁悬空。

2008年12月，公布为广州市文物保护单位。

清　民安村百步梯遗址

位于花都区梯面镇民安村北侧山岭上。清道光二十年（1840），花县（今广州市花都区）县令包锦灿重修山道，铺砌花岗岩条石共三百六十六级，长256米，宽1.8米，呈“之”字状盘山而上，远望宛似云梯，所以叫百步梯。此处是以前粤北与广州之间的交通要道，也是清远、从化、花县等地区民众来往的重要通道。清代屈大均《广东新语》说此处“南控省城，北通北粤，为省城之屏障，南北粤之咽喉”。石阶上留下很深的木制独轮车（俗称“鸡公车”）车辙痕迹。

民安村百步梯遗址

民国二十八年（1939）初，花县南部被日本侵略军占据，国民革命军为抗击日本侵略军北进，将县城城墙及后来百步梯部分梯级拆毁。民国三十六年（1947），巴拿马归侨苏彰保联合部分旅居巴拿马华侨捐资，将拆毁的梯级修复。1965年兴修水利工程及后来修筑盘山公路时拆去部分石级，现留存中段120米约一百六十级石梯，凉亭及石庙已不存。

2008年12月，公布为广州市文物保护单位。

清　黄大仙祠迹

位于荔湾区茶滘街道茶滘社区古祠路1号。始建于清咸丰年间，光绪十五年（1889）和光绪三十年（1904）重修。民国元年（1912），潘达微在此创办花地孤儿院。1938年日军入侵芳村后，孤儿院被迫停办，该祠为日军宪兵司令部所据，后被拆毁。1997年原址复建，坐北朝南，分别设有黄大仙殿、观音殿、吕祖殿等。祠内现存有原建筑石构件数件：门头石刻一方，宽约1.5米，高约0.7米，厚约0.4米，雕有精美的花卉图案；残石刻上联半副，残高约2.5米，宽约1米，上刻“叱羊传□□”，上款刻“光绪三十一年乙巳孟秋上瀚穀旦”；方石柱对联一副，柱高约4米，宽0.3米，厚0.3米，刻有上联“洞中别有乾坤四围烟雨云山尤曾胜概”；圆石柱一根，高约2.8米，直径约0.3米，柱身遍刻花卉图案，上刻有“诚宝筏合儒教释教道教勉尔修真”，刻款“顺德甘难黄锦诏薰沐敬撰并书”；残柱四根，现放置在复建后的黄大仙祠后园小水池里。

黄大仙祠现存石刻

2015年8月，公布为广州市文物保护单位。

清　仓头社稷之神祭坛

位于海珠区官洲街道仓头村后底岗南山脚。遗址坐北朝南，占地面积约32平方米。依山而建，分三层，分别由祭坛和上、下拜亭组成。下拜亭正面有四级花岗石台阶，两边垂带，四个方

仑头社稷之神祭坛

形花岗石柱础，拜亭原为砖、木、石结构，现已改为混凝土结构。正面两柱侧有莲花石柱础，亭中有石拜桌。上四级台阶到第二层上拜亭。上拜亭格式与第一层相同。再上五级花岗石台阶到祭坛。祭坛地面比上拜亭地面高，平面呈半圆形，两侧有花岗石栏板，上刻有石雕图案。正中位置的一块花岗石碑，上凸刻楷书“本乡社稷之神”。石碑有座。碑前花岗石拜桌边刻有曲线石雕图案。地面铺花岗条石。对研究岭南水乡民俗信仰有一定价值。

2011年6月，公布为海珠区文物保护单位。

清末　长堤大马路陶瓷器遗存

位于越秀区长堤大马路258号原大三元酒家旧址。2013年3—5月，广州市文物考古研究所进行发掘。发掘面积100平方米，共出土近三万件清代同治、光绪年间陶瓷器。这批陶瓷器以青花瓷器占绝大多数，图案以双喜纹为主，还有草叶纹、山水风光、诗文、乐器等。除青花瓷器外，还有一批彩绘瓷器，以及青瓷、青白瓷、白瓷、矾红彩瓷器等。器类以碗最多，还有碟、盘、杯、勺、枕、罐、瓶等日常生活用器。部分杯、碗底有“同治”或“同治年制”铭款，另有“久加藤制”“中岛制”等日本人名款识，可能属日本产品。

这批陶瓷器使用痕迹不明显，相当一部分保存比较完整。根据文献记载和有关广州古城的外销画可知，明清时期广州城南、珠江两岸商贸繁盛；清代中期以来，珠江北岸东至五仙门、西至十三行一带，更是十分繁华，江边有许多码头供货物中转。此次发现的陶瓷器遗存位于临岸的河砂淤积层中。初步判断，这一带在清代晚期存在专门运输陶瓷器的码头，在运输过程中陶瓷器时有损坏，因此在码头上岸时，残损的陶瓷器被就地处理，扔到码头附近的河道，从而形成陶瓷器堆积。

长堤大马路陶瓷器遗存

第二章

古墓葬

秦　区庄螺岗木椁墓

位于越秀区区庄螺岗。1962年发掘。

墓编号62东区M4，为竖穴土坑木椁墓，墓坑长3.6米、宽1.9米。棺已朽，尚存椁板少许。随葬品置椁内一端，有瓮、罐、小盆、釜、鼎、盆、壶等陶器十二件，奁、盘和耳杯残件等漆器七件，铜带钩一件，已残。铜戈一件置陶器旁，长26厘米，阑上已磨蚀，是经长期使用过的实物。戈内面刻“十四年属邦工□蕺丞□□□”十二字，纹道细如发丝，字划草率。戈的形制、结构都与长沙秦墓出土的“四年相邦吕不韦戈”相同，应为秦王政十四年（前233）铸制的兵器。铜戈主人当是秦统一岭南的将士。此戈为秦始皇统一岭南的重要历史物证。

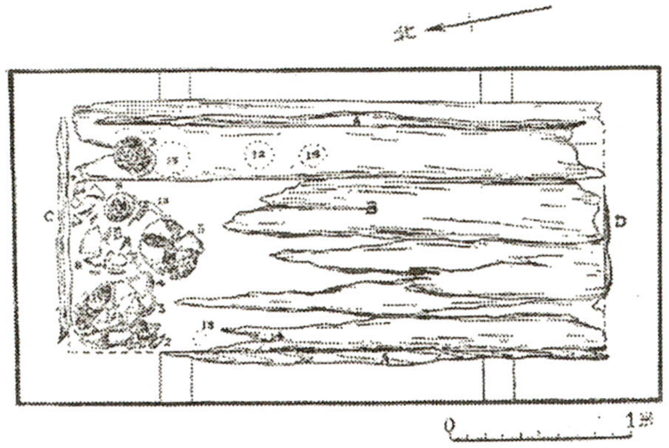

区庄螺岗木椁墓平面图

秦　西村石头岗木椁墓

位于荔湾区西村石头岗。1952年发掘。

墓编号53西石M1（广州汉墓M1097），用巨板砌筑，发现时已被工地民工拆毁，原长约4米。髹漆的木棺亦被拆毁。随葬陶器有瓮、罐、三足罐、三足盒、瓿等十三件，全属南越式陶器；铜器有扁壶、鼎、釜、鍪、甑、盉、盆、勺、瓿、提筒及龙纹镜等二十件，还有玉璧、无字玉印、玉带钩各一件。漆器多朽坏，其中一件镶嵌玉片的漆敦（仅存盖）甚为罕见。另有一件椭圆长方形漆奁，长25厘米，木胎黑漆；盖面朱绘云纹，

西村石头岗木椁墓出土的“蕃禺”铭文漆奁

上有“蕃禺”两字烙印。“蕃禺”即“番禺”，是秦汉南海郡治。这是番禺地名见于考古实物最早的一例。墓内还出土三把玉具铜剑、两把铜短剑和两把铜戈，但保存甚差，另出土一枚秦“半两”铜钱。

秦至南越国　园岗山石椁墓

位于黄埔区勒竹村西南园岗山顶。2003年10月发掘。

墓编号M1，为长方形竖穴石椁墓，方向198度。墓圹南北长6.45米、东西宽1.95米、残高0.4米。墓室修建考究，在墓坑底部东西两侧沿着坑壁开挖沟槽，再以大小不同的青石块砌筑椁壁。墓穴前后有以木为壁的迹象。墓底铺垫一层红褐色山岗土，再撒一层颗粒较小的薄木炭屑，然后铺石。石椁上方可能以木板铺成顶盖。可能有木棺，长宽已不可考。墓内骨骸不存，墓主性别、葬式不明。根据随葬物位置和墓室结构推测头向朝南。随葬器物三十一件。大多数分布在椁室前

园岗山石椁墓

部，只有两件在后部。除一件砺石外，全部为泥质陶器，器型有瓮、罐、匜、盒、碗、钵、盂、杯、器盖、纺轮等。稍大的器皿如瓮、罐等以灰胎硬陶居多，少量红陶；碗、盒、盂、杯等具有原始瓷器特征，表面残留少量青黄釉斑。纹饰有方格纹、米字纹、水波纹以及弦纹等，以方格纹最常见。瓮、罐、匜等容器器身有刻划符号，意义不明。墓坑狭长、墓底铺石，随葬有瓮、罐、杯、碗等组合陶器的墓葬，常见于战国晚期至西汉南越国早期的越人墓，但以石筑椁的越人墓在岭南为首次发现。

南越文王墓

西汉　南越文王墓

位于越秀区解放北路象岗山。1983年6月发现，同年8—10月由广州市文物管理委员会、中国社会科学院考古研究所、广东省博物馆联合组队进行发掘。

墓主为南越国第二代王赵眜。墓内随葬器物一千三百六十八件（套）。是岭南地区考古发现规模最大、保存最完好、随葬器物最丰富的西汉彩绘石室墓。

南越王墓凿山为陵。象岗山海拔高度49.71米。墓室构筑在象岗山腹心深处，墓坑采用竖穴与掏洞相结合的做法，从岗顶劈开石山深20米，凿出一个平面如“凸”字形的竖穴，再从前端东西两侧横向掏洞构筑耳室，南面有斜坡墓道。墓室用红砂岩巨石仿照前堂后寝的形制砌筑成一座地宫。石室上用粗砂掺灰黄土分层夯填。

墓道与墓室之间有外藏椁，殉人两名，其身份约相当于“门亭长”，放置十七个大陶瓮及铜车饰、仪仗等器物。

墓室东西宽12.5米、南北长10.85米。分七室。前部三室，即前室和东、西耳室；后部四室，包括主室，东、西侧室和后藏室。各室有过道相通。墓室底部铺木板，顶部用二十四块大石板覆盖。前室的顶盖、四壁及两道石门上都施有朱、墨两色的卷云纹装饰。

前室西部放置车的模型，东部殉一名御者，随葬一枚铜质鱼纽“景巷令印”及少量玉佩饰。东耳室陈放宴乐用器，有青铜编钟、石编磬各两套，青铜句鑃一套八件，刻有“文帝九年乐府工造”铭文。还有提筒、钫等铜质酒器和六博棋盘等。钟磬旁有一乐伎殉葬。西耳室储藏各种珍宝，重叠堆置。包括青铜礼器、金银饰品、玉石珍玩、甲胄弓箭、车马饰件、五色药石、原支象牙、印章封泥、丝织衣物、陶器、石器、漆器、木器、竹器等，总数达几百件。

主室居中。一棺一椁，已朽。墓主身穿丝缕玉衣，内有少量遗骸。玉衣上下盖垫三十余块大玉璧，头部覆盖丝绢面罩，缀有八块桃形椎花金饰片。头前及双肩平置三件精美的透雕玉饰，胸上覆盖成串的组玉佩饰。两侧分置十把铁剑，其中四把为玉具剑。墓主身上随葬印章九枚，最大一枚是“文帝行玺”龙钮金印，还有龟钮“泰子”金印，螭虎钮“帝印”玉印和墓主名章“赵眜”玉印等。东侧室殉葬四位夫人，都有印玺及金玉佩饰随葬，其中“右夫人玺”龟钮金印与“赵蓝”象牙印同出。还有“左夫人印”“泰夫人印”及“□夫人印”各一枚，均为龟钮鎏金铜印。西侧室是厨役之所，殉葬七人，无棺木，仅有少量随葬品，室后部放置猪、牛、羊三牲。后藏室储放珍馐食品。放置一百多件大型铜、铁、陶质炊具和容器，器内多有禽畜残骨和海产品的介壳等。

南越国是汉初赵佗建立的王国，占据岭南地区，传五世，共九十三年。赵眜是南越武王赵佗之孙，汉建元四年（前137）继位，约于元狩元年（前122）去世。

南越王墓考古发掘结束后，在原地保护展示，并在此建西汉南越王墓博物馆（今南越王博物院王墓展区），1993年全面建成并对外开放。

1996年11月，公布为全国重点文物保护单位。

西汉　西村凤凰岗1号墓

位于越秀区广州机务段生活小区。1983年5月发掘。

墓葬编号M1，位于山岗中部，为长方形竖穴土坑木椁墓，墓口距离现地面深3.2米，方向345度。墓坑呈长方形，长13.8米、宽5.7米。墓道在北，斜坡形，坡度15度，宽3.2米，两壁垂直。椁室靠近墓坑前端，与墓道相连接，椁室长11.5米、宽3.8米。椁室上部已腐朽无存，结构不详，仅存椁底板和三块残朽的壁板。椁底板用二十四根粗大的方木横向铺成，方木大部分已腐朽，从残存的截面和朽痕可以看到，最大的方木宽达0.4米以上，其中靠近墓道的第三根方木保存基本完好，长4.6米、宽0.44米，其长度超出所有椁底方木，两端伸出椁室两侧，比较特殊。椁底两旁有三块残朽的壁板，从残痕可以看出，椁壁同样用方木纵向构筑，两壁压在椁底方木上。椁室门和后壁全朽无存，结构不详。椁室底板下有两根纵向的方形枕木，长13.5米、宽0.18米、深0.18米。底板下铺有一层厚约0.1米的白膏泥夹细石的保护层，再往下是生土。

西村凤凰岗1号墓随葬玉舞人

墓葬被盗扰，残存随葬器物二十九件。陶器有瓿、碗、璧、纺轮等，玉器有璧、璜、环、玉舞人、玉人、玉鱼、玉牙、玉蝉、玉片饰、玉龙形佩饰、虎形佩饰、玉佩饰、玉串饰、玉剑格、玉剑珌等。墓葬的年代应为西汉早期，属于南越国时期。

西汉　增城浮扶岭大型木椁墓

位于增城区增江街白湖村，2010年发掘。

墓葬编号M511，为竖穴土坑木椁墓，方向263度。墓坑平面呈长方形，长10.13米、宽6—6.46米、残深0.65—0.75米，底部平整。墓道位于墓坑西端，近平底，底部低于墓坑底约0.05米。墓室底部铺小石子，厚0.13—0.17米，石子面上留存椁底板压痕，东西长7.5米、南北宽4—4.5米。根据椁底板痕迹判断，共有十八块底板，每块底板宽0.35—0.45米、厚0.17米以上。

M511被严重扰乱，残存随葬器物二十四件（套），有陶器、原始瓷器、玉器等，多出土于封门内侧和椁室中后部。陶器有壶、瓮、盖罐等，七件原始瓷器均为杯，另有龙形玉佩和玻璃管饰。M511墓底铺石、上置木椁，随葬米字纹瓮、罐等器物，这些都属于典型的越人习俗。结合墓葬形制和随葬器物判断，其年代上限不超过战国晚期，下限约到西汉南越国早期。

增城浮扶岭大型木椁墓

西汉　建设新村5号木椁墓

位于越秀区建设新村。1954年发掘。

墓葬编号54北建M5（广州汉墓M1026）。墓坑长5.5米、宽2.7米，坑壁平直工整。椁已朽，仅存残木节。坑底铺一层厚约10厘米的小石，尸骨、棺木已朽，棺内发现铜镜、铜剑、玉环各一件，还有铜削一把。棺位置中后部挖有一个直径0.5米、深0.44米的圆形腰坑，坑内放置一个陶瓮，内有一件小铜锛。随葬器物分置两头，西端有铜盆、陶瓮、陶瓿各一件，小陶盒五件。东端左边有铜矛一件，陶碗一件，还有铜鼎、铜勺、铜盘等。随葬品全属越式器物，从设置腰坑和随葬器物来看，此墓应是秦末汉初南越国时期墓葬。

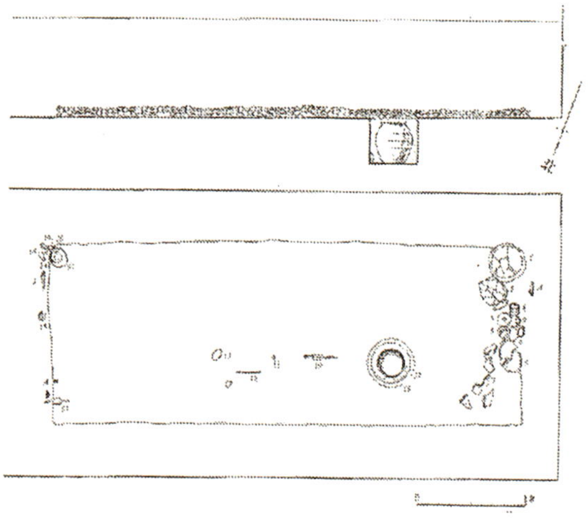

建设新村5号木椁墓平面图

西汉 广州动物园辛偃墓

位于越秀区先烈中路120号广州动物园麻鹰岗。1956年发掘。

墓葬编号56东麻M8（广州汉墓M1175），为一座大型竖穴土坑木椁墓，墓向170度。墓坑长9.24米、前宽3.82米、后宽3.44米、残深5.85米。墓坑前端为斜坡墓道，宽1.59米，坡度14度。墓内填黄砂，椁外回填原坑土，墓道填砂。墓内棺椁全朽，椁内分前、后室。随葬器物主要陈设于后室，有陶器六十件，其中属礼器的鼎、盒壶有两套，其余是瓮、罐、五联罐、三足盒、甑等用器。铜器有鼎、壶、钫、蒜头瓶、提筒、卮、盆、勺等，以酒器居多。兵器有铁剑一把，铜剑两把，铜戈、铜弩机各一把。此外还有铜车饰、

广州动物园辛偃墓出土的“臣偃”玉印和“辛偃”玉印

盖弓帽以及玉璧、玉韘、铁削、铜眉笔等。随葬器物中有玉印两枚，一刻“辛偃”，白文，覆斗钮，边长2.2厘米；一刻“臣偃”，白文，覆斗钮，边长1.5厘米。出土的一对鎏金铜女俑，为少女形象，头发中分于后，结扎为长髻。表情恭顺，端庄娴淑，为汉代贵族府第中绣衣丝履的侍女形象，也是目前考古发现的唯一一对南越国时期的鎏金铜女俑。从墓葬规模和出土器物来看，该墓主人“辛偃”应为西汉南越国的高级贵族。

西汉 华侨新村李嘉墓

位于越秀区华侨新村社区。1957年发掘。

墓葬编号57东侨M49（广州汉墓M1180）。

华侨新村李嘉墓出土的“李嘉”玉印

墓坑全长7.26米、残深4.3米。分前、后两室，呈“凸”字形。前端有阶梯式墓道。棺椁全朽。随葬品相当丰富，陶器达一百件，有鼎、盒、壶、钼甑、釜、瓮、罐、联罐、瓿、三足盒、熏炉、提筒、钫、匏壶等，其中有一件式样新颖的格盒，状如现代糖果盒。铜器有瓿、鼎、壶、卮、盂、鍪、釜、盆、镜等。漆器已朽，压叠成堆。玉器有龙形玉佩和玉璧，还有一枚“李嘉”玉印，覆斗钮，边长2厘米。出土的一件陶瓮有“常御”印文，三件陶罐有“居室”印文。“常御”或许是南越国中职掌服饰、车驾的机构。“居室”是汉宫廷中囚禁犯人的地方，汉武帝太初元年（前104）将“居室”改名为“保宫”，这为墓葬断代提供了重要依据。此墓规模大，随葬品丰富，墓主“李嘉”当是南越国的高级贵族。

西汉 淘金坑1号墓

位于越秀区环市东路。1973年发掘。

此次在1万平方米的平土范围内发现南越墓四十多座，抢救发掘二十二座，有二十一座属木椁墓，仅淘金坑1号墓属竖穴土坑墓。墓葬编号73北淘M1。墓坑狭长，长3.1米、宽0.86米。四壁挖得不是很平整，底部齐平，墓坑内全填黄砂。随葬器物放在一头，除一处漆器残迹外，余为瓮、罐、钼甑、釜、鼎、盒、壶、钫、双耳小罐、五联罐十种共十五件陶器。此墓除放置随葬器物以外，余长1.8米的一段窄坑，仅可容棺，推测这可能是一座埋葬小孩的墓。此墓出土陶器中有两件比较特殊：一件是五联罐，仅剩两个小罐相连，

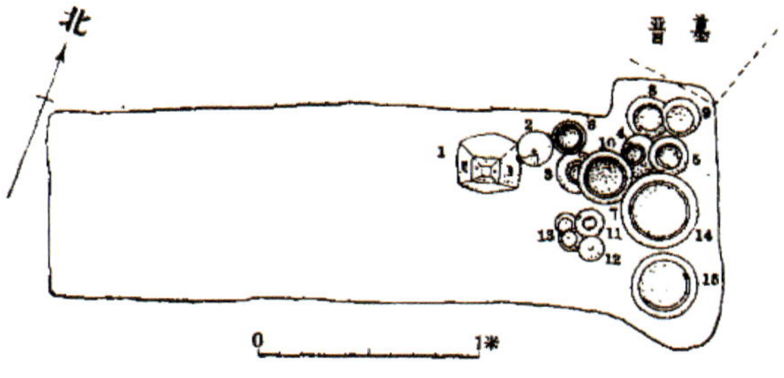

淘金坑1号墓平面图

还有三个小罐和底部的短足被打掉后才随葬。这种破器随葬在广州的晋、南朝墓中则较常见（多是三足砚台的短足被打掉）。另一件是双耳罐，盖面与器身肩部共有“常御”“第六”方形戳印四个，连读可两两相对。一件器物有四个戳印陶文，迄今在广州发现的南越国时期陶器中属仅见的一例。发掘表明，这一带是南越国时期的中小型墓葬区。

西汉 淘金坑16号墓

位于越秀区建设六马路。1973年发掘。

墓葬编号73北淘M16，为一小型木椁墓。墓坑长3.7米、宽2米。棺椁全朽无存。随葬品有陶制礼器鼎、盒、壶一套，还有瓮、罐、瓿、钼甑等陶器十多件。其中一件陶瓮的肩上有“长秋居室”印文，篆书。“长秋”为汉代皇后居住的宫殿名称，始于西汉景帝中元六年（前144）。据此陶文可判定这座墓的绝对年代在景帝、武帝间的三十三年当中（前144—前111）。

这是一座可确定绝对年代的南越墓例，为广州地区发现的数百座南越国时期墓葬的分期断代提供了年代标尺。

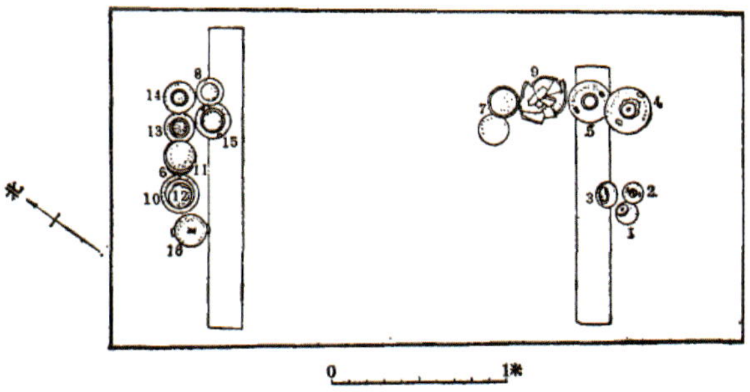

淘金坑16号墓平面图

西汉 瑶台柳园岗臣辛墓

位于越秀区三元里瑶台村柳园岗。1982年发掘。

墓葬编号82北柳M11，墓坑长4米、宽3米、

瑶台柳园岗臣辛墓

残深6米。葬具为一棺一椁。木椁保存完好，椁室四壁各用两块厚木板叠成，底板三块，纵铺，其下横列两根枕木做承接。椁盖板八块，横铺。椁内充满积水，木棺一具，内髹朱漆，外髹黑漆，盖已漂离，棺体亦断裂，但保存原状。尸骨全朽，仅存乌黑头发一束，棺底残留一些人字纹篾席，余无他物。随葬器物共一百零一件（套），绕放在棺具四周，以漆器、木器为主，余为铜器和陶器。漆器有奁、耳环、盆、碟、盒、钫、金等，多是木胎素身，有些用红、黄漆绘简单的卷云纹；木俑二十四件，有立俑、跽坐俑等。椁右侧有小木剑十二把，左侧置髹朱漆木鸠杖一根。铜器有鼎、盆、壶、镜、勺、瓿等，陶器有瓮、罐、瓿、盒、盆、璧等，还有一只小碗和小罐，为原始青瓷器。出土的一件陶瓿，通高26.6厘米，两耳上部各有"臣辛"二字戳印。"辛"是墓主的名字，墓主当是南越国的一位官吏。此墓最特异的是，在椁盖板上置一镇墓的木俑，作箕踞的姿态，断发文身，手握阳具，其寓意可能是压胜，以拱卫墓主。这与马王堆1号汉墓在墓道上处置一护墓大木俑类同。

西汉　农林上路木椁墓

位于越秀区农林东路。1986年发掘。

墓葬编号86东农M3，为一座南越国时期的木椁墓。木椁基本完好，四周椁板及底板完整如新。椁内竖有两组八条方形木桩，将椁室分隔，两侧为边箱，大部分分上、下两层，东北角边箱分上、中、下三层，东北角中层为棺位。木棺内外髹黑漆，已塌散。边箱内随葬器物二百余件，摆放规律，以陶器和漆器、木器为主，尤为特别的是出土四件陶鼓，仿铜鼓造型，带系耳，腰部刻划水波纹，制作精致，为广东地区首次发现。其他陶器见鼎、盆、壶、瓿、罐、釜、甑、灶、井、提筒、陶牛模型等器型，器表多为刻划纹、几何印纹和戳印，红陶壶、陶罐的器盖上分别见"酒千石""□一器"墨书。漆器为木胎和夹纻胎，器型有奁、盒、耳环、高足杯、盘、梳、球形器等，木器有木俑、木剑、木犀角、木璧和一条木船模型，部分漆器、陶器内遗存有粮食和果核等。

该墓既有鼎、盒、壶等汉文化器物，又有带几何印纹的瓮、提筒等南越式器物，反映出两千多年前广州地区汉文化与南越文化共存、相互融合的历史场景。

农林上路木椁墓

西汉　农林东路"人"字顶木椁墓

位于越秀区农林东路24号。2003—2005年发掘。

墓葬编号M68，方向282度。墓坑平面略呈"凸"字形，东西残长15.86米、最宽8.9米、残深

1.47—3米，墓道不详。墓室前有门道。墓室分甬道和主室。甬道平面呈长方形，立柱封门。主室平面呈长方形，内长6.96米、宽3.74米、残高2.26米。由九根直立的方木组成立柱式封门。底板由十五根方木南北向平铺。后挡板和边板用粗大方木累叠。顶板由南北两排方木斜向相互支撑而成，南北各十二根，下端斜撑于两侧边板顶部的凹槽，上部相交构成“人”字形墓顶。推测主室内高可达5.04米。主室内有一具黑漆木棺，棺底板、顶板各由一整块硬木制成，出土时，棺底板和棺顶板移位。墓主遗骸残存头发、牙齿、人骨碎片，结合墓内遗骸和附近的髹漆皮甲片初步推断墓主为男性，下葬时着髹漆皮甲。该墓被严重盗扰，残存随葬器物十九件（套），包括陶、漆、木、皮、石、骨六类材质的器物。

农林东路“人”字顶木椁墓

该墓是继浙江绍兴印山越国王陵、福建武夷山城村闽越王室墓之后考古发现的第三座“人”字顶墓，也是岭南地区首次发现此类结构的墓葬，墓主可能为南越国贵族成员。

西汉　农林上路11号木椁墓

位于越秀区农林上路四横路。1998年发掘。

墓葬编号M11，为大型木椁墓，墓室全长12.5米、宽6.2米，由甬道和椁室组成。甬道连接斜坡墓道，墓道口高出墓室底部达3.5米。椁室与甬道相连，比甬道稍宽，长6.39米、宽4.46米、高1.66米，周边及顶板上、椁底用黏土逐层夯实密封。整体采用22—25厘米厚的大木枋构筑，采用方榫、圆榫、子母榫、内榫、楔钉等各种榫卯结构扣合，十分复杂。内外两重封门，分棺室、后藏室，有置物的壁架。棺室靠近封门，内外双重漆棺，已朽塌。棺底下有“井”字形木棺床。骨架全朽，仅见漆环玉等少量遗物。后藏室大小与棺室相近，存放案、盘等各种大型漆木器。椁内两侧各有三层木枋结构器物架，分类置放各类随葬品，器物架朽塌后层层叠压。随葬器物有漆器、木器、竹器、陶器、玉器等四百三十余件（套），其中漆器有璧、案、耳杯、盆、盒、多层果物架、匕等，木器有牛、马、船、人物等模型，陶器有瓮、壶、鼎、罐、瓿、釜、灶、仓等，还有大量植物标本。椁板上有“东南一”“东南十（儿）”“千秋万岁”等刻划文字；漆器上有“工平”“工万”“工恶”“樊”等漆书文字。此墓规模较大、保存较好，墓主应为南越国时期的高等级贵族。

农林上路11号木椁墓

西汉　西村皇帝岗1号墓

位于西村增埗河东岸。1957年发掘。

墓葬编号57西皇M1（广州汉墓M2050）。墓坑长4.29米、宽2.37米。椁室前用木柱封门，内分上、下两层，上层为棺室，下层分为前室和器物室。前室置漆器、木器，有漆耳杯、漆盒、木车、木屋、木猪。器物室前端封木板，与前室隔

西村皇帝岗1号墓随葬木船模型（复原）

开，当中有门洞。器物室后部整齐排列四耳陶罐十件，前部正中有壶、瓮、罐等七件陶器，左置木船，右置木仓、木井。木船出土时有部分构件散乱，据船板钉孔可拼对复原。木船通长80.4厘米、通高20.4厘米、中宽14.2厘米，两端翘起，中部有两舱，前舱方形，四阿式盖顶，左边开方形门；后舱长方形，稍矮一些，篷盖为两坡式。船首舱坐四个木俑，各持短木桨一支，尾舱有一掌舵的木俑。这是广州汉墓出土结构形制保存最完整的一件木船。根据出土陶器的年代特点判断，此墓属西汉中期。

西汉　小北横枝岗1号墓

位于越秀区小北上塘附近，南面隔着山沟与著名的黄花岗相对。1954年发掘。

墓葬编号54北横M1（广州汉墓M2061）。为西汉中期夫妻合葬墓，方向173度，保存完好。墓坑长5.7米、宽3.8米、残深6米。南面有斜坡墓道。棺椁已朽无存。随葬器物丰富，陶器七十一件，有瓮、罐、联罐、瓿、鼎、盒、盆、熏炉、壶、匏壶、井、灶等，陶瓮有“五铢”钱文戳印；铜器有鼎、壶、带钩、刀、削、锛等工具。最珍贵的是三件玻璃碗，一件出墓室北部，两件出靠南处，同作深蓝色，半透明，大小相近，形状相同。广口、圆腹，略带台足，模制成形。器内壁光滑，外壁经打磨，呈毛玻璃状，口沿下磨出宽弦纹一道，并染有朱砂痕迹。口径10.6厘米、壁厚0.3厘米。根据陶瓮有“五铢”钱文戳印推断，该墓年代上限当在汉武帝元狩四年（前119）始铸五铢钱之后。

小北横枝岗1号墓随葬陶井

西汉　河南大元岗15号墓

位于海珠区前进路大元岗。1955年发掘。

墓葬编号56南元M15（广州汉墓M3026），为西汉晚期夫妻合葬木椁墓，墓坑长5.64米、宽3.3米，带斜坡墓道。木椁仅存残板，椁室作两层分室结构，这是仿生人“前堂后寝”的干栏式居室的布局。随葬物以陶器为主，有罐、盒、方奁、簋、魁、勺、碗、鼎、熏炉、盆、虎子、扑满等用器和食具，提筒、温酒樽、壶、瓶、盉、卮等盛酒器，还有屋、仓、井、灶的模型及涂朱陶套盒和石暖炉等明器。两棺已朽，仅存残板，棺内有方字昭明铜镜、铜削、铜带钩和五铢钱四十枚。出土一件陶制胡人俑座灯，通高24.7厘米，灰白色硬陶。灯座塑成托灯的奴仆形象，头上束发如椎髻，高鼻，颔有须，眼突出，张口吐舌，

河南大元岗15号墓随葬陶制胡人俑座灯

裸体，跣足，遍身划毛，屈身蹲坐，左手斜托灯盘，右手支于腿上，头向左仰视灯盘。俑的造型显示其属于西亚或东非的人种，是商人从海上贩运至岭南卖与当地贵族作“家内奴隶”的。

西汉 旧广州铸管厂151号木椁墓

位于荔湾区西湾路154号地块。2011年发掘。

墓葬编号M151，为长方形分室竖穴木椁墓。墓向190度。现墓口处已到生土，其地面封土情况不明。墓坑壁被现代建筑基址挤压变形。墓坑平面略呈“凸”字形。长8.2—8.3米、宽2.66—5.04米、残深0.42—0.46米。墓坑前端中部有斜坡式墓道。

墓室分横前堂和主室。横前堂纵长1.8米、横宽5.04米。横前堂两端中部隆起呈方形台状，高出周边0.24米。主室纵长4.54米、横宽2.1米，底部与横前堂底平。主室后部有并列双棺痕迹。墓坑底部没见枕沟。墓内棺椁和人骨均朽烂不存，仅在横前堂后部和主室前部残留少量灰白色板痕。残存随葬器物分布在横前堂和主室。

M151残存随葬器物一百零二件（套），包括陶、铜、铁、石、玉、金、玛瑙、水晶等不同材质的器物。陶器以硬陶器为主，器型有瓮、四耳罐、囷、屋、井、灶、仓、壶、鼎、碗、盂、俑灯、魁、匏壶、盒等。铜器有矛、提梁壶、温酒樽、戟、碗、洗、鸠杖首、镜、熏炉、剑等，另有数千枚“大泉五十”铜钱。铁器数量不多，锈蚀严重，器型不明。珠饰有绿色料珠、玛瑙珠、水晶珠等。金饼一枚，重250克，是迄今广东地区考古发现的唯一一枚金饼。

旧广州铸管厂151号木椁墓

根据墓葬形制及随葬器物判断M151年代为新莽时期。

东汉 旧广州铸管厂35号墓

位于荔湾区西湾路。2010年发掘。

墓葬编号M35，为长方形竖穴带横前堂砖木合构墓，有墓道。墓向173度。地面封土情况不明。墓坑保存较好，分前、后两部分。墓道位于墓坑南端中部，略向右侧偏斜。墓道前端底部为斜坡，后部右侧呈上、下两级台阶状，台阶不规整。

墓室平面呈“T”形，由横前堂和主室组成。墓壁双隅结砌。顶部很可能以木板平铺封顶。横前堂宽5.56米、纵长2米、深1.8米。横前堂后部左右两侧各砌有一砖台，与主室门口相对应。横前堂中部铺底砖，方式为纵横相间平铺，左右两端为纵向平铺。主室长6.1米、宽2.36米、底深1.24米。主室分前、后两部分，前部分有随葬器物，后部分设有棺床。

随葬器物一百一十一件（套）。横前堂左侧放置有陶提筒、仓、小口壶、四耳罐、四耳展唇罐、灯、灶、井和鸡、鸭、鹅、牛及砺石等；横前堂中部放置有小陶罐及铁戟等。主室前部放置有陶壶、三足釜、鼎、熏、簋、盒、案、小盒，铁戟，铜戟、矛、提梁壶、鼎、三足釜、臼、洗、温酒樽、耳杯、细颈瓶、弩机、刀、剑及石锅等。主室后部棺床之上置有双棺，左侧棺内放置有铜镜、削、带钩、钱，铁剑及刀，玛瑙串饰及石黛砚等；

旧广州铸管厂35号墓

右侧棺放置有铜镜、钱，玛瑙耳珰，金指环，银指环、镯，串饰等。主室的右后角放置有陶屋。

根据墓葬形制及随葬器物推断，M35年代为东汉前期。从墓壁结构、墓砖颜色及墓道情况判断，M35很可能经过改建。

东汉　东郊龙生岗43号墓

位于越秀区先烈路龙生岗。1953年发掘。

墓葬编号53东龙M43（广州汉墓M4013），为东汉前期夫妻合葬木椁墓。墓坑长6.2米、宽3.6米，前端有斜坡墓道。坑底前低后高，椁室依坑形用大木条垒筑两级，后部为棺室，前部用厚板横隔成前、后两半，分别作前室、器物室。这种简化的两层造法，称为“假双层分室”结构。椁门口用一层薄木板、一排直竖木柱作内外两重封门。棺室中部用板隔成左、右两室。左室葬男性，被盗，木棺已残。右两室，右室为女性，漆木棺完好，随葬破镜。出土罐、壶、提筒、碗、簋、鼎、三足釜、灶、井、仓、屋等釉陶，铜镜、铜带钩，以及盒、奁、盘、案等漆器和木船、木俑等，还有玛瑙珠和大量玻璃珠饰。木船为广州汉墓首次发现的汉代楼船，出土时已散乱，形制不详。盖内墨书“藏酒十石令兴寿至三百岁”的陶提筒，给广州秦汉墓中经常发现的铜、陶提筒属于藏酒用器这一推测提供了确证。出土的大量蓝色、浅蓝色玻璃珠，有三个样品经化验，所含元素与我国古代低温铅钡玻璃系统不同，应属东汉初年从海上输入的舶来品。

东郊龙生岗43号墓出土的釉陶提筒及其墨书摹本

东汉　东山羊山1号墓

位于越秀区羊山横路。1954年发掘。

墓葬编号54羊山M1（广州汉墓M4039），是一座砖木混合结构墓，形制特殊。墓壁全用砖砌，但墓顶及底部全铺木板，木门限、木板封门。墓门口紧接斜坡墓道。墓室内分前、后两部分，前为横堂，纵长2米、横宽5.64米，底部铺板，尚见板灰痕。砖墙残高1.9米，顶部铺板已朽

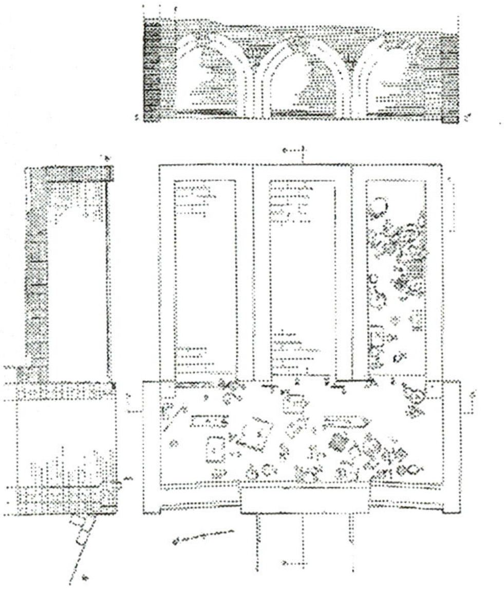

东山羊山1号墓平剖图

不存。墓门在横堂前壁正中，宽2.5米。封门木板已全朽，其下有一条宽0.12米、深0.1米的横沟，内有板灰，当为门限所在。横堂之后并列三室，中室略矮，左、右两室稍高。左室为生土底，是器物室；其余两室为棺室，有铺地砖，已空无一物。三室门口都有板门和门限，门限仅存灰痕。此墓早被盗扰破坏，随葬物凌乱，棺具、人骨架无存。中室门口两侧各置铜戟一件，应为原来位置，有拱卫之意。左室有罐、四耳展唇罐、提筒、灶、仓、囷、井盖、壶、案、三足釜、鼎等陶器十九件，另有器盖十个。前室有盒、瓶、案、陶牲畜、铜虎子等三十余件，还有铜剑、铜带钩、石黛砚和铜镜等，这些应是棺室内遗物，置放混乱当是盗墓者所为。这墓所出陶器形体大，

挂釉保存好，刻划纹饰精工，与龙生岗43号墓所出的相一致。

东汉　麻鹰岗建初元年墓

位于越秀区先烈中路广州动物园麻鹰岗。1956年发掘。

墓葬编号56东麻M2（广州汉墓M5041）。这是一座圆锥形穹顶砖室合葬墓。深约5米。墓门西向，外接斜坡形墓道。墓室平面呈“中”字形，全长9米，内分为甬道、前室和后室。前室方形，长和宽各2.8米、高3.26米，顶部呈圆锥形。前室左侧附一耳室，后面连接后室。后室长4.78米，券顶，后壁有龛。后室后端拱顶正中有一块墓砖刻“建初元年七月十四日甲寅治砖”十三字，隶体。棺具及人骨朽烂不存。该墓早被盗扰，但仍留有较多遗物。棺室后龛内置一陶屋，位置未动；中部靠两侧有珠饰三粒和铜带钩、铜削、铁削、金耳珰、玉眼盖、玉鼻塞、玉柱形器各一件，位置凌乱；前端有石黛砚一件，应为棺内遗物。另外还出土城堡、灶、壶、侍俑、案、鼎、三足釜、小盒、魁、瓶、熏炉等陶器和五铢铜钱。陶城堡长40厘米、横宽41.2厘米、高29.6厘米。周壁高墙，前后大门口上建望楼，城内有两幢房子，同为悬山式上盖，平面一作曲尺形，一作长方形。除城门口有一俑为守门者外，屋内有俑十二个。凭几端坐于矮榻上者三个，其余的是奴婢、侍卫和吏役等俑。建初元年即76年。该墓是广州考古发现的第一座有绝对纪年的汉墓。

麻鹰岗建初元年墓

东汉　西村克山永元十六年墓

位于荔湾区西村克山。1972年发掘。

墓葬编号72西克M1。西向，双隅砌筑，东西纵长9.94米、南北最宽7.88米。甬道口封砖墙三重。墓内中线为甬道、前室、主棺室。前室纵长形，左边有两个棺室，右边有两个耳室，棺室后壁设龛。墓被盗掘，残存有罐、壶、俑、牲畜等陶器，还有船、车、屋、城堡等陶器模型残片。从残存的结构来看，前室是四面合券的穹顶，其余均为券顶。墓砖青灰色，质坚，分平砖、刀砖和斧形砖三种，后两种用于砌筑券拱。有少数砖打印长条形戳印，印文为“永元十六年三月作东冶桥北陈次华灶”，小篆体。东汉永元十六年即104年。此砖铭要义有二：一是“东冶桥”，这是现在所知广州考古见到的最早两个小地名之一［另一个是永元九年（97）的“甘溪”］；二是“陈次华灶”，应属以窑场主名字命名的砖窑。由此说明，东汉时期的广州除了官办砖窑（如“甘溪灶”）外，亦有民间的窑场。

西村克山永元十六年墓砖文拓本

东汉　东山三育路3号墓

位于越秀区三育路西段。1956年发掘。

墓葬编号56东三M3（广州汉墓M5032），属东汉后期墓。墓室平面呈“十”字形，分甬道、前堂和棺室三部分。前堂为横长方形，横宽4.4米、纵深1.36米。横券特高，前后跨在甬道与棺室券顶上，残高2.64米。前堂内左侧置灶、井、仓等炊器和三足釜、鼎、小勺、簋、耳杯等食器，右侧有陶城堡一座，旁有小盒、盆和温酒樽

东山三育路3号墓

的器盖。棺室前端器物较多，中间两个长方案并列，案上放有耳杯、小盒等十多件小物件，案前摆有温酒樽、卮、魁、盆这几种盛食器，左侧置瓶，还有熏炉、烛台和俑座灯。器物位置虽有些凌乱，但还可以看出入葬时在棺前设奠致祭的陈设情形。棺室后部除左后角的陶屋似未经移动外，中部及两侧有玛瑙珠、五铢钱、铜剑、研石和陶罐残片，位置凌乱。出土的俑座灯为灰色泥质硬陶，俑为男性，高28.5厘米，头上缠巾托灯，面微向上昂，深目高鼻，口微张开，略带笑状，口上下划须，身躯肥硕，肌肉突出，遍体划毛，双足上曲作箕踞的姿态，已断。两手按膝上，阴部特显。广州汉墓出土的俑座灯，早期的体态瘦削，刻划较粗简。此墓出的泥俑体态肥圆，刻划较细致，凡属东汉后期的泥俑基本如是。

东汉　东郊先烈路3号墓

位于天河区沙河顶十九路军坟园西南。1955年发掘。

墓葬编号55东先M3（广州汉墓M5080），地面有长圆形封土，东西长约20米、南北长约18米、高5米。墓平面如两个“凸”字横排，由两个圆锥形凸顶的砖室组成，墓室半入地下，两室平面呈方形，圆锥形穹顶，长和宽各3.6米、高3.62米。甬道、后龛和过道均为券顶。室内有砖砌棺床。此墓早期被盗，棺具、人骨已朽。劫余器物有一百五十多件陶器，胎质坚致，有的挂釉匀薄，品类除一般容器、食器、炊器等外，还有井、灶、坐俑、侍俑、乐舞俑、镇墓俑、陶牲畜及车、船模型。出土陶船模型结构完备，长54厘米、通高16厘米。船前有锚，船后有舵，两旁为走道，船内分前、中、后三舱：前舱低矮宽阔，篷顶作拱形；中舱略高，方形，上有圆形微凸的篷盖；船尾有间矮小的尾楼，后舱右侧附厕所。歌舞俑一组四件，其中舞俑塑形特大，高38厘米，右手在前，左手反旋于后，口微张，作歌舞状。三个乐俑大小仅及舞俑之半，高14.5厘米，其一前置一琴，两手按琴上，作弹奏状；其余的两手伸出，似在击掌为节。

东郊先烈路3号墓出土的陶船模型（复原）

东汉　小谷围山文头岗1号墓

位于番禺区广州大学城北亭村。2003年7—8月发掘。

墓葬编号为M1，墓口和墓室券顶上存留有一层厚0.1—0.5米的黄红色黏土，应是墓室上封土。1号墓墓圹东西通长12米（不含斜坡墓道部分）、南北通宽14.3米，墓圹口距现地表深0.2—0.5米。由两座双穹隆顶多室砖墓北南并列构成，平面呈“井”字形，墓向242度，坐东朝西。两座砖室墓结构形制相同，规模大小接近，分别由墓道、甬道、前室及耳室、过道、后室及耳室等组成。在两前室相邻的侧墙，构筑券形通道以互通。该墓已遭多次盗扰，破坏较严重，劫余的随葬器物

小谷围山文头岗1号墓

主要集中分布于前室和甬道，共计七十二件，其中陶器六十六件，有罐、壶、釜、瓶、豆、钵、盆、奁、熏炉、杯、勺、案、仓、囷、屋、灶、井、灯、俑、纺轮等；铜器六件，有铜钱、铜泡和铜碗；另见玛瑙、绿松石、琉璃及琥珀等质地的管饰或串珠若干。

墓砖有黄褐色和青灰色两种，分长方形平砖、楔形刀砖、梯形平砖和三角形平砖四大类，较广州地区一般常见的汉墓墓砖规格大、种类多。墓室砌构使用残砖现象不多，在拱顶外壁的砖缝中还填塞陶片、瓦片等，以增强咬合力，反映出墓室建造的讲究。

山文头岗1号墓不仅是小谷围岛发掘的汉墓中规模最大的，也是广州地区已发现的东汉砖室墓中规模较大的，其双室并列、四个穹隆顶的同坟异穴形式，在广州地区属少见的墓型。从墓葬结构形制和随葬器物来看，该墓的年代为东汉中后期。

考古发掘后，对墓葬实施原址回填保护。

东汉　番禺沙头东汉墓群

位于番禺区市桥街道银平路121号。1993年开始对墓地进行钻探和发掘，在长约300米、宽约100米的山麓范围内，发现东汉砖室墓二十二座，对其中十二座进行了发掘。

墓葬结构形式多样，单穹隆顶的有“中”字形、“十”字形、“凸”字形、“T”形，双穹隆顶的有“串”字形、“土”字形等，大部分墓都由墓道、封门、甬道、前室、后室、壁龛等组成。出土各类随葬品近五百件。其中3号墓保存较好、规模最大、出土器物最为丰富。

3号墓坐北向南，为单穹隆顶“十”字形砖室墓，由墓道、封门、甬道、前室、左侧室、右侧室、主室和壁龛组成。现存长8.25米。墓道不存。甬道长1.1米，为双隅墙、券顶。前室南北长3.25米、东西宽3.3米，用平砖迭砌，穹隆顶已毁。左侧室残长1.36米，右侧室长3.55米，均为单隅券拱。主室长3.9米，单隅直券，后壁有壁龛，较为特别的是壁龛有一窗棂式封门，内外通透，甚为少见。墓葬早年被盗，墓内填满泥土和碎砖，但随葬器物仍较为丰富，特别是在前室东北角的一个陶案上，整齐地摆放着九个薄胎铜碗。此外，还出土了百余件陶器，器类有壶、罐、四耳罐、瓮、碗、盒、鼎、提筒、簋、釜、耳杯、温酒樽、魁、奁、熏炉、烛灯、井、仓、灶等，还有形态生动的陶狗模型。

沙头墓群年代属东汉晚期，墓主应属当时有一定身份的富户或官吏。考古发掘后，对墓地实施原址保护，并建设番禺博物馆。

1999年7月，公布为广州市文物保护单位。

番禺沙头东汉墓群

东汉 广州动物园东汉墓

位于越秀区先烈中路120号广州动物园。2012年发掘。

墓葬编号M4，墓向248度。墓坑平面呈“中”字形，东西长10.2米、南北最宽7.5米、残深3.5米。墓坑前端中部有斜坡式墓道，坡度13度。墓室全长9.74米，分甬道、横前堂和并列双后室，横前堂长7.13米。甬道券顶前部上方有完整额墙。封门保存完好，双隅，略向外弧。墓壁和券顶均为双隅。甬道内长1.62米、宽1.65米、内高1.7米，底部以长方形平砖纵横交错平铺，部分为残砖。横前堂内长1.5米、南北宽5.9米、高2.8米，底部也以长方形平砖纵横交错平铺。后室高出横前堂四层砖高度。左后室内长5.76米、宽1.36米、高1.7米，底砖绝大多数被撬走。右后室内长5.8米、宽1.44米、高1.7米，底部铺砖几乎不存。左、右后室间有门道相通。

此墓被严重盗扰，盗洞在横前堂左侧。残存随葬器物集中分布在横前堂，清出陶器数件，有屋、仓、灶、井、碗、罐、盂等器类和俑、鸡、鸭、牛、猪、狗等模型，以及较多的陶器盖。其中五件陶俑烧制火候高，形态各异，面部表情刻画得栩栩如生，为广州地区以往考古发掘少见。此墓虽被严重盗扰，但其结构保存完整，极其难得，为研究广州两汉墓葬形制及其演变提供了重要的材料。考古发掘结束后，对墓葬实施原址保护展示。

2015年8月，公布为广州市文物保护单位。

广州动物园东汉墓

汉 梅花岭汉墓

位于增城区增江街道四丰村梅花岭村后山西面。1972年增城县文化馆组织发掘清理。

共发掘4座砖室墓。其墓室为“十”字形，青砖券顶，墓道至墓室通长6米，左、右两室各长3米。墓群早期被盗扰，出土陪葬器物有罐、四系罐、壶、碗、钫等陶器。2015年1月，广州市文物考古研究院配合中都物流项目用地建设对该墓群东部开展了考古工作，发掘清理了四座东汉时期的土圹竖穴砖室墓，出土器物十九件（套），陶器有罐、井、豆、钵等。该墓群中有部分墓室仍保存较完整。

1985年6月，公布为增城县文物保护单位。

梅花岭汉墓

晋 沙河顶西晋太熙元年墓

位于天河区沙河顶永福村。1981年4月发掘。

墓葬编号81东沙M4。墓顶距地表2.5米，墓东向，全长7.9米，内分甬道、前室、过道和后室四部分。前室为横长方形，四面合券形成穹隆顶。左、右两壁下各附一平面近方形的耳室，券顶。前室当中有砖砌祭台。棺木骨架腐朽不存。此墓早年被盗扰，盗洞在后室顶部，可确认属棺内遗物的只有一对滑石猪，其余属棺外遗物，多为青釉器，共五十五件，其中盆、盘、勺、簋、鸡首壶、虎子、唾壶、灯、灶各一件，耳杯、盂、牛车、骑马俑各两件，盅三件，碗四件，盏十三件，四耳罐十六件。这批青釉器胎质坚硬，灰白色，但未完全瓷化。器表施釉，色青黄，有开片，釉层多已剥落。出土的牛车、骑马俑、篮等都是广州地区晋墓中首见。牛车两件，一大一小。大的车厢呈长方形，平顶车篷，向前延伸以遮盖牛身，适合南方地区高温多雨的自然环境。车厢外部刺刻篦齿纹，显示原物用篾篡编成。有几块墓砖印有“太熙元年”铭文，太熙元年即290年。

沙河顶西晋太熙元年墓砖文（纹）拓本

晋　姬堂墓群

位于黄埔区大沙街道姬堂社区。1994年发掘三座晋墓，另有一座墓原地保留。

墓葬均北向，M1为长方形单室券顶墓，长5.15米、宽1.52米、高1.43米，有后龛。墓门以砖斜错相交封砌，近封门墓壁上有对称灯台。M2平面呈“中”字形，全长7.18米，墓室分甬道、前室和后室。前室甬道口有砖砌灯台，后壁有龛。前后室交接处有“T”形排水道通前室。随葬品有青釉罐、珠饰等。封门及墓内券墙间有多块墓砖，上印有“永嘉元年正月十五日张秀士家作砖”文字。M3为多室券顶墓，墓室全长8.52米，分甬道、前室、西耳室、过道和后室。前室和西耳室为横券，余为竖券。前室东壁有呈“品”字形分布的七个小龛，各置青釉小壶。西耳室后壁正中砌壁台以置青釉碗、碟。后室有后龛，存铜棺钉，随葬滑石铭牌、谒牌等。除西耳室外，其余各室均用东汉墓砖结砌，部分墓砖侧面印有“熹平四年”“四年四月”等文字。根据M2墓砖上印的永嘉元年（307）纪年，推断这是一处西晋后期的家族墓地。

晋　西村孖岗1号墓

位于荔湾区西村孖岗，1954年发掘。

为西晋夫妻合葬墓。平面为长方“凸”字形，全长6.32米，券顶。由甬道、前室和主室组成。前室置青釉陶器十九件，有罐、盂、碗、灯等。主室内纵陈两棺，男左女右，左棺较残，棺侧有铜镜一面，右棺保存稍好，半独木舟式，棺底垫草席和笭床。朝墓门的一头置漆奁、漆盘、陶罐各一件，其中漆盘内盛铜镜、木梳、漆耳杯、橄榄核，陶罐旁还有银钗、银耳挖、鎏金铜钗和玳瑁钗，这里可能为墓主的头部位置。棺中部有银镯、金镯、银指环、金指环、金小狗、银珠、银方胜、银顶针、五铢钱、货泉铜钱等遗物。墓砖皆青灰色，朝里一

姬堂墓群M3甬道及前室

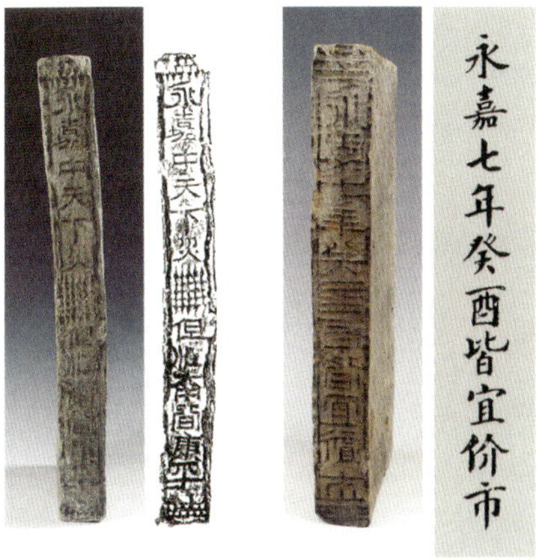

西村孖岗1号墓墓砖及砖文拓本

侧都印有纪年文字、吉祥语或造砖者姓名，仅两砖在一侧印几何花纹。砖文有“永嘉五年陈仰所造”“永嘉六年壬申宜子保孙”“永嘉六年壬申富且寿考”“永嘉六年陈仲恕制作砖”“永嘉七年癸酉皆宜价市”“子孙千亿皆寿万年”“永嘉世天下荒余广州皆平康”“陈仁”“陈计”等十种。少数砖三个侧面都印有文字。

晋　沙河狮子岗1号墓

位于天河区沙河镇西北狮子岗南麓。1957年发掘。

墓葬编号57东狮M1。墓平面呈“艹”形，由对称的左、右两墓室组成。各有墓门，在左、右两前室之间有券顶过道连通。墓纵长9.58米、横宽7.14米。前室与棺室都是四面合券的穹顶。室内宽敞高大，两室都附一个券顶小龛。墓砖青灰色，扁平两面都印斜方格纹，有的压上一两个掌印，除少数素面砖外，多数在朝里的一侧印几何图案花纹和纪年文字。有“建兴四年七月立作”“建兴四年作”“建兴四年四”三种，还有“作此与众异”及划写“孔子”“右”文字各一块。墓早被盗扰，盗洞在左墓室的棺室前端。墓内棺具、人骨架无存。左棺室近盗洞处遗有铁环首刀一把、金钗一支；右棺室中部仅见金指环一个和蓝、白色玻璃珠七粒。劫余的青釉器共六十五件，除左、右前室的小龛内堆满的四耳小罐、盂等还保持原来状况外，其他的都散乱各处。

此墓为广州发现晋墓中规模最大的一例。从地理位置、墓葬形式、青釉器特点来看，此墓应属西晋末年墓。建兴年号历史上凡六见，此为西晋建兴四年（316）。

沙河狮子岗1号墓砖文拓本

晋南朝　龙井山、松仔岗墓群

位于增城经济技术开发区创业大道北侧。2016年11月—2017年2月进行考古发掘，清理商时期至明清时期墓葬二十五座。

其中晋南朝时期墓葬共十七座，均为长方形券顶砖室墓，部分墓葬券顶已被破坏无存。M6墓向332度。墓室券顶保存较好，北部被盗洞打破。墓坑长11.5米、宽4.85米、残深2.46米。前端有斜坡式墓道。墓室由甬道、前室和后室组成。封门保存完好，墓壁单隅。墓室内部有多组承券结构，前室摆设祭台，东西两壁中部设灯台，后壁保存完整，有假柱和壁龛，底部铺砖。残存釉陶、铁、滑石质随葬器物二十三件，器型有盏、洗、碗、四耳罐、鸡首壶、铁剑头、滑石猪及棺钉等。M3墓向321度。墓道内填塞较多大石块。残存随葬器物有唾壶、盘、碗、钵、三足砚、器盖和执壶等。M10随葬青釉瓷盒底部刻划文字“永和六年”，永和六年即350年，明确了墓葬年代。

龙井山、松仔岗墓地是广州古城区以外首次发现的分布集中的晋南朝墓群，墓葬结构保存较好，极大地丰富了广州地区晋南朝墓葬资料。

龙井山、松仔岗墓群

南朝　沙河茶亭1号墓

位于天河区沙河顶永福村茶亭。1955年6月发掘。

墓平面呈长方“凸”字形，全长9.26米。墓室分甬道、前室、过道和后室四部分。墓门和过道为四重券拱，前、后室为双重券拱，内券都是在发券的地方开始做单拱结砌，形同肋骨以支承外券。前室和后室两壁砌出直棂窗，后壁正中嵌砌圆形假柱，假柱的转角和过道内券的转角都是特意磨圆的，呈半圆柱状。前室有砖砌祭台。墓砖多为红黄色砖，扁平两面都印有斜方格纹，质地坚实。此墓早被盗扰，残棺板两块搁在过道和前室之间，应为从后室浮移出来的，其中一块残棺板上有滑石猪一对，铜镜一面。后室内有铜簪、大泉二千铜钱、金饰片各一件，还有已压碎的青釉器等。前室祭台和甬道处也有青釉器。全墓所出青釉器计有碗、盂、罐、碟、鸡首壶五种器型，大小共十四件。这是广州发现的南朝墓中规模较大、结砌做工较精巧的一例。

沙河茶亭1号墓

南朝　横枝岗元嘉十七年墓

位于越秀区横枝岗路62号广州市胸科医院。2018年发掘。

墓葬编号M41，为“中”字形竖穴土坑券顶砖室墓，方向56度，由斜坡墓道、排水沟、甬道、前室、南北耳室、过道及后室组成。

斜坡墓道位于墓坑东侧中部，坡度16度。排水沟偏于墓道南侧，是在斜坡墓道底部开挖沟槽，沟槽底部放置上下两排圆形陶水管道，管道之间以榫口相接连。其起端接于封门内侧渗水井东壁上下两个方形排水孔内。在沟槽内间距1.5—3.5米不等处留有宽约0.5米的生土台，陶水管道从生土台底部穿过。

封门砌于甬道内渗水井前壁上，两侧砌灯台，顶部砌有券形门楣。门楣两翼及上部砌有双隅额墙，墙中部砌上下两层菱角牙子和直棂假窗。甬道前部为二重券，后部为三重券。甬道前部和中部砌有前后相连的渗水井和集水池。甬道后部两侧内壁砌有对称的破子棂假窗，假窗上下各砌一层菱角牙子。上层菱角牙子上分砌三道券。前室内长2.08米、宽2.18米、高3.84米。券顶横向结砌，前端砌于甬道券顶上，后端砌于过道券顶上。券顶近中部有个长方形孔洞。券顶外部加砌一层叠涩顶。底部为“人”字形平铺砖。四角各砌筑一个灯台。前室南、北两侧各砌有一个耳室，结构相同，顶部为两重券顶，券外加砌一重护券，砌于前室灯柱外侧。底部前端用长方砖横向平铺包边，其后为“人”字形铺砖。过道顶部为两重券顶。内壁两侧加砌两组承柱。过道前端与前室相连，砌有五级台阶。后室内长4.2米、宽1.76米、高2.8米。顶部为三重券顶，券顶后部中间用砖与其他券顶砖略有差异，应为一盗洞后经

横枝岗元嘉十七年墓

修补。后室前端券顶外两翼及顶部用残砖砌筑单隅挡土墙。四角各砌一个灯台。后室南壁发现一块砖刻划文字“元嘉十七年正月”。底部为“人”字形铺砖，层数不详。后室后端在券顶下砌筑双重承券，形成一个拱形壁龛。龛内底部砌有直棂假窗、菱角牙子、破子棂假窗，并用委角砖砌筑“下二、中一、上一”的“品”字形假柱。

墓内葬具及人骨朽甚不存，出土随葬器物十七件，分散于渗水井、前室灯台、南北耳室及后室。墓砖多为红黄色，少量青灰色。砖的形制、规格按照墓室结构的不同而有所不同，有长方砖、小长方砖、斧砖、刀砖、委角砖、长条砖、三角砖等。

M41规模之大、结构之精、保存之完整，为广州考古七十年仅见。“元嘉十七年正月”铭文砖，确认墓葬年代为南朝宋元嘉十七年（440），这是广州地区第二座纪年南朝墓，为南朝墓葬的分期断代提供了重要标尺，对研究广州地区南朝时期的墓葬形制、建筑水平及南朝时期瓷器制造业具有十分重要的意义。

南朝　元嘉二十七年龚韬墓

位于广州市越秀区淘金东路。2004年发掘。

墓葬编号M69，长方形砖室券顶墓，方向158度。墓坑平面略呈“中”字形，长10.73米、宽2.8米、残深4.06米。南面有斜坡式墓道。墓道北部靠近封门上部处砌有砖函，内置买地券一方。墓室由甬道、前室过道及后室组成。封门为一平一丁铺砌，封门两端砌有灯台。甬道长1.74米、宽1.26米、高1.53米。双重券顶。内加砌三组承券。中部砌有渗水井，渗水井南壁中部砌有象征性排水孔。前室长2.34米、宽2.24、高3米。三重券顶。紧贴墓壁距底部1.66米处砌有五组“凸”字形承券。墓壁两侧距底部0.74米处砌直棂假窗，并以竖砖砌成十道直窗棂，上下砌出菱角牙子。墓壁四角砌有灯台。中部原有祭台已塌毁。底部铺砖呈“人”字形。过道双重券顶，严重损毁。内加砌三组承券。底部为“人”字形铺砖。过道底部与后室底齐平，但高出前室底六级台阶。后室长4.28米、宽1.84米、高2.72米。三隅错缝平叠，三重券顶，部分毁塌。后室四角距底部1.32米处砌灯台。底部为“人”字形铺砖。后壁距底部0.42米处砌直棂假窗，高0.36米，以竖砖砌十道直窗棂，上下两端砌九个菱角牙子。后壁上部砌假柱，下二上一呈“品”字形。墓砖多为红黄色，有长方形砖、斧形砖、刀砖、委角砖等。

元嘉二十七年龚韬墓（左）墓口

墓内出土随葬器物二十六件（套），大部分置于前室，有青釉器、滑石器、铁器等。买地券方形，长18.5厘米、宽17.9厘米、厚0.9厘米。表面打磨光滑。在表面划出小方格后阴刻文字，字体介于隶楷之间，刻写较随意。共二百一十四字。据券文知，M69墓主为龚韬，生前任州从事史，葬于南朝刘宋元嘉二十七年（450）。这是广州考古发掘的第一座纪年南朝墓，为研究广州地区六朝墓葬形制和葬俗提供了重要材料。

南朝　陈元德墓

位于番禺区大龙街道新水坑村将军山。葬于南朝，现坟面为清道光元年（1821）重修。

该墓坐西南向东北。为花岗岩石砌筑的交椅墓。享堂前原有祭桌、山手、石狮、平台、华表等，后毁坏，只剩下享堂正中的墙壁与镶嵌的墓碑以及两边的基石。清代重修。享堂墙体正中高处饰以宝顶石雕，主墓碑居中，左右两边各立墓碑。主墓碑正中刻“晋始祖建国大将军陈公墓”，左墓碑正中刻“宋二世祖考处士陈公妣安人湛氏合墓”，右墓碑正中刻“齐四世祖考处士陈公妣安人梁氏合墓”。均有上下款。

陈元德（371—463），原名玄德。康熙年间陈氏后人因避清圣祖玄烨之讳而改“玄德”为“元德”。陈元德为东晋秦州南安郡獂道县（今甘肃省陇西县）人。生平以才勇闻世，历仕东晋孝武帝、安帝、恭帝三朝，征战有功，以功擢升建国大将军。东晋元熙二年（420）隐居广州番禺桂林乡宁仁里（今广州番禺区南村镇坑头白水坑），后又迁居坑头。卒于南朝宋大明七年（463）。

2008年12月，公布为广州市文物保护单位。

陈元德墓

唐　清真先贤古墓

位于越秀区解放北路901号，兰圃西侧。是伊斯兰教大贤萨阿德·宾·艾比·宛葛素（穆罕默德的弟子）的陵墓，相传建于唐贞观三年（629），是著名的伊斯兰教古迹，古称“回回坟”。

墓园占地面积约2200平方米，周围广植花木，墓室西、南面还建有拜殿、方亭等房舍，墓园附近为历代知名伊斯兰教徒墓地。宛葛素墓室坐北向南，为平面方形穹隆顶，上圆下方，宽、深各约6米，占地面积约36平方米。地板砌黑白相间的小瓷砖，东西墓壁各有一小窗，墓壁极厚。墓室内筑成拱顶，作穹隆形，状似悬钟，室内诵经会有回响，故有“响坟”之称。墓园内还有四十八座历代穆斯林墓葬以及拜亭、“高风仰止”牌坊等文物建（构）筑物。

清真先贤古墓

清真先贤古墓是伊斯兰教通过海路登陆广州并在中国传播的直接见证，反映了古代广州对外贸易和海外文化交流之繁盛，也体现了中国传统文化与伊斯兰文化的共存交融。

2013年3月，公布为全国重点文物保护单位。

唐　广州动物园初唐墓

位于越秀区先烈中路120号广州动物园。2012年8月发掘。

墓葬编号M1，长方形券顶砖室墓，墓向135度。墓坑平面呈长方形，长4.24米、宽1.36米。墓壁单隅，用长方形平砖错缝平砌。单重券顶，封门位于前室侧壁内侧。墓室内长3.72米、宽0.88米，分前、后室。前室中间有方形渗井。前、后室间的过道有五级台阶。后室前部用长方形平砖纵、横各铺一排，后部

广州动物园初唐墓

为长方形平砖“人”字形单层平铺。后壁砌于墓室侧壁内侧，上、下部分别砌浅券拱和浅壶门装饰。

墓内残存随葬器物十六件，有青釉瓷碗、杯、四耳罐和陶生肖俑等。八件陶生肖俑中，羊俑和狗俑出土时倒卧于后室前部近过道处，其余六件在后室中部右侧，面向棺位，自前至后分别为鸡俑、猴俑、龙俑、牛俑、鼠俑、马俑。高18.2—21.5厘米。黄灰胎，兽首人身，五官精致，面部表情逼真。均着团领袍服，窄袖，腰间束带。双手交叉，以右手握住左手大拇指，左手其余四指紧贴于胸前，行“叉手礼”。这是广州考古发现的唯一一例随葬生肖俑的墓，也是目前广东地区考古发现的年代最早的生肖俑。

唐　夏园乡砖室墓

位于黄埔区夏园乡将军山，1987年9月进行清理发掘。

墓葬为大型砖砌券顶双墓室合葬墓，平面呈“卄”形，墓向220度，两墓室平行排列，形制基本相同，西墓室稍大，各有封门、前室、棺室和耳室，两室有过道相通。墓室全长6.6米、最宽处7.9米、高2.46米。墓底砖平砌呈“人”字形，单层，墓壁为双隅砖平砌，顶用刀形砖砌筑起券。墓葬被盗扰严重，棺木、尸骨腐朽无存，随葬品被洗劫一空，仅发现少量遗漏的器物。其中有三件唐三彩，器型为俑、马、骆驼，还有鱼形银簪一件、花卉状银饰一件、青釉罐残片两件。根据墓葬形制判断其年代为唐代早中期。

夏园乡砖室墓

夏园乡砖室墓是迄今广州地区考古发现的最大一座唐代墓葬，墓葬规模较大，建造考究，表明墓主人身份较高，可能为显赫官宦。唐三彩亦是首次在广州地区唐墓中出土。

唐　广州机务段砖室墓

位于荔湾区广州机务段生活小区。2009年9月发掘。

墓葬编号M30，为长方形券顶砖室墓，方向113度。墓坑长3.54米、宽2米。墓坑东侧中部有斜坡式墓道。墓道靠近封门处残存有砖砌祭台。

广州机务段砖室墓

墓室内长3米、宽1.24米，底部距券顶最高处1.25米，分前、后室。前室墓底无砖。后室中部砌棺床，两侧墓壁前、后部砌有灯龛，共四个，距墓底约50厘米，尺寸一致，叠涩顶。后室南壁中部偏西侧砌有小耳龛，高出墓底三层砖，平面呈长方形。墓壁另一侧砌有壁龛，位于后室北壁中部偏东侧，平面呈长方形。壁龛砌筑于三层壁砖之上，以壁砖为底，侧面呈规整“凸”字形。后龛位于后壁中部。墓砖火候不高，呈青灰、灰黄色，素面，有长方形平砖和刀砖。葬具已毁，葬式不明。

墓内随葬器物五件，包括瓷、石、铜、砖等质地。端石砚一方，平面呈“风”字形，砚首上翘，浅池平滑，砚底后部鼓出着地，前部有矩形双足。长16厘米、高2厘米、首宽12厘米。制作精细，保存完好。

唐 太和岗王复元墓

位于越秀区太和岗。1998年发掘。

共清理晚唐墓葬四座，全部为砖室墓。M2残存随葬器物十件，有罐、盏、碟、滑三猪等陶器。出土一方砖质墓志，方形，边长36厘米。据志文可知，墓主为王复元，山西太原人，官至广州同节度别使。墓葬建于唐开成五年（840）。该墓与M1并排平行分布，间距仅0.6米，结构相同，皆带墓门、耳室及棺床，应为同茔异穴夫妇合葬墓。

太和岗王复元墓（右）

唐 建设新村姚潭墓

位于越秀区建设大马路北段。1954年发掘。

墓葬编号54北建M1，长方形砖室墓。墓室内长3.52米、宽1.2米。全墓用灰黑色素砖结砌。券墙双隅，后壁单墙，封门双重砖墙。券顶上部在平土时被拆毁，但土坑壁上留下砖痕，得知墓室原高1.15米。墓底铺砖。棺具置中后部，已朽，只存一些残铁棺钉。骨架亦朽，只有墓主两枚牙齿，其中一齿上黏附薄金片一小片。墓室前部有白瓷碗一对、粉盒一个，还有四耳罐等几件釉陶器。砖质墓志一方，竖于右券墙下。墓室后部两侧各有双耳釉陶罐两件。两件白瓷碗是广州唐墓首次发现，经鉴定属于邢窑系统。姚潭墓牙齿上发现的金片，是我国古代镶嵌金牙的一个实例，证明唐代确有镶金牙的风尚。墓志青灰黑色，略

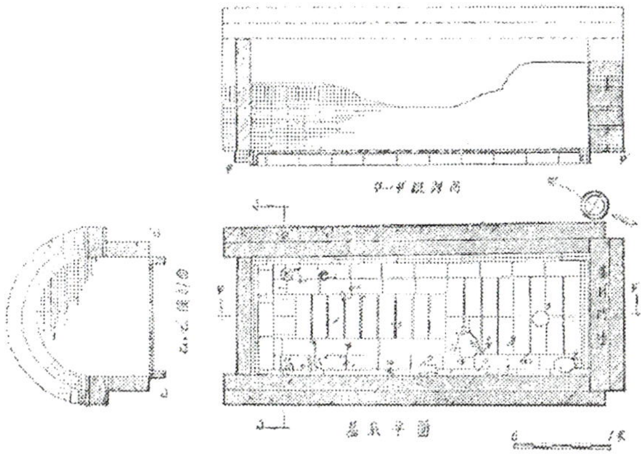

建设新村姚潭墓平剖图

软，高35.5厘米、宽36厘米，志文刻写楷书，分刻十四行。据志载，墓主姚潭，是唐广州都督长史禔一的长女，卒于唐大中十一年（857）十二月二十七日，年二十五岁，于大中十二年（858）二月十三日丙子葬于甘溪之南原。甘溪发源于白云山，此墓附近的山岗曾发现一东汉墓，有“甘溪灶九年灶”戳印墓砖出土，说明这里自东汉以来就叫甘溪，沿至唐代无改。

唐 越秀山王涣墓

位于越秀区越秀山镇海楼后面山坳间。1954年5月发掘。

越秀山王涣墓志

墓葬编号54越秀楼M2。墓室平面呈长方形，内长3.6米、宽1.72米。墓周壁双隅，近底的三层砖是一顺四横一顺相间，以上平砌。墓内仅存一块青石质志石，四边斜面，当中刻“太原王府君墓志铭”两行八字，篆体。周围密布线刻牡丹花纹。志石高75.5厘米、宽78厘米、厚7厘米。志铭正书，凡四十四行，残数字，约共一千七百零四字，为广州唐墓发现的志石中最大和文字最多的一石。志文载，墓主王涣，唐光化三年（900）充任掌书记之职，随清海军节度使徐彦若南下广州，卒于天复元年（901），年四十三岁。

五代十国　南汉乾亨九年李十一郎墓

位于海珠区江燕路268号。2016年发掘。

墓葬编号M1，为长方形单室墓，方向241度，无墓道。墓坑平面呈长方形，长3.3米、宽1.3米、残深1.3米。墓室内长2.87米、宽0.82米、高0.8米。墓室上部可能以木板封顶。墓室底部以整砖和残砖单层结构结砌长方形棺床，长2.82米、宽0.64米。墓内葬具和人骨均已腐朽不存，仅在棺床南端靠近墓壁处残存铁棺钉一枚，锈蚀严重。墓砖较为杂乱，墓壁用砖多为东汉时期的墓砖，大部分为整砖，颜色以青灰色、黄灰色居多。出土器物四件，墓室西南部有瓷四耳罐、碗各一件；棺床中部两侧贴墓壁处分别竖立石质合同券、石质地券各一道，文字面均朝向棺位。石质合同券为青灰色泥岩，长28—28.1厘米、宽16.9—17.4厘米、厚1.4—1.7厘米。正面打磨光滑，券文自右向左竖行刻写，楷书，部分字有隶书风格，十六行，满行十六至十七字，共二百五十一字。石质地券大小与合同券相近，券文自左向右竖行刻写，楷书，比合同券少一个“作”字，其他内容与合同券完全一样。券文除最后一个道符外，其余与合同券所刻完全相同。“乾亨”是南汉高祖刘岩第一个年号，乾亨九年即925年。是年八月，刘岩改元白龙，并改名刘龑。

李十一郎墓具有重要的断代意义。随葬的合同券和地券，保存完好，券文书写工整，内容丰富，完善了买地券的时代序列，为研究五代南汉国的历史地理、社会面貌、埋葬习俗，以及买地券的演变等提供了实物资料。

南汉乾亨九年李十一郎墓

五代十国　南汉大有元年李纾墓

位于越秀区横枝岗路62号广州市胸科医院。2019年发掘。

墓葬编号M3，为一座长方形单室墓，方向90度，无墓道。墓坑平面呈长方形，长4.04米、宽1.76米、残深1.1—1.15米。墓室内长3.22米、宽0.94米、高1.02米。墓室顶部已不存。墓壁双隅，砌于生土上。两端的砖砌墓壁顶部各有一个凹缺，两端对应。墓室底部低于墓壁底部0.05米，墓底中部和后部用单层青灰色大方砖对缝平铺，墓室前部设渗水井。墓底后部铺砖距离后壁有0.09米的空隙，内有一条沟槽，用以放置墓志。墓内葬具和人骨均已腐朽不存。墓室内紧靠后壁

南汉大有元年李纾墓

处立放一方石质墓志，墓室中部左侧紧贴墓壁处斜放一道侧立的石质地券，无文字；墓室中部右

侧放置两串铜钱，均锈蚀，粘连在一起，部分可辨识为“开元通宝”。

石质墓志保存完好，志文书写工整。从墓志可知，墓主李纾，字文达，是唐惠庄太子李撝的五代孙，卒于南汉大有元年（928）四月十四日，享年五十三岁。李纾终官及获得的勋位为太中大夫、御史中丞兼尚书兵部侍郎、上柱国、赐紫金鱼袋，为南汉高级官员。

李纾墓是经考古发掘的第五座有明确纪年的五代南汉墓葬，也是唯一一座身份明确的南汉高级官员的墓葬。此墓的石质墓志内容丰富，为研究五代南汉国的历史、地理、行政区划、职官、社会面貌、埋葬习俗以及北人南迁历史提供了实物资料。

五代十国　南汉二陵

是指五代十国之一南汉国烈宗刘隐的德陵和高祖刘岩的康陵，分别位于番禺区小谷围街道北亭村青岗北坡、大香山南麓。2003—2004年发掘。

南汉德陵

德陵坐北朝南，方向358度。为竖穴土圹砖室结构，墓圹南北长26.47米、东西宽3.4—5.82米。墓室内长10.43米、高3.04—3.45米，用素面青灰砖砌成。室顶用楔形砖砌出券拱，后室券顶套接在前室券顶上面。墓道在墓室北端，底呈南低北高的斜坡。墓道南端靠近封门处用单砖东西向叠砌三层，隔出一个器物箱，南北宽1.53米、东西长3.21米。器物箱内放置青瓷罐一百九十件和釉陶罐八十二件，器物摆放东西成列、南北成行，整齐有序，应是当时“墓前设奠”之遗存。

封门为砖石合筑，砖墙中间夹放三块横置石板。前室南北长6.27米、东西宽3.14米，四重券顶。东西两壁对应有上、下两层壁龛，上层四个、下层五个。前、后室之间有一条短过道。后室平面大体呈方形，南北长3.48米、东西宽3.77米。一个大盗洞打破后壁和墓底。后室的东西两壁各有五个龛，分上、下层，后壁也有壁龛，其形状与前室相同。墓葬被多次盗扰，墓室的铺底砖全被撬起。墓室内的随葬品已被洗劫一空。仅在前室扰动土中发现有青釉陶屋残片。

德陵墓道器物箱出土的二百七十二件青瓷罐和釉陶罐，是广州考古第一次发现如此之多的五代瓷器。其胎质坚硬，釉色青中闪灰，晶莹透亮，是五代青瓷中的上品，为研究五代十国陶瓷器提供了珍贵的实物资料。

康陵与青岗德陵相距约800米。坐北朝南，由地面陵园建筑和地下玄宫组成。陵园依山而建，南北长约160米、东西宽约80米，面积达1.28万平方米。四面夯土墙垣（神墙），修建方法为先挖基槽，然后夯土版筑。夯层的边缘用专门敲碎的瓦片摆砌成线，墙壁平直规整。墙基两侧均有大量的散碎瓦件，估计墙头原有顶盖。墙基筑有护坡。神墙四隅设有角阙，均为一大一小子母阙对角相连。子阙位于内侧，与墙垣相连接；母阙在墙角外侧。陵门设在陵园南墙正中，两旁的墙基下分别设置砖砌排水沟（暗渠）。陵门南侧约20米处有廊式建筑。

南汉康陵陵坛与墓道

陵台位于陵园中部偏北，平地起筑。封土台为砖包土的方座圆丘，形如塔基，中间以红黄土夯筑圆形土台，周围垒砌包砖，逐渐内收。底部包砖外径10.2米，夯土内径5.9米，现存高2.2米。砖缝间用泥浆黏合，外壁抹有2—5厘米厚的白灰，多已脱落。方形基座封土丘下接方形基座，边长11.4米、高0.15—0.25米，也是砖包夯土结构，基座面内高外低。基座四周为大方砖铺砌的散水地面。陵园内出土陶脊兽、瓦当等建筑构件。

地宫筑在陵台正下方，方向172度，是长方形竖穴砖室结构。墓室内长9.84米、宽3.16米，内顶高3.28米。墓壁用厚大的素面青灰砖错缝结砌，厚1.5米。四重券拱，厚达1.45米。地宫南面有长方形竖穴斜坡式墓道，口大底小，南宽北窄。封门两重。外封门由三块长方形大石板叠放，内封门为五平一丁青灰砖结砌的砖墙，将甬道堵实。前室长1.34米、宽3.16米、高3.3米。两壁对称设置直棂假窗和小龛各一个。前室近甬道处立石质碑形哀册文一通，保存完好。前室与中室以过道相接。中室长2米，与前、后室同宽、同高。后室与中室之间用砖砌矮墙相隔。后室长5米、宽3.16米，顶高与前室、中室相同，后壁厚1.7米。后室中部有砖砌棺床。后壁有龛，被盗洞打破。中室和后室的两壁分别设置十四个长方形叠涩顶小龛。上下两行，每行七个，略呈“品”字形分布。后室后壁有一大龛，长方形直壁券拱。前、中、后室均用大方砖墁地，砖下垫有厚约2厘米的白灰。整个墓室的墙壁上都抹有白灰，由于自然剥蚀，白灰壁面已脱落。部分灰壁表面可见勾勒弧线和直线纹。

打破墓室和陵台的盗洞共七个，有三个进入墓室。地宫残存青瓷器、釉陶器、玻璃器和石器等。陶水果象生种类有香蕉、木瓜、菠萝、柿子、桃、慈姑、荸荠等，多为岭南本地的物种，这是目前考古发现的年代最早的水果象生。玻璃器以瓶为主，经检测属于来自西来地区的舶来品。哀册文碑保存完好，高115米，宽154米，厚0.2米。碑侧刻有缠枝蔓草纹。志文楷书，首题“高祖天皇大帝哀册文”，三十八行，满行三十五字，共一千零六十二字。据志文可知，墓主为南汉高祖刘岩，崩于南汉大有十五年（942）四月，于同年（光天元年）九月“迁神于康陵”。

康陵是目前唯一经过正式发掘的布局完整的五代十国时期陵园，地宫上方的圆形方座陵台、神墙四隅的子母角阙、陵前的廊式建筑，这些都为历代陵寝所未见。此外，砖壁圆形封土丘形制独特，改变了汉唐封土以方为贵的传统，具有承前启后的意义，为研究我国古代陵寝制度提供了重要的实物资料。南汉二陵是五代南汉国的标志性史迹，被评为2004年度全国十大考古新发现。

2006年5月，公布为全国重点文物保护单位。

五代十国　南汉昭陵

位于黄埔区联和街道。1954年发掘。

墓地三面环山，墓葬坐落于北面山峰的南麓。墓前原有石马、石象等。为带斜坡形墓道券顶砖室墓，墓向195度。墓室全长11.64米，分前室、过道和主室。东西墓壁厚58厘米，三层券拱。前室东壁底部以两排砖隔成南北狭长形的器物箱（共八格），西壁北部设东向半圆形耳室。南端西器物箱已被破坏。东器物箱由两层砖砌成，上层残存南部一角，下层分八小格，由南向北一至六格满储青釉瓷罐、黄釉罐和深灰色罐，排列整齐。其中四件夹耳青釉瓷罐通高19.4

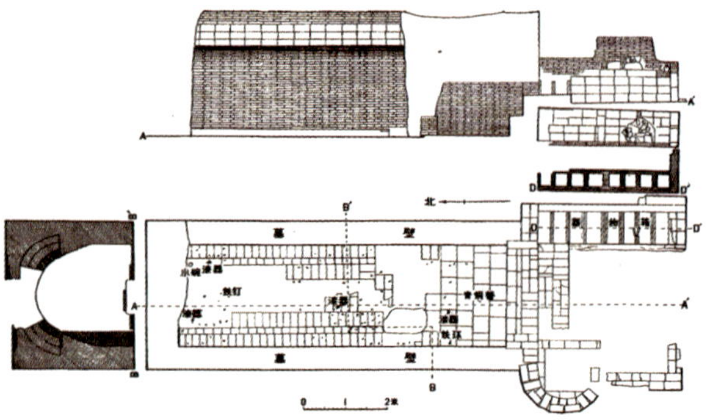

南汉昭陵平剖面图

厘米，造型独特，盖沿伸出两横梁，扣入器肩的夹耳中，有孔，可用绳或木柱贯穿。西器物箱和耳室被破坏。过道以单砖砌墙，铺长方形水成岩大石一方。主室比过道低，前部有承柱以支撑券拱，券拱顶外全部铺砖，现存最厚达七层。残存随葬器物以陶瓷器居多。少数墓砖在表面或一侧刻划有“陈怀甫”“张徊”“六月十三日张匡”和“乾和十六年四□兴宁军□”等文字。

此墓为南汉中宗刘晟的昭陵。乾和十六年即958年，这一年，刘晟去世，长子刘继兴继位，并改名刘鋹，改年号为大宝。

五代十国　南汉大宝三年刘氏二十四娘墓

位于荔湾区西湾路154号。2011年7月发掘。

南汉大宝三年刘氏二十四娘墓

墓葬编号M175。长方形砖室墓，墓向252度。墓坑平面呈长方形，长4.8米、宽2.4米、残深1.3米，头、足龛位分别向坑壁伸入0.3米、0.38米，并且比墓坑底部低0.05米。墓室不分室，棺位在墓室中部。墓底以长方形平砖纵横交错平铺。墓壁单隅，共砌砖十八层。四壁各有三个壁龛，均为叠涩顶，大小略有不同。墓室底部铺一层炭，起防潮作用。棺板大部分朽烂。全墓用砖约九百块，全部是拆用的晋南朝时期墓砖。

随葬器物十五件（套），包括青釉瓷器、石质买地券、铜钱和银钗，另有残铁片一件，器型不明。买地券出土于墓室右侧中部，质地为灰褐色泥质砂岩，长38厘米、宽22厘米、厚3厘米。断为两段，用石榫拼接。券文共十八行二百三十八字，一正一反刻写。据券文可知，墓主人刘氏二十四娘，卒于南汉大宝三年（960）。券文中有关墓主人生前居住地、宗教信仰等内容，对五代南汉国历史文化、广州历史地理研究具有重要价值。

五代十国　简文会墓

位于广州市白云区太和镇白山村金钗岭山腰上、和龙水库东北面。原葬于英德，清道光三年（1823）迁葬现址。光绪年间至民国时期曾多次重修。

墓坐北朝南，为山手墓，有坟头、山手、前台、双后土及三级护岭。山手前端宽10.1米，前台宽7.3米，进深17.6米。坟面正中立一块连州青石碑，阴刻宋体字“南汉状元及第太子太保兵部尚书内阁右丞相讳文会号魁冈简公诰封一□忠义一品夫人陈瀛氏太夫人合葬之墓”，下款“道光三年三月吉旦……重修立石”。山手两边镶有挂榜。

简文会，生卒年不详，南海黎涌（今广东佛山市澜石镇黎涌村）人。南汉乾亨二年（918）殿试第一，即中状元，累官至尚书右丞。因对南汉中宗刘晟直言劝谏，被贬粤北浈州（今英德市东部）任刺史，后积劳成疾，卒于任上。

1993年8月，公布为广州市文物保护单位。

简文会墓

宋 白云山钟轼墓

位于白云区白云山西门内牛岭钟氏家族墓地。始建于宋代，1986年重修。

墓葬坐南向北。以水泥与砖、石砌筑墓体，由护岭、垄环、山手、拜台、平台组成。面阔约28米，进深约15.7米，占地面积约439.6平方米。钟氏家族四座墓穴并列，共用一级护岭，各有拜台，前有大平台。每个垄环两端均嵌有花岗岩石板，上刻“钟府”两字。墓碑均新做，前设“思德堂拜桌”。右起第一座为宋三世维章钟公府君、配室钟母夫人合墓；右起第二座为宋二世雄基钟公府君、钟母老太夫人合墓；右起第三座为钟轼墓，钟氏族人于清道光二十三年（1843）立碑“大宋防御使钟十二翁之墓”，据说是衣冠冢；右起第四座为宋三世维新钟公府君、配室周氏孺人合墓。

钟轼原籍河南开封，宋开宝三年（970），宋太祖命潭州防御使潘美南征南汉刘鋹，钟轼为先锋，随其岳父潘美出征南汉，次年得胜，平定广东等地州县，钟轼官升二品朝议资政大夫。平定南汉后，钟轼留守广州，官至防御使，与其妻潘三姐定居番禺慕德里司马村堡龙腾里（今广州市从化区太平镇屈洞村）。据说生于950年，卒年不详。

2002年7月，公布为广州市文物保护单位。

白云山钟轼墓

宋 飞鹅岭钟轼墓

位于从化区太平镇屈洞村。建于北宋，清道光二十六年（1846）重修，近年亦曾重修。

墓葬为砖、石、灰砂结构的交椅墓。坐西朝东，占地面积247.7平方米。两侧山手各立一只石狮，正中碑龛浮雕双龙戏珠图，内为墓碑，刻“大宋防御使钟十二翁之墓”“维皇开宝三年，侍岳父潘美公征伪岭南，俘伪刘寝于此，本山向已兼三分之原”。墓左侧立“后土之神位”石碑。据说是原葬之所，发现有骨骸。

2002年7月，公布为广州市文物保护单位。

飞鹅岭钟轼墓

宋 马潢水岗墓

位于越秀区犀牛路马潢水岗。1956年发掘。

墓葬编号56东马M5。墓室单室券顶，全用东汉、南朝墓的残砖砌筑，长3.23米、宽1.8米、高1.64米。墓门北向，前有墓道。室内有砖砌棺床，木棺及墓主骨架俱朽，仅存黑色板灰、铁棺钉和一部分朽骨灰痕。棺床南端有铜镜一件，“开元通宝”铜钱一枚，瓷瓶一对，瓷炉一件。出土的铜镜为八瓣葵花形，小圆纽略扁，镜背素面，有长方形印戳，铭文两行十字“湖州真石家念二叔照子”。最大径17.7厘米。此铜镜是典型的宋镜。

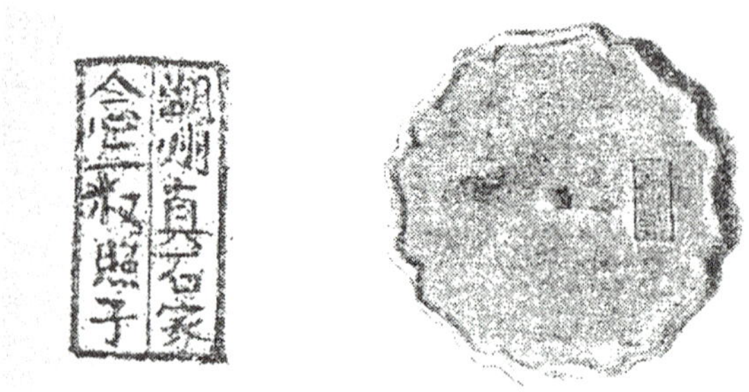

马潢水岗墓出土的宋镜及铭文拓本

宋　广东广雅中学宋墓

位于荔湾区广东广雅中学。2019年发掘。

墓葬编号M8，为长方形砖室墓，被破坏严重。墓室残长2.7米、宽1.06米、残深0.06—0.42米。残存北壁及东西两侧墓壁，采用青灰色、灰黄色和黄红色残砖块单隅顺砌错缝平放，砌于铺底砖上。墓内残存随葬器物十六件（套），包括铜器、陶器、银器、瓷器等，尤其是一套“餐具”，包括铜钵、铜碗、铜筷和铜勺等，为广州考古首次发现，还有四件景德镇湖田窑青白瓷碗，十分精美。从随葬铜器、瓷器等器物判断，该墓年代为南宋。

广东广雅中学宋墓

宋　小陵山家族墓

位于番禺区小谷围岛北亭村小陵山南坡。2003年发掘。

墓葬编号M1—M4。四座墓形制结构相似，均为砖石合构单室墓，由地表坟茔和墓室组成。M1规模最大，坐北朝南，方向186度。由神道、坟茔圈和墓室三部分组成，南部近神道处还埋置一对魂瓶。神道遗存基本都被破坏，仅在墓道北端与坟茔圈南边开口相接处的垫土面上残留一对红砂岩的石狮座。神道下有一条墓道。坟茔圈的做法是：先挖一圆形浅坑，坑口依山势北高南低，坑底经修整铺垫基本齐平。坟茔坑南北长10.8米、东西宽9.4米。紧贴坟茔坑壁砌筑砖墙。砖墙底部较宽，贴近坑边用小平砖一横一竖相叠垒砌，并逐渐收分。墓室位于坟茔圈中部偏北，

小陵山家族墓

长方形竖穴土圹，长3.6米、宽1.9米、深1.98—2.06米，墓圹底北高南低，可能与墓主人葬式头北脚南有关。墓圹内用长方形石板砌筑椁室，底部平铺黄砂，上平铺石板。四边框错缝立砌三层长方形石板。盖板应是石、木结合，南北两端各横向平铺一块石板。石椁内长2.92米、内宽1.02米、内高0.96—1.08米，北高南低。

出土随葬品有魂瓶、铜钱、铜镜等，其中M1所出魂瓶，M3、M4所出铜镜同属北宋年间。M2所出的铜钱中有“开元通宝”“宋元通宝”“太平通宝”等北宋初年通行的货币，故而墓葬的年代属北宋，上限早不过宋太宗太平年间。

宋　凤鸣古冢

位于白云区嘉禾街道红路水库东边凤鸣岗半坡上。葬于北宋初年，清光绪六年（1880）重修。

凤鸣古冢

墓葬现为清代交椅墓形制。坐东北向西南，三座墓自上而下依次排列组成家族墓群。分别为孔子第四十三代孙孔承休，是南迁广州孔氏第一人；四十四代孙孔继明；四十五代孙孔惟聚。墓群右后方立《宋徵君孔承休公阡表》碑石。墓群前左右侧竖功名碑石二十二对，记录了从宋代到清代广州孔氏各房取得功名的后人及相关资料。对研究孔子后裔入穗后的情况有较高的历史价值。

2002年7月，公布为广州市文物保护单位。

宋　秦悦会家族墓

位于天河区新塘街道高塘社区凌塘村背底山。建于元朝初年，清嘉庆二十一年（1816）、1992年重修。

该墓坐北朝南，宽15.09米，进深21.01米，占地面积约317平方米。有护岭、垄环、享堂、月池等。护岭顶部中央有官帽石刻，花岗石碑龛，顶部有祥云拱月石刻，内镶黑色砚石碑，刻“宋二世祖考悦会秦公湛氏安人合墓”，有上下款。碑前置拜桌，山手两侧挂榜均镶嵌端石碑，分别为“宋三世祖考仕清秦公妣姚氏安人合墓”“宋三世祖考仕廉秦公妣陈氏安人合墓”“宋三世祖考仕显秦公妣伍氏安人合墓”“宋三世祖考仕杰秦公妣囗氏安人合墓”。秦仕清、秦仕廉、秦仕显、秦仕杰为秦悦会的四个儿子。墓后有“秦山后土”小碑。

秦悦会，生卒年不详，字悦会，号石溪，南宋进士，石溪村开基始祖，是北宋词人秦观第十世孙。南宋嘉定年间随父秦宪由金陵常州无锡县（今江苏无锡市）迁广东南雄珠玑巷。官至南雄府君别驾、奉政大夫。

秦悦会家族墓

2008年12月，公布为广州市文物保护单位。

宋　何人鉴家族墓

位于白云区同和街道白云山土名为孖髻岭的半坡。建于南宋咸淳三年（1267），历代有重修，现已改为清代形制。

墓群坐南朝北，并列四座，其中右二是何德明（即何人鉴）之墓，右三是其继室叶氏之墓，右一为其长媳陈氏之墓，右四为其三媳蔡氏之墓。总宽46米，纵深25.6米，占地面积1177.6平方米。四座墓均为山手交椅形制，有坟头、护岭、山手、拜桌、平台、华表等，其中鸭屎石华表刻“府判何公华表”。最高处花岗岩石碑刻“本山后土之神”。

何人鉴家族墓

何人鉴（1188—1266），字德明。有二室，原配施氏早逝，与其妹合葬称“姑嫂坟”。何人鉴继配叶氏，生四子，于南宋绍定六年（1233）居广州城清水濠。同年相得番禺沙湾，于是买下大片田园山地，为后世子孙谋得居所。何人鉴不仅是沙湾何姓之先祖，也是开创岭南沙湾文化的元老。

2008年12月，公布为广州市文物保护单位。

宋　温德兴墓

位于白云区同和街道白云山犀牛岭。原葬于宋代广州大东门外地名为鸡笊井的地方，明洪武三年（1370）由大东门外迁葬于此，清咸丰元年（1851）重修，1988年7月再次重修。

温德兴墓

该墓坐西朝东，宽11米，进深20米，占地面积约220平方米。为交椅墓，有坟头、护岭、后土、山手、拜桌、月池、华表、旗杆夹石等。依山筑一级护岭，护岭后面，竖左右两块石碑，左碑刻“温山后土”，右碑刻“奉天诰命”。坟中央立青石墓碑，碑顶有祥云拱月，正中阴刻“宋琼州太守温氏太祖谥惠庄德兴公墓”。墓前有重修碑记。

温德兴，生卒年不详，字锡佑，原籍江西，徙居福建漳州，后授任广东琼州（今海南省）太守而入粤，晚年辞官居广州，卒于羊城公所，寿九十四岁。

2008年12月，公布为广州市文物保护单位。

宋　温太夫人墓

位于白云区白云山御书阁（土名猪肝吊胆）。建于宋孝宗乾道九年（1173），历代有重修。

温太夫人墓

其现为清代形制抄手墓。宽11.5米，进深19.8米，占地面积227.7平方米。坐北朝南，护岭以不规则的花岗岩石砌筑，近代后人修葺时用水泥加固。有前台、拜台、平台、月池、坟头、后土及二级护岭。坟头由不规则的花岗岩砌筑成半圆形，正中顶部石雕祥云拱月，下立青石碑，阴刻“宋诰封夫人李始祖妣温太夫人之墓”。墓碑两边雕刻篆书对联“恩袍草色动，仙籍桂花香”。墓前有拜桌，抄手两侧各镶有一块挂榜碑，上立石狮，月池以花岗岩条石铺砌，左右竖一对花岗岩石华表。

2008年12月，公布为广州市文物保护单位。

宋　庾东旸夫妇墓

位于白云区白云山御书阁。建于宋代，清康熙七年（1668）修葺，道光七年（1827）重修，民国二十四年（1935）第三次重修。

庾东旸夫妇墓

其是庾东旸和其妻欧氏合葬墓。坐北朝南，面阔15米，进深19米，占地面积285平方米。交椅墓形制，灰砂版筑，有坟头、山手、拜桌、平台、月池、前挂榜、墓碑及后土。依山建筑二级护岭，享堂中有半圆形墓冢，坟头正中立青石碑，碑额刻祥云拱月。左右山手有挂榜。二级山手两边镶嵌墓志铭。墓前两侧竖一对花岗岩石华表。

庾东旸（1086—？），原籍南京邳州下邳县路河口村（今属江苏淮安），宋元祐年间，任广南东路安抚使，欧氏随夫至任所。离任后在东莞市茶山镇落户，故茶山有庾家坊村。

2008年12月，公布为广州市文物保护单位。

宋 苏绍箕墓

位于白云区同和街道白云山苏家山。建于南宋咸淳元年（1265），后人重修为清代形制交椅墓。

该墓坐西朝东，总宽12.5米，进深26米，占地面积约325平方米。花岗岩石砌筑，有坟头、山手、拜桌、平台、月池、护岭、墓碑及后土。高处为一级护岭，正中有官帽装饰。墓首雕祥云拱月，山手浮雕祥云压顶，两侧各有一块墓志铭。山手雕有各种纹饰，雕工精细。二级平台两侧有一对石狮和一对抱鼓石。一级平台有石栏杆，月池两侧有一对守墓石狮，竖一对八棱狮头石华表，从月池到各级平台两侧均设台阶上落。坟头立青石碑，阴刻“宋太尉右丞相显孝晴川苏公墓”。

苏绍箕墓

苏绍箕（1088—1150），本名苏箕，字嗣良，号晴川，为苏东坡之孙，其父苏迨乃苏东坡次子，其母为欧阳修孙女十四娘。北宋宣和年间授予迪功郎，建炎三年（1129）为高宗赵构护驾撤至江南。南宋绍兴二年（1132）任右丞相太师府太尉，特赐绿衣、象牙简，封上柱国。绍兴三年（1133）携眷属迁居广州，在白云山建月溪寺隐居。

2008年12月，公布为广州市文物保护单位。

宋 李慕陶墓

位于黄埔区长洲街道深井社区秋岗山（李家山）东坡。坐西南朝东北，始建于宋代，现存地表遗构为清光绪十六年（1890）重修的花岗石构筑交椅墓，现仅余墓碑、垄环、拜台、挂榜、山手、踢靴等遗迹，护岭、月池等不存。墓主姓李，名士亮，字明甫，号慕陶，据番禺区化龙镇柏堂村、东溪村、水门村的宋安抚大宗乙、丁、庚房《李氏族谱》记载，李慕陶为其始祖，原籍汴梁祥符县（今河南开封祥符区）李家庄，出于李唐之后。李慕陶在北宋绍圣四年（1097）中进士，任浔州南雄二路通判，后升正奉大夫、怀远将军、广南安抚使，卒后葬于黄埔深井村秋岗山，其夫人连氏葬于番禺化龙镇花山岗。

按照李氏后人的回忆，秋岗作为他们的家族墓选址，前后延续数百年，鼎盛时占据了整个秋岗山东麓。此外，墓群前还立有两根花岗岩石柱（华表），高约4米。目前，仅在李慕陶墓北、西两侧发现有李敏墓、李听斋墓、李谦鸣墓、李圣南墓及其他三座未知墓主姓名的墓葬地表遗存。2004年4月，深井社区村民开挖秋岗山取土，将李慕陶墓的月池部分挖毁，使得其中一根华表和李敏墓一具棺木滑落山底（滑落的棺木后在山下重新掩埋）。其他墓葬则在清坟时被挖掘，但墓碑及筑墓花岗石仍存。在广州市第四次文物普查期间，李慕陶墓首次被发现并登记。

2008年12月，公布为广州市文物保护单位。

李慕陶墓

宋　罗凤阳墓、罗沙亭墓

位于天河区新塘街道凌塘村火炉山南坡。建于南宋嘉定十一年（1218），清代重建。

该墓坐北向南。两墓形制相同，花岗石砌筑交椅墓，由护岭、垄环、享堂、山手、月池组成，并排共用一道护岭。宽11.2米，进深12.22米，占地面积136.86平方米。两墓均为花岗石砌筑交椅墓。龛内镶青石碑。山手两侧前端各有一只石狮，两相对望。两墓相连的山手上有一个碑龛，内镶石碑，碑文模糊难辨。罗凤阳曾任奉政大夫修正庶尹，是从广东南雄珠玑巷南迁到岑村的罗氏第二世祖。罗沙亭为罗凤阳长子。

2009年7月，公布为天河区文物保护单位。

罗凤阳墓、罗沙亭墓

宋　李赖南墓

位于天河区龙洞街道龙洞村白虎窿广东省林业局种苗基地。建于宋代，民国二十一年（1932）由寺右乡大岗迁建于此，1995年重修。

该墓坐西南朝东北。砖砌筑交椅墓。宽6.35米，进深11.96米，占地面积75.95平方米。墓依山势而建，由护岭、垄环、享堂、山手、月池组成。护岭用砖砌，外涂水泥，顶部有祥云涌月石刻。墓头立面上部呈“山”字形，后面隆起。花岗石墓碑，高1米，宽0.5米。墓碑置一石拜桌。山手两端各镶有一块花岗石碑，上刻“扬箕李府”。山手外面有抱鼓石与之相连。墓前有两对旗杆夹，分立左右，旗杆夹高1米，宽0.35米，厚

李赖南墓

0.15米。此旗杆夹为原物。该墓形制特别并有一定的代表性，坟头与其他山手墓不同。墓主人为清代探花李文田的堂太公，是李姓入粤始祖。该墓有一定的纪念意义和史料价值。

2012年10月，公布为天河区文物保护单位。

宋　林千三夫妇合葬墓

位于天河区珠吉街道吉山村吉贝岗。建于宋代，1992年重修。

该墓坐北朝南，宽12.15米，深14.77米，占地面积179.46平方米。灰砂青砖砌筑交椅墓，护岭中间有祥云涌月石刻，两重护岭之间有台阶。墓头正中也有祥云涌月图案。享堂砖壁半圆形，用青砖砌成人字纹。墓碑已经破裂，字迹难辨。山手外墙挂榜处一块石碑嵌有1992年秋《重修碑记》。林千三祖籍福建莆田县，南宋时迁至猎德东村，为该村林氏第一世祖。该墓有一定的纪念

林千三夫妇合葬墓

意义和史料价值。

2012年10月，公布为天河区文物保护单位。

宋　潘贞夫妇合葬墓

位于天河区新塘街道沐陂村沐陂大街校前里2号西侧。建于宋代，原是一座土坟，无墓碑。2003年重修时新置墓碑和坟头。坐西北朝东南。宽7.21米，深12.4米，占地面积89.4平方米。坟头用水泥筑成半圆形。坟面中间镶有一块花岗石墓碑，上刻“宋显祖考诰授中宪大夫潮州府尹潘贞公府君妣赵氏恭人合墓”。墓前置一石拜桌。

2012年10月，公布为天河区文物保护单位。

潘贞夫妇合葬墓

宋　火界头樊氏墓地

位于天河区龙洞街道龙洞村迎龙路火界头。由樊以达夫妇合葬墓、樊雄保夫妇合葬墓、樊三郎夫妇合葬墓组成。建于宋代，总占地面积272.8平方米。均为花岗碎石交椅墓。樊以达夫妇合葬墓建于南宋绍兴七年（1137），原墓在三元里西华井（今雕塑公园）内，1996年迁葬于此。

该墓坐西朝东。深12.58米，宽13.17米，占地面积165.6平方米。由护岭、垄环、享堂、山手、前台组成。墓头用规则的花岗石砌成半圆筒状，中央以三角形花岗石压顶，上有祥云涌月石刻。花岗石碑龛，顶部石额上刻“龙洞”两字。内镶连州青石墓碑。碑前置一石拜桌。樊以达（1068—1137）夫妇为龙洞村樊姓入粤始祖。樊雄保是龙洞村樊氏二世祖，生于宋哲宗年间，十八岁登进士，出任博罗县令，后升户部主事，转吏部员外郎。樊三郎为龙洞村樊氏第三世祖，龙洞樊姓皆其后人。该墓有一定历史纪念意义。

2012年10月，公布为天河区文物保护单位。

火界头樊氏墓地

宋　古全望墓

位于黄埔区新龙镇福洞村平山社通天古山。始建于北宋，于清嘉庆十七年（1812）和20世纪90年代末重修。

该墓呈交椅状，坐西北向东南，原为灰砂筑成，20世纪90年代维修时改用水泥。该墓内分三级拜台，后有一级护岭，前堂呈半月形，圆筒状上坛设在墓的后部中央，上坛前面原设一宝珠压顶，龛中央立一块青石碑，正中刻：“六世唐祖诰授信安县全望古公墓”。在墓的右后部立一块“古府后土龙神位”的石碑。

古全望墓

古全望，生于唐天祐元年（904），祖籍广东河源县（今广东河源市），南汉时迁到增城居住，官拜赞善大夫，卒于宋开宝四年（971）。

1984年3月，公布为增城县文物保护单位。

宋　孔国英墓

位于黄埔区长岭街黄麻社区黄麻山东坡虎坟。始建于宋代，明崇祯十四年（1641）、清嘉庆六年（1801）重修。

该墓坐西朝东，含两穴，为交椅墓，用花岗岩、灰砂砌筑而成，包含后土、护岭、享堂、山手、挂榜、踢靴、月池、华表、旗杆夹等部分。护岭正中有火焰吐珠石雕，坌环正中有祥云拱月石雕。碑龛前设长方形花岗岩石拜桌。踢靴上各有石狮一只。墓前30米处有华表和旗杆夹各一对。华表上立有小石狮。据说广州周边的暹岗、龙伏、孔边、长沙布、孔村、上涌、石碣，清远的芝山以及海南海口、琼山的白坎头等地孔姓均出自孔国英。孔国英为以上各地孔姓的始祖，每逢清明、重阳，各地后人均前来扫墓。

2009年8月，公布为萝岗区文物保护单位。

孔国英墓

宋　陈彦约墓

位于黄埔区九佛街枫下村鹤头红。始建于宋代，明嘉靖五年（1526）、清乾隆五十七年（1792）、道光二年（1822）重修。

该墓坐西南朝东北，由护岭、享堂、山手、挂榜、踢靴、月池、广场、石狮、华表等组成。护岭和坌环正中均有祥云拱月石刻，其下有门楼式碑龛，内镶主碑一方，碑前有长方形花岗岩石雕拜桌。两侧挂榜各镶墓碑一方，二级拜台两侧踢靴有两对石狮，月池外有广场，前立华表一对。

陈彦约（1004—1066），号八府，曾任保昌县尉。又称保昌公。宋天圣年间，在南雄讲学，后定居番禺梁宁乐乡（即今黄埔区九佛街）。陈彦约是陈姓入粤始祖之一，其后裔至今达数十万，大多散寓于珠江三角洲地区。

2009年8月，公布为萝岗区文物保护单位。

陈彦约墓

宋　郑日光墓

位于增城区正果镇黄塘村双龙尾山西侧山坡。是荔城街郑屋郑氏始祖墓。始葬于北宋，后有维修，最近一次维修是1986年。

墓依山坡而建，坐东朝西稍偏北。是一座灰砂、红砂岩石、花岗岩石混合结构交椅状墓，由月池、踢靴、享堂、山手、坌环、护岭组成，通宽8.6米，通深17.9米，占地面积153.9平方米。在第一级踢靴顶左右各置有一只石雕狮子，第一级护岭顶施灰塑宝珠纹。坌环呈卷筒状，下设平台，后部设歇山顶重檐坟头，正面辟碑龛，镶嵌一方花岗岩石墓碑，上刻“北宋一世祖郑日光公之墓”等字。龛前置长方形拜桌。该墓原用红砂岩石砌筑，在各次维修时部分墓墙改为花岗岩石，1986年维修时整个墓表都用灰砂封面。郑日光墓入葬年代早，墓地上的镇墓兽为宋代风格，具有历史价值。

1985年6月，公布为增城县文物保护单位。

郑日光墓

宋　列之杰墓

位于增城区仙村镇碧潭村西面狮子山。始葬于宋，清道光十五年（1835）修建，1996年重修，因广（州）惠（州）高速公路建设需要，1999年从本镇箕裘岗村蟠龙岗迁葬于此，是由附马列之杰墓、永安公主墓组成的一座花岗岩石交椅状大墓。

墓依山坡而建，坐东南向西北，由月池、踢靴、享堂、山手、垄环、平台、坟头、护岭组成，在墓右侧护岭外立有修墓捐款芳名碑。通面阔28.8米，通深24.8米，占地面积714.24平方米。该墓曾于“文化大革命”期间遭到破坏，坟头、墓碑及大部分墓墙石已不存。现墓碑、志铭碑及大部分筑墓石块是移葬时重做。左墓碑刻“宋赐进士及第附马都尉枢密院使显始祖谥忠靖列公之墓”等字。右享堂墓碑刻“宋先祖妣永安公主金枝玉叶赵氏一品夫人之墓”等字。第一、第二踢靴前端左右各立一只石雕狮子，山手立壁施石浮

列之杰墓

雕，护岭施石刻祥云涌月纹饰。该墓基本保留了传统墓葬形制，规模较大，石刻纹饰精致，具有历史和艺术价值。

1995年7月，公布为增城市文物保护单位。

宋　庐峒山赖氏家族墓

位于增城区小楼镇腊圃村庐峒山。在该山的南坡上呈“一”字形葬有赖天齐夫妇合葬墓，赖元夫妇合葬墓，赖氏四世祖、五世祖、七世祖合葬墓三座墓葬。均始葬于宋，明万历七年（1579）、天启二年（1622）和2000年有维修。三墓葬形制相同，均是花岗岩石结构交椅状墓。由护岭、垄环、平台、坟头、山手、踢靴、享堂、月池组成。

庐峒山赖氏家族墓

中为腊圃村赖氏始祖赖天齐夫妇合葬墓。通宽9米，通深12米，占地面积108平方米。垄环半月出券处各立一只石雕镇墓兽，端石墓碑上刻“大宋显始祖考南山赖处士、妣卜氏赖孺人墓，皇明天启二年□在壬戌五月上乾之□，十五世孙公绩、光弼、汝显等重修立石”等文字。右为腊圃村三世祖赖元夫妇合葬墓。通宽9米，通深12米，占地面积108平方米。端石墓碑上刻“宋庄仲赖处士、邓氏赖孺人墓，皇明万历己卯仲冬吉旦，十二世孙应星、十三世孙思聪等重修立石”等阴文。左为腊圃村四世祖赖汝弼、五世祖赖与子、七世祖赖原福合葬墓。通宽12米，通深12米，占地面积144平方米。垄环半月出券处施石雕镇墓兽。端石墓碑、山手立壁挂榜墓志碑皆因墓碑表层风化剥落，碑文无可辨。赖氏家族墓多次

维修，保存较完整，是增城保存较好的宋墓，具有较高历史价值。

2009年9月，公布为增城市文物保护单位。

宋　孔梦雷夫妇墓

位于从化区太平镇神岗中学校园内一小山坡上。

墓坐东向西，总占地面积93平方米。交椅墓，砖、石结构。其壁面结成半月形圆脊，领头碑龛，碑额横刻“天南圣裔”楷体，碑高1.5米，宽0.7米，竖刻阴文曰“宋进士朝奉郎梦雷孔公、黄氏太君合墓”，落款“本山坐卯向西，兼乙辛之原”，右“光绪十六年岁次庚寅孟冬吉旦大房众孙重修立石”，清光绪十六年即1890年。碑龛前端置一长方形石质拜桌，阴刻“孔府拜桌”楷体四字，拜桌长0.95米，宽0.5米。山手前端延伸向两侧，坟头至山手的石壁上雕出若椽瓦状压顶。墓桌前面为两级台阶，第一级台阶长3米、宽0.7米，第二级长4米、宽0.8米。每一级台阶两端竖有方形石柱，第一级石柱圆柱头，第二级石柱上立两蹲石狮。在墓前5米处两侧各立石质圆柱状华表（墓表），表高4米多，围径0.8米，其顶立蹲兽，为石狮。该墓多次维修，但仍保留宋代墓葬风格，保存较完整，是从化保存较好的宋墓。

1995年6月，公布为从化市文物保护单位。

孔梦雷夫妇墓

宋　梁氏祖墓

位于从化区良口镇塘料围背后山腰处。自上而下共四座，四座墓皆坐西北向东南，灰砂、砖、石结构，各高1米许，总占地面积102.1平方米，墓前均有刻字墓碑。墓始建于宋代，后多次重修。现依自上而下顺序分述如下：第一座，墓体面积3.6平方米，墓高1米，墓碑高0.8米、宽0.45米，碑文为“宋二世祖中宪大夫梁公梓高，淑人邓氏合葬之墓”。题款为“大清嘉庆二十二年季冬吉旦立”“七世孙锡陶等重修”。第二座，墓体面积3.3平方米，墓高1米，墓碑高0.75米、宽0.45米，镌刻碑文为“宋三世祖梁门邹氏、黄氏合葬之墓”，落款为“同治元年岁次壬戌”，右“十八至二十四传合房众裔孙重修”。第三座，墓体面积3.3平方米，墓高0.9米，碑身高0.75米、横宽0.45米，碑文为“宋四世祖征诏学士，国材梁公府君之墓”。第四座，此墓疑因盗掘，现已无从查找。据第二次文物普查资料登记原墓形制，规格与第三座相同，原碑文为“宋四世祖儒林教授，得材梁公府君之墓”。

2001年12月，公布为从化市文物保护单位。

梁氏祖墓

宋　黄氏祖墓

位于从化区温泉镇桃莲村。为灰砂、砖、石结构交椅墓。坟前顶为石质宝珠，坟头至山手砌成屋檐状，第二级山手处有两个抱鼓石，为红砂岩打制。山首碑龛立碑，碑文为“宋始祖考文林郎宣德公、妣淑德刘氏太安人”，左侧落款为“都庆禄二大房裔孙等立”。其前横卧岩石拜桌，刻“黄光裕堂”四字。在两山手挂榜石碑两方，左侧碑文为“诰封六世祖善绿黄公府君之墓”，右侧碑文为

“诰封六世妣黄门邓氏夫人之墓”。在墓四周立界石碑数块，上刻“黄宅山界”，用以划定墓穴范围。该墓于2018年从原所在地温泉镇平岗村迁移至从化区温泉镇桃莲村南大水库后山。

2001年12月，公布为从化市文物保护单位。

黄氏祖墓

宋　邓德远夫妇墓

位于从化区街口街西南风云岭东麓，正对流溪河与龙潭河及小海河交汇处。也称作邓氏祖墓。该墓坐西朝东。全为花岗岩石结构，是一座二级山首形制交手椅状墓。墓以石块垒砌，自坟头至山首石壁刻作檐口状。在墓两侧立两守墓兽，其以花岗岩石雕成，外形古拙凝重，貌如狮子，在两守墓兽中间竖圆柱形石质华表四根，外两根高，内两根相对较矮。墓碑嵌于碑龛，正面刻“始祖考宋明泰政大夫德邓公太府君、妣诰封淑萧氏太淑人墓”，左题款为“道光岁次戊戌年孟夏吉旦重修”，右题款为“廿世裔孙成添偕东南两房仝立”，道光戊戌年即1838年。

2001年12月，公布为从化市文物保护单位。

邓德远夫妇墓

宋、明　凌厚峰家族墓

位于黄埔区长洲街深井社区圣堂山。又称凌氏始祖墓。始建于宋，明、清均有重修，后逐步扩建。

该墓群坐北朝南，依山坡而建，地势渐高，由三座古墓组成，从左至右分别是“宋始祖考庠生厚峰凌公妣吴氏太老安人之墓”，“大清同治三年（按：1864）仲秋吉旦重修，二十二传𫕥孙文灿等立”；“故宋二世祖妣凌母陆氏孺人之墓”，“乙丑岁吉日重修，凌族子孙𫕥祀”；“皇明三世祖显孝讳庆云凌府君妣凌母徐梁氏孺人合墓”，“凌族子孙𫕥祀”。各墓形制略同，均为交椅状，由坟头、山手、月台组成。墓碑框为花岗岩，墓碑凹入，墓碑上为祥云涌月图案，墓碑前有拜台。除墓碑用花岗岩外，墓的其他部位及墓地表面均用灰砂构筑，墓地保存尚好。该家族墓的始祖为凌厚峰，是凌震的第四子，深井村的凌氏始祖。

1994年6月，公布为黄埔区文物保护单位。

凌厚峰家族墓

宋至明　王叔麟家族墓地

位于天河区凤凰街道柯木塱村水龟岗。由王叔麟夫妇合葬墓、儿子王龙溪夫妇合葬墓及其孙王云野夫妇合葬墓组成，共祖孙三代六人。

三墓均为泥土堆砌交椅墓，由护岭、垄环、享堂、山手、前台组成，总占地面积约53.1平方米。王叔麟夫妇合葬墓建于宋代，原葬广州市北郊柯子岭，明弘治年间迁葬于此。总面阔4.5

米，总进深4米，占地面积18平方米。由护岭、坣环、享堂、山手、前台组成，碑体部分被泥石流遮掩。王龙溪夫妇合葬墓始建于洪武甲子年（1384），于清光绪三十二年（1906）重修。泥交椅墓。坐东朝西。总面阔4.5米，总进深3.8米，占地面积17.1平方米。碑体部分被泥石流遮掩。碑龛上部起券，内镶墓碑。王云野夫妇合葬墓总面阔4米，总进深4.5米，占地面积18平方米。碑体部分被泥土遮掩。

2012年10月，公布为天河区文物保护单位。

王叔麟家族墓地

宋至清　萝峰村钟氏墓群

位于黄埔区萝岗街道馒头山（钟玉嵒墓下方）。分别建于宋、元时期，清道光八年（1828）重修。

墓群坐东北向西南，分两排，含墓葬五座，居高者为黄氏太恭人墓；下排分别为钟彰义夫妇墓、钟朝爵夫妇墓、钟国贞墓以及徐氏太安人墓。其中，黄氏太恭人墓规模最大。黄氏太恭人是钟玉嵒的妻子。该墓为交椅墓，由花岗岩砌成，包

萝峰村钟氏墓群

含护岭、山手、享堂、拜台、月池等部分。护岭中央有火焰吐珠石雕，坣环中央有祥云拱月石雕，碑龛前设拜桌，月池呈半圆形。其余四子孙墓的形制与黄氏太恭人墓相似，但规模略小。

2008年12月，公布为广州市文物保护单位。

南宋　华侨新村砖室墓

位于越秀区华侨新村玉子岗。2004年发掘。

墓葬编号M24，为长方形单室合葬砖室墓，无墓道。墓室长3.44米、宽2.64米、残深0.72米。墓底分别垫有木炭层和灰砂层，砖室正中双棺纵向并列，发掘时均朽。据随葬品、棺具位置及残存遗骸，初步判断北侧（右）应为女性，南侧（左）应为男性，为夫妇合葬墓。在两棺外侧及两棺中间摆放三十四件石俑和两件石兽。南、北二棺的脚部分别有釉陶四耳罐和魂瓶各一件；在南棺内的头端放置石砚、黑釉瓜棱罐、青白瓷葵瓣碟、铜方镜、残铜器、铁剪、铁镊等。

华侨新村砖室墓

木棺外围有两重保护层。紧贴木棺的是灰砂层，形成如椁状的保护层，厚0.07—0.3米。灰砂层外侧竖置青灰色小薄砖作围蔽。灰砂层与墓室砖壁之间由泥土和炭屑相间填充。

南宋　简家岗火葬墓

位于南郊七星岗河南新村（今海珠区赤岗街道七星岗社区内）。1956年发掘。

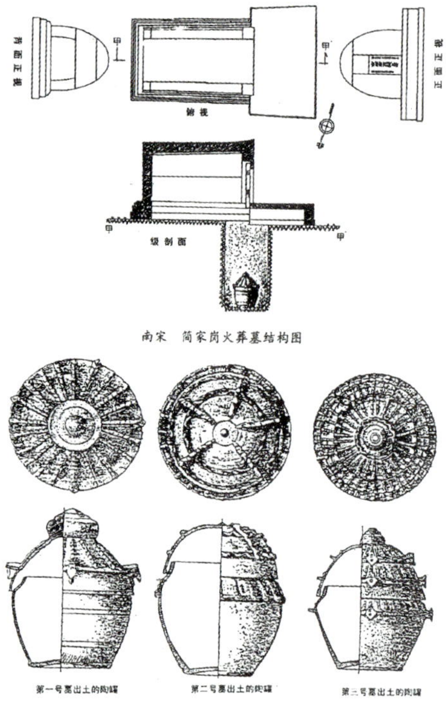

简家岗火葬墓结构图及陶骨灰坛立面、剖面图

四座南宋火葬墓的地面都有灰砂砌筑的坟头，形式类同，但保存程度残整不一。四座墓各用一个陶坛盛骨灰，其中第一号墓（编号56南简M1）的坟面保存较完整。坟头像一具棺材，前有祭台。坟头前端略宽，微向上翘起，长1.24米、前宽0.74米、后宽0.7米、连基座高0.92米。正面中间有碑龛，嵌一块黑色石碑，高47厘米、宽30厘米。碑面正中刻“宋故考君简公墓”七字，正书。右列刻小字“维皇宋咸淳二年岁次丙寅十二日”，左列刻“庚申安厝于简家岗之原男□□□”。正对墓碑位置之下，挖有一个直径0.48米、深0.92米的圆坑，内埋一陶坛，满盛骨灰。陶坛为灰白胎硬陶，外挂一层黄褐色釉。全器分盖、身两部分：身圆形敛口，腹中部鼓起，饰双线弦纹两周，底内凹，有明显的后加痕迹；器盖仿塔顶形状，正中圆突，四脊与檐口微向上翘，每脊间有三至六行瓦垄。通高37厘米、腹径26厘米。其余三墓的骨坛各有异同。第二、第三号墓的骨坛，盖身相合成三重檐。第四号墓的腹部有四耳，盖如覆钵形，其上再加一个敞口大盆覆盖。这批火葬墓的发现，为广州近郊经常出土的各种骨灰坛子的分型断代提供了可靠的依据。

南宋　姑嫂坟

位于白云区同和街道白云山云台花园内热带植物馆背后。葬于南宋。

墓地坐西向东，三座墓并排，自北向南包括番禺沙湾何氏姑嫂合葬墓、何人铎墓及李氏安人墓。同为山手形制墓。1994年墓址兴建云台花园，在原墓东侧20余米处，按明代嘉靖年间重修的式样进行重建。前面有宽敞的拜台，还有两根华表和一对抱鼓石，坟头刻祥云拱月纹饰，下为黑色石墓碑，刻“宋何氏四世祖妣施氏安人姑贞女季姑姑嫂合葬墓”；坟旁附葬何人铎之墓及李氏安人墓。

姑嫂坟为特定情景的合葬。姑为沙湾何氏四世祖何人鉴之妹，嫂为何人鉴之妻。何人鉴曾在朝为官，常年外出，其父患病在乡，姑嫂两人晨昏侍奉，衣不解带。何父身亡后，嫂心力交瘁而殁，姑见状悲恸至极，竟与嫂同日而亡。何人鉴感其孝义，将姑嫂合葬于白云山三台岭何父墓附近。后将其兄何人铎及李氏安人葬于其西侧。

1993年8月，公布为广州市文物保护单位。

姑嫂坟

南宋　崔与之墓

位于增城区朱村街道凤岗村官庄村的华山南面山坡上。葬于南宋嘉熙三年（1239）。后几经损毁重建，现墓葬地面建筑是崔氏族人于1991年在原地重建，拜桌、镇墓兽则为原物。

崔与之墓

该墓坐北朝南稍偏西，有护岭、垄环、平台、坟头、山手、踢靴、享堂、月池，占地面积500平方米。坟头修筑成六棱柱式，平顶稍出檐，高3米。正面设碑龛，龛前为花岗岩石拜桌，刻“与之崔公拜桌”六字。三级踢靴前端各置一只花岗岩石雕镇墓兽。崔与之为宋代名臣，有政声。墓中部分镇墓兽为宋代风格，具有较高的历史和艺术价值。

崔与之（1158—1239），字正子，广州增城人。粤词之祖。宋绍熙四年（1193）进士及第。曾任广西提刑、秘书监兼太子侍讲、权工部侍郎、知成都府等职。嘉熙三年以观文殿大学士、提举洞霄宫致仕，同年卒，年八十二岁。累赠太师、南海郡公，谥号“清献”。诗、文、词均有成就。

2002年7月，公布为广州市文物保护单位。

南宋　钟遂和家族墓

位于黄埔区长岭街岭头社区西孖坟山北坡近坡顶。始建于宋，清代重修。

该墓坐西南朝东北，宽12米，进深16.5米，占地面积198平方米。花岗岩石砌交椅墓，有护岭、享堂、月池。护岭正中有官帽形石刻，垄环石刻祥云拱月。主墓正中为门楼式碑龛，上刻两道圣旨（俗称“圣旨碑”），东西两侧各有碑龛，内各镶主碑一方，碑前各有石刻拜桌。东侧为钟遂和夫人墓，西侧为钟遂和墓，踢靴上有石狮一对，周边为其子孙墓。该墓群形制特别，规模较大，石雕精美，是广州地区保存较为完整的古代墓葬群，为研究本地区清代墓葬形制及葬俗提供了实物资料。

钟遂和（1106—1185），字克应，官至户部司判宣议郎，为萝岗钟姓之始祖，钟玉嵒之父，宋广东防御史钟轼之曾孙。

2008年12月，公布为广州市文物保护单位。

钟遂和家族墓

南宋　陆泰泉墓

位于黄埔区大沙街道姬堂村将军山北侧。始建于南宋绍定年间。清咸丰八年（1858）十二月重修。

该墓坐南朝北，花岗石构筑，有坟头、山手、平台、护岭等。长12.5米，宽9.45米，面积118.13平方米。墓前有二级台阶，两边各有石狮子和抱鼓石。坟头呈半圆状，中间嵌花岗石碑龛，石碑刻“皇宋七上舍始祖考泰泉府君陆公妣淑德李氏安人墓”，有上下款。碑前置拜桌。

陆泰泉，生卒年不详，据文冲陆氏大宗祠内碑刻《泰泉祖谱牒》记载，其为唐代诗人陆龟蒙的后裔，是黄埔文冲、新溪以及车陂、石门，番禺小谷围穗石等地陆氏始祖。

2008年12月，公布为广州市文物保护单位。

陆泰泉墓

南宋　单起岩墓

位于增城区朱村街神岗村丰湖村后山（土名一虎望九岗）东北面山坡上。葬于南宋景定五年（1264）。

单起岩墓

墓依山坡而建，坐西朝东。是一座灰砂夯土和红砂岩石砌筑交椅状墓，有月池、平台、享堂、坟头和三级护岭。总宽12米，进深28.5米，占地面积342平方米。在左右的山手、挂榜上各置一只石雕镇墓兽。在第一、三级护岭正中有官帽状宝珠压顶。享堂设在墓中央，宝珠压顶，中辟一个小型四柱三间三层牌楼式碑龛，每间各镶嵌一方端石墓碑。因碑龛面阔三间，顶有脊有瓦，故当地村民称该墓为“三间屋仔”。正中墓碑刻“奉天敕命”；右碑刻“有宋佥判承务单公之墓”，及墓主生平传略、卒葬年月等；左碑刻“有宋恩封孺人巫氏之墓”，及墓主生平等。

该墓保存较完整，红砂岩石雕镇墓兽和四柱三间三层牌楼式碑龛颇具特色，其风格当地少见，具有较高的历史、艺术和研究价值。

2008年12月，公布为广州市文物保护单位。

南宋　李昴英墓

位于增城区朱村街道神岗村丰湖山。葬于南宋宝祐五年（1257），清光绪二十三年（1897）和1999年两次大修。

墓依山坡而建，坐南朝北。交椅墓，前有月池和二级平台，后有三级护岭和后土，中设享堂，总宽25米，进深30米，占地面积474平方米。月池前左右各置一只花岗岩石雕大坐狮，坐狮旁立华表。左右山手各有一只石雕卧狮压顶。前后挂榜分别镶嵌墓志碑、修墓捐款芳名碑和李昴英史记碑，挂榜内侧还有石刻对联等，均为1999年修墓时重新制作。享堂后墙正中辟碑龛，顶施祥云拱月纹，龛中央镶嵌青石墓碑，左右有石刻对联，龛前有长方形拜桌。左右建水泥踏步直抵后土。墓主是广州第一个探花，有政声，墓葬石刻精致。该墓具较大的历史和艺术价值。

李昴英（1201—1257），字俊明，番禺（今广州）人。南宋宝庆二年（1226）中进士一甲第三名（探花），是宋代广东中探花者第一人。为官洁正，忠直敢谏。后擢升大宗正卿、龙图阁待制、吏部侍郎，封番禺开国男，食邑三百户。宝祐三年（1255）致仕南归，隐居广州文溪。谥忠简，有《文溪集》传世。

2008年12月，公布为广州市文物保护单位。

李昴英墓

元 云从龙墓

位于天河区兴华街道广州大道北伍仙桥直街白云山后峰岭。建于元代，曾多次重修。现墓是2015年在原墓的东南方重建。

云从龙墓

墓园坐西北朝东南，占地面积4107平方米。墓园临街。墓门为三开间式牌坊，镶有铁门，四柱均以飞檐琉璃瓦装饰，门坊上书红字“云公从龙墓园”。水泥与石块砌筑交椅墓，由护岭、垄环、享堂、山手、月池组成。护岭筑成半圆形，中有祥云涌月石刻。墓碑上书“御葬湖广安南等处行中书省参知政事赠正一品维山云公同夫人徐氏墓康熙二十九年立”。碑前置一石拜桌，上刻“云府拜桌”。山手两侧末端各立石狮。共三级平台，第二级平台两侧立新建的华表和石狮，第三级平台右侧立新建圣旨碑。碑龛上有各种浮雕，正脊装饰繁复，两旁为圆柱形，柱身有高浮雕的龙纹，下方的柱础为三层，八角形覆盘，整体装饰繁复古朴。墓园右前方有绿色琉璃瓦四角亭，横梁上刻“云家山藏碑亭”，下方存放六块石碑。云从龙墓园是广东地区唯一保存的元代皇帝谕葬墓，具有较高的历史价值。

云从龙（？—1296），字无心，别号维山。蒙古族人。祖籍陇西（今甘肃陇西县）。在南宋景定辛酉（1261）举孝廉，壬戌（1262）登进士。据记载，先后四次在广东为官。在元至元十六年（1279），授宣武将军湖广邕州安抚使、怀远大将军、广东琼州安抚使，为处理海南黎族乱事，迁琼，定居文昌。至元十七年（1280），授广东海北海南道宣慰使，至元二十三年（1286）授昭勇大将军海北广东道提刑按察使，至元二十八（1291）年授昭毅大将军福建闽海廉访使，至元二十九年（1292）授中奉大夫广东宣慰使，至元三十年（1293）授资善大夫湖广行中书省参知政事。元贞元年（1295）授征南大将军，元贞二年（1296）农历二月初七日病逝，御旨赐葬白云山。

2008年12月，公布为广东省文物保护单位。

元 朱澄墓

位于天河区长兴街道天源路1190号华南植物园蒲岗。建于南宋景炎二年（1277），明万历四十五年（1617）重修，清同治四年（1865）重建。

朱澄墓

该墓坐西南向东北，花岗石砌筑交椅墓，有护岭、垄环、享堂、山手、月池。宽8.28米，进深12.43米，占地面积102.9平方米。护岭顶部石刻祥云拱月，云朵之间有乳丁纹。墓冢以花岗岩砌成半圆筒状，花岗岩压顶石，顶部有石刻官帽，雕刻精致。中间为碑龛，顶部和两侧有浮雕云雷纹饰。龛内墓碑刻“宋始祖考提举广东盐运司翔扶朱公妣诰封三品淑人何氏太淑人之墓”，有上下款。墓后土石刻“朱府来龙后土之神”。月池前方两旁设有八对旗杆夹石，是朱澄后裔中举或进士及第后所立。

朱澄（1225—1277），字国郎，号翔扶，原籍福建建安县（今福建建瓯市）。生于南宋宝庆元年（1225），为南宋理学家朱熹的曾孙。曾任江西省吉安府庐陵教谕，文天祥曾师从其门下。

后任河南开封府祥符县知县、临安府尹、广东提举盐道转运使。

2002年7月，公布为广州市文物保护单位。

元　陈莘隐墓

位于白云区白云山云台花园内，在姑嫂坟东南侧。葬于元代，于清康熙五十七年（1718）、嘉庆十五年（1810）重修。

墓葬坐西朝东，单穴，灰砂与花岗岩石块砌筑，有坟头、山手、前台、护墙和后土等。宽3.9米，进深11米，占地面积约44平方米。墓首正中嵌一块绿岩墓碑，阴刻楷书“元朝列大夫惠州路总管莘隐陈公之墓”，落款为“康熙五十七年戊戌仲冬十三世孙甲午科举人朝重等重修，赐进士出身内宏文院掌理，诰敕章奏中书舍人梁贻涛题石”“大清嘉庆十五年庚午菊月榖旦重勒”。墓主陈莘隐除墓碑所载官职外，其生平不详。

2008年12月，公布为广州市文物保护单位。

陈莘隐墓

元　麦公进夫妇墓

位于南沙区黄阁镇东里山塘大鹤山。始建于元代，清道光十三年（1833）重修。

墓葬是用花岗岩石砌筑的交椅墓，占地面积约117.3平方米。由后土、护岭、护墙、享堂、山手、拜台、月池、围栏、华表等组成。

麦公进生卒年岁不详。讳先齐，字公进，号泰阶，番禺黄阁东里人。其父麦术由义勇进

麦公进夫妇墓

身，事元世祖忽必烈。麦公进性格豪爽，武艺高强，一直随父征战。元至元十年（1273）苗民攻打广西，麦公进受父命，出奇兵，平定苗乱，功成麦术擢升为广西提督总兵，至元二十四年（1287），进阶平章政事。五年后麦术去世，元世祖下诏袭授麦公进为副将军轻车都尉。麦公进敬长睦族，乐善轻财，数十年如一日，享寿一百零八岁。族人于村内建有“将军麦公祠”以祀。

2008年12月，公布为广州市文物保护单位。

元　邝衍聚夫妇墓

位于从化区太平镇高埔村。元至正十二年（1352）始建，清嘉庆二十二年（1817）十九世孙重修。

该墓坐东朝西，花岗岩石结构，交椅墓，有坟头、山手、前台、护岭和后土。全长12.8米，宽7.2米，占地面积100多平方米。山手前有两级台阶，两侧有抱鼓石。墓碑刻“大宋显祖始祖考衍聚邝公府君，妣刘氏一大孺人合葬墓”。墓志

邝衍聚夫妇墓

载邝氏于宋末从南雄珠玑巷迁徙过程。

2008年12月，公布为广州市文物保护单位。

元　梁氏一品夫人墓

位于黄埔区云埔街火村社区蝌口山北坡。始建于元代，清嘉庆十八年（1813）、咸丰九年（1859）重修。

该墓坐南向北，为交椅墓，由护岭、享堂、挂榜、山手、平台、月池组成，有后土。全墓用花岗岩石块砌筑。护岭中央和山手坌环皆有祥云拱月石雕。碑龛做成门楼式，其前方有石拜桌。踢靴前端各立石狮一只。两根华表位于墓葬的最前方，其顶端立有石狮。墓葬的石材雕工精细，完好无损坏。

梁氏一品夫人墓

墓主梁氏为抗元名将凌震的原配夫人，原封二品，因凌震抗元有功，晋升广东制置使，授光禄大夫，梁氏加封一品。后因抗元失败，隐居天河东圃，为天河宦溪梁氏及广东梁氏六大房先祖。梁氏生于宋，卒于元。

2008年12月，公布为广州市文物保护单位。

元　潘礼可夫妇合葬墓

位于天河区珠吉街道珠村珠吉路鹤鸣山西坡。坐东北朝西南。建于元代，重建于清乾隆三十四年（1769），道光五年（1825）重修，民国二十四年（1935）迁葬到鹤鸣山。

该墓为花岗石砌筑交椅墓。坐东北朝西南。由护岭、坌环、享堂、山手、月池组成。宽5.78米，深10米，占地面积57.8平方米。护岭顶部有官帽石刻，两端有矮石柱，为束腰形。享堂圈最宽处3.5米，深2米，有拜石。墓碑上有祥云涌月石刻。墓碑前面有一拜桌。山手左边挂榜为四世祖源海潘公墓，右边挂榜为四世妣朱黄氏安人墓。

2009年7月，公布为天河区文物保护单位。

潘礼可夫妇合葬墓

元　凌雷门、凌栋墓

位于番禺区石碁镇凌边村。始葬于元代，清光绪五年（1879）重修，1997年从广州东圃迁到此处，用原墓的石构件按原貌重筑。存清代风格。

两墓坐西南向东北，占地面积223.7平方米，共两座墓，为凌雷门夫妇合葬墓及凌栋夫妇合葬墓，均为花岗岩砌筑的交椅墓，由护岭、坌环、享堂、山手、踢靴、月台、华表组成。以凌雷门夫妇合葬墓为例，坌环正中立花岗岩祥云涌月、双龙戏珠装饰，下嵌青石碑龛，青石碑正中刻“宋授广东制置使始祖考雷门凌公一品夫人继妣郭氏夫人之墓”。碑前置一有底座饰以卷草浮雕

凌雷门、凌栋墓

图案的石拜桌。第二级山手左右正面立壁嵌有挂榜墓碑，挂榜石碑缺失，只余青石碑框。第三级山手两端各置石狮子。平台外有两对华表，一对为花岗岩八角柱上立狮子，一对为花岗岩圆柱上立狮子。该墓整体保存较好。

2010年11月，公布为番禺区文物保护单位。

元　双燕岗墓

位于沙河双燕岗（今白云区云山南路以东）。1958年发掘。

墓葬编号58东燕M1。墓室呈长方形。长2.1米、宽1.6米、高0.9米。四壁及盖顶用石灰与砂砾掺和制成的长条板块垒砌，墓底亦铺灰砂。棺木全朽，仅存一些头骨和腿骨。头部之前放置两个瓷瓶和一个瓷炉。三件瓷器都是元代青白瓷，胎质洁白，略微发青。青白色釉，光润无开片。两件瓷瓶大小相同，高20.8厘米，耳部有圆涡纹一周，腹部贴梅花一枝。瓷炉口径11.3厘米、高10.5厘米，腹部亦堆塑梅花，三足作兽面状。约当棺的中间，平置菱花形带柄铜镜一面，已锈蚀残断，花纹不清楚。约在人骨架手部处，放着开元通宝和治平元宝各一枚。广州发掘的元墓甚少，似这样保存完整、随葬品精致的元墓尚属罕见。

双燕岗墓随葬青白瓷炉

元、明　湛治中墓、湛果成墓

位于增城区新塘镇白江村大桥头山。湛治中夫妇墓葬于元至元三十年（1293），湛果成夫妇墓葬于明宣德丙午年（1426），明嘉靖二十年（1541）和清乾隆四十九年（1784）维修。

湛治中墓、湛果成墓

两座墓形制大致相同，依山坡而建，坐北朝南。均为灰砂版筑交椅墓，有月池、二级平台、享堂、坟头和墓后护岭。湛治中夫妇墓居右，规模稍大。湛果成夫妇墓居左。墓葬规模宏大，雄伟壮观，保存较为完整，是明代三部尚书湛若水为其先祖修建。花岗岩石牌坊具有较高的价值。

湛治中，生卒年不详，讳露，新塘湛氏始祖，其先祖为福建莆田人，元朝时为广东道德庆路总管府治中，宣授奉训大夫。

湛果成（1376—1426），为湛治中第四世孙。湛若水为湛治中第七世孙。

2008年12月，公布为广州市文物保护单位。

元、明　何文可夫妇墓、何子霆夫妇墓

位于番禺区沙湾镇北村。两墓相邻，为家族墓。何文可墓建于元至正十四年（1354），民国二年（1913）重修。

墓葬坐北向南。用花岗岩石砌筑，为交椅

何文可夫妇墓、何子霆夫妇墓

墓。有护岭、享堂、山手、平台等。享堂左后侧有石碑刻“后土之神”。享堂半圆形墙体正中高处石雕祥云拱月，享堂内后半部为拱形墓室，有正面雕饰精美花卉纹饰的拱形碑龛，内嵌黑石碑，刻“元七世祖考文可何公偕区氏安人之墓”。碑前置拜桌，底座饰卷草浮雕花纹。山手分三级。整座墓规模宏大，保存完好，具有较高的历史价值。重修此墓的宋巧昌，是近代的名石工，工艺精细。

何子霆夫妇葬于明代，清咸丰二年（1852）重修。墓葬坐北向南，为花岗岩砌筑的交椅墓，有护岭、垄环、享堂、山手、踢靴、平台等。垄环正中立花岗岩石雕祥云拱月图案，下砌平台，平台中间用花岗岩条石砌一石棺，正面雕饰精美花卉纹饰的拱形碑龛，内嵌端州石碑，刻“显八世祖考子霆何公偕高氏安人墓”。碑前置底座浮雕卷草图案的拜桌。第一级山手左右侧的立壁嵌有挂榜墓碑，左为墓主人墓志铭，右为重修碑记。该墓规模大，对研究岭南古代墓葬有较高的历史价值。

何文可（1297—1354），字周孙，祖籍安徽庐江，为沙湾何氏留耕堂甲二房七世祖。何子霆（1322—1371），何文可长子，讳震初，字子霆，为沙湾何氏留耕堂甲二房八世祖。

2015年8月，公布为广州市文物保护单位。

明　张柏庭墓

位于花都区炭步镇鸭湖村东北角（土名落地金钱）。葬于明代，清光绪五年（1879）重修。

该墓坐北朝南。宽24米，进深49米，占地面积1176平方米。交椅墓，墓前左右山手用青砖筑砌，上压青石，碑额雕祥云拱月图案，墓碑刻宋体字“大明赐武进士骠骑将军加授金吾大夫柏庭张公、三品淑人钟氏、谢氏、许氏墓”。上款刻“本山坐子午兼壬丙之原”，下款刻“光绪五年岁次己卯孟冬榖旦重修”。墓后碑刻“张山后土龙神”。墓体保存尚好。

张柏庭墓

张柏庭，花县炭步人，明洪武年间赐武进士出身，骠骑将军金吾大夫。

2008年12月，公布为广州市文物保护单位。

明　宣德四年江氏墓

位于荔湾区西湾路154号旧广州铸管厂地块。2010年发掘。

墓葬编号M55，为长方形竖穴砖石合构墓，无墓道。墓向4度。墓坑为长方形。长2.86米，宽1.54米，残深1.88—1.92米。墓坑底部以上1.1米处留二层台。

墓室顶部以石条铺砌，石条上方填一层木炭层和一层山岗土。砖砌墓壁，除顶面第一层用长方形砖双隅结砌外，其余均为单隅砌筑，共十六层。墓室上部填满褐黄色淤泥，下部为褐灰色砂质土。底部未铺砖，墓壁砖直接砌筑在生土面上。墓室北部随葬五件黑釉盖罐。西北角随葬砖

宣德四年江氏墓

质墓志一合，青灰色砖，近方形，边长0.26米、厚0.08米。棺室位于墓室中部，直接放置在生土面上。棺室中部有“井”字形木板残留，长1.3米、宽0.4米，板厚3—4厘米。棺内东南角随葬两件青瓷碗。棺室底板下部随葬五枚铜钱，分别是皇宋通宝、天圣元宝、咸平元宝、淳化元宝、景德元宝。

随葬砖质买地券一方，长27.5厘米、高28.5厘米、厚4厘米，朱书券文。由券文可知，墓主人江氏，生前居住在广州城内。明宣德三年（1428）去世，次年安葬于此地。

该墓保存完整，有绝对纪年，为广州地区明代墓葬研究提供了重要资料。墓内随葬的龙泉窑青瓷碗，是广州考古发现的不可多得的龙泉窑精品。

明　李宗礼家族墓

位于番禺区化龙镇山门村。自明代宣德七年（1432）起，先后有四代人在此下葬。清乾隆五十六年（1791）、道光八年（1828）重修。

墓坐西南向东北，并列一排，共八座，分别为李宗礼夫妇墓、李宗礼配室张氏墓，次子李瑞山夫妇墓，季子李瑞林夫妇墓，孙李云峰夫妇墓，孙李云谷墓、李云谷夫人黄氏墓、李云谷之子李曲照及其夫人墓。整个墓群后有一道护岭，每座墓有护岭、享堂、山手、平台。

李宗礼（1359—1432），讳逊，字宗礼，为水门村李氏之始祖。

2008年12月，公布为广州市文物保护单位。

李宗礼家族墓

明　潘西庄家族墓

位于番禺区化龙镇西山村。自明天顺元年（1457）潘西庄始葬，至嘉靖年间十二世入葬，前后共有七代人在此下葬，延续百余年，形成排列有序、时代特征明显，并具有一定规模的家族墓地。墓群坐西南向东北，依山势自上而下分为三排，共十二座，占地面积约678平方米。

墓群分别为七世潘西庄墓，八世潘云严墓，九世潘可大墓、潘南溪墓、潘南溪原配钟氏墓，十世潘一山墓、潘忍夫墓、潘寿斋墓、潘苋畦墓，十一世潘西堂墓、潘迎山墓、陈氏墓。除钟氏墓、陈氏墓外，均为夫妇合葬墓。

墓地自崇祯三年（1630）至清康熙、嘉庆、道光、咸丰、光绪年间先后进行过重修，近年也有局部修缮，历经五百余年仍保存良好。

2010年11月，公布为番禺区文物保护单位。

潘西庄家族墓

明　韦眷墓

位于越秀区东山姚家岗。1964年发掘。

墓为券拱石室，坐东南向西北，用红色砂岩石块砌筑，全长7.44米。石室的两壁券墙和后壁厚1米多。前部券拱五重，后部四重。石室之外有厚达半米的三隅砖壁包护，砖墙外再抹石灰。石室与墓坑之间上、下四周都用石灰、砂、砾石、黏土夯实，还掺入大量铁砂，坚如岩石。墓底夯土厚度约1米，分九层夯打。墓门用石条横置叠砌封闭。墓内分主室和前室两部分。前室长1.13

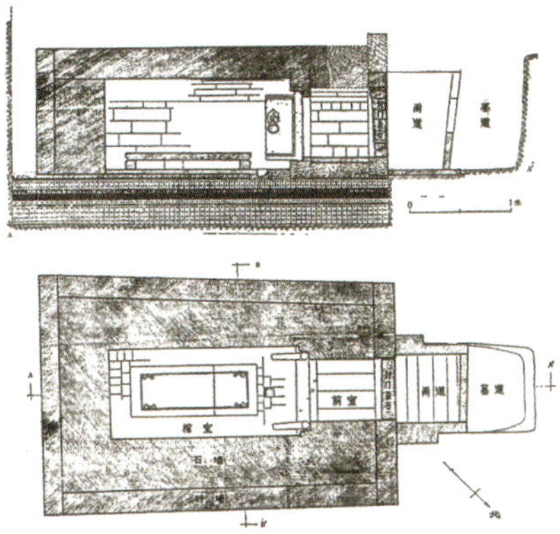

韦春墓墓室平面图、纵剖面图

米、宽1.21米、高1.38米。全用红砂岩条石叠起塞满至顶。主室长3.91米、宽1.76米、高1.8米。底部比前室低两级。门口有门楣、门框及地栿，两扇石板门有枢轴套入可活动启闭。石门浮雕铺首衔环，门后有自来石装置。室内底部铺石板，正中有石棺床如须弥座，浅刻卷云纹。

墓已被严重破坏。前室顶部有盗洞，填塞的条石有四块被撬离，推到主室门口处。棺床被拆开，石板堆置一边。铺地的砖、石也被挖去不少，随葬物被盗一空。清理时，仅得圆形素面薄金片一枚、残断红色珊瑚一支、南汉铅钱一枚、宋钱三枚、外国银币三枚。外国银币中有两枚是15世纪的榜葛剌（今孟加拉地区）银币，为榜葛剌国培巴克沙汗（Rukn al-din Bàrbak，1459—1462）于1459年所铸。另一枚是威尼斯银币，为15世纪威尼斯共和国总督帕斯夸尔·马利皮埃罗（Pasquale Malipiero，1457—1462）所铸，称“格罗索”或“格罗塞托”银币。

墓地还出土一块石墓碑，上有“大明弘治八年十一月初五日吉”“钦命总镇两广内官监太监韦公之墓”等字。证明墓主是明太监韦眷，他曾在明成化至弘治年间任提举广州市舶司。

明 戴缙夫妇墓

位于越秀区东山梅花村象栏岗。1956年发掘。

墓埋于地下深2米，是一座分室合葬墓。地面上有花岗石建筑的坟头，墓碑记载山坟是清同治十三年（1874）重修。两室顶部，前后各置墓志一合，均用黑石刻制。墓室用花岗石砌筑，两室并排，但不相通。右边为戴缙的墓穴，长3.18米、宽1.94米；左边是其妻周氏的墓穴，长2.98米、宽1.46米。两室的构造完全相同：四面石壁，用榫头接合，顶盖铺石成圆面，石室与墓坑上壁之间用灰砂夯筑。戴缙的葬具为一棺一椁，木椁长1.96米、宽0.71米、高0.71米，四壁及盖、底板均用榫卯套合，棺用套榫接合，棺底有苓床，下填牙灰（谷糠烧成的灰）。周氏的葬具有棺而无椁，棺木的构造与戴缙的完全相同，苓床下填的是灯芯草。墓室与葬具之间上下四周均灌满松香液。墓主戴缙夫妇的尸体成了干尸，保存完整。墓志记述戴缙生于明宣德二年（1427），卒于正德五年（1510），成化年间任南京工部尚书；周氏生于永乐二十一年（1423），卒于弘治十五年（1502）。两人的遗体都用各种被服重重包裹，戴缙裹了十五重，纵横捆绑成圆柱状，随葬品有木簪一支，木梳两只，金、银耳挖各一支，口里含有如半边黄豆大小的黄金一粒；周氏则包裹六重，随葬物有镏金银簪两支、木簪两支、银耳挖一支、玉坠金银耳环一对、木梳两只。衣服的质料有棉、麻、丝三种，是研究明代服饰和纺织工艺的实物资料。

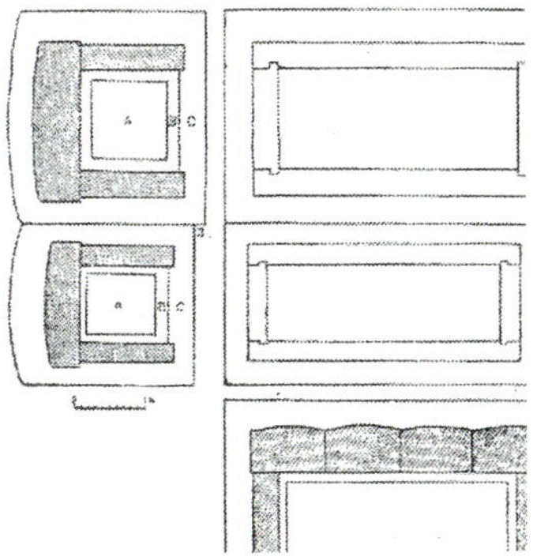

戴缙夫妇墓墓室平面图

明 厅山湛氏家族墓

位于增城区新塘镇塘美村关东圃村厅山东面山坡上。有陈太夫人墓，湛母陈氏安人合葬墓，萧氏关氏安人合葬墓和湛祖母李氏墓，依山坡而建，坐东北向西南，均为灰砂三合土版筑交椅墓，总占地面积为635.61平方米。

斤山湛氏家族墓

陈太夫人墓 始葬于明正德乙亥年（1515），由墓道、月池、平台、享堂、坟头和护岭组成，总宽12米、深76.5米，占地面积918平方米。整体轮廓仍清晰可辨。陈太夫人是嘉靖南京礼、吏、兵三部尚书湛若水的母亲，嘉靖十二年（1533）诰赠二品夫人，卒于京，归葬增城。

湛母陈氏安人合葬墓 始建于天启七年（1627），墓主除陈氏安人外，还有湛仲仁、崔氏安人、李氏安人三位墓主，为母子婆媳合葬墓。由月池、一级平台、享堂和一级护岭组成，通宽6.5米，通深12.2米，占地面积79.3平方米。享堂设在墓的后部，灰塑宝珠压顶，后壁正中辟碑龛，镶嵌一方端石墓碑，刻“大明慈淑湛母陈氏安人之墓、天启七年四月初一”。在墓的左侧挂榜上镶嵌一方端石墓碑，刻“湛仲仁寿基”五字。在墓的右侧挂榜上镶嵌两方端石墓碑，靠右墓碑刻“湛仲仁继室李氏寿基”九字。靠左墓碑刻“明显妣崔氏安人之墓”及碑文。

萧氏关氏安人合葬墓 始葬于明万历四十三年（1615），该合葬墓除萧氏、关氏安人两位墓主外，还有伯几湛子、仲宾湛子两位墓主，即为四人合葬墓。坟头立壁设两个灰砂碑龛，各镶嵌一方端石墓碑，左墓碑刻“明萧氏安人之墓”和碑文。右墓碑刻“明关氏安人之墓”及碑文。左右山手正面立壁上各辟一碑龛，左墓碑刻“明广州番禺庠生伯几湛子墓”和碑文，右墓碑刻“明万历丙午乡试亚魁仲宾湛子墓”和碑文。

湛祖母李氏墓 始葬于明万历九年（1581），清乾隆四十四年（1779）重修。墓由月池、一级平台、享堂和一级护岭组成，通宽9.4米，通深10.6米，占地面积99.64平方米。今享堂、左侧山手尚算完整。享堂呈卷筒状，灰塑宝珠压顶，后部辟碑龛，镶嵌一方端石墓碑。

2009年9月，公布为增城市文物保护单位。

明 霍韬墓

位于增城区宁西街九如村南香山（土名猪胆挂肝）南麓。是霍韬及其夫人郑氏的合葬墓。建于明嘉靖十九年（1540）。

霍韬墓

该墓为灰砂版筑和红砂岩混合结构的交椅墓，方向170度，总宽20米、深30米，墓墙厚1.2米，从上至下由护岭、垄环、享堂、坟头和四级平台组成，逐级降低，分级扩展。享堂用3米高的灰砂版筑墙绕成卷筒状，深7.4米、宽6.4米。后部中央辟一座八角五层红砂岩石砌筑碑塔，碑塔正面嵌一块端石“奉天诰命”碑，碑首刻“奉天诰命”四字，下半部分刻“太子太保礼部尚书掌詹事府事谥文敏霍公偕赠夫人郑氏之墓”。第一级平台宽14.1米、深5.2米；第二级平台升高0.4米；第三级平台升高0.88米，宽14.1米、深5.5米；第四级平台升高0.9米，宽11.7米、深5.35米。

霍韬（1487—1540），字渭先，号渭厓，南海县石头村（今属佛山市禅城区）人。明正德九年（1514）会试第一名。累官至礼部尚书。

1999年7月，公布为广州市文物保护单位。

明　陈天游墓

位于白云区金沙街道浔峰岗。原位于金沙洲魷鱼岗，2009年迁现址。葬于明代，是陈天游与其妻的合葬墓。

墓葬坐西北朝东南，面阔8.8米、进深28米。占地面积246.4平方米。有坟头、山手、享堂、拜桌、平台以及石龟、石马、石狗、石人、华表等。墓首为祥云拱月纹，正中镶嵌墓碑。墓葬建筑宏大，石料宽阔，雕刻图案多样，保留着明代墓葬原貌，对研究古代墓葬有较高的历史价值。

陈天游（1464—1545），名锡，字祐卿，号天游。南海（今广州）人，系沙贝村陈姓第十二世祖，既是“一门七进士”之一，又是“四代五乡贤”之一。明弘治十八年（1505）进士，官至应天府尹，有惠政，享年八十一岁。

1993年8月，公布为广州市文物保护单位。

陈天游墓

明　王玉泉家族墓地

位于天河区珠吉街道吉沥街韭菜岭（土名秀翠岭）。由车陂村王氏第八世祖王玉泉夫妇合葬墓，第九世祖王东江墓、王见川夫妇合葬墓，第十世祖王太居夫妇合葬墓，第十一世祖王联东夫妇合葬墓以及车陂王姓九世祖王东江妻子陈氏安人墓组成，共四代十人。均为山手墓。

墓地坐东北朝西南，总占地面积约150平方米。王玉泉夫妇合葬墓，建于明嘉靖乙巳年（1545），清康熙三年（1664）重修。宽3米，深2.5米，占地面积7.5平方米。花岗石碑龛内镶青石碑。

王玉泉家族墓地

2012年10月，公布为天河区文物保护单位。

明　湛若水墓

位于增城区永宁街陂头村天蚕山东麓。由墓园、神道两部分组成，气势恢宏。墓园内的主要建筑物包括北部坡地上的墓体、第二级台地的墓祠和第一级台地的棂星门。墓体随山势由上而下分成四级，从第一级的坟头而下至第四级的池座，总长21.3米。用灰砂三合土版筑。坟头由版筑墙绕成半圆筒形，宽5.5米，正中坟包独特，用灰砂筑成一座四柱三间的碑楼，分上、下两层。下层宽广，正间辟碑龛，高1.46米、宽0.76米。上层亦四柱三间，四面缩减，两层的立面如“凸”字形。拜台在正中间，版筑，横长5.15米、宽2.55米、高1.13米，墓主棺具深埋在拜台下面。第三级前台宽14米，颇宽敞。第四级为池座，深6.4米，宽与第三级同。池座的前边及两侧都有望柱、栏板围成一匝。墓后用灰砂、山石砌筑成半圆形护岭，直径44米，绕于墓外，并于墓园内的第三、第四级台地南边设挡土墙相接，组成墓园围墙。神道长516米、宽14米，占地面积7224平方米，局部残存有石铺地面。

湛若水墓

湛若水（1466—1560），字元明，号甘泉。明代著名理学家，增城新塘人。弘治十八年（1505）进士，曾任翰林院编修等职，官至南京礼、吏、兵三部尚书。著有《湛甘泉集》。

2002年7月，公布为广东省文物保护单位。

明　樊鹿庄夫妇合葬墓

位于天河区龙洞街龙洞村瓦窟岗。建于明隆庆四年（1570），清代重修。

墓坐西朝东。宽5.9米，深10.5米，占地面积59.59平方米。花岗石砌筑交椅墓，由护岭、垄环、享堂、山手、月池组成。宽10.66米，深10.11米，面积107.8平方米。护岭以不规则石头砌筑，是清代重修时加建。顶部有祥云涌月石刻，图案简单至只用两个半圆代表云朵，中间一个圈代表月亮。墓后有小碑，上刻“本山土地神之位”。坟圈以花岗岩石砌成半圆筒状，顶部有石刻祥云涌月，堆成三角形。护岭较长，呈外高内低之势，挂榜很窄。前台外端围石雕栏杆，栏杆上两种浮雕交替出现，为明代构筑。享堂宽2米，深1.8米，墓墙高1.6米。碑龛内有端石碑。墓前置一拜桌。该墓两边挂榜和护岭均与一般交椅墓不同，其明代石雕栏杆精美。

樊鹿庄夫妇合葬墓

樊鹿庄，明朝中期人，龙洞村樊氏第十四祖。

2009年7月，公布为天河区文物保护单位。

明　车陂苏氏墓群

位于天河区车陂街道车陂村石狮山南坡。为苏氏家族墓群。建于明万历年间，清同治六年（1867）重修。

车陂苏氏墓群

墓群规模较大，布局特殊，形制是方形交椅墓，由护岭、垄环、享堂、月池组成。坐东南朝西北，宽15.64米，进深16.37米，总宽17米，占地面积256平方米。墓群有七个墓穴，分上、下两层，上层包括苏鹿泉夫妇墓、苏天乔夫妇墓、李氏太老安人墓。下层墓共四穴，墓碑字迹不清。当地人称为“七姐妹墓”。

第一级护岭半圆形，顶部有祥云拱月石刻，中间镶花岗岩石碑。第二级是两个方形花岗岩墓围连在一起的三个墓穴，其中左边两穴，右边一穴。花岗岩石碑龛，顶部刻祥云拱月，碑龛上方刻官帽。左侧墓碑刻“皇明祖考鹿泉苏公府君妣李氏太安人之墓”，右侧墓碑刻“皇明祖考天乔苏公府君妣李氏太老安人之墓”。第三级也是两个方形花岗石墓围连在一起的四个墓穴，左、右各两穴，每两穴共用一个方形山手。墙上有花岗岩石碑龛，顶部刻祥云拱月，碑龛内镶有墓碑。

苏鹿泉，名茂敦，号鹿泉，明代万历年间人，车陂村苏氏第十世祖，生三子：苏应鹏、苏应鸾、苏应鹍。苏鹿泉善于理财和持家，曾立有教育子孙理财持家的“祖训”石碑，置于车陂村中苏氏宗祠。

2008年12月，公布为广州市文物保护单位。

明　曾贯夫妇墓

位于花都区花东镇杨二村牛心岭（大蛇山，土名叫九峰山蛇形穴，又称九龙影月）。始建于明万历元年（1573）。

墓坐西北朝东南，总宽9.86米，进深12.96米，占地面积128平方米。墓葬依山势而建，鸭屎石筑砌，由坟头、享堂、平台组成，为山手墓。碑额亦为鸭屎石，顶刻祥云拱月，墓碑为黑碑石，上刻“皇明进陪奉直大夫养利知州曾公圹志铭”。墓碑前设拜桌，墓前四个山手，每个山手各有一石狮子为守墓兽，靠里的山手旁各有一块墓表，首款分别刻“明故州守留□□公墓表”“明封宜人蒙氏墓表”。

曾贯（1500—1571），出身望族，号西川，字睢一，明代进士，官授广西太平府仰利州知州，诰授奉直大夫。

2015年8月，公布为广州市文物保护单位。

曾贯夫妇墓

明　严礼亭、黄氏夫妇墓

位于从化区鳌头镇下西村。始建于明万历十四年（1586），2000年6月迁建于现址。

墓坐西朝东，灰砂、砖石结构。墓室以坚硬厚重的土黄色方砖砌成。墓碑共三块，正中刻“皇明考太学生礼亭严公显妣孺人黄氏墓”，题款“万历十四年丙戌九月十五日孝男梦豸泣血百拜立石”，两山手正面另嵌铭碑，刻小楷墓志，记述严礼亭生平，左右各一方，碑高0.82米，宽0.57米，碑文阴刻。

2001年12月，公布为从化市文物保护单位。

严礼亭、黄氏夫妇墓墓碑铭

明　曾豫斋墓

位于番禺区小谷围街道广东工业大学校区内。建于明万历十八年（1590）。2003年发掘，2018年修缮。

墓坐北向南，玄武岩石砌筑，为交椅墓。由享堂、山手、平台、神道及两侧石人、石马、石羊等组成。墓正中立碑，中刻“皇明赐进士奉政大夫福建按察司佥事豫斋曾公敕封宜人黄氏墓”，上款刻“万历十八年岁次庚寅季冬十日”，下款刻“孝孙□兴、□□，曾孙承芳、承科等百拜立石”。神道两侧立石雕文臣、武将及石马、石羊各一对。墓葬规模较大，石刻雕琢精美，明代风格显著。

曾豫斋（1482—1590），南海人，明朝赐进士出身，授奉政大夫，曾任福建按察司佥事。

曾豫斋墓

察司佥事。六十八岁时为《重修净慧寺千佛宝塔颂》碑（黄衷撰）书丹。

2008年12月，公布为广州市文物保护单位。

明　黄萩圃夫妇墓

位于花都区炭步镇塱头村松仔林岭。葬于明万历四十年（1612）。

墓坐北朝南，面阔5.24米，进深6.14米，占地面积约32平方米。黄萩圃夫妇俩石棺并列，大小一样。用鸭屎石凿成，盖如瓦筒形状，覆盖于棺上，棺前有黑色墓碑一块。左右棺墓碑均刻墓主生卒时间和生平事迹。两侧及后边有半圆形的露天墓室。护土墙中间刻祥云拱月图案，前有两山手，立两只鸭屎石石狮子，雕工古朴，线条优美。黄萩圃夫妇墓保存完整，形制较奇特，为珠江三角洲地区罕见，是研究清代岭南地区墓葬形制的实物资料。

黄萩圃夫妇墓

2015年8月，公布为广州市文物保护单位。

明　湛横云夫妇墓

位于增城区新塘镇瑶田村东头村丰岗嘴岗东面。葬于明万历三十二年（1604）。

湛横云夫妇墓

墓依山势而建，坐西朝东。为灰砂版筑交椅状墓，有月池、二级平台、享堂、坟头等，护岭已毁，宽13.3米，进深19米，占地面积252.7平方米。享堂呈半卷筒形，宝珠压顶。坟头为小型八角攒尖塔。塔的正面内凹为碑龛，镶嵌石碑一通，刻“皇明显考横云湛公，妣霍氏安人合葬墓”。左右挂榜有碑龛，分别镶嵌“明显妣湛母黎氏安人之墓”碑和“明显妣湛母伍氏安人之墓”碑。踢靴转角筑成柱子状（连柱砖），坌环、挂榜、踢靴和月池灰砂夯层清晰。该墓规模宏大，雄伟壮观，版筑精工，保存完整，颇具明代风格，对研究明代墓葬有较高价值。

湛横云（1505—1583），讳日章，字晦之，号横云，为新塘湛氏十世祖。

2008年12月，公布为广州市文物保护单位。

明　钟菊圃墓

位于黄埔区云埔街刘村社区华甫久亨山东北坡。始建于明代，清道光三十年（1850）重修。

钟菊圃墓

墓坐西南朝东北，为交椅墓，由后土、护岭、享堂、挂榜、二级平台、山手、月池组成。墓碑刻有蝠鼠含珠和寿字等装饰花纹，穴中墓碑刻“大明处士八世菊圃钟公墓”，墓碑两旁刻有梅兰竹菊、鸾凰麒麟等吉祥图案，雕工精巧，山手两边各有小狮子，花岗岩石结构，穴内以龙头雕像为造型。月池周围有半圆形石雕栏板保护，石雕图案精美，连接石柱，上方为圆顶，柱中刻有蝠鼠。整墓营造讲究，保存基本完好。

2008年12月，公布为广州市文物保护单位。

明　钟筜翠轩家族墓

位于黄埔区云埔街刘村社区洋城岗冷坑山西坡。始建于明代，明万历四年（1576）、清乾隆二十一年（1756）、1920年重修。

墓群坐东朝西，含墓葬三座，三墓一字排开，从左至右分别为梁氏安人墓、杨氏安人墓、钟筜翠轩墓（钟筜翠轩在明代被诰封奉直大

钟筜翠轩家族墓

夫）。三墓形制相似，皆为交椅墓，由后土碑、两级护岭、享堂、山手、挂榜、踢靴、月池等部分组成。享堂分上、下两级，垄环正中有火焰吐珠雕刻。碑龛前有长方形花岗岩拜桌。右侧两墓之间的挂榜上镶嵌重修碑记。三墓共用上级护岭，共用月池，形成一个统一的整体，显得气势宏大。因该地“山形如凤，势欲冲天”，被当地居民称作“冲天凤古墓群”。

2008年12月，公布为广州市文物保护单位。

明　霍勉斋家族墓

位于增城区宁西街道南香山南麓。始建于明代。包括霍勉斋墓、霍母吕氏墓、霍母方氏墓、霍母黄氏墓、霍旋菴夫妇墓及邬氏二太安人墓共六座墓。

霍勉斋家族墓

霍勉斋（霍与瑕）墓　是一处规模较大的灰砂交椅墓，地面构筑物保存较为完整，从上至下由垄环、享堂、山手和三级平台组成，南北长28.75米，东西宽12.32米。

霍母吕氏墓　位于霍勉斋（霍与瑕）墓西侧，是一座明代中期灰砂交椅墓，由垄环、享堂、山手、一级平台和月池组成，现存结构南北长17.85米、东西宽10米。

霍母方氏墓　由垄环、享堂、山手、一级平台和月池组成，南北长10.48米、东西宽6.67米。碑龛被毁，墓碑被放置于左侧。

霍母黄氏墓　大部分已损毁，仅剩碑龛及墓碑。

霍旋菴（霍若祥）夫妇墓　由东西两座墓体

构成。霍旋菴墓长6.18米、宽5.04米。东侧为霍旋菴妻董氏墓，长5.96米、宽5米。两座墓体均由垄环、享堂和二级平台组成，两墓体之间有墓表。

邬氏二太安人（霍咸有夫妇）墓 由垄环、享堂、一级平台和月池组成，南北长10.29米、东西宽7.85米。

霍勉斋（霍与瑕），广州府南海县（今佛山市南海区）人，霍韬之子。明嘉靖三十八年（1559）登进士，授慈溪县（今属宁波市江北区）知县。鄢懋卿在巡视行部盐事时，霍与瑕因不施以礼节而被弹劾。此后起用为鄞县（今宁波市鄞州区）知县，官至兵部职方司员外郎、广西佥事。此外，霍与瑕还留下诗词若干首。霍勉斋家族墓的墓群中保存有碑刻二十二通，为研究霍韬、霍与瑕的生平及其家族发展提供了重要的实证材料。

2021年3月，公布为广州市文物保护单位。

明　郝门潘氏墓

位于天河区珠吉街道珠村虎岭南坡。

墓坐东北朝西南。红砂岩砌筑梳妆台式墓。宽5.15米，深5.1米，占地面积26.27平方米。分上、下两部分。上部呈半月玉珮形，高1.2米，宽2.4米，两角有雕花。墓碑镶嵌中央，高0.7米，宽0.5米。下部是红砂岩雕成的长方形祭台，长2.4米，高1米，石碑立在其上。祭台的正立面有两组浮雕，立框为石雕竹节，中间是盛开的莲花，两边是麒麟。浮雕周围饰浅浮雕花边。

郝门潘氏墓

墓主潘氏嫁给车陂村郝氏五世祖郝心月为继室，生有五子，是为车陂郝姓分房始祖妣。该墓形制为天河区仅见。

2009年7月，公布为天河区文物保护单位。

明　燕山姚氏墓地

位于天河区兴华街道伍仙桥社区。由明八世祖姚悦吾夫妇墓、北京国子监学录登仕郎姚东窓墓、大明姚祐村夫妇墓、姚凌氏太老安人墓碑、明八世祖姚正吾夫妇墓、明六世祖姚梅庄夫妇墓、明七世祖姚近山夫妇墓、明七世祖姚远山夫妇合葬墓、明四世祖姚万松墓、明五世祖姚东林夫妇合葬墓、三世祖姚源盛夫妇合葬墓、苏氏老安人墓、姚万芝夫妇墓、显妣苏氏老安人墓碑、姚东窓墓碑、姚东林夫妇合葬墓碑、姚近山夫妇合葬墓碑、姚梅庄夫妇合葬墓碑、姚万松墓碑、姚万芝墓碑、姚祐村夫妇墓碑、姚源盛夫妇合葬墓碑、姚远山夫妇墓碑、姚悦吾夫妇墓碑、姚正吾墓碑等二十四座墓及墓碑组成。

燕山姚氏墓地

姚悦吾夫妇墓 为碎石朝筑的交椅墓，由护岭、垄环、享堂、山手、平台组成。护岭以泥土堆筑，垄环立壁下嵌花岗岩碑龛，龛额有祥云涌月石雕，龛内嵌砚石墓碑。正中刻“祖考悦吾公府君妣谭氏太老安人合葬之墓”。姚悦吾，生卒年未详。广州市越秀区寺右村姚氏八世祖。妻谭氏。

姚东窗墓 为碎石砌筑墓葬。现仅见残破的护岭及部分垄环，垄环中下有灰砂制作的拱形碑龛，内嵌砚石碑。正中刻“北京国子学录登仕郎东窗姚公墓”。

姚祐村夫妇墓 为大小石块砌筑的交椅墓，由垄环、享堂、山手、平台组成。垄环立壁下嵌花岗岩碑龛，龛额有祥云涌月石雕，龛内嵌砚石墓碑。正中刻“大明显祖考祐村姚公妣苏氏老安人墓”。姚祐村，生卒年未详。广州市越秀区寺右村姚氏八世祖。妻苏氏。

姚正吾夫妇墓 为灰砂碎石翻筑的交椅墓，由护岭、垄环、享堂、山手、平台组成，环内左边是姚正吾墓，右边是姚凌氏太老安人墓，两墓形制相同，并排共用一个护岭。护岭以灰砂碎石翻筑。姚凌氏太老安人墓垄环立壁下嵌花岗岩碑龛，龛额有祥云涌月石雕，内嵌砚石墓碑。正中刻“明八世祖妣凌氏太老安人墓”。姚正吾，字天雨，号正吾，生卒年未详，广州市越秀区寺右村姚氏八世祖。妻凌氏。

姚梅庄夫妇墓 为灰砂碎石砌筑的交椅墓，由护岭、垄环、享堂、山手、平台组成。护岭以灰砂碎石翻筑。垄环立壁下嵌花岗岩碑龛，龛额有祥云涌月石雕，龛内嵌砚石墓碑。正中刻“明六世祖考梅庄姚公太老府君妣钟氏淑德太老安人合葬墓”。姚梅庄，生卒年未详。广州市越秀区寺右村姚氏六世祖。

姚近山夫妇合葬墓 为灰砂碎石翻筑的交椅墓，由护岭、垄环、享堂、山手、平台组成。护岭以灰砂碎石翻筑。垄环立壁下嵌花岗岩碑龛，龛额有祥云涌月石雕，龛内嵌砚石墓碑。正中刻“明七世祖考近山姚公太老府君妣□氏淑德太老安人合葬墓”。姚近山，生卒年未详。广州市越秀区寺右村姚氏七世祖。生三子，长子正吾，次子敬梅，三子悦吾。

姚远山夫妇合葬墓 为灰砂碎石砌筑的交椅墓，由护岭、垄环、享堂、山手、平台组成。护岭以灰砂碎石翻筑。垄环立壁下嵌花岗岩碑龛，龛额有祥云涌月石雕，内嵌砚石墓碑。正中刻“七世祖考远山姚公太老府君妣韦氏淑德太老安人合葬墓”。姚远山，生卒年未详，广州市越秀区寺右村姚氏七世祖。妻韦氏，生一子，号佑峰。

姚万松墓 为碎石砌筑的交椅墓，灰砂批荡，由两级护岭、享堂、山手等组成。二级护岭中央有宝珠状灰塑。享堂呈方形，其正面立壁为拱形，中间立有鸭屎石碑龛，龛额雕饰祥云涌月图案。龛内嵌砚石墓碑，正中刻“四世祖太封君万松姚公墓”。

姚东林夫妇合葬墓 为灰砂碎石砌筑的交椅墓，由护岭、垄环、享堂、山手、平台组成。护岭以灰砂碎石翻筑。垄环立壁下嵌花岗岩碑龛，龛额有祥云涌月石雕，龛内嵌砚石墓碑。正中刻“明五世祖考处士东林姚太老府君钟氏苏氏淑德二位太老安人合葬墓”。姚文信，号东林，生卒年未详。广州市越秀区寺右村姚氏五世祖。

姚源盛夫妇合葬墓 为碎石砌筑的交椅墓，由护岭、垄环、享堂、山手等组成。垄环正中立有鸭屎石碑龛，龛额雕饰祥云涌月图案，龛内嵌砚石墓碑，正中刻“三世祖考源盛姚公妣何氏安人附祀黄氏安人莫氏安人合葬之墓”。

苏氏老安人墓 为碎石灰砂砌筑交椅墓，由护岭、享堂、山手等组成。享堂呈方形，正面立壁为拱形，顶部正中有宝珠状灰塑。在下面的碑龛中嵌砚石碑，正中刻“显妣苏氏老安人墓”。

姚万芝夫妇墓 为碎石砌筑的交椅墓，由垄环、享堂、山手、平台组成垄环墙体，为碎石，其下立有鸭屎石碑龛，内嵌石碑，正中刻“三世祖显考万芝姚公府君妣何氏太安人妣黄氏太老安人之墓”。姚岳，号万芝，生卒年未详。广州市越秀区寺右村姚氏四世祖。

2012年10月，公布为天河区文物保护单位。

明　钟元德将军夫妇合葬墓

位于黄埔区长岭街水西社区仙人大座山西坡近山顶。始建于明，清光绪十年（1884）重修。

墓坐东朝西，为交椅墓，全墓用花岗岩条石构筑，由后土、护岭、享堂、山手、挂榜、踢靴、月池组成。护岭正中有官帽形石刻，垄环正中为祥云拱月石刻，其下有碑龛，内镶主碑一方，碑前各有石刻拜桌。踢靴上有石狮一对，月池靠踢靴处有石鼓一对。墓两侧建专用石阶登墓顶。

钟元德将军夫妇合葬墓

2009年8月，公布为萝岗区文物保护单位。

明　钟西庄夫妇合葬墓

位于黄埔区萝岗街萝岗社区塘头北社。始建于明代，清光绪二十九年（1903）重修。

墓坐东南朝西北，墓葬为交椅墓，由护岭、享堂、拜桌、挂榜、山手、二级平台、月池组成，花岗岩石砌筑，石雕构件华美。护岭正中有祥云拱月石雕，垄环正中有火焰吐珠石雕。碑龛的上部有阴刻篆体“福禄寿全”四字。一级平台前两侧有石鼓。

钟西庄生于明朝洪武年间，享年六十五岁，是塘头村钟姓八世祖。

2009年8月，公布为萝岗区文物保护单位。

钟西庄夫妇合葬墓

明　湛怡庵墓

位于黄埔区九龙镇福洞村果排社皇帝顶山山腰。始建于明成化年间。交椅墓坐西北向东南，墓体用灰砂版筑而成，由护岭、山手、享堂、挂榜、踢靴、二级拜台和半圆形月池组成。享堂正中原有一墓包，今已毁。墓随山势由上至下分成四级，逐级降低，分级扩展。月池两侧立文武官石雕像，东边石像为文官（缺头），右为武官。月池前方为墓道，墓道两侧从后至前依次置放有一只花岗岩石马（缺头）、石羊（缺头）和石狮。墓道上原有牌坊，早期已毁，现仍留下一些红砂岩石柱等残件。该墓规模较大，版筑精工，规格较高。

2009年8月，公布为萝岗区文物保护单位。

湛怡庵墓

明　梁近潮夫妇墓

位于黄埔区云埔街火村社区隔田山北坡。始建于明万历年间，后期重修。

梁近潮夫妇墓

墓坐南朝北，为交椅墓，由享堂、山手、挂榜、踢靴、月池组成。垄环正中有祥云拱月石雕。碑龛内镶主碑一方，碑前有长方形花岗岩石拜桌。踢靴上各有貔貅石像一只，雕工精美，栩栩如生。月池外围有栏杆，栏杆高50厘米。

2009年8月，公布为萝岗区文物保护单位。

明　何济墓

位于增城区增江街光辉村飞天凤（土名）西面山坡上。始葬于明嘉靖年间。

墓为鸭屎石青砖结构交椅状墓，坐东南朝西北。由月池、踢靴、享堂、山手、坟头、垄环、护岭组成，宽13米，深18米。

月池、享堂墓墙用鸭屎石砌筑，山手、踢靴用青砖砌筑。月池外沿立十二根鸭屎石覆盆望柱挟栏板，栏板及享堂基座刻回字纹石雕饰。山手、踢靴、垄环施石刻仿古建筑瓦脊压顶。垄环左右半月出券处各置一石雕镇墓兽，顶饰石刻祥云涌月纹。坟头已毁，从残留原地零乱的建材分析，原先此处当为一座相当精致的石刻歇山顶重檐碑龛，残留材料中有石刻屋顶、石柱，还有墓碑、志碑碎片，在一块较大的墓碑碎片中刻有“何公、母曾氏墓”六字阴文楷书，字迹笔画流畅、苍劲有力，大方得体。据《增城县志·选举》（民国十年版）载：“何济，接龙铺人，官福建漳州府照磨，积学砥行，署漳州府知府，政声籍甚。湛甘泉先生表其墓。”该墓规模大，雄伟壮观。用鸭屎石建墓在增城少见。保存基本完整，墓主有政声，名人题墓表，具有较高的历史和艺术价值。

何济墓

2009年9月，公布为增城市文物保护单位。

明　孔公宽墓

位于南沙区大岗镇岭东村。葬于明代，清代重修，民国二十四年（1935）按清代墓葬形式重修。

孔公宽墓

墓冢全部用花岗岩石砌筑，为交椅墓。坐东南向西北，墓长8.62米，深11.93米，占地面积102.84平方米。由后土碑、墓志铭、护岭、垄环、享堂、山手、踢靴、月台等组成。护岭为条形石板竖砌，两端砌有延伸的围墙，其左后方立有“孔山后土龙神”石碑，石碑左右侧饰以抱鼓石状石雕；右后侧立“重修潭洲始迁祖公宽孔公墓志”石碑。垄环正中高处饰以祥云涌月石雕，其下立有碑龛，龛额刻“福禄寿”三字，内嵌青石墓碑，正中刻“岭东房始迁祖至圣五十八传公宽孔公墓”。碑前置一拜桌，正面刻“孔大成堂拜桌”，立面刻“农商邑孔”。山手左右正面立壁外端饰有球状石雕，侧墙两端雕饰方形竹节纹底座，上立石狮子，石狮子身上刻“民国二十四年乙亥季春立”。

2023年8月，公布为南沙区文物保护单位。

明清　柯子岭六榕寺和尚墓塔群

位于白云区同和街道白云山柯子岭和顺岗。现存明清时期的塔墓与墓冢主。

墓园坐东北向西南，面积约2000平方米，是广州保存规模最大、数量最多的佛教墓塔群。原有历代住持僧人塔墓等一百多座，20世纪60年代后期遭破坏，近年修葺整理。依山势排列成行，供奉在松荫之下，两侧均设石阶。塔墓散布于墓园之中，分别用砂岩、红砂岩和花岗石等石料雕凿而成。高约1.6—1.8米，分为座、身和刹三部分，座多为四方形或六角形；身为莲子形，中间开一小碑龛，内嵌墓碑；刹多为八角攒尖顶。

1993年8月，公布为广州市文物保护单位。

柯子岭六榕寺和尚墓塔群

明清　华林寺祖师墓群

位于白云区同和街道白云山二龙谷。现存明清至民国时期的墓葬。

该墓群坐北向南，墓群有华林寺历代祖师高僧的塔墓、墓冢共二十多处，面积约8773平方米。因多年失修，部分塔墓、墓冢及其墓碑已残缺不全。墓园花岗岩石柱界碑九块，每块刻楷体“华林”二字。塔墓九座，分为座、身和刹三部分，座为四方形；身为莲子形，中间开一碑龛，内嵌墓碑；刹为八角形攒尖顶。

华林寺是广州佛教五大名刹之一，其前身是西来庵。据佛教典籍记载，1400多年前，印度僧人菩提达摩航海至广州，在城西南（今广州市下九路西来正街）上岸传教，后人为纪念这位高僧，在登岸处建西来庵。西来庵的住持宗符禅师于清初顺治十三年（1656）募捐维修，增建了庭园、禅房、僧室、大雄宝殿等，并改名为华林寺。

华林寺祖师墓群

2002年7月，公布为广州市文物保护单位。

明清　仑头村黎氏墓群

位于海珠区官洲街道仑头村后底岗（密松岗）西南侧山腰。始建于明洪武年间，清道光十九年（1839）重修，1995年7月对部分墓穴局部重修。

墓群坐北朝南，背岗面村，远处是珠江。依山势而建，前低后高，上窄下宽，呈半圆形，共有二十三座墓。占地面积约380平方米，村人称为“始祖墓”。主墓为当地黎氏始祖夫妇及二世祖合墓，主墓两旁为始祖夫人彰氏及三世祖夫妇之墓。主墓后排为四世祖南溟黎太公夫妇合墓。

仑头村黎氏墓群

其他均为家族成员墓。墓群前有八级台阶，台阶前有砖砌矮墙，为“兜金”。主墓两侧可拾级而上，顶上有水泥砌横直护岭。

2008年12月，公布为广州市文物保护单位。

明清 新圩岭骆氏墓群

位于花都区赤坭镇莲塘村新圩岭山石岗。共有五座墓，葬于明代，坐东朝西。前面有三座，分别为大明四世祖骆渥水墓、前明四世祖骆泉石墓、前明四世祖骆北庄墓；后面有两座，分别是骆云林夫妇石棺墓和骆辉千夫妇合葬墓。骆辉千夫妇合葬墓和骆渥水墓、骆泉石墓、骆北庄墓的主墓为土坟，护岭及山手用红砂岩和碎石等材料砌筑，为山手墓。

新圩岭骆氏墓群

各墓面宽约10米，深约11米，占地面积为110平方米。墓碑以连州青石为主。较有特色的是骆云林夫妇石棺墓，骆云林夫妇石棺墓葬于明弘治三年（1490）。两石棺并列，大小一样。用红砂岩凿成，如瓦筒形状，覆盖地上，长1.2米、高0.6米、宽0.7米，棺前凹进0.3米，有黑石墓碑一块，长0.4米，宽0.3米。该墓面阔3.5米，进深6.5米，占地面积22.75平方米。在两石棺两边0.9米及后边3.8米处，用红砂岩石砌成高1.3米的挡土墙，呈半圆形，形成一个露天的墓室。墓保存完整。形制较奇特，为珠江三角洲地区罕见。

2017年1月，公布为花都区文物保护单位。

清 陈邦彦墓

位于增城区新塘镇长巷村九头山北坡（土名大坑坜）。是明末兵部尚书陈忠愍（邦彦）夫妇合葬墓。建于清初，民国二十一年（1932）重修。

墓坐南朝北，面阔5米，进深12米，占地面积60平方米。交椅状，灰砂夯筑，有月池、平台、享堂、坟头和护岭。享堂设在墓中央，后墙正中辟碑龛，顶为祥云拱月纹，镶嵌一方青石墓碑，中刻“明兵部尚书陈忠愍公邦彦配彭夫人墓”，上款刻“壬申季穀旦”，下款刻“广东绅士立”。左右挂榜上分别镶嵌一方墓志碑和一方国民党县政府保护碑。

陈邦彦（1603—1647），字会斌，号岩野，广东顺德龙山乡（今佛山市顺德区）人。生于明万历三十一年（1603）。明末清兵大举入关，兵锋南指时，他率义军在江西与清兵激烈作战不敌，退至广东三水与陈子壮会师进攻广州，兵败投塘被俘。他视死如归，绝食八日被斩。其子陈恭尹为避免族人受牵连，将父母移葬增城新塘雅瑶。

2008年12月，公布为广州市文物保护单位。

陈邦彦墓

清 绍武君臣冢

位于越秀区解放北路988号越秀公园南秀湖畔。是南明唐王朱聿鐭（后称绍武帝）及其臣下苏观生等人的合葬墓。原墓在城北象岗山北麓，

绍武君臣冢

1954年迁葬于越秀公园木壳岗。1981年再迁葬于越秀公园南秀湖畔。

墓坐东朝西，封土呈覆竹形，正面墓碑刻“明绍武君臣冢”，上款为“光绪癸未孟冬吉旦”，下款为“粤东绅士重修”。

清顺治三年（1646），南明隆武政权在福建覆灭，隆武帝之弟朱聿鐭在苏观生等人拥戴下，于十一月在广州称帝，年号绍武。是年十二月十五日，清军乘虚从广州东门入城，苏观生仓促未能抵抗，自缢身亡。绍武帝易服出逃，被清军捕获后自缢去世，称帝历时仅四十余日。后人将绍武帝等人的遗骸葬于城北象岗北麓流花桥畔。

1963年3月，公布为广州市文物保护单位。

清　王兴将军墓

位于越秀区解放北路988号越秀公园南秀湖畔。原葬于海珠区南箕村，1954年迁葬于此。

墓坐东朝西，封土呈馒头状，墓碑刻“南明抗清殉节王兴将军暨妻妾之墓”等字，为迁葬时所刻。墓后有墓志，为原件。

据《番禺县志》载，原墓碑题为“皇明虎贲将军县伯电辉王公偕同节原配张氏一品夫人暨十五庶夫人之墓”。墓于1952年在海珠区南箕村高阳发现，发现时墓碑不存，墓穴中埋一大陶瓮，瓮口覆盖志石一方，内盛有骨灰和残金饰，还发现一方墓志。

王兴（1615—1659），字电辉，广东恩平人。南明抗清将领，清顺治十六年（1659），王兴抗清兵败，退守台山文村，令妻妾十六人自缢，然后举火自焚，以身殉国。

1963年3月，公布为广州市文物保护单位。

王兴将军墓

清　胡嘉宾墓

位于花都区花山镇花城村狮茅岭。是香港乡贤胡忠、胡应湘的祖墓。葬于清康熙二十五年（1686），同治十三年（1874）重修。

墓为交椅墓。坐东朝西，用花岗石砌筑，有护岭、坟头、享堂、平台等。距坟头4.7米有护岭，高1.6米。享堂宽3.8米，进深4.4米。平台宽10.4米，进深5.3米。碑龛顶石雕祥云拱月，墓碑宽0.8米、高1.1米，刻“清祖考嘉宾胡公大人坟墓”，上款刻“同治十三年甲戌岁仲冬吉旦重修”，下款刻“六大房裔孙仝立”。墓前右侧立旗杆夹石，刻“恩科乡试第七十四名举人”，上款刻“光绪十四年”，下款刻“胡鉴立”。

胡嘉宾墓

胡嘉宾（1637—1686），字友王，钦加州同衔，为花县创县功臣之一。

2008年12月，公布为广州市文物保护单位。

清　屈大均墓

位于番禺区新造镇思贤村宝珠岗东麓。葬于清康熙三十五年（1696），民国十八年（1929）由番禺县县长陈樾主持重修。由屈大均墓、其父屈澹足墓、母黄太君墓和子媳墓等四座墓组成，为灰砂交椅墓。

屈大均墓平面呈“凸”字形，灰砂建造。前宽14.5米，后宽6.8米，纵长9.8米。坟头呈半球形，正中嵌一方青石碑，高0.93米，刻“明屈翁山先生墓”，下署“民国十八年己巳仲冬番禺县长陈樾题”，墓表竖立在坟后右侧，碑文为邑人吴道镕撰书。

屈大均（1630—1696），字翁山，番禺（今广东广州）人。明清之际学者、诗人。曾参与抗清斗争，为逃避清廷迫害，出家海云寺，法号今种。从此云游四海，广结奇士，暗图抗清大业，但无所成。后蓄发还俗。清康熙十二年（1673），吴三桂反清，屈大均投军，授以广西按察司副司。后吴三桂阴图称帝，屈大均乃托病隐居著述，郁郁辞世。与陈恭尹、梁佩兰齐名，并称“岭南三大家”。生前著述有《广东新语》《皇明四朝成仁录》《翁山诗外》《翁山诗略》等30余种，约300万字。

屈大均墓

1989年6月，公布为广东省文物保护单位。

清　陈恭尹墓

位于天河区凤凰街道柯木塱塘石三街二巷9号房后背杨屋山。清康熙三十九年（1700）葬于祥云岭，墓建于康熙五十七年（1718），民国二十五年（1936）重修。

陈恭尹墓

墓坐北朝南，宽8米，进深0.54米，占地面积125.4平方米。墓为交椅形，有护岭、垄环、享堂、山手、月台。墓首筑成半圆状，顶部中央石刻祥云拱月。墓墙中间镶嵌有青石墓碑，刻“陈独漉先生暨配湛、郭恭人合墓”，上款“仲春穀旦”，下款“广东士绅重修”。墓前有拜桌。山手右边的挂榜为陈恭尹之子陈南敬墓，建于康熙五十一年（1712）。碑龛内嵌石碑，记载其生平，碑刻“皇清显考顺德文学南敬陈公府君墓”，有上、下款。山手左边的挂榜为陈恭尹儿媳之墓。碑刻“十三世祖妣吴太孺人之墓”。月台左下有番禺县政府禁毁伤封树公告碑，右下为1931年番禺汪兆镛撰的《重修陈独漉先生墓碑》和任元熙撰并书、冯愿篆额、梁俊生镌石的《重修陈独漉先生之墓记》碑。

陈恭尹（1631—1700），字元孝，初号半峰，晚号独漉子、罗浮布衣，顺德县龙山乡（今属佛山市顺德区）人。陈恭尹以父荫授南明锦衣卫指挥佥事，从事反清活动，晚年定居广州。

1983年8月，公布为广州市文物保护单位。

清　王永名墓

位于花都区赤坭镇丰群村狮形岭。葬于清康熙四十一年（1702），光绪乙未（1895）冬重修。

该墓坐北朝南，花岗石灰砂筑砌，为交椅墓。墓高1.3米，宽15.6米，进深11.4米，占地面积约177.8平方米。坟头后有护岭，正中石刻圣旨“覃恩奉天诰命”。碑龛额刻双凤和祥云拱月。坟头前有享堂。墓前原有一对华表，挂榜两块碑记，已散失。1995年重修时，花都市文物管理委员会在丰群村找回碑记，立于右挂榜处。两块均为花岗石质，为《重修创建花县知县崇祀名宦王公墓记》石碑，落款刻“光绪二十一年冬月吉旦，知县事固始祝抡望撰”，另一块为《重修开县王公山碑记》石碑。左挂榜处有1995年8月花都市立《重修王永名墓记》石碑。

王永名墓

王永名（？—1702），号应五，三韩（辽东）人，任花县开邑知县。康熙四十一年积劳成疾，卒于任内，邑人葬于城西之老鼠岗，即今址。

2008年12月，公布为广州市文物保护单位。

清　梁佩兰墓

位于白云区同和街道白云山柯子岭西南麓。建于清康熙五十年（1711）。

该墓坐北向南。为灰砂山手墓，尚存护岭、垄环、拜台，原月池已湮没。面阔约6.9米，进深约8.77米，占地面积约60.5平方米。护岭正中嵌端石墓碑，拜台正中有坟头，坟头前嵌新的青石墓

梁佩兰墓

碑，左右挂榜各有一端石碑。该墓为白云山年代较早的清代山手墓，比较少见，对研究岭南地区清代墓葬形制、丧葬习俗以及墓主人生平有较高的历史价值。

梁佩兰（1629—1705），字芝五，号药亭，又号紫翁，广东南海（今广东广州）人，世居广州城西梁巷。清顺治十四年（1657）乡试名列第一。其后屡试不第，致力攻诗，康熙二十七年（1688）会试，中第十名进士，被选授翰林院庶吉士。仅一年，告假还乡，主持粤中诗坛，与屈大均、陈恭尹合称为“岭南三大家”，著有《六莹堂集》。

1983年8月，公布为广州市文物保护单位。

清　庄存斋墓

位于黄埔区文冲街道飞鹅岭。建于清乾隆十年（1745）。

墓坐东南朝西北，为灰砂修建的交椅墓，由

庄存斋墓

坟头、山手、平台、月池、前后护岭等组成。现保存尚好。坟头至前护岭最长距离约12米，前台宽12米。坟头正面为灰砂夯成的墙，正中嵌一花岗石墓碑，碑高1.45米，宽0.8米，厚0.3米，正中刻“皇清例赠中议大夫光禄寺卿显考存斋府君庄公之墓”，无款识。碑两侧刻云龙纹饰，上正中为祥云涌月。坟头前有一拜桌，前方有一对石狮和一对华表。石狮用鸭屎石雕刻而成，雌雄成对，左右相距约20米，大小相若，身长1.15米，宽0.54米，高0.83米，造型生动，雕工娴熟，纹理清晰、流畅。石狮座长1.15米，宽0.54米，高0.45米，四面如意纹浮雕，四弯角有竹节纹。石狮前面约10米处有华表，鸭屎石材质，呈八角形，高6.8米，周长1.45米，顶蹲石狮。在距墓的左侧约50米处，有其子庄有恭墓。墓右前约50米处，现还立有“庄府封茔正北界”石一方。

墓主庄存斋，讳承辅，字奕仁，逝于乾隆九年（1744），第二年下葬于乌涌乡龙窟冈（状元山）。其子庄有恭为清状元。

2008年12月，公布为广州市文物保护单位。

清　林诞禹夫妇墓

位于天河区凤凰街道渔沙坦村蓝屋北街凤凰山牛栏窝。建于清乾隆二十四年（1759）。

墓坐北向南。花岗石砌筑交椅墓。由护岭、垄环、享堂、山手、月池组成，宽7米，深9米，

林诞禹夫妇墓

占地面积63平方米。护岭宽7米，高约0.7米，半圆筒状，花岗岩砌成，花岗岩压顶，顶部有祥云涌月石刻。墓碑中间有一碑龛，内镶黑色石碑，已破裂，仅可辨认出“赐进士翰林院……敕赠恭俭孝……之墓”字样，无上、下款。山手的左右挂榜处各有一碑龛，内镶黑色石碑，宽0.8米，长0.6米。

林诞禹，猎德村林氏十六世祖。清乾隆年间曾任翰林院编修，四川及广西主考。

2009年7月，公布为天河区文物保护单位。

清　庄有恭墓

位于黄埔区文冲街道飞鹅岭（土名龙窟冈，又称状元山）。建于清乾隆三十二年（1767）。

庄有恭墓

墓坐东南朝西北，为灰砂构筑的抄手墓，由坟头、山手、平台、月池、前后护岭等组成。墓前后护岭最长距离约19米，墓前平台宽最长距离约8.4米。坟头正面嵌一花岗岩墓碑，高1.4米，宽0.8米，厚0.3米，正中刻“皇清诰授资政大夫、赐状元及第、福建巡抚、前太子少保、刑部尚书、协办大学士、显考滋圃府君庄公之墓”。墓碑两侧建筑部分破损，墓碑前后及左侧曾被挖掘，疑墓已被盗。距墓右侧约50米处，有庄有恭之父庄存斋墓。墓右前方约100米处立有“庄府封茔正北界”石一方，墓后约10米处另有一方。

庄有恭（1713—1767），字容可，号滋圃，祖籍福建晋江，随父定居番禺（今广东广州）。

乾隆四年（1739），庄有恭状元及第，先后任翰林院修撰、侍读学士、光禄寺卿、刑部尚书、协办大学士及江、浙、闽等地督抚，共二十八载，是清代广东三位状元之一。

2002年7月，公布为广州市文物保护单位。

清 宋廷桢夫妇墓

位于花都区赤坭镇赤坭村三和庄打鼓岭。原葬于清道光十七年（1837），光绪三十年（1904），其子孙将宋廷桢及三位夫人骨殖移来此合葬。

宋廷桢夫妇墓

墓地规模颇大，坐北朝南，长56米，宽20米，分成四级。第一级为后土，有两块石碑，刻“本山后土之神”和“本山正龙之神”。第二级，中间竖有嘉庆二十五年（1820）圣旨全文的刻石，呈展开三页的书卷式，两边刻云龙，底座刻双凤。第三级为青砖砌筑的交椅墓，正中嵌花岗石墓碑，碑上端雕刻双凤朝阳图案，正中刻“皇清敕授文林郎赐进士出身四川富顺县知县廷桢宋府君妣李太孺人庶妣刘孺人庶妣李孺人”。左右挂榜各有墓志铭一方，叙述墓主生平传略、卒葬年月。反映了19世纪30年代花县的社会状况，颇具史料价值。

宋廷桢（1768—1836），花县赤坭人，与其子先后考取进士，时人称“父子进士”。

2002年7月，公布为广州市文物保护单位。

清 许氏黄太淑人墓

位于白云区同和街道南湖高尔夫球场北边小山坡上。葬于清道光二十五年（1845），20世纪90年代移葬至现址。

墓坐北朝南，占地面积约4000平方米。主墓为广州高第街许氏家族的始祖母黄太夫人之墓，为清代抄手墓，有平台、月池、挂榜、享堂、护岭、后土等。墓碑上阴刻“皇清晋封淑人显妣许母黄太淑人之墓”。平台两侧有石鼓。墓地前有宽阔地坪，两边相对排列进士、举人旗杆夹石各六座。

黄太夫人是广州籍人，嫁给许颖圆为妻，生四子，许颖圆去世后，独力抚养四子成人，长子成为广州一大盐商，其后家族人丁兴旺，不少许家子弟考取功名，因而有“四代同堂，七子登科”美誉，被清朝皇帝封为“淑人”。许崇智、许崇清、许崇灏、许广平等知名人士，均为黄太夫人的后裔。

1999年7月，公布为广州市文物保护单位。

许氏黄太淑人墓

清 何信邦墓

位于增城区小楼镇小楼村大楼村后山东面山坡上。葬于清咸丰十一年（1861）。

墓为花岗岩石青砖混合结构交椅状，坐西朝东，由月池、踢靴、享堂、山手、垄环、坟头和护岭组成，总宽11米，总深20米。

月池墓墙用青砖砌筑，花岗岩条石压顶，其余各部位用花岗岩石砌筑。第一级踢靴左右各置一只石雕狮子，踢靴外左右各建五级踏步抵达护

何信邦墓

岭前墓圹。前后山手左右立壁均镶嵌一方挂榜墓志碑。护岭正中施石雕宝珠纹饰，左右墓墙末端倒钩抱鼓垂带，犹如塔顶对角的两条瓦脊翘尖倒钩饰物，他处少见。垄环呈卷筒状，下设平台，平台中后辟小型两柱一间牌楼式重檐碑龛，顶施石雕祥云涌月纹。正面辟碑龛，龛额刻“源远流长”四字。龛中央镶嵌一方端石墓碑，中刻“皇清敕封儒林郎候选直隶州分州十八世显考佐勋何公府君妣廖氏淑德安人墓”，右刻“先考讳李德，字信邦，官名左勋，别号聚堂，乃极初公之次子也。终于咸丰甲寅年八月初一日戌时。先妣终于咸丰己未年十二月初六日巳时，光等泣扶考妣灵柩安葬于该地，坐落土名贤都大楼村边西园上手坐壬向丙兼子午二分分金之原”。龛前立一长方形拜桌。

何信邦（1772—1854），讳李德，字信邦，别号聚堂，正果龙潭埔人。乾隆五十四年（1789）贤人举，官授儒林郎、东陵府太社令、尚书典史等职，著有《京官礼札》等。

2009年9月，公布为增城市文物保护单位。

清　刘仲达、刘廷光家族墓

位于番禺区化龙镇柏堂村。葬于清代，清同治七年（1868）重修。

墓群有刘母曾氏墓、刘仲达夫妇合葬墓、刘廷光夫妇合葬墓等三座，呈“品”字形排列，刘仲达及刘廷光夫妇合葬墓并排于后，刘母曾氏墓立墓碑于两垄环交叉处。刘仲达夫妇墓位于刘母曾氏墓左侧，碑龛雕饰祥云拱月宝顶，内嵌青石碑，刻“诰赠武功将军讳仲达刘公夫人旌表节孝黎夫人墓”。刘廷光夫妇墓位于刘母曾氏墓右侧，碑龛雕饰祥云拱月宝顶，内嵌青石碑，刻“诰授武显将军讳廷光刘公封二品夫人刘母黎夫人”。墓碑前石拜桌均浮雕金钱、卷草、金鹿、蝙蝠等图案。一级护岭正中立后土碑，两端内侧立两座碑亭，分别为“圣旨”和“宗功”。二级护岭正中嵌“奉天覃恩”诰命碑。墓道两旁立一对花岗岩石狮顶华表。

刘仲达生卒年不详。作为刘廷光的祖父，因“敬以持躬，忠能启后，威宣门外”而受覃恩于咸丰五年（1855）诰赠武功将军。祖母黎氏亦诰赠为夫人。

刘仲达、刘廷光家族墓

刘廷光（1795—1864），号恩宪。其嗜武功，义凛冰霜。嘉庆二十二年（1817）进邑武庠。道光五年（1825）中乡进士拣选，以卫千总补用。道光八年（1828）署督标前营千总。累官至广东香山协副将，记名总兵升用，诰授武显将军，咸丰七年（1857）恩准致仕。

2008年12月，公布为广州市文物保护单位。

清　黄炎章夫妇墓

位于番禺区石楼镇茭塘西村。建于清代，清光绪三年（1877）重修。

墓坐南向北，花岗岩砌筑，为交椅墓。占地面积约300平方米。有护岭、享堂、山手、平台、华表等。护岭正中高处石雕宝顶。享堂半圆形墙体，正中高处石雕祥云拱月，下立碑龛，内嵌黑色墓碑，刻“皇清诰封武功将军炎章黄公夫人黄

黄炎章夫妇墓

母曹氏太夫人合葬之墓”。有上、下款。碑前置一拜桌。山手前端两侧各嵌一挂榜墓碑。坟前立一对顶部雕有石狮子的华表。黄炎章生卒年未详，清朝诰封其为武功将军。

2008年12月，公布为广州市文物保护单位。

清　钟辅廷墓

位于白云区白云山五龙谷。建于清光绪二十二年（1896）。

墓坐东朝西，花岗岩砌筑。青石山手墓，有后土、三级护岭、垄环、拜台、山手、台基。总进深47米，占地面积约470平方米。两侧山手外顺山势设石阶，山手前端设一对石狮及一对石鼓，石鼓面阳雕盘龙纹，墓墙下端浮雕荷花池内鸳鸯戏水图案。台基上立一对青石华表。台基前方设花岗岩雕石翁仲、石马、石虎、石羊各一对和十七对旗杆夹石。左侧为文臣，右侧为武将。墓后左右两侧分别为“奉天诰命”碑和后土碑。其墓规模恢宏，墓制完整，形制复杂。

钟辅廷墓

钟辅廷生卒年不详，为清代西关富商。

2008年12月，公布为广州市文物保护单位。

清　刘绍基家族墓

位于白云区同和街道白云山海螺岭东。建于清光绪二十五年（1899）。

该墓坐北朝南，总宽15.6米，进深61米，占地面积约951.6平方米。墓葬并列三座坟头，均呈山手交椅形制，灰砂砌筑，各墓有坟头、山手、拜台。三座墓的后面为护岭，前面有平台、月池，平台两侧有抱鼓石，尚存一对华表、半块墓表碑与界桩，界石正面阴刻“将军第刘”。正中主墓是刘绍基及其夫人毛氏之墓，垄环顶部雕祥云拱月，坟中立花岗岩碑龛，内嵌青石碑，碑额雕双龙朝阳，上端两角各雕一只蝙蝠，碑中间刻“皇清诰授建威将军显考讳绍基刘公、诰封一品夫人显妣刘母毛夫人合墓”，清光绪年款。主墓之东、西两侧分别为刘绍基之妾张氏墓、刘绍基之子刘世安夫妻合葬墓。

刘绍基家族墓

刘绍基是清代一员武将，广东番禺（今广东广州）人，他与清末抗法英雄刘永福、冯子材等曾在此结伴同游，共抒胸臆，后人为纪念他们称此岭为“将军岭”。

2008年12月，公布为广州市文物保护单位。

清　何则桢夫妇墓

位于黄埔区联和街天鹿湖社区茶山下。墓葬共两处，分别为何则桢府君墓和何母曾氏墓。始

何则桢府君墓

建于清代，1926年重修。

何则桢府君墓墓主是八斗何氏的十六世祖、何三捷之父何则桢；何母曾氏墓墓主为何则桢之妻、何三捷之母。两墓均坐东南朝西北，灰砂青砖结构，交椅墓，由后土、二级护岭、山手、享堂、挂榜、拜台、月池等组成。护岭中央有祥云拱月灰塑，垄环中央为祥云拱月石雕。垄环做成直手形式。半圆形月池铺灰砂地。

2008年12月，公布为广州市文物保护单位。

清　黄采荃夫妇合葬墓

位于番禺区石楼镇莲花山社区。碑文载，墓主葬于清代，清光绪二十五年（1899）重修。

为花岗岩石砌筑的交椅墓。墓长5.34米、宽10.32米，占地面积55.11平方米，坐北向南，由护岭、享堂、山手、月池等组成。护岭别具一格，由九块长方花岗岩石拼砌而成，每块内均凹雕成长方形框，内刻光绪十五年（1889）七月一日皇帝诏书全文，中间最高石块在顶部雕有宝珠状石雕。垄环正中高处饰以祥云涌月石雕，下立一青石碑，碑正中刻“皇清诰赠奉政大夫显考采荃黄公妣陈氏太宜人合墓”。碑前置一石拜桌。

黄采荃夫妇合葬墓

黄采荃即黄庭勋，生卒年岁未详。据碑文记载：黄庭勋是同知黄亮仁之父，受皇帝褒奖下诏赠其为奉政大夫，黄亮仁之母陈氏亦赠封为宜人。

2010年11月，公布为番禺区文物保护单位。

清　梁东源夫妇合墓

位于天河区长兴街道火炉山大垣咀偏西北山岗。建于清代，由护岭、垄环、享堂、山手、月池组成。宽11米，深13米，占地面积143平方米。后期墓身被水泥覆盖，墓身中间镶上麻石石碑，碑文清晰。碑上刻着“垂远堂”。碑下刻“大明五世祖梁母苏氏考东源梁公□梁母陈氏合墓”，上款“本山生艮向坤□寅申之原”，下款“光绪三十二年大房子孙□”。碑文上的文字清晰可见。

2012年10月，公布为天河区文物保护单位。

梁东源夫妇合墓

清　曹母许氏、丁氏墓

位于天河区长兴街道天源路1190号华南植物园。建于清宣统三年（1911），后曾重修。

墓坐东南朝西北。砖砌外批荡水泥交椅墓，由护岭、垄环、享堂、山手、月池组成。两墓共

曹母许氏、丁氏墓

用一个护岭。宽9.8米，深19.4米，占地面积190平方米。许太夫人墓位于上方。护岭顶部有祥云涌月石刻，云纹有浮雕怪兽，两侧有圆形方孔钱，护岭两端各有一只花岗石狮子。墓头顶部亦有祥云涌月石刻，云纹有灰塑的凤鸟和牡丹。碑体中间镶有青石墓碑。碑两边有石刻对联，对联两侧镶有青石碑，刻载死者生平，表扬其功德。墓碑前置一石拜桌。丁太夫人墓位于下方平台，墓碑筑成方形，顶部有灰塑双龙，中间有灰塑祥云涌月。碑体镶青石碑，墓碑两边有对联。两侧镶有青石碑，刻载死者生平，表扬其功德。山手左右挂榜处各有一个抱鼓石，鼓面向外，上有浮雕仙鹤。前有石狮，石狮前约2米处左右各有一面石鼓，再外面是半圆形的月池前端。月池前墓道两旁各有文臣、武臣石像生。墓道前竖立石及华表一对。墓后方有后土界石，上刻“曹茔后土”，顶部有祥云涌月石刻，雕刻精美繁复。

2009年7月，公布为天河区文物保护单位。

清　回教坟场

位于越秀区解放北路兰圃公园西侧。中华人民共和国成立后，将位于广州市北郊桂花岗、松柏岭、梓元岗、西口村、天平架等地，部分回教墓葬迁此，现以清真先贤古墓为中心集中于一地。

墓地占地面积2.4万平方米。墓道两侧分布上百座回教徒坟墓，形制大部分为回教传统石棺墓，也有土坟，前竖墓碑。回教坟场内有两座石牌坊，一为“节烈流芳”，一为“一门忠孝”，另有1924年广东省省长廖仲恺签发的保护回教坟场布告碑。

2002年7月，公布为广州市文物保护单位。

回教坟场石碑

第三章

古建筑

第一节　城垣城楼

明清　五仙观及岭南第一楼

位于越秀区惠福西路233号。五仙观是一座祭祀五仙的谷神庙，曾多次迁建，明洪武十年（1377）迁建于现址。观内供奉的五仙，与广州“羊城”“穗城”名字的由来密切相关，是羊城传说的佐证。

五仙观建筑坐北朝南，依地势而建。现存头门、后殿和东斋、西斋等部分建筑。占地约1万平方米。头门面阔三间，进深两间，共十一檩，前设四架轩廊，绿琉璃瓦，硬山顶，门匾刻清同治十年（1871）两广总督瑞麟手书“五仙古观”四字。后殿进深三间，共十五檩，重檐歇山顶，脊饰为琉璃龙纹、宝珠和鳌鱼。檐柱、叉手、托脚等风格简朴，保留了明代早期的建筑手法。

五仙观大殿之后为岭南第一楼，又名“禁钟楼”，为洪武七年（1374）行省参知政事汪广洋始建。坐北朝南，总高17米，基座用红砂岩石砌筑，中开一拱券门洞，前后贯通。基座上部现存木构方亭是乾隆五十三年（1788）的遗构，重檐歇山顶，正脊饰鳌鱼、宝珠，共十五檩，二楼正中悬挂一口明代青铜大钟，是广东省现存最大最完整的古铜钟。此钟为遇火警等非常事故时召救之用，无事禁止撞击。

2013年3月，公布为全国重点文物保护单位。

明至民国　镇海楼与广州明城墙

位于越秀区解放北路988号越秀公园内。镇海楼原名望海楼，是广州市标志性建筑之一。明洪武十三年（1380），永嘉侯朱亮祖等合宋代广州的东、西、子三城为一，并开拓北城800余丈，城墙横跨越秀山，又在城墙上建高楼一座，凡五层，俗称“五层楼”。今日之镇海楼，巍峨壮观，被誉为“岭南第一胜览”。

镇海楼为五层的楼阁式建筑，坐北朝南，楼平面呈长方形，通面阔31米，总进深16米，高28米。歇山顶，红砂岩墙身，绿琉璃瓦，楼身各层有平座腰檐。民国十七年（1928）重修时，把原来楼内的木结构改为钢筋混凝土结构，砖石砌

五仙观

镇海楼

筑的外墙基本上为明代旧物。镇海楼整体保存良好，现为广州博物馆馆址。

据明代黄佐《广东通志》载，当时广州城“周长三千七百九十六丈、高二丈八尺”。有城门、城楼、敌楼、警铺等。“崇祯十三年（1640）增筑北城，将城墙培高七尺，增厚墙基，并且每隔二十丈置有台阶，以便在城墙上落。”越秀山明代城墙用青灰色大砖砌筑，红砂岩石块砌基，现存总长度为1137米，除镇海楼外，只剩下高度不等的残垣，近年大部分城墙已维修。

2013年3月，公布为全国重点文物保护单位。

清 莲花城

位于番禺区石楼镇莲花山偏东北的山坡上。清康熙三年（1664）为禁海移民而设。莲花城由莲花山沿海冈尾十八乡提供原料和夫役建成，作为哨所之用。1983年，番禺县人民政府拨款按原貌修复，后期逐步恢复，仿造清营房三座，砖木结构，采用清式传统建筑形式。2003年再次维修。

莲花城地处珠江口，居高临下，虽名为城，实为城堡，易守难攻。城门入口向南，占地面积约1400平方米。登城而望，狮子洋至黄木湾水面尽收眼底，城作不规则椭圆形，南北各有一石砌拱门，城墙里外，均用青砖砌筑。墙高约5.7米，厚约2.3米，全长约340米。城内有墩台、兵房、马厩等，城外有烽火墩及二十门炮台，今已湮灭。

鸦片战争期间，两广总督琦善与英方代表义律在此密议。咸丰四年（1854）红巾军起义队伍曾在此驻守。

1989年6月，公布为广东省文物保护单位。

广州明城墙

莲花城

第二节 寺观塔阁

唐 怀圣寺光塔

位于越秀区光塔路56号。相传为唐初来华传教的伊斯兰先贤萨阿德·宾·艾比·宛葛素主持修建，为纪念伊斯兰教“至圣”穆罕默德而取名“怀圣寺”，是东亚地区最早的清真寺。又因寺内有一光身柱形塔，故又称光塔寺。元至正三年（1343）曾毁于火，至正十年（1350）重建；其后明成化、万历，清康熙、道光、同治年间先后重修；礼拜殿为1935年重建，钢筋混凝土框架结构，歇山顶，绿琉璃瓦顶。台基及月台为明代遗物，砂岩打制，栏板雕刻暗八仙及如意图案。中华人民共和国成立后，政府三次拨款进行全面维修。

怀圣寺总体规模和形制保存完整，坐北朝南，占地面积2966平方米，在主轴线上依次建有三道门、看月楼、礼拜殿和藏经厅；光塔在寺西南角；还有回廊和碑亭。寺门前为马路，周边为民居。

头门门额用阿拉伯文书“清真寺”；二门门额书“怀圣寺”；三门门额书“教宗西域”。

看月楼是康熙三十四年（1695）重建，重檐歇山顶，面宽5.98米，进深4.88米，墙身为红砂岩石砌筑，厚0.77米，有收分，四面各开一拱券门，东西拱券门连接回廊。上檐施三跳斗拱，设棋盘形天花；下檐施四跳斗拱，风格承明制。

怀圣寺光塔

怀圣寺以光塔最著名。最早记述此塔的文献为北宋郭祥正之诗。光塔当为伊斯兰教之邦克塔，因波斯语“邦克”之译音与“光”相近，且塔身外表光滑无饰，故名“光塔”，具有阿拉伯建筑风格。塔高约36米，青砖砌筑，底为圆形，表面灰砂批荡，塔身上开有长方形小孔用来采光。塔内有两个螺旋形楼梯绕塔心直通塔顶。塔顶部用砖牙叠砌出线脚，原有金鸡立在上面，可随风旋转以示风向，明初被飓风吹落，1934年重修时改砌成尖顶。此塔为国内现存伊斯兰教建筑最早、最具特色的古迹之一。

怀圣寺处于广州唐宋“蕃坊”的中心区域，光塔是中国古塔建筑中伊斯兰风格的宣礼塔，为塔身向上收缩的圆柱形砖塔，也是古时珠江北岸的航标。怀圣寺光塔兼有宗教、航运、祈风等多种功能。

1996年11月，公布为全国重点文物保护单位。

宋 六榕寺塔

位于越秀区六榕路87号。寺塔始建于南朝刘宋年间。梁大同三年（537），诏许昙裕法师在此兴建一座华丽的木塔，供奉从海外携回的佛舍利，赐名宝庄严寺舍利塔。北宋初年，焚于火，寺仍存而塔已湮灭。北宋端拱二年（989）重修寺院，改称净慧寺。绍圣四年（1097）主簿林修与信士王衢归沙门道琮于舍利塔故址重建宝塔，下瘗佛牙舍利，龛藏贤劫千佛像，故易名千佛塔。元符三年（1100），著名文学家、书法家苏东坡来寺，见塔畔植有苍翠的榕树六株，欣然手题“六榕”寺榜，后来遂称六榕寺。千佛塔于清初重修后，因塔身檐壁色彩斑斓而有花塔之称。

初期寺门南向，占地广袤。明洪武六年

六榕寺塔

（1373）割寺之半为永丰仓，仅存塔及观音殿。两年后僧人于塔东重建觉皇殿，改门东向。洪武二十八年（1395）净慧寺一度归并于西禅寺，后明正统、嘉靖、万历、天启及清乾隆、咸丰、同治年间均有重修。如今六榕寺占地7000多平方米，殿堂房舍多为清代以来重建、新建。民国初年（1912）补种榕树，并建补榕亭以纪念苏东坡。1980年重修花塔、六祖堂等处，扩宽塔院，1983年、1987年先后重建大雄宝殿和观音殿。1993年又建藏经阁。

六榕寺塔位于寺院中央。平面呈八角形，外观九级，内连暗层共十七层，高57.6米。塔身除斗拱及楼层、栏杆用木制外，其余大部分用砖砌就，作井筒结构，首层直径12米，各层砌砖叠涩挑承平座和瓦檐，并逐层向内收进，塔壁上多处有“广州净慧寺宝塔砖劝首林主簿并转运司监劝史首王”等铭文砖，首层的副阶和各层琉璃瓦檐出檐较浅，则是晚清重修时的式样。二层以上的木栏杆，1980年修复时采用仿宋式斗子蜀柱勾栏式，楼梯作穿塔壁绕平座式。竖立于塔端中央的塔心柱用铜柱，铸于元至正十八年（1358），柱身密布1023尊浮雕小佛像和云彩缭绕的天宫宝塔图。千佛铜柱连同塔顶上的金色火焰宝珠、双龙珠、九霄盘、覆盘和八根铁链等整串构件，重逾五吨。

塔东的天王殿，面宽三间14.72米，进深两间5.1米，六架椽屋分心用三柱，檐柱外出两跳插拱承托挑檐梁，碌灰筒瓦，硬山顶，保存了明代的建筑风格。六祖堂，供奉端拱二年铸造的六祖铜像，为跏趺坐，高1.35米，宽1.16米，座高0.71米，为宋代铜铸精品。1987年建的大雄宝殿内的释迦牟尼、阿弥陀佛和药师佛（每尊高6米、重10吨）及观音殿内的观音像（高4米、重约5吨），均系清康熙二年（1663）铸造，原安放在大佛寺，是省内现存最大的古代青铜铸像，“文化大革命”期间被拆下，20世纪80年代供奉于六榕寺，寺内还有碑记十余方。

2006年5月，公布为全国重点文物保护单位。

宋至清　光孝寺

位于越秀区光孝路109号。是岭南地区年代最早、保存最完整的佛寺，被誉为岭南佛教丛林之冠，是历代中外高僧重要的驻锡和译经的佛教道场。东晋南朝时，高僧昙摩耶舍法师、求那跋陀罗法师、智药三藏法师、真谛三藏法师等驻锡光孝寺传法。据《光孝寺志》记载，寺址初为西汉南越第五代王赵建德王府。三国时，吴骑都尉虞翻谪居此讲学，多植诃子树，时人称为虞苑，又称诃林。后虞翻家人施宅为寺，名制止寺。东晋隆安五年（401），罽宾国（今克什米尔）僧昙摩耶舍到广州，在此始建佛殿，奉敕译经传教，改寺名为王苑朝延寺（俗称“王园寺”），其后多次易名。南宋绍兴二十一年（1151）始定名为光孝，沿用至今。

寺坐北朝南，现占地面积3万多平方米。自建成以来，寺庙建筑历经多次变迁，现存文物建筑有天王殿、大雄宝殿、瘗发塔、伽蓝殿、祖堂（六祖殿）、西铁塔等，达摩古迹洗钵泉、东塔殿（含东铁塔）、风幡堂等。

大雄宝殿为东晋隆安五年昙摩耶舍始建，历代均有重修。现存建筑为清初顺治年间改制扩建之遗物，现面阔七间35.36米，进深五间24.8米，高13.6米，重檐歇山顶，为岭南最雄伟巍峨的大殿。外檐斗拱外施六铺作单抄双昂，里出三跳华拱，出檐达2.5米。梁架为抬梁式与穿斗式相结合，较多地保留了侧昂、梭柱、侧脚、升起、举折、叉手等早期做法，保留了南宋建筑的风格，又具有岭南特色。

光孝寺大雄宝殿

瘗发塔始建于唐仪凤元年（676），是以石为基础的楼阁式砖塔，八角七层，高7.8米，每层有佛龛，嵌有灰塑佛像，据说是惠能削发受戒后埋藏头发之地。

伽蓝殿为明弘治七年（1494）重建，面宽、进深均三间。六祖殿为清康熙三十一年（1692）重建，面宽五间，进深四间。两殿多处仿大殿做法。

光孝寺东、西铁塔是我国现存最早的大型铁塔。西铁塔，铸于南汉大宝六年（963），是中国现存有最早确切年款的铁塔，现仅存底座以上三层。东铁塔是南汉后主刘鋹在大宝十年（967）捐铸，与西铁塔相仿，莲花底座铸有精美的二龙戏珠纹饰，四角七层，高6.35米。下有石刻须弥座，高1.34米，塔身铸有近千尊小佛像，原遍体贴金，故有“涂金千佛塔”之称。寺内还有唐至清石刻多方、大悲幢等珍贵附属文物。

1961年3月，公布为全国重点文物保护单位。

明　万寿寺

位于增城区荔城街前进路凤凰山南麓。万寿寺由僧人圆鉴于宋嘉祐年间创建，旧名“法空寺”。后以向皇帝祝寿之故，更名作“万寿寺”。元末毁于兵燹，明洪武十八年（1385）重建，清乾隆、嘉庆和道光年间均有重修。

万寿寺原有的建筑现仅存天王殿。天王殿坐西朝东稍偏南，平面呈正方形，面阔三间11.8米，进深三间11.8米，占地面积139.24平方米。歇山顶，灰塑龙船脊，碌灰筒瓦，殿深十三架、前后双步廊，内设四金柱。柱有卷杀，角柱有升起，柱头施平板枋，枋上施三跳斗拱承托檩子。檐柱、金柱为梭形柱。檐柱柱头施平板枋，枋上施三跳斗拱承桁。屋面举架较平缓，出檐较深远，整体紧凑稳重。殿内供奉如来佛、宾公佛等佛像。该殿保存有元末明初的建筑风格。

1989年6月，公布为广东省文物保护单位。

万寿寺

明　琶洲塔

位于海珠区琶洲街琶洲村。是郭棐、王学曾等人为兴文教而倡建。明万历二十五年（1597）奠基，万历二十八年（1600）落成。

塔为八角九级楼阁式砖塔，内分十七层，高62.78余米。台基为八角形，每边长5.6米，高1.15米，红砂岩石砌筑，基面以灰色砂岩铺砌，每边立面分别刻八卦图样，基角处有托塔力士石像。首层有壁门三个，西门筑砖梯上第二层塔心室，塔梯为穿心壁绕平座式，盘旋而登顶层。塔身抹白灰，塔角倚柱抹朱红色，额枋涂朱红色和黑色，每层额枋上以六叠菱形牙砖叠涩出檐，腰檐顶四叠菱形牙砖叠涩出平台。塔顶为八角攒尖顶，顶层各檐角梁原有铁铸雁形角梁。

琶洲塔

琶洲塔立江中起导航作用，“琶洲砥柱”为清代羊城八景之一。传说当时江中常有金鳌出没，故该塔又名“海鳌塔”。民国七年（1918）广东省银行发行的一元银圆兑换券，正中以琶洲塔景为图案。

1989年6月，公布为广东省文物保护单位。

明　莲花塔

位于番禺区莲花山北主峰之巅。始建于明万历四十四年（1616），番禺举人李惟凤等倡建，原名“文昌塔”，是一座风水塔。因山多砾石，以及东面山坡上有一狮形岩石，故又名“石砺塔”和“狮子塔”。

莲花塔为壁内折上式楼阁式砖塔，平面呈八角形，外观九级，高48.5米。雄踞珠江入海口之西岸，明清时期外来船舶以此为航标，故有“省会华表”之称。它与琶洲塔、赤岗塔一起，被誉为“珠江三塔”。

鸦片战争后，该塔历经炮火摧残，东南面

莲花塔

损坏严重，塔顶坍塌。1981年澳门同胞何添、何贤昆仲捐资修塔，1983年竣工。现存塔心柱改为钢筋混凝土柱，重铸了复盘、宝珠、仰莲及铜葫芦顶。

莲花塔是外国商船进入珠江航道后见到的第一座塔，为往来船舶导航。

1989年6月，公布为广东省文物保护单位。

明　赤岗塔

位于海珠区赤岗街新鸿社区一红砂岩山冈上。明万历四十七年（1619）动工兴建，建成于天启年间。

赤岗塔为八角九级楼阁式砖塔，外观九层，内分十七层，高59.74米。塔基平面为八角形，红砂岩石砌筑，塔基角均有西方人形象的托塔力士石像。首层开三门，西南门和东北门直通，西北

赤岗塔

门有楼梯上第二层塔心室，塔梯穿心壁绕平座盘旋而上。每级设置神龛，塔身涂刷白色灰浆，转角倚柱抹朱红色，柱头抹朱红色额枋，额枋上以六层菱角牙砖叠涩出檐，第二层以上各出腰檐，各腰檐上以四层菱形牙砖叠涩出平台。塔顶为八角攒尖顶，上置塔座、覆钵、露盘、九层相轮和铜铸宝珠组成的相轮式塔刹。

赤岗塔与琶洲塔、莲花塔并称为“珠江三塔”，濒临珠江，对南海入珠江的航运起着导航和标志的作用，是明代珠江三角洲地区中西文化交流的历史见证，也是广州海上丝绸之路

的重要遗迹之一，具有特殊的历史和社会文化价值。

2022年7月，公布为广东省文物保护单位。

明　文笔塔

位于增城区石滩镇麻车村刘氏宗祠东南面约1000米的周姑岭之巅。始建于明嘉靖年间，2008年维修。

文笔塔

塔为青砖结构实心塔。平面为圆形，底径3.8米，塔高约11米。塔身原用灰砂批荡，维修时改为水泥砂批荡。外观呈圆锥形，塔顶施灰塑葫芦作塔刹，状似笔。据麻车村《刘氏族谱》所记：“在宗祠大门口直望二、三里周姑岭，山顶建立古塔高耸云端，被称为祖祠文笔。从前树林稀疏，每年夏至节早晨，太阳初升，其塔影射进祖祠后殿，意谓文笔进入祖堂，荫垂后代文思大进，广出人才之预兆。”这种圆锥状建筑形制的古塔，风格独特。

2009年9月，公布为增城市文物保护单位。

明清　正果寺

位于增城区正果镇正果居委正果大道8号。又称佛爷寺、宾佛寺、牛仔寺。根据记载，正果寺的始建时间应在北宋皇祐年间，明成化年间、清康熙年间、嘉庆二十二年（1817）、光绪十七年（1891）有维修，最近一次维修是2003年。

寺依山势而建，坐北朝南，平面呈院落式布局，向后逐渐增高。由牌坊（2003年维修时已拆毁）、天皇殿、大雄宝殿、宾佛殿、观音阁、钟鼓楼和东西厢组成，总面阔43米，总进深41米，

正果寺

占地面积1763平方米。正果寺是增城现存规模最大的古寺，始建年代早，历经千年不断发展壮大。寺内尚存有敕封碑和其他碑记，具有历史价值。装饰主要采用了木雕、砖雕、石雕、彩画、灰塑等，颇具岭南装饰艺术特色。

1984年3月，公布为增城县文物保护单位。

明清　五岳殿

位于从化区太平镇木棉村东面。始建年代不详，明成化六年（1470）重建，后多次重修。

五岳殿坐西朝东，主体建筑阔三间11.5米，深两进11.7米，占地面积134.55平方米。砖、木、石结构，悬山顶。整座建筑建于花岗岩石砌台基之上，低矮稳重，柱高与开间比例和谐，韵律感强。现存建筑大式木结构和外观保留较好，梁架、斗拱、柱式、出挑、开间等具有明代风格。

2002年7月，公布为广东省文物保护单位。

五岳殿

明清　朱村塔

朱村塔

位于增城区朱村街朱村。是一座青砖结构实心风水塔。始建于明代。塔整体建在六角形红砂岩石灰砂台基上，四周绿树成荫。因该塔为实心塔，故村民又称其为“硬塔”。

塔的平面呈六角形，首层直径5米，边长1.5米，占地面积25平方米。塔高五层，约12米，由底往顶每层有收分，每层腰檐三叠砖叠涩出檐，檐面铺灰筒瓦和瓦当滴水，大部分已毁。每层六面墙上分设拱券形隐（假）门（窗），门、窗内涂朱红色。该塔为青砖实心塔，广州地区少见。

2008年12月，公布为广州市文物保护单位。

清　雁塔

位于增城区荔城街沿江居委南面豸山山顶。据《增城县志》（1995年版）载：雁塔，是进士、福建提学、云南兵备佥、增城县（今广州市增城区）人胡庭兰于明万历二年（1574）倡建，清光绪二十五年（1899）重修，1992年大修。

雁塔平面呈八角形，每边边长2.5米，八角攒尖顶，外观七层，内为九层，楼阁式砖石塔，内部结构为壁内折上式。塔高32米，向上逐层收分。须弥座各面雕刻祥云、如意和卷草纹饰，古朴秀丽。首层北面开一拱门，石门额镌刻“雁塔”二字，为光绪八年（1882）举人、增城人周从柬于光绪戊子年（1888）手书。第二层以上每层除了以南北向或东西向对开两门外，剩余六面皆作隐砌假门，呈拱券状。各层腰檐均以六叠青砖叠涩砌筑，檐面铺瓦。每层檐的四个角上都装饰一只红石狮子，八个角上均有翘尖倒钩饰物。塔顶为八角攒尖顶葫芦刹。

在雁塔隔江对岸的南山原有一座火塔，又名凤翔塔，相传某官员坐船出巡于此，认为两塔对峙不吉利，便命令拆除火塔，保存了雁塔。“雁塔啼鸣”是清代增城八景之一。

1993年8月，公布为广州市文物保护单位。

雁塔

清　大魁阁塔

位于番禺区石楼镇大岭村文昌街。始建于清光绪十年（1884），二月初六动工，同年七月二十六日落成，共费1700余两白银。2007年重修。

大魁阁塔

塔坐西北朝东南，是三层楼阁式青砖塔，花岗岩塔基，平面呈六边形，壁内折上式，六角攒尖顶。底层门上石额刻“作镇菩山”，落款“光绪十年三月李文田书”；二层石额刻“司命司忠”，落款“许其光”；三层石额刻“日月齐光”，落款“梁耀枢书”。落款人李文田、许其光、梁耀枢皆为广州府人，分别为清代状元、榜眼、探花。

2008年12月，公布为广州市文物保护单位。

清　云津阁文塔

位于荔湾区龙津西路龙津桥头。建筑年代不详。据建筑形制及建筑风格推断为清代建筑。

塔坐南朝北，为六角两层楼阁式砖塔。砖木结构，攒尖顶，高13.6米。宝顶饰为陶塑葫芦，高达2米。有腰檐，石脚青砖墙，每面宽2.5米，塔围共15米，直径5米。二楼腰线处有小檐，全塔檐口均设素胎瓦当和滴水。塔身窗花装饰朴实精巧，用白缮土制成，素白高雅。首层门头和二层楼窗顶分别嵌有“南轴”和“云津阁”楷书大字的石刻，皆隐含振兴文气、平步青云之意。塔内原供奉魁星，主文运功名，其状貌是根据“魁”字形状而想象出来的赤发蓝面之鬼，立于鳌头之上，一脚向后跷起，一手捧斗，一手执笔。

云津阁文塔

2015年8月，公布为广州市文物保护单位。

清　深井文塔

位于黄埔区长洲街深井社区文塔公园内。建于清光绪二十一年（1895）。

塔坐东北朝西南，为三层楼阁式砖木结构，平面呈六角形。塔基是红砂岩，墙壁为青砖。每层檐外飘，上盖瓦，下筑三层狗牙式砖雕，接下为灰塑壁画。文塔为六角攒尖顶。文塔西南面设门，红砂岩石门夹，石门额阳刻“山明水秀”，内设木梯扶手上二、三楼。首层原供奉土地神，第二层供奉文昌、关公二帝，第三层供奉魁星。每逢年过节，喜庆吉日，村民多来拜祭，祈求风调雨顺、国泰民安、五谷丰登。

1994年6月，公布为黄埔区文物保护单位。

深井文塔

清　小坑文昌塔

位于从化区鳌头镇小坑村。始建于明朝末年，由当地刘氏出资修建。历代都曾多次维护，现建筑为晚清形制。最后一次重修在1993年，修复时以钢筋水泥楼面代替木质楼板。

塔坐东朝西，为四面三层楼阁式塔，砖石结构。塔身平面呈正方形，边长7米。占地面积36.34平方米。四角攒尖琉璃宝珠顶，通高16.5米。塔各层均有出檐，上下皆绘饰花卉图案，两端朱红博古。第一层文昌楼，塔室供奉文昌塑像。文昌，即文曲星，是神话传说中主宰功名禄位的神。第二层财帛星君楼，内敬祀财帛星君像。财帛星君乃管财富的神。横额题“奎壁腾辉”。第三层魁星楼，拜奉魁星神像。魁星是掌管文章兴衰的神，塔顶坡度平缓，四脊端立石雕麒麟，生动传神。

1990年12月，公布为从化县文物保护单位。

小坑文昌塔

清　云阁塔

位于增城区石滩镇石湖村田心村。始建年代不详，清乾隆二十三年（1758）、光绪十一年（1885）重修。

塔是一座砖、木、石结构楼阁式风水塔。建在边长4.6米、高0.44米的六角形红砂岩石台基上，四周有砖砌六角形围墙，总占地面积50.24平方米。塔平面呈六角形，由下往上每层有收分。塔门朝西，每层腰檐以七叠青砖叠涩出檐，檐上每边铺十二行灰筒瓦，绿色瓦当滴水，六个角上饰灰塑博古纹。每层墙楣饰一周彩色灰塑花卉、动物壁画。塔顶为六角攒尖顶，每边铺瓦十行，檐角起翘倒钩。顶尖装琉璃葫芦作塔刹。红砂岩石门夹，石门额上阳刻“登云阁”三字楷书。第二层门上红砂岩石额上阳刻“峙镇南关”四字楷书。第三层对应处设隐（假）门，东北面还设一圆形窗，窗头石额阳刻“天魁拱辅”四字楷书。其余各层各面墙密封。塔内每层铺木楼板，设木楼梯。首层门内右墙上镶嵌一方花岗岩石包框的“文阁亭”端石碑记。塔造型别致，装饰精美，是增城诸多古塔中仅见，保存较好。

云阁塔

2015年8月，公布为广州市文物保护单位。

清　大佛寺大殿

位于越秀区惠福东路惠新中街21号。

大佛寺前身为南汉二十八寺之一的新藏寺，元代为福田庵，明代为龙藏寺，后为巡按御使公署，清顺治六年（1649）毁于火，康熙三年（1664）平南王尚可喜等捐资仿京师官式庙宇式样在该处建造佛寺。林则徐曾于道光十九年（1839）在大佛寺设立禁烟局——“收缴烟土烟枪总局”。1926年，国民政府军事委员会政治训练部在大佛寺大殿东廊举办高级政治训练班。民国政府曾变卖部分寺产改建民居，现仅存大殿、东面小部分廊庑及四方清代碑刻。

大佛寺大殿

大佛寺现占地面积约5000平方米。大殿坐北朝南，面宽七间36.32米，进深五间25.36米，十九架梁用六柱，两山墙承重，梁枋用材粗大，九架梁厚达70多厘米，上下梁间用如意纹驼峰斗拱承托，檐下施七踩三翘斗拱。驼峰、斗拱造型简朴，复盆式砂岩柱础古朴稳重，保留了明代的风格。大佛寺大殿总体形制保存尚好，结构牢固稳定。20世纪90年代中期，维修大殿、重铸佛像及重建僧舍、客堂、斋堂、地藏殿、天王殿、山门和纪念亭等。

2008年11月，公布为广东省文物保护单位。

清　华林寺罗汉堂

位于荔湾区下九路西来初地华林寺前31号华林寺内。为华林寺供奉五百罗汉的殿堂。始建于清道光十六年（1836）。

华林寺罗汉堂

建筑整体坐北朝南，通面阔31米，通进深44米，占地面积1364平方米。殿堂整体呈“田”字形，正立面采用水磨青砖墙，花岗岩石脚，具有典型清代建筑特色。前后两进以三条廊过道连接，中间四天井采光，整个罗汉堂明亮开阔。前后屋顶为五脊顶，东西两廊为两坡顶，中廊为卷棚顶，两通天间为四角尖顶，碌灰筒瓦，石门额刻楷书“五百罗汉堂”，署“道光丙午”款。罗汉堂内施天花，中央施八角形藻井，绘有“暗八仙”图案，堂内原有五百罗汉雕像分列四周，“文化大革命”时期被毁，现在的雕像为20世纪90年代重塑。五百罗汉雕像形态各异，做工精细，栩栩如生。

1983年8月，公布为广州市文物保护单位。

清　濠畔街清真寺

位于越秀区天成路濠畔街387号。明成化年间集资兴建，清康熙四十五年（1706）重建。

该寺现仅存寺门和礼拜殿，总占地面积1491平方米。寺门前为狭窄巷道，周边为民居。寺门朝南，石门额上镌刻一行阿拉伯文和“濠畔寺”三个大字。原上盖瓦顶已坏，残存墙垣与石门框，于1997年重修。大殿坐西朝东。面阔五间18.8米，进深五间19.6米，共二十一架。重檐歇山顶，灰塑龙船脊，碌灰筒瓦，绿琉璃瓦当、滴水剪边。屋面坡度呈较缓曲线下降。副阶周匝，设四架卷棚顶。鸭屎石八角形檐柱。坤甸木圆形金柱、老檐柱，有柱櫍，鸭屎石覆盆式柱础。金柱直径0.57米。施月梁。檐柱施两跳插拱承托挑檐梁头。脊桁底部刻“大清康熙肆拾伍年岁次丙戌贰月拾玖”等字。正面设隔扇，斜方格隔心，裙板刻回纹。地铺红色大阶砖，台基铺青石板。两侧山墙各开三个拱券门。殿堂颇具特色，是保存较完整的清初建筑。

1993年8月，公布为广州市文物保护单位。

濠畔街清真寺

清　海幢寺大雄宝殿、塔殿

位于海珠区南华中路188号。

大雄宝殿建于清康熙五年（1666），面阔七间29.8米，进深五间19.45米。重檐绿琉璃瓦歇山顶，正脊为双龙宝珠纹饰，副阶周匝。穿斗抬梁混合式梁架，梁下为平棋天花，原有彩绘云龙和团龙图案。内檐柱上施三跳七踩斗拱，下檐柱两跳插拱，出檐较大。步梁间以驼峰、斗拱承托。梭形柱，柱础上设櫍。现殿内

海幢寺大雄宝殿

重塑三宝佛及观音等塑像。

塔殿建于康熙十八年（1679）至康熙三十五年（1696），平面略呈方形，面阔五间21.9米，进深五间21.77米，重檐歇山顶。梁架斗拱、驼峰等构件做工精细。坐斗形态各异，有梅花形和八角形等，柱础上设櫍，围廊四面设有石阶。殿后的下檐和石阶于民国时期开辟同福路时被拆。

海幢寺大雄宝殿、塔殿历史沿革清晰，其梁柱结构等形制深具典型岭南建筑风格特点。

1993年8月，公布为广州市文物保护单位。

清　小东营清真寺

位于越秀区越华路小东营1号。始建于明成化四年（1468），清嘉庆二十二年（1817）、同治五年（1866）重修。

寺坐西朝东，由正殿、月房、水房、仪门等建筑组成。正殿（亦称礼拜殿）面阔三间24.2米，进深三间17.1米，前廊瓦面，大殿屋顶改为钢筋混凝土平面。墀头灰塑梅、兰图案，两根八角形花岗岩前檐柱。次间设木直身连系枋连接山墙，上施驼峰斗拱。门额位置悬一明太祖高皇帝御制三圣百字赞木匾，阳刻“教名清真，穆罕默德至贵圣人”，为同治六年（1867）重刻匾。明间大门及两次间大窗均为拱券顶。

小东营清真寺

2009年9月，公布为越秀区文物保护单位。

清　纯阳观朝斗台

位于海珠区凤阳街道五凤村。始建于清道光六年（1826）。

纯阳观依漱珠岗山势而建，观内原有朝斗台、悟真堂、杨孚南雪祠、崔菊坡清献祠、澄心堂、八仙楼、灵官殿和凤凰亭等殿堂。现存建筑中，除朝斗台为原物外，其余均为2002年修建工程中重建或新建之物。朝斗台位于纯阳大殿东北面，漱珠岗最高处，是广东最早建立的天文台，当时李明彻编纂《广东通志·舆地略》，为便于观测气象和星辰变化而修建了此观测台。朝斗台为花岗石砌筑，平面呈长方形，面宽4.8米，进深6.3米，高7.6米。下层有石室、云厨二间，门额刻“朝斗台”三个大字，为当时两广总督阮元所题。左侧有数十步石级登台，四周施石栏。台顶原有亭阁已塌毁，但朝斗台仍保存完好。

纯阳观朝斗台

1963年3月，公布为广州市文物保护单位。

清　三元宫

位于越秀区应元路11号。是岭南现存历史较长、规模较大的道教建筑。三元宫初名越冈院，为晋代创建。明万历年间重修，崇祯年间扩建大殿，改祀三元大帝，改鲍姑祠为配殿，并改名三元宫。清康熙三十九年（1700）重修并扩建。

三元宫

三元宫坐北朝南，依山而建，渐次升高。中轴线上依次建有山门、拜廊、三元宝殿和老君宝殿，总占地面积约5100平方米。各殿堂均为碌灰筒瓦，绿色琉璃瓦当、滴水剪边。山门屹立于四十多级台阶上，气势不凡。与山门相连的是灵官殿，供奉有护法神王灵官。山门正对着的是三元宫的主殿三元殿，这是全宫的主体建筑。殿内供天官、地官、水官神像，又称尧、舜、禹三官大帝。

三元殿东、西两侧分别是吕祖殿和鲍姑殿，后面为老君殿，殿前两侧为钟鼓楼。大殿前有石阶和天井，天井周围是客堂、斋堂、祖堂、钵堂。鲍姑为民治病用过的虬龙古井尚存于三元宫内，旁立石碑，刻有“虬龙古井”字样。

1989年12月，公布为广州市文物保护单位。

清　文昌阁

位于增城区石滩镇岗贝村。始建于清初。

塔建在高1.8米，直径8.63米的青砖、花岗岩石六角形台基上，占地面积63.6平方米，是一座砖、木、石结构六角三层楼阁式风水塔。塔平面呈六角形，首层外直径4.63米，内直径3.91米，墙厚0.72米，边长3.08米，残高12.8米，向上每层有收分。每层腰檐以七叠灰塑仰莲叠涩出檐，檐面铺瓦，檐角起翘倒钩。颇有特色的是第三层为重檐。塔顶已毁。首层东北面偏东处开门，门高2.51米、宽1.27米。红砂岩石门框，门额石横匾刻“文昌阁”三字。其余各面墙密封。第二层正面开拱门，石门额刻字已不可辨。门的左右各有一石刻门联，联曰“五区气象乾坤壮；一洞文章日月光”。左右两面墙上各开一方形砖雕花窗，第三层正面和左右两面墙上各开一圆形窗，其中正面窗额石匾上刻“月楼”二字。第二、三层其余各面墙均密封。

2023年1月，公布为增城区文物保护单位。

文昌阁

第三节 学宫家塾

清 广东贡院明远楼

位于越秀区越秀中路125号。广东贡院是明、清两代广东各地士子在广州应试的场所，明宣德元年（1426）始建于内城大石街，后改设在光孝寺，清康熙三年（1664）迁于新城总兵府。

现在仅存明远楼，坐北朝南，为木结构两层楼阁式建筑，歇山琉璃瓦屋顶。首层面阔、进深各五间。总面阔为18.2米，总进深为15.2米，占地面积276.64平方米。第二层面阔五间，进深三间。内部梁架为抬梁穿斗混合式结构，上下层均置围廊周匝。右侧回廊设木楼梯上二楼，首层外檐柱施插拱一跳承托出头梁挑出腰檐；第二层外檐柱施插拱承托挑梁出檐。明远楼历经多次修缮，仍保留广州明清官式建筑的特点。光绪二十八年（1902），奉旨停止科举，贡院废用。光绪三十年（1904），改为两广速成师范传习班。光绪三十四年（1908），改建优级师范学堂。后来在这里筹办国立广东大学（孙中山逝世后改称国立中山大学）。

1978年7月，公布为广东省文物保护单位。

广东贡院明远楼

清 龙虎墙

位于越秀区文明路213号广东省立中山图书馆西围墙处。原广东贡院的西边，是科举时代全省考试放榜的地方，所在街巷也因此命名为“龙虎墙”。

墙现为一面高约4米、长约150米的青砖旧墙。其中一段墙壁上每隔3米多傍墙体的水泥壁柱为后期加建，作为对该墙体的保护。龙虎墙为广州罕有的见证广东科举历史的“活化石”。

2015年8月，公布为广州市文物保护单位。

龙虎墙

清 从化学宫大成殿

位于从化区街口街从化中学内。又称孔圣先师殿。

建筑坐西北朝东南。面阔五间12米，进深三间10米，占地面积120平方米，重檐歇山顶，高15米，副阶周匝。正脊为琉璃龙船脊，饰琉璃二龙戏珠，两侧鳌鱼。上戗脊四角为龙头，上下檐间四角立彩绘伏狮，下檐翼角戗脊立三走兽。整座建筑立于花岗岩石台基上，外围十六根檐柱为方形鸭屎石质，内檐柱共十根，除正面内四根圆木柱外，其余为石柱，金柱共八根，圆木梭柱，有收分覆盆式柱础，为鸭屎石质，风格古朴。脊桁为圆木，施彩绘双龙戏珠，次间、梢间绘单龙。其余为方桁。上檐外檐斗拱为单抄双下昂六铺作。驼峰、如意斗拱形制较为粗大，风格简洁凝

从化学宫大成殿

练，与梁架、柱等同为明物。大、小木构均上朱漆。山墙及后墙为青砖墙，正立面开十八扇格扇门，有木门槛，门前有月台、广场。

1993年8月，公布为广州市文物保护单位。

清　增城学宫

位于增城区荔城街文化路11号。始建于南宋开禧元年（1205），宋末和明洪武十四年（1381）两次毁于兵灾。从明永乐朝起的历朝历代均有重修、改建或扩建，清光绪十四年（1888）进行有史以来最大规模的改建和扩建，建有教谕署、鸣皋书院、文昌宫、夫子宫墙、孔殿鹤亭等。抗战时期遭日军破坏、飞机轰炸，解放后增城学宫仅留一间大殿。

学宫坐西北朝东南，面阔七间，两侧为配殿，总面阔36.7米，进深两间10.7米，占地面积392.7平方米。主体建筑为悬山顶，琉璃瓦面屋脊，滴水剪边。正脊呈龙船状，两端饰兽形正

增城学宫

吻。共十三架。梁架上施木雕驼峰斗拱和叉手托脚。封檐板雕卷草纹。前后各立四根红砂岩石檐柱，中有四根木金柱，两山墙为砖砌墙，依墙立柱。明间后檐柱间的木枋上置一斗三升斗拱。整体保存较好。左配殿正脊翘首已不存。因办公需要，将次间、梢间辟为房。大殿立柱及梁架等仍保存明代建筑风格，其侧样用三柱、金柱直接承托脊檩的结构独特，为研究增城古建筑结构艺术提供了实物依据。

1984年3月，公布为增城县文物保护单位。

清　玉嵒书院与萝峰寺

位于黄埔区萝岗街萝峰社区萝峰山。始建于南宋乾道三年（1167），历代有重修。包含玉嵒书院与萝峰寺、钟玉嵒墓、钟氏大宗祠、诰封将军祠、钟氏六宗祠、候仙台、金花庙、招隐亭、萝峰山高水长亭、“天衢云路”石牌坊、萝峰文昌庙、萝峰山摩崖石刻、“入胜”牌坊十三处文物本体。

玉嵒书院　书院占地面积1348平方米。余庆楼、玉嵒殿、萝坑精舍、东厅西斋、观音殿、天尊堂、韦陀香座，檐廊相接，幽静清雅。寺前大路上有一座“入胜”牌坊。过此即渐入林木葱茏的佳境。书院南向两层的门楼——余庆楼巍然屹立在山坡上，门前石阶有数十级，台基高峻。东西两翼为平房，稍向前突出，有“萝峰”“种德”二门相对。正中高，两翼低，主次分明。入门正中为观鱼池，三面以廊式楼围抱，后与玉嵒殿相连。余庆楼为重檐歇山顶，碌灰筒瓦，正面面阔五间16.7米，进深一间3.8米，五架通檐用两条柱，柱外施插拱。门上“玉嵒书院”木匾署嘉靖年款。玉嵒殿建在与余庆楼第二层等高的台基上，面阔三间15.2米，进深三间8.7米，十三架六柱加后墙承重。前廊卷棚顶上两檩以雕如意形等的木雕承托。石檐柱有隶书对联：“满壁石栏浮瑞霭；一池溪水漾澄鲜。”观音殿、天尊堂、萝坑精舍等殿堂均为清代硬山顶、大木小式结构，面阔、进深各三间，十三架六柱加后墙承重。各

处墙脚、柱础和地面多已换成花岗石，装修古朴。整个建筑群基本保持清代中晚期重修式样，总体布局巧妙而富于变化。

书院东门外，还有八柱重檐歇山顶的山高水长亭，两进深的萝岗文昌庙，“天衢云路”石牌坊，以及候仙台、千年古荔、奇异石景。

玉嵓书院是广州历史上最早的书院之一。由钟遂和出资兴建，用以延师讲学，其四子钟启初（字圣德，号玉嵓）与崔与之青少年时在此读书。开禧元年（1205），钟玉嵓中进士，官至参议中书省兼知政事、朝议大夫。嘉定十二年（1219）告老还乡，在庵西旧日读书处筑萝坑精舍，供族中弟子读书。崔与之（家居增城）与钟玉嵓两人时相往来，常在萝坑精舍讲学。元朝时，钟玉嵓的后代钟复昌扩建萝坑精舍，更名为“玉嵓书院”，塑玉嵓遗像于此。明朝大学士方献夫题“万代崇瞻”牌匾挂玉嵓殿上，每年正月十五日，钟氏族人能文者在此祭祖。祭毕，命题作文赋诗，直到近代。

玉嵓书院与萝峰寺

钟玉嵓墓　位于黄埔区萝岗街萝峰社区馒头山（又称“曼陀罗山”）西南坡近山顶。始建于宋，清道光八年（1828）重修。坐东朝西，为交椅墓形制，分护岭、享堂、平台、山手、月池、前台和后土，由坟头至前台宽10.35米、深16.45米，面积170平方米。整座墓用花岗石砌筑，坟头用大石砌筑成半圆筒形的石墙，当中最高处为2.8米，坟头上雕有祥云涌月图案。坟面正中为石砌碑亭，高1.8米、宽1.1米，两坡上盖、左右双柱之间形成一个长方形碑龛。碑石灰黑色，高0.93米、宽0.62米，正中刻阴文楷书“宋进士参议中书省兼知政事二世祖考玉嵓钟府君墓”。碑前拜桌长1.92米、宽0.95米、高0.32米，由整石凿出，状如几形，靠贴碑龛。山手为花岗石墙，前端向两侧延伸，坟头至山手的石墙上都凿出如椽瓦状压顶。山手转角处各雕一只蹲伏石狮。月台呈半圆形，直径10.35米，因此墓所在山坡甚陡，所以前台的前沿用石砌筑护土墙，高2.9米，坟头后面也用大石砌筑半圈挡土墙（护岭），墙头正中雕有“火焰宝珠”。地面除坟头处用石铺地外，余均无铺垫。

钟氏大宗祠　位于黄埔区萝岗街萝峰社区迳子路。始建于明弘治三年（1490），为萝岗钟姓族人春秋二祭、议事和执行家法族例的主要场所。嘉靖三十九年（1560）拓基扩建继序堂、永思亭。康熙二十年（1681）、道光二十年（1840）重修，1944年大宗祠神楼被白蚁蛀坏，当年即修复更新。宗祠坐东北朝西南，面阔三间16米，进深58米，占地面积928平方米。分前、中、后三进，硬山顶，龙船脊（后堂为博古脊），雕花封檐板，石砌台基，人字封火山墙，青砖石脚墙，阶砖地面。头门面阔三间16米，进深两间9.5米，十五架。门前六级台阶，左右两石砌包台，檐口四条柱，虾公梁，雕工精巧。正面水磨青砖对缝。木门夹，高矮门。左右两边各有一高墩石鼓，门后左侧墙壁有《重建祖祠集请后江西会碑记》石碑一方，记录重修事。头门后天井宽10米、深14米，花岗岩条石铺地。左右两廊各宽1.4米、深3米。檐口各四条石柱，四架卷棚顶。中堂面阔三间16米，进深五间15米，十七架。前后檐口为石柱，中间为八条金柱，共十二条柱。中堂后天井宽10米、深6米，花岗岩条石铺地。左右两廊各宽6米、深3米。檐口各两条石柱，四架卷棚顶。后堂面阔三间16米，进深三间13.5米，十五架。

诰封将军祠　位于黄埔区萝岗街萝峰社区迳子路，供奉钟氏七世祖元德。元德排行第二，其宗祠称二宗祠。其子钟税福，官任江宁游击，有功于国，被封为昭勇将军，并诰封其父元德和封赠其祖父鼐公为昭勇将军，故又称将军祠。始建于明，历代有维修，1949年维修中堂。祠堂坐东北朝西南，面阔三间15米，深三进52.5米，占地面积787.5平方米。建筑形式与钟氏大宗祠无异。整体为青砖石脚墙，硬山顶，龙船脊，雕花封檐板，人字封火山墙。头门面阔三间15米，进深两间8.5米，十三架。门前五级台阶，硬山顶，两侧山墙顶均有一米多高的灰塑图案，龙船脊上灰雕有人物、花鸟纹饰。左右两包台，檐口四条石柱，虾公梁，驼峰斗拱，上边刻有花鸟及戏曲人物装饰。木门夹左右为高磴石鼓。正面青砖对缝，两侧墙体镶花窗。头门后天井用条石砌成，宽9米，深12米。左右两面走廊均宽3米，深与天井同。檐口各四条石柱，四架卷棚顶。中堂面阔三间15米，进深五间13米，前、后檐口各两条石柱。中间为金柱，十七架，十二条柱。后金柱中间梁架上原挂有“源远堂”横木匾。后堂前天井宽8.5米，深6.5米。左右两廊各宽6.5米，深3米，为六架卷棚顶。

钟氏六宗祠 位于黄埔区萝岗街萝峰社区迳子路，诰封将军祠旁，供奉钟氏七世祖元福，因排行第六故称六宗祠。其子文炳过继大房国器，保存正统，故又称保宗祠。始建于明，历代有维修。坐东北朝西南，面阔三间15米，深三进46.5米，占地面积697.5平方米。建筑风格如钟氏大宗祠。整体为青砖石脚墙，硬山顶，龙船脊，雕花封檐板，人字封火山墙。头门面阔三间15米，深两进8.5米，十三架。门前三级台阶，前廊两侧为花岗岩石砌包台。檐口四条石柱，虾公梁，驼峰斗拱，花、鸟、人物雕工精湛。木夹高矮门，入门两侧有高蹬石鼓。头门后天井宽9米，深9米，为条石砌成。左右为两廊，各宽3米，深3米。檐口各四条石柱，四架卷棚顶。中堂面阔三间15米，进深三间13米，前设四架轩廊，十五架。八条柱，前后檐口四条为石柱，中间四条金柱，中间梁架上原挂“保宗垂统”木匾，两边墙上原挂有十副长木对联，“文化大革命”时被毁。梁架雕刻极为精湛。后堂前天井宽9米，深5米，左右两廊各宽5米，深3米。檐口各两条石柱，四架卷棚顶。后堂面阔三间13米，进深三间11米，十五架。檐口两条石柱，中间四条金柱，梁架木雕精美。

钟氏大宗祠与诰封将军祠、钟氏六宗祠和荔圃祖祠一起组成钟氏大宗祠建筑群。相邻两祠相距20米，原四祠并排连成一线，总宽109米，深58米，占地面积6322平方米，都始建于明代。荔圃祖祠已拆毁，仅余遗址。祠后相隔数十米为钟玉喦墓。大宗祠与钟玉喦墓中轴线连同一气，朝向一致，布局较为罕见。

2008年11月，公布为广东省文物保护单位。

清 庐江书院

位于越秀区西湖路流水井29号，又名“何家祠”，是广州府和肇庆府的何姓合族宗祠。书院始建于清嘉庆十三年（1808），道光年间、光绪年间重修。

主体建筑坐北朝南，中轴线上自南朝北原有倒座、照壁、正祠，两边设有东、西试舍，东北面有魁星楼。现仅存门楼、正祠以及东、西试舍，门楼设在东南面，总占地面积1722平方米。正祠的外部轮廓、主体结构依然保存完好。现作为岭南金融博物馆使用。

1993年8月，公布为广州市文物保护单位。

庐江书院

清 豫章书院

位于越秀区长堤大马路348号真光中学内，是广东省各县罗姓族人集资建成的合族祠。

在南海县（今佛山市南海区）居住的绅耆罗应铿等人，看到县内各族人纷纷在省会设置书院和试馆，为便利罗姓子弟“赴乡试之寄宿者”，于清光绪十一年（1885）向散居南海等地罗姓族人倡议集资兴建这所跨地域性的合族祠，得到族人的赞同，共筹到三万余两白银，于光绪十六年（1890）动工，光绪十九年（1893）落成。该书院同时也是广州各界联合反对沙面苛例大会旧址之一。

书院坐北朝南，三间三进，通面阔14.15米，通进深36.4米，占地面积约515平方米。主体建筑采用硬山顶，碌灰筒瓦，绿色琉璃瓦当、滴水剪边，博风灰塑卷草纹保存完好，青砖墙石脚。前面旷地铺花岗岩条石。头门石额“豫章书院”为李鸿章所题。

2002年7月，公布为广州市文物保护单位。

豫章书院

清　濂溪书院

位于越秀区西湖路小马站19号。始创于庐山莲花洞。据史志记载，北宋熙宁元年（1068），周敦颐在广东为官，清廉爱民，功绩卓著，并留下大量诗赋和题字。后来周敦颐的后裔广泛分布在广东各地并繁衍至海外。南宋淳熙二年（1175），官府在广州府武安街转运司署旧址始建濂溪书院，元代时被毁，明代时重建于越秀山下。清康熙二十六年（1687）广东巡抚李士桢以新城清水濠粮道旧署改建书院。康熙末年，周氏后人筹资在现址重建濂溪书院，该书院一直保存使用至民国年间。

濂溪书院

现存建筑坐北朝南，四周外墙、正屋、后厅及东西厢房3米以下的墙均保存了原有青砖墙体，康熙五十七年（1718）的“周濂溪祠地墙界”“周濂溪祠后界”麻石界碑嵌于墙，屋顶及其余墙体已不存，后墙紧靠见大书院。

2015年8月，公布为广州市文物保护单位。

清　青云书院

位于越秀区惠福东路389号。又名“梁氏先贤千乘侯祠”。是当时广州府、肇庆府的梁姓宗族共同合资建造的合族祠，为梁姓族人到广州参加科举考试、办理诉讼、缴纳赋税等事务时提供居所。建于清代。

现存建筑三间三进，占地面积约459平方米。祠内保存有三方石刻，分别为：清康熙四十一年（1702）的《梁氏先贤千乘侯家庙碑记》、乾隆四十一年（1776）的《重修梁氏先贤千乘侯家庙碑记》以及清《重修千乘侯家庙碑》。

2021年3月，公布为广州市文物保护单位。

青云书院

清　九成书院

位于番禺区大龙街新桥村桥东大街2号。原为九屯人（俗称“军籍人”）子弟兴建的读书场所。2015年修缮。

现存建筑为清代风格，广三路，占地面积约1000平方米。中路主体建筑三间三进，两侧为衬祠，中间为青云巷。现衬祠的中、后座已不存，只余首进和前廊庑。祠堂内有部分清代壁画，保存较好。

明洪武八年（1375），广州左卫将军陈德在番禺地区设边防部队，下辖九屯，驻军同时开垦生产并与当地人通婚。九成书院规模较大，从古至今均为教育场所，具有较高的建筑艺术价值，同时也是研究当地历史的珍贵实物资料。

2021年3月，公布为广州市文物保护单位。

九成书院

清　绥宁书院

位于增城区仙村镇仙村一路1号。始建于清代，2023年抢修。

书院坐西北朝东南，五间三进，现存头门和中堂。总面阔22.6米，总进深26.5米，占地面积599平方米。硬山顶，人字封火山墙，灰塑龙船脊，绿色琉璃筒瓦，瓦当滴水，穿斗与抬梁混合式梁架结构，青砖石脚墙。头门面阔五间，进深三间7.5米，前三步后双步廊。前廊立四根，后廊立两根花岗岩石檐柱，花岗岩石门框，石门匾阳刻“绥宁书院”四字及上下落款，均在“文化大革命”期间被毁。门内次间、梢间为房。中堂进深三间9.5米，前四步廊。四檐柱、四金柱均为花岗岩质。木雕封檐板，梢间为房。前廊右侧设花岗岩拱形门通外。中堂前两廊各面阔三间，进深一间，明间稍高，为悬山顶廊亭，次间为五架人字顶，异形梁。绥宁书院现存的头门、中堂及中堂前两廊的各种结构均保存较好。屋顶瓦面由原来的灰筒瓦改为绿色琉璃筒瓦。绥宁书院规模较大，雄伟壮观，现存建筑保存良好。

绥宁书院

2009年9月，公布为增城市文物保护单位。

清　徐氏书院

位于增城区新塘镇西洲村。又名树德书院。始建于清光绪二十七年（1901），2003年重修，保留清代建筑风格。

书院坐西北向东南，三间两进，总面阔12.9米，总进深34.5米，门前有长18.3米、宽12.9米的院落，占地面积681.12平方米。硬山顶，人字封

徐氏书院

火山墙，灰塑脊，碌灰筒瓦，穿斗与抬梁混合式梁架结构，青砖砌墙，花岗岩石脚。石门匾阳刻“徐氏书院”，上款刻“光绪辛丑季冬穀旦”，下款刻“赐进士出身即用知县夔扬拜书”。封檐板、梁架施人物、花卉彩色木雕，虾公梁上施狮子驼峰异形斗拱，檐柱挑头施石刻人物。徐氏书院是一间村办学校，集书院、学堂于一体，是增城最早的村办学校之一。

2009年9月，公布为增城市文物保护单位。

清　张建若书院

位于花都区花山镇城西村四队。俗称“张家祠”。始建于清雍正元年（1723），原为泥砖墙。咸丰四年（1854）重修，民国二十年（1931）改用青砖墙，民国二十九年（1940）失火损坏，民国三十五年（1946）、1985年两次重修。

书院坐北朝南，广三路，深三进，总面阔18.2米，总进深29.6米，总占地面积538.7平方米。主体建筑为人字封火山墙，灰塑博古脊，碌灰筒瓦，青砖石脚。头门面阔三间，进深两间，共十一架，正脊灰塑，前廊梁架木雕，墀头砖雕、墙楣、壁画等保存较好，工艺精湛；中堂面阔三间，进深三间，共十三架，后金柱间设有木屏门，上悬“百忍堂”木匾，后墙两侧门山悬挂木雕彩画《八仙桃宴》和《祝寿图》，中堂前带两廊；后堂进深三间，共十三架，前带两廊；左右路建筑各单间三进，与中路建筑紧靠相连。

2017年1月，公布为花都区文物保护单位。

张建若书院

清　文峰社学

位于番禺区大石街道植村马地。始建年代不详，据殿内碑记，该祠于明崇祯五年（1632），清乾隆元年（1736）、嘉庆二年（1797）、道光二十四年（1844）、光绪八年（1882），民国元年（1912）及1995年重修。

建筑坐东向西，三间三进，占地面积393.11平方米。硬山顶，灰塑龙船脊，碌灰筒瓦，青砖墙。头门门额上石匾阴刻“文峰社学”，上款刻有乾隆及嘉庆年间的重修年款。仪门正中门额上嵌一石匾，刻“天罡堂”，上款“民国元年壬子孟冬”，为重修时间。二进内嵌有从明崇祯壬申年（1632）至1995年的重修碑记，共七块。后殿供奉“三圣公”神像。

社学是元、明、清三代的地方小学，民国逐渐取消了社学。文峰社学也变成了神庙，用以祈风调雨顺，族人安居乐业。

2021年3月，公布为番禺区文物保护单位。

文峰社学

清　同文义学

位于增城区荔湖街五一村亭子岗村。

建筑坐北朝南稍偏东，五间三进，左右附设东西厢，东北侧建有练武堂，总面阔58米（主体建筑面阔12.84米），总进深48米，占地面积2784平方米。悬山顶，灰塑龙船脊，碌灰筒瓦，青砖石脚墙。封檐板、步梁施精致的木雕，墙楣施彩色壁画。头门进深两间，檐柱挑头施石雕人物，次间虾公梁上施石雕狮子驼峰蝙蝠斗拱。花岗岩石门框，石门匾阳刻“同文义学”。中堂为独立的大成殿，檐柱挑头施石雕人物。后堂前廊设四架轩廊。

左次间墙上镶嵌一方重修碑。东西厢各面阔十间，深两间，前设四架轩廊。前墙有砖雕花窗。

练武堂是光绪初增建。三间三进，总面阔11.6米，总进深48米。硬山顶，人字封火山墙，灰塑龙船脊，碌灰筒瓦，青砖石脚墙。头门、中堂封檐板，施木雕，梁架施瓜柱。第三进是一座宽6米的魁星楼，顶已毁，仅余墙体。右侧有一条长48米、宽3米的通巷，巷的前后端嵌一排可转动的花岗岩石柱栏，每条石柱重约200千克，常日生员练武完毕，于此挪动石柱才可侧身而出，故名“试功石”。同文义学为专供客家子弟习文练武之所。

1984年3月，公布为增城县文物保护单位。

同文义学

清　聚堂家塾

位于增城区正果镇何屋村新围村。建于清道光六年（1826）。

建筑坐东北朝西南，五间三进，左右为衬祠，总面阔19.85米，总进深30.44米，占地面积604.23平方米。硬山顶，人字山墙，灰塑龙船脊，碌灰筒瓦，穿斗与抬梁混合式梁架结构，青砖石脚墙。封檐板饰彩色麒麟和缠枝花纹。墙楣饰大幅彩绘。头门进深三间。前后廊步梁为月梁做法，上施木雕驼峰斗拱和鳌鱼托脚。衬祠为房，前檐三叠砖雕斗拱出檐，墙楣饰彩色灰塑壁画。中堂为务本堂，进深三间。平梁施驼峰坐斗，其余架梁、步梁施瓜柱。衬祠建套房。明间前两廊各面阔三间，深一间，明间稍高，为歇山顶廊亭，次间为短小的七架廊。后堂进深两间。明间设神位，次间、衬祠为房，衬祠房设拱形门，门额饰精致的彩色灰塑图案。后堂前两廊各面阔一间，深一间，人字顶异形梁。聚堂家塾木雕、壁画精致。

1985年6月，公布为增城县文物保护单位。

聚堂家塾

清　慎之家塾

位于增城区中新镇联安村。是清代马来西亚华侨富商郑景贵出资创办的“家塾”。始建于清光绪二十三年（1897）。

建筑坐东北朝西南，五间三进，左右附设青云巷和东西厢，现第二、第三进已拆改为联安小学教学楼，通宽46.4米，通深23.8米，占地面积1104.32平方米。门前旷地东、南、北三面有砖砌围墙围成院落。在北面围墙上建小门楼通外，门楼西北面建“别有洞天”小花园。主体建筑头门面阔三间，两侧为偏间，深三间。石门匾刻“慎之家塾，光绪丁酉，顺德冯显胜题”。门面为水磨青砖墙，花岗岩石脚高1.67米，石门额刻“慎之家塾”四字，中堂、后堂于20世纪80年代拆毁，在原址建一座三层教学楼。东厢屋顶已毁，仅余部分残墙。西厢面阔六间，正屋前有天井带

慎之家塾

两廊。青云巷前带门楼式巷门，墙楣施花鸟壁画和诗文。花岗岩石门框，门洞上存有直棂孔，石门匾上分刻“兰芬、桂馥”两词。慎之家塾集学堂、住宅、园林于一体，规模大，墙楣有壁画、诗文和石刻文字，头门、西厢保存较好。

2009年9月，公布为增城市文物保护单位。

清　茹芳家塾

位于增城区派潭镇邓路吓村叶迳贝村迳三路。始建于清同治六年（1867）。

建筑坐西南朝东北，广三路，深三进，中为家塾，左为住宅，右为书房，是一组砖、木、石结构广府特色建筑。占地面积864.99平方米，主体建筑为硬山顶，人字封火山墙，灰塑龙船脊，碌灰筒瓦，青砖石脚墙，山墙、梁架、立柱承檩。墙楣施彩绘和灰塑壁画，梁架、柁墩、托脚、雀替、挂落、封檐板遍施精湛的木雕。书房、住宅为横檩直入山墙式，以山墙承重。青云巷前带巷门，门为门楼式。茹芳家塾木雕、壁画精致。

2009年9月，公布为增城市文物保护单位。

茹芳家塾

清　崇本学堂

位于从化区鳌头镇龙潭官庄村。建于清乾隆十八年（1753）。

学堂坐东北朝西南，广三路，深三进，总面阔26.6米，总进深59.6米，占地面积1585.36平方米，砖、木、石结构。包括主体中轴部分、两侧青云巷和左右厢房。左路第一进为魁星楼，高二层。三路建筑皆为硬山屋顶，中路三间三进，梁架轩昂、疏朗。中路屋顶形制为镬耳墙，左右两路为硬山顶，中路灰塑博古脊，左右两路灰塑龙船脊，墙脚以花岗岩石砌筑。

2001年12月，公布为从化市文物保护单位。

崇本学堂

清　尊荣书舍

位于从化区江埔街下罗沙村东成社。是东成古村落黎氏族人的私塾。

书舍坐西朝东。广三路，深三进，总面阔25.83米，总进深31.92米，占地面积824.49平方米，砖、木、石结构。外围是“尊荣书舍”的正门，落款“道光岁次甲辰，月居孟春榖旦”，居中正门建筑高大若城门，与四角镬耳山墙两层碉楼围闭成一个院落。正门居中，木板门，石门夹。第一进为凹门斗，面阔三间，进深两间，共十三檩，以墙体承重。正脊塑有山水花鸟图。墙楣灰塑人物山水和博古纹饰。抗战期间，日军飞机炸毁了后座主楼。

2020年3月，公布为从化区文物保护单位。

尊荣书舍

第四节 坛庙祠堂

唐至清 南海神庙

位于黄埔区穗东街道庙头社区。始建于隋开皇十四年（594），唐代扩建，宋至明、清均有重修、扩建。因处在广州之东，宋代又称东庙。

在唐玄宗时被敕封南海神为广利王；南汉时被封为昭明帝；宋、元两代屡有加封，合称南海广利洪圣昭顺威显灵孚王，配以明顺夫人。庙内东复廊有达奚司空像，举左手遮阳做遥望海洋状。民间传说达奚司空从波罗国（婆罗门）乘船到广州，携来波罗树植于庙前，后化为神。故此庙俗称“波罗庙”。历朝都有官员代表皇帝到此庙祭奠南海神。旧俗商船、渔船出海，依例向南海神祭拜。

南海神庙“海不扬波”牌坊

庙坐北向南，自南至北有牌坊、头门、仪门、礼亭、大殿和后殿，两旁为廊庑、碑亭等。牌坊为三间四柱冲天式，花岗岩石打制，正面石额刻“海不扬波”四字。头门建于清代，面阔三间，进深四间，分心墙用两柱，梁架雕刻鳌鱼等纹饰，前后两侧均设塾台。硬山顶，二龙争珠陶塑瓦脊。门前置一对红砂岩石狮。两侧为八字墙影壁；仪门面宽三间、进深四间，硬山顶，两侧与复廊相通。礼亭，原建于明代，20世纪30年代重建为硬山顶，1990年仿明代风格重建。大殿原为明代建筑，单檐歇山顶，宽五间，深三间，“文化大革命”期间被拆，1989年仿明风格重建，殿内重塑南海神像。后殿是20世纪30年代陈济棠主粤期间改建，钢筋混凝土结构。1991年重修时，后殿重新安装了陶塑瓦脊。

庙内原存唐碑一、宋碑十、元碑十、明碑二十六、清碑二十一(见《粤东金石略》)，“文化大革命”期间多被毁，现尚存唐朝韩愈碑及历代皇帝御祭石碑三十余方，明代铁钟等文物。

庙西侧有土名为章丘的小山岗，昔为观望海上日出之地，建有浴日亭，单檐歇山顶，梁架简洁，亭内有重刻宋嘉定年间广州知府留筠摹勒苏轼诗碑一方，明代陈白沙步苏轼韵诗碑一方，紧贴苏碑之后。“扶胥浴日”是宋、元、清三个时期的羊城八景之一。

2005—2006年在浴日亭南面的河涌旁，考古发现一处明代码头遗迹，由埠头、道路和小桥构成，由南向北一直延伸至浴日亭所在章丘岗山脚下，全长约115米。遗迹的最南端为埠头，略呈长方形，台基南北长17米，东西宽5.5米，底基宽6.3米，现存高约1米，全部用长条形红砂岩石块砌筑。埠头南端砌有七级台阶，东西两侧平直，北侧接道路。道路为长条形，长约90米，宽约4.5米，路面呈龟背形，正中铺红砂岩石板，两边为土面，侧面用红砂岩石块包边。道路中段有座小桥，拱形桥洞跨度约3米，桥面已毁。在

明代码头遗址

“海不扬波”牌坊前，发现一处明清古码头和道路遗迹，码头用花岗岩石铺砌，道路用五板花岗岩石铺面，埠头有九级踏跺，码头底下有明代的碎石、碎砖及瓦片垫层。该两处遗迹已按原状保护。

在南海神庙外西南侧，发现一处南越国时期的遗迹，出土以米字纹为主的陶瓮、陶罐、陶三足盒、陶碗、陶小杯等一批陶器遗物。在南海神庙外西面，还发现两处古代遗迹，一处是明代的凝真观建筑基础遗迹，已现场保护；另一处是宋代的建筑基础遗迹，已重新填埋。

2013年3月，公布为全国重点文物保护单位。

明　后山黄公祠

位于番禺区化龙镇塘头村村心大街19号。据传为黄氏族人的七世祖祠。始建于明崇祯元年（1628）。坐西向东。因年久失修，后堂倒塌，只剩下祠堂前面的牌楼，面阔26.75米，最高6.65米。20世纪80年代重修后堂。牌楼采用四柱三间三楼，主体用鸭屎石砌筑，两侧建有砖砌翼墙。单檐歇山顶，碌灰筒瓦，明间、次间和翼墙檐下有砖雕如意斗拱，额枋之间镶嵌有瑞兽、花鸟图案石雕。牌楼四柱前立有抱鼓石，明间正中开门，门额横梁上嵌有石匾。阳刻“后山黄公祠”，上款“明代崇祯元年季夏立”，下款“南海林□书”。该牌楼保存完整。

2008年12月，公布为广州市文物保护单位。

后山黄公祠

明　钟氏祠堂

位于增城区永宁街陂头村北面街前。始建于明嘉靖年间，后有维修，最近一次维修是2004年。

祠坐西向东稍偏北，四间三进，左边有衬祠，总面阔16.5米，总进深36.7米，占地面积605.55平方米。硬山顶，镬耳封火山墙，灰塑龙船脊，正脊饰陶塑鳌鱼，碌灰筒瓦，穿斗与抬梁混合式梁架结构，青砖砌墙，花岗岩石脚，红阶砖铺地。头门面阔三间11.9米，进深三间6.4米，封檐板饰花鸟纹，梁架呈月梁做法，梁上木雕精致，门额悬挂的木横匾是2004年维修时重做的。中堂为诒谷堂，面阔三间11.9米，进深三间8.2米。后堂面阔三间11.9米，进深三间7.5米，悬挂的木牌匾上的“孝悌雍睦”四字，据说是明三部尚书湛若水题赠，现匾是2004年重做。衬祠天井上有一口六角形花岗岩石古井。重修后的钟氏祠堂仍保存明清时期建筑风格。

2009年9月，公布为增城市文物保护单位。

钟氏祠堂

明　西洲村徐氏宗祠

位于增城区新塘镇西洲村西定坊西定大街39号。是祀奉西洲村徐氏一世祖徐安国的祠堂。始建年代不详，2000年维修。至今仍保留明清时期建筑风格。

祠坐北向南稍偏东，三间三进，总面阔12.75米，总进深39.2米，占地面积499.8平方米。硬山顶，人字封火山墙，灰塑龙船脊，正脊饰陶塑鳌鱼，垂脊前施陶塑坐狮，碌灰筒瓦，穿斗与抬梁混合式梁架结构，青砖砌墙，红砂岩石脚，门额石门匾是2000年维修时重做。封檐板施“天姬送子、醉八仙、百官贺寿、兄弟登科”等人物及花卉图案。梁架呈月梁做法，梁底雕花，上施木雕驼峰斗拱和雕花叉手托脚。西洲徐氏宗祠主体建筑保存较好。正脊陶塑鳌鱼，垂脊陶塑坐狮，瓦檐瓦当滴水，中堂前天井左右廊均是2000年维修时更换和重建的。

2009年9月，公布为增城市文物保护单位。

西洲村徐氏宗祠

明　鲁封曾公祠

位于从化区鳌头镇黄罗村南部。始建于明代，清同治七年（1868）重建。

祠堂坐东北朝西南。正祠三进三间，总面阔31.8米，总进深29.1米，占地面积595.8平方米。宗祠右边有一条青云巷，连接一间面阔5.72米的衬祠。为砖、木、石结构，硬山顶，灰塑龙船脊。各进之间有天井和廊连接。前边有一月形照壁，高似城墙，中间刻有“万胄朝堂”四字，字体为正楷繁体。门堂面阔三间，进深三间，共十三架。大门前廊次间设花岗石虾公梁，上有石狮子承重。步梁草木、瑞兽雕饰细腻生动。石门夹，上挂“鲁封曾公祠”木匾额，落款为“同治七年季冬重建”，明间设屏门。中堂面阔三间，进深三间，梁架为穿斗式，十七架。脊檩为圆形，刻有“大清同治七年岁次戊辰月居秋日丁刃吉日重建”字样，其余的檩都为方形，这是与其他祠堂所不同之处。立四根棱形石柱，屏风上挂有“爱日堂”木匾额。祖堂面阔三间，深三间，十七架，共有六根柱子承重，前面两根为石檐柱，后四根为木金柱。

鲁封曾公祠

2020年3月，公布为从化区文物保护单位。

明　宣抚使祠

位于白云区石门街红星村亭岗万善约。为祭祀当地黄氏四世祖黄应槐而建，因其曾任宋朝宣抚使一职，故名为宣抚使祠。据碑记，宣抚使祠始建于明代天顺三年（1459），隆庆二年（1568）、清乾隆三十二年（1767）和2009年重修。

宣抚使祠

祠堂坐北向南，为五开间、深三进的岭南广府祠堂形制，砖、木、石结构，占地面积约900平方米。祠前有宽阔的地坪及池塘。

祠内门墙镶嵌有成化五年（1469）《亭岗黄氏祠堂之记》及隆庆二年《亭岗黄氏重修祠堂之记》《黄氏世系》石碑三块。其中《亭岗黄氏祠堂之记》为名臣丘濬撰写，记录了建祠缘由及祠堂礼制，是广州市目前发现最早的祠堂碑记；《亭岗黄氏重修祠堂之记》与前者相仿，记录了黄氏修缮祠堂的经过及族产的分布情况，下段部分已断裂不存。

祠前有宽阔的地坪及池塘。宣抚使祠选材上乘，是白云区目前发现的唯一的五开间祠堂。中华人民共和国成立后祠堂曾作粮仓、生产队办公场所等，维修后保存现状较好，现作族人练习醒狮及老人活动场所使用。

2022年6月，公布为白云区文物保护单位。

明清　必泰李公祠

位于从化区城郊街道麻三村侧。始建于宋代。祠坐西朝东。大木大式结构及木雕、石雕和砖雕，均显其建筑技术之高。柱式及梁架风格古朴。原五间三进，“文化大革命”期间拆第三进，现存两进深41米，面阔五间21.1米，占地面积886平方米。第一进硬山顶，龙船脊，镬耳风火墙，正面梁底、驼峰、封檐板雕刻细腻，内容以瑞兽、花木鸟虫、山水、戏剧人物为主。第一、第二进皆为抬梁式，三木柱承重，梭形木柱高大，柱础分两重，下重是矮阔的红砂岩石质，上重再垒花岗岩石质鼓形础。梁架用材尺寸较大，但比例和谐适度。建筑设计独特，工艺别致。

2001年12月，公布为从化市文物保护单位。

必泰李公祠

明清　腊圃赖氏祠堂

位于增城区小楼镇腊圃村南部第二排。是腊圃赖氏四世祖赖汝弼亲建并祀奉其灵位的祠堂。据传始建于元大德二年（1298），明清时期有维修，2021年重新修缮。

祠堂坐西向东稍偏北。五间三进，占地面积

腊圃赖氏祠堂

930.3平方米。硬山顶，人字封火山墙，灰塑龙船脊，正脊两端饰灰塑鳌鱼，碌灰筒瓦，素胎瓦当滴水，穿斗与抬梁混合式梁架结构，青砖石脚墙。封檐板饰花鸟纹木雕。步梁为月梁做法，梁底雕花，梁上驼峰饰镂雕牡丹纹、斗雕莲瓣、通花托脚。中堂前有天井带两廊，天井阔8.2米，深12.1米，两廊各面阔三间9.4米，进深一间4.9米，七架人字顶。后堂明间设赖氏四世祖神位，前有天井，阔20.5米，深2米，左右为照墙。赖氏祠堂头门、后堂和中堂保存较为完整。中堂屋顶于20世纪70年代遭台风毁坏后重建。

赖汝弼（1239—？），腊圃村赖氏四世祖，宋度宗丁卯科（1267）举人，以文学著称。官广西柳州教授，升柳州正堂，大德二年辞归故里筹建祠堂。

2009年9月，公布为增城市文物保护单位。

明清　广裕祠

位于从化区太平镇钱岗村。是当地陆氏家族的宗祠。该族相传为南宋宰相陆秀夫之后。

祠堂坐北朝南，总占地面积861平方米。三间三进，总面阔13.9米，从南至北依次建有照壁、河砾石铺明堂八字翼墙、第一进门堂、天井及东西廊、第二进中堂、天井及东西廊、第三进祖堂。砖、木、石结构，悬山顶。祠内保留了明末以来五个确凿的重修重建年代，在广东地区是唯一所见，被誉为“岭南古建筑的年代标尺”。广裕祠第二进后墙东侧嵌有一方《重建广裕祠碑记》石碑，阴刻，额名篆体，碑文楷体，高1米，

广裕祠

宽0.65米。内容详述重修祖祠过程，落款为“大明崇祯十二年（按：1639）岁次己卯季夏吉旦重修”。广裕祠墙体结构独特，第一、第二、第三进山墙高从5.7至7米不等，砌筑方法为：用青砖垒砌丁顺外墙，墙厚约0.5米，墙体中空，在中空处先斜放大块青砖在底，再于这些砖上斜竖放第二层砖，与底层青砖成一夹角，第二层砖则作为第三层的底砖，第三层与第一层平行，依此类推，所垒砖块从墙脚一直延至墙头。广裕祠保留各种木雕、石雕、砖雕、壁画、灰塑等。

2002年开展的广裕祠保护修缮工程，获得2003年度联合国教科文组织亚太地区文化遗产保护杰出项目奖（The Award of Excellence of the 2003 UNESCO Asia-Pacific Heritage Awards for Culture Heritage Conservation）。

2006年5月，公布为全国重点文物保护单位。

明清　沥滘卫氏大宗祠

位于海珠区沥滘振兴大街28号。始建于明万历四十三年（1615）。

祠坐北朝南，由头门、牌楼、拜亭、中堂和后堂组成，占地面积2000多平方米。梁架施月梁，用驼峰、斗拱承檩，硬山顶，碌灰筒瓦，素陶瓦当，滴水剪边。正脊灰塑龙船脊。牌楼为四柱三门三楼，正楼为庑殿顶，次楼为歇山顶，檐下均施五跳交手斗拱，做工精细。匾额书“百世周宗”，两旁小字分别为“文章华国”“诗礼传家”。屋顶碌灰筒瓦，灰塑龙船脊。正门原设四扇门，已毁，尚存门闩斗；次门用红色砂岩砌筑。次楼两侧砌筑水磨青砖墙，各开券形门洞，檐下端砌叠涩牙砖，上碌灰筒素瓦，灰塑脊。拜亭为卷棚顶，与中堂连在一起，两侧有门，通向外间。后堂面阔五间，进深三间，硬山顶，碌灰筒素瓦，陶瓦当、滴水剪边，正脊灰塑龙船脊。

主体建筑东西两翼有青龙、白虎巷，天街有花岗石砌的宽阔平台，四周有八仙石围栏。祠内保存巨型木雕屏风十二块，镏金正楷阴刻正文。内容为清名臣张廷玉以皇帝名义于乾隆丁卯年（1747）撰文、进士汪由敦书祝贺表彰当时六十岁以上一百零三名卫氏老寿星，有近两百位官员署名祝贺。屏风天头地脚另刻浮雕图案。

2012年10月，公布为广东省文物保护单位。

沥滘卫氏大宗祠“百世周宗”牌坊

明清　湛怀德祠

位于增城区新塘镇群星村南约石街。是祀奉新塘湛氏三世祖义士湛怀德夫妇灵位的祠堂。始建于明代，清光绪十七年（1891）重修。

祠堂坐西北朝东南，由拜亭、头门、中堂、后堂、廊庑和前后天井组成，前窄后阔，通面阔10.14米，通进深32米，占地面积324.48平方米。

主体采用碌灰筒瓦，素胎瓦当、滴水剪边，青砖墙，花岗岩石脚，红阶砖铺地。封檐板施花、鸟、虫、鱼彩色木雕。墙楣遍施人物、花鸟纹彩色壁画。拜亭建在门前花岗岩台基上，为四柱一间五架歇山顶，头门为门楼式，硬山顶，人字封火山墙，灰塑博古脊，砖墙搁檩。中堂、后

湛怀德祠

堂均采用歇山顶，灰塑龙船脊，戗戟起翘。前后廊各立两根檐柱，中间立四根金柱，山花出悬鱼，结构独特。梁架上施木雕驼峰斗拱。架梁、步梁、桁檩、驼峰、斗拱等木构件均遍施彩绘，在增城古建筑中少见。

1999年7月，公布为广州市文物保护单位。

明清　报德祠古建筑群

位于增城区小楼镇腊圃村大田段二龙河畔。

建筑群坐南朝北。从东到西分别有报德祠、仓沮圣庙、景星楼三处建筑，总面阔36米，总进深28.36米，总占地面积1020.96平方米。门前有小花园，宽60米，深39.3米，总占地面积3378.96平方米。花园内有照塘，种有花木，园外是广袤

报德祠古建筑群

的农田。报德祠和仓沮圣庙之间有一条青云巷，巷宽1.12米，前后带巷门，巷道青砖铺地。

2009年9月，公布为增城市文物保护单位。

明清　防御使钟公祠

位于从化区太平镇屈洞村。坐北朝南。原有六进，抗日战争时第五、第六进被毁，现存三进，连同两侧青云巷，总面阔14.5米，总进深44.3米，占地面积2613.39平方米。祠堂为硬山顶，镬耳封火山墙，铺砌灰筒素瓦，鳌鱼衔脊，祠前隔广场，前有“双龙戏珠”照壁和左、右进士旗杆夹，防御使钟公祠内有两个乐亭和一个牌坊在中座，著存堂后墙上分别嵌有宋、元、明、清的五块碑记，分别为南宋淳祐六年（1246）的《始祖世系碑记》，元泰定三年（1326）的《始祖世系碑记》、明宣德六年（1431）的《钟氏祠堂碑记》各一块，又有清康熙五十八年（1719）《钟氏祠堂五言古诗并跋碑记》两块。宋、元两朝代的《始祖世系碑记》记录钟氏族裔分枝发展图及其祭田范围。

2002年7月，公布为广州市文物保护单位。

防御使钟公祠

明清　李忠简祠

位于番禺区沙湾镇东村青萝大街32号。是李氏族人为纪念先人南宋探花李昴英而建。据重修碑记载，祠堂始建于元末明初，明隆庆四年（1570）、清道光九年（1829）重修。

建筑坐西北向东南，原为广三路，深四进，

李忠简祠

现存头门。占地面积约140.76平方米。头门采用硬山顶，灰塑龙船脊，人字封火山墙，碌灰筒瓦，青砖墙，斑岩石墙基。头门装饰非常丰富，梁架、驼墩上均雕有栩栩如生的戏剧人物、花鸟、瑞兽等装饰图案，每个驼墩所雕内容均不相同，雕刻手法高超，艺术性非常高。大门前有石狮子一对，均用斑岩石雕成，身负小狮，有明代风格。头门后檐墙壁嵌黑云石重修碑一块，清道光九年刻制，记载了关于该祠堂的历史变迁情况。

李昴英（1201—1257），字俊明，番禺（今广州）人。南宋宝庆二年（1226）中进士一甲第三名（探花），是宋代广东中探花者第一人。为官洁正，忠直敢谏。后擢升大宗正卿、龙图阁待制、吏部侍郎，封番禺开国男，食邑三百户。宝祐三年（1255）致仕南归，隐居广州文溪。谥忠简，有《文溪集》传世。

2008年12月，公布为广州市文物保护单位。

明清　邓村邓氏宗祠

位于从化区太平镇邓村。始建于宋代。保存基本完整。

祠堂坐东朝西，面阔三间14.8米，深三进50.31米，占地面积713.72平方米。硬山顶，灰塑龙船瓦脊，素胎瓦，素瓦勾头、滴水。头门面阔三间，进深两间。门联为“三登世系；两秀家声”。门前六级石阶。邓氏宗祠整体比较低矮，木柱粗大。中堂面阔三间，进深三间，共十三架。两根前檐柱，四根木金柱。红砂岩石柱础。正中脊桁是圆形，其他横梁是方形梁。中堂屏风门上方挂“立本堂”木刻阴字牌匾。后堂面阔三间，进深三间，共九架。

2002年7月，公布为广州市文物保护单位。

邓村邓氏宗祠

明清　龙岗村曾氏大宗祠

位于广州市白云区钟落潭镇龙岗村龙岗街114号。又称追远堂。始建于明代，具体年份不详，清乾隆年间和民国期间曾进行过重修。

建筑主体坐西北朝东南，一路四进加后楼，由头门、前后天井、四柱三间三楼花岗岩牌坊、中堂、后堂及后楼、两侧廊组成，右边为曾氏宗祠，左边为应阳曾公祠，以青云巷相隔。头门面阔19米，通进深68.1米，结构采用硬山顶，镬耳封火山墙，灰塑博古脊上塑有双龙，青砖墙，红砂岩石脚。头门前廊设三步梁，刻花驼峰，隔架斗拱，左、右次间有塾台。虾公梁上有异形斗拱。头门后廊存有一块光绪二十七年（1901）追远堂立的禁护碑和光绪十九年（1893）癸巳恩科中式第二十三名举人曾文鸿立的旗杆夹石。中堂为穿斗式五架梁，共十三檩，镂空雕花梁架精美，四柱为坤甸木，现已重新上漆。后天井为六

龙岗村曾氏大宗祠

架卷棚顶。后堂架十三檩，供奉祖先像供后人祭祀。该祠基础牢固，石牌坊保持完好，厅宇恢宏、轩昂，伟柱雄崎，灰塑、木刻、砖、石雕人物栩栩如生。

2002年7月，公布为广州市文物保护单位。

明清 麻车村刘氏宗祠

位于增城区石滩镇麻车村缸瓦山东面。始建于明嘉靖年间，1932年、2004年、2008年维修。

建筑坐西朝东稍偏北，五间四进，左、右为衬祠，总面阔24.5米，总进深65米，祠前院落阔24.5、深20米，总占地面积2082.5平方米。硬山顶，人字封火山墙，灰塑龙船脊，碌灰筒瓦，穿斗与抬梁混合式梁架结构，青砖石脚墙。封檐板、梁架上木雕精致细腻；脊饰灰塑精雕细刻；头门檐柱挑头的石雕人物、次间虾公梁上的驼峰石狮子异形斗拱、院落围栏栏板的石雕纹饰精致细腻，院落前端有四对花岗岩桅杆夹。头门进深三间8.2米，共九架，前后设四架轩廊。头门后两廊各面阔三间，深两间，共七架，前廊双步。二进深一间3.1米，为六架卷棚顶。中堂进深三间11.84米，共十三架，前廊双步后廊三步。中堂后两廊各面阔三间，深两间，共七架，前设双步廊。后堂进深三间11.32米，共十三架。主体建筑屋顶为1932年大火烧毁后重盖。两檐柱已改为钢筋混凝土质。衬祠为房，左衬祠于“文化大革命”期间建大队部办公楼时被毁重建，部分用地被大楼所占。

2008年12月，公布为广州市文物保护单位。

麻车村刘氏宗祠

明清 颜村陆氏大宗祠

位于从化区太平镇颜村。为纪念陆氏先祖和宋代左丞相陆秀夫而建。

祠内有神台一张，以红砂岩石刻凿而成。长约2.4米，宽约0.9米，高约1.4米。神台台面后沿阴刻建造时间为“大明弘治十二年岁次己未穀旦立，增城县碧江匠人草铭造”。坐北朝南。总面阔17.6米，总进深38.6米，占地面积766.76平方米。广三路，深三进，陆氏大宗祠前建照壁。中路建筑面阔三间，两侧有“仪门”和“礼门”两条青云巷连接左、右两路。硬山顶。碌灰筒瓦，素瓦当，龙船屋脊上有鳌鱼相对。山墙两面的灰塑图案依稀可辨，封檐板上均刻着细腻的花草图案，墀头砖雕被毁，重修后立观音像。各进墙楣保留了清同治年间重修时所绘的丹青壁画，内容为诗词歌赋、历史典故、花鸟瑞兽。前座面阔三间，进深两间，共十三架。花岗石墙脚。檐下山墙墙面有灰塑粉彩人物和山水壁画，画中人物生动传神、景色优美。大门嵌花岗岩门夹，木板门，门板厚且重。两根四角花岗石前檐柱，木质虾公梁连接山墙，门后有四石柱。中座崇本堂面阔三间，进深三间，共十三架，八根麻石柱。堂中挂有“崇本堂”木匾。

2008年12月，公布为广州市文物保护单位。

颜村陆氏大宗祠

明清 南岗秦氏大宗祠

位于黄埔区南岗街道南岗西路。供奉秦氏先祖秦仕廉。始建于明代，清道光十一年（1831）、

南岗秦氏大宗祠

1997年重修。

祠堂坐西南朝东北，三进式布局，通面阔27.07米，通进深47.26米，占地面积1279.33平方米。头门面阔三间，携倒座式左、右耳房各一间，明间大门附木抱框，上挂“秦氏大宗祠”木匾。右墙壁嵌有《祠堂规约》石刻，天井左右两侧为厢房。中堂建于0.67米高的台基上，两次间前筑清水墙，开通花窗。后堂台基高0.89米，堂内明、次间筑砖墙分隔。该祠堂保存较好，整体完整，规模较大，大小木作除存在局部脱漆残损外，均基本完好。祠堂建筑布局严谨，其中堂、后堂带厢房与侧间，具有较显著特色。

2008年12月，公布为广州市文物保护单位。

明清　金兰寺村姚氏宗祠

位于增城区石滩镇金兰寺村。始建于明，清代有维修。

祠堂坐西北向东南，五间四进，通面阔23米，通进深45米，门前有青砖墙围成的院落，总占地面积约1035平方米。屋面采用硬山顶，人字封火山墙，灰塑龙船脊，碌灰筒瓦，墙体采用青砖砌墙，红砂岩石墙脚。采用穿斗与抬梁混合式梁架承重，桁檩呈枋形，方形斗；封檐板、驼峰、雀替、托脚等的木雕纹饰古朴；梭式柱，檐桁从明间向梢间有生起，屋面坡度较平缓。祠堂内至今仍然保留有部分明代建筑特征，如大量使用明代建筑常用的红砂岩石，砖长0.35米，宽0.15米，厚0.09米，规格较大；地面也是明代建筑常用的灰砂地板。

金兰寺村姚氏宗祠

2008年12月，公布为广州市文物保护单位。

明清　南湾麦氏宗祠

位于黄埔区穗东街道南约大街27号。始建于明代，清道光十一年（1831）重修。

南湾麦氏宗祠

祠堂坐北朝南，三间三进，硬山顶，镬耳封火山墙，灰塑龙船脊，脊有双孔及缠枝花纹，碌灰筒瓦，木雕封檐板，青砖石脚。头门面阔三间，深两间，大门石门额刻“麦氏宗祠”，上款为“道光辛卯孟冬重修”，无下款。头门前廊两檐柱，做工精细，四边磨角半圆，石柱础分层，中间收窄，四方脚。虾公梁上的石狮驼峰、蝙蝠斗拱、石狮等造工精美。中堂面阔三间，深三间。后堂面阔三间，深三间。据村民介绍，南湾村麦氏族人由黄阁迁徙至此，南湾麦氏宗祠是南湾村的麦氏始祖祠。

2021年3月，公布为广州市文物保护单位。

明清　子贤黄公祠

位于天河区黄村祠东里1号。建于明崇祯十五年（1642），清顺治元年（1644）、雍正元年（1723）、嘉庆十八年（1813）以及2001年重修。

祠堂坐北朝南。广三路，深三进，总面阔26.15米，总进深43.77米，占地面积1144.6平方米。头门面阔三间，进深三间，硬山顶，绿琉璃瓦面，人字脊山墙，青色琉璃龙船脊，脊身有花卉图案。青砖墙批灰画缝，麻石墙裙。花岗岩檐柱，左右次间有塾台，驼峰斗拱梁架。天井中路为花岗岩甬道，两侧灰砂地面，无侧廊。花岗岩石门框。两侧山墙灰塑墀头，雕花封檐板。中堂面阔三间，进深三间，驼峰斗拱梁架结构。硬山顶，琉璃瓦面，人字脊山墙。绿琉璃龙船脊。前檐基座石雕精美。两侧廊为卷棚屋顶，红砂岩檐柱，天井为麻石铺地。后堂面阔三间，进深三间，驼峰斗拱和瓜柱抬梁混合梁架结构。硬山顶，绿琉璃瓦面，人字脊山墙。青色琉璃龙船脊，脊身有花卉图案，青砖墙批灰画缝。祠堂梁架、驼峰木雕精美。衬祠后期改建为金字梁架。该祠堂是为纪念黄村黄氏开村基祖黄子贤而建。

2009年7月，公布为天河区文物保护单位。

子贤黄公祠

明清　车陂村梁氏宗祠

位于天河区车陂村启明大街58号。建于明嘉靖年间，清代、近现代三次维修。

祠坐北朝南，三路三进，总面阔28.04米，进深三进49.42米，占地面积1386平方米。祠前有广场、池塘。头门面阔三间，进深两间，硬山顶，人字脊山墙，龙船正脊，碌筒瓦面，青砖石脚，前后檐柱都是驼峰斗拱梁架，前檐柱两侧设有塾台。门前两边有抱鼓石，高约2.5米。大门分上、下两层。两侧廊为卷棚顶，花岗岩檐柱，天井为麻石铺地。中堂面阔三间，进深三间，硬山顶，人字脊山墙，龙船正脊，碌筒瓦面，雕花封檐板，清水砖墙，驼峰斗拱梁架结构。两侧廊为卷棚顶，花岗岩檐柱，天井为麻石铺地。后堂面阔三进，进深三间，硬山顶，人字脊山墙，龙船正脊，碌筒瓦面，清水砖墙，雕花封檐板，瓜柱抬梁梁架。

车陂村梁氏宗祠

梁桂芳，号雪松，从南雄辗转迁到番禺龙溪（今车陂）落户，娶下沙人张氏为妻，是车陂村梁氏始祖。该祠为纪念始祖梁雪松而建，规模宏大，雕花精美。

2009年7月，公布为天河区文物保护单位。

明清　琼圃梁公祠

位于天河区珠吉街吉山上街48号。始建于明代，清代及2005年重修。

祠堂坐北朝南，前为风水塘。三间三进，面阔15.2米，进深45.02米，占地面积684.304平方米。头门面阔三间，进深三间，头门两侧均为砖雕墀头。头门外檐柱两侧设有塾台。大门石刻“琼圃梁公祠”。一进天井地面由麻石铺成，天井两侧均为卷棚侧廊。天井右侧衬祠现为厨房。中堂面阔三间，

琼圃梁公祠

进深三间，硬山顶。后堂面阔三间，进深三间，硬山顶，龙船正脊，人字封火山墙，碌筒瓦面，雕花封檐板，清水砖墙，瓜柱抬梁。琼圃梁公祠为纪念吉山梁氏第七世祖梁琼圃而建。

2009年7月，公布为天河区文物保护单位。

明清　冼村姚氏宗祠

位于天河区潭村大街西。始建于清代。

三间两进，总面阔10米，总进深19.14米，占地面积191.4平方米。头门面阔三间，进深两间，硬山顶，龙舟正脊，碌筒瓦面，人字形山墙，木雕花封檐板。清水砖墙，麻石墙裙。花岗岩檐柱，左、右次间设有塾台，前后檐为驼峰斗拱梁架。花岗石门框，红木大门。侧廊为卷棚顶，花岗岩檐柱，天井为麻石铺地。后堂面阔三间，进深两间，硬山顶，龙船正脊，碌筒瓦面，人字形山墙，木雕花封檐板。清水砖墙，瓜柱抬梁梁架。

2012年10月，公布为天河区文物保护单位。

冼村姚氏宗祠

明清　潭山许氏大宗祠

位于番禺区化龙镇潭山村环村公路西街一街2号。始建年代不详，据存留碑记载，该祠于清康熙五十六年（1717）重修，2011年再次重修，重修时恢复倒塌的后堂。

祠堂坐北向南，原为三间三进，总面阔15.72米，总进深57.54米，占地面积1162.34平方米。主体建筑为硬山顶，人字封火山墙，灰塑龙船脊，脊端配一对彩瓷鳌鱼，青砖墙，红砂岩基础。头门前为红砂岩台基，前檐立四条鸭屎石檐柱，梁架斗拱施木雕。大门两侧立鸭屎石墩，上浮雕瑞兽图案，门额已毁。头门墙楣有彩绘壁画，前墙嵌砖雕窗花。头门后为天井，铺花岗岩石，两侧围墙坍塌。中堂前有一前廊，墙楣饰彩绘壁画，正中悬挂“敦源堂”木匾。后堂正中置神龛，摆放许氏先人牌位，左右山墙临连廊阶梯处各嵌一方碑刻，为《创建许氏大宗祠碑记》及《敦源堂重修祠前古涌碑记》。

2021年3月，公布为番禺区文物保护单位。

潭山许氏大宗祠

明清　汝善何公祠

位于番禺区沙湾镇西村罗山里大街6号。又名“孔安堂”。始建于明代，清代重修。存清代建筑风格。

祠堂坐北向南，三间三进，总面阔12.7米，总进深43.7米。硬山顶，灰塑博古正脊，人字封火山墙，碌灰筒瓦，青砖墙，花岗岩基础。头门石檐柱横梁上横列十六座驼峰承托三重如意斗

汝善何公祠

拱，每个驼峰均有浮雕，且内容各不相同。祠堂内梁架、檐板遍布花鸟、瑞草等吉祥图案的精细木雕。

2021年3月，公布为番禺区文物保护单位。

明清　西南村何氏宗祠

位于增城区仙村镇西南村南方街13号。始建于明，清代重修，2007年维修。

祠堂坐北朝南稍偏西，五间三进，总面阔18.15米，总进深38.2米，占地面积693.33平方米。硬山顶，镬耳封火山墙，灰塑龙船脊，碌灰筒瓦，穿斗与抬梁混合式梁架结构，青砖砌墙，鸭屎石脚。头门进深两间5米。前后廊檐柱均为鸭屎石，前廊步梁施木雕。正面为水磨青砖墙，石门柱、门枕均为鸭屎石质，门内施两根木金柱，次间建花岗岩包台，梢间为房。中堂进深三间10.1米。前廊檐柱为鸭屎石，后廊檐柱为红砂岩石，木质金柱。中堂前两廊各面阔三间，深一间。后堂进深三间8.3米，两根红砂岩石檐柱，

西南村何氏宗祠

四根圆形木金柱。后堂前两廊各面阔一间，深一间。何氏宗祠大量使用明代古建筑常用的鸭屎石和红砂岩石。瓜柱较矮墩，柱子有生起，瓦面坡度较平缓。砌墙用的青砖长0.35米、宽0.16米、厚0.075米，规格较大。地上保留有大面积的红砂岩条石。何氏宗祠整体保留有较多明代建筑特征，保存较为完整。

2009年9月，公布为增城市文物保护单位。

明清　上境村陈氏宗祠

位于增城区仙村镇上境村仙桥路18号。始建于明成化十六年（1480），清光绪二十九年（1903）、宣统二年（1910）和民国十五年（1926）、民国十七年（1928）及2005年维修。

上境村陈氏宗祠

祠坐西朝东稍偏北，五间三进，占地面积1618.12平方米。悬山顶，灰塑龙船脊，碌灰筒瓦，青砖石脚墙。门前立两对花岗岩桅杆夹石和两只石狮子。头门面阔五间，进深三间。四檐柱，四金柱，门上木横匾阳刻“陈氏宗祠”行书。木门联刻“华胄遥遥由江右入岭南科第一百人文物盛；新祠奕奕溯仙溪面罗岳蒸尝万祀孝思遐”。门内金柱间的木枋上悬挂“德厚流光”木横匾。梢间为房，左房门墙上镶嵌一方重修文德祖祠碑记。上刻碑文六百余字。中堂面阔七间，进深四间。两檐柱，前廊加施两山柱。后金柱间施木屏门。梢间为房，右后廊墙上镶嵌一方宣统二年维修碑记。中堂前两廊各面阔三间，深两间。灰塑博古脊，四檐柱，两金柱，共七架，前廊双步。后堂面阔七间，进深三间，共九架，前

设双步廊。两檐柱，四金柱。梢间为房。后堂前天井有一眼红砂岩石井，两廊各面阔三间，深两间，共七架，前廊双步。在左廊侧墙上镶嵌有三方重修碑记，碑文略去。该祠规模大，七开间的祠堂属当地仅见，祠内有碑记，历史沿革清楚，木门匾文字为明代大儒陈白沙手书，具有历史和艺术价值。经过2005年的大修，该祠仍保留明清时期建筑风格，保存完整。

2009年9月，公布为增城市文物保护单位。

明清　朱村朱氏宗祠

位于增城区朱村街朱村。始建于明洪武二十三年（1390），清雍正四年（1726）大修，乾隆四十七年（1782）、道光二年（1822）、民国四年（1915）和2002年维修。

祠堂坐西北朝东南，五间三进，左右有衬祠，总面阔19.4米，总进深42.35米。门前院落阔25.9米，深12.3米，建筑总占地面积1140.16平方米。人字封火山墙，灰塑龙船脊，碌灰筒瓦，青砖砌墙，红砂岩石脚。砖墙、立柱、梁架承檩。门额木横匾是2002年重做。全祠封檐板、梁架上施精致木雕；墙楣遍施彩色壁画。头门进深三间8.2米。中堂为“叙伦堂”，进深三间10.5米。中堂前两廊各面阔五间，深一间，前柱后墙五架两坡顶。后堂进深三间8.15米。后堂前两廊各面阔一间，深一间，两坡顶。衬祠为砖砌房，有木板阁。该祠始建年代早，木雕、灰塑等工艺精致细腻，造型巧究。

2009年9月，公布为增城市文物保护单位。

朱村朱氏宗祠

明清　卢氏祠堂

位于增城区新塘镇大敦村西道街18号。是祀奉大敦村卢氏七世祖卢良翊的祠堂。始建年代不详，明嘉靖十四年（1535）重建，现存清代风格为主，1996年维修。

祠堂坐北向南稍偏东，五间三进，占地面积758.3平方米。硬山顶，人字封火山墙，灰塑龙头凤尾脊，正脊前后壁饰精致的灰雕，垂脊末端饰灰塑博古纹，碌灰筒瓦，穿斗与抬梁混合式梁架结构，青砖砌墙，花岗岩石脚。门额悬挂的“卢氏祠堂”木横匾是湛若水所书，1996年维修时重做。额枋上施四托木雕驼峰，各承四跳斗拱承桁。封檐板、梁架饰戏曲人物故事、鸟兽和梅、兰、菊、竹等纹饰。檐柱竹节纹饰角，挑头石刻人物精美。虾公梁上的石狮子形神兼备。中堂四根圆形木金柱有收分，柱头成栌斗状，有明代建筑风格。前后天井廊均面阔三间，明间为悬山顶，灰塑博古脊廊亭，次间为四架卷棚顶。卢氏祠堂整体保存较好。脊饰灰塑有轻度风化，表层灰砂有剥落；封檐板绲边裙脚残缺不全；檐柱挑头石刻人物部分头被砍掉。头门装饰华丽，体现了明清时期豪门望族的气派和民间建筑工艺特色，保存完整。

2009年9月，公布为增城市文物保护单位。

卢氏祠堂

明清　吴氏大宗祠

位于增城区新塘镇塘边村塘一北街。始建于明，明清时期有维修，最近一次维修是民国十五

吴氏大宗祠

年（1926）。

祠坐东南向西北，三间三进，总面阔13.5米，总进深35.4米，占地面积477.9平方米。悬山顶，灰塑龙船脊，碌灰筒瓦，穿斗与抬梁混合式梁架结构，青砖石脚墙。石门匾阳刻“吴氏大宗祠”。封檐板，头门进深两间6.3米。前后各立两根花岗岩石檐柱，前廊步梁施木雕，檐柱施石刻文字，右次间墙上镶嵌一方《吴氏大宗祠维修碑记》和一方《各埠签捐碑记》。中堂进深三间8.6米。前有两根花岗岩檐柱，中有四根木金柱。前天井左右照壁墙头上施彩色灰塑壁画。后堂进深三间6.8米。前有两檐柱，中有四金柱。后堂前两廊梁架施木雕。该祠瓜柱矮墩，金柱有收分，檐柱有生起，屋面坡度平缓，中堂后檐立两根鸭屎石柱，覆盘柱础硕大。

2009年9月，公布为增城市文物保护单位。

明清　京塘村梁氏宗祠

位于花都区花东镇京塘村。建于明正德年间，清光绪三十四年（1908）和2003年两次重修。

祠堂坐东朝西，三间四进，总面阔12.8米，总进深45.1米，占地面积577平方米。主体建筑为镬耳封火山墙，青砖墙，花岗岩石脚高1米。头门进深两间，共十一架。前廊梁架、斗拱、封檐板木雕花鸟、瑞兽、戏曲人物。两次间筑花岗岩石包台（塾台）。明间设中门。第二进为“千乘流芳”牌坊，是该村梁氏族人为其宗亲、清同治年间状元梁耀枢而建。中堂进深三间共十五架，前设四架轩廊。坤甸木金柱。后金柱间有屏门，上悬“晚成堂”木匾。后堂进深三间共十五架。后堂前带两廊，六架卷棚顶。天井铺花岗岩条石。2003年重修时，祠内外墙均重新划砖线，地面改铺水磨石米地面。墙楣灰塑均为新造，原貌已不存。头门正脊“二龙争珠”陶塑和彩瓷拼贴画纹饰为新造。瓦面改盖绿琉璃瓦。正门立旗杆夹石四对，左刻“钦点状元及第”，右刻“同治辛未科会试中式二百二十三名，贡试恭应殿试第一甲第一名进士，授职翰林院修撰，臣梁耀枢立”。

2017年1月，公布为花都区文物保护单位。

京塘村梁氏宗祠

明清　杨二村高氏大宗祠

位于花都区花东镇杨二村。据当地村民说，建于明崇祯年间，2000年重修。

该祠坐北朝南，三间三进，右路带一路建筑，以1.26米青云巷相隔。总面阔24.4米，总进深48.6米，占地面积1186平方米。主体建筑为

杨二村高氏大宗祠

镬耳封火山墙，碌灰筒瓦，青砖墙。祠堂前有半月形鱼塘。头门进深两间，共十一架，前、后各两根红砂岩石檐柱，四根坤甸木金柱。坤甸木梁架木雕工艺精巧。中堂进深三间共十七架，前设四架轩廊。坤甸木金柱，设有木屏门，上悬“诒燕堂”木匾。后堂进深三间共十七架。坤甸木金柱木雕工艺精致。后堂前带两廊，七架人字顶，各两根六角形石檐柱。两廊墙均设门，分别通中、后堂。右廊墙上嵌有三块碑记，分别为崇祯四年（1631）的《番禺县杨村士民颂德碑》和《禁谕碑》、清康熙年间的《奉上批碑》。右路建筑为衬祠，三间四进，衬祠头门进深一间共九檩，前带天井；第二进为仪门，拱门青砖墙，前带两廊；第三进为中堂，进深三间共十七檩，前面为天井；第四进为后堂，进深三间共十五架，前带两廊，面阔三间，四架卷棚顶。

2017年1月，公布为花都区文物保护单位。

明清　鸭一村罗氏宗祠

位于花都区炭步镇鸭一村。清道光五年（1825）重建，2008年重修。

祠坐北朝南，三间三进，总面阔13米，总进深42.4米，占地面积551.2平方米。人字封火山墙，灰塑博古脊，碌灰筒瓦，青砖石脚。头门面阔三间，进深两间共九架；中堂面阔三间13米，进深三间8.7米共十五架，前带两廊，该两廊六架卷棚顶；后堂面阔三间13米，进深三间10.2米共十五架，前带两庑，卷棚顶。选用木料均为实木，而且木雕、石雕、砖雕工艺较好。大门风格与其他祠堂不同，当地族人称“衙门式”大门，四扇，宽5.6米，均为坤甸木，横梁及挡板木刻精美。门上挂有木匾，刻“罗氏宗祠”，上款“道光五年岁次乙酉”，下款“仲冬上浣吉旦重建”（此匾为道光重建时的原件）。前廊梁架使用月梁，柁墩、雀替、梁头、斗拱等处施有雕刻。后檐两根鸭屎石柱。左侧山墙内嵌门官土地神龛。中堂面阔三间13米，进深三间8.65米共十五架，前、后各两根鸭屎石檐柱，四根坤甸木金柱。堂内梁架木雕精致。后金柱间木屏门已毁。后堂面阔三间13米，进深三间10.2米共十五架。四根坤甸木金柱，两根鸭屎石檐柱，堂内梁架木雕精美。后堂前带两庑，卷棚顶，前设四架轩廊。

2017年1月，公布为花都区文物保护单位。

鸭一村罗氏宗祠

明清　子俊黄公祠

位于天河区黄村街黄村中心街27号。始建于明代，民国三十四年（1945），1998年、2003年重修。

祠坐北朝南。面阔三间9.56米，进深三进32.35米，占地面积309.27平方米。头门面阔三间，进深两间，墙上端有壁画。墀头有砖雕。头门后的天井两边走廊已被拆掉。中堂和后堂均面阔三间，进深三间，新修暗红色琉璃滴水剪边。该祠堂是为纪念黄氏祖先黄子俊（黄子贤之弟）而建。

2009年7月，公布为天河区文物保护单位。

子俊黄公祠

明清　汀根刘氏大宗祠

位于番禺区沙头街道汀根村向东大街。始建于明代，清同治二年（1863）重修，2006年、2018年重修。

祠坐西向东，三间三进，总面阔12.62米，总进深39.19米，占地面积494.58平方米。三进均为硬山顶，人字封火山墙，灰塑博古脊，碌灰筒瓦，青砖墙，头门和中堂为花岗岩墙基，围墙基和后堂墙基为红砂岩。头门前廊两次间建花岗岩须弥座台基，明间花岗岩石门夹，门额上悬木匾，上刻“刘氏大宗祠”。头门后为天井，铺花岗岩条石，两侧建围墙。中堂前廊用花岗岩栏板围砌，中堂明间悬木匾，上刻“一经堂”。后天井两侧为廊，廊檐下饰木雕花架，右廊墙脚嵌有《同治二年重修碑记》石碑。后堂建筑在红砂岩台基上，存四根圆木金柱，红砂岩柱础，后堂存有较明显的明代风格。祠堂前池塘两侧立旗杆夹石，池塘前为放生池。

2021年3月，公布为番禺区文物保护单位。

汀根刘氏大宗祠

明清　庚堂阮公祠

位于增城区仙村镇巷头村。为砖木石结构广府特色祠堂建筑。始建于明，清代有维修。

祠堂坐西北向东南，五间四进，左右为衬祠，总面阔19.9米，总进深47.1米，占地面积937.3平方米。人字封火山墙，灰塑龙船脊，碌灰筒瓦，绿色瓦当滴水。青砖石脚，红阶砖铺地。门前旷地开阔，旷地前有月塘。头门面阔三间，

庚堂阮公祠

进深两间共七架。前檐两根八角红砂岩柱立于红砂岩石包台上，次间施木虾公梁，梁底雕花，上施一斗三升斗拱。中堂面阔三间，进深三间。后堂面阔三间，进深两间，两根方形红砂岩檐柱，前廊梁施瓜柱，次间为房，房有阁楼。

2023年1月，公布为增城区文物保护单位。

明清　中山祖社

位于南沙区大岗镇放马村放马西街九巷头。清代经历重修，1946年重建。

祖社坐东南向西北，前立一石像，从用材和雕刻的人物来看，应为明代石刻。由台座和神像组成。台座占地面积 5.06平方米。台座为红砂岩砌筑，平面呈方形，东南侧砌筑栏板呈方形交椅状，椅背正中阴刻“中山祖社”，落款“民国三十五年五月二十七重建”。台基正中摆放红砂岩社公神像一尊。人物头戴官帽，面容慈祥，大腹便便，身着明朝官服，右手托元宝，呈坐姿。村民常年供奉神像，香火不断。

2023年7月，公布为南沙区文物保护单位。

中山祖社

明清　八角古庙

位于花都区花东镇莘田二村。始建于明代，清中期曾重修。

古庙坐北朝南，三间两进，总面阔10.2米，总进深19.5米，占地面积199平方米。碌灰筒瓦，绿琉璃瓦当、滴水剪边，屋面坡度平缓，檐口生起曲线绵长舒展。前、后主体建筑为小型殿堂类构架，青砖墙不承重，只起围护作用。山门面阔三间9.9米，进深三间6.6米共九架。歇山顶，抬梁式梁架。五架梁与双步梁为月梁做法。十四根硬木柱与两根八角形火山角砾岩（下称鸭屎石）后檐柱共十六根柱子承重。金柱柱头砍削成栌斗形状。夯土地面。六级石阶。后殿面阔三间9.9米，进深三间6.8米共九架。前、后檐柱插拱挑出，支承檐檩。歇山顶。抬梁式梁架，架梁斗拱造型同山门，具明代风格。后殿梁架中还存在鳌鱼托脚。与山门一样以十六根柱子承重，前檐柱为八角形鸭屎石柱。后殿前带两廊，均深五架，双坡顶。前后座及左右两廊的屋面巧妙融合，各部分檐口齐平，两廊正脊接前后座歇山之博脊。整组建筑的屋面做法浑然一体，是其特色。

2015年8月，公布为广州市文物保护单位。

八角古庙

明清　黎氏宗祠

位于从化区温泉镇灌村新南村。始建于明朝。

建筑坐西朝东，三间三进，硬山顶，砖、木、石结构。是黎氏家族的祖祠。门前五级石

黎氏宗祠

阶。门堂面阔三间，进深两间。总面阔14米，总进深25.9米，总面积678平方米。前廊花岗岩方身檐柱与山墙间设木连系枋，上立驼峰斗拱承前檐，素瓦滴水，屋顶盖有素瓦，有举折。墀头上灰塑莲花托。木板门，两侧石门枕。梁架、封檐板、正脊等损坏严重。门堂的窗已被村民用红砖砌。

1995年6月，公布为从化市文物保护单位。

清　黄埔古港遗迹和黄埔村早期建筑

位于海珠区琶洲街道黄埔村。包括港口、村门、祖墓、宗祠、民居等具有历史价值的遗迹。

黄埔古港位于黄埔涌河畔，河面宽阔，对岸的连绵小山马鞍岗是天然避风屏障。且水域紧靠珠江主航道，却又远离市区，易于管理，在此设港通商确为理想的选择。自明代始，各地沙田围垦加剧，原为广州外港的扶胥港亦因淤积久而失去本来地位，且琶洲一带已成浙闽海船之碇泊锚地，黄埔石基河口渐成洋船之锚地。清康熙

黄埔古港遗迹

二十四年（1685），政府在黄埔设置海关，正式确立黄埔港地位。设在黄埔港的挂号口，简称黄埔口，是粤海关省城大关下属的一个税口。今黄埔村石基河口一带的水域，就是历史上著名的粤海关黄埔税口。

今黄埔村之格局与其他乡村不同，其布局是古城镇模式，纵横整齐、南北贯通的街巷数十条，仍保留昔日城镇的坊、街、里、巷的名称，如柳塘大街、惇慵街等。过去黄埔港有东市、西市两条商业街。东市即黄埔直街，西市即今石基村海傍街。港口城市的痕迹依稀可辨，同时黄埔村至今保存大量古建筑，其中文物本体共计三十一处，包括祠堂十六处、家塾两处、庙宇两处、民居八处、黄埔古港遗址、大南门遗址、冯氏祖墓。

现黄埔古港遗迹、黄埔村逐渐发展为广州风格独具的对外商贸历史文化旅游区。“水环村、村环水”“前港后村、港村一体”的空间格局较完整。祠堂、民居、庙观、古码头遗址等保存较好，极具传统岭南村落特色，村中大量遗迹文物见证了其重要的历史地位及变迁。

2002年7月，公布为广州市文物保护单位。

附：黄埔古港遗迹和黄埔村早期建筑文物本体清单

序号	名称	时间	地址
1	罗氏宗祠	1838 年	拱北大街 4-1 号
2	宣义冯公祠	清代	拱北大街 4-1 号
3	云隐冯公祠	1703 年	西浦大街 13 号
4	冯肇宪故居	清末	来燕里 6 号
5	文揩冯公祠	清代	柳塘大街乐善里 4 号
6	玉虚宫（北帝庙）	清代	村口 28 号
7	姑婆屋	清代	柳塘大街 1 号
8	冯佐屏故居（日本楼）	1925 年	惇慵街 10 号
9	紫霞居	清代	惇慵街 4 号
10	冯氏祖墓	明代	黄埔村经济发展公司院内
11	涉趣园	1862—1874 年	保昌大街 3 号
12	梁氏宗祠（头门）	1821 年	埠香里 9 号
13	胡氏宗祠	清代	埠香里 8 号
14	胡璇泽故居	清代	吉辰大街太平里 14 号
15	梁询故居	清代	吉辰大街 5 号之一
16	主山冯公祠	清代	逢源居 9 号
17	化隆冯公祠	1874 年	夏阳大街荣西里 5 号
18	晃亭梁公祠	清代	夏阳大街荣西里 6 号
19	左垣家塾	清嘉庆	荣西里 7 号
20	潮江胡公祠	清代	夏阳大街得时里 1 号
21	子羲胡公祠	清代	夏阳大街 10 号
22	梁兰芳故居	清末民初	夏阳大街 8 号
23	禄贤梁公祠	清代	夏阳大街 9 号
24	敬波梁公祠	清代	夏阳大街 5 号
25	容川冯公祠	清代	沙桐大街
26	翘轩家塾	清代	盘石大街 19 号
27	东阳冯公祠	清代	盘石大街三巷 5 号
28	美石冯公祠	清代	盘石大街 1 号

（续上表）

序号	名称	时间	地址
29	大南门遗址	清代	村口凤浦门楼西侧
30	三圣宫	始建年代不详	新洲公路侧
31	黄埔古港遗址	明代	村前石基渡口

清　沙湾留耕堂

位于番禺区沙湾镇北村庐江周道。又名何氏大宗祠。因祠堂仪门上原有“阴德远从宗祖种；心田留与子孙耕”对联而称留耕堂。据族谱记载，祠始建于元至元十二年（1275），元末毁于兵燹，明洪武二十六年（1393）重建，正统五年（1440）扩建。清康熙三年（1664）奉诏拆毁一空，康熙二十七年（1688）开始重建，延至康熙三十九年（1700）建成。

祠建筑坐北向南，总占地面积3434平方米。主要建筑有头门、仪门（牌坊）、拜亭、象贤堂、留耕堂，两侧建有廊庑、衬祠和钟鼓楼。头门外尚存旗杆夹石及基座。头门为硬山顶，面阔五间23.35米，进深两间9.73米，前后设垫台。前廊施六根八角形砂岩石柱和六根圆木柱，前檐额枋上施驼峰三跳如意斗拱，全部梁架刻有花草、飞禽走兽等吉祥图案。仪门为面宽三间四柱三楼，歇山顶，砖、木、石构筑牌坊，面宽11米，深两间3.9米，明间额枋上施驼峰如意斗拱承托楼出檐，次间额枋设驼峰如意斗拱承托次楼前檐，次楼后檐施四檩卷棚顶。牌坊石额刻“诗书世泽”，上款刻“康熙丙申蒲月吉旦重修”，下款刻“翰林国史检讨古冈陈献章书”，背面刻“三凤流芳”。两侧建青水砖墙，各开拱券门通两侧廊庑。拜厅与象贤堂连接在一起，拜厅前筑红砂岩石月台，宽24.78米、深18.3米、高1.13米，月台正面雕“二龙戏水”“牡丹富贵”等图案。拜厅面宽五间24.78米，深三间，卷棚顶，后檐柱与象贤堂前檐柱以勾连搭方式相连。象贤堂为硬山顶，正脊灰塑龙船瓦脊。面宽五间，深三间，九架梁用四柱、蚝蛎壳山墙承重，梁架、额枋遍雕花草等纹饰。象贤堂悬挂“大宗伯”横匾，是广东行省中书参知事郑允成书。后寝为留耕堂，面宽五间25.2米，进深四间15.21米。十三架梁前六檩卷棚廊。明间后设一金漆木雕花神龛，两廊的檐柱保留了明代红砂岩覆仰莲柱础。

2019年10月，公布为全国重点文物保护单位。

沙湾留耕堂

清　善世堂

位于番禺区石楼镇石一村德星大街。即石一村陈氏宗祠，俗称“大祠堂”，为番禺四大古祠之一。始建年代不详，清康熙二十二年（1683）重建，至雍正元年（1723）历时四十一年竣工。

建筑面阔三间，深四进，总面阔约18.3米，总进深约95.2米，占地面积约2112平方米。主体建筑由头门、仪门、中堂和后堂等组成，祠前为花岗岩铺地，再前为风水塘。除仪门外其他三进建筑均为硬山顶，人字封火山墙，灰塑龙船脊，碌灰筒瓦。头门正面两侧建有钟鼓楼和翼墙，前

善世堂“六传光范”牌坊

后檐两次间砌有鸭屎石须弥座台基。门前立一对石狮，底座雕刻花鸟等图案。花岗岩石门夹，门额上石匾阳刻“陈氏宗祠”，额下方刻有“五子登科”图，上方刻有九十七个不同字形的“寿”字。二进为仪门（2012—2015年大修时复原），四柱三间，两侧接有砖砌门楼。三进为中堂，明间正中悬“善世堂”贴金木匾，上款为“乾隆己丑仲春吉旦重修”，是按明代抗倭名将戚继光题字真迹复刻。四进为后堂，明间正中后侧设一座金漆红木神龛。建筑装饰构件工艺精美。

2019年4月，公布为广东省文物保护单位。

清　资政大夫祠建筑群

位于花都区新华街道三华村。建于清同治年间，由亨之徐公祠、资政大夫祠、南山书院、水仙古庙、后楼等组成。

资政大夫祠建筑群

亨之徐公祠　建于清代。坐南朝北，三间三进，总面阔13.6米，总进深56.6米，占地面积798平方米。主体建筑为镬耳封火山墙，灰塑博古脊，碌灰筒瓦，青砖墙，花岗岩石脚，红阶砖铺地。头门进深三间共十一架，头门木雕等工艺和壁画精美；中堂进深三间共十五架，后金柱子间有屏门；后堂进深三间共十五架，前带两庑。

资政大夫祠　是该村第廿五世祖兵部郎中徐方正于清同治七年（1868）为其被封为资政大夫的祖父徐德魁而建。坐东南朝西北，三间四进，总面阔16.9米，总进深75.7米，占地面积1297.3平方米。主体建筑为镬耳封火山墙，灰塑博古脊，碌灰筒瓦，青砖墙，花岗岩石脚。头门进深共十一架，门面水磨青砖墙，明间五级石阶；头门后立资政大夫牌坊，均用青石砌筑，为三间四柱四楼，四柱前后以抱鼓石夹护；中堂进深共十五架；后堂进深共十五架，前带两廊；牌坊上正面与背面镌刻清同治皇帝封赠徐德魁为资政大夫的诏书。建筑后设一栋二层高的后楼。

南山书院　是该村第廿五世祖兵部主事徐表正为被封为奉直大夫的父亲徐时亮而建。建于清同治三年（1864）。坐东南朝西北，三间四进，总面阔14.7米，总进深76.3米，总占地面积1121.61平方米。主体建筑为镬耳封火山墙，灰塑博古脊，碌灰筒瓦，青砖墙，花岗岩石脚。头门进深共十一架，木雕等工艺和壁画精美。头门后立奉直大夫牌坊，以青砖及花岗岩砌筑。三间三楼，明间上面石额正面刻有封赠徐时亮为“奉直大夫”之诰命，背面石额刻“孝廉方正”四字；中堂进深共十五架；后堂进深共十五架，前带两庑，建筑后设有一栋二层高的后楼。

水仙古庙　始建年代不详，清道光二十三年（1843）、民国八年（1919）、1995年重修。古庙坐南朝北，广三路，深三进，总面阔23.4米，总进深30.6米，占地面积738平方米。主体建筑为人字封火山墙，青砖墙，花岗岩石脚，红阶砖铺地。中路建筑为三间四进。山门进深共九架，右次间嵌民国八年《重修水仙古庙碑》碑记四方；

中殿进深共十一架，前带两廊；拜亭为八架卷棚顶，与中、后殿成“勾连搭”，两侧各有一廊；后殿进深共十一架，明间设有御史大王神位；左右路建筑单间三进，以青云巷相隔。庙内木刻、砖雕、灰塑、壁画等工艺精湛。

2002年7月，公布为广东省文物保护单位。

清　莘汀屈氏大宗祠

位于番禺区化龙镇莘汀村德仁街2号。始建年代不详，清嘉庆十八年（1813）重修扩建。

宗祠坐北朝南，建筑广三路，深三进，总阔34.6米，总深53.2米，占地面积1840.72平方米。头门前檐有四根花岗岩石檐柱，上有花岗岩虾公梁、异形石驼峰，梁底有鳌鱼形石雕雀替，檐柱挑头人物石雕。大门前立一对抱鼓石，门上木门匾刻“屈氏大宗祠”。中堂明间原挂“光裕堂”横匾，落款“嘉庆癸酉孟夏抚粤使者韩封题书”，已腐朽拆卸，置于后堂。中堂前有月台，月台前为天井，铺花岗岩条石，两侧为庑。后堂前廊梁架木雕精致，红砂岩石八角形檐柱，中有圆木金柱，红砂岩石柱础。后次间两侧砌有墙，并开圆拱门。正中为红砂岩神龛，供奉祖先牌位。后堂前有天井带两廊，天井铺砌花岗岩石条。祠堂两侧建有青云巷，左巷石额阳刻“遵道”，右巷石额阳刻“徂庭”。东西两路建筑为硬山顶，人字封火山墙，碌灰筒瓦，青砖墙，花岗岩基础。民国十八年（1929），番禺县长陈樾

莘汀屈氏大宗祠

为纪念爱国诗人屈大均，便以屈氏大宗祠为翁山纪念小学，并于中堂右侧设立“翁山纪念堂”，贮放及陈列珍贵的屈大均手迹及其他纪念品。

1989年6月，公布为广东省文物保护单位。

清　藏书院村谭氏宗祠

位于花都区炭步镇藏书院村。始建于清咸丰元年（1851），光绪三十四年（1908）重修。

宗祠坐西南朝东北，宗祠广三路，深三进，总面阔23.6米，总进深39.1米，占地面积约922.76平方米。建筑采用人字封火山墙，灰塑博古脊，碌灰筒瓦，清水青砖墙，室内红泥阶砖铺地。中路面阔三间，深三进。中路建筑头门共十一架；中堂共十七架，前设四架轩廊；后堂共十五架，明间设有谭氏祖先牌位；中路前带两廊，六架卷棚顶。左右路建筑为衬祠，与中路建筑以青云巷相隔。两巷门分别刻“履中”“蹈和”。

2015年12月，公布为广东省文物保护单位。

藏书院村谭氏宗祠

清　茶塘村古建筑群

位于花都区炭步镇茶塘村。村落为梳式布局。村民多姓汤，宋代从南海迁至此，立村七百余年。茶塘村古建筑群包括洪圣古庙、明峰汤公祠、南寿家塾、万成汤公祠、肯堂书室和乡约六处文物建筑，均建于清代。石雕、砖雕、木雕及灰塑等工艺较精细，保存较好。

洪圣古庙　建于清嘉庆二十一年（1816），

建筑坐东朝西，广三路，深三进，总面阔17米，总进深20.7米。水式封火山墙，青砖石脚，红阶砖铺地。该庙所有木构件均为坤甸木。山门面阔三间，进深两间共九架，前廊三步。

洪圣古庙

明峰汤公祠 坐东朝西，三间两进，人字封火山墙，碌灰筒瓦，青砖石脚，红阶砖铺地。公祠总面阔12.5米，总进深25.2米。头门面阔三间，进深共十一架，前廊三步。

南寿家塾 坐东朝西，主体三间两进，右侧建筑为衬祠。总面阔16.9米，总进深20.4米。人字封火山墙，灰塑博古脊，碌灰筒瓦，青砖石脚，红阶砖铺地。头门面阔三间进深共十三架，前廊三步。右路衬祠与主体建筑以青云巷相隔，左右青云巷门楼分别阴刻“云蔚”“霞蒸”。

万成汤公祠 坐东朝西，三间三进。祠后有三间两廊式厅堂，为宗祠的厨房。公祠总面阔11.4米，总进深47.8米。建筑为镬耳封火山墙，灰塑博古脊，碌灰筒瓦，青砖墙，花岗岩石脚，红阶砖铺地。

肯堂书室 坐东朝西，三间两进，总面阔10.8米，总进深23米。人字封火山墙，碌灰筒瓦，青砖墙，红阶砖铺地。祠内木柱、梁架、大门均为坤甸木料，木雕、石雕、砖雕、壁画等保存完好，工艺精美。

乡约 始建于嘉庆二十一年，坐东朝西，深两进，总宽度3.5米，总进深21.1米。乡约是明代实行的县以下的民间管理组织，主要处置乡里村民的一些纠纷、事务，故被人称为“乡衙门”。根据功能，划分前厅为接待、等候处，上厅为议事厅，原设有桌椅，现设祭拜孔子的香案。

2015年12月，公布为广东省文物保护单位。

清 塱头村古建筑群

位于花都区炭步镇塱头村。村面建筑保存比较完整，现存一百余座清代建筑。一般为三间两进或三间两廊，人字形或镬耳封火山墙，灰塑博古脊或灰塑龙船形脊，石雕、砖雕、木雕及灰塑等工艺较好。包括友兰公祠、乡贤栎坡公祠、留耕公祠和云伍公书室四座文物建筑。

塱头村古建筑群

友兰公祠 始建年代不详，清嘉庆六年（1801）、民国十六年（1927）重修。坐北朝南，三间三进，总面阔12.2米，总进深39.4米。头门深九架。二进为接旨亭，深九架。后堂深十三架。祠内木雕、石雕精美，题材广泛。人字封火山墙，灰塑博古脊，碌灰筒瓦，青砖墙，花岗岩石脚，红泥阶砖铺地。

乡贤栎坡公祠 始建年代不详，光绪元年（1875）重建。坐北朝南，三间两进，总面阔12.5米，总进深24.3米。建筑为人字封火山墙，碌灰筒瓦，青砖墙，红泥阶砖铺地。头门面阔三间，进深共十一架，前廊三步，后设四架轩廊。后堂面阔三间，进深共十三架，前设四架轩廊，后出三步。灰塑博古脊。

留耕公祠 始建于嘉庆四年（1799），同治八年（1869）重修。坐北朝南，主体建筑深两进，左路建筑为衬祠，总面阔14.6米，总进深18.2

米。镬耳封火山墙，灰塑博古脊，碌灰筒瓦，青砖墙，红阶砖铺地。头门面阔三间，进深共十一架，前廊双步。后堂面阔三间，进深共十三架。

云伍公书室　始建年代不详。坐北朝南，三间两廊。总面阔12.1米，总进深12.4米。整体为硬山顶，灰塑龙船脊，碌灰筒瓦，青砖墙，门面石脚分别嵌花岗岩和红砂岩，红阶砖铺地。正屋面阔三间，进深共十三架，前设四架轩廊。

2015年12月，公布为广东省文物保护单位。

清　纶生白公祠

位于海珠区龙潭村西约大街22号。清同治十一年（1872）动工兴建，光绪二十五年（1899）落成。

祠堂为白纶生出资所建，建成时白纶生已逝。为纪念他，故称纶生白公祠，俗称“白家祠”。坐东朝西，左右三路，前后四进。中路主体建筑有头门、拜亭、中堂和后堂。两侧为南舍和北舍。祠前花岗石铺地。祠西街上有表彰白纶生父母的花岗石牌坊。硬山顶，人字封火山墙，灰塑博古脊。前部梁架、驼峰、斗拱等雕将相人物等图案。门额镌刻“纶生白公祠”，两旁木门联为“清芳长庆集；遗爱报恩祠”。堂内有木雕松鹤、瑞狮花罩。后堂为供白氏祖宗牌位的地方，内设木雕通花横披。

白经（1823—1893），字纶生，别号进贤，龙潭村人，以办悦盛商行起家，曾多次投资公益事业，深受乡人爱戴。他为感激父母之恩，特请两广总督李瀚章奏请光绪皇帝恩准为父母题“乐善好施”牌匾，建坊以表彰。牌坊立于村口龙潭涌边，建于光绪十七年（1891），坐北朝南，三间四柱五楼，花岗石建造。明间有庑殿顶正楼和两侧较低的夹楼。正楼脊上施宝珠及相向的鳌鱼，叠涩出檐，下有“圣旨”牌匾，两边雕龙纹。夹楼脊上各施一条鳌鱼，叠涩出檐。门额上阴刻“乐善好施”，两侧有福禄神像石雕。龙门枋为虾公梁做法，其下两端有雀替。次间两次楼做法与夹楼相仿。立柱为四方柱式，下有柱础。柱前后有抱鼓石。

2002年7月，公布为广东省文物保护单位。

清　板桥村黎氏宗祠

位于番禺区南村镇板桥村板桥上街。是爱国诗人、抗清名将黎遂球的专祠。始建于明朝末年，清乾隆三十一年（1766）、2013年重修，修瓦面、梁架、油漆，存清代建筑风格。

宗祠坐西北向东南，三间四进，通面宽15米、进深56米。该祠堂为硬山顶，灰塑龙船脊，镬耳封火山墙，碌灰筒瓦，青砖墙，头门凹门斗状，头门两次间建鸭屎石塾台，门前中原为红砂岩，重修后改为花岗岩石条。前为鸭屎石墙基，头门后为红砂岩基础。大门木门夹，上悬挂木匾，阳刻“北正名宗”四字。仪门为三间四柱三楼石牌坊，四柱均有抱鼓石夹撑，楼檐有叠涩砖牙，硬山顶，龙船灰脊，两侧还有砖砌拱门，镶有石刻门额，仪门明间正面石额刻“忠孝廉

纶生白公祠

板桥村黎氏宗祠

节”，背面石额刻“汗青留照”，有“乾隆丙戌年重修”款字样。后堂斑岩石神台古朴精细，上为木神龛，为三间四柱三楼牌坊式。祠堂前建青砖墙照壁，有旗杆夹石。

1989年12月，公布为广州市文物保护单位。

清　简氏祖祠

位于越秀区盘福路98号广东实验越秀中学校园内。是为奉祀状元简文会而建的祠堂。原在中山五路桂香街，民国二十五年（1936）迁建于现址。

简氏祖祠

祠堂坐北朝南，广三路，深三进，通面阔30.95米，通进深51.45米，占地面积约1592平方米。中路为主体建筑，两侧以青云巷相隔为衬祠，墙体采用青砖墙石脚，人字封火山墙，屋面采用碌灰筒瓦，绿琉璃瓦当。石门额阴刻“简氏祖祠”四个大字，下款“小洲系裔孙德鎏敬书”。前廊梁架的斗、柁墩、托脚、雀替上分别雕有花鸟瑞兽、戏曲人物等木雕。两侧青云巷的左右巷口石额分别刻“出第”“入孝”。简氏祖祠是岭南地区具有较高历史价值的宗族祠堂，为研究岭南宗族祠堂提供了重要的历史材料。

简文会（约907—958），南海人，五代十国南汉乾亨二年（918）状元。官至尚书右丞，政绩卓著，为人耿直不阿，后被贬浈州（今英德东部）刺史，卒于任上。其墓在白云区太和镇。

1993年8月，公布为广州市文物保护单位。

清　宋名贤陈大夫宗祠

位于白云区金沙街道沙贝居委中元里大街38号。始建于明嘉靖年间，清道光二十七年（1847）重建，民国十六年（1927）重修，1986年修葺。

宋名贤陈大夫宗祠

建筑主体坐西北朝东南，三路两进，中路为主祠，左右为衬祠。宗祠通面阔26.5米，通进深30米，占地面积795平方米。硬山顶，人字风火山墙，石湾陶脊，上有鳌鱼、时钟等装饰。主祠头门面阔三间，进深两间共架九檩，头门后廊设有双凤通花屏门。后堂前带两廊一天井，天井铺花岗岩条石，地面铺阶砖。后堂面阔三间，进深三间架十三檩，檐口置有石栏板。后堂正中立有陈子壮塑像。宋名贤陈大夫宗祠的建筑石雕、木雕工艺精湛。

陈子壮（1596—1647），字集生，号秋涛，今白云区石井镇沙贝村人。明朝大臣，与陈邦彦、张家玉并称“岭南三忠”。万历四十七年（1619），考中探花，授翰林院编修。崇祯年间累迁礼部侍郎。南明弘光政权建立，出任礼部尚书。南明永历元年（1647），累迁东阁大学士兼兵部尚书。联合陈邦彦、张家玉等起兵抗清，拖住了清军在广东的全部兵力，使之不能西进，坚持作战十个月，最终为清军所破，兵败被俘，宁死不屈。永历帝继位后，追赠番禺侯，谥号“文忠”。著有《云淙集》《练要堂稿》《南宫集》。

1993年8月，公布为广州市文物保护单位。

清 文一村谭氏宗祠

位于花都区炭步镇文一村。建于清咸丰年间，宣统三年（1911）重修。

建筑坐东朝西，三间三进，通面阔11.6米，通进深23.4米，占地面积285平方米。硬山顶，人字山墙，灰塑博古脊，碌灰筒瓦，青砖石脚。祠内梁架和封檐板木雕工艺精细，墙楣壁画保存完好。头门面阔三间，进深两间，共九架。两根石前檐柱，前廊采用异形梁架。大门嵌花岗岩门夹，门板为坤甸木制，石门额阴刻“谭氏宗祠”。两次间虾公梁上有石狮、石斗拱。二进为仪门，屋面采用歇山顶，正脊饰有灰塑鳌鱼一对；四戗脊尾饰有灰塑小狮。龙门枋镶木牌匾，前面书“景仰遗徽”，背面书“宗访舊範”，鸭屎石柱，壁画、雕工十分精美。后堂面阔三间，进深三间，共十一架，四根坤甸木金柱。后堂前带两廊，墙上有彩绘人物画。

2002年7月，公布为广州市文物保护单位。

文一村谭氏宗祠

清 南溟黎公祠

位于海珠区官洲街道仑头村仑头公园内。建于清乾隆二十七年（1762），光绪二十一年（1895）重修。

建筑坐北朝南，由正祠和衬祠组成。中轴线主体建筑有头门、拜亭、润泽堂和祖堂，两侧是衬祠，前面两侧有影壁，祠前砌筑花岗岩石栏杆。大门上有石匾刻“南溟黎公祠”。硬山顶，人字形封火山墙，碌灰筒瓦，蓝琉璃瓦剪边，灰塑瓦脊。拜亭采用勾连搭形式，与润泽堂连建在一起。后殿为祖堂，祠内保存有一座原华光庙“都天府”的行乡轿亭。

南溟黎公祠

南溟黎公祠建筑形式和装饰风格为典型的岭南祠堂建筑风格，中轴线对称，自前向后逐渐升高，各进之间有天井，大堂供族人集会所用，后堂做祠堂，走廊相连，采光通风合理。全祠上下内外都布满雕饰，花卉、动物、人物造型生动精美，瓦脊、墙上的灰雕和砖雕、殿堂内的木雕都构思新奇，刻画细致，生动传神。

2002年7月，公布为广州市文物保护单位。

清 圣裔宗祠

位于黄埔区联和街道暹岗中街72号。为该地孔姓族人之祖祠，是拜祭祖先和议事场所。始建于明，清乾隆五十七年（1792）维修。

祠坐北朝南，面阔三间10.1米，总深三进35.5米，占地面积359平方米。硬山顶，博古纹饰脊，碌灰筒瓦，雕花封檐板，人字封火山墙，青砖石脚墙。头门面阔三间10.1米，进深两间6米，十一架。前廊左右石砌塾台，檐口两条石柱，虾公梁上石雕吉祥如意图案，驼峰梁架，青砖墙，石门夹上嵌“圣裔宗祠”石额，题款为“乾隆岁次壬子孟秋吉旦重修”。头门第二间右面的墙壁上嵌着一块《皇恩圣裔历朝优免定案碑记》大石碑，高1.89米，宽0.79米，为“雍正三年（按：1725）

圣裔宗祠

十二月十三日”所立，碑中记录孔子第三十八代孔戣为岭南节度使特升礼部尚书，其曾孙孔昌弼登进士第，官拜散骑常侍郎，因唐末战乱而避祸入粤，“治家于南雄保昌县平林村”。昌弼之三子葆，裔孙孔继明再由南雄迁居广州彩虹桥，传嗣惟聚、惟翰，后再迁番禺诜敦。以后子孙繁衍，散寓南海、顺德者皆出于番禺诜敦。中堂面阔三间10.1米，进深三间11米，十七架。前后檐口各两条石柱，中间四条金柱。后堂面阔三间10.1米，进深三间10米，十五架。檐口两条石柱，中间四条金柱加后墙承重，正中是一幅孔子像，两边对联为“气备四时与天地鬼神日月合其德；教垂万世继尧舜禹汤文武作之师”。横批“万世师表”。两边的墙上各挂有四十幅孔子教学图画。据孔氏后人介绍，宗祠正中原挂有一块“育麟堂”的大匾，后被毁。两进之间以天井两廊连接，两廊分别为四架卷棚顶，花岗石板铺地。

2002年7月，公布为广州市文物保护单位。

清　雄丰村卢氏大宗祠

位于白云区江高镇雄丰村雄丰东明街旁。据传始建于元代，明、清及近代曾重修。

祠坐北朝南，广三路，中路为正祠，左右为衬祠，以青云巷相隔。总面阔28.7米，深三进50.44米，中路有头门、中堂、天井及祖堂，占地面积约1447.63平方米。结构主体采用硬山顶，镬耳封火山墙，灰塑博古脊，头门瓦脊有陶塑鳌鱼装饰，灰砂碌筒，绿色琉璃瓦当剪边，青砖砌墙，石墙脚。头门面阔三间，进深两间，前廊采用三步梁，后廊五步梁，架十一檩，石门额阳刻楷书“卢氏大宗祠”，门楹挂有一对木制门联“神州望族；山海名宗”。由书法家卢苏所书。前廊两次间砌花岗岩石塾台。檐柱与山墙之间架石质虾公梁，梁上置石狮，墀头灰塑装饰。后廊设中门，中门上悬挂“爱慕宁亲”木匾。后堂正中设有神龛。该祠规模恢宏，对研究本地区卢氏族人家族史具有重要历史价值；建筑布局合理，结构严谨。

2002年7月，公布为广州市文物保护单位。

雄丰村卢氏大宗祠

清　南村周氏大宗祠

位于白云区龙归街南村蟠龙西街27号。当地人又称“孖祠堂”，两座祠堂并排，规模形制基本相同。左边一座为奉祀始祖周仕龙而建，右边一座为奉祀三世祖周遂禄而建。据村中长者讲述，两座祠堂均建于清代，具体年份不详，从先祖祠壁画落款得知于民国九年（1920）曾进行修葺。

南村周氏大宗祠

建筑主体坐东北朝西南，砖木结构。三路三进，由主祠、衬祠及青云巷组成，建筑采用典型的岭南建筑风格，硬山顶，镬耳封火山墙，灰塑博古脊，青砖墙石脚。头门设三步梁，贴金驼峰，隔架斗拱，墙楣均施壁画，衬祠正面砖雕精美。天井铺花岗岩条石，地面铺阶砖。头门架十一檩，中堂十五架，后出二步梁，贴金驼峰，前廊为三架卷棚顶，曾设有屏门，后堂五架，穿斗式架梁。右边续建为第三房的房祖祠，规模形制基本相同外，另加建有后楼，两祠总占地面积2848.5平方米。

2002年7月，公布为广州市文物保护单位。

清　孔尚书祠与阙里南宗祠

孔尚书祠　位于番禺区石碁镇大龙村大龙路20号。据族谱载，该祠始建于明末清初，清光绪九年（1883）和1995年均有重修。

孔尚书祠

祠坐北向南，三间两进。建筑两进均为硬山顶，人字封火山墙，灰塑博古脊，青砖墙，花岗岩墙基。头门前建花岗岩台基，花岗岩石门框，石额阴文楷书刻“孔尚书祠”，上款“光绪癸未夏日吉旦”，下款“黄景真拜书”。

孔尚书祠是孔子三十八代孙，唐代广州刺史、岭南节度使孔戣的专祠，孔戣官至礼部尚书，死后加封兵部尚书，故称孔尚书祠。

阙里南宗祠　位于番禺区大龙街大龙村大龙路18号。据族谱载，该祠始建于明代中叶，曾多次重修。坐北向南，广三路，深三进。祠堂中路建筑均为硬山顶，人字封火山墙，灰塑龙船脊，碌灰筒瓦，青砖墙，花岗岩墙基。头门设木质大门，前檐上方的梁、匾有大量精美的木雕。门额木匾刻“阙里南宗”，为明户部尚书郎叶春题写。头门后为天井，铺花岗岩条石，两侧为廊。中堂前为月台，台阶底部立抱鼓石，两边有花岗岩石栏杆。中堂明间悬挂“玉书堂”木刻匾。后堂明间后设有安放祖先牌位的神龛，明间悬挂“积厚流芳”木刻横匾。祠堂左右路为钟鼓楼。

2002年7月，公布为广州市文物保护单位。

清　腊田埔村熊氏宗祠

位于增城区派潭镇高村腊田布村。是奉祀腊田埔村熊氏祖先灵位的祠堂。始建于清代，后有维修。

建筑坐东朝西稍偏北，五间七进，中为祠，两侧为住宅，通面阔约28米，通进深约70米，占地面积约1960平方米。建筑采用硬山顶，人字封火山墙，灰塑龙船脊，阴阳瓦面。头门、二进穿斗与抬梁混合式梁架结构，封檐板、前廊梁架施木雕。墙体采用青砖砌墙，墙楣施彩色壁画，红砂岩石脚。头门内悬挂一方木质“圣旨匾”，上刻“咸丰八年奉旨赏戴蓝翎，臣熊朝恭承”。二进为“垂远堂”，前金柱间的木梁上悬挂四方清同治年间钦赐的木横匾，上刻有汉、满两种文字。后金柱间设木屏门，上悬挂一方木刻“垂远堂，嘉庆五年岁次，庚申仲夏穀旦立”横匾。左右山墙上分挂一方文魁和武魁木横匾。三至七

腊田埔村熊氏宗祠

进结构相同，均为泥砖砌墙，青砖墙脚，砖墙搁檩。每进面阔五间，进深一间，明间为厅，次间、梢间为房，每进前有天井，左右留有0.8米的通道。第七进明间设神龛，供奉腊田埔熊氏列代祖先神位。门前旷地上有六对花岗岩桅杆夹石。该祠采用七进深的布局，在广州非常少见。

2002年7月，公布为广州市文物保护单位。

清 崔太师祠

位于增城区中新镇坑背村崔屋村。是祀奉南宋名臣崔与之的祠堂。始建年代不详，1996年维修。

建筑坐东北朝西南，三间三进，总面阔12.2米，总进深30米，占地面积366平方米。悬山顶，泥砖砌墙，青砖墙脚，砖墙搁檩，封檐板施花鸟纹。头门为凹斗门，进深9.5米。灰塑牛角脊，碌灰筒瓦。石门匾刻“崔太师祠”四字。门内次间为房。中堂进深6.1米。灰塑脊，阴阳瓦屋面。中堂前天右房墙上镶嵌一方“崔氏税山界碑”。后堂进深4.9米。灰塑脊，阴阳瓦屋面。明间设神龛供奉崔与之塑像，次间为房。后堂前天井花岗岩条石铺地，左右为房。

2002年7月，公布为广州市文物保护单位。

崔太师祠

清 晴川苏公祠

位于天河区车陂街车陂村祠前大街2-1号。为纪念苏轼之孙苏晴川而建，始建于明成化年间，1993年重修。

建筑坐北朝南，广三路，深三进，由池塘、门前广场、主祠、荔枝园和后花园组成，面阔26.34米，进深41米，占地面积932.4平方米。硬山顶，龙舟正脊，碌筒瓦面，人字脊封火山墙，雕花封檐板，清水青砖墙，红砂岩墙裙，具有典型的岭南建筑特色。

晴川苏公祠

头门前、后檐柱采用花岗岩柱，前檐两次间有塾台，前檐为驼峰斗拱梁架，后檐为瓜柱抬梁结构，头门两侧有砖雕墀头。中堂面阔三间，进深三间，采用硬山顶，龙船形正脊，碌筒瓦面，人字脊封火山墙，雕花封檐板，清水青砖墙。中堂承重梁架采用驼峰斗拱梁架和瓜柱抬梁混合结构。前檐采用轩廊，鸭屎石门框，坤甸木金柱，风格古朴。二进天井地面由麻石铺成，天井两侧为卷棚顶侧廊。后堂面阔三间，进深三间，采用硬山顶，龙舟正脊，碌筒瓦面，人字脊封火山墙，雕花封檐板，清水青砖墙，承重梁架采用瓜柱抬梁。后堂祖堂悬挂供奉苏晴川画像。

苏晴川，又名苏绍箕，据《车陂村志》记载，为苏轼之孙，官至太尉。南宋绍兴三年（1133）择地于大塘街定居，后隐居于白云山月溪祠，又称苏家山庄。绍兴十九年（1149）葬于月溪祠后山上。

2008年12月，公布为广州市文物保护单位。

清 招氏大宗祠、仲山招大夫祠

位于白云区金沙街道横沙居委会横沙大街8

号。招氏大宗祠为祭祀开村先祖招益庄，于明天启六年（1626）始建，清嘉庆二十三年（1818）重建，目前主要保存清代建筑风格。

祠堂两路两进，坐东北朝西南，通面阔19.3米，通进深27.21米。建筑主体采用硬山顶，灰塑博古脊，灰砂碌瓦筒，陶瓦剪边，青砖墙石脚，红泥方砖铺地。头门前廊两次间筑塾台。祠内砖雕、石雕精美，尤其木雕保存完整。后堂挂有招子庸国画复制品多幅。原作现收藏于广州艺术博物院等处。祠堂左侧新建有“尚贤”院子，内竖立有十二对旗杆夹石。

招氏大宗祠

招子庸是粤讴创始人之一、清代画家，生于横沙村。

仲山招大夫祠是横沙村招姓宗族为祀奉十七世祖招仲山而建，始建于清代，1949年后曾重修。

祠堂坐东北朝西南，广一路，面阔9米，深二进21.5米，占地面积193.5平方米。建筑主体采用硬山顶，人字山墙，灰塑博古脊，碌灰筒瓦，青砖砌墙，石墙脚。头门架十一檩，后堂十一檩，前设轩廊。廊房檐下设有石栏板。整座建筑用料精良，其木雕、石雕工艺精美，尤其是头门前后廊墙沿上全部镶嵌砖雕代替壁画，为本地区内少见。祠堂现为广东粤剧虾腔艺术研究活动中心和白云区金沙曲艺社活动场地。

2008年12月，公布为广州市文物保护单位。

清　文冲陆氏大宗祠

位于黄埔区文冲街文冲社区祖德街36号。始建于清康熙十一年（1672），道光元年（1821）、2000年重修，基本保留原建筑风貌。

文冲陆氏大宗祠

祠堂坐北朝南，三间三进，硬山顶，镬耳封火山墙，灰塑龙船脊，碌灰筒瓦，陶瓦当剪边，木雕封檐板，青砖石脚。头门面阔三间，深三间，大门石门夹，石门额阳刻“陆氏大宗祠”，门板上端分别刻“福”“寿”二字。中堂面阔三间，深三间，共十三架，中间用木金柱四根，束腰花瓶式柱础。中堂前大天井，两侧无廊。后堂面阔三间，深三间，共十三架，中间用木金柱四根，束腰花瓶式柱础，前部天井两侧，配六架卷棚厢廊。该祠为文冲村陆氏供奉始祖陆泰泉之祠。据祠内《泰泉祖谱牒》记载，文冲村陆氏始祖陆泰泉为唐朝著名学者、诗人陆龟蒙的第十四代子孙。

2008年12月，公布为广州市文物保护单位。

清　下沙蒲氏宗祠

位于黄埔区黄埔街下沙社区珠江下街。始建于清同治二年（1863），1997年重修。

宗祠坐北朝南，三间两进，通面阔12米，通进深22.6米，占地总面积271.2平方米。主体结构采用硬山顶，人字封火山墙，灰塑龙船脊，碌灰筒瓦。头门面阔三间，进深两间，前廊用三步梁。步梁底部雕有花饰，施雀替。两次间虾公梁上置石狮，下施雀替，两次间筑塾台。明间石门额阳刻“蒲氏宗祠”，上款“同治癸亥仲冬吉旦”，下款“何聘珍书”。后五架瓜柱梁架，两石檐柱。后堂面阔三间，进深三间，共十三架。

主体采用四根木金柱承重，石柱础。后堂前天井两侧施四架卷棚廊。

据蒲氏家谱记载，六世祖蒲悦山于元末迁至鱼珠炮台旁之珠冈村（即今珠江村）定居，为蒲氏珠冈房始祖，卒后葬于广州越秀山，墓已不存，有关蒲氏墓碑石拓片现存广州博物馆。

2008年12月，公布为广州市文物保护单位。

下沙蒲氏宗祠

清 三捷何公祠

位于黄埔区联和街道八斗村老屋八旺街33号，为八斗村何姓祖祠。始建于清嘉庆十九年（1814），1922年重修。

祠堂坐北朝南，悬山顶，平脊，碌灰筒瓦，雕花封檐板，正面青砖石脚墙，两侧为夯土墙。头门面阔五间，深一间，前檐下绘有花草山水图画，曾被洗刷，大门口靠西侧第二间大门，上方石匾刻“何公祠道”四字。中堂面阔三间，深两间，设有三级台阶，为石脚青砖墙，呈“凹”字形石夹门口，门上石匾刻“三捷何公祠”五字，门口有一对联“系承三凤后；脉占五羊前”。后堂阔五间，深一间，中厅挂有木匾，上书“敦叙堂”三字，左右四个厢房。三捷何公祠共有大小房十三间，整体保存较好，布局明显区别于广府风格祠堂，是研究本地祠堂建筑较为重要的实物资料。距祠西约80米处，有一“八斗古井”，是八斗村始祖来此地定居时所挖。井口呈正方形，花岗岩石砌井壁和井底，井水终年不断，清澈甘凉，在很长一段时期内为村民的主要用水源。

三捷何公祠

2008年12月，公布为广州市文物保护单位。

清 寅堂祖祠

位于黄埔区萝岗街萝峰社区龙田街西四巷15号。始建于清乾隆十二年（1747），嘉庆十二年（1807）重修。

寅堂祖祠

祠坐北向南，三间两进。主体建筑为砖木结构，石脚青砖墙，悬山顶，龙船脊，人字封火山墙，碌灰筒瓦，雕花封檐板。头门面阔三间，进深两间，前、后檐口各有二石柱，虾公梁，石门夹，门侧有枕石，大门上石额刻“寅堂祖祠”四字，后堂前天井用花岗岩铺地。天井下首左右分别建有吹手亭。吹手亭为歇山顶，用四条石柱支撑。后堂面阔三间，进深五间，前有石砌月台，前设四架卷棚顶轩廊。堂内后金柱间挂有“留余堂”木匾一方，后墙镶嵌有乾隆十二年碑记一方。该祠堂设计独特。其天井宽敞，不设两廊，而建有二亭，上首设有月台。这种建筑形式在广州地区少见。

2008年12月，公布为广州市文物保护单位。

清　屏山二村黄氏大宗祠

位于番禺区石壁街屏山二村江厦云瞿大街。明代略有修葺，清同治六年（1867）重修。

建筑坐南向北，通面阔三间，通进深四进。建筑主体采用人字封火山墙，灰塑通花博古脊，碌灰筒瓦，绿色琉璃瓦当、滴水剪边。青砖石脚。大门用花岗岩石门夹，上阳刻“黄氏大宗祠”五字，为道光三十年（1850）进士沈史云所书，两侧有官吏浮雕及“同治丁卯年”落款。该祠堂装饰艺术丰富、精美，梁架、封檐板遍雕栩栩如生的戏曲人物、花鸟、龙等装饰图案。后堂天井保留有一对保存较好的红砂岩貔貅，从雕刻风格来看，时代应为明代，后堂内左墙有壁画《白鹅换经》，为清代晚期画家杨瑞石所绘。

2008年12月，公布为广州市文物保护单位。

屏山二村黄氏大宗祠

清　穗石村林氏大宗祠

位于番禺区小谷围街道穗石村穗石大街52号。始建于清乾隆三年（1738），1990年重修。

宗祠坐西向东，广三路，深三进。中路三间三进，均为硬山顶，人字灰塑龙船脊，碌灰筒瓦，青砖墙，花岗岩墙基。左、右路建筑均为硬山顶，碌灰筒瓦，青砖墙，花岗岩墙基。左、右钟鼓楼与中路建筑之间以青云巷相隔。中路大门前立一对抱鼓石，门上挂“林氏大宗祠”木刻横匾，次间墙面设有砖雕花窗。头门后有一天井，天井两侧为庑。中堂前有月台，月台左侧有一口水井，麻石砌筑井口。中堂明间高处悬木匾刻“问礼堂”，中堂后为后天井，两侧为廊，左廊侧壁嵌有乾隆二十七年（1762）《林氏公约碑记》及1990年《重修碑记》。后堂明间后侧设神台，供奉祖先牌位。祠堂梁架斗拱的木雕、窗花的砖雕及装饰石雕具有典型岭南特色，风格独特，是番禺区内保存较好、规模较大的祠堂之一。

2008年12月，公布为广州市文物保护单位。

穗石村林氏大宗祠

清　北亭村崔氏宗祠

位于番禺区小谷围街道北亭村渭水大街14号。始建于清光绪四年（1878），1997年、2008年重修。

宗祠坐东向西，广三路，深三进。总面阔30.46米，总进深52.47米，占地面积1602.58平方米。三路均为硬山顶，人字封火山墙，灰塑博古

北亭村崔氏宗祠

脊，碌灰筒瓦，青砖墙，花岗岩墙基。祠前有开阔地坪，立有旗杆夹石一对。大门门额镶木匾阳刻“崔氏宗祠”四字，两边有钟鼓楼、青云巷，左路青云巷石额阳刻“礼门”，右路青云巷石额阳刻“义路”。大门前立一对抱鼓石。中堂梁架正中悬刻“大衍堂”木匾，上款为“光绪四年戊庚岁”，下款为“1997年仲春”。天井铺条形花岗岩石条，后堂设前廊，后堂衬祠天井处有一口古井。

2008年12月，公布为广州市文物保护单位。

清　莲溪村麦氏大宗祠

位于南沙区黄阁镇莲溪村宿国新街。是黄阁麦氏家族供奉开村先祖麦必达的大宗祠。始建于元代，清光绪二十三年（1897）重建。

莲溪村麦氏大宗祠

祠堂坐南向北，三间三进，总面阔三间13.4米，总深三进44.2米，占地面积592.28平方米。硬山顶，镬耳封火山墙，碌灰筒瓦，青砖墙，花岗岩石脚。大门石额阳刻“麦氏大宗祠”，祠堂的石雕、木雕造型生动，工艺精美，具有较高的艺术价值。门前保留一块“光绪元年乙亥恩科中式第柒名武举麦瑞良立”的旗杆夹。该祠是南沙现存规模最大的清代宗祠。

2008年12月，公布为广州市文物保护单位。

清　三华村徐氏大宗祠、默奄徐公祠

位于花都区新华街道三华村中华社。

徐氏大宗祠为该村徐氏族人的大宗祠，始建于清初，清乾隆五十八年（1793）、光绪八年（1882）孟春重修。坐西朝东，三间四进，通面阔13.8米，通进深45.2米，占地面积624平方米。门前有旷地、村道、水塘，周围绿树成荫，右邻默奄徐公祠。主体建筑为人字封火山墙，灰塑龙船脊，碌灰筒瓦，青砖石脚，红泥阶砖铺地。头门进深两间共九檩，门内两次间砌墙间房；二进为仪门，三门五楼砖石牌坊，庑殿顶上灰塑形如官帽；中堂进深三间共十三架，中堂前带两廊，目前改成钢筋混凝土结构；后堂进深三间共十五架，前带两廊。该祠现为中华社徐姓族人喜庆宴席之场地。

三华村徐氏大宗祠

徐氏始祖徐宗远（1056—1110），补授南海主簿，于北宋元丰八年（1085）从南雄保昌县珠玑里牛田村迁来此地立村。

默奄徐公祠始建于清朝初期，同治二年（1863）重建。主体建筑坐西朝东，中路建筑深四进，右路建筑为衬祠，通面阔18.6米，通进深44.6米，占地面积855平方米。门前有宽阔的旷地、村道，数片水塘错落分布，左邻徐氏大宗祠。主体建筑为人字封火山墙，灰塑博古脊，碌灰筒瓦，青砖墙。头门进深两间共九架，墙楣壁画精美；二进为仪门，三门五楼砖石牌坊，庑殿顶，灰塑博古脊，砖雕五跳如意斗拱出檐；中堂进深三间共施十一架梁；后堂进深三间共施十三架梁，前带两廊，施七架人字顶山墙。祠堂现为村民喜庆宴席、舞狮会、武术馆使用。

2008年12月，公布为广州市文物保护单位。

清　稼宝堂

位于增城区石滩镇岗尾村。是岗尾村张氏族人的房系祠堂。始建于清光绪年间。因“稼宝堂”造型略似古之官船，故张氏族人又称其为“船厅”。

稼宝堂

祠堂坐北朝南稍偏西，由张氏祠堂及其附属的书房两部分组成，通面阔20米，通进深21.2米，占地面积424平方米。张氏祠堂居右，为三间两进布局，墙体采用青砖砌墙，红砂岩石脚，采用穿斗与抬梁混合式梁架，屋顶采用硬山顶，镬耳封火山墙，灰塑龙船脊，碌灰筒瓦。承重梁架上施花卉鸟兽木雕。稼宝堂平面呈纵向长方形布局，分为前、中、后三部分。前部稍高，悬山顶，灰塑龙船脊。中部稍低，是十二架卷棚顶大厅。前、中两部分高两层，在第二层均设外廊，酷似船头船身。后部是一座高三层、镬耳封火山墙、灰塑龙船脊的炮楼，酷似船的驾驶楼。稼宝堂前、中、后三部分结构各异，风格独特，远观犹如古之官船在江中休闲地游荡，颇为美观典雅，他处少见。

2008年12月，公布为广州市文物保护单位。

清　存理李公祠

位于从化区鳌头镇象新村下塘自然村。始建于清雍正五年（1727），民国三十二年（1943）重修。

建筑坐北朝南，砖、木、石结构。三间三进，总面阔12.8米，总进深37.65米，占地面积541.65平方米。结构完整，建筑表现手法丰富细腻，正脊的灰塑、梁架、檐板木雕、窗花砖雕、墙楣彩绘、题诗等是本祠的点睛之笔。墙楣壁画技法中西结合，诗词和壁画既反映了中国传统文化，同时记录了祠堂的历史和日军侵华的史实，颇为珍贵。三进墙身皆为镬耳山墙，各进的木柱皆为梭形柱，下垫柱槓，覆盆柱础。三进的布局是拾级而高，通过三级踏步进入各进。头门面阔三间，进深两间共十一架，上设博古正脊，门联曰“存心正直；理路光明”。墙楣壁画五子登科图“写于民三二年仲冬吉旦”。中堂面阔三间，进深三间共十三架，龙船脊，堂号“亲逊堂”。后堂面阔三间，进深三间共十一架，龙船脊。隔架科横梁下阴刻重修时间“中华民国三十二年岁次仲秋重修吉立”。在祠堂前晒场立旗杆夹两对，上刻李门中举之事“大清光绪十七年（按：1891）辛卯科中式第四十五名举人李伯兴，第四名副榜李宗汗仝立”。

存理李公祠

2008年12月，公布为广州市文物保护单位。

清　梁家祠

位于荔湾区龙津西路梁家祠街34号。为梁氏族人家祠。建于清代。

祠堂坐北朝南，三间三进，总面阔12.9米，总进深54.3米，占地面积700.47平方米，硬山顶，人字封火山墙，碌灰筒瓦，青砖石脚。头门面阔三间12.9米，进深三间约10米，共施十一架梁。前后有木雕封檐板，雕刻有花卉图案，大门前有一对石刻狮子。中堂进深三间12.1米，共施十一架梁。前檐采用花岗石梅花檐柱，木雕梁架保存较好，梁架透雕博古纹饰，装饰简朴。后堂基本保存原貌，现前檐加建了墙体。

2015年8月，公布为广州市文物保护单位。

梁家祠

清　小蓬仙馆

位于荔湾区花地街道大策社区花海街18号醉观公园内。又称八公祠。始建于清咸丰七年（1857），光绪三十三年（1907）重修。

建筑坐西朝东，广三路，深一进，通面阔33.39米，通进深12.11米，占地面积404.4平方米。主体结构采用硬山顶，人字形封火山墙，绿色琉璃瓦、滴水剪边，碌灰筒瓦，青砖石脚。

原为康有为家族的物业，康有为曾在此读书、居住和活动。1949年前，在此先后办过八公祠小学和广州市第三十七小学等，1958年曾作炼钢厂，20世纪70年代，中堂与后堂被拆毁建工人宿舍。2002年因市政道路建设，又将仅存的第一进建筑采用原建筑构件原貌异地复建。该建筑不仅具有岭南传统祠堂风格，又是康有为读书及活动过的地方，同时还是广州地区首例异地重建的文物建筑。

小蓬仙馆

2015年8月，公布为广州市文物保护单位。

清　镜波黄公祠

位于白云区松洲街道槎龙居委仁德里街40号。据“五世同堂”牌坊记载，祠始建于清光绪十五年（1889），2005年修复。

祠堂坐西朝东，由牌坊、庭院、凉亭、家祠等组成，是一处中西合璧的建筑群。门口采用花岗岩石砌筑四柱三门冲天式牌坊，明间坊额刻“五世同堂”。牌坊以内为小庭院。镜波黄公祠居院后，祠前左右各建一座两层高的凉亭，亭栏板分别刻“枝分”“派别”。镜波黄公祠主体为三路两进建筑，通面阔25.1米，通进深25.9米。主体建筑采用硬山顶，灰塑脊，青砖墙脚。中路由头门、天井及两廊、后堂组成，左右衬祠高两层，钢筋混凝土楼面，两坡瓦面，主祠与衬祠以青云巷相隔。整座建筑造工精细，用料讲究。

2015年8月，公布为广州市文物保护单位。

镜波黄公祠

清　庙头村张氏大宗祠

位于黄埔区穗东街道庙头路2号。始建于宋代，扩建于明代，清光绪二年（1876）、1989年重修。

祠堂坐东朝西，三路三进，中路为硬山顶，人字形封火山墙，龙船脊饰彩色灰塑二龙戏珠与素色灰塑簇织卷草纹，外加琉璃鳌鱼相望，碌灰筒瓦，黄色琉璃瓦剪边，青砖石脚。头门面阔三

庙头村张氏大宗祠

间，深两间，次间砌塾台，虾公梁上施石狮、石质异形斗拱，下施石雀替。封檐板与墀头砖雕均为花鸟人物雕饰，大门石门夹，石门枕，石门额阳刻楷书“张氏大宗祠”，上款“光绪二年孟冬立”，下款“陈澧书”（陈澧为晚清广东大学者）。中堂面阔三间，深三间，前木金柱月梁挂有一木横匾，上书“文成小学校”，落款“张发奎题”。后堂面阔三间，深三间，明间后部有供奉祖宗牌位的神龛，外有木雕花罩且精致异常。左、右路为偏厅，各面阔单间，深三进，均为镬耳封火山墙，青砖石脚，前厅为灰塑平脊，中、后厅为灰塑博古脊。中厅前天井墙开门与中路相通。

2015年8月，公布为广州市文物保护单位。

清　深井凌氏宗祠

位于黄埔区长洲街道丛桂西街3号。是深井社区凌氏始祖祠。始建年代待考，清道光二十六年（1846）重建，同治元年（1862）修葺。

祠堂坐西北朝东南，三间三进，硬山顶，人字封火山墙，灰塑龙船脊，碌灰筒瓦，青砖石脚。头门面阔三间，深两间，大门石门额阳刻“凌氏宗祠”，无上下款。中堂面阔三间，深三间。后堂面阔三间，深三间，梁架及后堂木雕花罩雕刻精美。祠右侧衬祠内有重建及重修碑记各一方，一方为《笃惠堂重建碑记》（碑记折为两半，另一半搁置在凌氏宗祠后堂内），落款为“道光二十六年岁次丙午仲冬望日吉旦”，另一方为《笃惠堂修葺碑记》，落款为“同治元年岁次壬戌孟冬吉旦立”，为研究该祠堂的修缮年代及凌氏家族史提供了较为可靠的依据。

祠主凌厚峰，是宋末元初组织民兵抗元收复广州的凌震的第四子。

2015年8月，公布为广州市文物保护单位。

深井凌氏宗祠

清　官洲村陈氏大宗祠

位于海珠区官洲村居由外街8号。

建筑坐西北朝东南，面阔约26米，进深约42米。三路三进，规整对称，砖、木、石结构。中轴线上依次有头门、正堂、后堂。中路每进建筑以庭院相间、连廊相连，一、二进以青云巷与两侧衬祠相隔。门楣上悬着“陈氏大宗祠”木匾。头门面阔三间，进深九架，硬山顶，人字封火山墙。正堂面阔三间，进深十五架11米左右。前设轩廊，抬梁式。前后檐柱为花岗石，竹节双线方

官洲村陈氏大宗祠

柱，前次间花岗石虾公梁，石雕驼峰，有雀替。墀头砖雕花卉，封檐板木雕花卉、动物。地铺红泥阶砖。后堂面阔三间约26米，进深十五架约9米。前檐柱及柱础均为花岗石，金柱为木圆柱，周长1.25米，花岗石柱础。明间后座为神台，有木屏风，上雕喜鹊和梅、兰、菊、竹图案。

2015年8月，公布为广州市文物保护单位。

清　谷诒书室和黄谷诒墓

谷诒书室　位于花都区炭步镇塱头村塱东社。始建于清道光六年（1826），1999年重修。

谷诒书室

建筑坐北朝南，主体建筑三间两进，右侧有衬祠和青云巷。总面阔15.89米，总进深21.88米，占地面积348平方米。头门共九架，前廊三步，后设四架轩廊。后堂共十三架，悬挂“报本堂”木横匾和设有神位。全祠梁架、檩枋、木柱均为坤甸木料，砖木石雕、灰塑、壁画等工艺精湛，保存较好。

黄谷诒墓　位于花都区赤坭镇竹洞村石仔岗上，建于清咸丰七年（1857）。坐西北朝东南，依山势而建，总宽7米，深6.7米，占地面积75平方米。全墓原用花岗岩石砌筑。由后土、护岭、坟头、享堂、平台组成，为山手墓。最高处是护岭，护岭前约1米处是坟头，高1.75米，墓碑高1.25米，宽0.82米，正中的石碑刻“诰授奉直大夫谷诒黄府君墓”。周边刻博古纹，上刻蝙蝠和双龙戏珠的图案。花岗岩石护岭成半圆形，正中处高1.23米，石碑高0.83米，宽0.45米，上方雕刻五只蝙蝠的浮雕，俗称“五福送寿”。在护岭后面约1米处设有圣旨碑，共有三块，正中石碑高1.8米，宽0.77米，正中石碑刻“黄谷诒的生平事迹”，上款刻“奉天承运、皇帝制曰”，下款刻“敕命、道光五年十二月十三日、之宝”。两侧石碑高1.15米、宽0.63米，刻篆书对联。

黄谷诒（1777—1857），塱头村黄氏第二十二世祖。据族谱载，原名黄挺富，字友，号谷诒，别名剃刀友。清道光年间，捐献家财救济灾民，被赐封奉直大夫，从五品官阶。生七子，其中三子(黄玉章、黄旋章和黄瑶章)均为进士。

2015年8月，公布为广州市文物保护单位。

清　北亭梁氏宗祠

位于番禺区小谷围街道北亭村北亭大街87号。始建于明代万历二十年（1592），民国二年（1913）部分重建，1989年改建为学校。现存部分清代建筑。

祠坐东向西。原为广三路，深三进，现中路仅剩头门、头门后天井、中堂前月台及石围栏、后天井花岗岩地面。头门为硬山顶，人字封火山墙，灰塑龙船正脊，碌灰筒瓦，青砖墙，花岗岩台基，红砂岩墙基。头门刻有“梁氏宗祠”四字，鸭屎石梁柱，大门前两侧有一对抱鼓石。已改建的中堂内悬木匾刻“永恩堂”，上款刻“万历壬辰年吉月吉旦”，下款刻“翰林院编修林承芳书”。中堂前的月台尚存，前端及阶梯两侧有

北亭梁氏宗祠

石围栏。左右两路建有青云巷和钟鼓楼，左巷石匾刻“璧合”，右巷石匾刻“珠联”。钟鼓楼为三开间，二层前廊有石柱和石栏板，顶部为博古山墙和博古脊。

2015年8月，公布为广州市文物保护单位。

清 市头蒋氏宗祠

位于番禺区南村镇市头村市头大道南1号。始建于明代嘉靖十五年（1536），清康熙五十七年（1718）、嘉庆十八年（1813）、2002年重修。

市头蒋氏宗祠

祠坐北向南，广三路，深三进。硬山顶，灰塑龙船脊，人字封火山墙，碌灰筒瓦，青砖墙，花岗岩墙基。大门采用木门夹，上悬挂木匾，阳刻“蒋氏宗祠”四字。中堂右侧墙上共挂有咸丰年间骑都尉李光廷赠的木雕格言七副（原有八副，二十世纪六七十年代丢失一副）。中堂柱基、后堂前台阶均为红砂岩。后堂花岗岩石神台古朴精细。祠堂梁架、柁墩、雀替雕有栩栩如生的戏剧人物、花卉、动物装饰等图案。

《蒋氏族谱》记载：“蒋氏先祖文达公于元朝至正年间任广州路同知，例授奉政大夫，赐将军衔，其子孙于明嘉靖十五年为纪念先祖，建造蒋氏宗祠及东园公祠、鹤峰公祠。”

2015年8月，公布为广州市文物保护单位。

清 惠岩何公祠

位于番禺区沙湾镇北村亚中坊车陂街12号。据族谱载，该祠始建于清代，2005年重修。

祠堂坐西北向东南，三间两进，左侧建衬祠。头门和后堂均为硬山顶，镬耳封火山墙，其他部分采用灰塑雕花龙船脊，碌灰筒瓦，青砖墙，花岗岩墙基，整个建筑岭南特色鲜明。建筑头门形制为凹门斗，明间有花岗岩石门夹，石额已缺失，墙楣饰有精美壁画。天井两侧是围墙，后堂前设屏门。天井左侧建衬祠，名“玉斋”，为人字封火山墙，碌灰筒瓦，青砖墙，面阔二间，深二进，后进为两层木楼。

惠岩何公祠是何菊轩（官至江苏省保应知县）为纪念其父何惠岩而建。何菊轩之子何与诺等曾聚集乡内外音乐高手在何公祠日夜演奏。抗战前，该祠成为何与诺之子，广东音乐作曲家、演奏家何少霞与乡内外音乐界人士演练、唱酬之所。该祠与三稔厅、何少霞故居一起，成为广东音乐发源地的重要见证，对广东音乐研究有重要意义。

2015年8月，公布为广州市文物保护单位。

惠岩何公祠

清 三稔厅

位于番禺区沙湾镇北村安宁西街8号。始建于清嘉庆年间。

建筑主体坐北向南，三间两进。两进均为硬山顶，镬耳封火山墙，灰塑博古脊，青砖墙，花岗岩墙基。

三稔厅原是沙湾何氏留耕堂族中富户何高尧建起的小宗祠，但建成后既未安放牌位，也未命名，乡人只名其为“大厅”，后因中庭的三稔树生长旺盛，果实累累，而以“三稔厅”名之。三稔厅是番禺沙湾内外音乐爱好者演奏及研究广东音乐的重要场所，涌现出何博众及“何氏三杰”——何柳堂、何与年、何少霞等沙湾籍广东音乐名人，创作出《赛龙夺锦》《雨打芭蕉》《饿马摇铃》等经典名曲，并发展出广东音乐何氏典雅派。三稔厅是沙湾乃至广东省内重要的音乐发祥地之一。

2015年8月，公布为广州市文物保护单位。

三稔厅

清　仁让公局

位于番禺区沙湾镇北村公局巷2号。据沙湾镇志记载，公局始建于清代嘉庆十四年（1809），为乡中何、王、黎、李四大姓氏联合建造的乡村级自治性质机构。

建筑坐北向南，深三进。建筑本体三进，均为硬山顶，人字封火山墙，灰塑博古脊，碌灰筒瓦，青砖墙，花岗岩墙基。头门形制为凹门斗，左右两侧外墙用蚝壳砌筑。门口原有白底黑字“仁让公局”牌匾。中座有金底红字“型仁讲让”牌匾，为当时代理知县张锡蕃所题，现已不存。门外原有三块石碑，一为禁采蚝壳碑，一为禁赌白鸽票碑，一为四姓公禁碑。现存放于留耕堂。门前一石砌小广场，有龙眼、桂树各一株。东、西面各有大孖井一口，水甚清甜，是安宁街及附近居民的生活用水来源地。

民国后，仁让公局改名为“乡公所”，此名一直沿用至20世纪50年代。土地改革时，乡内分为东、南、西、北等农民协会，乡公所随之解散，后一度为沙湾邮电局使用。后为一塑料厂所用，塑料厂停产后空置。仁让公局是目前番禺地区仅存而且历史较长的一间乡公所旧址。

2015年8月，公布为广州市文物保护单位。

清　长洲曾氏宗祠

位于黄埔区长洲街长洲社区永耀坊一巷6号。建于清道光十二年（1832），2002年重修。

祠堂坐北朝南。三进三路，硬山顶，人字封火山墙，灰塑龙船脊，碌灰筒瓦，滴水剪边，青砖石脚。梁架驼峰、斗拱、瓜柱多雕花草、凤鸟，墀头砖雕的葵花、卷叶栩栩如生。头门有前后塾台，两边墙壁上开设蜂窝孔大花窗，窗框卷草纹精美细腻，又有展翅飞龙纹饰。大门石门夹，木门匾书“曾氏宗祠”，上款“公元二〇〇二年重修”，下款“道光壬辰年始建”。中路中堂面阔三间，深三间，明间上挂木匾书“明德堂”，上款“道光壬辰仲秋上浣”，下款“□卿

仁让公局

长洲曾氏宗祠

鲍俊拜书”。中路后堂面阔三间，深三间。祠两侧左、右路，前后厢房连通。

1924年9月28日，长洲农民协会在曾氏宗祠成立，曾铁生为执行委员兼会长。1925年6月，长洲农民协会组织部分会员参加省港大罢工示威游行。1927年广州四一五反革命政变后，曾铁生等一批农会骨干被杀害，长洲农民协会遭到破坏。

2021年3月，公布为广州市文物保护单位。

清　天南圣裔祠

位于番禺区钟村街诜敦村人民路挹西大街。又名孔氏大宗祠，为该村孔子后裔的祠堂。

现存建筑为清代风格，三间四进，占地面积822.36平方米。第二进仪门为“诗礼垂训”牌坊。祠堂保存较好，建筑装饰丰富。

2021年3月，公布为广州市文物保护单位。

天南圣裔祠牌坊

清　沙圩陈尚书祠

位于番禺区市桥街沙溪大街56号。又名宝砚堂。始建于明嘉靖三十一年（1552），为奉祀沙圩村陈氏始祖、北宋户部尚书陈显而建。

现存建筑为清代风格，坐西北向东南，广三路，深三进，总面阔36.4米，总进深52.8米。建筑主体为硬山顶，人字形山墙，灰塑龙船脊，碌灰筒瓦，青砖墙，麻石墙脚。中路三间三进，一进明间门额嵌楷字阳刻“陈尚书祠”木匾，上款

沙圩陈尚书祠

“嘉靖三十一年岁次壬子仲夏穀旦”，下款“益王为本府奉祠修职郎陈规先祖宋户部尚书陈显立”。中堂前月台以红砂岩为基座，台阶两侧望柱上饰以小石狮子，栏板浮雕纹饰丰富。二进明间高处悬“宝砚堂”木匾。三进设有前廊，前廊台阶前饰一对鸭屎石狮子，活灵活现，极具艺术价值。后堂前廊有石栏板围砌，栏板饰以人物故事浮雕。中路与左右路间有青云巷相隔，左右路建有衬祠，前为开阔的地堂。青云巷上石横额有楷书阳刻，左刻“擎天”，右刻“洗日”。

2021年3月，公布为广州市文物保护单位。

清　古氏大宗祠

位于番禺区大龙街傍江东村仁厚大街10号。现存建筑为清代风格，祠前照壁的红砂岩石脚为明末清初时期的构件。

祠堂广三路，占地面积约1000平方米（不包括照壁及祠前广场）。中路主体建筑三间三进，两侧为衬祠，现衬祠的中、后座已不存，只

古氏大宗祠

余首进和前廊庑。左、右衬祠石门额分别刻“马走”“凤鸣”。该祠堂规模宏大，建筑装饰构件丰富，尤其照壁的红砂岩石脚在同类建筑中已不多见。

2021年3月，公布为广州市文物保护单位。

清　显宗祠

位于番禺区石楼镇大岭村安和街8号。又名凝德堂。因为纪念九世祖陈皋夫而建，又称为陈氏九世祖陈皋夫祠。又因它建在大岭村玉带河边，龙津桥之北，村民称之为“桥头祠”。始建于明嘉靖年间，清乾隆六年（1741）、1999年重修。

现存建筑具有明末清初时期风格，广三路，占地面积约1625平方米。中路主体建筑三间三进，两侧为衬祠，中间为青云巷。现衬祠的中、后座已不存，只余首进和前廊庑。该祠堂保留有明代建筑的做法，如头门额枋上通常设如意斗拱（莲花托），蔚为壮观，头门梁架斗拱雕琢精美，内容有人物故事、花卉、鱼虫、飞禽走兽等，门枕石正面雕刻有西洋童子造型等。该建筑的木雕构件（梁、枋、斗拱等）、石雕（门枕石雕外国人形象等）工艺精湛。

2021年3月，公布为广州市文物保护单位。

显宗祠

清　两塘公祠

位于番禺区石楼镇大岭村安和街8号。先祖陈两塘，字景新，故名两塘公祠。始建于明代永乐年间，清光绪年间、1999年及2003年均有重修。

现存建筑为清代风格，原广三路，占地面积约800平方米。中路主体建筑三间三进，三进均为硬山顶，人字形山墙，灰塑龙船脊。头门为花岗岩墙基，青砖墙，中堂和后堂为红砂岩墙基，外墙用蚝壳砌筑。头门前廊左右设塾台，大门有石门夹，门额上石匾阳刻“两塘公祠”四字。后堂明间悬挂“树德堂”木匾。现左侧衬祠只余前廊庑，其余均已毁，右侧衬祠已不存。左、右侧青云巷石门额分别刻“麟定”“凤占”。祠内保留有红砂岩石柱、鸭屎石柱础，山墙外侧为蚝壳墙，木雕、石雕、砖雕等工艺精美。

2021年3月，公布为广州市文物保护单位。

两塘公祠

清　赤山东戴氏大宗祠

位于番禺区石楼镇赤山东村註礼大街2-1号。始建于清代。清道光元年至咸丰年间，由始祖天则世系各房子孙集资先建头门，于光绪年间加建成三进。光绪二十四年（1898）二月初四巳时为戴氏大宗祠竖旗杆日。现存一对旗杆夹，上

赤山东戴氏大宗祠

书“嘉庆十六年辛未科会试，钦赐翰林院检讨戴霖思立”“光绪二十四年戊戌科会试，钦赐翰林院编修戴熙载立”。

现存建筑为清代风格，广三路，深三进，占地面积约800平方米。头门前的旷地上立有一对清代的石狮及一块戒律石碑。大门门额悬挂木匾，阳刻“戴氏大宗祠”五字。二进前天井为麻石条石铺地，两侧为廊。中堂明间悬挂木匾，阳刻“敦本堂”三字。三进前天井两侧亦有两廊，明间设神龛。左侧一座村道门楼“註礼门”的石额为戴鸿慈题书。左、右衬祠石门额刻“既和”“虞平”。现左衬祠的中、后座面阔比首进小。

2021年3月，公布为广州市文物保护单位。

清　区氏孖祠堂

位于番禺区石壁街石壁三村云衢大街10号、12号。包括区氏八世祖祠和云林区公祠，因两祠并排而立，形制布局相同，当地俗称“孖祠堂”。

区氏孖祠堂

区氏八世祖祠　始建于明代，明正德十二年（1517）、清代、1992年、2004年均有重修。建筑坐东北向西南，三间三进，总面阔约13.1米，总进深约47.7米。三进均为硬山顶，镬耳式山墙，灰塑龙船脊，碌灰筒瓦。一进后廊左侧墙上嵌正德十二年的碑刻《重修追远堂记》。大门两侧设门枕石，门额上悬木匾，阳刻“区氏八世祖祠”六字。二进、三进前天井两侧建廊。三进明间和两次间各设神龛一个，后金柱间的挂落雕刻精巧，阳刻“敦睦堂”三字。

云林区公祠　始建于崇祯元年（1628），清代、2005年重修。建筑整体格局及结构与区氏八世祖祠相同，总面阔约11.9米，总进深约47.1米。其大门门额上悬木匾，阳刻“云林区公祠”。一进后廊左侧墙上嵌清光绪二十三年（1897）云林区公祠创千益会碑一块。中堂明间高处悬挂木匾，阳刻“敦睦堂”三字，上款为“丙戌年重建”，下款为“黎应榆书”。据族谱所载，“敦睦堂”为时任镇守山海关总兵的袁崇焕拜题。

2021年3月，公布为广州市文物保护单位。

清　礼村高氏宗祠

位于番禺区大石街道礼村渤海路2号。始建于明代，清代重修。

祠堂三间三进，占地面积约970平方米。三进均为硬山顶，人字形山墙，灰塑龙船脊，脊端灰塑为狮子、鳌鱼等形象，碌灰筒瓦。中、后堂屋面下用方桁，祠内保留有鸭屎石的柱子、柱础、门枕石等石构件，各进屋面尚有举折，均为明末岭南地区祠堂建筑较为典型的做法。

1926年，省港工人运动先驱、香港总工会常务主任高擎天在礼村发动农民运动，向群众宣传革命道理，动员进步人士加入中国共产党，在礼村高氏宗祠建立礼村农民协会，组织礼村农民

礼村高氏宗祠

自卫军。1927年，广州苏维埃政府保卫局负责人高擎天率领番禺二区农民自卫军参加广州起义，1928年壮烈牺牲在红花岗（现广州起义烈士陵园内），年仅三十一岁。

2021年3月，公布为广州市文物保护单位。

清　蔡边蔡氏大宗祠

位于番禺区东环街道蔡边一村阳平坊大街8号。

现存建筑为清代风格，坐东北向西南，广三路，深四进，总面阔约26.5米，总进深约46.1米。中路主体建筑三间四进，左右两路为衬祠，三路均为硬山顶，灰塑博古脊，碌灰筒瓦，青砖墙，花岗岩墙基。除两庑为镬耳封火山墙外，其他三路均为人字博古脊封火山墙。头门封火山墙前端有灰塑狮子一对。祠堂装饰丰富精彩，梁架、雀替雕有栩栩如生的人物形象。大门基座雕刻卷草花纹图案，前廊梁架木雕装饰华丽；驼墩木雕成戏台内容，造型独特，梁架雕戏曲人物图案，木雕卷草纹饰的大雀替。封檐板木雕戏曲人物、花草图案，精致细腻，保存完好。青石挑头雕刻雷公、电母，造型生动。中堂悬挂“光裕堂”木匾，落款“民国二十年，建祠值理二十三传孙锦求敬送”，据传是蔡元培先生所书。中间青云巷石门额分别刻“松荫”“苋清”。现右侧衬祠的后座已不存。

2021年3月，公布为广州市文物保护单位。

蔡边蔡氏大宗祠

清　区家祠

位于越秀区中山四路芳草街48号。又名区氏林石家塾。始建于清光绪九年（1883），由当时广州府及肇庆府区氏宗族联合捐资建造的合族祠，为参与建祠的区姓宗族子弟到广州城参加科举考试、办理诉讼、缴纳赋税等事务时提供居所。2010年修缮。

祠堂坐北朝南，广三路，深三进，总面阔29.4米，总进深46.7米，占地面积约1373平方米。中路主体建筑三间三进，两侧以青云巷相隔为衬祠。硬山顶，碌灰筒瓦，青砖墙石脚。前面旷地铺花岗岩条石。头门面阔三间，进深两间共十一架。中堂面阔三间，进深三间共十三架，前设四架轩廊。有石檐柱、木金柱。前后廊施木雕花鸟纹饰异形梁架，中间梁架施瓜柱。后堂面阔三间，进深三间共十三架，前设四架轩廊。前廊施木雕花鸟纹饰异形梁架，中间梁架施瓜柱。中堂、后堂前分别带两廊，面阔、进深皆为一间。天井以花岗岩条石铺地。

2010年8月，公布为越秀区文物保护单位。

区家祠

清　土华村梁氏大宗祠

位于海珠区华洲路285号。建于清嘉庆年间。

祠堂坐南朝北。中路三进三开间。总面阔约28米，总进深约45米。砖、木、石结构。中路第一进头门面阔三间12.7米，进深两间7.7米，九架梁。硬山顶，人字形封火山墙，灰塑龙船正脊，脊上置琉璃鳌鱼，碌灰筒瓦，素瓦当。水磨青砖墙，花岗石脚。门廊两次间有包台，上施虾公梁。前梁架为抬梁式，大门施石门夹，石门额阳刻“梁氏大宗祠”。门两侧有抱鼓石。前天井两侧为廊庑。第二进为追远堂。面阔三间，进深三间，十三架梁用四柱。硬山顶，灰塑龙船正脊。后金柱间设屏门，门上挂“追远堂”木匾，意为追忆从南雄珠玑巷来的先祖。山墙砌法七顺一丁，墙上端塑“八”字形卷草。后天井两侧为廊庑。后堂面阔三间，进深三间共十三架。地面花岗石及红阶砖铺地。两边青云巷施花岗石门夹，门额分别阳刻“礼节”“乐和”字样。该祠规模较大，整体保存完好。

2011年6月，公布为海珠区文物保护单位。

土华村梁氏大宗祠

清　仑头村黎氏宗祠

位于海珠区官洲街道仑头村公园内。为仑头村现存最古老的宗祠。

祠堂坐西北朝东南，三进两天井两廊祠堂。总面阔13.6米，进深47.75米，砖、木、石结构。第一进进深两间约8米，共九架。硬山顶，灰塑龙船正脊，博古臂，人字封火山墙。碌灰筒瓦，瓦当、滴水剪边。青砖石脚墙。门廊次间花岗石包台上各有两方形石柱。额枋上有石刻花卉驼峰斗拱，两侧下方有鳌鱼纹雀替。大门额上有“黎氏宗祠”阴刻木匾拱及门簪四个。第二进进深三间11.5米，共十三架，龙船脊灰塑彩绘花卉博古，素瓦琉璃滴水剪边。花岗岩石基，四柱承重，主梁架及后梁架穿斗抬梁结合。大堂上方挂“塾本堂”木匾。覆盘式鸭屎石柱础，红砂岩八角前后

仑头村黎氏宗祠

檐柱，木梭金柱。第二、三进之间有卷棚廊，中间有天井，廊柱为鸭屎石圆柱。第三进深三间12.2米，穿斗抬梁混合式梁架，前金柱间有木枋，上置驼峰斗拱。梁架木雕精美，壁画完整。第一进花岗岩条石铺地，第二进、第三进、走廊红岩阶砖菱形铺砌。

2011年6月，公布为海珠区文物保护单位。

清　尚书王公祠

位于天河区车陂村祠堂大街20号。始建于明永乐年间，清乾隆六十年（1795）、光绪二十九年（1903）重建。现存清代建筑风格。

祠坐东南朝西北。三路三进，左右为衬祠。总面阔30.67米，进深38.95米，占地面积1194.59平方米。头门面阔三间，进深三间，硬山顶，灰塑博古脊，碌筒瓦面，人字脊封火山墙，雕花封

尚书王公祠

檐板。清水砖墙，花岗岩墙裙、门框。头门前檐为驼峰斗拱梁架，后檐为瓜柱抬梁。头门前檐柱与后檐柱均为花岗岩柱，前檐两次间有塾台。头门两侧山墙均为砖雕墀头，石门额左右两侧刻彩色文官像。大门上有秦琼、尉迟恭的彩色门神画像。一进天井地面由麻石铺成，天井两侧均设有侧廊。东侧有厨房，内有明代古井一口，花岗岩石井圈，现在仍能使用。祠堂规模宏大，装饰精美。

王道夫（1235—1279），祖籍山西太原，南宋咸淳四年（1268）进士，曾任兵部侍郎、广州转运使、大学士兼兵部尚书。曾与文天祥、凌震率兵抗元，两次收复广州。南宋祥兴二年（1279），兵败崖山，投海殉国。后世传颂宋末贤臣有三忠五烈，王道夫为五烈之一。

2009年7月，公布为天河区文物保护单位。

清　上社兰溪潘公祠

位于天河区棠东村大塘边街10号。为纪念棠下村潘氏二世祖潘兰溪而建。始建于清代，2001年重修。

上社兰溪潘公祠

祠坐西朝东。三间三进，总面阔12.3米，总进深40米，占地面积691.2平方米。头门面阔三间，进深两间，两侧廊为后期改建，花岗岩檐柱。天井为麻石铺地。中堂面阔三间，进深三间，硬山顶，人字封火山墙，龙船正脊，雕花封檐板，清水砖墙，瓜柱抬梁。两侧廊为后期改建，花岗岩檐柱。天井以麻石材质铺地。后堂面阔三间，进深三间。

2009年7月，公布为天河区文物保护单位。

清　儒林钟氏祠堂建筑群

位于天河区棠下村儒林大街。始建于清嘉庆二十年（1815），近年重修。

钟氏宗祠

建筑群坐东北朝西南，包括南溪钟公祠、一政钟公祠、钟氏宗祠、钟氏宗祠东衬祠、钟氏宗祠西衬祠等五座祠堂，为从化屈洞村钟轼后裔所建。建筑群并排相连，规模宏大，气势非凡。祠前广场左前立有钟光斗的旗杆夹，刻于嘉庆十八年（1813）。

建筑群正中三座为主祠，各祠之间隔有青云巷，两边为衬祠。主祠分别是钟氏宗祠、一政钟公祠和南溪钟公祠，形制相同，均为三间三进，硬山顶，龙船形琉璃瓦脊，滴水剪边，碌灰筒瓦，人字封火山墙。花岗岩石础上立梅花檐柱，虾公梁上有石狮。第二、第三进顶饰略同头进，有四根金柱，屏门宽阔高大。天井两旁有廊，卷棚顶。整个建筑群内外墙楣端均有花鸟、山水、人物故事、戏曲等彩绘。

2009 年 7 月，公布为天河区文物保护单位。

清　一洞樊公祠

位于天河区龙洞村西大街17号。为纪念龙洞村樊氏第十一世祖樊一洞而建。始建于清光绪二十年（1894），2004年重修。

一洞樊公祠

祠堂坐东朝西。面阔三间，进深两进。公祠前有池塘。祠堂总面阔13.71米，总进深42米，占地面积575.8平方米。头门面阔三间，进深两间。中堂面阔三间，进深三间。后堂为博古梁架与瓜柱抬梁混合结构，面阔三间，进深三间。民国时期曾做过至德学校、“龙洞教育实验区”。抗战时期和解放战争时期常有中山大学进步师生来此开展革命宣传活动。

2009年7月，公布为天河区文物保护单位。

清　子富冼公祠

位于天河区员村二横路118号。始建于清代，清乾隆六十年（1795）、咸丰九年（1859）重建，1989年重修。

子富冼公祠

祠堂坐北朝南。面阔三间，进深两进，总面阔12.29米，总进深21.74米，占地面积267.18平方米。头门面阔三间，进深两间，硬山顶，人字封火山墙，灰塑龙船脊，碌筒瓦面，外、内檐柱均用杉木金字架结构，清水砖墙，红砂岩墙裙。檐柱两侧设有塾台。红砂岩门框，花岗岩门匾，阳刻“子富冼公祠”。两侧廊均为卷棚顶屋面。后堂面阔三间，进深三间。

2009年7月，公布为天河区文物保护单位。

清　梅隐潘公祠

位于天河区珠村文华大街12号。为纪念珠村潘氏第七世祖、文林郎潘贤而建。始建于清代，民国十五年（1926）重修。

祠堂坐西朝东。正祠三间两进，左侧有一厨房，总面阔8.7米，总进深17.6米，占地面积153.12平方米。头门面阔三间，进深两进，硬山顶。花岗岩石门框，石门额上刻有“梅隐潘公祠”，两侧廊为卷棚顶，花岗岩檐柱，天井为麻石铺地。后堂面阔三间，进深三间，硬山顶。

2009年7月，公布为天河区文物保护单位。

梅隐潘公祠

清　珠村潘氏宗祠

位于天河区珠村街珠村祠前横路8号。为纪念潘宗胪而建。始建年代不详，重建于清康熙九年（1670），重修于雍正六年（1728），道光三十年（1850）再次重建，咸丰十一年（1861）至同治元年（1862）期间重建头座和中座。2002年重修。

祠堂坐西朝东。广三路，中路为三间三进，左右两路均为三进两天井，有两条青云巷。总面阔27.7米，总进深43.27米，建筑占地面积1198.58平方米。头门面阔三间，进深两间，硬山顶，龙船灰塑脊。碌筒瓦面。人字脊山墙，雕花封檐板。清水砖墙，麻石墙裙。花岗岩檐柱，左右次间各有塾台。前檐为驼峰斗拱梁架，后檐为瓜柱抬梁梁架。花岗石门框，红大门上画有门神。石门额刻“潘氏宗祠”，两侧山墙青石雕墀头，两侧廊为硬山顶，花岗岩檐柱，天井为麻石铺地。中堂和后堂均是面阔三间，进深三间，硬山顶，灰塑龙船脊。碌筒瓦面。人字形山墙，雕花封檐板。清水砖墙，麻石墙裙。花岗岩檐柱，左右次间各有塾台。瓜柱抬梁梁架，两侧廊为卷棚顶，花岗岩檐柱，天井为麻石铺地。

潘宗胪，字粤邦。明永乐十八年（1420）从番禺细墟（今番禺西村）迁居到珠村，成为珠村潘姓始祖，也是后来石牌、沐陂、棠下潘姓始祖。

2012年10月，公布为天河区文物保护单位。

珠村潘氏宗祠

清　褅长钟公祠

位于天河区珠村北社珠村中东街12号。为纪念珠村钟姓第十世祖钟褅长而建。始建年代不详，重建于清咸丰八年（1858）。

褅长钟公祠

祠坐西朝东。三间两进，总面阔9.52米，总进深14.29米，建筑占地面积136.04平方米。头门面阔三间，进深两间，硬山顶。两侧廊为卷棚顶，花岗岩檐柱，天井为麻石铺地。后堂面阔三间，进深两间，硬山顶。正中间设神龛，供奉祖先神位。檐下有咸丰年间壁画五幅。天井为红砂岩条石铺地。该建筑基本风格为清代建筑，保存部分明末清初建筑构件。

2012年10月，公布为天河区文物保护单位。

清　以良潘公祠

位于天河区珠村东乔大街27号。为纪念珠村潘氏第三世祖潘以良而建。始建于清康熙十二年（1673），嘉庆十三年（1808）、民国三十二年（1943）重修。

祠堂前面有一小广场，主祠三间两进，右边有厨房、客厅等附属建筑。总面阔16.2米，总进深19.15米，占地面积310.23平方米。头门面阔三间，进深三间，硬山顶。前檐为驼峰斗拱梁架，后檐为瓜柱抬梁梁架。两侧廊为硬山顶。后堂面阔三间，进深三间，硬山顶，驼峰斗拱梁架。

2012年10月，公布为天河区文物保护单位。

以良潘公祠

清　景祚樊公祠

位于天河区龙洞街龙洞东大街108号。始建于清康熙三十五年（1696），2006年重修。

祠堂坐西朝东。面阔三间，进深三进。总面阔12米，总进深28.27米，面积339.24平方米。头门面阔三间，进深三间。中堂面阔三间，进深三间。后堂面阔三间，进深三间。神台上供奉自宋至清龙洞村樊姓祖先牌位共十个。第二进中堂挂有康熙丙子年（1696）进士、广东乡试正主考樊泽达题写的“贻燕堂”匾额。祠堂梁架上的装饰比较繁复，木雕和部分壁画都保存原始面貌，非常精美。

2012年10月，公布为天河区文物保护单位。

景祚樊公祠

清　石溪村刘氏大宗祠

位于天河区前进村石溪天禄街8号。始建于清道光十年（1830），民国十三年（1924）、1954年、1994年重修。

祠堂坐东南朝西北，面阔三间7.57米，进深两进17.65米，占地面积133.6平方米。头门面阔三间，进深两间，墀头的砖雕保存尚好，头门外檐柱用博古梁架，内檐柱用瓜柱抬梁。天井地面由麻石铺砌，两侧廊均为卷棚顶屋面。天井左侧廊墙壁上嵌有民国十三年黑色砚石碑《学成堂重修祖祠碑记》。后堂面阔三间，进深三间，硬山顶，人字封火山墙，博古正脊，碌灰筒瓦，瓜柱抬梁，清水砖墙，雕花封檐板。

2012年10月，公布为天河区文物保护单位。

石溪村刘氏大宗祠

清　仕清秦公祠

位于天河区前进村石溪永宁街14号。为纪念石溪村入粤始祖秦悦会长子、秦氏第二世祖秦仕清而建。始建于清代，于清乾隆五十五年（1790）、光绪二十八年（1902）、1992年重修。

祠堂坐西朝东。总面阔9.9米，总进深19.85米，占地面积196.52平方米，头门前新建小院。头门面阔三间，进深两间，门厅左边墙壁上镶有乾隆五十五年的《设立屏门小引》石碑，光绪二十八年重修碑记以及没有落款时间的《创建宗祠小引》石碑。门厅左边墙上有1992年的碑记《仕清仕杰子孙捐资重新祖墓芳名》。天井地面由麻石铺砌，两侧廊均为卷棚屋面。后堂面阔三间，进深三间。

2012年10月，公布为天河区文物保护单位。

仕清秦公祠

清　和浩徐公祠

位于天河区渔沙坦村旺岗东和街6号。

祠堂坐北朝南。面阔三间，进深三进，总面阔41.96米，总进深31.89米，占地面积1338.1平方米。头门面阔三间，进深三间。悬山顶，雕花封檐板，清水砖墙，凹斗门，麻石墙裙。头门两侧设有石墩，墙体批白灰。天井两侧均有厢房。天井地面由麻石铺砌，两侧廊均为两坡顶屋面。中堂面阔三间，进深三间。悬山顶，雕花封檐板，清水砖墙，侧有横屋，天井两侧均有厢房，墙体批白灰，墙上有雕花窗。天井地面由麻石铺砌，两侧廊均为两坡顶屋面。后堂面阔三间，进深三间。悬山顶，雕花封檐板，清水砖墙，两侧均有横屋，墙体批白灰。

2012年10月，公布为天河区文物保护单位。

和浩徐公祠

清　车陂村苏氏宗祠

位于天河区车陂街车陂村高地大街15号。为纪念车陂村苏氏第十六世祖苏鹿泉而建。始建于明万历四十三年（1615），清光绪十九年（1893）、1993年重修。

祠堂总面阔三间13米，总进深三进30.13米，占地面积392平方米。祠前广场总长34米，宽23米，面积782平方米。总占地面积1174平方米。

车陂村苏氏宗祠

头门面阔三间，进深两间，硬山顶。中堂面阔三间，进深两间，两侧均为卷棚顶侧廊。左侧廊墙上镶有万历四十三年立的黑色砚石碑。头门保存原貌；中堂金柱已更换为砖柱，中堂后堂梁架重修改为杉木金字架，重铺新阶砖；后堂供奉苏氏祖先牌位。

2012年10月，公布为天河区文物保护单位。

清　傍江西罗氏大宗祠

位于番禺区大龙街傍江西村中和大街8号。始建年代不详，民国九年（1920）重建，1992年重修。

祠堂坐西北向东南，广三路，深三进，总面阔19.9米，总进深68.3米，占地面积1359.17平方米。头门前廊两次间建花岗岩台基，前立四根花岗岩檐柱，柱顶部挑头饰有人物石雕。正门两侧立石狮，门额嵌木匾，上刻“罗氏大宗祠”，上款“庚申年（按：1920年）重建”，落款“顺德岑木樾敬书”。中堂前有月台，前端有石围栏，两侧建有山墙，墙头各立一只小石狮，此装饰在番禺区内罕见。中堂明间后部梁架悬有一木制“功名”匾，上刻“探花及第”，上款为“道光壬午科殿试钦点一甲第三名”，落款为“臣罗文俊拜”。后堂明间设奉祀先祖的神龛，神龛上悬有“祖德流光”木匾，落款“裔孙恒熙敬书”。

傍江西罗氏大宗祠

岑木樾为清光绪三十年（1904）进士，翰林院编修。

罗文俊，南海南庄罗园（今佛山市禅城区南庄镇罗园村）人，是石碁傍江罗氏的同宗。道光二年（1822）探花，授翰林院编修，官至内阁学士兼礼部侍郎等。

2010年11月，公布为番禺区文物保护单位。

清　南村邬氏大宗祠

位于番禺区南村镇南村村南山大道。始建于清咸丰五年（1855），光绪五年（1879）、1999年重修。

祠堂坐北向南，广三路，深四进。总面阔32.5米，总进深68.8米，占地面积2236平方米。硬山顶，碌灰筒瓦，青砖墙，花岗岩墙基。中路建筑为双镬耳封火山墙，灰塑龙船脊。左右路建筑为镬耳封火山墙，灰塑博古脊。祠堂内有仪门，明间有阴刻“河源模楷”四字石匾，旁有光绪七年（1881）款，落款为“后学李文田题”，仪门背面阴刻“鹿步讴思”，光绪七年“陈澧敬书”。后堂悬“光大堂”木匾，旁有光绪五年款。邬氏大宗祠原是番禺四大祠堂之一（其他三大祠堂为沙湾留耕堂、石楼善世堂、大石墩叙堂，其中，大石敦叙堂已不存）。

2010年11月，公布为番禺区文物保护单位。

南村邬氏大宗祠

清　龙美张氏宗祠

位于番禺区东环街龙美村清河大街16号。始建于明崇祯十四年（1641），清康熙四十三年（1704）、民国三年（1914）、1999年重修。保存清代建筑风格。

龙美张氏宗祠

祠堂坐东北向西南，原为广三路，深三进，现存中路建筑及青云巷门楼。总面阔14.31米，总进深42.38米，占地面积606.46平方米。硬山顶，灰塑博古脊，人字封火山墙，头门山墙前端立扭头对望石狮子一对，碌灰筒瓦，青砖墙，红砂岩墙基。大门红砂岩石门夹上悬挂木匾，阳刻“张氏宗祠”四字。中堂前部挂木匾“振威将军”，上款“清咸丰诰封”，下款“臣张国樑恭立”。中堂横匾左侧挂木匾“状元及第”，上款“宋咸淳辛未科”，下款“臣张镇孙恭立”；右侧挂木匾“一等男爵加一品骑尉”，上款“奉旨世袭”，下款“臣张荫清恭立”。后堂挂民国重修时张謇书的“将相世家”木刻横匾。

2021年3月，公布为番禺区文物保护单位。

清　小龙曾氏大宗祠

位于番禺区石碁镇小龙村祠堂东街5号。据族人介绍，该祠始建于明永乐年间，清代重修，2000—2003年再次重修头门，重建中堂和后堂，2015年重修头门前地塘，2019年对祠堂一进后两廊进行修缮。

祠堂坐北向南，广三路，中路深四进，总面阔49米，总进深140.8米，占地面积6899.2平方米。祠堂中路除仪门外均为硬山顶，人字封火山

小龙曾氏大宗祠

墙，灰塑龙船脊，碌灰筒瓦，青砖墙。中堂明间悬“绍诚堂”木匾，存八根鸭屎石金柱。后堂存四个红砂岩柱础，明间后侧设木质透雕神龛，供奉祖先牌位。祠堂左右路建有青云巷，青云巷旁分别为团练房和康帅府，该两处原为祠堂的衬祠。祠堂前为开阔的地塘，地塘左右两侧建有门楼，地塘上立两对旗杆夹石，再前为放生池和照壁。

2021年3月，公布为番禺区文物保护单位。

清　石岗西胡氏宗祠

位于番禺区大龙街石岗西村万石大街29号。始建于清代，1997年重修。

祠堂坐西北向东南，三间两进，总面阔14.7米，总进深18.2米，占地面积267.54平方米。两进均为硬山顶，人字封火山墙，灰塑博古脊，碌灰筒瓦，青砖墙，头门后均为红砂岩墙基。头门建于花岗岩台基上，前廊立四根花岗岩檐柱，柱顶挑头雕刻戏曲人物。头门两山墙立面墙楣饰以人物砖雕，保存较好，雕工精致。明间花岗岩石门夹，石额阴刻“胡氏宗祠”。头门后檐右侧墙嵌砖雕神龛，龛额雕“福禄寿三仙图”，明间和两次间设屏门与天井相隔。天井铺花岗岩条石，两侧为廊，右廊侧墙嵌有1997年的碑记。后堂明间悬“光庆堂”木匾，右次间悬光绪及宣统年间的御赐官职木匾。明间后设有放置祖先牌位的神龛。

2021年3月，公布为番禺区文物保护单位。

石岗西胡氏宗祠

清　南旗陈公祠

位于番禺区钟村街钟一村魁巷大街。据族谱记载始建于明朝年间，后经多次重修，最近一次维修是2010年。现存为清代风格。

祠堂坐东向西，三间二进，总面阔16.52米，总进深30.47米，占地面积约1200平方米。硬山顶，灰塑龙船脊，碌灰筒瓦，青砖墙，红砂岩基础，花岗岩台基。头门后为天井，天井设二级月台，两侧为两级连廊，形制在番禺区内少有。祠堂门口外有一个近1000平方米的地坪，地坪围墙设有北苑与南苑两大门口。

2021年3月，公布为番禺区文物保护单位。

南旗陈公祠

清　厦滘郭氏宗祠

位于番禺区洛浦街厦滘村兴华街。始建年代不详，从门匾题款可知，清光绪元年（1875）重修，2006年再次重修。

祠堂坐北向南，三间两进，总面阔10.4米，总进深26.64米，占地面积约282.6平方米。两进均为硬山顶，人字封火山墙，灰塑龙船脊，碌灰筒瓦，青砖墙，花岗岩墙基。头门建筑在花岗岩台基上，前廊立两根花岗岩檐柱，挑头饰人物石雕。明间有花岗岩石门夹，门额上石匾阴刻“郭氏宗祠”，上款“光绪元年仲冬重修”，墙楣饰壁画。天井铺花岗岩条石，两侧为廊，两廊墙楣亦饰有壁画。后堂明间悬“光远堂”木匾，后侧设神龛，供奉祖先神像，前置神案。祠堂前建有地塘，上立两对清同治年间的旗杆夹石。

2021年3月，公布为番禺区文物保护单位。

厦滘郭氏宗祠

清　厦滘陈氏宗祠

位于番禺区洛浦街厦滘村光华街。始建年代不详，从头门石门额上款可知，清咸丰元年（1851）重修，2006年再次重修。

祠堂坐北向南，三间两进，总面阔9.72米，总进深26.08米，占地面积约257平方米。两进均为硬山顶，镬耳封火山墙，灰塑龙船脊，碌灰筒瓦，青砖墙，花岗岩墙基。头门建在花岗岩台基上，前廊立两根花岗岩檐柱，檐柱与山墙间架花岗岩横梁，梁上有石雕的人物斗拱。明间有花岗岩石门夹，门额石匾阴刻“陈氏宗祠”，上款“咸丰元年吉旦重修”。头门前廊梁架及封檐板遍雕花草、人物故事、瑞兽等图案，形态各异，雕工精致。天井铺花岗岩条石，两侧为廊。后堂用四根圆木金柱支撑，明间高处悬木匾，上刻“远荫堂”。祠堂前有地塘，原立有旗杆夹石。

2021年3月，公布为番禺区文物保护单位。

厦滘陈氏宗祠

清　张氏赉成堂

位于番禺区沙湾街紫坭村东安路7号。始建于清初，清末民初重修，2014年重修。

建筑坐北朝南，三开三进二天井，占地面积约883平方米，建筑面积670平方米。祠堂为砖、木、石结构建筑，侧面为红砂岩墙基，正面鸭屎石基础，硬山顶，通花高墙式灰塑瓦脊，檐口以蓝色琉璃瓦做装饰，堂内木梁架雕刻花鸟装饰图案，栩栩如生。

2021年3月，公布为番禺区文物保护单位。

张氏赉成堂

清　深井古建筑群

位于黄埔区长洲街深井社区。包含柏轩凌公祠、深井三圣宫、念公凌公祠、充亭凌公祠、深井村洪圣宫、凌鸿年宅、前山凌公祠、景客凌公祠、肖兰凌公祠、金鼎门楼、安来市古井十一处建（构）筑物。

柏轩凌公祠　位于黄埔区长洲街深井社区深井村中约下街。建于清同治元年（1862）。坐西北朝东南。三间两进。硬山顶，人字封火山墙，灰塑博古脊，蓝琉璃瓦剪边，木雕封檐板，青砖石脚，红阶砖地面。头门面阔三间，深两间共九架。大门石门夹，石门枕，石门额阳刻“柏轩凌公祠”，无款识。地面铺花岗岩石。后堂面阔三间，深三间共十五架。明间后部设神龛。地面铺红阶砖。后堂前天井两侧设四架卷棚廊。该祠头门右次间山墙嵌一方石碑，上书《燕昌堂新建碑记》，为考订本祠堂的建筑年代及家族历史提供了较为可靠的依据。

深井三圣宫 位于黄埔区长洲街深井社区深井村南田大街。道光十年（1830）从该村后底山迁建现址。坐西北朝东南。面阔一间，深一进共十七架。硬山顶，人字封火山墙，灰塑平脊，碌灰筒瓦，青砖墙。该宫前廊檐墙承重，大门凹门斗，青砖门夹。三圣宫的右侧原有华光庙、关帝庙并排，在“文化大革命”期间被拆毁。该宫原供奉大圣、车公、财神三尊神像，清末民初时香火十分鼎盛。三圣宫内后廊左侧墙原有三块碑记，现存《三圣宫迁建碑记》。

深井三圣宫

念公凌公祠 俗称“白石厅”，位于黄埔区长洲街深井社区深井村正吉坊四通渠8号。始建年代不详，清代建筑风格。坐西朝东。三间两进。硬山顶，镬耳式封火山墙，灰塑博古脊，青砖石脚，红阶砖地面。头门面阔三间，深两间共九架。大门花岗岩石门夹，石门枕，石门额阳刻“念公凌公祠”，无落款。后堂面阔三间，深三间共十三架。红阶砖地面。后堂前天井花岗岩石地面，两侧四架卷棚廊。

充亭凌公祠 又称“光大堂”，位于黄埔区长洲街深井社区深井村中约下街7号。始建年代不详，清代建筑风格。坐西北朝东南。三间两进。硬山顶，人字封火山墙，灰塑龙船脊，青砖石脚，水泥地面。头门面阔三间，深两间共九架。大门呈凹门斗状，花岗岩石门夹，石门枕，石门额阳刻“充亭凌公祠”，无款识。花岗岩石地面。后堂面阔三间，深三间共十三架。后堂前天井两侧为四架卷棚顶。该祠砖雕、木雕十分精美。

深井村洪圣宫 又称牛仔佛，位于黄埔区长洲街深井社区深井村安来直街。建于光绪十九年（1893）。坐西朝东，面阔单间，进深一间共十七架。硬山顶，人字封火山墙，灰塑博古脊，碌灰筒瓦，绿琉璃瓦剪边，青砖墙。洪圣宫前廊檐墙承重，大门呈凹门斗状，石门夹，石门额阳刻“洪圣宫”，上款字迹不清，下款“凌樟年□男世久敬书”。门前及左侧各有一加建简陋房子。宫内神像已荡然无存。深井村原有十多座庙宇，此宫是唯一一座村民想方设法保存尚好的庙宇。

凌鸿年宅 位于黄埔区长洲街深井社区。始建年代待考，1918年改建。坐北朝南。三间两进。硬山顶，人字封火山墙，灰塑平脊，青砖红砂岩石脚。头门面阔三间，深两间。前廊檐墙承重，大门呈凹门斗状，石门夹，石门额刻“愚园”两字。后廊明间原有中门，现仅存石门础。左右次间有厢房。二进（称大厅或神厅）面阔三间，深一间。前后檐墙承重，明间前开门，明间与左右次间砌砖墙相隔，开门相通，地面铺红阶砖。二进前为庭园，右前侧为凌鸿年曾居住过的房间，已改建。庭园内有鱼池、六角亭（已毁），种有白兰花、紫荆花、棕榈树、竹树等，摆有各式各样的古色古香花盆。据现居住者凌鸿年的孙子凌锡弧介绍，该故居以前叫桂园，凌鸿年于1918年购买，改建后称愚园。

前山凌公祠 位于黄埔区长洲街深井社区深井村正吉坊17号，始建年代待考。清代建筑风格，坐西朝东。三间两进，硬山顶，镬耳封火山墙，灰塑博古脊，青砖石脚。头门面阔三间，深两间共七架，大门呈凹门斗状，石门夹，石门额阳刻“前山凌公祠”，无款识。后堂面阔三间，深三间共十三架，后堂前天井两侧四架卷棚廊。

景客凌公祠 位于黄埔区长洲街深井社区

中约下街迴波巷5号。始建年代待考，清代建筑风格，坐西北朝东南。三间两进。硬山顶，人字封火山墙，灰塑龙船脊，碌灰筒瓦，蓝琉璃瓦当剪边，青砖石脚。头门面阔三间，深两间共十一架，大门石门夹，石门额阳刻“景客凌公祠”，无款识。后堂面阔三间，深三间共十七架。后堂前天井两侧六架卷棚廊。该祠头门前廊驼峰、斗拱、梁架木雕细腻生动，十分精致，封檐板雕刻非常精美。

肖兰凌公祠 位于黄埔区长洲街深井社区深井福康里1号。据族人介绍，该祠建于光绪六年（1880）。坐西朝东，三间三进。硬山顶，镬耳封火山墙，灰塑博古脊，青砖红砂岩石脚，红阶砖地面。大门开左侧，石门夹，呈凹门斗状，石门额阳刻“肖兰凌公祠”，无款识。东面外墙楣有精细砖雕和花草亭台精美灰雕，内墙楣有砖雕和花草亭台灰雕，且墙中有一大型正方形灰塑图案，可惜被灰砂涂抹。中堂面阔三间，深两间，凹门斗。后堂面阔三间，深三间。步梁上驼峰、斗拱木雕工艺精致。

金鼎门楼 位于黄埔区长洲街深井社区深井村丛桂东涌口直街。相传为明朝开村所建，坐西朝东，硬山顶，陶瓷龙船脊，碌灰筒瓦，绿琉璃瓦剪边。门楼全部用红砂岩石砌筑，石门额阳刻“金鼎”二字，为古时该村乡名。据村民介绍，因门楼旁的山岗形似“金鼎”而得此名。门楼背面石额刻“河涧锁钥”四字，现虽已被铲平，但仍依稀可见。该门楼顶部之龙船脊和绿琉璃瓦在20世纪90年代维修时更换。古时门楼前面是条河涌，是该村的唯一出入口。

安来市古井 位于黄埔区长洲街深井社区安来三街41号东南侧，据说是在清末民初安来市兴建时挖筑的。井口用花岗岩山构筑，后加青砖水泥覆盖。井台铺水泥，与街面齐高。井壁袋形，上小下大。井水水质清爽，水源充足，当年可供百数户人家及多间茶楼饮用。是安来市当时唯一供饮用的水井。深井村于1987年改用自来水，但不少村民仍乐于使用该井水。

1994年6月，公布为黄埔区文物保护单位。

清 周氏大宗祠

位于黄埔区鱼珠街茅岗社区爱莲五巷1号北侧。始建于明代万历年间，清代多次重修。供奉始祖周伯进。

祠堂坐西朝东，三间三进。硬山顶，人字形封火山墙，灰塑龙船脊，碌灰筒瓦，素瓦当，封檐板雕花。头门面阔三间，深两间。虾公梁上有卧狮、斗拱，梁下有雀替且透雕灵动，均为花岗岩石质。大门木门夹，木门匾书“周氏大宗祠”，上款“光绪丙戌夏五重修”，下款“廿一传孙启祥敬书”。中堂面阔三间，深三间，中堂前带天井，两廊为卷棚顶。后堂面阔三间，深三间，后堂前带天井，两廊六架卷棚顶。

1994年6月，公布为黄埔区文物保护单位。

周氏大宗祠

清 行三祖祠古建筑群

位于黄埔区萝岗街萝峰社区。建于清代。包含行三祖祠、文林郎公祠和德轩祖祠三栋建筑。

行三祖祠 位于黄埔区萝岗街萝峰社区岗潮村东二街5号。始建于明代，历代有重修，为岗潮钟姓祖祠。祠堂如今保留了清代建筑风格。坐西朝东，面阔三间，进深三进。砖木结构，硬山顶，人字封火山墙，灰塑龙船脊，碌灰筒瓦，雕花封檐板，石脚青砖墙。头门面阔三间，进深两间，前廊有二石砌包台，檐柱为石柱，虾公梁，木门夹，高矮门，门侧有高蹬石鼓，门上石额刻“行三祖祠”四字。中堂前后两天井均用花岗岩石板铺地。廊道均为四架卷棚顶。中堂面阔三间，进深三间，檐柱为石柱，金柱为木柱，后金柱间有木制屏风。后堂面阔三间，进深三间，檐柱为石柱，金柱为木柱，堂后设石基木制神龛。该祠堂规模较大，装饰讲究，新近重修，保存完好，较好地保留了建筑原貌。

行三祖祠

文林郎公祠 又名秉仁祖祠，位于黄埔区萝岗街萝峰社区坑村街66号，是当地钟姓祖祠。建于清咸丰年间，2006年重修。坐北朝南，面阔三间，深三进。砖木结构，硬山顶，龙船脊，人字封火山墙，碌灰筒瓦，雕花封檐板，石脚青砖墙。头门面阔三间，进深两间，檐柱为石柱，虾公梁上有石雕狮子，石门夹，门侧有枕石，门上新立木匾一额。中堂、后堂前天井用花岗岩石板铺地。中堂前两廊为四架卷棚顶，地面铺以红阶砖。中堂面阔三间，进深三间，檐柱为石柱，金柱为木柱，地面铺以红阶砖。后堂前两廊为六架卷棚顶，借助中堂和后堂前、后檐柱承重。后堂面阔三间，进深三间，檐柱、金柱均为石柱。该祠堂规模较大，装饰讲究。1926年，萝岗地区第一间新型学堂就设在该祠堂内。

德轩祖祠 位于黄埔区萝岗街萝峰社区岗潮村东二街17号。建于清光绪三十一年（1905）。坐西朝东，面阔三间，深三进。砖木结构，硬山顶，人字封火山墙，碌灰筒瓦，雕花封檐板，石脚青砖墙。头门面阔三间，进深两间，博古脊，檐柱为石柱，虾公梁，梁上有石雕狮子，驼峰梁架，石门夹，门侧有枕石，门上石额刻“德轩祖祠”四字。中堂前天井、后堂前天井用花岗岩石板铺地。廊道为四架卷棚顶。中堂面阔三间，进深三间，龙船脊，檐柱为石柱，金柱为木柱。后堂面阔三间，进深三间，龙船脊，檐柱为石柱，金柱为木柱。

2009年8月，公布为萝岗区文物保护单位。

清　云谷祖祠

位于黄埔区萝岗街萝岗社区萝岗公路街（萝岗街道办事处大院内）。是当地钟姓祖祠。始建于清，曾多次维修，2003年再次进行较大规模重修。

祖祠坐东朝西，面阔三间，进深二进，砖木结构，硬山顶，博古脊，人字形封火山墙，雕花封檐板，青砖石脚墙。头门面阔三间，进深两间，虾公梁，石狮顶花。门口两侧有枕石，门上石额阳刻“云谷祖祠”四字，门后有挡中。两廊为六架卷棚顶。后堂面阔三间，进深三间。祠堂的北面有一院落与菊圃祖祠相连。

2009年8月，公布为萝岗区文物保护单位。

云谷祖祠

清　菊圃祖祠

位于黄埔区萝岗街萝岗社区萝岗公路街（萝岗街道办事处大院内）。是当地钟姓祖祠。始建于明，维修记录不详，如今保留了清代建筑风格。

祖祠坐东朝西，面阔三间，进深二进。砖木结构，悬山顶，龙船脊，碌灰筒瓦，雕花封檐板。头门面阔三间，进深两间，墙楣有壁画，檐口二石柱，虾公梁，门上石额阳刻“菊圃祖祠”四字，门后有挡中。两廊为五架金字梁架。后堂面阔三间，进深三间，檐柱、金柱皆为石柱。

2009年8月，公布为萝岗区文物保护单位。

菊圃祖祠

清　玉田朱公祠

位于黄埔区云埔街笔岗社区荔元大街56号。始建于明代，清光绪二十年（1894）、1995年重修，是笔岗最大的祠堂。

祠堂坐东朝西，面阔三间，深三进，砖木结构，石脚青砖墙，人字封火山墙，龙船脊（后堂的损毁不存），碌灰筒瓦。中堂、后堂前两廊皆为四架卷棚顶。头门面阔三间，进深两间，前廊有二石砌包台，虾公梁。中堂面阔三间，进深三间，后金柱间有挡中。后堂面阔三间，进深三间，堂内供奉朱熹画像。

2009年8月，公布为萝岗区文物保护单位。

玉田朱公祠

清　凌溪钟公祠

位于黄埔区云埔街火村社区冈头园岗塱西仪巷2号。始建于明代，清光绪十六年（1890）、1988年、1998年重修。

祠堂坐西北朝东南，面阔三间，深二进。砖木结构，硬山顶，人字封火山墙，石脚青砖墙。头门面阔三间，进深两间，灰塑博古脊，前廊有二石砌包台，虾公梁上有石狮顶花。头门两侧墀头上有人物纹饰的砖雕，其造型生动，保存完整。大门上有阳刻石额，门侧挂有对联“灵钟凤彩；毓秀鹅阳”。大门后有挡中。两廊为四架卷棚顶。后堂面阔三间，进深三间，龙船脊，檐柱和金柱皆为石柱。堂内挂有“光裕堂”木匾，并有石砌神台供奉钟凌溪及其夫人罗氏和梁氏。祠堂两侧为青云巷，巷口的门楼上分别刻有“苾芬”和“饎饎”字样。左侧青云巷门楼完好，门后是三角形小天井，后为两个阔一间，深一进的小库房。右侧青云巷已不存。

2009年8月，公布为萝岗区文物保护单位。

凌溪钟公祠

清　南园钟公祠

位于黄埔区云埔街火村社区火村。始建于明嘉靖二十二年（1543），重修记录不详。由湛若水为钟氏后人择地而建，为火村钟氏十一世祖祠。

祠堂坐西朝东，三间两进。砖木结构，博古脊，碌灰筒瓦，人字封火山墙，雕花封檐板。青砖石脚墙，大红阶砖砌地。头门面阔三间，进深两间，灰塑博古脊，碌灰筒瓦，刻花封檐板，正面左右两石砌包台，驼峰梁架，梁架雕刻华丽。石门夹，门上石额阳刻“南园钟公祠”五字，门侧有两枕石，枕石上刻狮子图案，大门后有挡中。后堂前两廊为六架卷棚顶。后堂面阔三间，进深四间，龙船脊，前设四架轩廊，堂内有湛若水题写的“介思堂”大木匾。原有对联“大宛朝来光自远；甘泉题后德常新”，现已不存。

2009年8月，公布为萝岗区文物保护单位。

南园钟公祠

清　贮兴陈公祠古建筑群

位于黄埔区新龙镇镇龙村新围村。建于清代。包含贮承陈公祠、贮兴陈公祠、贮兴家塾三栋建筑。

贮承陈公祠　坐北朝南，三间两进。砖木结构，硬山顶，镬耳封火山墙，碌灰筒瓦，阶砖地，石脚青砖墙。头门面阔三间，进深三间，灰塑博古脊，虾公梁，封檐板上刻有人物和花鸟图案。石门夹，门上有阴刻石额，门侧有枕石，门后有挡中。后堂前两廊六架卷棚顶，檐口上方有灰塑。后堂面阔三间，进深三间，灰塑龙船脊，瓜墩梁架承重。

贮承陈公祠

贮兴陈公祠　坐北朝南，三间三进。砖木结构，硬山顶，镬耳封火山墙，碌灰筒瓦，琉璃瓦剪边，石脚青砖墙。头门面阔三间，进深两间，灰塑博古脊，虾公梁，梁上承石狮顶花，两侧墀头的砖雕局部损坏。石门夹，门上有阴刻石额，门两侧有枕石，门后有挡中。中堂前两廊六架卷棚顶，檐口上方有灰塑。中堂面阔三间，进深三间，灰塑龙船脊，瓜墩梁架，后金柱间有仪门。后堂前两廊六架卷棚顶。后堂面阔三间，进深三间，灰塑龙船脊。

贮兴家塾　分前、后两部分，前半部分为船厅，后半部分为庭院式建筑，内有小花园。园中设花台，南面为照墙，其余三面建房，四周墙上及门窗额上饰彩色灰塑图案，房内阁楼护栏及封檐板上饰精致木雕。整座家塾布局合理，结构严谨。

2009年8月，公布为萝岗区文物保护单位。

清　水西古建筑群

位于黄埔区长岭街水西社区。建于清代。包含昆山祖祠、远亭家塾、流米井、抱虚公祠、润峰祖祠、辅而别墅六处建（构）筑物。

昆山祖祠　始建于明，清乾隆四年（1739）、2009年重修。坐南朝北，三间三进。砖木结构，硬山顶，人字形封火山墙，碌筒瓦面，雕花封檐板，石脚青砖墙。头门博古脊，面阔三间，进深两间，前檐四条石柱，挑头各有一石雕人像（两山墙为梁架结构），虾公梁上有石雕狮子，驼峰斗拱，左右有包台，两侧墀头被毁，木门夹，门上木匾额书“昆山祖祠”，门侧有高蹬石鼓。后檐柱为石柱。中堂前天井花岗岩条石铺地。两廊四架卷棚顶，面阔三间，四条前檐柱承重。中堂龙船脊，面阔三间，进深三间。前后檐柱为石

昆山祖祠

柱，金柱为木柱。后堂前的天井为花岗岩条石铺地，两侧走廊四架卷棚顶，两条前檐柱为石柱。后堂龙船脊，面阔三间，进深三间，前轩廊为四架卷棚顶，前后檐柱为石柱，金柱为木柱。

远亭家塾 始建于清。坐南朝北，三间三进。开侧门，石门夹口上方有阳刻石额。砖木结构，石脚青砖墙，硬山顶，镬耳山墙。头门面阔三间，进深一间，博古脊，有阁楼，阁楼前后有木雕栏杆，楼下左右为房间。中堂前两廊六架卷棚顶。西廊为大门口，东廊存碑刻五方，记述主人钟逢庆生平。中堂面阔三间，进深三间，龙船脊，后金柱间有木屏风，梁架由酸枝木制成。后堂前仅剩东廊，廊六架卷棚顶。后堂面阔三间，进深一间，龙船脊，东西两侧为房间。

流米井 位于黄埔区长岭街水西社区神仙山（土名石碌坳）山脚。始建年代无考。相传自宋代以来，附近村民一直饮用该井水。清代人口渐多，便用花岗岩石砌筑周边，防止泥沙冲入污染井水。井水深约1米，至今尚可自流。据民间传说，此井原先流水亦流米，故称“流米井”，所流之米供神仙山上的仙人及书童食用。书童每天到井泉取水取米，所流出之米不多不少，仅够他们一天之用，后来书童为了方便，想一次取两天之米，便用木棍扩大泉眼，使之多流米而多取米，谁料从此之后，井再不流米而流白沙。井的西侧尚有碑刻一方，上刻“流米胜迹生旺龙泉之神”。

抱虚公祠 为钟姓家族的祠堂，始建于明，清光绪十八年（1892）重修。坐南朝北。前有地坪水塘，三间两进，砖木结构。头门面阔三间，进深两间，石门夹大门，门上有阳刻石额。檐口两石柱承重，虾公梁上有如意石雕。两廊为四架卷棚顶，博古纹式廊脊。后堂面阔三间，进深三间，前檐柱为石柱，后墙为砖柱，中间四金柱承重，堂内存有“怀远堂”牌匾一块，牌匾上款刻“光绪壬辰榖旦”，中刻“怀远堂”三字，下款刻“裔孙莹章敬书”。

润峰祖祠 始建于清。坐西南朝东北，三间三进。砖木结构，石脚青砖墙，人字封火山墙，龙船脊，是黄埔地区现存少有的保存有拜亭的祠堂。头门面阔三间，进深两间，两石砌包台，虾公梁上有石狮顶花。前廊梁架刻人物、花鸟等。木门夹，高矮门，门侧有高磴石鼓。头门、后堂之间有拜亭，亭前有六级台阶。拜亭面阔三间，进深三间，八柱，重檐歇山顶。后堂前两廊四架卷棚顶，博古脊。后堂面阔三间，进深三间。

辅而别墅 始建于清。坐南朝北，三间二进，是一处规模较大的民宅。主体建筑为砖木结构，石脚青砖墙，硬山顶，灰塑博古脊，镬耳封火山墙，碌灰筒瓦，雕花封檐板。头门面阔三间，进深两间，明间呈凹字形，石门夹，门侧有枕石，门上石额刻“辅而别墅”。头门两次间檐下有灰雕装饰。后堂前天井铺设花岗石条。后堂面阔三间，进深三间，檐柱为石柱，金柱为木柱。

2009年8月，公布为萝岗区文物保护单位。

清 火村花厅坊古建筑群

位于黄埔区云埔街火村社区火村花厅坊。大多建于清代，包含兰翠钟公祠、论泉钟公祠、西泉古井、秀南书室、联秀里门楼及月会记碑、澹乐钟公祠、念山钟公祠、右泉钟公祠、兰所钟公祠九处建筑。

兰翠钟公祠 位于黄埔区云埔街火村社区岗荔街68号。始建于清道光年间，坐西北朝东南，三间三进。祠堂为砖木结构，硬山顶，碌灰筒瓦，雕花封檐板，人字封火山墙，青砖石脚墙。头门前廊面阔三间，进深两间，博古脊，檐口两条石柱，虾公梁上有石狮，墀头已损坏。驼峰斗拱为莲花托形，造型华美，刻工精巧。石门夹，大门上石额刻“兰翠钟公祠”五字。中堂前有天井，无两廊，两侧墙壁有灰塑壁画。中堂面阔三间，进深三间，灰雕龙船脊。后堂面阔三间，深三间，平脊。

论泉钟公祠 位于黄埔区云埔街火村社区论苑街3号。根据祠堂石额的相关记载，该祠于光绪丙申年（1896）重建，维修记录不详。坐东北朝西南，三间两进，砖木结构，石脚青砖墙，悬山顶。头门面阔三间，进深两间，灰塑博古脊，门口呈“凹”字形，石门夹大门，门上有阳刻石额，门侧有枕石。两廊为六架卷棚顶。后堂面阔三间，进深三间，平脊。祠堂装饰简朴。

西泉古井 位于黄埔区云埔街火村社区花厅坊。据村民介绍，该井修建于明代。古井的井台由花岗岩石板砌成，井圈上圆下方，由灰砂岩筑成，井壁由青砖铺砌。古井旁边立有一碑，上面阴刻“西泉古井咸丰元年仲冬吉旦”等字。该井水清如镜，清凉可口。相传为钟氏九世祖澹乐在火村开基创业时所挖下的古井。

秀南书室 位于黄埔区云埔街火村社区花厅中街29号西北侧。根据书室内石额的记载以及当地居民的反映，该书室建于咸丰乙卯年（1855），维修记录不详。坐东北朝西南，一间一进。砖木结构，石脚青砖墙，大门开于正面西侧，花岗岩门框，门上有阳刻石额，檐口处有雕刻花鸟图案的封檐板。后堂前有两廊，两廊为四架卷棚顶。后堂为硬山顶，龙船脊，博风带有灰塑，阶砖地。建筑保存完整，是了解清代萝岗地区学堂书院建筑风格的实物材料之一。

联秀里门楼及月会记碑 位于黄埔区云埔街火村社区花厅坊中街29号东南侧。建于嘉庆二年（1797），坐东北向西南，面阔一间，进深两间。砖木结构，石脚红砖墙，红砖内包夯土，硬山顶，博古脊，刻花封檐板，花岗岩门框，门上有阳刻石额。门后有碑刻一方，碑高0.9米，宽0.6米，黑大理石制成，楷书字体。

澹乐钟公祠 位于黄埔区云埔街火村社区花厅中街29号。建于明朝中期，维修记录不详，建筑基本保存了明代时期的建筑风格。祠堂坐东北向西南，三间三进。砖木结构，石脚红砖墙，人字形封火山墙，雕花封檐板，大阶砖地面。头门为龙船脊，中堂、后堂为平脊。头面前廊梁架上有刻花驼峰、斗拱，石砌包台，檐口两石柱，墀头已毁，门上有阳刻石额，门侧有刻夔龙纹的枕石。中堂为方檩，穿斗和抬梁相结合式梁架，红砂岩柱础。后堂前两廊为六架卷棚顶。祠堂的红砖上均印有“追远堂”三字，为建祠专用。

澹乐钟公祠

念山钟公祠 黄埔区云埔街火村社区花岭街13号。根据祠内木匾的记载以及当地居民的反映，该祠建于同治七年（1868），维修记录不详。坐东北向西南，砖木结构，石脚青砖墙，硬山顶。祠堂之所以有如此布局，是因为在建祠初，钟氏族人无法与周边居民协调用地，故只能折中修建门楼供居民进出，在门楼后方兴建祠堂主体。门楼面阔一间，进深两间，瓦面经过重修，现为硬山顶、平脊，檐口有刻花封檐板。头门面阔三间，进深两间，硬山顶，灰塑博古脊。两廊为六架卷棚顶。后堂阔三间，进深三间，硬山顶，龙船脊，后金柱之间的横梁上有同治七年立的“昌后堂”木匾一方。整祠基本结构完整，布局特别。

右泉钟公祠 位于黄埔区云埔街火村社区花岭街17号。根据当地居民的反映，该祠始建于清，维修记录不详。坐东北朝西南，三间两进。建筑为砖木结构，石脚青砖墙，硬山顶，平脊。头门阔三间，进深两间，碌灰筒瓦，刻花封檐板，正面墙体上方有三排树叶纹的灰塑。大门上有石额，门侧有枕石，两廊为六架卷棚顶。后堂面阔三间，进深三间，刻花封檐板，两檐柱和四金柱皆为石柱。

兰所钟公祠 又名“承燕堂”，位于黄埔区云埔街火村社区花岭街23号。始建于清，民国十一年（1922）重修。坐北朝南，三间两进，砖木结构，悬山顶。头门面阔三间，进深两间，灰塑博古脊，碌灰筒瓦，石门夹，门侧二枕石，山墙为夯土墙，前后檐口四石柱，前廊石柱、梁架造工精巧。两廊为四架卷棚顶。后堂面阔三间，进深三进，平脊，碌灰筒瓦，十三架，后金柱上有1922年立的一副对联“承十一世鸿图一本发祥围继大园崇庙祀；贻廿五传燕翼五房衍庆居环上岭奠堂基”。祠堂结构基本完整，木构件雕工精细。

2009年8月，公布为萝岗区文物保护单位。

清　镇龙下境古建筑群

位于黄埔区新龙镇镇龙村内。建于清代。包含竹隐陈公祠、下境村门楼。

镇龙下境古建筑群

竹隐陈公祠　始建于清乾隆十八年（1753），同治四年（1865）重修。坐北朝南，两路三间三进。砖木结构，石脚青砖墙，镬耳封火山墙，龙船脊，碌灰筒瓦，琉璃瓦剪边，刻花封檐板。头门面阔三间，进深两间，虾公梁上有石狮顶花，驼峰斗拱梁架，石门夹，门侧有枕石，门上有阳刻石额，花岗岩石铺砌地面。中、后堂前两廊为七架金字顶。中堂面阔三间，进深三间。后堂面阔三间，进深三间，堂内供奉当地陈氏十三世祖陈竹隐。建筑规模较大，结构完整，特别是头门墀头的砖雕、梁架的雕刻等皆保存完好。

下境村门楼　建于清代。坐西朝东，面阔一间，进深两间。砖木结构，硬山顶，镬耳山墙，龙船脊，碌灰筒瓦，刻花封檐板，花岗岩门框，石脚青砖墙。楼内设有阁楼，并设有“土地门官，福德正神”神位置于大门的右后方。

2009年8月，公布为萝岗区文物保护单位。

清　莲塘建筑群

位于黄埔区九佛街莲塘村。包含时四陈公祠、鸿祐家塾、莲塘第一人民食堂旧址、莲塘营部第二食堂旧址四栋建筑。

时四陈公祠　始建于清光绪二十五年（1899），1998年重修。坐北朝南，三间三进。砖木结构，石脚青砖墙，博古脊，镬耳封火山墙，碌灰筒瓦，雕花封檐板。中路头门面阔三间，进深二进，前后檐柱为石柱，虾公梁，驼峰梁架，石门夹，大门上石额刻有“时四陈公祠”五字。中堂面阔三间，进深三间。后金柱间挂“善世堂”木匾，其字为光绪甲辰（1904）进士诰授资政大夫陈之鼐手书。后堂前两廊面阔一间，进深两间，八架卷棚顶有前轩廊。后堂面阔三间，进深三间，四木柱，前、后墙承重。左、右衬祠均面阔一间，深三进，中进、后进均改变原结构。头进与中进之间有面阔三间，进深两间，带轩廊的屋，门开向中路天井。

时四陈公祠

鸿佑家塾　始建于民国。坐东向西，三间两进。砖木结构，石脚青砖墙，龙船脊，人字封火山墙，碌灰筒瓦，雕花封檐板。头门面阔三间，进深一间。两廊为五架金字顶，开雕花窗，两廊均开侧门，其中北侧门上有石额，上刻“鸿佑家塾”四字。后堂面阔三间，进深三间，八柱承重，后金柱为砖柱。

莲塘第一人民食堂旧址　建于1958年。坐东朝西。面阔三间，深八间。灰塑平脊，硬山顶，瓦面，砖木结构，西山墙开门，为仿西方建筑风格的拱门。门上横额有“人民食堂”四个大字，中间用一红五角星间隔。屋内十四条砖柱加两山墙承重，每间二十三架。原有窗口三十四个，今已填补。红阶砖地面上加铺水泥灰砂。

莲塘营部第二食堂旧址 建于1958年。坐北朝南，三间二进。砖木结构，石脚青砖墙，平脊，硬山顶，瓦面屋顶。门开于南边墙，门上横额为“莲塘营部第二食堂”，中间用一红五角星间隔。各间十五架金字顶山墙承重。该食堂是“大跃进”时期的产物，即所谓粮食取得“特大丰收”，全民在食堂集中吃大锅饭，吃饱三餐不用钱，后发展到能吃多少就吃多少，粮食大量浪费，以致难以为继。食堂于1961年停办。

2009年8月，公布为萝岗区文物保护单位。

清 燕塘村陈氏祠堂

位于黄埔区九佛街燕塘村。建于清代。包含添义陈公祠、天从陈公祠两栋建筑。

添义陈公祠 始建于清代，清乾隆三年（1738）、乾隆五十八年（1793）、光绪十四年（1888）三次重修。坐东南朝西北，三间三进。砖木结构，博古脊，人字封火山墙，碌灰筒瓦，雕花封檐板，青砖墙（头门前墙为石脚青砖墙）。头门面阔三间，进深两间。前后檐柱为石柱，虾公梁，驼峰梁架，石门夹，大门上石额刻“添义陈公祠”。两廊七架金字顶，西廊开侧门。中堂面阔三间，进深三间，十三架六柱加后墙承重，后金柱正中挂“敦礼堂”木匾。两廊八架卷棚顶，有前轩廊。后堂面阔三间，进深三间，四木柱加前后墙承重。

天从陈公祠 始建年代不详，清嘉庆二十三年（1818）、2002年重修。坐东朝西，三间两进。砖木结构，平脊，硬山顶，人字封火山墙，碌灰筒瓦，雕花封檐板，石脚青砖墙。头门面阔三间，进深两间。明间凹下，石门夹，大门上石额刻“天从陈公祠”，两侧有门枕石，内两次间围砌呈房，左侧墙上镶《充蒸百子会碑记》。两廊七架金字顶，借助头门后墙及后堂前墙承重。

天从陈公祠

后堂面阔三间，进深三间，穿斗式瓜柱梁架，四石柱加前后墙承重，前轩廊四架卷棚顶。

2009年8月，公布为萝岗区文物保护单位。

清 埔心古建筑群

位于黄埔区龙湖街埔心村。包含大王会厅、汤氏宗祠、经济堂和庆一汤公祠四栋建筑。

埔心古建筑群

大王会厅 建于清乾隆五年（1740）。坐东朝西，两路两进三开间。左路为建筑主体，砖木结构，硬山顶，平脊，碌灰筒瓦，雕花封檐板，青砖石脚墙。头门面阔三间，进深两间，呈“凹”字形门口，前左侧墙上方有灰雕，混合承重。后堂面阔三间，进深三间，前设四架卷棚顶轩廊，檐柱及金柱皆为石柱，大阶砖地面。右路已遭改建。曾用作一个民间信仰（类似“金花会”“关帝会”“洪山会”等民间组织）活动场所，由村民集资建造。建筑整体保存状况较好，现为村民加工花生油的场所。

汤氏宗祠　始建于明，清代、1995年重修，建筑基本保存了明代的建筑风格。坐东朝西，两进三开间。砖木结构，硬山顶，灰塑龙船脊，碌灰筒瓦，雕花封檐板，墙楣处有壁画，青砖石脚墙。头门面阔三间，进深两间，前檐两条石柱，虾公梁，石门夹，有门墩，门上无石额。两侧灰塑墀头破损。后堂面阔三间，进深三间，前设四架卷棚顶轩廊，前有两条石檐柱，堂内有神位，大阶砖铺地。该祠是汤姓族人为纪念先祖而建。

经济堂　始建于清。坐东朝西，两进三开间。砖木结构，硬山顶，龙船脊，碌灰筒瓦，雕花封檐板，青砖石脚墙。头门面阔三间，进深两间，呈凹斗形门口，石门夹。头门后墙的墙楣上有灰塑，灰塑为人物、花鸟、瑞兽等图案，十分生动。后堂面阔三间，进深三间，前檐两条石柱，中间四条金柱加后墙承重，圆石柱础。墙上有人物、山水图画。经济堂原是汤姓族人建的聚会议事场所，现闲置。

庆一汤公祠　始建于光绪六年（1880）。坐东朝西，前有半圆形地坪水塘，三进三开间。砖木结构，硬山顶，平脊，碌灰筒瓦，雕花封檐板。青砖石脚墙。头门面阔三间，进深两间，檐口两条石柱，次间设木连系枋，门上有阴刻石额，前廊花岗岩石铺砌地面。中堂面阔三间，进深三间，瓜柱梁架，檐口有四青砖砌成的八棱柱子。后堂面阔三间，进深一间。堂内有红砖、石板砌成的神台。

2011年11月，公布为萝岗区文物保护单位。

清　黄陂龙氏宗祠

位于黄埔区联和街黄陂社区黄陂西街58号。始建于清乾隆五十七年（1792），1944年、1989年、2000年都有重修。

祠堂坐北朝南，面阔三间，深三进，砖木结构，石脚青砖墙，龙船脊，镬耳封火山墙，碌灰筒瓦，雕花封檐板。头门前后檐柱为石柱，虾公梁上有石狮驼峰，两侧墀头完好。前廊驼峰斗拱梁架，花岗岩条石铺地。石门夹，大门上石刻“龙氏宗祠”四字，有门枕石。中堂前天井为花岗岩条石铺地，两廊为新修六架卷棚顶。中堂为十三架，八条石柱承重，后金柱原挂“思成堂”木匾。后堂前天井由花岗岩条石铺成，两廊重修为六架卷棚顶。后堂前檐柱、金柱为石柱。该祠于1944年被日军炸弹炸毁，后重修。1957年，因办学需要，拆除第二进扩宽作学校。1989年学校迁往新校址。

2011年11月，公布为萝岗区文物保护单位。

黄陂龙氏宗祠

清　康护黄公祠

位于黄埔区联和街暹岗社区暹岗西街40号。始建于清乾隆五十八年（1793），后重修。

祠堂坐北朝南，三间二进，砖木结构，石脚青砖墙，硬山顶，人字形封火山墙，龙船脊，雕花封檐板。头门面阔三间，进深两间，石夹门

康护黄公祠

口，前廊两侧有包台，门上有阳刻石额，门口两侧有枕石，枕石正面雕刻精美的夔龙图案，两侧墀头上有花草灰塑，虾公梁。两廊均为六架卷棚顶。后堂面阔三间，进深三间，前设四架轩廊。整个祠堂保存完整，木质构件雕刻精美。

2011年11月，公布为萝岗区文物保护单位。

清　贵一何公祠

位于黄埔区龙湖街何棠下村棠下东街42号。始建于明代，清道光十六年（1836）重修，1999年大修。

祠堂坐东朝西，三间三进。砖木结构，石脚青砖墙，硬山顶，镬耳封火山墙，龙船脊，脊上有鳌鱼、宝珠，琉璃瓦，外墙铺绿色瓷砖，内墙批荡描线，中堂及后堂前两廊六架卷棚顶。头门设虾公梁，梁上承石狮顶花，驼峰斗拱梁架，鳌鱼叉手，梁架上雕刻花鸟、瑞兽图案，石门夹。门上有“贵一何公祠”木匾，门两侧有枕石。中堂堂内有挡中，挡中上方挂有“敦睦堂”横匾。后堂前设四架卷棚顶轩廊，梁架雕工精巧。

2011年11月，公布为萝岗区文物保护单位。

贵一何公祠

清　黄氏大宗祠

位于增城区新塘镇白石村新村北街。是由新塘白石、瓜岭、沙头、白水、瑶田五村黄姓村民集资兴建的祠堂。始建于清光绪八年（1882）。

祠堂坐西向东稍偏北，五间三进，总面阔22.45米，总进深66米，占地面积1481.7平方米。五岳山墙，灰塑龙船脊，碌灰筒瓦，穿斗与抬梁混合式梁架结构，青砖石脚。石门匾阳刻“黄氏大宗祠”，上款刻“光绪八年壬午仲秋穀旦”。头门墀头上部、石门枕施石刻人物、瑞兽、花鸟纹，前廊次间、梢间虾公梁上施石雕狮子，驼峰异形斗拱。中堂前天井右后部建花岗岩月台。头门、中堂、后堂前廊步梁上施人物纹驼峰，莲瓣纹升斗和鳌鱼纹托脚。中堂前天井左右廊各面阔三间，明间稍高，为歇山顶龙船脊廊亭，次间为六架卷棚廊。头门正脊两端已毁，左侧五花山墙已不存；中堂前天井左侧歇山顶廊亭正脊右半部分、戗脊大部分不存，两廊瓦面有多处漏水；中堂、后堂瓦面亦有漏水；月台四周的覆盆望柱挟栏板围栏大部分已不存。五岳山墙，祠内建月台，他处少见。

1985年6月，公布为增城县文物保护单位。

黄氏大宗祠

清　洁菴湛公祠

位于增城区新塘镇群星村北约东头街13号。又称天下士祠。是祀奉新塘湛氏九世祖湛洁菴夫妇灵位的祠堂。始建于明，明清至民国时期曾多次维修，2009年再次维修。

祠堂坐东南朝西北，三间三进，总面阔12.1米，总进深24.8米，占地面积251.7平方米。悬山顶，灰塑龙船脊，碌灰筒瓦，穿斗与抬梁混合式梁架结构，素胎瓦当，滴水剪边，青砖墙，鸭屎石脚。木门匾是2004年维修时重做的。封檐板、步梁上木雕古朴，架梁瓜柱矮墩。檐柱为鸭屎石

洁菴湛公祠

和红砂岩石，柱础粗犷结实。天井歇山顶两柱一间，一楼牌楼小巧别致，木雕五跳莲花斗拱排列整齐有序，雕工精美。红砂岩石雕瑞兽形神怪异，雕工精湛。

1985年6月，公布为增城县文物保护单位。

清　黎氏宗祠

位于增城区荔城街夏街村夏街路36号。是奉祀夏街村黎氏始祖黎荣的祠堂。始建于明，清初重建，2005年维修。

祠堂坐西向东，占地面积468.1平方米。三间三进，有头门、中堂和后堂，总面阔11.85米，总进深39.5米。人字封火山墙，灰塑龙船脊，碌灰筒瓦。青砖石脚。头门面阔三间11.85米，进深两间6.97 米，共九架，前设三步廊。梁架上施有鳌鱼托脚、驼峰斗拱。梁架出榫部雕龙首形象。红砂岩石门夹，双扇木板门，门额木横匾上刻“黎氏宗祠”金漆大字。台基前为三级花岗岩石阶。中堂面阔三间11.85米，进深三间7.83米，前后双步廊。穿斗与抬梁混合式梁架。设木屏门，上悬挂“锡类堂”木横匾。梁架为月梁做法，部分梁底雕花。梁架上施叉手托脚，驼峰斗拱。堂前三级花岗岩石阶。中堂前天井宽11.38米，深10.9米。后堂面阔三间11.85米，进深两间6.8米。明间设神楼，两次间为房。堂前三级花岗岩石阶。后堂前有天井带两廊，面阔一间3.7米，深一间3.53米，两坡顶。

黎氏宗祠

2009年9月，公布为增城市文物保护单位。

清　竹墅黎公祠

位于增城区荔城街夏街村夏街路44号。是奉祀夏街黎氏二世祖黎可善（字元之，号竹墅）的祠堂。始建于明代中叶，清代曾维修，最近一次维修是2005年。

竹墅黎公祠

祠堂坐西向东。三间三进，总面阔18米，总进深40米，占地面积720平方米。镬耳封火山墙，灰塑龙船脊，碌灰筒瓦，青砖石脚墙。头门面阔三间18米，进深三间5.99米，共九架，设前三步后双步廊。梁架上施鳌鱼纹托脚、麒麟纹驼峰和莲瓣纹斗拱。红砂岩石门夹，双扇木板门，门额木横匾上刻“竹墅黎公祠”金漆大字。大门内设中门，次间为房。台基前为三级花岗岩石阶。中堂面阔三间18米，进深三间9.02米，前后设三步廊。悬挂“德求堂”木横匾。前廊梁架采用月梁做法，上施雕花驼峰、莲瓣纹斗、鳌鱼托脚。梁架出榫部雕龙首形象。堂前为三级红砂岩石阶。中堂前天井阔17.5米、深8.48米，左右为照壁，照壁中间各开一月门。后堂面阔18米，进深两间6.3

米，前设三步廊。堂前为三级红砂岩石阶。后堂前有天井带两廊，天井阔5.15米、深3.17米；廊为两坡顶，灰塑龙船脊，碌灰筒瓦。

2009年9月，公布为增城市文物保护单位。

清　处淡黎公祠

位于增城区荔城街夏街村夏街路46号。是奉祀夏街黎氏三世祖黎明（字孟昭，号处淡）的祠堂。始建于明代中叶，清代曾维修，最近一次维修在2005年。

处淡黎公祠

祠堂坐西向东，三间三进，总面阔16米，总进深38米，占地面积608平方米。镬耳封火山墙，灰塑龙船脊，碌灰筒瓦，青砖石脚墙。头门面阔三间16米，进深三间约6米，设前三步后双步廊。梁架上施鳌鱼纹托脚、麒麟纹驼峰和莲瓣纹斗拱。红砂岩石门夹，双扇木板门，门额木横匾刻“处淡黎公祠”金漆大字。大门内设中门，次间为房。台基前为三级花岗岩石阶。中堂面阔三间16米，进深三间约9米，前后设三步廊。悬挂“德求堂”木横匾。前廊梁架采用月梁做法，上施一斗三升斗拱及鳌鱼叉手托脚。梁架出榫部雕龙首形象。堂前为三级红砂岩石阶。中堂前为天井，带六架卷棚顶廊。后堂面阔16米，进深两间约4米共九架，前设三步廊。堂前为三级红砂岩石阶。后堂前有天井带两廊，廊为七檩两坡顶，灰塑龙船脊，碌灰筒瓦。

2009年9月，公布为增城市文物保护单位。

清　曹村陈氏宗祠

位于增城区荔城街城丰村曹村。始建于明，清乾隆辛酉年（1741）重建，光绪五年（1879）和民国十二年（1923）重修。

祠堂坐北朝南，三间三进，总面阔12.5米，总进深39.6米，占地面积495平方米。人字封火山墙，外墙上端饰有灰塑卷草图案，碌灰筒瓦，青砖石脚。头门面阔三间12.5米，进深三间9.53米，前后设三步廊。灰塑博古脊，青砖砌墙，花岗岩石脚。前廊梁架上施驼峰斗拱和托脚。红砂岩石门夹，双扇木板门，红砂岩门额阳刻“陈氏宗祠”四字行书，该匾传为陈白沙手书。中堂面阔三间12.5米，进深三间11.06米，前后三步廊。灰塑龙船脊。前廊梁架上施驼峰斗拱雀替和托脚。堂前为三级花岗岩石阶。中堂前有天井带两廊，廊为卷棚顶。左廊墙上镶嵌两块端石碑，记载该村村民南宋徙入及该祠遭兵灾重建的情况。天井红砂岩条铺地。后堂面阔三间12.5米，进深两间8.51米，前设四步廊。两次间为房，明间神龛前设木花罩，花岗岩拜桌。堂前设三级花岗岩石阶。后堂有天井带两廊，廊为卷棚顶，天井用红砂岩条铺地。

2009年9月，公布为增城市文物保护单位。

曹村陈氏宗祠

清　奕世科甲祠

位于增城区荔湖街三联村隔水龙村。是该村吴姓村民专为祀奉光绪年间高中进士、举人并进入仕途的祖先灵位而建的祠堂。始建于清代。

祠堂坐西朝东稍偏北，五间三进，占地面

积870.4平方米。悬山顶，灰塑龙船脊，阴阳瓦屋面，穿斗与抬梁混合式梁架结构，青砖、土坯砖、灰砂三合土混合墙体。头门进深两间5.65米。凹斗门，门上方悬挂“奕世科甲”木横匾。中堂进深一间6.3米，共十七檩。明间后部设木屏门，上悬挂“诰授奉政大夫”“特授广东驻省塘务府”“光绪丙戌科联捷进士 钦点营用守府”“覃恩诰赠昭武都尉”四方木牌匾。后堂进深一间6.52米。明间设神龛，次间、梢间为房。门前旷地上立十二对花岗岩桅杆夹，其中首尾两对立于花岗岩砌筑的石台上，顶施石雕狮子，其余十对立于地面，排列有序。祠内有四方特授、钦点、诰授、诰赠木牌匾，门前立十二对花岗岩桅杆夹，具有历史价值。全祠除混合墙体有局部灰砂剥落外，保存较好。

2009年9月，公布为增城市文物保护单位。

奕世科甲祠

清　尹氏祠堂

位于增城区白湖村湖溪路1号。始建于清光绪十三年（1887）。

祠堂坐东向西稍偏北，三间三进，总面阔12.34米，总进深30.95米，占地面积381.92平方米。硬山顶，人字封火山墙，灰塑龙船脊，碌灰筒瓦，穿斗与抬梁混合式梁架结构，青砖石脚墙。前后廊步梁为月梁做法，封檐板饰花卉纹。平梁施驼峰坐斗，梁下有木雕雀替，梁上施麒麟纹驼峰、莲瓣纹斗拱和鳌鱼纹托脚，雕工精致。头门石门匾阴刻“尹氏祠堂”，上款刻“光绪丁

尹氏祠堂

亥孟冬吉旦”，下款刻“翰林院编修朱琛书”。中堂前金柱间的木连系枋为月梁做法，梁底雕刻的花卉纹饰极富立体感。后金柱间悬挂“懿德堂”木横匾，上款刻“光绪元年秋九月”，下款刻“升用同知前江西安福县知县，晚生陈璞敬书”。中堂前有天井带两廊，廊面阔一间3.56米，深一间2.62米，人字顶，灰塑脊，异形梁。天井阔6.37米、深4.16米。后堂明间设木神楼，前有天井带两廊，廊面阔一间3.07米，深一间3.26米，灰塑脊，异形梁。天井阔5.14米、深2.95米。尹氏祠堂除局部檐口瓦片松脱外，全祠保存基本完整，木雕精致细腻，保存较好。

2009年9月，公布为增城市文物保护单位。

清　国相陈公祠

位于增城区中新镇山美村上围村。始建于宋代，清乾隆四十六年（1781）重修，同治七年（1868）重建，2005年维修。

祠堂坐西朝东稍偏南，阔两路，深三进，祠左隔青云巷建厨房，祠后建有书房。总面阔18.4米，总进深42.3米，占地面积778.32平方米。硬山顶，人字封火山墙，灰塑博古脊，碌灰筒瓦，穿斗与抬梁混合式梁架结构，青砖砌墙，红砂岩石脚。石门匾阳刻“国相陈公祠”行书。全祠封檐板、梁架上施精美木雕。墙楣施大幅彩色壁画和诗文。祠前立一对钦点探花及第桅杆夹。中堂前左廊墙上镶嵌一方“鼎建祖祠入主附祭位次图式”碑，此碑无款。右廊墙上镶嵌一方乾隆

四十六年碑，上书《重修祠堂碑记》和一方同治七年碑，碑上书《国相太祖祠堂重建序》。后堂及其前两廊、祠后书房均是2005年维修时重建的仿清古建筑。祠左隔青云巷建厨房，一间两进，天井中间有一口水泥三合土圆形水井。建祠青砖印有“祠”字标识，门前有院落，现祠内仍留有三方碑记。

2009年9月，公布为增城市文物保护单位。

国相陈公祠

清　仙村陈氏宗祠

位于增城区仙村镇仙村一路77号。是祀奉仙村镇上境村陈氏二世祖陈汝霖的祠堂。始建于清咸丰十年（1860），落成于咸丰十一年（1861），2023年修缮。

祠堂坐西朝东稍偏北，五间三进，左右为衬祠，总面阔23米，总进深40.5米，占地面积931.5平方米。硬山顶，人字封火山墙，灰塑龙船脊，碌灰筒瓦，穿斗与抬梁混合式梁架结构，青砖石脚墙。封檐板大部分已毁，步梁上施木雕驼峰斗拱。头门进深三间9.5米，前廊三步。前后廊各立两根方形花岗岩石檐柱，花岗岩石门夹，石门匾阳刻“陈氏宗祠”行书。衬祠三叠砖叠涩出檐。门内次间、梢间为房。左房墙上镶嵌一方“陈氏六五祖祠堂记”碑，右房墙上镶嵌一方“陈氏宗祠祠式碑”，两碑共刻一千三百余字。中堂进深三间11.5米，前三步后双步廊。两檐柱、四金柱均为花岗岩质。中堂前两廊在建仙村中心小学时已拆毁，与天井一起被改成旷地。后堂进深三间9.5米，前后双步廊，两根花岗岩石檐柱。后堂前两廊各面阔一间，深一间，顶已毁。衬祠为房，中堂、后堂衬祠前出轩廊。陈氏宗祠主体建筑保存较好，历史沿革清楚，内有祠式碑，他处少见。

2009年9月，公布为增城市文物保护单位。

仙村陈氏宗祠

清　昌华公祠建筑群

位于增城区派潭镇旧高埔村禾岭头村。始建于清道光甲辰年（1844）。

建筑群坐西南向东北，昌华公祠居右，平面呈纵向长方形，右后角处有炮楼（望楼），祠北侧前端挖池塘，池塘后半部建水上花园，花园后为书房，花园北建厨房、厕所，总面阔34.7米，总进深34.3米，占地面积1190.21平方米。昌华公祠为三间三进，面阔13.6米，深34.3米。硬山顶，人字封火山墙，灰塑龙船脊，碌灰筒瓦，穿斗和抬梁混合式梁架，青砖石脚墙。封檐板、梁架上的驼峰斗拱施木雕，墙楣施彩色壁画。炮楼与祠相连，为三层楼阁式，屋顶比祠后堂屋顶后坡高

昌华公祠建筑群

约1米。书房为三间两进，面阔10.3米，深14.8米。硬山顶，人字封火山墙，灰塑龙船脊，碌灰筒瓦，砖墙搁檩。厨房、厕所为横檩直入山墙式平房建筑。水上花园是用花岗岩条石在池塘之上架空而建，前有花基围栏，园中开两个方形观鱼窗，窗四周建花基，闲时可观鱼赏花。昌华公祠建筑群集祭祀、教学、起居生活、防卫、休闲等功能与园林艺术于一体，布局合理，功能齐全，他处少见，完整保留了清代建筑风貌，是当地保存较为完整的古建筑。

2009年9月，公布为增城市文物保护单位。

清　殿傅林公祠

位于增城区石滩镇碧江村北区。建于清光绪二十二年（1896）。

祠堂坐西朝东稍偏北，三间两进，总面阔12.5米，总进深22.4米，占地面积280平方米。硬山顶，镬耳封火山墙，灰塑龙船脊，碌灰筒瓦，穿斗与抬梁混合式梁架结构，青砖砌墙，红砂岩石脚。封檐板、梁架上施金漆木雕，脊饰灰塑精雕细刻，石雕精致细腻。头门进深三间6.7米，前廊双步。石门匾阳刻“殿傅林公祠，光绪丙申仲秋吉旦立”。后堂进深三间8.4米，前后廊三步。正脊右半部分已毁。两檐柱，四金柱，后金柱间设木雕挂落。后堂前两廊各面阔三间，明间深两间，前出四架轩廊。两次间深一间，为卷棚顶。该祠木雕和石雕精致细腻，脊饰灰塑精雕细刻。

2009年9月，公布为增城市文物保护单位。

殿傅林公祠

清　卜氏宗祠

位于增城区石滩镇土江村卜屋片。是该社卜氏族人的宗祠。始建于清道光二十四年（1844），1996年维修。

祠堂坐东朝西稍偏南，三间三进，总面阔9.5米，总进深24米，占地面积228平方米。硬山顶，镬耳封火山墙，灰塑龙船脊，正脊施陶塑鳌鱼，垂脊前端施陶塑坐狮，碌灰筒瓦，穿斗与抬梁混合式梁架结构，青砖砌墙，红砂岩石墙裙。封檐板、步梁施木雕。墙楣遍施彩色壁画。头门为凹斗门，进深三间4.5米，共九架。墀头饰精致的红砂岩石雕。石门匾上阳刻“卜氏宗祠，道光二十四年岁次，甲辰仲冬月立”，门内次间为房。中堂为“能事堂”，进深三间7.1米，前后双步廊。中堂前两廊各面阔一间，深一间为五架人字顶。后堂进深三间7.1米，前廊三步后廊双步。明间设神台，供奉卜氏祖先。后堂前两廊各面阔一间，深一间，为人字顶。卜氏宗祠木雕、石刻精致，壁画精美，保存完整。

2009年9月，公布为增城市文物保护单位。

卜氏宗祠

清　湖山单公祠

位于增城区石滩镇元洲村。是祀奉元洲村单姓村民房系祖先单湖山的祠堂。始建于清道光二十六年（1846）。

祠堂坐西北朝东南，三间两进，门前有院落和书房，总面阔12.76米，总进深38米，占地面积484.88平方米。硬山顶，人字封火山墙，平脊，碌灰筒瓦，穿斗与抬梁混合式梁架，青砖砌墙，花岗岩石脚。头门墀头上施精美的蝠雀、人物、繁花砖雕。檐柱挑头上施戏曲人物、次间虾公梁上的异形驼峰斗拱石雕精致细腻。封檐板、梁架上的驼峰斗拱、托脚，梁下雀替木雕精湛。书房为硬山顶，人字封火山墙，平脊，碌灰筒瓦，青砖石脚墙，砖墙搁檩。正面两红砂岩石门匾上分别刻“循规”“蹈矩”，门楣上刻繁花。正面墙上、室内有精美的砖雕花窗。湖山单公祠砖、木、石三雕精致细腻。祠堂、书房形制有别，两者之间设小花园分隔，布局严谨巧妙。

2009年9月，公布为增城市文物保护单位。

湖山单公祠

清　上邵祠堂建筑群

位于增城区新塘镇上邵村。包括邵氏大宗祠、号斌邵公祠、子忠邵公祠和敏学邵公祠四座祠堂，祠堂群坐北朝南。除邵氏大宗祠位于上邵小学内成为小学的一部分之外，其余三座祠堂的门前均有晒谷场和鱼塘，祠堂之间夹建有民居，与民居连成一片。建筑群木雕、石刻精致，壁画精美。

邵氏大宗祠　始建年代不详，清嘉庆五年（1800）重建。三间三进，人字封火山墙，灰塑龙船脊，正脊饰陶塑鳌鱼，素胎筒瓦，滴水剪边。

号斌邵公祠　建于民国三年（1914）。由正祠和衬祠组成，三间两进，硬山顶，镬耳封火山墙，头门灰塑博古脊，后堂灰塑龙船脊，垂脊前后饰博古纹，碌灰筒瓦，青砖石脚，墙上端饰人

号斌邵公祠

物、花鸟、山水大幅彩绘，红阶砖铺地。

子忠邵公祠　始建年代不详，民国乙卯年（1915）重建，三间两进，硬山顶，镬耳封火山墙，头门灰塑博古脊，后堂灰塑龙船脊，垂脊前后饰博古纹，碌灰筒瓦。青砖砌墙，墙上端饰彩绘，花岗岩石脚。

敏学邵公祠　始建于道光丙午年（1846）。三间两进，人字封火山墙，灰塑龙船脊，碌灰筒瓦，青砖石脚。

2009年9月，公布为增城市文物保护单位。

清　新街村陈氏祠堂

位于增城区新塘镇新街村。始建于明嘉靖年间，清光绪二十六年（1900）重修，2001年维修。

祠堂坐东向西稍偏南，三间三进，左右有巷门，总面阔15.16米，祠宽12.24米，总进深25.9米，占地面积392.64平方米。硬山顶，人字封火

新街村陈氏祠堂

山墙，头门灰塑博古脊，中堂、后堂灰塑龙船脊，正脊饰瑞兽、日月双辉、花篮等灰塑纹，垂脊施灰塑狮子纹。碌灰筒瓦，穿斗与抬梁混合式梁架结构，青砖墙，花岗岩石脚。头门墀头上部施人物花卉砖雕。前廊次间虾公梁上施石狮子驼峰异形斗拱。全祠封檐板施彩色木雕。架梁、步梁为月梁做法，梁底雕花，梁上驼峰、斗拱施金漆木雕。前后檐柱青石挑头雕刻戏曲人物或狮子纹。祠内砖、木、石刻灰塑琳琅满目，工艺精湛，保存良好。

2009年9月，公布为增城市文物保护单位。

清　步云村南社李氏宗祠

位于花都区炭步镇步云村南社。建于清光绪二十三年（1897），2000年重修。

祠堂坐西北朝东南，三间三进。总面阔10.9米，总进深35.3米，占地面积384.77平方米。建筑为镬耳封火山墙，碌灰筒瓦，灰塑博古脊，青砖石脚。头门共十一架，两次间有石檐柱、虾公梁、石狮、斗拱，下设花岗岩包台，三级石阶。中堂共十三架，前带两廊，六架卷棚顶。后堂共十三架，前带两庑，六架卷棚顶，明间设有神位。该祠是研究南方清代建筑的实物资料。

2017年1月，公布为花都区文物保护单位。

步云村南社李氏宗祠

清　友峰汤公祠

位于花都区炭步镇茶塘村中社。

祠堂坐东朝西，总面阔11.4米，总进深17.2米，占地面积196.08平方米。镬耳封火山墙，灰塑博古脊，碌灰筒瓦，青砖石脚，红阶砖铺地。头门九架，前廊双步，门面水磨青砖墙，花岗岩石脚，石台基，四级石阶。后堂十一架，前、后廊各双步。四根石金柱承重，天井花岗岩条石铺地。前廊壁画和墀头砖雕图案繁多，工艺精细。

2017年1月，公布为花都区文物保护单位。

友峰汤公祠

清　景徽公祠

位于花都区炭步镇塱头村塱中社。始建于清道光二十五年（1845）。

祠堂坐东北朝西南，三间三进。总面阔12米，总进深36.5米，占地面积438平方米。人字封火山墙，灰塑博古脊，碌灰筒瓦，青砖墙，红泥阶砖铺地。头门面阔三间，进深两间共十一架。后堂面阔三间，进深三间共十三架。

2017年1月，公布为花都区文物保护单位。

景徽公祠

清　塱头村黄氏祖祠

位于花都区炭步镇塱头村塱西社。始建于清同治十年（1871）。

祠堂坐东北朝西南，三间三进。总面阔13.5米，总进深48.7米，占地面积657.45平方米。人字封火山墙，灰塑博古脊，碌灰筒瓦，青砖墙，红方砖铺地。头门共十三架，前廊三步，有包台。中堂共二十一架。后堂共十五架。祠堂建筑规模宏大，是塱头村的始祖祠堂。

2017年1月，公布为花都区文物保护单位。

塱头村黄氏祖祠

清　水口村任氏祖祠

位于花都区炭步镇水口村。建于清咸丰二年（1852）。

祠堂坐西朝东，三间三进，有后楼。总面阔12.6米，总进深51.9米，占地面积653.94平方米。头门面阔三间，进深两间共十一架，石门额阳刻“任氏祖祠”。中堂面阔三间，进深三间共十三架，坤甸木金柱。前带两廊，八架卷棚顶。后堂面阔三间，进深三间共十三架，坤甸木金柱，前带两廊，八架卷棚顶。后楼为“宗贤阁”，高两层，青砖石脚，石台基。后堂明间摆放任氏祖先的神位，后楼明间摆放任不齐像。任氏祖祠整体结构完整，壁画、灰塑、砖雕、石雕、木雕精美。

水口村任氏祖祠

任不齐，字子选，孔子七十二贤学生中的一员，后辈任氏均尊他为祖先。

2017年1月，公布为花都区文物保护单位。

清　燕伦刘公祠

位于花都区花山镇东方村仙阁。建于清光绪十二年（1886），2002年重修。

祠堂坐东朝西，广三路，深两进。总面阔19.2米，总进深17.9米，占地面积343.68平方米。主体建筑为镬耳封火山墙，灰塑博古脊，碌灰筒瓦，青砖石脚。头门面阔三间，进深两间共十一架，明间设中门。后堂面阔三间，进深三间共十一架，前带两廊，堂上设有刘氏祖先神龛。左右路建筑是衬祠，单间二进，与中路建筑以宽1.1米的青云巷相隔。

2017年1月，公布为花都区文物保护单位。

燕伦刘公祠

清　和郁村王氏大宗祠

位于花都区花山镇和郁村七队。建于清道光三十年（1850）。

祠坐西朝东，三间三进，总面阔13.4米，总进深37.5米，占地面积502.5平方米。主体建筑为硬山顶，人字封火山墙，灰塑博古脊，青砖石脚。头门进深两间共十一架；中堂进深三间共十三架，前带两庑；后堂进深三间共十三架，前带两庑，后堂上明间设神台。中堂前天井左侧立有石碑，上书

《严禁盗挖润远陂告示》。

2017年1月，公布为花都区文物保护单位。

和郁村王氏大宗祠

清　五星村欧阳氏宗祠

位于花都区花山镇五星村。建于清道光二十六年（1846），1985年重修。

祠坐西朝东，主体建筑三间三进，左路建筑为衬祠，与主体建筑以青云巷相隔。总面阔18.5米，总进深33.8米，占地面积625.3平方米。建筑为人字封火山墙，灰塑博古脊，青砖石脚。头门共十三架，大门嵌花岗岩门夹，石门额阴刻“欧阳氏宗祠”。墙上壁画画工精巧，保存较好。中堂共十五架，前带两廊，六架卷棚顶，中堂金柱上悬“斯敬堂”木匾。后堂共十五架，前带两廊，六架卷棚顶，后堂上设有欧阳氏祖先神龛。祠堂门前立旗杆夹石一对，为光绪五年（1879）己卯科中试第四十九名武举人欧阳清所立。

2017年1月，公布为花都区文物保护单位。

五星村欧阳氏宗祠

清　税恩严公祠

位于花都区花山镇永明村沥贝村。始建于清康熙三十三年（1694），咸丰九年（1859）重修扩建，2000年重修。

祠坐北朝南，三间三进，总面阔12.4米，总进深31米，占地面积384.4平方米。主体建筑为人字封火山墙，碌灰筒瓦，青砖石脚。头门进深两间共十一架，前檐设花岗直棂栅栏，其明间石额上刻“富春台，辛亥年季冬吉旦立”“冬日偶笔”；左右次间分别刻“寿宇、人居”“礼门、义路”。大门额上阴刻“税恩严公祠”，上款“咸丰己未岁仲秋穀旦”，下款“南海李贻光书”。前廊次间设虾公梁，砌花岗岩石包台（塾台）。明间设中门；中堂进深三间共十三架，前带两廊，中堂坤甸木金柱上悬“尚志堂”木匾；后堂进深三间共十三架，前带两廊，后堂上设有神位。祠内的重修碑记记载了严氏宗族的迁居史。该祠的建筑风格较独特。

2017年1月，公布为花都区文物保护单位。

税恩严公祠

清　横沙村周氏宗祠

位于花都区赤坭镇横沙村。建于清光绪元年（1875），于1991年重修。

祠堂坐东南朝西北，广三路，深三进，总面阔25.2米，总进深43.1米，占地面积1086.12平方米。祠堂前有旷地、水塘，左面为衬祠和民居，右面为村路和水塘。建筑为硬山顶，人字山墙，灰塑博古脊，碌灰筒瓦，青砖石脚。头门共十三架，石门额阴刻“周氏宗祠”，木门联刻“濂溪绵世泽，郁水远腾芳”。中堂共十五架，前带两廊，后金柱间悬挂“世德堂”木牌匾。后堂共十三架，前带两庑，中央有周氏祖先神龛。中路建筑为人字封火山墙，碌灰筒瓦，灰塑博古脊，青砖石脚。左右建筑为衬祠，与主体建筑以青云巷相隔，青云巷石门额分别刻“履中”“蹈和”。衬祠为周姓族人喜庆宴席时作厨房及储物之用。

2017年1月，公布为花都区文物保护单位。

横沙村周氏宗祠

清　瑞岭村朱氏大宗祠

位于花都区赤坭镇瑞岭村大中片。建于清代，清宣统三年（1911）、1992年重修。

祠堂坐北朝南，三间三进，总面阔12.8米，总进深33.3米，占地面积426.24平方米。建筑为人字封火山墙，碌灰筒瓦，灰塑博古脊，青砖墙。正脊灰塑工艺精细，保存较好。头门共十一架，石门额上阴刻“朱氏大宗祠”，前廊梁架雕刻瓜果图案，保存完好。中堂共十七架，前带两廊，六架卷棚顶。后堂共十七架，前带两廊，七架人字顶。祠堂前立有两对旗杆夹，为该镇黄沙塘村进士朱珩所立。

瑞岭村朱氏大宗祠

2017年1月，公布为花都区文物保护单位。

清　瑞贤麦公祠

位于花都区赤坭镇田心村。建于清代。

祠堂坐北朝南，三间三进，总面阔12.6米，总进深41.2米，占地面积519.12平方米。建筑为人字封火山墙，碌灰筒瓦，灰塑博古脊，青砖墙。头门共十一架，石门额阴刻“瑞贤麦公祠”。中堂共十五架，前带两廊，六架卷棚顶。后堂共十五架，前带两廊，六架卷棚顶，明间设有麦氏祖先神位。

2017年1月，公布为花都区文物保护单位。

瑞贤麦公祠

清　田心村麦氏大宗祠

位于花都区赤坭镇田心村。建于清光绪十九年（1893）。

祠堂坐北朝南。三间三进，总面阔12.5米，总进深33.6米，占地面积420平方米。建筑为人字封火山墙，灰塑博古脊，碌灰筒瓦，青砖墙。头

田心村麦氏大宗祠

门共十一架，石门额阴刻“麦氏大宗祠”，前廊梁架雕工精细，三对托脚木刻鳌鱼形状，柁墩浮雕有戏剧人物造型，横梁和雀替施有雕花纹饰，部分构件还保留金漆。中堂共十三架，前带两廊，六架卷棚顶。后金柱上挂“馀庆堂”木匾（为原件）。后堂共十一架，前带两庑，六架卷棚顶，明间有麦氏祖先神位。门前左侧竖旗杆夹一对。

2017年1月，公布为花都区文物保护单位。

清　嘉祥麦公祠

位于花都区赤坭镇田心村。始建年代不详，据建筑风格来分析，应建于清代中期。

祠堂坐北朝南。三间两进，总面阔11.6米，总进深22.2米，占地面积257.52平方米。人字封火山墙，灰塑博古脊，碌灰筒瓦，青砖墙。头门共十三架，石门额刻“嘉祥麦公祠”，两次间作房，搭有楼阁。后堂共十五架，前带两廊，六架卷棚顶。祠堂左侧有青云巷，巷门石额书“余庆显”。

2017年1月，公布为花都区文物保护单位。

嘉祥麦公祠

清　乌石村黄氏大宗祠

位于花都区赤坭镇乌石村。始建年代不详，清宣统二年（1910）、2000年重修。

祠堂坐西朝东，三间三进。总面阔12.4米，总进深44.6米，占地面积553.04平方米。建筑为人字封火山墙，碌灰筒瓦，灰塑博古脊，青砖墙。头门共十三架，石门额阴刻“黄氏大宗祠”，梁架、封檐板施有鳌鱼、花鸟、瑞兽图案，工艺精美。中堂共十七架，前带两廊，六架卷棚顶。后堂共十五架，前带两庑，人架卷棚顶，右次间山墙写有黄氏祖训。祠内有杨贯亭所绘的数幅壁画。

2017年1月，公布为花都区文物保护单位。

乌石村黄氏大宗祠

清　伯昭汤公祠

位于花都区狮岭镇军田村八巷2号。建于清道光二十五年（1845）。

祠堂坐北朝南，三间二进，左侧带一路建筑，总面阔20.3米，总进深21.7米，占地面积440.51平方米。主体建筑为人字封火山墙，碌灰筒瓦，灰塑博古脊，青砖石脚。头门进深三间共十三架，石前檐柱，木雕等工艺精美。后堂进深三间共十三架，前带两庑，四架轩廊，后堂明间设有神龛。左路建筑为衬祠，单间两进。该祠木雕、壁画等工艺精美。

2017年1月，公布为花都区文物保护单位。

伯昭汤公祠

清　南枝王公祠

位于花都区狮岭镇前进村东坑村。建于清光

绪元年（1875），民国二十一年（1932）、1985年重修。

祠堂坐北朝南，广三路，深三进，总面阔20.9米，总进深34.5米，占地面积721.05平方米。主体建筑为人字封火山墙，灰塑博古脊，碌灰筒瓦，青砖石脚。头门进深两间共十一架。中堂进深三间共十三架，前带两廊。后堂进深三间共十三架，前带两廊。左右路衬祠各二进，后进用红砖重建，与中路建筑以宽1.3米的青云巷相隔。

2017年1月，公布为花都区文物保护单位。

南枝王公祠

清　次华徐公祠

位于花都区新华街三华村西华社。建于清光绪二十年（1894）。

祠堂坐西北朝东南，三间三进，总面阔12.6米，总进深38.3米，占地面积482.58平方米。主体建筑为镬耳封火山墙，碌灰筒瓦，青砖墙，花岗岩石脚，方砖铺地。头门进深两间共十一架，灰塑和挑头等工艺精美。中堂进深三间十三架，前带两廊。后堂进深三间共十三架，前带两廊。

次华徐公祠

2017年1月，公布为花都区文物保护单位。

清　厚之徐公祠

位于花都区新华街新华村。建于清同治六年（1867），民国三十七年（1948）、2001年重修。

祠堂坐北朝南，三间三进，总面阔13.6米，总进深45.7米，占地面积621.52平方米。建筑为人字封火山墙，灰塑龙船脊，碌灰筒瓦，青砖墙。头门共十一架，石门额阴刻“厚之徐公祠”，明间设中门。中堂共十五架，前带两廊，六架卷棚顶，前金柱间悬挂“崇正堂”木横匾，后金柱间有屏门。后堂共十三架，前带两廊，六架卷棚顶，明间设有祖先牌位。祠堂左侧是高岗书室。

2017年1月，公布为花都区文物保护单位。

厚之徐公祠

清　九潭村毕氏大宗祠

位于花都区秀全街九潭村东安社。始建年代不详，清宣统三年（1911）重修。

祠堂坐南朝北，主体建筑深三进，右侧带一路建筑。总面阔21.7米，总进深40.8米，占地面积约885.36平方米。头门和中堂为人字封火山墙，后堂为镬耳封火山墙，中、后堂有灰塑古脊，整体为碌灰筒瓦，青砖墙。头门共九架，中堂共十三架，后堂共十三架，右路建筑衬祠深二进，与主体建筑以1.7米的青云巷相隔。

2017年1月，公布为花都区文物保护单位。

九潭村毕氏大宗祠

清　中任宗祠

位于花都区秀全街九潭村东安社。始建于清代，据说与毕氏大宗祠同时建成。

祠堂坐南朝北，三间三进。总面阔14.6米，总进深40.8米，占地面积595.68平方米。整体建筑为人字封火山墙，灰塑博古脊，碌灰筒瓦，青砖墙。头门进深两间共九架，中堂进深三间共十三架，后堂进深三间共十三架。该祠曾用作仓库，部分建筑有改变。

2017年1月，公布为花都区文物保护单位。

中任宗祠

清　孙氏宗祠

位于从化区鳌头镇塘贝村。始建于宋代，现存建筑为清代风格。

祠堂坐西朝东。三间三进，总面阔13.7米，总进深40.25米，占地面积552.9平方米。建筑为硬山顶，砖、木、石结构。灰塑瓦脊，第一进是博古脊，正面中间有八只北狮群浮雕，两头有博古。第一、第二进正脊是龙船脊，上面各有两只鳌鱼相对，第二、第三进垂脊两头下端起翘，素瓦勾头，滴水剪边。封檐板有木雕人物、花草、飞禽走兽图案。墀头有砖雕。门堂面阔三间，深三间共十一架。两次间砌花岗石包台。明间设中门，中门门板被拆，门内右侧山墙内嵌门官神龛。天井以青砖铺地，有“映山流芳”牌坊旧迹。中堂面阔三间，进深三间共十三架，后金柱间有八扇屏风门。第三进又称祖堂，面阔三间，深三间共十三架，前设四架轩廊。

2001年12月，公布为从化市文物保护单位。

孙氏宗祠

清　西溪祖祠

位于从化区团星村松柏堂古村落中。据《西溪黄氏族谱》记载，该祠始建于明弘治元年（1488）之前，清朝及民国曾多次修缮。

祖祠坐西朝东，由两组宗祠建筑组成，分别供奉黄氏先祖父子，两组建筑之间是一条青云巷。左一路为西溪祖祠，右一路为遯斋公祠（西溪之子）。建筑整体面阔50.6米，深84.3米，占地面积4492.3平方米。范围包括两组祠堂建筑和祠堂后的三座简陋砖木结构平房。建筑左路一组为三进一牌坊，面阔五间23.5米，进深64.1米，占地面积1506.35平方米。右路一组为四进一牌坊，面阔五间23.5米，进深85.2米，占地面积2002.2平方米。建筑前有八字翼墙。梁架上的驼峰木雕图案繁复细腻，斗拱做法考究统一，墙头壁画丰富多彩，龙船屋脊起翘鳌鱼燕尾，灰塑图案浮凸祥瑞。建筑前有八字翼墙。

2001年12月，公布为从化市文物保护单位。

西溪祖祠

清　羽善西公祠

位于从化区太平镇木棉村。

祠堂坐西朝东。面阔三间12.46米，深三进35.75米，占地面积487.3平方米。建筑为硬山顶，砖、木、石结构，第一进大门前有四根石柱，石额枋架接山墙，山墙墀头上砖雕为神话中的人物。立两石狮擎托横梁，共有九根横梁，架梁为抬梁式，驼峰木雕卷草纹图案。第一进以花岗岩石板封月台，入门左右有偏间，大门为石门框，木门槛，木板门。天井以花岗岩石板砌边，青砖铺小径。堂中有屏风。左右有拱形门连庑廊，门头灰塑西式建筑花纹。天井青砖铺地，右边庑廊壁画被火烟熏黑，留有剐痕。第三进祖堂供奉谢氏宗真及安人黄氏、李氏，腾真及安人李氏，绿真及安人高氏之神位。现存三进三间两天井。灰塑龙船脊，正脊中间有灰塑博古图案，修边瓦为蓝色琉璃瓦，封檐板有木雕人物、花草、飞鸟等图案。墙壁上方画有古代圣贤、花鸟、山水等，并书诗词，书画技法皆有深厚底蕴。

2001年12月，公布为从化市文物保护单位。

羽善西公祠

清　万石刘公祠

位于从化区江埔街道汉田村。始建于明英宗天顺八年（1464）。

祠堂坐西朝东。广三路，深四进，总面阔18.6米，总进深46.15米，占地面积857.3平方米，气势宏伟。建筑为硬山顶，灰塑龙船脊，正脊鳌头被毁，碌灰筒瓦，地铺青砖，樟木和石柱为梁柱。樟木横梁和梁架刻如意纹饰。头门建在高1米的台基上，面阔三间，进深两间，共十五架。前后各两根八角石檐柱。大门嵌花岗岩门夹。木门匾，阳刻“万石刘公祠”，落款为“嘉庆七年岁次壬戌（按：1802）仲冬榖旦重修建立”。天井处建有四柱三门三楼砖牌楼，前后立抱鼓石，前后坊额均书“义著藜光”，并塑有鳌鱼、蛟龙、鸡、瑞兽、花、木等图案，左右有“礼门”“义路”以及题有伦文叙诗词的书画。中堂面阔三间，进深三间，共十五架。前后各两根石檐柱。中堂四根木金柱，石柱础以上约90厘米的木柱雕刻成倒花瓶形状，从化众多祠堂建筑中仅此一例。前面墙身有砖雕透空花窗，厅堂内有屏风，上挂清朝龙门知县萧大成写的“思义堂”牌匾。中堂前带两廊，四架卷棚顶。后堂面阔三间，进深三间，共十七架，前设轩廊。两根石前檐柱。中间供奉刘氏祖先神位。左右路建筑与中路相

万石刘公祠

连，瓦顶高度低于中路正祠。

2001年12月，公布为从化市文物保护单位。

清 仕志黄公祠

位于从化区太平镇格塘村马牙庄。

仕志黄公祠

祠堂坐西朝东。三间三进，总面阔11.3米，总进深20.95米，占地面积254.1平方米。建筑为硬山顶，灰塑平脊。头门面阔三间，进深两间，共十一架。两根石前檐柱，木连系枋连接山墙。宗祠内天井立一青砖砌筑牌楼，为四柱三间三楼牌楼。明间券拱门高阔，次间拱门较窄。四柱下部筑成方形柱础形式，前后抱鼓亦为砖结构。三券拱上方用特制的青砖筑成长方形匾额状，后堂面阔三间，共十三架。两根花岗岩石前檐柱，四根八角形花岗岩石金柱，后墙前供奉黄氏先祖神位。

2001年12月，公布为从化市文物保护单位。

清 宗华萧公祠

位于从化区温泉镇龙桥村。始建于清顺治年间，民国八年（1919）和民国三十一年（1942）重修。

祠堂坐南朝北，广三路，深两进，总面阔24.4米，总进深22.5米，占地面积591.6平方米。中路建筑面阔三间，青云巷左记“礼门”，右记“义路”。有棚廊连接两侧衬祠。中路两进皆为硬山顶，人字封火山墙。两边立鳌鱼相对，垂脊到檐口处有石狮。

宗华萧公祠

2001年12月，公布为从化市文物保护单位。

清 鸦岗村萧氏大宗祠

位于白云区石门街鸦岗村。始建于清嘉庆十五年（1810），分别于道光二十八年（1848）、光绪二十年（1894）增建衬祠，2008年重修。

鸦岗村萧氏大宗祠

宗祠为清代岭南广府祠堂形制，坐西向东，广三路，深三进，砖木瓦结构，占地面积1027平方米。祠内嵌有碑记四块，大小相仿，端石质，品相完好，阴刻楷书，字迹清晰可读。碑文记录了当地萧姓族人的分支情况以及萧氏大宗祠建造、扩建、重建之事由。据族谱所载，当地萧氏始祖君举公在宋度宗咸淳十年（1274）从南雄珠玑巷迁至鸦岗村。君举公生三子，长子永清迁寮采，次子永吉迁马务，三子永寿留守本村，君举公终葬于本村。萧氏一脉开枝散叶后因族中缺少联谊、祭祀的场所，故二世祖永寿后裔将自家祠堂拆除，让地建祖祠，以祭祀历代萧姓先祖。祠内木雕、石雕、砖雕和壁画保存较好。

2022年6月，公布为白云区文物保护单位。

欧阳仁山公祠

清　欧阳仁山公祠

位于从化区太平镇钟楼村。

祠堂坐西北朝东南，建筑为硬山顶，砖、木、石结构，其前青砖砌“人”字形纹地面。进深五间，另外两侧又各有偏间。第一、二、三、四进用花岗岩石檐柱，金柱为木柱，而第五进檐柱为木柱。祠堂共有九十九个门口，取“九九归一”之意。而大门是双掩木门，其下两角立木门樽。依势踏步而上，后一进比前一进高，第一、二、三、四进皆设有屏风。到第五进祖堂，则可倚制高点，通往全祠。左右两路为厢房，有门与中路相通，其中第五进左厢房前天井生一古金银花树，在四个天井朝两侧巷处开门通往左右两侧，各进外山墙墙头堆塑有卷云纹饰。祠前有旗杆夹。

2001年12月，以名称“钟楼村古建筑群”公布为从化市文物保护单位。

清　丛芳公祠

位于南沙区南沙街道板头村。始建年代不详，2009年重修。

丛芳公祠

祠堂坐南向北，三间二进，总面阔12.5米，总进深23.5米，占地面积293.75平方米。硬山顶，碌灰筒瓦，青砖墙，花岗岩石脚。大门石额阳刻“丛芳公祠”。祠堂石雕、木雕装饰细致精美，图案丰富，壁画重描着色。

2023年7月，公布为南沙区文物保护单位。

清　大井张氏宗祠

位于南沙区黄阁镇大井村。始建于清乾隆二十一年（1756），民国三十一年（1942）、1995年重修。

祠堂坐西向东，三间三进，总面阔14.4米，总进深40.17米，占地面积578.45平方米。硬山顶，碌灰筒瓦，青砖墙，花岗岩石脚。祠堂内石雕、木雕和砖雕等装饰精美。

2023年7月，公布为南沙区文物保护单位。

大井张氏宗祠

清　辅党麦公祠

位于南沙区黄阁镇东里村。始建于清道光

二十六年（1846）。

祠堂坐北向南，三间两进，总面阔11米，总进深21.7米，占地面积238.7平方米。硬山顶，碌灰筒瓦，灰塑博古脊，水磨青砖墙，花岗岩石脚。祠堂的砖雕、木雕、石雕、灰塑和壁画图案丰富精美，从未被改动过。

2023年7月，公布为南沙区文物保护单位。

辅党麦公祠后堂

清　厚南公祠

位于南沙区港湾街道东井村。始建于清代，2006年重修。

祠堂坐西向东，三间两进，面阔三间11.5米，深两进21.5米，占地面积247.25平方米。硬山顶，灰塑博古脊，碌灰筒瓦，青砖墙，花岗岩石脚，祠堂石雕、木雕装饰精美，灰塑、壁画图案丰富，有重描着色。

2023年7月，公布为南沙区文物保护单位。

厚南公祠

清　乐耕公祠

位于南沙区港湾街道塘坑村。据传是祀奉先祖朱綱的祖祠，堂名为“务本堂”。始建于明末清初，后多次重修。

祠堂坐西北向东南，三间两进，总面阔10.76米，总进深19.4米，占地面积208.74平方米。硬山顶，黄色琉璃陶筒瓦当，红砂岗岩石脚。凹斗门，红砂岗岩石夹门，石额阳刻“乐耕公祠”。祠堂木雕细致，部分壁画重描着色。

2023年7月，公布为南沙区文物保护单位。

乐耕公祠

清　瑞辉麦公祠

位于南沙区黄阁镇莲溪村。始建于清同治六年（1867），1999年重修。

祠堂坐南向北，原祠三间三进，现为三间两进，总面阔12.2米，总进深24.2米，占地面积295.24平方米。硬山顶，灰塑博古脊，碌灰筒瓦，

瑞辉麦公祠

青砖墙，花岗岩石脚。大门石额阳刻“瑞辉麦公祠”，祠堂石雕、木雕和砖雕图案丰富精美。

2023年7月，公布为南沙区文物保护单位。

清　塘坑黎氏宗祠

位于南沙区港湾街道塘坑村。始建于明天启七年（1627），清嘉庆十三年（1808）重修。

祠堂坐北向南，三间两进，总面阔11.61米，总进深25.4米，占地面积294.89平方米。硬山顶，碌灰筒瓦，青砖墙，花岗岩石脚。石额阳刻“黎氏宗祠”。祠内木雕图案丰富精美，石雕细致。

2023年7月，公布为南沙区文物保护单位。

塘坑黎氏宗祠

清　逸涯梁公祠

位于南沙区大岗镇岭东村。始建于清光绪三十四年（1908），1997年重修。清代建筑风格，保存较完整。

逸涯梁公祠

祠堂坐东南向西北，三间二进。总面阔11.28米，总进深21.26米，占地面积239.81平方米。硬山顶，灰塑博古脊，人字封火山墙，碌灰筒瓦，青砖墙，红砂岩墙基。

2023年7月，公布为南沙区文物保护单位。

清　朱文庆公祠

位于南沙区港湾街道塘坑村。据传是供奉朱氏五世祖揖释的宗祠，堂名“明德堂”。始建于明末，清代及现代曾修缮。

祠堂坐西北向东南，三间两进，总面阔12.88米，总进深21.38米，占地面积275.37平方米。硬山顶，龙船脊，黄色琉璃陶筒瓦当，青砖墙，红砂岩石脚。红砂岩石夹门，石额阳刻“朱文庆公祠”。红砂岩石檐柱。壁画重描着色。

2023年7月，公布为南沙区文物保护单位。

朱文庆公祠

清　罗岗村徐氏宗祠

位于增城区荔湖街道罗岗村。

祠堂坐西朝东稍偏北，面阔三间12.5米，深三进37.5米，占地面积468.75平方米。硬山顶，人字封火山墙，头门黄色琉璃瓦脊屋面，中堂、后堂灰塑龙船脊，碌灰筒瓦，穿斗与抬梁混合式梁架结构，青砖墙，红砂岩石脚。石门匾阳刻“徐氏宗祠”楷书。头门进深三间6.6米。前廊檐柱挑头施石雕人物，次间施石虾公梁，步梁上施木雕人物纹驼峰、莲瓣纹升斗和鳌鱼纹托脚。中堂为

“翼奕堂”，进深三间9.45米。中堂前两廊各面阔三间，深一间，明间稍高，为悬山顶廊亭，灰塑博古脊，七架人字顶，次间为短小的卷棚顶。后堂进深三间7.5米。

2023年1月，公布为增城区文物保护单位。

罗岗村徐氏宗祠

清　练溪村古建筑群

位于番禺区小谷围街道原练溪村练溪大街（今岭南印象园内）。包含淡隐霍公祠、萧氏宗祠、霍氏大宗祠、华光古庙、三圣宫、关氏宗祠六座建筑。练溪古建筑群大致分布在练溪湖的北面，分为三个组团，其中淡隐霍公祠、萧氏宗祠、霍氏大宗祠的组团及三圣宫、关氏宗祠组团分别位于练溪湖的东北及西北方。

练溪村古建筑群

淡隐霍公祠　始建于清康熙五十四年（1715），2001年重修。坐东北向西南，占地面积约 232.1 平方米。三间两进，硬山顶，灰塑雕花龙船脊，碌灰筒瓦，青砖墙。祠前有六级石阶，头门建在花岗岩台基上，台基高及墙体的一半，实属罕见。一进明间有花岗岩石门夹，门额上石匾阳刻“淡隐霍公祠”。天井两侧为廊，右廊镶嵌有“益后会碑记”。后堂红砂岩墙基，四根圆木金柱，明间悬“世泽堂”木匾。

萧氏宗祠　始建于乾隆十六年（1751），光绪二十年（1894）、1994 年均有重修。坐东北向西南，三间两进，占地面积约 228.7 平方米。硬山顶，灰塑龙船脊，碌灰筒瓦，青砖墙。头门上刻“萧氏宗祠”，落款“光绪甲午仲夏榖旦重修”。前檐梁架上有精美的木雕，墙楣彩绘壁画。头门后天井，铺红砂岩条石，两侧为廊，左廊嵌有乾隆年间的建祠碑。后堂为红砂岩基础，明间高处悬“光裕堂”木匾。

霍氏大宗祠　始建于顺治十八年(1661)，乾隆十三年（1748）重建中堂，嘉庆二十年（1815）整体重建，1992 年重修。坐东北向西南，三间三进，占地面积约 445.4 平方米。三进均为硬山顶，灰塑雕花龙船正脊，龙船垂脊，青砖墙，花岗岩墙基。头门次间墙身中部有砖雕透空花窗，明间有花岗岩石门夹，门前一对石鼓。头门后为天井。中堂前檐次间墙身正中有砖雕透空花窗，明间正中挂“怀德堂”木刻牌匾。后堂明间设神台，供奉祖先牌位。

华光古庙　建于清代早期，据碑记记载，该庙于雍正十一年（1733）、嘉庆十年（1805）、道光二十七年（1847）重修，2005年按原状修复。坐东北向西南，三间两进，占地面积约60.9平方米。两进均为硬山顶，头门与后殿之间有小天井，两侧为廊。廊壁上嵌四块重修碑记，年代分别为雍正十一年、嘉庆十年和道光二十七年。后殿供奉华帝神像。

三圣宫　始建于明代，顺治丙申年（1656），道光三年（1823）重修，近年亦有重修。坐西北向东南，深三进，占地面积约182.8平方米。山门为硬山顶，博古脊，青砖墙，红砂岩墙基，红砂岩石门框，前廊立两条红砂岩方形石柱，前廊梁架施驼峰、斗拱和月梁，墙楣绘壁画。山门后为天井，两侧廊墙上保存了十块清代碑记。中殿悬山顶，蚝壳墙，由于曾搭建阁楼，部分已改建。

后殿为歇山顶，红砂岩基础，殿内共有十六根柱分四行，除两根前檐柱为红砂岩石柱外，其余均为圆木金柱。古庙风格独特，梁架上斗拱等构件还保留了较为明显的明代风格，风格简朴，有较高的艺术价值。

关氏宗祠 始建于乾隆十六年（1751），1992年重修后堂，1994年重建天井两廊。坐北向南。三间两进，占地面积约431平方米。三进均为硬山顶，人字封火山墙，灰塑龙船脊，碌灰筒瓦，青砖墙。头门花岗岩墙基，前后檐柱为鸭屎石柱。中、后堂均为红砂岩基础，中堂明间高处悬“世美堂”木匾。

2008年12月，公布为广州市文物保护单位。

清 盘古神坛

位于花都区狮岭镇振兴村炉山山麓。始建于清嘉庆十四年（1809）。

此坛是供奉盘古王的庙宇，初建于半山腰，称为上坛，用竹笪、茅草搭成，后历经多次重修改建，目前的建筑为1999年重修。神坛坐北朝南，上盖建筑面阔、进深各三间，周匝回廊。建筑本体通面阔15.4米，通进深13.3米，占地面积204.82平方米。建筑形制特殊，正面开敞不设门扇，两侧墙体开有门洞，背面墙体中亦开有宽阔的窗门，使空间四向通畅，保存了与古“坛”相应的一些遗风。神坛前有石狮一对，为秘鲁华侨捐赠，落款“宣统三年”。

2008年12月，公布为广州市文物保护单位。

盘古神坛

清 珠村水浸社坛

位于天河区珠村文华大街11号。始建于清代，因其置于水中，故称“水浸社坛”。

坛坐东朝西。坛前建有宽1.2米，长0.9米的石砌平台，正中安放花岗石碑，方形宫座椅形状，神位两边有红砂岩靠手，前置香炉，左置硬山顶屋形花岗石神龛。青砖砌成。上刻阳文“本坊社稷之神”六字，立于坛面上作供奉之神位。该坛是村民祭祀社稷、祈祷丰年的场地，平日燃香以祀，节时则备酒食、香烛、纸帛以祭，村民元宵节前的添丁上灯习俗，也是在社坛进行。

2009年7月，公布为天河区文物保护单位。

珠村水浸社坛

清 仁威庙

位于荔湾区泮塘路仁威庙前街22号。又名仁威祖庙，是供奉真武帝的神庙。始建于宋皇祐四年（1052），现存为清代建筑。

庙坐北朝南。总平面呈梯形，占地面积2200

仁威庙

平方米。广三路，总面阔40米。前部中路分别为头门、拜庭、中殿、后殿，左右为东西配殿，以青云巷相隔。后有横贯三路的后巷和斋堂，后巷与斋堂之后有后楼供奉观音。庙内现存碑刻三十方。该庙为岭南建筑艺术之集大成者。

2012年10月，公布为广东省文物保护单位。

清　城隍庙

位于越秀区中山四路忠佑大街48号。原是供奉城池保护神的坛庙。据道光《南海县志》记载，创建于明洪武三年（1370）。

昔日庙宇规模宏大，庙分前后座，在其中轴线上依次设有外门、中门、拜亭和大殿等，于中轴线左右两侧建廊庑、斋宿、厅房、羽士房和省牲所等。现存的大殿和拜亭为清代遗构。整体建筑坐北朝南，总面阔24.7米，总进深27.2米，占地面积约671.84平方米。拜亭为绿琉璃瓦歇山顶。采用抬梁式结构，使用如意纹驼峰斗拱，雕工较精细。大殿面阔五间24.7米、进深20.2米。人字封火山墙，碌灰筒瓦，绿琉璃瓦当、滴水剪边。瓦面坡度陡峭，前檐以勾连搭形式与拜亭的后檐相连接，使大殿的立面造型既雄伟又富于变化。梁架为穿斗和抬梁相结合的形式，梁架做工简朴。前廊梁架雕饰精美，柁墩雕饰戏曲人物，形态生动。梁枋出头的木雕狮子身背异形斗拱承托檐檩，手法别具一格。拜亭及大殿基本保存完整，拜亭两侧有加建的建筑物。

1993年8月，公布为广州市文物保护单位。

城隍庙

清　鳌山古建筑

位于番禺区沙湾镇三善村福醇路1号。占地约2240.3平方米。古建筑群由神农古庙、先师古庙、社道门楼、鳌山古庙、报恩祠、潮音阁组成。

鳌山古建筑

神农古庙　为清代建筑，1994年重修。坐东北向西南，三间三进。

先师古庙　俗称“鲁班庙”，因村内多数人家从事传统建筑行业，故建有此庙。

社道门楼　俗称“社公”，原为社稷神庙，现仅剩门楼，为清代建筑。位于鳌山古庙与先师古庙山门之间，与两庙外墙相连。

鳌山古庙　始建于明代，清代经历多次重修，现仅存清代建筑风格，1994年再次重修。鳌山古庙俗称“观音庙”，是鳌山古庙群中最大的一座。

报恩祠　纪念清初巡抚王来任的专祠。

潮音阁　建于清代，于1994年从其原址迁建于此。

鳌山古建筑为番禺区内少有的大型乡土建筑群。

2002年7月，公布为广州市文物保护单位。

清　长洲金花古庙

位于黄埔区长洲街长洲社区福聚坊大街26号。始建年代待考，重建于清光绪二年（1876）。

古庙坐北朝南，单间两进，通面阔5.57米，通进深14.65米，占地总面积81.6平方米，硬山顶，镬耳封火山墙，灰塑博古脊，碌灰筒瓦，木雕封檐板，青砖石脚，墀头砖雕。头门面阔一间，深两间共十一架，凹门斗式，花岗岩石门夹，门额石阳刻“金花古庙”，上款“光绪二年岁次丙子春月”，下款“信绅，曾贯雄（按：其他人名省略）仝敬”。头门背后对应下金檩位置，设屏门挡中。正殿面阔一间，深一间共十三架，前檐四架卷棚顶天花，红阶砖地面，靠后墙筑有神案，供奉金花娘娘神像，靠左右山面，亦筑神案，每侧各供奉奶娘神像六尊。正殿前天井左右，各设四架卷棚顶厢廊，檐部砌女儿墙，灰塑花鸟、人物、山石图案，形象生动。后殿面阔一间，深两间，前檐四架卷棚顶。庙内保存有五方重修金花古庙石碑，是研究当地民间信仰以及风俗习惯的实物资料。

2008年12月，公布为广州市文物保护单位。

长洲金花古庙

清　圣母宫

位于番禺区大龙街新桥村南坊下街41号。用于供奉天后。始建于明代，清代有重修，1992年再次重修。现存部分为清代风格。

建筑坐西向东，三间二进布局，占地面积207.36平方米。主体采用硬山顶，灰塑龙船脊，碌灰筒瓦，青砖墙，红砂岗墙基，地面大部分为红砂岩条石。大门门额上悬挂木匾，阳刻“圣母宫”三字。室内柱础均为红砂岩构件。后堂花岗岩拜桌有龙纹浮雕栏板装饰。

2008年12月，公布为广州市文物保护单位。

圣母宫

清　何仙姑家庙

位于增城区小楼镇小楼社区。始建年代不详，清咸丰八年（1858）、2006年维修。

家庙是一座砖、木、石结构的广府特色建筑。坐西南朝东北，三间三进，总面阔8.4米，总进深16.78米，占地面积140.95平方米。硬山顶，人字封火山墙，灰塑博古脊，碌灰筒瓦，青砖石脚墙。头门砖墙搁檩，石门匾阳刻“何仙姑家庙”，石刻门联“千年履舄遗丹井；百代衣冠释古祠”。封檐板施八宝纹及花鸟纹彩色木雕。墙楣施亭榭、人物、山水、动物、古木、花鸟彩色壁画和诗文。门内设中门。天井拜亭为四柱一间五架歇山顶。檐枋上悬挂一方长1.5米、宽0.6米的“玉龙扶体”木横匾，该匾落款为“光绪庚子年”。拜亭左侧有一口八角形水井，井栏用一整块花岗岩打凿而成，外壁刻“仙源涓涓，饮者万年”八字。左侧照墙上镶嵌一方刻有“天花井”

何仙姑家庙

三字篆体的小碑石。后堂为大殿，穿斗与抬梁混合式梁架结构，明间设神龛供奉何仙姑塑像。该庙是奉祀传说中唐代民间“八仙”之一何仙姑的塑像的庙宇。庙内有木匾，木雕、石刻、壁画精致，具有较高艺术价值。

2015年8月，公布为广州市文物保护单位。

清　康帅府

位于海珠区凤阳街道五凤村，乃乡间里巷小神庙。

建筑坐东朝西，一路三进，砖、木、石结构，前亭后殿，总面阔约4米，总进深11米，占地面积44平方米。四周巷陌。第一进拜亭为石柱歇山顶四角亭，进深约4米共七架梁，前后两步架。正脊灰塑醒狮博古纹饰。四垂脊灰塑四狮饰花，碌灰筒瓦顶，绿琉璃瓦当、滴水。“万福攸同”木雕封檐板，花岗石方柱及柱础，地面为后修仿阶砖水泥地面。第二进前厅与拜亭成勾连搭，进深约3米。屋顶有卷花纹灰塑垂脊。碌灰筒瓦顶。第三进为神庙正殿。面阔约4米，进深约4米。硬山顶，灰塑博古正脊，矮垂脊，碌灰筒瓦顶。木雕封檐板，水泥台基。石门额刻“康帅府”三字。山墙有灰塑“五凤陈合利造”。康帅府旧有庙会活动，尤以每年七月初七庙会最有特色。每到此时，村中女子，集体庙前过夜庆祝。日中搭棚唱戏，舞狮采青，锣鼓喧天。

康帅府

2011年6月，公布为海珠区文物保护单位。

清　三圣宫

位于海珠区凤阳街道沙溪村。建于清同治十一年（1872）。

三圣宫坐东朝西，三面临街，与康帅府并排，同为村中小神庙。前亭后殿，总面阔约5米，总进深9米，总占地面积45平方米，砖、木、石结构。拜亭面阔5米，进深4.5米。卷棚歇山顶，灰塑博古垂脊。碌灰筒瓦顶，绿琉璃瓦当、滴水，花卉木雕封檐板。花岗石方柱及柱础。地面已改为水泥地面。墙头绘画保存较好。

2011年6月，公布为海珠区文物保护单位。

三圣宫

清　玉虚宫

位于天河区石牌街道石牌村踏槐里2号。始建于清初，经清代、近现代七次重修。

建筑坐北朝南。砖木结构。面阔三间，进深两进，总面阔8.6米，进深10.47米，占地面积90.04平方米。头门面阔三间，进深两间，瓜柱抬梁构架，清水砖墙，麻石墙裙。花岗岩门框，石门额。门联上雕有蝙蝠纹饰。头门后为拜亭，连接后堂，拜亭两侧为天井。天井两侧墙上镶有五通清代碑刻，分别是清嘉庆十二年（1807）《重修龙亭新建八宝碑记》碑、嘉庆二十一年（1816）《重修北帝古庙助金碑记》碑、道光二十三年（1843）《重修北帝古庙碑记》碑、同治八年（1869）《重修玉虚宫古庙碑记》碑和光绪二十九年（1903）《玉虚宫重修碑记》碑。正殿面阔三间，进深三间，人字形封火山墙，博古正脊，碌筒瓦面，清水砖墙，瓜柱抬梁，雕花封檐板。

2009年7月，公布为天河区文物保护单位。

玉虚宫

清　珠村北帝古庙

位于天河区珠吉街道珠村南门下街48号。始建于明代。

庙坐南朝北。广三路，深两进，总面阔20.34米，总进深23.91米，占地面积486.33平方米。山门面阔三间，进深三间。硬山顶，人字脊山墙，灰塑龙船脊，碌筒瓦面，清水砖墙，麻石墙裙。前檐为博古梁架结构，后檐为瓜柱抬梁结构。两侧山墙砖雕墀头，木雕封檐板。两侧廊为卷棚顶，花岗岩檐柱。天井为麻石铺地。后殿面阔三间，进深三间。硬山顶，人字脊山墙，灰塑龙船脊，碌筒瓦面。瓜柱抬梁结构，木雕封檐板。后殿正中有神龛，供奉北帝神像。天井左廊墙上镶有1991年重修碑记，右廊墙上镶有1996年、1998年两块重修碑记。东路和西路为衬祠。东路西面墙上有民国十年（1921）《重修玄帝古庙题名碑记》石碑，天井靠墙处有清同治四年（1865）《重修北帝庙题名碑记》石碑。1924年黄埔军校第一期术科考试指挥部设在庙内，蒋介石、鲍罗廷等曾到此考察黄埔军校学生军事考试。何应钦驻庙指挥考试。同年镇压商团叛乱时，珠村农民协会在庙东路存放弹药。

珠村北帝古庙

2009年7月，公布为天河区文物保护单位。

清　晋庆庙

位于天河区珠吉街道吉山村西上街3号。始建于清代，分别于清乾隆二年（1737）、咸丰元年（1851）、民国三十六年（1947）、1996年重修。

晋庆庙

庙坐北朝南，总面阔9.33米，进深15.74米，占地面积146.8平方米。山门和后殿均为面阔三间，进深两间，庙墙壁、顶部画满壁画，可惜后期修复时重描，破坏了原来壁画的艺术价值。庙内五通碑刻有较高的史料价值。中路山门左边墙上镶有道光十年（1830）、民国二年（1913）《新建石街碑志》石碑。左廊墙壁镶有咸丰十年（1860）荣安堂碑、道光年间的《方阁水松涌道碑记》石碑和乾隆五十四年（1789）的《重修古涌碑》石碑。

2009年7月，公布为天河区文物保护单位。

清　三元殿

位于天河区珠吉街道吉山东街17-1号。始建于清道光二十四年（1844），民国二年（1913）、1996年重修。

建筑坐北朝南。中路面阔三间8.49米，进深两进15.15米，占地面积128.6平方米，左右有院落。门面阔三间，进深两间。硬山顶，博古正脊，碌筒瓦面，人字封火山墙，雕花封檐板，清水砖墙，麻石墙裙。凹门斗，麻石门框。门联上方是蝙蝠图案浮雕。山门山墙两侧均设有花鸟图。后檐有两根八棱花岗岩石柱，柱身刻有字，天井地面由麻石铺砌，两侧廊均为卷棚屋面。左廊墙上镶嵌两块石碑，一为乾隆三十年（1765）立的石碑，无标题，内容为乾隆三十年乡人捐钱复建三元庙；另一块是道光二十四年（1844）《重建三元古庙碑》石碑。正殿前接拜亭，瓜柱抬梁。正殿面阔三间，进深两间。内有供奉天官、地官、水官神坛。

2012年10月，公布为天河区文物保护单位。

三元殿

清　华帝古庙

位于天河区黄村街黄村围福里六巷2号。始建于明代，清道光十一年（1831）、光绪五年（1879）、2001年重修。

古庙坐北朝南。三间两进，总面阔10.3米，总进深18.44米，占地面积190平方米。山门面阔三间，进深两间，瓜柱抬梁，博古正脊，人字封火山墙。花岗岩门框，门檐下有壁画，墀头砖雕保存尚好。天井地面由麻石铺砌，两侧廊均为卷棚屋面。后殿面阔三间，进深三间。

2012年10月，公布为天河区文物保护单位。

华帝古庙

清　官堂康公古庙

位于番禺区南村镇官堂村镇东路2号。始建于宋代，清康熙四十三年（1704）重建，嘉庆十年（1805）、咸丰十年（1860）、光绪二十三年（1897）、民国二十二年（1933）及1998年、2004年和2020年均有重修。

古庙坐西南向东北，三间四进，总面阔8.94米，总进深25.83米，占地面积230.92平方米。建筑主体为悬山顶，人字封火山墙，灰塑博古脊，青砖墙，外墙为红砂岩墙基，内墙为花岗岩墙基。山门花岗岩石门夹，门额上为阳刻“康公古庙”石匾，上款有“嘉庆甲子”印鉴，嘉庆甲子即1804年。二进中殿前建有花岗岩月台，用栏板

官堂康公古庙

围砌，台阶前端立有一对抱鼓石，上饰小石狮。明间挂有“吉祥堂”木匾，内右侧墙嵌有康熙年间的重建碑和光绪年间的重修碑共三方。康公庙有拜亭，拜亭两侧为廊，经两廊至四进后殿，设神台，上置木质神龛，内供奉康公神像。

2010年11月，公布为番禺区文物保护单位。

清　茭塘东文武庙

位于番禺区石楼镇茭塘东村蒲江大道。从门匾题款和重修可知，该庙始建于清道光十一年（1831），咸丰十一年（1861）重修，光绪十八年（1892）迁建至该址，1988年、2014年重修。

茭塘东文武庙

庙坐西向东，三间三进，总面阔11.54米，总进深17.4米，占地面积为200.8平方米。山门与后殿为硬山顶，镬耳封火山墙，灰塑雕花博古脊，青砖墙，花岗岩墙基。山门建在花岗岩台基上，明间为花岗岩石门夹，门额上石匾阴刻“文武殿”，上款“光绪岁次壬辰迁”，落款“谢家杰敬书”。二进为人字形顶，两侧墙楣有精美灰塑彩画，为番禺罕见。庙左侧有一座五层高的六边形小砖塔。

2010年11月，公布为番禺区文物保护单位。

清　灵蟠庙

位于番禺区石楼镇石一村市莲路石楼环卫处以北。从庙内碑记可知，该庙始建于清嘉庆三年（1798），道光十九年（1839）重修，2004年亦有重修。

庙坐北向南，三间三进，总面阔9.93米，总进深23.5米，占地面积233.36平方米。三进均为硬山顶，山字封火山墙，灰塑博古脊，碌灰筒瓦，青砖墙，花岗岩墙基。灵蟠庙供奉有关公和文昌帝君，庙内有三块嘉庆和道光年间的重修碑。

2021年3月，公布为番禺区文物保护单位。

灵蟠庙

清　护龙古庙

位于黄埔区穗东街南湾社区榕影大街1号。始建于清光绪二十一年（1895）。

庙坐东朝西，三间两进，硬山顶，人字封火山墙，灰塑博古脊，碌灰筒瓦，青砖石脚。山门有一方重修古庙的碑记。山门面阔三间，进深两间。大门额阴刻“护龙古庙”，上款“光绪乙未首夏吉旦”，下款“湛清钱拜书”。虾公梁上的石驼峰、梁架、封檐板等雕刻精美。该庙供奉水神，南湾村村民出海前，照例都来该庙烧香。每年端午节，村民亦先来古庙祭拜，然后才去赛龙舟。

1994年6月，公布为黄埔区文物保护单位。

护龙古庙

清 萝岗村北帝古庙

位于黄埔区萝岗街萝岗社区西社街一巷26号。庙内有碑五方，据碑记记载，该庙始建于明代，清雍正十年（1732）、乾隆三十五年（1770）、嘉庆十二年（1807）、咸丰六年（1856）、民国十六年（1927）均有重修。

庙坐东北朝西南。中路头门为博古脊，后殿为龙船脊，人字封火山墙，碌灰筒瓦，雕花封檐板，砖木结构，石脚青砖墙。头门面阔三间，进深两间。前后檐柱为石柱，虾公梁，石狮顶花。前廊木雕异梁架，花岗岩石条铺地，前有六级石台阶。石门夹，大门上石额刻“北帝古庙”四字，两侧有石刻对联“北极奠安南天高拱；塘溪派始萝峰群宗”，后殿前天井为花岗岩石条铺地。两廊四架卷棚顶，两廊开侧门。后殿面阔三间，进深三间，穿斗式瓜柱梁架。左右路均面阔一间，二进。

2009年8月，公布为萝岗区文物保护单位。

萝岗村北帝古庙

清 元贝村玉虚宫

位于黄埔区长岭街水西社区元贝村水元东路。始建于清雍正年间，乾隆五十年（1785）、嘉庆十八年（1813）、道光二十七年（1847）重修，同时添建右侧文武殿。

庙坐北朝南，三间两进，砖木结构，硬山顶，博古脊，人字封火山墙，碌灰筒瓦，雕花封

元贝村玉虚宫

檐板，石脚青砖墙。头门面阔三间，进深两间。前后檐柱为石柱，虾公梁。石门夹，大门上石额刻“玉虚宫”。头门内间左侧山墙镶重修碑及禁约碑六方。后殿前天井为花岗条石铺地，两廊六架卷棚顶。后殿面阔三间，进深三间，穿斗式瓜墩梁架。前檐柱为石柱，金柱为木柱。中后部供奉北帝神像。西侧殿面阔一间，进深两间。前堂为禅房，后殿供奉文、武曲星神像。

2011年11月，公布为萝岗区文物保护单位。

清 小楼三忠庙

位于增城区小楼镇小楼圩何仙姑家庙北侧。是供奉宋末文天祥、陆秀夫、张世杰三位抗元忠臣塑像的庙宇。始建年代不详，最近一次维修为2023年11月。现建筑为清代风格。

庙坐西朝东偏北，三间三进，庙北有“八仙”殿，总面阔22.98米，总进深19.86米，占地面积456.38平方米。碌灰筒瓦，绿色琉璃瓦当、滴水剪边，穿斗与抬梁混合式梁架结构，青砖石脚墙，红砂岩、阶砖铺地。庙前有旷地，庙的左右与八仙殿及何仙姑家庙相连。步梁为月梁做法，梁底雕花，上施木雕驼峰斗拱和托脚，墙楣施彩色灰塑图案。山门硬山顶，人字封火山墙，灰塑龙船脊，垂脊饰博古纹，石门匾刻“三忠庙”。天井的拜亭为四柱一间八架卷棚顶。四柱是与头门后檐、后堂前檐共用柱。后殿硬山顶，人字封火山墙，灰塑龙船脊，两檐柱，四金柱，明间后墙设神台，供奉三位忠臣的塑像，殿前旷地设围

墙围合。三忠庙木雕精致，壁画、灰塑精美，具有艺术价值。

2009年9月，公布为增城市文物保护单位。

小楼三忠庙

清　石溪古庙

位于增城区新塘镇石下村石下街80号。是供奉太月真人、华光、医灵等塑像的庙宇。始建年代不详，清乾隆五十八年（1793）、道光二十八年（1848）、光绪二十四年（1898）、1991年有维修，现为清代建筑风格。

庙坐东北向西南，三间三进，天井建有拜亭，总面阔11.55米，总进深17.05米，占地面积196.93平方米。硬山顶，人字封火山墙，绿色琉璃筒瓦，穿斗与抬梁混合式梁架结构，青砖墙，花岗岩石脚。山门石匾阳刻“石溪古庙”，上款刻“光绪戊戌春正月”，下款刻“胥江邓□英敬书”。门左右石刻门联曰“德焕南离星辉蔀屋；恩流东粤露湛枌乡”。灰塑博古脊施灰塑狮子、火焰、蝠寿、凤凰、扁瓶等纹饰。次间石虾公梁下有石雕雀替，上置石狮子驼峰异形斗拱。步梁上施人物驼峰、矩形升斗、鳌鱼托脚，梁底雕花。墙楣饰人物、亭榭、山水、花鸟等大幅彩绘和诗文。门内左山墙上镶嵌乾隆五十八年、道光二十八年重修碑记，右山墙上镶嵌光绪九年重建复昌桥碑记和本乡上、中、下坊门楼石碑记。天井拜亭为四柱一间八架卷棚顶。后殿摆放神台香案，供奉人物塑像。石溪古庙脊饰灰塑、木雕、石刻、壁画精致，内保存有四方石刻碑记，保存较好，具有较高的历史和艺术价值。

2009年9月，公布为增城市文物保护单位。

石溪古庙

清　藏书院村洪圣古庙

位于花都区炭步镇藏书院村村口。始建年代不详，据庙内重修碑记记载，于清乾隆十二年（1747）重建，嘉庆七年（1802）、光绪二十九年（1903）、1998年重修。

庙坐西南朝东北，广三路，总面阔18.15米，总进深24米，占地面积435.6平方米。人字封火山墙，碌灰筒瓦，青砖石脚。中路建筑的山门面阔三间，进深两间共十五架，中间建筑香亭顶部与山门、后殿顶为勾连搭形式；后殿共十七架。建筑内的前廊梁架、封檐板的木雕和建筑石雕工艺精美。墙壁上的壁画、书法保持较完整。庙内的两廊山墙镶嵌了八方重建、重修碑记，这些碑记记载了洪圣古庙重建和重修的历史。该庙内有多方碑记，是研究该庙历史的重要材料。由于洪圣古庙内经常进行民间信仰活动，后殿经常烧香点烛，使得后殿的瓦面、梁架和墙壁上方较黑。

藏书院村洪圣古庙

1998年重修时，山门改塑“二龙戏珠”“双凤朝阳”陶脊，香亭顶部改为钢筋混凝土结构。整体保存较好。

2017年1月，公布为花都区文物保护单位。

清　康公庙

位于花都区炭步镇水口村，又称主帅庙。据民国《花县志》载：“康公庙在水口乡，由明竺峰寺改建。”据传，竺峰寺又名竺峰庵，原祀观音大士。后当地民众从三水县康公庙请来“皇封道果无流康公元帅”神位，改建为庙。

康公，姓康，名保裔，河南洛阳人，宋代爱国将领，治兵有方，屡立战功，官至高阳关都部署。一家三代忠烈，人们尊其为康公、康王。康公（王）庙遍布大江南北。清代，广州西郊、南郊都建有康公（王）庙。该庙距今已有三百多年的历史，为花都区现存最古老的庙宇之一。

康公庙

康公庙坐北朝南，由山门、香亭和后殿组成。左右两路为文昌庙和观音庙。三庙总面阔18米，总进深23.7米，面积426.6平方米。五岳山墙，青砖墙。山门面阔三间10.1米，进深两间7.3米共十一架，前廊双步。大门嵌花岩岗石门夹，石门额阳刻“康公庙”，上款刻“同治四年（按：1865）岁在乙丑”，下款刻“季冬吉旦重修”。石门联刻“威震雷霆恩施雨露；功高紫阙德沛苍生”；香亭面阔一间3.3米，进深一间4米共七架。歇山顶，陶塑脊；后殿面阔三间10米，进深三间7.2米，侧样为十一架桁屋前后双步梁用三柱及后墙。坤甸木金柱，花岗岩石柱础。梁架采用月梁做法，柁墩、雀替施有如意纹饰。明间设神龛，中为康公王，左为大王爷，右为关公。后殿前带两廊，三间四架卷棚顶。两廊山墙分别镶嵌十三方碑记，有清康熙十九年（1680）《重修康公庙碑》、乾隆十七年（1752）《福禄寿》、乾隆五十四年（1789）《重修》、嘉庆十一年（1806）《重修庙碑记》、嘉庆二十四年（1819）《重修康公庙碑》、同治四年《碑记》、1996年《水口村第七次重修康公庙铭志》以及六方捐款人名单碑记。水口村康公庙对研究花都传统民俗活动有很好的参考价值。

2017年1月，公布为花都区文物保护单位。

清　北帝古庙

位于从化区街口街环城路。据庙内碑文记载，始建于明天启年间，清乾隆二十五年（1760）、宣统元年（1909）及1991年、2009年四次重修。

古庙坐西北朝东南。三间两进，总面阔20.5米，总进深21.4米，占地面积442.1平方米。硬山顶。头门面阔三间，进深两间，共十七架。两根石前檐柱。门夹石上刻门联“北极端居尊推镇武；帝心广运息遍从阳”。石门匾阴刻“北帝古庙”，落款“宣统元年仲冬吉旦重修”。头门内

北帝古庙

左次间各放牵马将军像，山门内左次间正面墙壁上嵌四方重修碑记。墙楣壁画、正脊灰塑彩绘等构件装饰同是1991年重修时补加的，已失去旧貌之幽古。后堂面阔三间，进深三间，共十七架，立二石前檐柱。四木金柱下有石柱础，屋顶有举折，铺素瓦，绿色琉璃瓦当，滴水剪边，正脊灰塑“八仙过海”图。

1995年6月，公布为从化市文物保护单位。

清　上村列圣宫

位于南沙区大岗镇岭东村。原名为岭东列圣宫，供奉天后。清乾隆二十七年（1762）重建，光绪六年（1880）迁建至现址。

上村列圣宫

建筑坐北向南，三间三进。总面阔5.48米，总进深13.16米，占地面积72.12平方米。硬山顶，镬耳封火山墙，碌灰筒瓦，青砖墙，花岗岩墙基。宫内天井右侧墙上有乾隆二十七年《重建二庙碑记》和光绪六年《迁建列圣宫碑记》两通黑云石碑。山门前右侧有一红砂岩书“北安社”，中间立有一红砂岩土地公石像。整体保存较完整。处于密集民居中，对研究当地古庙宇具有一定的历史价值。

2023年7月，公布为南沙区文物保护单位。

清　塘坑天后古庙

位于南沙区港湾街道塘坑村。始建于明代，清嘉庆三年（1798）重建，现代有重修。

古庙坐西北向东南，三间两进，总面阔11.6米，总进深16.8米，占地面积194.88平方米。两进均为硬山顶，碌灰筒瓦，绿琉璃瓦当，滴水剪边，青砖墙，花岗岩石脚。石门额阳刻“天后古庙”，上款为“嘉庆三年岁次戊午仲秋吉旦重建”，下款为“沐恩西宁坊众信弟子敬立”。两侧花岗岩石门夹，阴刻楷书对联“虎海普慈航万顷波澜永奠；凤山隆肸蠁千秋俎豆常新”。后殿后墙为蚝壳墙，庙内有两通嘉庆时重修的天后古庙碑。该庙是南沙现存规模最大、时间最早的天后庙。

2023年7月，公布为南沙区文物保护单位。

塘坑天后古庙

清　龙归古庙

位于增城区派潭镇旧高埔村牛骨岭合作社侧边。始建于明万历二十六年（1598），清道光二十一年（1841）和2005年维修。

古庙坐北朝南稍偏东，五间三进，左右为衬祠，总面阔19.2米，总进深20.3米，占地面积389.76平方米。主体建筑面阔三间11.82米，由山门、拜亭、后殿组成。山门、后殿为硬山顶，人字封火山墙，灰塑博古脊，碌灰筒瓦，穿斗与抬梁混合式梁架，青砖石脚。石门匾刻“龙归古庙，万历二十六年建，道光辛丑孟春重修”字样。门左右有石刻门联“座镇三乡德并鸪峰耸峙；门开众妙恩同沧水汪洋”。拜亭设在天井中央，面阔一间4.4米，进深一间4.25米，为四柱

龙归古庙

六架卷棚顶。衬祠辟为房，硬山顶，人字封火山墙，横檩直入山墙式，以山墙承重。

2023年1月，公布为增城区文物保护单位。

清 拜庭许大夫家庙

位于越秀区高第街许地41号后座。为潮州许氏家族在广州的合族宗祠。始建于清道光年间。

庙坐北朝南，原为三进祠堂，现存两进。面阔三间17.8米，进深30米，占地面积534平方米。门前旷地铺麻石，周边为民居。人字封火山墙，碌灰筒瓦，灰塑博古纹正脊，青砖墙石脚。头门面阔三间17.8米，进深10.8米，共十五架。前檐蓝色琉璃瓦剪边，后檐绿琉璃瓦剪边。头门上方石门额有“拜庭许大夫家庙”几个大字。前廊两次间砌石塾台，虾公梁上设石雕狮子。木柱，前廊麻石地面，室内铺花阶砖。天井进深6.7米，两

拜庭许大夫家庙

边设廊。尚存部分砖雕，依稀可见繁花、人物图案。中堂面阔三间17.8米，进深12.5米共十一架，前廊四架卷棚顶，堂内后加建楼阁。该祠堂现用作越秀区离退休教工活动中心。

2002年7月，公布为广州市文物保护单位。

清 鉴湖张大夫家庙

位于番禺区沙湾镇龙岐村大巷街。始建于清代。

庙坐西向东，广三路，深三进，中路为三间三进，占地面积1000多平方米。家庙三路建筑均采用硬山顶，灰塑博古脊，人字封火山墙，碌灰筒瓦，青砖墙，花岗岩墙基。木雕、石雕装饰丰富精美，梁架上满布戏曲人物和龙形木雕，头门基础伴有精细石雕卷草图案。中堂风雨廊与青云巷相通的拱门均有砺石对联，对联四边有浮雕瑞草花纹装饰。

鉴湖张大夫家庙

张殿铨，字衡中，号鉴湖，民国《番禺县续志》有传，在省城十三行创办隆记茶行，致富后不忘造福乡梓，置尝田、修祖祠、铺乡路、筑护乡围墙等，乡人称他为“发财公”。清道光二十四年（1844），主持捐资倡设螺阳七约社学。

2008年12月，公布为广州市文物保护单位。

清 潘氏家庙

位于海珠区同福西路龙庆北2号、龙溪南首约17号、19号。由清代广州十三行行商潘正炜所建。

潘氏家庙

建筑坐北朝南，原通面阔约30米（现约22米），通进深约80米，建筑原占地面积近3000平方米，现在残存部分约余600平方米。中路三间五进，由前到后依次为头门、二门、中座、老太太厅、神厅，两旁有书偏并以青云巷与中路隔开。两厅之间以天井隔开，上加小盖，靠高窗（水窗）等通风采光。两旁为书房、偏房、卧房和楼梯，最后是厨房。屋内装饰雅致，墙上嵌满洲窗。

2015年8月，公布为广州市文物保护单位。

清　渔隐公祠

渔隐公祠位于花都区炭步镇塱头村塱头社。始建于清光绪十四年（1888），1984年重修。

该祠坐北朝南，三间三进。总面阔13.4米，总进深46.6米，建筑面积624.4平方米。镬耳封火山墙，灰塑博古脊，碌灰筒瓦，青砖墙，石脚内嵌花岗岩，外嵌红砂岩，红方砖铺地。该祠是研究南方清代建筑的重要实物资料。

2017年1月，公布为花都区文物保护单位。

清至民国　秋江吴公祠

位于增城区新塘镇巷口村云里街。始建于明代中叶，清代重修，民国二十五年（1936）维修。

祠坐北向南稍偏西，总面阔20.9米，总进深36.6米，占地面积764.94平方米。三间两进，门前有围墙围成的小院落，祠后有小花园，祠右设花厅，整座建筑呈不等边的多边形布局。主体建筑为硬山顶，人字封火山墙，灰塑博古脊，碌灰筒瓦，穿斗与抬梁混合式梁架结构。石门额阳刻“秋江吴公祠、乙亥仲冬、吴道镕书”。头门前廊次间石虾公梁上施石刻异形驼峰斗拱，墙楣施戏曲人物、山水、花鸟等壁画和诗文，后堂明间、左右次间后墙处各设有花岗岩石神台，门前院落围墙内外墙头施彩色灰塑壁画和诗文，其中在院落北门外墙头上的一幅灰塑中塑有“民国廿五年丙子仲夏建”等文字，从祠与围墙之间有整齐分界线的现场分析，祠前院落围墙是民国二十五年建。秋江吴公祠木雕、彩色壁画、灰塑壁画精致。

2009年9月，公布为增城市文物保护单位。

渔隐公祠

秋江吴公祠

清末　陈家祠堂

位于荔湾区中山七路恩龙里34号。又名陈氏书院，为广东七十二县陈姓合族祠和书院。清光绪十四年（1888）始建，光绪二十年（1894）落成。

祠堂总面积1.32万平方米，是广东地区著名的宗祠建筑。祠堂坐北向南，总体布局以中轴线为主体建筑，进深三进，中轴线两侧为厅堂，两边以偏间、廊庑围合。每座单体建筑以青云巷隔开，建筑间以长廊相连，以六院八廊互相穿插，祠堂前辟有宽阔的庭院，还有东院和后院。中轴线上主要建筑有头门、聚贤堂和后堂，头门面阔五间27.56米，进深三间14.91米，十七架梁用四柱，梁架、驼峰、斗拱、雀替均雕刻有花卉、瓜果、人物等纹饰。头门大门上悬“陈氏书院”横匾，两边有石砌塾台，门前两侧立一对直径1.4米、连座高2.55米的石鼓，两扇大门上彩绘门神。大门内设四扇双面镂雕屏风。头门明间与次间梁架高10.09米，尽间梁架高9.69米，形成高低错落两个屋面，硬山顶封火山墙，屋面铺碌灰筒瓦，正脊塑花鸟、人物灰塑，砌石湾陶塑人物瓦脊，垂脊塑寿果、蝙蝠和狮子等。东西厅堂面阔14.05米，进深三间11.9米，其建筑规模、装饰比头门稍次。聚贤堂是陈姓族人举行春秋祭祀和议事聚会的地方，面阔五间27.84米，进深三间16.7米，二十一架梁六柱出前后廊，梁架、驼峰、斗拱、雀替均雕刻花纹，后外金柱明间、次间装十二扇镂雕屏风，梢间设花罩；堂前设月台，宽16.84米、深5.76米，石雕望柱以岭南佳果为装饰，栏板嵌铁花。正脊上陶塑瓦脊为1981年修复时重新烧制。后进后堂及大厅三间是安放陈氏祖先牌位及祭祀的厅堂。中后堂面宽五间，进深三间，二十一架梁用五柱后墙承重，后金柱间各设高7米的木镂周龛罩，后梢间设神龛，内设二十一级木阶放置神位、牌位。

除中轴线主体建筑外，其他厅堂、廊庑、斋室、厢房等建筑广泛采用木雕、石雕、砖雕、陶塑、灰塑、铁铸等不同风格的工艺装饰，梁架、斗拱、驼峰、墙壁、墀头、踏道等均以梅兰竹菊、花鸟虫鱼、岭南佳果、历史典故、戏曲人物等题材为装饰内容。现保存有木楹联十二对。1957年全面维修，1959年辟为广东民间工艺馆，1964年对大门、聚贤堂梁架加固修缮，1981年重修，1983年重新开放。1994年在此设立广东民间工艺博物馆。

1988年1月，公布为全国重点文物保护单位。

陈家祠堂

第五节 牌坊门楼

明清 “淡墨流芳”牌坊

位于白云区钟落潭镇湴湖村。始建于明代，2005年重修。

牌坊是一座三间四柱五楼式古典砖石牌坊，面阔10米，高8.6米，明间宽3.8米，两次间砌拱门。正门前额书“淡墨流芳”，两侧仪门门额分别书“出弟”“入孝”。正门后额书“宣城甲第”。两侧仪门后门额分别书“礼门”“义路”。建筑保留了明代风格，端庄秀气。

该牌坊是明太祖朱元璋为表彰湴湖村邝氏宗祖邝儒真之德才而御赐的，牌坊后50米处原有两座邝氏宗祠，抗日战争期间曾为日军之营房，1945年被日军炸毁，仅此牌坊幸存。

2008年12月，公布为广州市文物保护单位。

“淡墨流芳”牌坊

明清 丛桂坊门楼

位于番禺区南村镇员岗村桂桂坊大街二巷。又名“博陵石坊”。始建于明万历六年（1578），清乾隆三十四年（1769）重修。

门楼为一间两柱二楼牌坊，坐西向东，面阔3.2米，进深2.8米，通高约7米，占地面积9平方米。由斑岩石、花岗岩石砌筑而成。顶楼斗拱下嵌石匾，阴刻“丛桂坊”。石匾正面上款为“赐进士及第、翰林院学士、奉直大夫、前经筵讲官、同修国史徐琼题”；下款为“万历六年仲秋穀旦巡按山东监察御史詹□□立”。门额上石匾阴刻“博陵”二字，背面阴刻“科第”二字，旁有乾隆年款。门楼南面道路两边建有围栏。

2010年11月，公布为番禺区文物保护单位。

丛桂坊门楼

清 “文学流风”牌坊

位于番禺区沙湾镇东村经术路京兆小学内。始建于清道光十七年（1837）。

牌坊原为黎氏大宗祠（永锡堂）的仪门，宗祠被毁后现仅存此牌坊。牌坊两边面阔约2.43米，中间约3.86米，高约7.80米，深约为2.55米。原牌坊木门、木构件如意斗拱和三座楼檐于“文化大革命”期间被拆去，只剩石阶、石柱和石额。2000年，黎姓族人重修此坊，由沙湾著名青年雕刻家何世良主持木雕，按原貌进行修复。牌坊坐西北向东南，四柱三间三楼，由花岗石与青砖构建，立于长方形石台基上。四柱前后均有抱鼓石夹持，坊额和鼓沿分别饰以精细花纹。正面石额阳刻楷书“文学流风”，背面石额阴刻楷书“凌江报晨”，均无署款。三楼均饰以四重砖雕如意斗拱，中楼为灰塑回龙正脊，庑殿顶，回龙头东西顾，尾西东翘。各楼飞檐分别有灰塑瑞兽坐镇，各具形态。牌坊东西两侧各以砖砌墙相边，中间开拱券门。两侧拱券门顶上各有红砂岩石匾，东面刻“骏烈”阳文楷书，西面刻“清芬”阳文楷书。墙上分别饰以三重砖雕斗拱，上盖瓦顶为硬山顶。

2008年12月，公布为广州市文物保护单位。

“文学流风”牌坊

清　“贞寿之门”牌坊

位于花都区炭步镇华岭村外左侧的华岭山下。由骆郑氏建于清道光二十年（1840）秋。

牌坊坐东朝西，总面阔约6.4米，总进深约2米，占地面积约12.8平方米，为三间四柱冲天式。花岗岩结构。明间石额正面刻“贞寿之门”，背面刻“百岁流芳”；上置“圣旨”牌，背面刻“恩荣”两字，周围配有龙纹石刻图案。四柱脚均有抱鼓石，中间两抱鼓石高1.6米，两侧

“贞寿之门”牌坊

抱鼓石高1.4米，均刻有凸花图案。

据民国《花县志》载，骆郑氏，骆有显之继室，骆维彬曾祖母，华岭人，寿一百零三岁。

2008年12月，公布为广州市文物保护单位。

清　“佛山”石牌坊

位于越秀区解放北路988号越秀公园“古之楚庭”牌坊下方。始建于清道光六年（1826）。

牌坊坐北朝南，为四柱三间一楼石牌坊，用花岗岩建造。明间高约3.5米，阔约3.36米，次间阔约1.58米，南北向的坊额上刻有楷书“佛山”大字，题款为“道光六年孟春三月番邑黄炳敬立”。牌坊上明间为石雕庑殿顶，鳌鱼宝珠镶于脊顶。次间坊额上刻有二龙戏珠浮雕，并用八块饰翔凤卷草纹的抱鼓石夹护柱脚。柱上刻“光绪三年丁丑秋无名氏信士重修”字样。牌坊造型独特，呈现明显的清代建筑特色。

2015年8月，公布为广州市文物保护单位。

“佛山”石牌坊

清　升平人瑞牌坊

位于花都区炭步镇塱头村塱东社。为本村十二世祖南海县县令黄祯的夫人崔氏太婆一百零六岁时建。始建于清乾隆五十七年（1792）。

牌坊坐北朝南，为三间四柱冲天式结构。主体为花岗岩结构，高5.7米，明间门宽3.1米，次间门宽1.6米。石门额阴刻“升平人瑞”，上款刻“乾隆壬子年季冬吉旦”，下款刻“黄卓虎

建”。石额顶上阴刻“圣旨”“荣恩”，背面阳刻“百岁流芳”。

2015年8月，公布为广州市文物保护单位。

升平人瑞牌坊

清　节孝流芳牌坊

位于番禺区石碁镇凌边村大庙附近。建于清咸丰二年（1852）。

牌坊坐东北朝西南，用花岗岩建造，为三间四柱三楼牌坊，总宽4.9米，进深1.7米，最高5.30米，占地面积8.33平方米。明间正面额枋上阴刻“节孝流芳”四个楷书大字，其上阳刻竖排“圣旨”二字；背面额枋上刻“奉旨”“贞表”，字迹已不清。右次间正面额枋上刻“柏操”；背面额枋上刻“兰馨”。左次间正面石额刻“甘荼”；背面石额刻“桂馥”。八块抱鼓石夹护柱脚，简练古朴。三楼牌坊顶部均加有鳌鱼脊盖。

2010年11月，公布为番禺区文物保护单位。

节孝流芳牌坊

清　孝行流芳牌坊

位于从化区太平镇木棉村龟咀社。建于清光绪十六年（1890），是光绪帝下旨御建之物。

孝行流芳牌坊

牌坊为一座四柱三间冲天式石牌坊，坐西北向东南，以花岗岩石打制。四柱均为正六边形，明间坊额阳刻楷书“孝行流芳”，其上竖刻“圣旨”二字，下又刻有文字记述立坊之原委。两侧柱联曰“圣朝旦孝治天下，大夫不虚生世间”。三间顶部皆为小巧别致的石雕歇山顶。左次间坊额刻有“入孝”，右次间坊额刻有“出弟”。四石柱上方同立石狮，注视明间“圣旨”处。柱下有抱鼓石夹护柱脚。

1990年12月，公布为从化县文物保护单位。

清　居安更楼

位于天河区珠村南便大街八巷口。

楼坐北向南。面宽1.94米，进深2.35米，占地面积4.56平方米。花岗石巷门，花岗石门额，上刻“居安”。青砖墙，花岗石脚。门额上方有壁画。

2009年7月，公布为天河区文物保护单位。

居安更楼

清　拱日楼门楼

位于花都区花东镇港头村东面。

门楼坐西朝东，高两层，面阔5.8米，进深6.5米，高约9米，占地面积37.7平方米。门楼墙面为镬耳封火山墙，灰塑龙船脊，碌灰筒瓦，青砖墙。门楼为凹门斗式，共十五檩。内搭阁楼，杉木板楼面。大门嵌花岗岩门夹，门阔1.88米，高3.5米，石门额阴刻“拱日楼”。门楼整体结构完整，保存较好，现仍在使用。

2017年1月，公布为花都区文物保护单位。

拱日楼门楼

清　朝阳里旧闸门

位于天河区石牌村朝阳大街10号旁。始建于明代，于1986年重修。

闸门下部用红砂岩砌筑，上部为红砖筑的阁楼。两坡顶，碌筒瓦面，高3米，面阔4.3米，深5.25米。门洞宽1.3米，墙厚0.48米，占地面积22.58平方米。红砂岩门夹。门楣上方砌红砖墙，内镶嵌砂岩门额。该闸门是石牌村的防卫设施。

2012年10月，公布为天河区文物保护单位。

朝阳里旧闸门

清　北牧里闸门

位于天河区车陂村北牧大街12号旁。建于清乾隆五十一年（1786）。

闸门坐西朝东，墙厚0.4米。总宽2.7米，高2.8米。门洞宽1.5米，占地面积4.05平方米。两面坡顶，直脊，碌筒瓦面，清水砖墙，花岗岩门额，宽0.8米，高0.25米，阴刻“北牧里”。

2012年10月，公布为天河区文物保护单位。

北牧里闸门

第六节　宅邸民居

清　十香园

位于海珠区怀德大街3号。始建于清道光年间，是岭南画派启蒙师祖居廉、居巢故居。因庭园内种有素馨、茉莉、瑞香、夜来香、鹰爪、夜合、珠兰、君子兰、白兰、含笑十种香花及各种草木，故命名为“十香园”。2007年考古勘查，清理出三组房屋基址。其中两组分别为居巢住处遗址和居廉住处“啸月琴馆”建筑基址。基址大部分保存较好，为旧址的修缮复原提供了重要的实物资料。

园内现存建筑三座、东巷及四周围墙，除位于西北角的紫梨花馆外，其余两座为后来补建。十香园现占地面积600多平方米，整体平面近方形，东面是青云巷，南北走向，红砂岩条石铺地。北巷口原有更楼一座，前装有企栋及板门，后为石夹巷门，现已封。巷中西墙开门可进园内。园内东北角为厨房，园存之隶书木刻匾额“十香园”为清咸丰十一年（1861）杨其光所书。屋前院落，背靠隔山，面朝海珠涌。园西北为二居授徒之紫梨花馆，进深一间，原为卷棚顶，现改为硬山顶，前有挑檐枋承托前廊屋面，室内靠西为二居作画授徒之所，靠东为房间，馆前为花园。

1983年8月，公布为广州市文物保护单位。

十香园

清　泰华楼

位于荔湾区恩宁路多宝坊27号。是清代咸丰年间探花李文田所居探花第内的书斋。建于清代，1988年重修。

探花第原为西关大屋，今已损毁。书斋坐北朝南，面阔三间，占地面积420平方米。主体采用硬山顶，青砖石脚。园门朝东，硬山顶。内进为书斋房舍和庭院。庭院置假山，种植花木。书斋内进为厅堂，两侧为房间，厅前入口设花楣挂落，厅后设神楼。西面原为厨房和用膳的地方，现改为两层房舍，外墙改贴灰釉面砖。泰华楼为不可多得的清代探花第遗存书斋。

李文田（1834—1895），字畬光，一字仲约，号若农，又号芍农，顺德人。咸丰九年（1859）进士，殿试取为一甲第三名探花及第，授职翰林院编修，出任江西考官。李文田通晓兵法、经史、天文、地理之学。清同治年间擢翰林院侍读学士。书斋原藏书十万卷（册），抗日战争时失散一部分，二十世纪六七十年代部分书籍和字画遗失。

1993年8月，公布为广州市文物保护单位。

泰华楼

清　小画舫斋

位于荔湾区龙津西路逢源大街21-4号。为新加坡华侨富商黄氏家族的别墅，黄景棠于清末改建，落成于清光绪二十八年（1902），是一座具有岭南风格的园林建筑，因内有船厅，故名“小画舫斋”。

别墅坐北朝南，占地面积2000多平方米。园门原有石刻门额 “小画舫斋”，现不存。后门朝北，原有的建筑分三部分，南面是主人的卧房，西北涌边处是船厅，中间是祖先厅，南门的右侧是后楼。所有的建筑以石路和连廊相连，庭院中建有诗境亭、假山和花基等。船厅临荔枝湾涌而建，是主人的书斋，也是文人雅士聚会之所，因临水而构筑，其造型似船舫，故名“船厅”。“文化大革命”期间，南面的主体建筑、诗境亭及连廊等均被破坏，现仅存船厅、祖先厅、大门。1996年广州市人民政府按部分原样复建。现建筑总占地面积778平方米，仅祖先厅为原有建筑。祖先厅厅面宽5.95米，进深8.3米，总占地面积49.39平方米，砖木结构，歇山顶，绿琉璃瓦滴水剪边，台基青石砌筑，木屏风隔扇，地铺黑白相间大理石。

1993年8月，公布为广州市文物保护单位。

小画舫斋

清　西关传统民居

位于荔湾区逢源大街8号、8-1号、8-2号，逢源北横街9-17号，逢源北街80号。

西关传统民居

建筑群均为清末民初西关传统民居建筑，以沙地一巷36号，逢源大街21号、8号，逢源北街13号、84号、87号等建筑为代表。建筑从平面布局、立面构成、剖面到细部装饰等都有浓厚的广州地方特色和风格，其规模较大的建筑被称为“西关大屋”。西关大屋的布局多以当中的正间为主体，两侧为书偏，叫“三开间”，俗称“三边过”。有的大屋有“五边过”和“七边过”。有的西关大屋带后花园，花园设计颇有岭南园林特色。逢源北街8号旧民居建筑，坐北向南。采用“双开间”形式，有正间与左偏间。正间内进有门厅、主房、二厅、神楼、尾房等，左为书偏。大门入口处是传统的脚门、趟栊、板门，花岗岩石门框和石墙脚，内进书偏的侧门门头镶嵌有彩色玻璃蝴蝶窗，房间以隔扇作间隔，裙板与条环板分别雕有花纹与图案。有些西关大屋如沙地一巷36号、逢源北街84号等，糅合了西式的建筑装饰元素，正立面采用罗马柱式或仿罗马柱式装饰，或增建小洋台、庭院建西式小亭等，但主体建筑的内部架构，仍能体现西关大屋的特点。

1993年8月，公布为广州市文物保护单位。

清　横沙民俗建筑群

位于黄埔区大沙街道横沙社区。据记载，横沙村始建于宋代，所在地原是由珠江河冲积而成的一条沙脊，自西北向东南作横条状延伸，故取名为“横沙”。

横沙村环绕后背山而建，村内有福楹公园，全村建祠堂的有冯、朱、罗、梁、莫、黎、叶七个姓氏，其中，冯姓族人最早迁居于此。南宋绍兴元年（1131），罗贵为避乱从南雄珠玑巷率三十三姓九十七户迁徙至广州府（珠江三角洲一带），其子孙后又迁居车陂永泰市。宋末元初，罗贵的曾孙罗维清从车陂迁入横沙定居落籍，从此横沙村渐成规模。现时罗姓人在该村人数最多。

横沙民俗建筑群现存多为清代中晚期或民国时期建筑，主要集中于南北走向的横沙大街，在建筑规划、布局、规模、结构、装饰、用料及工艺上凸现尊宗敬祖、重教尚文的理念。祠堂、家塾书舍处于显要位置，面临大街，交通便利。横沙大街祠堂一律建在大街西侧，坐西朝东。罗氏大宗祠——南迁罗氏始祖罗贵及横沙罗氏始祖维清之祠居于大街中心，前面有宽大池塘，众公祠（分支祠）分列左右。祠堂面积大于家塾书舍，大宗祠大于公祠，大宗祠深三进，公祠深两进。祠堂墙体青砖石脚，两侧山墙高出屋脊，状如镬耳。屋脊为龙船状或似博古状，门框为花岗石门夹（大宗祠为木板），地铺红阶砖，天井铺条石。屋脊灰塑，梁架、封檐板雕刻，墙楣绘画题诗，檐柱月梁有石雕，两墀头有砖雕，内容为象征福禄寿全等吉祥如意的人物、动物、花木图案。大宗祠的建筑装饰相对讲究。家塾书舍与祠堂相邻或相近，集结成群，形成有利于教学的环境氛围。家塾书舍少数为专一的学堂，多数为居住与教学相兼，基本上都是三间两廊合围式建筑的变体。不过也有少数例外，功甫家塾则为庭院式建筑。横沙大街一带集中了一批具有岭南建筑风格的祠堂、家塾、民居等乡土建筑，历史风貌基本保留。

1999年7月，公布为广州市文物保护单位。

横沙民俗建筑群之朱氏大宗祠

附：横沙民俗建筑群文物本体清单

序号	名称	地址
1	朱氏大宗祠	福聚直街 24 号
2	崇德朱公祠	福聚直街 22 号
3	萼辉别墅	福聚直街 26 号
4	思屏家塾	横沙大街 49 号
5	斐士家塾	横沙大街 56 号
6	人民公社食堂	横沙大街 54 号
7	功甫家塾	横沙大街流光巷 2 号
8	文清家塾	横沙大街流光巷 6 号
9	番江罗公祠	横沙大街 49 号
10	海月罗公祠	横沙大街 47 号

（续上表）

序号	名称	地址
11	桂山家塾	横沙大街 45 号
12	槐洲家塾	横沙大街 43 号
13	英士家塾	横沙大街 40 号
14	于野罗公祠	横沙大街 31 号
15	罗氏大宗祠	横沙大街 27 号
16	九馀轩	横沙大街石榴巷 3 号
17	玉瑚罗公祠	横沙大街石榴巷 2 号
18	德星罗公祠	横沙大街 21 号
19	星堂罗公祠	横沙大街 19 号
20	日新家塾	横沙大街 19 号
21	横沙大街当铺	横沙大街 19 号后
22	绣轩书舍	横沙大街塘边巷 4 号
23	锦江家塾	横沙大街 18 号
24	广仁家塾	横沙大街 16 号
25	敬德家塾	横沙大街 14 号
26	壶天罗公祠	沙边街东 1—1 号

清　南华西路敬和里旧民居

位于海珠区南华西路敬和里20号、22号、24号。始建于清末民初。

敬和里街长33米，宽约3.5米。街巷东西向，房屋南北向。周边民居多采用砖木结构，青砖墙，花岗石夹门，有趟栊门、木板门，面阔宽，

南华西路敬和里旧民居

进深大。敬和里20号、22号是当时广州“四大富商”之一叶家的大屋。临街，总面阔三间10余米，总进深40余米。屋内中间为正厅，两侧为书偏。由于历史原因，正厅和左侧书偏被广州业余大学征用。现叶家后人只住右侧书偏，但屋内仍保存有古老的酸枝龙凤床、镶套色玻璃的满洲窗、精美的花盆和酸枝台椅。

1999年7月，公布为广州市文物保护单位。

清　聚龙村民居

位于荔湾区芳村冲口街道聚龙村。又称邝家庄。始建于清光绪五年（1879），由邝伍臣之兄邝敬贺负责填土施工。施工筑堤挖地基时，在红色砂岩层发现有泉水涌出，被风水先生称之为“龙出血”的风水宝地，故取名“聚龙村”。

聚龙村建村之初有二十户人家，大多数在广

州经商。经过多年的艰苦创业，到清末民初，聚龙村涌现出一批知名商人。如邝明觉、邝其照、邝伍臣、邝衡石、邝康臣、邝敬贺、邝敬赍等。抗日战争时期，聚龙村遭到破坏，土地被侵占，村里商人纷纷移居香港地区和美国、英国、马来西亚、巴西等国。1949年后，村内围墙、书舍、更楼遭毁坏。今存十九幢民居，门牌为聚龙村1—10号、12—14号、16—21号。聚龙村民居组成一个街巷排列有序、整齐划一、近乎方正的建筑群，东西最长的地段为117米，南北深为63米。村内民居基本形式是典型的粤中三间两廊式，砖木结构，硬山顶，碌筒灰瓦，青砖石基墙。其布局向纵深方向发展，组合成民间称之为“三上三下”式的楼房。纵向以六条各宽约2.2米的巷道把房屋分成七路，排列整齐。第三排民居16—20号（15号已毁），共五幢，每幢民居面阔约12.6米，进深15.3米，平均每幢建筑占地约193平方米。第三排民居楼高略高于第一、第二排，民居入口在南面的正中间，均有小阳台，阳台窗楣有花卉图案的灰塑，建筑风格为中西结合，以中式为主。室内的结构布局与第一排民居相似。中堂木雕做工细致，第二层内廊镶嵌满洲窗或木格玻璃窗，其中19号神楼木雕基本保存原貌。

2002年7月，公布为广州市文物保护单位。

聚龙村民居

清　高溪村民居

位于花都区花东镇高溪村田心庄。代表性的建筑有高溪村献堂家塾和欧阳可辉民宅。

高溪村献堂家塾　建于清嘉庆三年（1798），1997年重修。坐北朝南，三间三进，总面阔12.4米，总进深28.2米，占地面积349.68平方米。悬山顶，灰塑龙船脊，碌灰筒瓦，青砖石脚，红砖铺地。头门深十三架。石门额阳刻“献堂家塾”。设有中门，左右次间均砌墙间房。中堂进深三间共十三架。后金柱间有屏门，上挂“抱璞堂”木横匾。后堂深十五架，前设四架轩廊，其中一架已毁。后堂前带两廊，九架人字顶。堂上设有神龛。门前14.8米有左右对称旗杆夹两对。现作为该村村民喜庆宴席和祭祖之用。

高溪村献堂家塾

欧阳可辉民宅　建于清末民初，坐北朝南，三间两廊，总面阔12.1米，总进深11.1米，占地面积134平方米。主体建筑为人字封火山墙，灰塑龙船脊，碌灰筒瓦，青砖石脚，红方砖铺地。排水孔和屋脊等广泛使用灰塑装饰，有蝙蝠、鳌鱼、金鱼、硕鼠、莲叶、葫芦等吉祥图案。正屋面阔三间，明间为厅堂，次间为房间，前设两架轩廊。大门安装木门、趟栊，为坤甸木料，趟栊包有铁皮；门框用宽50—60厘米的花岗石镶嵌。墙内暗镶花岗岩条石，加强了房屋的防盗功能。两廊为七架深人字顶，有门外通。封檐板雕刻暗八仙图案，雕工细致。右廊门旁设砖雕门官神龛，雕刻凤凰牡丹等纹饰；天井为花岗岩条石铺地。照壁中有砖雕天官神位，宽0.5米，高1.7米，中间竖排阳刻“天官赐福”，左右两侧分别阳刻“千祥云集”“百福骈臻”；周边雕刻梅花鹿、麒麟、喜鹊、双狮、牡丹等吉祥图案。天井左侧有花岗岩石圈水井，井旁侧墙上镶嵌井神砖雕，正中竖排阳刻“井泉龙王”。

2002年7月，公布为广州市文物保护单位。

清　赤坭村进士第

位于花都区赤坭镇赤坭村三和庄。是四川富顺县知县宋廷桢的住宅。建于清嘉庆、道光年间，2001年重修。

建筑群坐东朝西，广三路，深三进，各路建筑之间以宽2.7米的青云巷相隔。总面阔84米，总进深51.3米，面积约4309.2平方米。当地人称之为“九厅十八井”。建筑为镬耳封火山墙，碌灰筒瓦，灰塑博古脊，青砖石脚，方砖铺地，梁檩均为坤甸木。建筑前的旷地上立有十二对旗杆夹。

进士第为宋廷桢任四川富顺县知县期间建造的。宋廷桢是赤坭镇赤坭村三和庄人，他死后葬于该村右侧的打鼓岭上。该进士第是珠三角地区质量较高的清代民居。

2002年7月，公布为广州市文物保护单位。

赤坭村进士第

清　龙潭村古建筑群

位于海珠区华洲街道龙潭村。建于清光绪年间。包含迎龙桥、兴仁书院、康济桥、汇源桥、利溥桥、东湖祖祠和旌表节孝牌坊，总占地面积约738平方米。

迎龙桥　建于光绪八年（1882）。南北走向，三孔石柱梁桥，全长约15米，宽约2米，花岗石砌筑。水中两桥墩各由两条插入河中的方石柱构成。两侧金刚墙由花岗石条砌筑。桥墩略高于金刚墙，两者之间铺架五条长石梁。

兴仁书院　位于龙潭村东约大街1号，为本乡白纶生等人捐资兴办教育之所。建于光绪八年。坐东朝西，三路两进。中路有头门、后堂，南北路各有倒座及南、北舍，各路间以青云巷相隔。总面阔约25米，总进深约21米。砖、木、石结构。前有石地坪，地坪前为河涌，环境优美。

康济桥　位于龙潭村东约大街与中约大街相连处，一面傍龙潭，一面靠村庄及兴仁书院。建于光绪八年。桥呈东西走向，为三孔石梁桥，全长约29米，宽约2米，花岗石打制，是龙潭村四座清代石桥中最大的一座。

汇源桥　位于龙潭村中约大街与南约西街和东街的相连处。建于光绪八年。桥呈南北走向，为单孔梁式桥。全长约18米，宽约2米，花岗岩石打制。桥跨越该村之龙潭，水面较宽，故两岸金刚墙伸出水面较多，于其上加石梁而成桥。

利溥桥　建于光绪八年。东西走向，单孔梁式花岗石桥。全长约11.5米，宽1.7米。桥结构较简单，在两岸筑石金刚墙，其上安放石梁，以五条石梁并合做桥面。

东湖祖祠　位于龙潭村东约大街20号。坐北朝南，总面阔约8米，总两进约13米，占地面积约105平方米。三间两进两廊。砖木石结构。头门硬山顶，墙上有灰塑垂脊博古花纹，前墙后柱承重，面阔约8米，进深约3.5米，红阶砖铺地。现该祠保存基本完整，祠内仍进行宗族活动，为龙潭村村民祭祀的主要场所。

旌表节孝牌坊　位于龙潭村小学校舍西墙外侧，为旌表一“节孝抚孤”妇人所建的功德坊。建于光绪五年（1879）。东西朝向，为三间四柱冲天式石碑坊，花岗岩石砌筑，通面阔约4.6米。明间较高，上有石额，下有虾公梁、雀替，匾中有“双龙戏珠”浮雕，内有“恩荣”二字，两侧阴刻有“旌表”“节孝”字样。次间稍低，石匾阴刻“抚孤”“有成”楷书。四柱顶皆刻有宝珠。

2008年12月，公布为广州市文物保护单位。

龙潭村古建筑群

清　三吉堂古建筑群

位于花都区花东镇山下村三吉堂村。包括鉴泉潘公祠和三吉堂民宅。鉴泉潘公祠在西，三吉堂民宅在东，均坐北朝南。

鉴泉潘公祠　始建于清光绪十四年（1888），1985年重修。整体建筑广三路，深三进，通面阔25米，通进深36.2米。中路建筑采用人字封火山墙，灰塑博古脊，垂脊嵌陶狮，青砖墙，方砖铺地。左右路衬祠与中路建筑以青云巷相隔。左右青云巷石门额分别刻“迎祥路”“集福门”字样，并雕有展开的书卷式纹饰。

鉴泉潘公祠

三吉堂民宅　为客家民宅，与鉴泉潘公祠以宽2.6米的青云巷相隔。相传为潘鉴泉所建，其建筑年代比鉴泉潘公祠更早。并列两座，均为客家三堂屋，两座建筑中间隔有宽2.35米的青云巷，巷头巷尾均设门楼。通面阔56.8米，通进深36.1米。主体建筑为悬山顶，碌灰筒瓦，墙体外砌青砖、内砌泥砖（俗称“金包银”），间隔墙为泥砖砌筑，夯土墙脚，方砖铺地。

2008年12月，公布为广州市文物保护单位。

清　岗埔围垄屋

位于增城区中新镇坳头村岗埔村。据1995年版《增城县志》载，该村始祖陈文渠于清康熙五十四年（1715）从本地坳头来此立村，至今已有三百余年历史，现有人口一百六十余人，村民多姓陈。

岗埔围垄屋

围垄屋坐东朝西稍偏南，平面呈前方后圆形。以祠堂为中轴，绕祠堂的左右及后面建扇形环屋带。南北阔38.6米，东西深40米，占地面积1544平方米。祠堂的左右有宽4米，深17.5米的纵巷。前带门楼式小门，门楼的屋顶及门面墙与祠堂和环屋带相连，使整个村落连成一体。木板门框，门洞上有趟栊，门墙上留有猫狗洞。在祠堂的后面与环屋带之间有一块俗称为“胎地”的半月形旷地。胎地、青云巷均用卵石侧砌。围垄屋是一种特色客家民宅建筑。

2015年7月，公布为广州市文物保护单位。

清　三村儒林第

位于从化区吕田镇三村楼子社。“儒林”意为儒者之林，儒林第为儒者居的府第。清道光十一年（1831），三村李聚英高中进士后回乡重修祖屋，并名之曰“儒林第”。

儒林第是一座客家围屋建筑，规模宏伟，工艺精致。广三路，总面阔32米，深三进外加后楼，总进深53.5米，占地面积1585.66平方米。建筑坐北朝南。中路三进祠堂，隔大天井后为碉楼，后另有一深潭。两侧青云巷外是以两层碉楼起端及收尾，横屋夹于其中。石门额阳刻“儒林第”。横屋夹天井，天井下凹；地表砌鹅卵石；有暗排水渠，渠口为漏金钱石刻。横屋向天井门前立两根石质圆柱，承托穿斗梁架。四掩朱色木门隔房间和走廊，门上部为竖竹节棂窗，其上、下分别刻有人物故事和花卉。天井前上角两侧施木刻花卉纹滴水。两层高的碉楼上砌成镬耳墙，垂脊灰塑十二生肖动物图案痕迹仍在。两侧墙头亦塑花鸟博古纹饰，并有题诗。儒林第前空地上立桅杆夹两对，部分字迹湮销难辨：道光十一年岁次□□□□，李聚英。

2021年3月，公布为广州市文物保护单位。

三村儒林第

清　星圃民居

位于天河区车陂村东溪大街52号。建于清末民初。

民居坐东朝西。三间两廊式的砖木结构平房，总面阔8.81米，总进深12.98米，占地面积114.35平方米。硬山顶，人字形封火山墙，青砖墙，花岗石脚。漆彩雕花封檐板，墙头有博古纹。石门额阴刻，石框大门开在廊上，接天井，天井正对三间房。明间厅有精美木雕花罩，房间隔墙有雕彩花。门口石额上有绿色“星圃”二字。星圃民居为清末民初车陂郝氏第十八世祖庆祥所建。郝庆祥，曾当过县官。由巷道进门便是厨房，穿过厨房中间是走廊。走廊前面留空称作天井。大厅门向着天井，朝走廊向前行是杂物房。大厅居中，两边是卧室的，称作“三间两廊”。后来此建筑作为书舍。

2009年7月，公布为天河区文物保护单位。现已消失。

清　扶轮里民居（蚝壳墙屋）

位于天河区棠下村达善扶轮里6号。建于清末民初。

民居坐北朝南。三间两廊，总面阔9.19米，总进深10.4米，占地面积95.58平方米。硬山顶，镬耳封火山墙。蚝壳墙，红砂岩石脚。天井铺红砂岩条石，地面铺红阶砖。该民居在形制、布局方面比较普通，但它的墙体用蚝壳和灰砂舂成，具有独特性。蚝壳墙屋是当时比较富裕的人家的住房，左右两边的墙体用蚝壳和灰砂混合砌成，坚固耐用，起到防卫盗贼掘墙盗窃的作用。冬暖夏凉，不怕雨水冲刷。中华人民共和国成立初期，棠下村有二十多幢蚝壳墙屋。

2009年7月，公布为天河区文物保护单位。现已消失。

清　珠村民居

位于天河区珠村南便大街8巷3号。是珠村村民潘炳章的祖居。建于清代。

民居坐西朝东。三间两廊，面阔9.34米，进深7.64米，占地面积71.36平方米。大门红砂岩石门夹。门口上方瓦檐有雕花砖。天井为麻石地铺材质。进门为门官厅，内设砖雕牌坊式神龛，中刻“旺相堂”三字，两边镶嵌砖雕对联“麟趾呈祥归旺土；凤毛济美兴高门”。院内有花岗石水井。主座中间为大厅，两边是卧室，瓦面有明瓦采光。大厅内有神楼，供奉祖先牌位。

2009年7月，公布为天河区文物保护单位。

珠村民居

清　绿筠溪馆

位于天河区前进村石溪桥头街4号。建于清光绪三十四年（1908）。

建筑坐西向东。房屋面阔7米，总进深8.2米，占地面积57.4平方米。硬山顶，碌灰筒瓦，文字瓦当，雕花封檐板，青砖石脚。前廊深1.6米。趟栊门，施石门夹，石门匾阴刻“绿筠溪馆”，上款“光绪戊申孟冬”，下款“吴道镕”，署名下方有两枚方印。内有花岗岩石柱两根，高3.8米。

绿筠溪馆

该屋为丝绸商人秦明纲所建。秦明纲支持孙中山革命，曾为其募款。这是一座具有典型岭南建筑风格的民宅。

2012年10月，公布为天河区文物保护单位。

清　村心二街横二巷7号古民居

位于番禺区化龙镇塘头村村心二街横二巷7号。始建于清代。

民居为二层三间两廊式，又称“敬义堂”。主体建筑为硬山顶，镬耳封火山墙，灰塑龙船脊，碌灰筒瓦，青砖墙，花岗岩墙基。大门为凹斗门状，门楣绘有山水画和灰塑花鸟图案装饰。

2010年11月，公布为番禺区文物保护单位。

村心二街横二巷7号古民居

清　朱家傍民宅

位于增城区朱村街道朱村村连元里街前。是该村富户朱家傍于清乾隆年间兴建。

建筑坐东朝西稍偏南，由三座民宅并列组成，有青云巷分隔，南北阔30.5米，东西深27.2米，占地面积829.6平方米。三座民宅的建筑形制、结构及规模完全相同，平面布局为三间三进，每座总面阔10.8米，总进深27.2米，占地面积293.76平方米。硬山顶，镬耳封火山墙，灰塑龙船脊，碌灰筒瓦，瓦当滴水，穿斗与抬梁混合式梁架结构，青砖砌墙，红砂岩石脚。凹斗门，北起第一座次间砖雕三叠仰莲出檐，第二座次间灰塑

朱家傍民宅

大宅院，内里可纵横连汇贯通，便于防卫。三座古民宅原均从正门进入，中华人民共和国成立后将每座民宅间隔为5—7户分给村民居住，并在山墙上开门侧入，青云巷前后的砖墙已被拆毁。局部瓦当灰筒头脱落，局部瓦面渗水，红砂岩石脚表层有剥落。民宅规模大，布局严谨，砖雕、灰塑精致。

2009年9月，公布为增城市文物保护单位。

清　郑景贵故居

位于增城区中新镇联安村郑新村。是马来西亚华侨领袖之一、英授“甲必丹”武官、清光绪赏赐二品荣誉官衔的郑景贵的故居。始建于清代，民国时期及2008年均有维修。

郑景贵故居

故居坐西北朝东南，是一座两堂两横屋客家民宅建筑，除主体建筑外，左右隔青云巷还建有东西厢。悬山顶，平脊，阴阳瓦面，泥砖墙，外表批灰砂，青砖墙脚，砖墙搁檩。门前建青砖照墙围合，旷地左侧建门楼通外。南北阔26.6米，东西深26.5米，总占地面积704.9平方米。头门面阔三间10.35米，进深两间5.9米。凹斗门，青砖门框。头门后为天井，左右为房，房的左右有短横巷通青云巷。后堂进深一间6.2米。明间设神位，次间为房，经短横巷入房。东西厢各由五个房间组成，每间面阔约4米，进深5米。青云巷前带门楼式巷门，门洞上原有趟栊，巷的后部建有一小房。左侧门楼面阔一间3.7米，进深两间5米。门洞上安装企栋，门内设阁楼，木横檩上铺木板。为典型的客家建筑，具有用料简单、耗资少、环保等优点。

2009年9月，公布为增城市文物保护单位。

清　双桂堂

位于增城区正果镇到蔚村雅岗村。始建于清光绪年间。

双桂堂坐东北朝西南，门口朝西南，由门楼、祠堂、书室和小花园组成，总面阔25.65米，总进深15.9米，占地面积391.16平方米。主体建筑为硬山顶，人字封火山墙，灰塑龙船脊，碌灰筒瓦，青砖石脚墙。砖墙、立柱、梁架承檩。祠堂、书室的步梁及驼峰、斗拱、托脚上是均彩雕或透雕纹饰，梁下挂落饰木雕，笔法、雕工、造型精湛，保存良好。前金柱间施木枋，枋下挂落饰透雕繁花纹。墙楣彩绘壁画。花园正面照壁中央设砖雕花窗，墙楣饰彩色图案，墙头施瓦当滴水和灰塑龙船脊。花园后为天井，砌砖墙分隔，在墙的正中设花岗岩月亮门。双桂堂的木雕、砖雕、灰塑、壁画精致细腻，工艺精湛。

2009年9月，公布为增城市文物保护单位。

双桂堂

清　谢树藩故居

位于从化区太平镇木棉古村西园。建于清末。

故居坐东北朝西南。面阔四间21米，深两进18米，占地面积241.6平方米，是规模较大的民居建筑。结构形式为倒前座式，四间两廊两天井，是一座砖、木、石结构悬山顶式建筑。建筑前隔晒场是水池，左侧、右侧及后方隔冷巷是其他民居。

2001年12月，公布为从化市文物保护单位。

谢树藩故居

清　东洞朱屋建筑群

位于增城区派潭镇东洞村朱屋村。包含朱屋大宅院、朱屋炮楼、朱屋书房等三处文物建筑。

朱屋大宅院坐西向东偏南，宅院由三列不同朝向的民宅组成，总体布局呈罕见的“T”字形，占地面积471.4平方米。朱屋炮楼位于朱屋书房与朱屋大宅院的西北角，楼高三层，坐西南朝东北，平面呈正方形，面阔一间，深一间，边长4.5米，占地面积20.25平方米。朱屋书房坐西南朝东北，面阔五间25.6米，深两间6.8米，前有房和小花园，总占地面积274.1平方米。三者共同形成了多角度多层面的防卫网。

东洞朱屋建筑群

2023年1月，公布为增城区文物保护单位。

清　阮海天故居

位于增城区仙村镇竹园村东升街二巷6号。

故居坐西朝东稍偏南，四间两进，总面阔15.5米，总进深11.3米，占地面积175.15平方米。硬山顶，人字封火山墙，灰塑龙船脊，碌灰筒瓦，青砖石脚，红阶砖铺地。正面为水磨青砖墙，花岗岩石墙脚，两侧有看墙，门为凹斗门，花岗岩石门框，门内为小客厅，左侧为房，右侧为天井，花岗岩条石铺地。原有门互通，现已做维修。左右照墙上嵌有陶塑花窗。正屋面阔三间，进深两间。明间为厅，前端原设厅门罩，现已毁，后墙处原设木神楼，现已不存。左右次间为房，在厅通往次间的门额上有灰塑壁画。

阮海天（1916—1955），增城新塘竹园村人。1936年加入中国共产党，历任东江纵队抗日模范中队中队长，东江纵队二大队大队长，东江纵队独立二大队大队长，东江纵队第四支队支队长，两广纵队司令部参谋处副处长，中国人民解放军粤赣湘边纵队第三团团长，粤中军分区副司令员等职。

2023年1月，公布为增城区文物保护单位。

阮海天故居

第七节　店铺会馆

清　锦纶会馆

位于荔湾区康王路289号。始建于清雍正元年（1723），清代乾隆、嘉庆、道光、咸丰朝重建或维修。

会馆坐北朝南，广三路，深三进，总面阔22.1米，总进深38.5米，占地面积700多平方米。硬山顶，镬耳山墙，青砖石脚，碌灰筒瓦。作为广州丝织业行业会馆，馆内完整保留十九块碑刻，是研究清代资本主义萌芽和广州商贸发展史的重要实证。2001年因建设康王路，对会馆实施整体平移保护，移至现址。

2008年11月，公布为广东省文物保护单位。

锦纶会馆

清　潮州会馆

位于越秀区长堤大马路348号长堤真光中学校园内。原为潮州人到广州应考的邸舍。建于清同治十三年（1874），由粤港澳等地潮州八邑商号共捐五万余两建成。

建筑坐北向南，后座与前座分别于1954年、1964年被拆除，大门前原有一对石狮，已移置广州起义烈士陵园东门两侧，现仅存礼亭和中座。礼亭面阔7米，进深5.2米，重檐歇山顶，碌灰筒瓦，檐口绿琉璃瓦当、滴水，四根花岗岩石龙柱雕刻精致。中座面阔三间14.2米，进深17.5米，十八架前后廊，后廊东西各有一海棠角门，人字形封火山墙，梁架、檐板遍施金木雕，刻故事人物、花鸟等，梁架节点以金木雕柁墩及异形斗拱承托。前廊设八架卷棚，八架梁头出檐柱，上以木雕狮子及异形斗拱承托挑檐桁。墀头上有精致的戏剧人物砖雕。2003年，越秀区政府按照不改变文物原状的原则进行修缮。现为学校礼堂。

潮州会馆

2002年7月，公布为广州市文物保护单位。

清　银行会馆旧址

位于荔湾区珠玑路连珠巷18号珠玑小学内。是广州银号共同设立的行业公会。始建于清康熙十四年（1675），于康熙五十年（1711）和六十一年（1722）、雍正九年（1731）和十二年（1734）、乾隆十三年（1748）和三十四年（1769）六次修建和扩建。

会馆坐北朝南，原为三间五进，现遗留东西两门、前院、头门及中堂主体建筑，通面阔12米，通进深20米，占地面积约220平方米。头门面阔三间，进深两间，共九架。碌灰筒瓦，硬山顶。前后石檐柱，大门嵌花岗岩门夹，石门额上刻字部分已被灰泥封住，尚可分辨“会馆”二字，上下款可见“同治”“银行”等文字。中堂面阔三间，进深三间，共十五架，前设四架轩廊，中间立四根朱红色硬木金柱，饰以莲瓣纹花篮柱础，屋梁有贴金木雕，雕刻细腻，其木雕、麻石立柱、石脚青砖保存较好。会馆正门前街巷东、西侧相对各有一座形制结构相同的门楼。门楼宽约2.5米，高约5米，青砖墙，灰塑博古脊，绿琉璃瓦顶，花岗岩门夹。额匾分别题“蹈和”“履中”。

2008年12月，公布为广州市文物保护单位。

银行会馆旧址

清　华贵路旧当铺

位于荔湾区华贵路26号。建于清末民初。

当铺坐东朝西，平面呈方形，通面宽14.24米，通进深31米，总占地面积441.44平方米，砖木结构。前铺后仓，铺为二进两开间三层房屋，水刷石米外墙，楼顶砌女儿墙，第二层檐下有蛋舌纹饰，首层前墙上有回纹饰，凹斗门，设有趟栊和板门。二进为两坡硬山顶，青砖砌筑，前墙与头进建筑紧靠一起，碌灰筒瓦。三进是青砖砌筑的仓库，高三层，平面呈方形，内设木楼梯，四周墙壁开有宽10厘米，高30厘米的石框窗口。当铺外立面保存较好，内部间隔有所改变。为广州地区保存较完整的带仓库的当铺建筑。

1993年8月，公布为广州市文物保护单位。

华贵路旧当铺

清　岗尾当楼

位于增城区石滩镇岗尾村。是一座兼具居住、防御、储物、营商等多种功能的砖、木、石结构建筑。始建于清光绪年间。

当楼坐东北朝西南，面阔三间10米，深两间8米，占地面积80平方米，楼高六层约20米。硬山顶，人字封火山墙，灰塑脊，碌灰筒瓦，前后七叠砖叠涩出檐，青砖砌墙，红色粗砂岩石脚高3米。一至五层均在前后墙上各设了十四个窄长形射击孔，第五层左右墙各设两个窄长形射击孔，第六层共设有九个红砂岩石边框的方形窗，并加装铁栅栏。楼内各层均铺木楼板阁，设木楼梯。该当铺为研究古代乡村典当行业的发展史提供了实物依据。

2008年12月，公布为广州市文物保护单位。

岗尾当楼

清　泰成大押旧址

位于从化区太平镇广从南路旁。是一群体建筑。

旧址坐东朝西。前为当铺铺面，后为当楼。临大街建一座商铺，中间一天井，深两进30.16米，宽三间14米，占地面积422.24平方米。商铺为硬山顶，外观厚重，在第一进山墙墙头灰塑卷草纹饰。商铺后隔一深4米的天井到主楼。主楼即货楼，面临大街，高三层23米，面阔三间15米，进深三间16米，是一座砖、木、石结构为主的建筑，楼内设有大夹万（保险柜），贮存贵重物品。另外摆放各种多层货架，楼的花岗岩石门框、铁门、各层枪眼厚墙等具有防盗、防火、防水、防土匪的作用。其顶为镬耳墙，其下是2米多高的花岗岩石台基。上十七级石阶到主楼正门。门框以花岗石砌筑，双掩铁门。原有柜台窗口等已不存，木制楼梯设于右侧次间，通各楼层。楼面以木桁条承托木板，上铺方砖。主楼建筑内立四根粗大砖柱，是承托楼面和屋顶的主承重柱，宽1.2米，厚0.9米，上承大木梁架，共四十一檩，上铺以白底素瓦。当楼四面高墙，墙厚60厘米，每层墙壁开数个长竖形小窗，作采光通风之用。二层窗形为“工”字形铁框窗。楼面以木板铺作，各层前后墙上开竖长方形石框窗，窗口窄小。

2008年12月，公布为广州市文物保护单位。

清至民国　安来市旧址

位于黄埔区长洲街道深井社区安来直街。建于清末民国初。

全街南北向，建筑为硬山顶，人字封火山墙，灰塑平脊，碌灰筒瓦，青砖墙，旧式排木板门平房。两边的建筑相对而立。门面分隔二层，上层为木板固定，下层为活动板门，建筑内后半部用木材搭楼阁。该街市有部分建筑已拆旧建新，现还保存当年的旧建筑约有十五间。整条街市仍保留着清末民初市井生活的一些旧貌，是当年长洲岛商业繁华的体现。

1994年6月，公布为黄埔区文物保护单位。

泰成大押旧址

安来市旧址

第八节 碉楼炮楼

清 文冲炮楼

位于黄埔区文冲街道文冲社区祖德街52号。始建于明嘉靖四十五年（1566），清代和民国十八年（1929）重修。

炮楼坐北朝南，硬山顶，灰塑平脊，碌灰筒瓦。共三层，为砖木结构，每层设木楼梯可通往楼顶。首层大门开南侧，红砂岩石门夹，门前筑十级红砂岩石台阶，楼内筑四根青砖柱从地面直贯楼顶，四面墙各开有两个枪眼，地面铺红阶砖。第二层东、西面墙上各开有四个枪眼，南、北面墙上各开有五个枪眼。第三层四面墙上的枪眼分上下两排，东、西面墙上各开有十个，南、北面墙上各开有八个。楼顶设玻璃透光窗，筒瓦上铺踏砖，方便行走及维修。据村民介绍，文冲炮楼楼顶因遭雷击毁坏，滋生草木，曾引来大批鹩哥繁衍生息，故又被称为“鹩哥楼”。炮楼是护村守土、防击盗匪的坚固建筑物，其周围多居住殷富人家，是研究该村历史较重要的实物资料。

2015年8月，公布为广州市文物保护单位。

文冲炮楼

清 高车十二角炮楼

位于增城区中新镇高车村。是一座砖、木、石结构乡村防卫建筑。始建于明代，清代重建。

炮楼坐南朝北稍偏东。面阔三间13.3米，进深三间12.2米，占地面积162.26平方米，楼高四层14.22米。硬山顶，镬耳封火山墙，灰塑脊，碌灰筒瓦，五叠砖叠涩出檐。青砖砌墙，红砂岩石脚，砖墙搁檩。在炮楼的四角处左右各凸建一块东西面宽0.56米、长4.56米，南北面宽0.56米、长2.84米的长方形建筑，使炮楼变为十二个角，故名“十二角炮楼”。在炮楼的每面墙上第一层设有直径2.5厘米的圆形射击孔，第二、三层设窄长形射击孔，第四层设红砂岩石边框的方形窗。大门用红砂岩条石砌筑，门口设铁门和木板门。楼内二至四层铺木楼板，设有木楼梯，第四层设有密室，在楼的西南角顶上开有天窗，可上楼顶，楼顶设有天阶，沿着天阶可四周来回走动。该炮楼是增城区迄今发现保存最完整、最具特色的炮楼。

2009年9月，公布为增城市文物保护单位。

高车十二角炮楼

清　田心村炮楼

位于花都区赤坭镇田心村西北角。据称建于清末民初，为当时保卫村民安全的据点。

炮楼坐东北朝西南。面阔12.1米，进深13.3米，高28米，共五层，占地面积161平方米。主体建筑为平顶，钢筋混凝土楼面，青砖墙，花岗岩石脚，楼顶砌女儿墙。每层为一厅五房。大厅在中，房间围绕其旁。厅中有楼梯。第一层楼右边第一间设有木梯、水井。四周外墙用三合土加厚。大门用花岗岩条石筑砌，入口较窄，下有铁门槛。该炮楼是研究清末民初村庄防御设施的实物资料。

2017年1月，公布为花都区文物保护单位。

田心村炮楼

清　铺锦炮楼

位于从化区鳌头镇铺锦村十一队。始建于清咸丰年间。

炮楼坐南朝北。砖、木、石结构，硬山顶。村人称之为“大楼”，为村中李氏富家所建，为加强防盗，将大楼建成碉楼式，原有七层，抗战

铺锦炮楼

时期被日本飞机炸毁四层，现剩三层，中华人民共和国成立后修复封顶。建筑布局为上、下厅，上厅为炮楼，深两进23.6米，宽三间14米，占地面积近432.4平方米，高三层15米。上厅前后墙第二层以上开枪眼，每层前后对称设六个，枪眼以花岗岩石作框，明间设S形木板旋梯。墙体厚0.8米。下厅地面低于上厅炮楼1米，深三进7.5米，宽三间12米，占地面积90平方米，高两层8米。大门位于明间，向天井方向开。两次间一层为房，在一层顶立圆柱承托屋面梁架，十五架，前带卷棚廊。二层内外墙体保存较多灰塑、砖雕，内墙壁墙头上的水墨丹青花鸟画、诗词书法等现仍保持较好。大门开于天井左侧廊处，入第一进下厅。上、下厅间天井中间以墙相隔，墙高近4米，中墙楣设灰塑天官神位。天井两侧廊五架，檐柱为花岗岩石圆柱，内墙墙楣绘花鸟画。上下厅间天井有井一口。

2020年3月，公布为从化区文物保护单位。

清　白江左坊炮楼

位于增城区石滩镇白江村左坊社。

炮楼坐西北朝东南，面阔三间12.75米，深两间8.6米，楼高四层16米，墙厚0.74米，占地面积

109.65平方米，是一座砖、木、石结构楼阁式乡村防御建筑。硬山顶，镬耳封火山墙，灰塑脊，碌灰筒瓦，平铺一叠青砖出檐，檐口上建女儿墙，青砖石脚墙，砖墙搁檩。楼门用红砂岩条石砌筑，设有铁趟栊。四面墙上一至三层，前后墙每层分设三个、左右墙分设两个窄长形射击孔。第四层前后墙分设三个、左右墙分设两个方形瞭望窗。楼内设有水井，各层设木楼梯，铺木板阁。炮楼保存良好。

2023年1月，公布为增城区文物保护单位。

白江左坊炮楼

第九节　桥梁堤堰

明　通福桥

位于荔湾区石围塘街五眼桥村秀水涌上。又称“五眼桥”“李公桥”。始建于明万历四十年（1612）。

通福桥于明清时期为省佛大道第一桥，其造型和结构别具特色，为五孔石拱桥，宽孔薄壳，桥墩砌筑分水尖，以减轻水的冲力并快速泄水。桥全长44.6米，宽2.9米，南引桥长5.1米，北引桥长6米，上下桥有八个石级台阶，每级台阶高0.1米，宽0.53米。设计为照顾马车通行，因而坡度较小，桥栏低。该桥为户部尚书李待问所建，时称“李公桥”。

2008年11月，公布为广东省文物保护单位。

通福桥

清　石井桥

位于白云区石井街道石井居委石潭路石井河上。始建于清道光十一年（1831）。

石井桥东西走向，东接小坪村，西接石井圩，长68米，宽3.8米，为六墩七孔石梁桥，桥面两旁有石栏。桥两端原各建有一亭，西亭因扩建马路已拆除，现仅存东亭。桥采用花岗岩条石构筑，桥墩前后两侧砌成分水尖。桥头东栏石分

石井桥

别刻有“道光岁次辛卯”“石门周合盛造”。两侧桥栏柱上阴刻对联“彼岸逢黄石；横江映白虹”。亭为歇山顶，绿琉璃瓦盖。桥西也刻有“道光岁次辛卯”“石门周合盛造”，两侧桥栏柱上阴刻对联“好进仙人履；能通驷马车”。

1859年1月4日，英军窜到石井乡一带骚扰，城北民众奋力抗击，迫使英军撤退。现桥南侧西起第五块石栏板上仍留有当时被英军炮弹洞穿的弹孔罪证。石井桥总体形制和规模保存相当完整，保留着清代桥梁建筑风格及工艺，是当时石井河两岸的主要交通要道，现仍为两岸群众来往的便道。

2002年7月，公布为广东省文物保护单位。

清　毓灵桥

位于荔湾区芳村大道东杏花大街冲口涌。建于清朝中叶。

毓灵桥南北走向，桥头南接河南港务分公司第二港务站，北接广州柴油机厂，用花岗岩砌筑。桥长25米，宽2.04米，是一座三孔梁式石桥。全桥分为三段，中段为主桥段，长7.61米，其余两段为引桥，桥面均由花岗岩条石铺设。桥栏每边由七块花岗岩石块间以八条石柱镶嵌

毓灵桥

而成。中孔桥身刻有阴文“毓灵桥”三字。两个桥墩厚宽各为2米，下部砌分水尖，以减轻水的冲力。

毓灵桥附近一带历史上曾称“钟秀乡”，因取其钟灵毓秀之意，故名“毓灵桥”。桥北接省佛大道，东通南海县平洲与顺德县，曾是芳村与鹤洞间的重要通道。20世纪60年代，芳村大道开通后，毓灵桥才失去昔日作为交通枢纽的重要作用。

1993年8月，公布为广州市文物保护单位。

清　云桂桥

位于海珠区前进路146号晓港公园内。始建于明朝嘉靖年间，由何维柏所建，清宣统三年（1911）河南士绅集资重建。

云桂桥横跨马涌，为三孔石梁桥，以花岗岩石砌筑而成。桥长34.86米，宽3.4米，两端石阶共三十八级，桥面两边立石桥栏，望柱八根。两桥墩立于涌中，底部砌分水尖。桥中孔上两边石梁刻有“云桂”二字。该石桥为广州市区现存最为完好的古桥之一。

何维柏（1510—1587），字乔仲，南海县人，明嘉靖十四年（1535）进士，官至礼部尚书，为官正直清廉。隐广州河南云桂村期间，办天山书院收徒讲学，从游者众。为方便学生民众往返，故建石桥跨云桂涌。

1993年8月，公布为广州市文物保护单位。

清　跨龙桥

位于番禺区大龙街道新桥村南坊。始建于明代，明洪武年至清康熙五十一年（1712）期间为木桥，康熙五十二年（1713）改建为花岗岩石拱桥。乾隆十一年（1746）、宣统三年（1911）两度重修。

跨龙桥长25.3米，宽4.6米。桥体东西走向，花岗岩砌筑。桥拱由三个弧形石拱承托，桥面两侧砌石栏板和石望柱，两端用花岗岩石砌成有八级台阶的引桥，南面正中栏板阳刻“跨龙桥”三字。石栏板均有浮雕装饰，浮雕按民间故事中八仙法器、福禄寿、鲤跃龙门等内容雕刻。整座桥形制保存较完整，结构稳定，至今仍然是连接新桥涌两岸村民出入的主要通道。

2008年12月，公布为广州市文物保护单位。

云桂桥

跨龙桥

清　跃龙桥

位于番禺区石楼镇茭塘西村口圩心街与利民路的交会处。始建于清乾隆十二年（1747）。

跃龙桥长21.8米，宽3.7米，高4.5米，为红砂岩石砌筑的三孔石拱桥，南北走向。桥面铺花岗岩台阶，相邻石块间均凿出燕尾榫槽，用铅灌铸进行加固，南北有引桥。桥墩东西侧均有分水尖和凤凰台。桥正面中孔顶部红砂岩石匾阳刻“跃龙”二字。与此桥相邻有座洪圣庙，庙内有“跃龙桥碑记”石碑一方，记载了乾隆十二年的建桥情况及捐资者名录，为该桥的历史提供了依据。

未建跃龙桥前，村民出门往石楼赶集一般要用小艇舟楫通过河涌，极不方便。乾隆年间，黄见尧、黄翰达、黄允魁、黄汉超、黄朗宾、黄桓彰、黄允就、黄宪长、黄渭滨等人发起建桥。

2008年12月，公布为广州市文物保护单位。

跃龙桥

清　渭水桥及石门楼

位于番禺区小谷围街道北亭村桥门大街与渭水大街。始建年代不详，清乾隆十五年（1750）重修。

渭水桥长9.98米，面宽1.8米，厚4.5米。桥体东西走向，跨越渭水涌，连接渭水大街与乔门大街。花岗岩梁桥，两端桥墩由红砂岩砌筑而成，桥两端台阶由花岗岩与红砂岩组成，紧贴桥墩两侧设有台阶，形成码头。桥头两岸

渭水桥及石门楼

各建筑门楼一座：东门楼为“乔门”，西门楼为“渭水”。乔门门楼为凹斗门，青砖墙，红砂岩石门夹与石脚，硬山顶，碌灰筒瓦。门楼西内墙嵌一块《渭水重修碑记》，落款“乾隆十五年重修”，碑中记载“北溪公发迹亭山，设斯桥于宅右，亦以渭名”。渭水门楼西内墙嵌“办理平粜碑记”，落款“光绪三十三年立”。

2008年12月，公布为广州市文物保护单位。

清　大岭村龙津桥

位于番禺区石楼镇大岭村文昌街。始建于清康熙年间。

龙津桥为红砂岩双拱桥，横跨玉带河上。桥长28米，宽3.2米，东西有引桥，东侧引桥又分出一右向南引桥，长2.9米，桥墩有分水尖、凤凰

大岭村龙津桥

台，可分减水流冲力。桥面两侧各竖十六根石望柱，十五块栏板，刻有莲花纹、八仙法器花纹、鲤鱼跳龙门等浮雕。桥北侧西端栏板刻有番奴像，双手捧盘顶在头上，盘中盛物，作单腿跪献状。桥中央外侧阳刻行书“龙津”二字，上款为“康熙年”。

2008年12月，公布为广州市文物保护单位。

清　洪恩桥

位于越秀区东华西路元运新街南端新河浦涌上。

洪恩桥原连接元运街与洪恩里，为三孔石梁桥。现存红砂岩石桥墩，两侧砌分水尖，在红砂岩桥墩两旁以红砖加固。现桥面已改为钢筋混凝土（原有桥面可能已破烂，后改为水泥桥面），长9.5米，宽1.8米，离水面高约3米。桥两侧为新建石质护栏。北侧桥头台阶为六级，南侧桥头台阶为四级，均为后期新建。

2015年7月，公布为广州市文物保护单位。

洪恩桥

清　汇津桥

位于海珠区龙凤街道马涌直街。俗称“马涌桥”。桥北起马涌直街，南接西华北直街。因“合流津”奇景而得名“汇津”。

桥体为三孔石梁桥，花岗石砌筑，全长28.25米，宽3.1米，长形桥墩，两侧砌分水尖。两端桥头共三十级台阶，上平铺条石，两边有石桥栏，栏中有八根石望柱，柱顶呈鼓形，雕云纹，两边栏下石板外均刻有“汇津”二字。

汇津桥

相传此桥明朝已有，原是木桥，后改建石桥并经多次重修。桥南侧有清光绪二十九年（1903）所刻的《禁占官涌碑记》及宣统二年（1910）所刻的《续重修汇津石路碑》。另有“桥神”碑，与桥基础连成一体，无年款。现桥面磨损比较严重，石阶上有3厘米凹坑。

2015年8月，公布为广州市文物保护单位。

清　复昌桥

位于增城区新塘镇石下村东江支流上。是旧时石下村民出田劳作及对外交往的主要通道。始建年代不详，清光绪九年（1883）重建。

复昌桥横跨河涌，通向南北，为花岗岩两墩三孔桥。桥长33.8米，宽2.38米，桥墩两端砌成分水尖。桥面均铺砌五块宽0.35米、厚0.3米的条

复昌桥

石。中孔为拱券形，长7.41米。两次孔为梁式结构，长6.16米。中孔比两次孔高0.75米，砌五级台阶。两次孔亦高出引桥1.05米，砌七级台阶伸向引桥。桥面左右侧各立十四根方形望柱夹石栏板，在中孔左右栏板外侧阳刻“复昌桥”隶书，内侧一面刻鱼跃龙门纹，另一面刻麒麟玉书纹。桥下河涌在桥南河涌开通后已废，但桥仍在使用。在距复昌桥西面约300米的石溪古庙内，嵌一方重建复昌桥碑记，碑高1.22米，宽0.64米。

2015年8月，公布为广州市文物保护单位。

清　步云桥

位于增城区朱村街丹邱村大岗村西北面的大岗涌上。始建于清乾隆三十六年（1771）。

步云桥为花岗岩单孔拱券桥，横跨大岗涌东、西两岸，总长20米，桥宽2.5米。用花岗岩条石砌筑，横向平铺一叠花岗岩条石做桥面，正中略高，无护栏，两岸金刚墙的左右墙向后外撇。桥跨度颇大，最大跨度达15.23米。桥面至水面高4.3米，可通舟楫。桥体坚固，现仍为大岗村村民通往涌西面农田的主要通道。

2015年8月，公布为广州市文物保护单位。

步云桥

清　水声下石桥

位于黄埔区联和街联和社区水声下村。始建于清代。

二孔石梁桥，自西北向东南走向，桥面由六条花岗岩石板砌成。桥的西北端水平延伸至路面，东南端有七级台阶。桥墩迎水面砌分水尖，以减缓水流冲击。桥下溪流水质清澈。

2011年11月，公布为萝岗区文物保护单位。

水声下石桥

清　福善桥

位于增城区罗岗村蔡屋田心岭。又名“红石拱桥”。始建于元代，由县尹陈缓来捐奉助建，清乾隆十三年（1748）重修，20世纪70年代于桥北面增加一孔钢筋混凝土桥，2008年在桥面加铺一层钢筋混凝土桥面并增设护栏。

单孔红砂岩石拱桥，横跨当地称为“沥”的小涌南北两岸，总长8.5米，桥孔最大跨度5米，桥面宽3.5米，离水面高3.1米。可通行机动车辆。全桥用红砂岩条石拱券砌筑，单层条石券顶，两岸金刚墙两侧向后外撇。该桥是古代蔡屋和下罗岗前往县城的必经之道。

2009年9月，公布为增城市文物保护单位。

福善桥

清　西湾桥

位于增城区石滩镇岳埔村。始建于明代，原是九孔木构桥（当地人习惯称其为“九坝桥”），清道光七年（1827）拆木桥建石桥。

西湾桥

西湾桥现为五孔石梁桥。南北向，总长38米，总宽2.3米。桥面每孔铺五条长6米、宽0.46米、厚0.4米的花岗岩条石做桥面。桥墩呈梯形，不设分水尖。中孔为桥的最高点，高约4米，可通舟楫。前后逐孔降低，使整桥呈弧状。在桥中孔两侧条石上分别刻有“西湾桥”阴文行书。该桥是古代石滩四乡五约村民通往“官海墟”的唯一通道，现仍在使用，保存完好。

2009年9月，公布为增城市文物保护单位。

清　青云桥

位于花都区炭步镇塱头村东南面。又名“玉带桥”。始建于明正德二年（1507），由该村乡

青云桥

贤黄皞捐资修建。清道光五年（1825）、光绪十九年（1893）重修。1956年，桥面被改为三坑水库塱头渡槽，在桥西侧加铺一条面阔3.48米的水泥结构平面桥。

该桥横跨鲤鱼涌，南北走向。原为红砂岩石桥，清代重修时改用花岗岩砌筑成双孔石拱桥，长28.5米，宽2.56米，桥面面积73平方米。桥西侧嵌一石匾，阴刻“青云”两字。上款刻“前明乡贤栎坡公建”，下款刻“光绪癸巳阖乡重修”。该桥保存完整，结构稳定。

2017年1月，公布为花都区文物保护单位。

清　区玉水埠

位于番禺区石壁街石壁三村陈涌水道边。始建于明代。下层尚存明代石构件，上层为清代重修的花岗岩石。

区玉水埠

码头由岸边平台和台阶组成，台阶现大部分淹没在水中。水位低的时候可见岸边的石磡上阴刻有“区玉水埠”四字。区玉为明弘治己酉（1489）举人，番禺石壁人，考取功名后，为回乡省亲而修建此码头。该水埠建成后一直都是当地村民进出的重要水上交通码头。

2021年3月，公布为广州市文物保护单位。

清　棠东陂头拦河坝

位于天河棠东村。又称“三乡水陂”。始建于清乾隆四年（1739），1965年重修。

乾隆四年，棠下、棠东、车陂三乡联合在车陂涌中游砌筑的拦河大坝，用于引水灌溉农田。筑坝石头采自5公里外的火炉山。坝宽16.96米，高8米，底座宽30米，占地面积230平方米。坝下设有分水口，将水分别引向棠下、棠东、岑村、车陂等村灌溉农田菜地，左侧有一抽水房。除陂脚已经被水流淘刷塌陷外，其余基本保持原貌。

2009年7月，公布为天河区文物保护单位。

棠东陂头拦河坝

第十节　井泉园林

秦汉　粤王井

位于越秀区连新路171号。始筑于秦汉年间。

井身全部石砌，井口直径2.1米，九孔。井盖残石及“九眼古井”石碑尚存，但井底已淤积深达7米。现该井井口用铁网遮盖，新建了井亭及井盖。

据屈大均《广东新语》称，九眼井“相传尉佗（赵佗）所凿。其水力重而味甘，乃玉石之津液。志称佗饮斯水，肌体润泽，年百有余岁，视听不衰”。南汉高祖刘龑曾独占此井，称“玉龙泉”。宋番禺县令丁伯桂加九孔石井盖，可同时从各孔汲水，不相抵触。清初，平南王府霸占此井达十年，并在井四周建围墙，派兵把守，出告示曰“有私汲井水者鞭笞四十”。

1983年8月，公布为广州市文物保护单位。

粤王井

东汉　杨孚井

位于海珠区新港路下渡路东约一巷。相传为东汉议郎杨孚所凿。

井口直径0.44米，底径约1米，深6米，呈瓮状。在红砂岩上开凿而成，井底有泉眼四个。水井原为邻近居民日常用水之源，原来水质清冽，井水常满不竭。水井现处在村间小巷深处，已为村民以青砖、花岗石砌护。

杨孚，东汉人，曾任议郎，是朝廷言官，有弹劾之责。据史载，杨孚任内，有民族和睦、边疆息兵之议，又有整顿吏治、严禁贪污之疏，受到汉章帝、汉和帝的重用和嘉奖。有《南裔异物志》等著作，是岭南文化早期开拓者之一。

2002年7月，公布为广州市文物保护单位。

杨孚井

宋　黄村开村古井

位于天河区黄村街道庙元社区黄村围福里。凿于南宋嘉定五年（1212）。

井占地面积4.56平方米。灰砂井口，直径0.7米，距井口1米深处即有水。长期以来水源充沛，水质优良，流动而不浊，为黄村的主要水井。黄村村民委员会于2001年在井边镶立花岗石碑，记载了南宋嘉定年间，黄子贤居住在围福里，于屋旁挖井取水，见祥云霭霭，紫气东来，挖深数尺，水如泉涌，水清冽，味甘，取之不尽，用之不竭。该井后成为黄村世代饮用的开村井。

2009年7月，公布为天河区文物保护单位。

黄村开村古井

明 岭南第一泉

位于白云区政民路77号大院内。是一口自涌泉，又名“鸡扒井”“犀华井”。何时发现已无可考。

《广州城坊志》云：“井中常有虾若金毫，从石浮出，时有五色山鸡飞至饮啄，故名鸡扒井。”史载：明代天顺年间，著名学士、书画家黄谏贬至广州，著《广州水记》，品其水，认为“味最清美，经昼夜色且不变”，堪称广州诸泉之冠，并立“岭南第一泉”石碑于井旁，故该井又有“学士泉”之雅称，惜碑已不存。现在该井被围在一座大楼的院子内，井口用条石砌边，并加上盖。近年，在井旁建一四柱小亭，檐下悬挂“岭南第一泉”木匾。

2002年7月，公布为广州市文物保护单位。

岭南第一泉

清 日泉、月泉

位于番禺区东环街蔡边一村螺山岗脚。两泉相隔约300米。始建年代不详，现存构件为清代。

两泉均用花岗岩条石铺砌地面及砌筑挡土墙，局部有石雕纹饰。月泉挡土墙上镶嵌一块鸭屎石石碑，上款刻“光绪丁酉”。现泉水水质清冽，村民仍在此取水饮用。日泉、月泉是当地民间神话故事《螺山的传说》发源地，对研究地方民俗文化等具有一定的历史价值。

2021年3月，公布为广州市文物保护单位。

日泉

清 五眼井

位于荔湾区华林街寺前社区下九路西来后街。又名“达摩井”。据清《番禺县志》记载，五眼井为菩提达摩居留西来初地时带领信众开凿的，因有五个泉眼，故称“五眼井”。

井台占地约5平方米，五个井口由整块大石凿成，并有规律地排列成五星形。井内结构特异，井与井之间有间隔，水量充盈，以往水质极优，现不能直接饮用。

五眼井是古代广州九大名井之一。相传五眼井井水能止烦渴，疗眼疾，颇为神异。据传清道光年间，一西樵山老僧至华林寺，用该井水疗愈头顶癞疾，临别前授以华林寺僧制粉之法，使众僧汲来五眼井水，碾米磨浆，蒸出一种晶莹亮丽、细滑可口的粉中妙品，被称为“华林水粉”，为一美食名点。

2002年7月，公布为广州市文物保护单位。

五眼井

清　吊碑井

位于越秀区六榕路61号六榕大厦旁。始建于宋代。现在井圈为清代重修。

井口直径0.35米，井圈直径约2米，深约7米，用红砂岩砌成。县志载井内侧有一石如碑，上半部嵌于井壁，下半部斜挂于水中，略低于水面，呈红色，可见石斑，无文字，因此取名为“吊碑井”。

据清代《南海百咏续编》载：“县志谓井中有古碑吊挂如菱栖状，井因得名。细审视之，乃花塔之基石，其色鲜红，盖东莞丹石，非碑材也，然井近六榕，以寺碑考之，斯实宋井之一。”阮元《广东通志》载：“吊碑井……井栏甚小，井内甚大，有石碑横于水上，长四五尺，其半在井墙土内，形如吊挂于井中者，故名。味甘美，居人取汲于此。”

吊碑井

2015年8月，公布为广州市文物保护单位。

清　仙姑井

位于增城区荔城街前进路21号。又名“遗履井”。因传说中唐代“八仙”之一的何仙姑投井升仙遗履井边而得名。

井口用两块花岗岩石打凿而成，八角形边，边长0.48米，高0.39米。井口圆形，口径0.47米。沿井口施一周高2.5厘米、宽3.3厘米的方唇。井内壁青砖砌筑，井台用花岗岩石板砌成八角形，由内向外倾斜。井外围加设了铁围栏，保存完好。

1985年6月，公布为增城县文物保护单位。

仙姑井

清　余荫山房

位于番禺区南村镇罗边村北大街。又名“余荫园”。是清代举人邬彬的私家园林。始建于清同治六年（1867），与顺德的清晖园、东莞的可园、佛山的梁园合称“清代广东四大名园”。

余荫山房坐北向南，占地1598平方米。头门向南，面宽12.5米，深5.17米，门额阴刻楷书“余荫山房”。进门通过冷巷是园门，左右挂朱漆点题木联“余地三弓红雨足；荫天一角绿云深”。园内以石拱风雨廊桥为界，分为东西两区。东

余荫山房

有玲珑水榭、卧瓟庐、杨柳楼台、孔雀亭和来薰亭；西有深柳堂、临池别馆。石拱风雨桥跨荷池，歇山顶，南北连走廊。玲珑水榭矗立环池中，东向，卷棚歇山顶，平面呈八角形，宽深均为8.5米。周围装饰花纹图案的玻璃格窗，后金柱间置“百鸟归巢”花罩，东、西北面设门，以桥联通池岸。卧瓟庐又称“榄核厅”，东向，硬山顶，宽5.35米，深8.65米，内设一厅一房，正门设四扇隔扇，裙板雕四季花卉，南门两侧为菱形蓝白玻璃窗。东侧过道可通善言邬公祠均安堂。杨柳楼台高二层，歇山顶，临窗可俯瞰园景。临池别馆为硬山顶，面宽9.85米，进深6.5米，内设一厅一房，前置廊，厅门施隔扇，玻璃花楞漏窗，门顶悬“临池别馆”匾。深柳堂为歇山顶，面阔三间12.55米，进深二间9.55米，前设廊，槛墙上置满洲窗，中设隔扇。堂内中央施浮雕蟠龙、蝠鼠藻井。明间设“松鹤延年”落地罩，东次间施四幅书法木屏风，屏门双面刻画有清代刘墉、陈恭尹、翁方纲等人书法，裙板和四周嵌檀木透雕纹饰。内间墙上原分别施十六幅隔扇画，已失。园内原有楹联、匾额十余副（块），大部分在“文化大革命”期间被毁。

善言邬公祠面阔三间，进深三间，青砖砌筑，硬山顶人字山墙，碌筒瓦，龙船灰塑脊，藏青色琉璃滴水瓦当。建筑整体面阔14.33米，进深50米。一进正立面墙体为水磨青砖清水墙，墀头处有砖雕，檐下为木雕封檐板，正脊为龙船博古灰塑脊。头门后的前天井，左右两侧为厢房。二进中堂前后共六条檐柱，堂中四根金柱为坤甸木，前轩木梁架雕博古纹饰。中堂后的后天井两侧有连廊。三进祖堂两侧山墙高约11.24米，前后共四根檐柱，堂内四根坤甸大木金柱。祠堂中路建筑两侧为南、北厢房，青云巷与中路天井相通。南北均有倒座、廊庑各一，北面有三间厢房。倒座与后座均为两层，南北倒座为硬山顶，而南北廊庑、北厢房及北后座均为卷棚屋顶。

瑜园位于余荫山房东南侧，建于清光绪十八年（1892）。坐北向南，园林式二层古民居，是在余荫山房落成二十年后邬彬侄儿邬中瑜添建的一座楼台，是女眷居住的地方。总面积约2000平方米。头门为青砖墙，花岗岩石门夹，装木板门，门顶镶石额一方，阴文楷书刻“瑜园”二字，又称为“小姐楼”。主楼左侧为小花园，园中遍植四季花卉果木，四周以夹墙竹遮阴，小姐楼内各建筑间又以风雨廊相互连接。

邬彬，号燕天，同治六年举人，曾捐粟在京任职四年，后辞官回乡建此园，并以其祖父余荫名其园。又因地处偏僻，故用“山房”名字，以示谦逊。

2001年6月，公布为全国重点文物保护单位。

清　菊坡亭

位于增城区荔城街凤凰山顶。又名“凤凰亭”。始建于北宋熙宁七年（1074）。南宋宝庆二年（1226），宋理宗为表彰崔与之功绩，御书“菊坡”二字赐之，“凤凰亭”由此改名“菊坡亭”。明万历三年（1575）和清顺治十年（1653）、嘉庆四年（1799）、同治十二年（1873）年重建。抗日战争时期被日军飞机炸毁。中华人民共和国成立后地方政府按原貌仿古重建并恢复原名“凤凰亭”。2014年8月因暴雨大风倒塌。2016年3月，增城区人民政府启动重建工程，2017年初竣工。

亭建在高2米、直径13.3米的椭圆形台基上，总占地面积139平方米，南北拾级而上。亭为重檐五柱攒尖顶，钢筋混凝土结构。直径3.6米，每边长2.3米，高约8米。亭顶雕（假）瓦，方形水泥柱，花岗岩石柱础。

1984年3月，公布为增城县文物保护单位。

菊坡亭

廣州文物志

第四章

石窟寺及古石刻

北宋至清　飞泉洞摩崖石刻

位于增城区增江街道光辉村湖塘埔村内。又称“曲水流杯摩崖石刻”。

在山的南面山溪中有水潭，潭边有崖壁，溪水从高处潺潺而入，犹如清泉涓涓注入杯中，故名“曲水流杯”。据民国《增城县志》载，东晋时期葛洪（葛仙翁）曾来此采药炼仙丹，后人建祠、亭纪念。自那以后，很多仁人君子慕名前来游玩，谒葛仙祠，观碾药石，饮流杯沱，别前或题诗或留记，留下了摩崖石刻等许多文化遗迹。崖壁上现仍存有文字石刻十处，其中北崖三处，南崖七处，每处自成一幅；有纪年的六处，无纪年的四处（部分文字已残）。有纪年的石刻中，最早的刻于北宋熙宁四年（1071），最晚的刻于清乾隆四十六年（1781），其间还有南宋乾道四年（1168）、明天顺三年（1459）、正德十六年（1521）和万历四十年（1612）的文字石刻，前后共约五个朝代七百一十年。石刻有楷书、行书、行草、隶书等多种字体；内容形式各异，有七言诗，五言诗，还有游后留记。曲水流杯摩崖石刻历近千年而保留基本完好，是广州市现存最早的摩崖石刻之一。

2022年7月，公布为广东省文物保护单位。

飞泉洞摩崖石刻

宋元　百花林摩崖石刻

位于增城区荔城街群爱村少塘合作社。

崖面向东南，石刻高1米，宽1.5米。刻有宋进士、邑人李肖龙于元至元十九年（1282）题的一首五言绝诗楷书，字径0.1米，字迹清晰可见，苍劲古朴，笔画流畅。全文如下：

百花林摩崖石刻

世至无桃源，吾实隐庐中。
天赐泉石洞，荔子漫山红。
榕阴依山绿，久没坐寒宫。
古谁解其趣，达哉渊明翁。
咸淳进士李肖龙壬午年题。

李肖龙，生卒年月不详，南宋增城龟峰铺人，字叔膺，咸淳辛未进士，曾任赣州司户、循州兴宁主簿、长乐县事、太社令等职，累官至朝议大夫。其生平传略在民国《增城县志》有载。1279年南宋灭亡，李肖龙无意于侍奉新朝，遂返回家乡增城隐居。从此闭门谢客，深居简出，醉心于百花林自然山水风光，并以东晋陶渊明公自喻，借诗赋排遣愁怀，淡忘尘世风烟。

2002年7月，公布为广州市文物保护单位。

明　“常春岩”摩崖石刻

位于黄埔区穗东街道南湾社区长春大街南湾公园东侧山脚。据传是明朝的陈献章、湛若水与本地名人游经该岩崖时，陈献章即兴手书“常春岩”三字，后依迹而刻。

崖体呈南北走向，面向珠江出海方向，上有疏密不一的水蚀痕迹。岩崖开阔、陡峭，高五六米，蔚然壮观。岩崖的岩壁上有“常春岩”三字，字为阴文楷书横刻，遒劲有力。岩崖上部有一段土层，土层上部即为当年的山丘之顶，山顶现为坪地。数千年前，这里曾是古海岸的一部分，后来由于陆地升高，珠江口前移，海岸线退缩，岩崖前已成一片农桑田野。岩崖及岩壁上的字仍痕迹依然。

2008年12月，公布为广州市文物保护单位。

“常春岩”摩崖石刻

明 “百花冢”摩崖石刻

位于白云区京溪街道梅花园居委原广州军区首长服务处内（土名梅花坳）。为明末广州著名歌妓张乔的坟墓。始建于明崇祯六年（1633），于清乾隆四十年（1775）和光绪十六年（1890）重修。

据《莲香集》图得知，张乔墓前原立有石碑，上刻 “张丽人墓”四字，还有墓志铭等。今墓与碑荡然无存。现存两块紧靠的岩石。大的一块高约3米，东面顶部阴刻“百花冢”三个隶书大字，字高约20厘米，疑为彭孟阳所书。背面刻字均因日久风化，模糊难认，中间似为“隐心”二字。左旁竖刻小字三行，只能辨认其中有正楷“山张”二字。小的一块高约1米。两石紧密相依，书称“妆台石”，当地人称之为“蝴蝶石”。

“百花冢”摩崖石刻

2015年7月，公布为广州市文物保护单位。

明 “寿”“小桃源”摩崖石刻

位于从化区温泉镇新南村新屋围樟脑山。

石刻坐西向东，为明代黎民表题刻，“寿”字刻在一大石质山体上，其石表面平整，微向下倾，为隶书，字体高3米，宽2.8米，右下落款则为行体“韶山子书”。“小桃源”题字在“寿”字下20米处，丹井之上，字体为行书。“中心山”题字又刻于“小桃源”下，无落款。

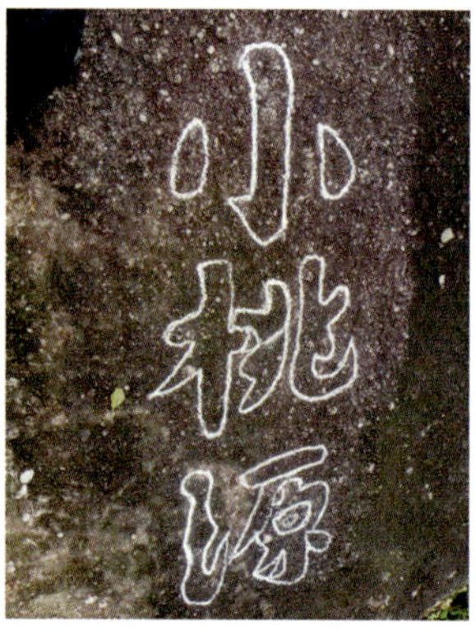

“小桃源”摩崖石刻

2015年7月，公布为广州市文物保护单位。

明 湛子洞摩崖石刻

位于增城区宁西街湖中村南香山南麓莲花座。

明朝嘉靖年间，三部尚书、著名理学家、邑人湛若水在此建莲花书院，开课授徒。书院已毁，现只存遗址。书院遗址南面山洞傍的山坡上有一高约10米，直径约6米的花岗岩摩天巨石。在巨石的南面石壁上方镌刻了“湛子洞”三个大字，行书，

湛子洞摩崖石刻

无款，字径约1米，字迹清晰。因无款，难以考证其来历及年代。历史上对有卓越贡献的学者尊称为“子”。“湛子”是对湛若水的尊称。湛子洞摩崖石刻字迹苍劲古朴，笔画流畅。

1984年3月，公布为增城县文物保护单位。

明至民国　玄帝古庙碑

位于黄埔区云埔街道笔岗社区笔村大路169号，镶于玄帝古庙墙体内。玄帝古庙初建于元代，始位于铜鼓山顶，至南明隆武年间迁至现址，先后经历多次重修。庙内存放碑刻十方，刻成于明至民国。当中有记录明代建设玄帝庙、筑蒲芦园陂及清代水利纠纷等事项的三方石碑。

鼎建玄帝庙碑记碑，存放于中殿左廊的墙壁上，为黑色云石制成，正文为楷书。碑文署“隆武元年”。“隆武”为明末唐王朱聿键在福建建立南明政权的年号，存在约十四个月，“隆武元年”即清顺治二年（1645），其时广东仍奉隆武年号。这是广州现存碑刻中唯一的南明隆武年号碑刻。

蒲芦园陂围记碑，年代为明嘉靖八年（1529），存放于主殿后堂前的右廊墙壁上，全碑为楷书字体。

番禺县正堂讯断绘蒲芦园陂围各圳水道图形碑，年代为清道光十二年（1832），存放于主殿后堂前的左廊墙壁上。碑刻标题为楷书，分上、中、下三部分，上方为断案结果；中间刻各圳水道图；下方为案发起因、调查经过、结案情况。全碑为楷书字体，保存完好。

玄帝古庙碑之蒲芦园陂围各圳水道图形碑刻

2009年8月，公布为萝岗区文物保护单位。

清　杨箕玉虚宫石刻

位于越秀区中山一路泰兴直街60号。又称“北帝庙”“玄帝庙”。是杨箕村民供奉玄天上帝的座宫。始建于明代，重建于清康熙六十年（1721），以后又经历七次重修，最近一次修缮是1989年。

杨箕玉虚宫石刻

主体建筑坐北朝南，平面采用三间两进布局，通面阔8.3米，通进深21米，占地面积174.3平方米。主体结构采用琉璃龙船脊，硬山顶，碌灰筒瓦，人字封火山墙。门前有铁栏花草小园，占地面积20多平方米。小园门柱对联石刻为“九天临福地；三光显帝辉”。大门石匾刻“玉虚宫”，上款“道光癸卯（按：1843）季冬”，下款“鲍俊敬书”。门联石刻：“秀挹云山，功昭北极；恩流粤嵩，泽沛南箕。”门前有两只小石狮。宫内供奉玄天北帝坐像，高约1.7米。天井有亭。走廊墙壁镶嵌石碑，记载玉虚宫的重修历史，左边六块，右边四块，共十块。

2015年7月，公布为广州市文物保护单位。

清　伊秉绶书叶氏墓表

位于白云区同和街白云山郑仙岩畔“天南第一峰”牌坊西侧。

墓碑为端石质地，碑顶呈拱形，高2.34米，宽0.92米。碑额刻篆书“皇清晋封资政大夫盐运使司衔叶先生墓表”，正文楷书，每字高约8厘米。该碑为清代著名书法家伊秉绶于清嘉庆十六年（1811）为南海叶花溪所书的墓表，是粤中名石刻之一，惜于“文化大革命”中被打碎。1982年9月，残石重新拼合复置原处以供观览，其字仍可辨，文句亦可缀读。

伊秉绶（1754—1815），字组似，号墨卿，福建宁化人。清乾隆己酉进士，授刑部主事，迁员外郎，曾出任广东惠州知府，以廉吏善政称誉于士民。工书法，尤精隶体，超绝古格，气象博大，与邓石如齐称大家，对岭南书风影响颇大。

2015年8月，公布为广州市文物保护单位。

伊秉绶书叶氏墓表

清　菩山第一泉摩崖石刻

位于番禺区石楼镇大岭村环村路菩山北麓。刻于清光绪二十六年（1900）。

石刻坐北向南，宽约1.6米，高约2米。“菩山第一泉”五个隶书大字边长约0.3米。上款“光绪庚子年端阳”，下款为“山人陈维湘题”。石刻旁原有一泉眼，为自然的沙滤山泉，水质清冽，现泉水已被引到对面马路边。

菩山第一泉摩崖石刻

陈维湘，光绪十七年（1891）辛卯科举人。

2010年11月，公布为番禺区文物保护单位。

清　杨四将军庙石刻

位于黄埔区云埔街笔岗社区丹水坑路1111号（丹水坑旅游风景区）内。始建于清光绪三十一年（1905），1995年重建。

庙内现存石门额及两侧门联为清光绪原物，石门额阳刻“杨四将军庙”，门两边有阳刻对联，上联书“将就丹山灵圣庙”，下联书“军临矽井显神宫”。杨四（杨泗）乃宋代湖南长沙人氏，传说七岁成神，斩作恶多端的无义龙后，被封为将军，能镇水驱瘟，长江流域供奉者众。清末广州闹瘟疫波及财岗一带。宏岗村徐景良率十三个村民，徒步十多天赴江西省请回杨四驱瘟，瘟疫立止。嗣后村民建庙供奉，祈求吉星拱照，福寿康宁。庙内还供奉吕祖（纯阳），云山仙姐、金山仙娘。现每年的农历二月初六、六月初六及十一月初六为将军诞；初五晚上景区会邀请法师到杨四将军庙举行大型的拜斗仪式，为信众祈求一年身康体健，工作顺利，平安大吉。

1994年6月，公布为黄埔区文物保护单位。

杨四将军庙石刻

清　佛迹洞

位于黄埔区云埔街笔岗社区丹水坑路1111号（丹水坑旅游风景区）内。开凿于清道光三十年（1850）。据说当时海光禅师请来能工巧匠，依

佛迹洞

山势凿成佛洞，洞成之后，又将洞内一巨石雕成一尊弥勒卧佛。

今佛迹洞为拱形洞穴，除弥勒佛外，洞内还供奉观音菩萨、十八罗汉，乃正统佛教道场，洞内的卧佛是如今广州市内最大的石雕佛像。佛迹洞是广州市内仅存的石窟。

1994年6月，公布为黄埔区文物保护单位。

清　瑞山成佛岩摩崖石刻

位于增城区正果镇正果洋村。是后人在牛仔余宾公坐化处留记，清同治八年（1869）广东新安麦寿桥镌刻。

石刻总宽0.65米，高0.38米，字径宽0.18米，高0.22米，占地面积0.25平方米。“成佛岩”三字阴文字迹清晰。落款“同治八年仲冬吉”刻在成佛岩右侧，字迹较模糊。

余宾公，又名牛仔佛，正果镇番丰村香埔塘人，生于北宋景祐二年（1035）。据传余宾公少年时与姐姐在外婆家放牛，每天姐弟都在瑞山岩石上

瑞山成佛岩摩崖石刻

小憩。某日他性情突变，酷爱佛门，决意出家并削发于明山寺。他生性异质，早悟禅宗，蒙智祟大师收为弟子，笃志清修，慧观缘起，功德圆满，修成正果。他于北宋皇祐元年（1049）己丑岁五月初九日坐化于瑞山瑞石藤蔓之中。为了铭记此事，后人便在牛仔坐化处的岩石上镌刻了“成佛岩”三字。字迹苍劲古朴，笔画流畅，镌刻工艺精细。

1984年3月，公布为增城县文物保护单位。

清　百丈晴峦题刻

位于花都区梯面镇联民村东南高百丈山近山顶处。

巨石拔地而起，石高约5米，宽3米，朝南面有摩崖石刻“百丈晴峦”四字，字迹浑厚苍劲。上款刻“时大清道光庚寅仲秋榖旦”，下款刻“淡云护僧德智刊”。百丈晴峦为花县原八景之一，有雷公劈石、仙人脚迹、石棺材、石木鱼及酒醉公等自然景观。该景观有较多的民间传说，是研究民间文学的实物资料。整体完整，字体清晰，颜色稍淡。

2017年1月，公布为花都区文物保护单位。

百丈晴峦题刻

清　新沙番禺县正堂告示碑

位于南沙区大岗镇新沙村。刻于清光绪六年（1880）。

碑体用花岗岩打磨，长方形，高1.83米，宽1.33米，厚0.2米，底座高1.5米。整座碑保存完

新沙番禺县正堂告示碑

整，但碑文因风雨剥蚀，大多模糊不清。碑文为阴刻繁体楷书，右起竖排十三行，计1088字。标题字长宽各6厘米，正文字体长宽各3厘米。碑文内容主要记载了土地划分界线，勘明海面地名、地点，公告禁采蚝壳等事件，是当时县正堂所立。该碑为广州南部现存碑刻中最大的一块，对研究地方史提供了重要实物证据。

2016年8月，公布为南沙区文物保护单位。

清末　刘永福“虎”字摩崖石刻

位于白云区白云山能仁寺。清光绪二十四年（1898），台湾抗日失败归来的刘永福携同僚登白云山时，抚时感世，不胜感慨，归营后，写下了这个奇特的“虎”字。其部属将之刻于能仁寺岩壁。

刘永福“虎”字摩崖石刻

象形草书“虎”字，字高约2米，上款“光绪二十四年重阳日”，下款“刘永福书”，并钤有“臣刘永福”及“渊亭”两个方印。岩壁右侧刻有刘永福部属所撰跋记。

刘永福（1837—1917），字渊亭，广东钦州（今属广西防城古森洞小峰乡）人。清末民初的民族英雄。原是反清的黑旗军将领，1883年率黑旗军参加中法战争，屡次大败法军。甲午战争期间，奉命赴台抗日，但最终失败。1895年5月25日台湾割让后，台湾民众公推刘永福为大将军。同年6月刘永福被公推为台湾民主国大总统，但他三拒总统印，以抗日盟主的身份继续领导台湾民众抗日。

1999年7月，公布为广州市文物保护单位。

民国　整理东濠下游碑记

位于越秀区越秀北路越秀桥下。建于民国二十四年（1935）11月。

整理东濠下游碑记

碑刻坐北朝南，石质，宽60厘米，高124厘米。1932年7月，广州遭受百年未见的暴雨，东濠上游山洪暴发，小北地区水灾情况最为严重。次年秋天广州又遭水患，给人民的生命财产安全带来了极大威胁。为缓解水情，国民政府筹款修治东濠，工程从1933年10月开始，于1934年秋完成，加宽和疏通了从竺横沙到双眼桥3000米长的东濠，并采用了分级跌流的方式来平缓湍流，还在东濠旁边修筑了人行路，潼关闸口增设活闸。

此碑就记录了这一历史事件。东濠上原有的竺横沙桥、小东门桥、东华路桥、大东门桥、越秀桥五座桥，因为桥孔狭小，不宜泄洪，所以重新修建。现在除了位于最北端的越秀桥，其余四桥已不存旧貌。

2002年7月，公布为广州市文物保护单位。

民国　“百丈飞涛泻漏天”摩崖石刻

位于从化区温泉镇天湖百丈飞泉瀑布之巅。

石刻坐西向东，立于碧水潭上的巨石上，碑文为行书，每字30厘米见方。民国二十五年（1936）初冬，时任中山大学校长邹鲁游从化温泉，在百丈飞泉见泉水仿若银河落九天，飞珠溅玉，倾泻而下，如高屋建瓴，势不可当。邹鲁感怀，于是欣然提笔书写“百丈飞涛泻漏天”，刻于石上，题款“丙子初冬，选百丈岩，袭东坡诗句书石”。“百丈飞泉”为明清从化八景之一，字体遒劲。

2008年12月，公布为广州市文物保护单位。

“百丈飞涛泻漏天”摩崖石刻

民国　九善堂碑

位于白云区大源街林安物流园大门左侧。立于民国九年（1920）。

碑坐东朝西，碑高1.4米，宽0.63米，碑体为花岗岩石，上阴刻楷书，字径约2厘米。此碑为解决太和石湖与龙归南村两地村民持续百年来的水利纷争而立。当时由广州爱育善堂、广仁善堂、崇正善堂、方便医院、广济医院等组成九善堂，出面调停，并立此碑。以碑石为中，主要上游之水分成两决口，各阔五尺（约1.67米），左注石湖圳，右注南村圳，两不侵占，共同遵守碑文约定。该碑为研究太和地区水利及广州九善堂的历史提供重要实物资料。

九善堂碑

2015年8月，公布为广州市文物保护单位。

民国　“天医处”摩崖石刻、“枕流漱石”摩崖石刻

位于从化区温泉镇广东温泉宾馆。

“天医处”摩崖石刻，位于松园别墅区背后山口一巨石上，行书，下有竖刻铭文数行，阐述进行“天医”之原委。天医，即在清幽秀美的山水间保健颐养。民国二十六年（1937），梁培基在此一带建造三间别墅，作为广州珠江颐养园温泉分园园区，并题刻文于石上，告诫世人进行“天医”之重要性。这周围一带还留下了数处诸如“里重湖”、小篆“上池”等石刻。题刻者为谁已无从考究。

“枕流漱石”摩崖石刻，位于松园别墅后山涧上。坐北朝南，“枕流漱石”书于民国二十五

“天医处”摩崖石刻

年（1936），当时胡汉民在政治上受蒋介石排挤，因而常到温泉园养病，竹松苍茂间有流水潺缓，因而感怀，执笔写就四字“枕流漱石”，原意隐居于山野，情志高洁，语出自《三国志·蜀志·彭羕传》：“枕石漱流，吟咏蕴袍，偃息于仁义途，恬淡于浩然之域，高概节行，守真不亏。”后演变为“枕流漱石”，即“枕流，欲洗其耳，漱石，欲砺其齿”。字刻在一横卧溪水的大石上，别有野趣，横刻阴文行体，字体遒劲。

2015年8月，公布为广州市文物保护单位。

民国　石仁窿蓄水湖碑

位于天河区棠下街道棠下村上社庙前大街3号东北侧。建于民国三十五年（1946）。

碑坐西朝东。花岗岩石碑，宽0.6米，厚0.14米，长1.47米，占地面积0.084平方米。1944年11月29日上午，美军飞机与侵华日军飞机在棠下上空激战。美军一飞机被击落，飞行员跳伞降落于棠下村山地。村民冒死将美飞行员救活，送往曲江国民党军第63军驻地。抗战胜利后，国际善后救济总署在该地修筑农田蓄水湖。湖宽45米，长100米，总面积4500平方米。该碑文记载了1946年冬国际善后救济总署广东分署为感谢抗战期间棠下村民冒险救活美国飞行员的义举，在此修筑石仁窿陂的事。该碑由上社农田水利会当事人立。该碑目前保存状况较好，是记录广州和国际善后救济总署关系的实物证据。

2008年12月，公布为广州市文物保护单位。

石仁窿蓄水湖碑

民国　五丁开嶂石刻

位于天河区柯木塱村。刻于民国二十三年（1934）。

巨石最长处约12米，最宽处约3米，最高处约4米，占地面积36平方米。上刻“五丁开嶂”。全文如下：

> 古有五丁力士开辟山嶂，使巴蜀与中原交通，厥功甚伟。今郊外体育会开幕，创造之功等于开嶂。勒此四字，以为纪念。甲戌孟夏月，李扬敬题。

题字填红色。标题字长宽各0.6米，正文字稍小，长宽各0.3米。在巨石的西面还刻有“歌塘石”，下款署名难辨。再下还刻有“邹宅”字样。“歌塘石”即今高塘石。该石刻记载了民国时期广州体育会以及道路建筑情况。

五丁开嶂石刻

李扬敬（1894—1988），时任西南军政委员会主席、第一集团军第三军军长兼广东军政学校副校长。

2012年10月，公布为天河区文物保护单位。

民国　燕石摩崖石刻

位于增城区荔湖街西瓜岭村。刻于1949年。

石刻位于山丘顶部，是一块呈东北、西南走向的巨石，巨石下面由四块形状及大小不一的小石从东、西、北三面承托着，呈南高北低，形状酷似燕子蓄势待飞，故名“燕石”。巨石长16.8米，宽11.7米，高约11米，占地面积196.56平方米。巨石下面形成宽4米，最大高度5米的石室，俨如一瓦之舍。在西面一块长12.7米，宽6米，高2.36米的小石内侧阴刻“燕石翔云”四个字，字宽0.58米，高0.69米，落款“民国三十八年马记就题、清茂才马渭璜书”，镌刻面积2.12平方米。此巨石奇特，四周青山叠翠，早在明永乐年间就被列入增城八景。清乾隆年间，增城县令管一清到此游览时曾赋七言诗一首，镌刻在石室内（现已不存）。现存“燕石翔云”石刻文字清晰，字迹苍劲秀丽，笔画流畅。

1984年3月，公布为增城县文物保护单位。

燕石摩崖石刻

第五章

近现代重要史迹和代表性建筑

第一节　近现代重要史迹

清末　三元里平英团遗址

位于白云区三元里街道三元里西约居委广园中路34号。原是一座供奉北帝的道教神庙三元古庙。古庙建于清康熙年间，中华人民共和国成立后曾多次维修。

三元古庙坐西朝东，面阔17米，纵深20.88米，面积354.96平方米。门口有500多平方米地坪。主要有头门、香亭、正殿、西廊和偏殿。头门面阔三间，石门额上阴刻楷书“三元古庙”。前廊明间两侧有两根方形石檐柱，檐柱与山墙之间架石虾公梁，梁上置石驼峰。头门内为天井，两侧为廊。后殿山墙、屋顶与头门相仿，前后用三柱及后墙承重，架十七檩。正祠的左边，有附属平房两间，当年是庙祝栖身之所。建筑皆为青砖石脚，硬山顶，砖木结构。脊饰琉璃鳌鱼宝珠。壁上绘有伏生传经等壁画或图案。

1841年5月29日上午，一股盘踞在四方炮台的英国侵略军窜到三元里村抢掠，并调戏妇女。村民闻讯群起而攻之，毙敌数人，余敌狼狈而逃。事后，三元里民众在三元古庙前誓师，以庙内的三星旗为指挥旗，誓言“旗进人进，打死无怨”。30日，乡民鸣锣聚众，诱敌至牛栏岗一带

三元里平英团遗址

伏击，获得大捷。残敌逃回四方炮台。31日，广州城西、增城、从化等县群众数万人，重重包围四方炮台。6月1日，英国侵略军被迫撤离广州。三元里人民的抗英斗争，揭开了中国近代史光辉的一页。遗址现辟为三元里人民抗英斗争纪念馆，面向公众开放。

1961年3月，公布为全国重点文物保护单位。

清末　牛栏岗战场遗址

位于白云区三元里街松云路。是三元里抗英斗争史迹之一。原址位于现白云机场原生活区一带，因由众多小土岗组成，形如牛栏栅，故称为“牛栏岗”。1933年兴建白云机场后，原址被平整，现已不存。1991年，为纪念三元里人民抗英斗争一百五十周年，广州市文物管理委员会、白云区政府在松云路一处高地上建一凉亭并立标志碑，以纪念这一战役。

牛栏岗战场遗址

1841年5月30日，广州城北103乡民众埋伏牛栏岗，与英国侵略军展开激烈战斗，击毙英军五十人，伤一百多人，迫使英国侵略者仓皇逃返越秀山四方炮台，最后撤离广州城。此役是中国人民第一次自发组织起来的大规模武装反抗外国

侵略并取得胜利的斗争。

2022年6月，公布为白云区文物保护单位。

清末　义勇祠

义勇祠

位于白云区石井街道石井居委石潭路升平下街13号，升平社学旧址左侧。始建于清道光二十二年（1842）。是为纪念第一次鸦片战争时期在三元里人民抗英斗争中牺牲的义勇而建，后因战火被毁，1866年迁建于此。

建筑坐西朝东。面阔一间6米，进深二间18.2米，占地面积109.2平方米。硬山顶，人字山墙，灰塑博古脊，碌灰筒瓦，绿琉璃瓦当剪边。青砖墙，石墙脚。

咸丰四年（1854），广州红巾军李文茂等起义，围攻广州数月，该祠在战火中被毁。同治五年（1866），在升平社学左侧重建义勇祠。石门额阴刻楷书“义勇祠”，上款“道光辛丑年九月同治五年九月迁建”，下款“督粤使者祁贡书　升平社勒石”。

1978年7月，公布为广东省文物保护单位。

清末　升平社学旧址

位于白云区石井街道石井居委石潭路升平下街11号。始建于清道光二十二年（1842），历史上曾多次维修。

旧址坐西朝东。中路为主祠，左右为衬祠，以青云巷相隔。硬山顶，人字封火山墙，灰塑博古脊，碌筒瓦灰，绿琉璃瓦当剪边，墀头砖雕。青砖墙，石墙脚。头门面阔三间，进深二间，前廊三步梁，梁架、驼墩雕刻戏剧人物；后廊六步梁，架十一檩，前后檐柱及门墙承重。石门楹，石门额阴刻楷书“升平社学”，年款“道光壬寅八月”，落款“督粤使者祁贡”。前廊两次间砌花岗岩石塾台。檐柱与山墙之间架花岗岩石虾公梁，梁上置石狮。祠内石额刻有“义为桑梓”“孝弟力田”“气慑鲸鲵”“文事武备”。左右衬祠保存完好，两条青云巷石门额分别阴刻篆书“云蒸”“霞蔚”。

第一次鸦片战争期间，升平社学成为广州城北培训团练义勇、反抗外国侵略者的核心机构，在1842年火烧广州洋馆、1844年反对英国强租广州河南、1845年驱逐知府刘浔以及1858—1861年抗击英法联军中发挥了重要作用。

1978年7月，公布为广东省文物保护单位。

升平社学旧址

清末　联升社学旧址

位于白云区太和镇联升西路131号。始建于清道光十八年（1838），由谢家庄、上南村等四十一乡捐资兴建，1841年冬落成。2022年重修。

旧址为传统广府祠堂建筑，砖木结构，广三路，深二进，总面阔24.6米，总进深21.6米，面积约531平方米。

鸦片战争爆发后，联升社学成为当地团体习武和抵抗外来侵略的指挥中心，在抗击帝国主义侵略、保家卫国、设圩展商方面起了积极作用。1841年5月，该社学派义勇援助三元里人民抗英，率先将义旗插上英军司令部的四方炮台；1858年6

联升社学旧址

月又派义勇会同东平公社义勇，将占据龙眼洞的英法联军驱逐；抗日战争时期，曾组织“太和抗日自卫队”，英勇抗击日本侵略者。

2002年7月，公布为广州市文物保护单位。

清末　仁风社学旧址

位于白云区龙归街龙归圩祥云西一巷12号。始建年代不详，清道光十八年（1838）、光绪元年（1875）、光绪十三年（1887）和2022年等多次重修。

仁风社学旧址

建筑广三路深两进，仿岭南广府祠堂形制，砖木结构，占地面积约532平方米。旧址内存有官府断案碑、重修碑等共九方。社学由南村、北村、柏塘、夏良、园夏五条村合建，作为乡绅议事、兴学育才、管理龙归圩及乡村治安等事务的场所。

三元里抗英期间，该社学乡民积极响应乡绅倡议，前往牛栏岗参加抗英战斗，牺牲一人。中华人民共和国成立后社学作为乡政府办公场所使用；1962年被民政部门用作工厂、残疾人居所、化工厂宿舍等；2000年废置。2022年广州市文物局拨付专款予以重修。

2022年6月，公布为白云区文物保护单位。

清末　同升社学旧址

位于白云区钟落潭镇竹料第一小学校园内。始建于清嘉庆六年（1801），同治九年（1870）重修，是当地乡绅管理竹料圩（公正圩）、育才兴学及议事之场所。

旧址原为广三路、深三进的仿岭南广府祠堂形制，坐北向南，砖木结构。20世纪80年代因兴建新教校舍而拆除头门，现存面积1028平方米。

同升社学曾是三元里抗英时期作为义勇团练之所，为东北路六社之一。鸦片战争初期，该社学以入股的方式团结乡民，在战时实行军事化。据《竹料镇志》记载，同升社学在1840年共有入社乡民一千三百一十七名，他们在抗英斗争中发挥着重要作用，被升平社学赠予“至诚不息”匾额（现已失传）。战争结束后，社学恢复讲学及义学，1924—1943年被改组为“竹料小学”。1945年抗战胜利后，曾作为私立番禺大同中学；广州解放前夕，社学恢复为竹料小学，一直沿用至今。1983年因兴建教学大楼而拆除头门。

2022年6月，公布为白云区文物保护单位。

同升社学旧址

清末　和风社学旧址

位于白云区江高镇石龙圩当铺街。始建于清乾隆三十一年（1766），嘉庆六年（1801年）、光绪二十四年（1898）和2010年三次重修。

建筑坐东北向西南，砖木结构，三间两进仿岭南广府祠堂形制，占地面积约350平方米，社学左侧是建于1898年的张王古庙。社学由神山、郭塘等二十八乡合建，是清代石龙地区兴学育才、绅耆议事之所。在鸦片战争期间，和风社学与升平社学等约定守望相助、互相策应，共同担负反侵略斗争的联络工作，因抗英战功获“有勇知方”牌匾。1938年江高之役，该社学曾作为伍观淇领导下的禺北民众抗日自卫团指挥部，和风乡民众在卢昌汉、卢金济等人带领下奔赴流溪河前线，与侵华日军恶战数昼夜。

1949年广州解放初期，和风社学作为番禺九区军事管制委员会、石龙公社办公场所使用，后作粮仓之用，直至20世纪80年代初。修缮后基本完好，并作为老人活动之家使用。

2022年6月，公布为白云区文物保护单位。

和风社学旧址

清末　牛山炮台

位于黄埔区红山街道牛山公园内。

炮台南临珠江，俯控江面，原为土炮台。清道光二十一年（1841），清军将领祥福等在此抗击英军并殉国。光绪十一年（1885），改建为新式炮台，共七座炮台，其中南部山麓三座，北部山脊四座，购置自德国克虏伯厂制造的后膛炮，由总兵李光义所部广胜军一个营驻扎。山麓左、中、右三座炮台，形制相同，作扇面形构筑，灰砂结构，依次面向东南、南和西南。中间炮池为圆形，直径10米，深2.6米。壁上排列着藏弹洞二十一个，根据炮弹形状设计，上窄下宽，形似半截橄榄。壁上还有用于固定炮座的铁扣。各炮位侧面有阶梯可进入用青砖砌成拱顶的暗巷道，彼此相通。山脊的四座炮台呈一字排开，面向南或西南，亦有暗巷相通，还有藏兵洞、藏弹洞等。

牛山炮台与长洲炮台、鱼珠炮台、沙路炮台等构成由海路沿珠江进入广州的第二重门户，形势险要。

1993年8月，公布为广州市文物保护单位。

牛山炮台

清末　揽翠山房

位于白云区萧岗村北门大街15号。又称“何玉成故居”。

砖木结构，硬山顶，碌筒瓦面，青砖墙，占地面积约60平方米。石门额刻“揽翠山房”四字。

何玉成，生卒年月不详，名琳，号琢石，番禺慕德里司萧岗乡（今广州市白云区）人。清道光十一年（1831）中举人后，在乡组织怀清社学，维护地方治安。1841年三元里抗英斗争中，他以飞柬通知南海、番禺、增城各地社学组织团练壮丁参加抗英斗争。此后，他又联络地方乡绅筹建驱夷义勇祠（即后来的义勇祠），以慰忠

揽翠山房

魂。晚年，他曾用所居“揽翠山房”为名，自刻诗稿（已佚）。1956年广东省文史馆搜集其诗几十首，编为《揽翠山房诗辑》，其中不少是抗英斗争的重要史料。

兰亭祖宇位于萧岗村华英里直街37号，始建时间不详，现存形制及装饰为清代建筑风格。建筑坐西南朝东北，是一座单间带院落的青砖素瓦平房建筑。面阔7米，进深10.9米，占地面积约77平方米。院子设在东北方，宽7米，深4.5米，平面呈长方形；三面筑有围墙，院子左侧设大门，与华英里直街相通。大门为凹斗门，未施石门框，门上方石额已被水泥填抹，依稀可见阴刻“亭祖”的字样。地面铺花岗岩条石。厅堂设有院子的西南面，面阔1.7米，进深约6.35米，硬山顶人字山墙、平脊素瓦屋面。厅内为水泥地面，前设三架卷棚，厅堂与院落之间砌有砖墙相隔，墙上设有陶制花窗，正中设门。

兰亭祖宇是三元里抗英斗争的重要人物何玉成中举后回乡祭祖之地。何玉成的诗中有一首题为《兰亭怀古》的诗提及该房屋。

2002年7月，公布为广州市文物保护单位。

清末　西湖社学旧址

位于白云区钟落潭镇长沙埔村迎龙街43号。清道光二十二年（1842）从五龙岗迁建于此，于2024年重修。社学由西湖市、五龙岗等十七乡捐资兴建。社学“无事则负耒力田，闻警则操戈御侮”，是“联守望，备非常”的民间结社。

建筑面阔三间12.8米，深三进45.7米。砖木结构，硬山顶，镬耳封火山墙，灰塑博古脊，青砖墙，花岗岩石脚。

1841年三元里牛栏岗之役中，西湖社学组织民众奋勇参战，功绩卓著。1842年，西湖社学迁建落成，石井乡升平社学特赠“藩篱永固”（上款书“道光壬寅仲冬”，下款书“升平公所敬赠”）纪功匾一方，以示共同庆贺抗英斗争的胜利。此匾于1959年为中国革命博物馆（现中国国家博物馆）收藏。

2008年12月，公布为广州市文物保护单位。

西湖社学旧址

清末　东平公社旧址

位于白云区东平中路沙梨园3巷。始建于清道光二十三年（1843）。

旧址坐北朝南，原为三路三进，现存三路一进及青云巷门楼，总面阔29.5米，总进深32.1米，面积约947平方米。

东平公社旧址

东平公社是鸦片战争时期民众自发组织以“御外侮、保乡土”为宗旨的群众武装习武议事的场所。是在三元里抗英斗争士气的鼓舞下，广州北郊及花县、增城、从化地区二百四十余乡的乡民在士绅王韶光、高梁材等倡导下，经两广总督批准而建，以广州城北六社客家村为基础，东连鹿步司各乡，北连从化、增城、花县，一旦有敌情即飞柬联络，闻风而动，一呼百应。

2002年7月，公布为广州市文物保护单位。

柯拜船坞旧址

清末　柯拜船坞旧址

位于黄埔区长洲街道黄埔造船厂内。第一次鸦片战争后，英国取得广州作为通商口岸。1845年，大英轮船公司职员约翰·柯拜（John Couper）受公司派遣，任公司驻黄埔的代表，负责公司送入黄埔修理船只的监修工作。柯拜到黄埔后，从当地的中国人手里租用了几个泥船坞，雇用一批中国工人从事修船业，很快便由一个监修变成工业资本家。为了扩大经营，他将泥船坞扩建为石船坞，后人称为“柯拜船坞”。这是外国人在中国开设的第一个造船坞，也是中国近代造船工业的开端。

第二次鸦片战争时，黄埔地区人民出于对侵略者的愤怒，曾捣毁柯拜船坞，柯拜本人也被当地民众所虏，后来下落不明。1860年，柯拜家属以船坞受到毁坏为借口，向清政府勒索赔款十二万元。1861年，柯拜的儿子约翰·卡杜·柯拜（John Cordeu Couper）利用赔款修复和扩建了在黄埔的船坞设备，还成立了柯拜船坞公司。公司拥有四座船坞，其中一座于1862年建成，位于现黄埔造船厂内、东征阵亡烈士纪念坊西侧约20米处。坞长167.64米，坞口宽为24.38米，深5.19米，四周用花岗石砌成。坞的两边层叠着一级级石阶梯，坞口向着新洲河道，为正北方向。此坞有两道浮门，分内外两区，可供两艘中、小型船只同时入坞或一艘5000吨的轮船入坞修理。该船坞在19世纪60年代被称为“中国最大的石船坞”。1863年，小柯拜将船坞公司转卖给怡和洋行等财团，结束了柯拜船坞公司的历史。

“文化大革命”期间，黄埔造船厂开挖地洞和隧道时，将船坞填塞了近四分之一。后来，又在坞前修了马路。船坞现在仅剩130.2米，已不能与珠江相通，而且两道浮闸已拆毁，失去了修船功能。该旧址对研究中国产业工人的诞生和中国造船工业史具有重要价值。

2022年7月，公布为广东省文物保护单位。

清末　洪秀全故居

位于花都区秀全街道官禄布。建于清嘉庆年间，清咸丰四年（1854）遭清军烧毁，1959年根据考古发掘结果，在原墙基上参照当地客家民居重建。

洪秀全故居

故居为六间一排的泥砖、瓦顶木结构平房，是当地最简朴的民宅建筑形式——横屋，门额悬挂1961年郭沫若题写的“洪秀全故居”横匾。建筑坐西北朝东南，总面阔16.5米，总进深5.5米，占地面积90.75平方米。悬山顶，人字山墙，盖瓦面，泥砖墙，灰砂石头墙基，泥地面。每间约13平方米，十五檩，没有窗户。门高2米，宽0.9米。第一间是洪秀全夫妇早年居住的房间，“幼天王”洪天贵福在此出生。第二间为厅堂，中间悬挂洪秀全高祖洪英纶夫妇的画像。后面几间为洪秀全父母兄弟所居住。最后一间为厨房。

太平天国运动领袖洪秀全（1814—1864）在此度过青少年时期。该旧址是研究洪秀全早期思想形成以及太平天国早期历史的重要实物资料。现辟为洪秀全纪念馆。

1988年1月，公布为全国重点文物保护单位。

清末　冯云山故居

位于花都区秀全街。建于清代，清咸丰四年（1854）遭清军烧毁，现仅存残墙基。2003年对遗址进行了考古发掘，清理出部分墙基，确认故居为客家五龙过脊的建筑形式。

冯云山（约1815—1852），原名乙龙（一说族名绍光）。道光二十三年（1843）与洪秀全共创拜上帝会，成为太平天国运动初期的重要领袖之一。1852年6月被清军江忠源部炮火命中而身亡。

1978年7月，公布为广东省文物保护单位。

冯云山故居

清末　三堆石商议创立拜上帝会遗址

位于花都区秀全街大布村西北约两公里的丫髻山上。

遗址为三块大小不等的石头，大的5—6立方米，小的约3立方米，占地面积约133平方米。因地形隐蔽，人迹罕至，所以成为早年洪秀全、冯云山、洪仁玕、李敬芳等经常聚议密谋之地。清道光二十三年（1843），洪秀全等在三堆石聚会，商议创立拜上帝会，从而揭开了太平天国农民运动的序幕。

2017年1月，公布为花都区文物保护单位。

三堆石商议创立拜上帝会遗址

清末　拜上帝会旧址

位于花都区新雅街团结村莲花塘村三队的汉生李公祠。建于清代，1991年重修。

旧址坐西朝东，三间两进。总面阔11.1米，总进深19.3米，占地面积214.23平方米。整体建筑为悬山顶，人字山墙，碌灰筒瓦，青砖墙，夯土墙基，方砖铺地。头门进深三间共十七檩，两次间砌成厢房。后堂进深三间共二十一檩，明间设有神位一座，前带两廊。

洪秀全于清道光二十三年（1843）在这里任莲花塘的塾师，借用《劝世良言》中某些基督教教义，运用宗教形式，与同学冯云山、表兄李敬芳等创立拜上帝会组织，并发展洪仁玕等入会，弃去私塾中供奉的孔子牌位。他们积极开展组织活动，拉开了太平天国农民运动的序幕。现状较

拜上帝会旧址

好，整体结构完整。重修时后堂金柱、梁架均改为钢筋混凝土结构，天井两侧山墙改砌红阶砖。祠内墙体扫水泥油，重划砖线，天井和头门走廊改铺水泥地。

2017年1月，公布为花都区文物保护单位。

清末　虎门炮台旧址（南沙部分）

位于南沙区珠江入海口。一江两岸以主航道分界，东属东莞，西属广州南沙。虎门炮台旧址（南沙部分）主要分布在江中上、下横档岛及大虎山上，扼守外洋进入广州的第一道门户。

虎门炮台　是清王朝重要的海防要塞，从清康熙时期开始修建。上、下横档炮台，及大角山炮台、蒲洲山炮台于清光绪时期重建，大部分以进口“红毛泥”（水泥）和铁件为主要材料，安设进口西洋后膛炮（今已不存），现存有炮台、官厅、药库、交通巷道等。始建于清嘉庆二十二年（1817）的大虎炮台，现仅存部分炮台基础。

虎门炮台旧址之上横档炮台

上横档炮台　是虎门炮台现存的主要部分之一，位于南沙区港湾街道南北台社区港前大道以东虎门水道上的上横档岛。在下横档岛之北，大虎山岛之南。岛上现有光绪十年（1884）的后膛炮池八处及兵房、官厅、库房、坑道等遗址。

下横档炮台　属虎门炮台之一，位于南沙区港湾街道港前大道以东的虎门水道中间的下横档岛上。现存的炮台是光绪八年（1882）建的后膛炮炮池，共九处。从西往东排列的顺序编为1号至9号炮池，后膛大炮今已全无，在岛的中心有官厅、兵房、库房。

蒲洲山炮台　属虎门炮台之一，位于南沙区港湾街道鹿颈村蒲洲山东山梁上，与南面大角山炮台相望。占地面积约769.55平方米。现存的炮台是光绪十一年（1885）建设的后膛炮台，原门楼已毁。蒲洲山炮台是一台三池，1号炮池呈扇形，2号和3号炮池呈圆形，炮巷连接炮池，炮巷内有子药库。现为广东省爱国主义教育基地。

大角山炮台　位于南沙区港湾街道鹿颈村大角山。现存炮台是光绪十一年建设的后膛炮台，遍布在整个大角山南北两个山梁，分别为振威、振定、安平、安定、安威、安胜、安盛（流星）。2012年振定台附近发现两个炮池。现存的各炮台都有完整的炮池、坑道、门楼，部分还有独立的火药局及军事设施，唯火炮全失。

大虎炮台遗址　属于虎门炮台之一，位于南沙区黄阁镇大虎山（大虎山岛东边偏北），遗址占地面积约600平方米。炮台始建于嘉庆二十二年，由两广总督阮元倡建。1841年2月27日第一次鸦片战争虎门海战时，该炮台被英国侵略军占领破坏。道光二十三年（1843）重建，第二次鸦片战争中再次被毁，后遭废弃。

1982年2月，公布为全国重点文物保护单位。

清末　车歪炮台

位于荔湾区大黄滘口附近珠江龟岗岛上。原名“大黄滘炮台”。始建于清嘉庆二十二年

（1817）十二月，由两广总督阮元会同巡抚陈若霖奏准修建。

炮台所在小岛，原名“龟岗岛”。炮池面向东南，设炮二十二门，药局（弹药库）一个，筑有护堤坝。炮台为灰砂三合土夯筑，结构坚固。该炮台是清代广州的护城炮台，在第一次鸦片战争中，由于扼守珠江要道，在抵御英国军舰入侵广州的战斗中起到过重要的堡垒作用。珠江水道南通香山（今中山），东南通黄埔，为商船、军舰从珠江南航道进入广州的必经之地。船只从虎门到龟岗岛前，必须转舵航行，故俗称该岛为“车歪岛”。后将该炮台称为“车歪炮台”。

咸丰六年（1856），英国借口“亚罗号”事件，发动第二次鸦片战争。次年初，英法军舰进犯珠江，遭到广州军民顽强抵抗。因车歪炮台的火力对英舰进入珠江威胁很大，被英舰用炮火摧毁，并占据作为贮备物资的基地。咸丰十一年（1861）炮台修复。光绪六年（1880）车歪炮台安装了一尊西洋大炮。1922年7月10日，孙中山率永丰舰经过车歪炮台时遭盘踞在炮台的陈炯明叛军攻击，经过一番激战，舰队虽然安全进入白鹅潭，但永丰舰尾部中弹。

1993年8月，公布为广州市文物保护单位。

车歪炮台

清末　巴斯楼

位于黄埔区长洲街道黄埔造船厂内。又名“波斯楼”。据楼内碑文记载，该楼始建于1861年，1923年原址重建。

巴斯楼为中西结合式的砖混结构楼房，坐南朝北，面向珠江。面阔16.65米，深17.55米，建筑占地总面积292.21平方米。建筑平面呈凸字形。高两层，组合式坡屋面。室内存有大理石英文碑记一块。楼后原有木楼梯通往山顶的巴斯教徒墓地，据说当时此楼是教徒用来诀别死者的地方。后来该楼成为当时英国驻穗领事馆、海关及商务机构中的巴斯教徒团体聚会和活动的场所。抗日战争爆发，1938年广州沦陷后，琐罗亚斯德教徒（即巴斯人）离穗回国，该楼一度成为中正中学的校长公寓。

2002年7月，公布为广州市文物保护单位。

巴斯楼

清末　朱兆莘旧宅

位于花都区赤坭镇黄沙塘村。

旧宅为三间两廊式传统民居，总面阔11.7米，总进深12.5米，占地面积146.25平方米。硬山顶，碌灰筒瓦，青砖墙，花岗岩石脚，室内红泥大阶砖铺地。正屋为厅堂和房间，高两层，木楼板。明间设神楼，木雕精美。天井看墙灰塑“天官赐福”。

朱兆莘（1879—1932），广东花县人，出色的外交家，早年肄业于广州广雅书院，后被选送至北京京师大学堂优级师范馆学习，毕业后钦赐为举人。1907年选派美国学习。先入纽约大学，毕业获得商务财政学士学位，继入哥伦比亚大

朱兆莘旧宅

学，获法政硕士学位，后又入博士研究科深造。1912年冬，朱兆莘膺选为国会美洲华侨代表，旋即回国参加民主政治活动。从20世纪20年代起，他以中国政府首席代表身份，积极参与国际外交舞台上的各项活动，坚决维护中国的主权与尊严。

2008年12月，公布为广州市文物保护单位。

清末　得朋书院

位于白云区云城街萧岗村东华大街。始建于清光绪五年（1879），2004年重修。据院内碑记记载，该书院由贡生谢湛恩等倡建，是村民为教化萧岗村西、南二约子弟而建，又因《易经》坤卦论述中“西南即得朋”而取名为“得朋书院”。

建筑坐东向西，为仿岭南广府祠堂形制，砖木瓦结构。原为广三路深两进，中为书院，以青云巷相隔，左侧为长生祠，右侧为书舍，后因村道建设而将右侧前厢房拆除，现存占地面积约621平方米。书院头门后廊墙嵌有碑记一方，记录书院创建之缘由。后座脊檩阳刻书院始建年份“大清光绪五年己卯孟冬西南二约仝建”。修缮后，书院砖雕、木雕、石雕、灰塑保存完好，工艺精湛。

得朋书院

书院在抗战时期曾被日军据为兵营，1949年曾驻扎解放军部队；1955年至2003年期间作为村办幼儿园使用，现开辟为村中老人活动中心。

2022年6月，公布为白云区文物保护单位。

清末　德国教堂旧址

位于荔湾区芳村大道东信义路5号。建于清光绪八年（1882），是德国信义会在广东传教的大本营，也是信义神学院所在地。

德国教堂旧址

旧址现存钟楼、礼拜堂及办公楼。钟楼与礼拜堂相通，为教堂的主要建筑。钟楼面朝珠江，砖混结构，哥特式风格，高二层，尖顶，占地面积214平方米。四角各设一座小角楼，正中开双心尖拱券形门。礼拜堂，砖木结构，两坡顶，碌灰筒瓦，红砖外墙，占地面积443.8平方米。办公楼为高二层、带地下室、砖混结构的券廊建筑，占地面积294平方米。

德国教堂曾是孙中山领导兴中会策划广州起义的一个秘密据点和武器库。1902年，时任南粤兴汉大将军府总参谋的李植生，在德国牧师阿·高力加的支持下，把德国教堂信义神学院作为兴中会起义前隐蔽起义人员、贮藏武器弹药的秘密据点。1903年1月，因叛徒告密，藏身于教堂内的梁慕义等二十多人被捕。2008年因建设洲头咀隧道，钟楼和礼拜堂曾作整体平移，2015年隧道建成后移回原位。

2015年8月，公布为广州市文物保护单位。

清末 沙路炮台旧址

位于番禺区化龙镇沙亭村。建成于清光绪十年（1884）。现存炮台遗址九座，均位于沙亭村北约坊的兵岗和马腰岗，并分布于兵岗和马腰岗两座低丘之上，北面珠江口。

沙路炮台旧址遗产类型丰富且完整，包括九座炮台遗址、掩体建筑遗迹、道路交通遗迹和炮台附属建筑遗迹在内的遗存本体。砖混砌体结构，兵岗三座，马腰岗六座，均由炮池、掩体建筑和通道三部分构成，炮池平面为圆形或水滴形，内部包括蓄水池、炮轨、弹龛、排水沟、膛口等。掩体建筑，位于炮池西侧，倒塌严重，堆积内发现有铭文砖雕。炮池与掩体之间有踏步和通道相连。炮台附属设施遗址共三处，兵岗一处，马腰岗两处，建筑倒塌严重，仅见墙壁和地面。其中，马腰岗1号、2号建筑遗迹与炮台之间互通，建筑形制单一，活动面距地表3—7.5米。交通道路遗迹遍布二丘陵之上，与各炮台之间互联互通，现存形制不全，仅保留部分水泥、山石材料修筑踏步与道路，部分道路仅见路边水泥砌筑排水浅沟，无路面，走向基本明确。炮台还出土有铁器、砖雕、瓷器等两百多件文物。

沙路炮台是光绪十年为巩固海防修建的长洲要塞五所炮台之一，是近代广东地区城防、江防体系的重要军事设施，是我国近现代反侵略斗争的重要历史见证。

2019年4月，公布为广东省文物保护单位。

清末 外国人公墓

位于黄埔区长洲街道深井社区竹岗（俗称“番鬼山”）山腰。

墓地坐东朝西，宽40米，深30米，占地面积1200平方米，现存墓二十六座，有棺状式、立碑式，花岗岩石构筑。整个墓地周围翠竹丛生，郁郁葱葱。原葬有英国、美国、德国、荷兰、西班牙、法国、丹麦、瑞典、瑞士、意大利以及阿拉伯、印度等地的政府官员、商人、传教士、海员、医生、建筑师等。现存墓分三排排列，每排落差约1.6米，深约10米。上排有九座墓、中排有十座墓、下排有七座墓，每墓间距在1.3—2米，除下排有两座墓是横排外，其余墓均是竖排。随着海外贸易的兴盛，及至清代，长洲、深井一带，水深港阔，逐渐成为商贾云集、显赫一时的贸易口岸。清康熙二十四年（1685），清政府设立粤海关管理海上对外贸易，黄埔港（今海珠区黄埔村）对岸的长洲岛和深井岛成为政府指定安葬外国人的墓地。外国人公墓是清代广州中外关系史上的重要史迹，反映了广州与世界各地进行文化交流与经贸往来的历史。

2002年7月，公布为广东省文物保护单位。

沙路炮台旧址

外国人公墓

清末　广雅书院旧址

位于荔湾区广雅中学内。清光绪十年（1884），张之洞从山西巡抚升任两广总督，效仿白鹿洞书院、岳麓书院，创办广雅书院。“广雅”意为“广者大也，雅者正也”。光绪二十七年（1901）废书院后，改为两广大学堂。1903年又改为两广高等学堂。民国后改为省立第一中学，1935年改称“广雅中学”。现保留有山长楼、冠冕楼、百岁桥湖、护院河、部分后围墙以及数方碑刻。

2002年7月，公布为广东省文物保护单位。

广雅书院旧址之冠冕楼

清末　鱼珠炮台

位于黄埔区鱼珠街道蟹山路2号。据说炮台所在山岗形似一条鱼，在鱼口前有一块岩石，圆如珠，故称“鱼珠”，炮台因此得名。建于清光绪十年（1884），由两广总督张之洞、广东巡抚倪文蔚督建。

原有三座炮台，皆置克虏伯炮，其中一座后被填平，现存一大一小两座。鱼珠炮台巷道大门面向西北方向，水泥盖顶，在红砖砌筑的拱门上镶嵌着一块花岗岩石门额。门额正中镌刻“鱼珠台”三个大字，上款“光绪十年仲夏吉旦”，落款“两广总督张广东巡抚倪记名总兵锐勇巴图鲁邓安邦督造”“绘图监造同知衔陈棨熙”等字样。大门两侧有西式圆柱，门高约4米，宽5.6米。大门现被封堵。整个炮台向东南倾斜，炮口

鱼珠炮台

亦向东南。现存较大的炮台，形状呈扇形，周长约28.6米，其西南侧有藏兵洞。较小的炮台位于北侧，距较大炮台约13.3米，二者不相通，方位和形制基本相同，没有藏兵洞。两炮台结构基本得以保留。

鱼珠炮台东北方向有狮山、狮腰炮台，西北方向有蟹山炮台，形成三足鼎立的阵势，与长洲、牛山、沙路等炮台共同构成了“长洲要塞”防御体系。

1993年8月，公布为广州市文物保护单位。

清末　长洲炮台

位于黄埔区长洲街道长洲社区，建于清代。

长洲岛位于广州东部珠江主航道南侧，四面环水，山峦起伏，形势险要，是由狮子洋进入广州的门户，历来为兵家必争之地。清光绪九年（1883），法国部队进攻安南（今越南），中法军队在安南境内爆发战争。为防止法军乘机进攻中国，清政府下令沿海各省海口戒严，并派彭玉麟为钦差大臣，赴广东主持防务。光绪十年（1884），经向朝廷奏准，张树声、彭玉麟在长洲岛的白兔岗、白鹤岗、蝴蝶岗等山岗上自北向南修筑炮台，呈扇面形排列，全长2000米，与鱼珠炮台和沙路炮台互成犄角之势，为广州珠江水道上的第二道防线（第一道防线为虎门）。

长洲炮台计有十五门大炮，大部分为德国克虏伯大炮，炮身颇长，有1米长炮弹，重240斤。炮

台常驻兵勇千余人，分为勇营和绿营。各炮台均配备数量不等的兵勇营房、子弹库和暗巷（交通壕）等辅助设施。巷道及房舍通风良好，其建筑形制均为拱顶，厚壁，砖石结构，水泥批荡。清末民初，在此成立长洲要塞司令部，一并管辖鱼珠、沙路等炮台。黄埔军校创办后，炮台曾为军校的盛大庆典和重大活动鸣炮壮威。1938年秋，日军占领广州后，长洲炮台遭到破坏，各炮位的大炮被日军拆除运走，不知所终。其后历经数十年的风雨侵袭，炮台日渐荒废。现存旧西岗、白兔岗、白鹤岗、大坡地、新西岗、蝴蝶岗六座炮台旧址。

旧西岗炮台　位于长洲街道长洲社区旧西岗上（中国人民解放军第4801工厂黄埔军械修理厂职工宿舍后山）。炮台两座，为主阵地之一，两炮台间距7米。现弃置，辅助设施已毁。

白兔岗炮台　位于长洲街道长洲社区金洲路70号（中国人民解放军第4801工厂黄埔军械修理厂区内）。炮台两座，兵勇宿舍成平行四边形。现部分保存原貌，并仿制新安装一门炮在炮台上，现对外开放。

白鹤岗炮台　位于长洲岛福聚坊十六巷后白鹤岗上。炮台三座，呈椭圆形。该炮台为长洲炮台的司令台，设有官厅，重修的门楼，新安装一门仿制德国克房伯工厂制造的洋炮，现对外开放。

长洲炮台之白鹤岗炮台

大坡地炮台　位于长洲水泥厂宿舍区内。炮台三座，曾被改为黄埔军校的营房、课室和训练场地。1926年3月以后，军校的学生大增，炮台用作临时课堂，原派往第一军服役的第三期学生，于当年4月回到军校，在大坡地炮台补习完成学业。军校曾在此炮台设置禁闭室，现炮台四周已筑围墙。

新西岗炮台　位于长洲岛新西岗上，为主阵地之一。该炮台所置洋炮俗称“风车炮”，炮身安在道轨上，可旋转发射，现炮位已毁，被土填平。

蝴蝶岗炮台　位于长洲岛蝴蝶岗上，炮台两座。旧有“蝴蝶岗炮台”横匾一块，为两广总督张树声亲题，已失。1925年底，黄埔军校在蝴蝶岗炮台附近的原清朝练兵场的遗址上（今黄埔造船厂技校至广州市第84中学一带），设立分教处，建筑简易瓦房，分住学生。1930年黄埔军校北迁南京后，曾将这里作为黄埔中正学校的校舍。现今校舍已不复存在，炮台亦废弃。

1999年7月，公布为广州市文物保护单位。

清末　万木草堂

位于越秀区中山四路长兴里3号。原为邱氏书室。建于清嘉庆九年（1804）。是省内邱氏子弟到省城应试的居住处。

建筑坐西朝东，为三间三进、两天井、硬山顶的祠堂式建筑。碌灰筒瓦，两边保留有部分灰塑，青砖墙石脚，砖木结构，面阔三间，深三进连后楼。原有左路建筑为子弟宿舍，后拆除。门额上刻有“邱氏书室”四字。中堂面阔三间，石檐柱，木金柱，前带两廊。后堂面阔三间，前带两廊。

万木草堂

1891年，中国近代资产阶级维新派代表人物康有为租借邱氏书室，创办万木草堂著述教课，撰写了《新学伪经考》《孔子改制考》等著作。学生梁启超、陈千秋、麦孟华、徐勤等，后成为戊戌变法的重要人物。

万木草堂是康有为传播维新变法思想的重要场所，在中国政治史、思想文化史、教育史上具有重要价值。

2019年10月，公布为全国重点文物保护单位。

清末　邓氏宗祠

位于海珠区龙涎里直街2号。始建于清道光十四年（1834）。原规模较小，后因邓世昌在中日甲午海战中壮烈牺牲，受清朝政府优抚，光绪二十年（1894）邓氏族人将其一部分抚恤金用于改建邓氏宗祠。为较典型的岭南广府地区祠堂建筑。

宗祠坐北朝南，广三路，中路三间两进，青云巷两侧为厢房。占地面积3500平方米，砖木结构，硬山顶，人字形封火山墙，灰塑博古正脊，碌灰筒瓦。头门面阔三间14.2米，进深两间10米，共十五架梁，前廊三步梁。天井面阔13米，进深约16米，两侧厢房进深约7.4米，卷棚顶。大堂面阔三间14.2米，进深三间14.1米，共十九架，前设四架轩廊，后四步梁，用三柱及后墙承重，两次间设隔扇。前院东西各有一门，石门额分别镌刻“燕翼”“贻谋”。四角角楼高两层，前院有照壁和门楼。后院植有凤眼果树一株，据传为邓世昌少年时手植。1994年邓世昌殉国100周年之际进行维修，辟为邓世昌纪念馆。

邓氏宗祠

2008年11月，公布为广东省文物保护单位。

清末　广东造币厂旧址

位于越秀区黄华路4号中共广东省委党校内。原称广东钱局。清光绪十三年（1887）由两广总督张之洞购地筹建，光绪十五年（1889）二月造币厂落成投产。辛亥革命广东光复后，其改为军政府广东造币厂。其在中国近代货币史上占有重要地位，是我国首家机制钱机构，首次用机器大量铸造银圆、首铸铜圆。

现存一座银库和小凉亭。银库坐南向北，面阔约18.4米，进深约8.8米，占地面积约为161平方米。高两层，外墙刷白色，墙体相当厚实，非常坚固。凉亭平面呈圆形，穹隆顶。五根柱子白底黑字刻有古代圣贤名言。

1993年8月，公布为广州市文物保护单位。

广东造币厂旧址

清末　双清楼

位于海珠区龙溪新街42号。

双清楼是一座三开间式民居，典型的河南大屋。建筑坐北朝南，面阔三间，进深三间，占地面积约400平方米，硬山顶，碌筒瓦屋面，内部结构多有改动。2022年修缮。

1897年10月，廖仲恺与何香凝结婚后，迁入该址居住，在窗前读书、赏月，取“人月双清”之意，故将该楼命名为“双清楼”。

2015年8月，公布为广州市文物保护单位。

双清楼

清末 惠爱医院旧址

位于荔湾区明心路36号。创建于清光绪二十四年（1898）。创办人嘉·约翰（Dr. J. G. Kerr，即约翰·克尔）是美国俄亥俄州的基督教长老会牧师，1854年来广州眼科医局行医和教学，1855年任博济医院院长。鉴于当时中国还没有专门治疗精神病人的医疗机构，1872年，嘉·约翰向广州医学传道会（Canton Medical Missionary Society）建议，建立一家精神病专科医院。他从博济医院退休后，经多年努力建成惠爱医院。1898年2月28日，惠爱医院正式开业。

医院原占地面积约11300平方米。现存建院初期的行政办公楼一幢，为两层砖混结构的券廊建筑，红砖砌筑。面阔21.3米，进深15米，占地面积约600平方米。券式柱廊设瓶式栏杆。

2002年7月，公布为广州市文物保护单位。

惠爱医院旧址

清末 刘氏家庙

位于天河区广州大道中1430-1号。建于清光绪二十六年（1900），后经战乱，几经兴废，1993年、2004年维修。

刘氏家庙坐北朝南，广三路，深两进。总面阔32.3米，总进深35.5米，占地面积1147平方米。整组建筑为砖木结构，清水青砖墙，花岗岩勒脚，硬山屋顶，灰塑博古脊灰，人字封火山墙。檐口为蓝色琉璃瓦当，施以动物、植物花纹，技法精湛细腻，雕花美观古朴。后堂有坤甸木后金柱两根，柱上篆刻刘永福撰写的楹联“策马从南越归来，构数椽用妥先灵，敢说声威留穗石；整旅入神京捍卫，把两字馈贻同姓，合存忠孝耀彭城”。落款“庚子孟秋永福谨志”。此联意为忠孝双全，光宗耀祖。左右衬祠由前厢房、廊庑、后厢房组成，为家庙的附属功能用房，供休憩、储藏之用。

刘永福（1837—1917），字渊亭，广东钦州（今属广西防城古森洞小峰乡）人。清末民初的民族英雄。原是反清的黑旗军将领，1883年率黑旗军参加中法战争，屡次大败法军。甲午战争期间，奉命赴台抗日，但最终失败。1895年5月25日台湾割让后，台湾民众公推刘永福为大将军。同年6月刘永福被公推为台湾民主国大总统，但他三拒总统印，以抗日盟主的身份继续领导台湾民众抗日。

2008年11月，公布为广东省文物保护单位。

刘氏家庙

清末 刘永福营盘碉堡遗址

刘永福营盘碉堡遗址

位于天河区五山街道五山路街381号。建于清末。遗址坐落在宝鸭岗上，此地原为晚清民族英雄刘永福驻军营地，民间流传为将军屯兵之遗垒。20世纪90年代重修。

碉堡为青砖灰砂砌筑，根据入口位置判断，该建筑坐东北向西南，圆形。高约5米，直径约5.6米，占地面积98.4平方米。碉堡内地面由灰砂铺砌，墙上有两层放檀条的洞眼，三层外宽内窄的枪眼，其中底层六个，中层、上层各四个，三层共十四个枪眼。顶上有四个半圆形瞭望台。墙面砖与砖间用灰砂粘接。枪眼、瞭望台用灰砂批荡。底层有一个门口，高1米，宽0.9米，门口有砖基高0.4米。

2009年7月，公布为天河区文物保护单位。

清末 新墟碉楼

位于天河区棠下村新圩东街3号对面。建于清末民初，一说建于1940年。

碉楼坐西北朝东南。平面呈四方形，面阔4.18米，进深4.25米，占地面积17.77平方米。青砖砌筑，平顶。高四层，一说高三层。总建筑面积53.26平方米，有木楼梯。每层都开有枪眼。最下一层正中开有一门，宽约1.5米。第四层有瞭望台和枪孔，正面的两个圆形瞭望口已用砖填封。中华人民共和国成立前用于棠下村防卫圩场安全，派有人员值夜把守。现已消失。

2009年7月，公布为天河区文物保护单位。

清末 石华书院

位于白云区江高镇石龙圩东大石岗村西社北街53号。始建于清光绪三十一年（1905），历有修缮。是当地大石岗村乡绅为村中弟子读书而建的书院。

书院坐东南朝西北，广三路深三进，砖木结构，仿岭南广府祠堂形制，占地面积约1300平方米。民国时期，石华书院曾作为番禺县县立一小校址，是附近多条村庄适龄儿童的学堂，抗战时期曾停办。抗战结束后，为让孩子重返书院上学，乡政府对书院进行了简单修缮，后加构件以容纳更多学童。石华书院历经近百年，20世纪80年代，一直作为当地校舍，直至石华小学新校舍在书院旁边落成。如今村民将石华书院开辟为村办幼儿园使用，以续书声。书院用材上乘、建筑恢宏且工艺精湛，是白云区现存面积最大、保存最好的书院。

2022年6月，公布为白云区文物保护单位。

石华书院

清末 中国同盟会广东番花分会旧址

位于花都区新华街道三华村集之徐公祠的后楼。

建筑为三间三进带后楼的清代祠堂，砖木结构。后楼前带天井，天井面阔11.62米，深4.04米。建筑总占地面积168.15平方米。后楼为镬耳封火山墙，灰塑博古正脊和垂脊，碌筒瓦面，青砖墙，室内采用红泥大阶砖铺地。楼高两层，第二层为木阁楼。

1905年，孙中山领导的中国同盟会在日本成立。1909年9月，三华村人徐维扬奉命随莫纪彭回花县建立中国同盟会番花分会，以集之徐公祠后楼阁为分会机关，制定入会志愿书和誓言词，进行革命宣传与组织活动。当地人加入同盟会者有三百多人，其中绝大多数为农民，推选了徐进坤、徐绣文为正副会长，徐植生为书记。1911年，番花分会组织花县敢死队参加广州“三二九”起义，牺牲十八人，占起义死难七十二烈士的四分之一。他们的遗骸葬于黄花岗七十二烈士墓。1936年，花县在城隍庙为十八烈士建立纪念碑。1920年，孙中山派张继到三华村，送来他的亲笔题词“毁家纾难，功在党国”。张继也题词“大风起兮云飞扬，威加海内兮归故乡”，现已不存。同盟会在农村建立分支组织，并发动农民参加革命，极为少见。

2002年7月，公布为广州市文物保护单位。

中国同盟会广东番花分会旧址

清末　广东咨议局旧址

位于越秀区陵园西路2号大院之二。始建于清宣统元年（1909）。

建筑是中西合璧仿古罗马议会式，坐北朝南。主楼建筑为前圆后方的两层砖混结构楼房，占地面积约1650平方米。门前有四级台阶，拾级而上为一弧形联拱式门廊，正中有四根仿科林斯式柱子，直顶天花，气势磅礴。上下两层的结构相同。正门入内是一个弧形的大厅，厅内立有八根大柱，空间开阔，内有弧形的回廊。大厅中央的天花为半球形，向外凸起，天花上开设有六扇窗以利光线透入。大厅的左右两侧均有耳房。

1909年，清政府实行预备立宪，在此建立广东咨议局。1911年11月，广东各界代表响应武昌起义，在此宣布脱离清政府独立。1921年5月，孙中山在此宣誓就任中华民国非常大总统。1925年11月，国民党中央党部由越秀南路惠州会馆迁到这里办公。国共两党许多革命活动家如毛泽东、林祖涵、谭平山、吴玉章、邓颖超、李富春以及宋庆龄、何香凝、谭延闿等，都曾在这里从事革命活动。

广东咨议局旧址

大革命时期，省港罢工委员会、广东妇女解放协会等经常在这里举行会议或举办培训班。1926年5月1日，第三次全国劳动大会和广东省第二次全省农民代表大会联合在此召开。1958年辟为广东革命历史博物馆。

2006年5月，公布为全国重点文物保护单位。

清末　东山浸信会旧址

位于越秀区寺贝通津9号。是广州市规模最大的基督教教堂，由美国传教士捐款兴建。清宣统元年（1909）建成。

教堂坐北朝南，占地面积3300平方米，为钢筋混凝土结构的美式建筑，由礼拜堂、副堂、主日堂等组成。水洗石米外墙。礼拜堂是信徒祈

东山浸信会旧址

祷、礼拜的地方。堂高两层，平面呈凸字形，内设有一千三百个座位的半中空两层大厅，彩色玻璃花窗。主日堂内部与礼拜堂相通。高三层，平面为正方形，外墙四面设四叶形窗。第三层为教堂的钟楼。

1999年7月，公布为广州市文物保护单位。

清末　波楼

位于海珠区洪德路洲头咀大街波楼大院3号。

鸦片战争后，粤海关由英国人掌权，英国人在此设粤海关办公点，并建一座西式楼房和一座钢架信号塔，为来往商船提供天气预报。信号塔建于1885年之前，位于大院东北角，原为木结构。1908年遭台风破坏，1910年在大院西南角重建为钢结构。塔占地面积约195平方米，上有测风设备，台风将至即挂风球（广州方言称球为“波”），故俗称“波台”。于塔上可望到白鹅潭一带船舶往来，故此地有“海天四望”之称。3号楼（即波楼）位于大院中部，建于1910年，为一字形混合结构楼房，占地面积约3857平方米，是当时珠江南岸边最壮观的建筑物之一。底层曾做验货厂，又曾为俱乐部，其余均为宿舍，供单身外籍船员居住。1915年海关验货工作全部移到西堤验货厂，该楼逐步改为关员宿舍。波楼对于研究粤海关历史以及广州地区的天文科学发展史具有较为重要的价值。

2002年7月，公布为广州市文物保护单位。

清末　“三·二九”起义指挥部旧址

位于越秀区越华路小东营5号。是清宣统三年（1911）广州“三二九”起义（又称黄花岗起义）时的指挥部所在地。

旧址为三进三间砖木结构民居，坐北向南，总面阔18米，总进深约24.5米，占地面积441平方米。硬山顶，碌灰筒瓦，青砖墙石脚，木趟栊及板门。明间与次间以砖墙相隔。后座还有一列平房。头门进深共九架；中座进深共十六架，前廊三架卷棚顶；后座进深共二十三架，前廊四架卷棚顶。

1911年1月底，黄兴受孙中山委托，为再次发动武装起义做准备，先后在广州建立了秘密机关三十多处，挑选了各地同盟会会员八百人为“选锋”，并选择距两广总督署（今广东省民政厅所

波楼

“三·二九”起义指挥部旧址

在地）较近的小东营5号作为指挥部。1911年4月27日（农历三月二十九日），黄兴率领“选锋”队，由此出发攻击两广总督署。经一夜激战，革命党人终因寡不敌众而失败，一百多名革命党人当场牺牲或被捕后就义。“三·二九”起义指挥部旧址是黄花岗起义的重要历史见证，是辛亥革命的重要纪念地。

1985年8月，公布为广东省文物保护单位。

清末　乌涌清官兵合葬墓

位于黄埔区红山街道牛山山腰。

墓由石牌坊、墓、后土碑组成。墓前花岗岩石牌坊，一间两柱冲天式，高3.8米，宽2.82米，石柱顶上刻蹲狮，坊额刻“圣旨”两字。墓为山手墓形制，花岗岩石筑，墓碑刻“湖南广东广西各标兵忠勇官兵之墓”。墓后有“本山后土之神”石碑一方。

乌涌（今名文冲）是狮子洋水道进入广州的重要关隘。鸦片战争前，林则徐在此修筑乌涌炮台等防御工事，以“备虎门有失，为第二重守御计”。1841年2月27日，英军攻陷横档后，继续向乌涌炮台进攻。当时，湖南总兵祥福率领九百多名湖南兵刚抵乌涌，即与广东兵七百多人一起应战，祥福和部分官兵英勇牺牲。战后，清政府在牛山山麓修建了祥镇军祠，又在祠后的牛山建此合葬墓，以奉祀牺牲的官兵。现祠已毁，只存《增建祥镇军祠添置祀田碑记》残碑一方，已移于广州博物馆。

1993年8月，公布为广州市文物保护单位。

乌涌清官兵合葬墓

清末　巴斯教徒墓地

位于黄埔区长洲街道黄埔造船厂内猪腰岗。是1847年清番禺县地方政府批准给对华贸易旅居广州的巴斯人的专门墓地。

巴斯教徒墓地

墓地现存墓葬十座，最早的一座葬于1847年，最晚的一座葬于1918年。按埋葬先后自北向南排列，间距2—3米，前临珠江。每座墓的地面部分用花岗石砌筑成石棺。墓顶刻英文及古遮拉特文（Gujarat），记述了死者的名字、宗教信仰及伊斯提泽德纪元（伊斯提泽德为伊朗萨珊王朝末代君主年号）。墓地还立有“番禺县正堂定界”石两方，“巴斯墓界”石两方，“西界石”和“东界石”各一方。

1847年4月，英国全权公使德惠师据1843年所签中英《虎门条约》、1847年所签《中瑞挪条约》，向两广总督耆英提出在黄埔租地，为巴斯教徒建一座坟场的要求，后选中长洲猪腰岗。因文化观念冲突，发生黄埔人反“筑围墙”运动，后以巴斯教徒在其坟场以竹篱代砖墙妥协而止。

琐罗亚斯德教（广州俗称“巴斯教”，又称“祆教”“拜火教”“波斯教”，流行于古代波斯和中亚诸国）是源于西亚地区的世界最古老宗教之一，南北朝时传入中国。7世纪中叶，阿拉伯大食国灭波斯，教徒多迁徙至印度孟买，被称为“巴斯”人。后有教徒辗转来到中国，多从事商贸活动。进入元代以后，史籍鲜有记载其活动。1983年该墓地被发现，为研究世界宗教史及广州和印度之间的经济文化交流提供了较为重要的实物资料。

2002年7月，公布为广州市文物保护单位。

清末 旧金山华侨千人墓

位于越秀区横枝岗路62号广州市胸科医院内。

墓为山手墓，宽7米，深13米，占地面积约100平方米。墓碑刻“旧金山故友四百五十七位 妇四百六十七位”，上款“光绪十三年丁亥仲秋运回粤”，下款“爱育善堂立石”。

广东人出洋谋生由来已久，旅美华侨若客死他乡，也要将遗骨运回故乡安葬，以示落叶归根。美国旧金山（今三藩市）华埠早期设有华侨坟场，但均为暂厝。清光绪十三年（1887），由华侨团体或慈善机构代为运送孤寡华侨的遗骨九百二十四具回乡安葬，由广州慈善机构爱育善堂主持合葬于广州横枝岗，俗称“华侨千人墓”。

1999年7月，公布为广州市文物保护单位。

旧金山华侨千人墓

清末 邓世昌衣冠冢

位于天河区中山大道220号。始建于清光绪二十年（1894）。原位于沙河天平架石鼓岭，1994年迁建于此。

墓坐北朝南，占地面积432平方米。墓前广场立邓世昌全身戎装塑像，基座上刻“民族英雄邓世昌”及其生平事迹。墓前左侧由人民政府立迁建邓世昌墓的石碑，右侧为光绪皇帝御赐祭祀文碑记。衣冠冢后还有三座一起迁建于此的邓氏家族墓。

邓世昌衣冠冢

邓世昌（1849—1894），原名永昌，字正卿，广东番禺龙导尾乡人（今属广州市海珠区）。清末爱国海军将领。1894年甲午海战中，身为北洋水师致远舰舰长，率全舰官兵与日军奋战，壮烈牺牲，谥壮节。同年冬，其家属为其建衣冠冢。

1989年12月，公布为广州市文物保护单位。

清末 许应鑅墓

位于天河区龙洞村。建于清光绪二十四年（1898）。

墓宽49.7米，深18.95米，占地面积941.82平方米。依山而建，山手墓形式，灰砂夯筑，由后土、护岭、垄环、享堂、挂榜、拜台、山手、月池、华表、旗杆夹、地界石组成。护岭和垄环的顶部雕刻祥云涌月图案。墓碑刻“皇清诰授荣禄大夫前护理浙江巡抚原任浙江布政使显祖考星台许府君封一品夫人显祖妣何太夫人合墓”。享堂内设拜桌，书“许府拜桌”。右侧挂榜刻清光绪二十八年（1902）俞樾撰、俞陛云书《清诰授荣禄大夫护理浙江巡抚浙江布政使许公墓碣铭》。左侧挂榜嵌三块花岗岩石墓碑：右起第一块墓碑已风化，字迹难以辨认；第二块墓碑刻“皇清诰封宜人许生母陈太宜人之墓”；第三块墓碑刻

“许母卢太夫人墓”。山手还镶嵌有石碑，碑文模糊，其中一块刻墓葬所在山形山势全图。右侧山手前方立有一小石柱，上刻“十二妹崇洁之墓”。墓前有石华表一对。旗杆夹石刻“咸丰癸丑科会试中式第十二名、殿试二甲、朝孝入选、钦点工部司主事许应鑅立石”。地界石刻 “许宅买受此山，计四契共横阔，七丈南深，长二十二丈，五尺北深，长二十三丈，五尺至竹园土基止，另护岭后一段深长三丈。横阔二丈三尺，许宜囗堂立”。

许应鑅，字昌元，一字星台，祖籍广东潮州澄海县（今汕头市澄海区）。历任江西临江、抚州、南昌府知府，广饶九南兵备道，河南按察使，署江苏布政使，浙江布政使，护理浙江巡抚等职。许应鑅共有子女二十六人、孙四十七人、曾孙二十九人。其中不乏出类拔萃者，如许崇清、许崇济、许广平等，均在中国近代史上具有重要影响。

2002年7月，公布为广州市文物保护单位。

许应鑅墓

清末　庚戌新军起义烈士墓

位于越秀区先烈中路85号浙江大厦正北侧。为纪念清宣统二年（1910）在广州新军起义中壮烈牺牲的新军而兴建。始建于1910年。

墓占地面积约1900平方米。墓圹为土堆圆丘形，墓前依地势建成三级平台。平台上是一方柱形水泥纪念碑，高约4米，正面刻 “广东陆军庚戌首义诸烈士墓”，背面原刻有起义事迹，现已

庚戌新军起义烈士墓

不存。

新军是晚清政府效仿西洋军队的新装备、新训练方法而建立起来的军队。宣统元年（1909）冬，孙中山领导的同盟会派遣会员倪映典、赵声等人在广州联络新军，于次年2月12日率领新军在驻地燕塘起义，与清军激战于牛王庙（今先烈路广州动物园附近）。倪映典与新军一百多人在战斗中壮烈牺牲。起义失败后，烈士遗骸丛葬于此。

1963年3月，公布为广州市文物保护单位。

清末　戴鸿慈墓

位于白云区白云山能仁寺后山三捷岭千尺蹬下方。

墓坐东北向西南，花岗岩石砌筑，山手墓。由“奉天诰命”碑、护岭、垄环、拜台、挂榜、山手、月池、台基组成。总宽6.2米，总深9米，占地面积55.8平方米。护岭和墓碑额均石雕祥云涌月。

戴鸿慈（1853—1910），字少怀，广东南海县人。清光绪二年（1876）进士，授翰林编修。历任刑部侍郎、户部侍郎、法部尚书、经筵讲官、参预政务大臣、礼部尚书、协办大学士、军机大臣、太子少保等职。晚清“出洋五大臣”之一，提倡新政，积极推行实业救国，为清末重臣。据《南海县志》载：“清朝二百余年来，吾粤由军机入相者，惟鸿慈一人。”

1993年8月，公布为广州市文物保护单位。

戴鸿慈墓

民国　粤海关旧址

位于荔湾区沿江西路29号。俗称“大钟楼”。为粤海关办公之地，由英国建筑师戴卫德·迪克依照欧洲古典建筑形式设计，华昌工程公司承建，1916年5月竣工。

建筑为钢筋混凝土结构，立面用花岗石砌筑，首层做台基形式处理，大门两侧以高大的双柱、倚柱承托山花和拱券，其余以巨型双柱通贯第二、第三层，第四层以罗马塔斯干柱环绕回廊。顶筑穹隆顶钟楼，钟楼四面各砌塔斯干双柱，置大型四面时钟，钟为1915年英国制造。粤海关是全国最早设立的海关之一。粤海关钟楼是目前全国仅有的三个旧海关钟楼中最古老的一个。

2006年5月，公布为全国重点文物保护单位。

粤海关旧址

民国　华峰寺藏经阁

位于黄埔区永和街禾丰社区华峰山。建于清康熙二十一年（1682），嘉庆、光绪和民国年间曾重修。

阁坐南向北，面阔一间，深一进，高三层，砖木结构，灰塑脊，人字山墙，碌灰筒瓦，花岗岩石砌筑墙，内外批灰砂。四面墙上各开四个小方窗，安装铁窗栅。大门朝北，门额石匾上刻“藏经阁”三字。抗日战争期间，华峰山成为游击区，日军进山扫荡时见海门禅院有抗日武装驻扎痕迹，于是将其付之一炬。如今仅有一间民国时期重建的藏经阁和三块石刻牌匾。建筑结构基本保存完整。

华峰寺藏经阁

2009年8月，公布为萝岗区文物保护单位。

民国　明心书院旧址

位于荔湾区明心路5号。始建于1912年。

建筑现存一幢楼房，高三层，面宽31米，进深17米，占地面积527平方米。砖混结构，正立面各层均为柱廊式并起券拱。平顶屋面设天台和女儿墙。外墙为红砖，装饰简洁。

明心书院旧址

清光绪十五年（1889），博济

医院美籍医师冯西，在院内收养瞽目幼女四人，送入医院附设的女子私塾读书，三年后因就读人数不断增加，于是在仁济街租房设立瞽目女子私塾，聘请巴陵会盲婴院赖玛女士任教员，教授盲文、音乐、编织等。1912年，在芳村建新校舍，将女子私塾改名为“明心书院”。初时只收女瞽童，后兼收男童，使失明儿童有入学的机会。抗日战争胜利后增办初中，解放前停办，解放后由政府接管，成为收容残疾人和失明人士的中心。

2002年7月，公布为广州市文物保护单位。

民国　冯如坠机处

位于天河区林和街。建于1988年，重修于2004年。

碑坐东南向西北。宽6.9米，深4.84米，占地面积33.4平方米。基座高0.65米，边长0.9米，正中镶有高0.6米、宽0.4米的粉红色大理石，上刻“中国始创飞行大家冯如于1912年8月25日在燕塘表演飞行，不幸坠机于此殒命，葬于黄花岗”。落款“沙河文博会立1988年8月”。基座上立一尖顶方柱，高约2米，上刻“冯如坠机处”。2004年天河区人民政府纪念碑旁建冯如花岗石全身像。石像高1.85米，立于白色基座之上，身穿飞行服，双手插于裤兜。下方基座正面镶有一块牌，上刻“中国航空之父冯如”。

冯如（1883—1912），号鼎三，广东恩平人。中国第一个飞机设计、制造师和飞行家。在美国开始自行研制飞机。1909年9月21日，其所制飞机在美国奥克兰市郊区试飞成功，从此揭开中国航空史的第一页。次年7月，冯如驾驶自己制造的飞机进行飞行表演并获成功，博得中外人士的赞赏。1911年2月，冯如谢绝了外国人的高薪聘请，将在美国创办的飞机制造公司迁至广州燕塘，致力发展祖国的航空事业。1912年8月25日，他在市郊燕塘作飞行表演时，不幸失事遇难。

2012年10月，公布为天河区文物保护单位。

冯如坠机处

民国　东平大押旧址

位于越秀区中山四路1号。建于民国初年。

现存建筑为当铺的仓库，坐北朝南，高四层半，青砖外墙，平面呈方形，占地面积约92平方米。建筑立面清水砖墙，四面开窗，窗口内大外小，便于防卫观察。第四层建单坡屋顶，第五层建双坡屋顶，单坡顶东、西、南三面被高高的女儿墙遮蔽，双坡顶东、西、北三面用女儿墙遮蔽，使该楼外立面更像碉堡状。东、西、北立面顶部饰有“省长署前”“邓祥安造”字样。

2021年3月，公布为广州市文物保护单位。

东平大押旧址

民国　南安市旧址

位于黄埔区穗东街南石市社区南安正街。又名“南石市”。建于民国元年（1912）。

南安市为南北走向，其建筑物大多为青砖灰

南安市旧址之主街

瓦平房，布局规整，现仍保存四十多间旧商铺建筑。其北端入市街头原有书法家湛敬堂题写的石额“南安市”，南端接南湾涌，曾有麻石码头，供出海渔船停靠和鱼货交易之用。南安市是民国初期黄埔一带的水产品集散地，伴随着近代航运业的发展，其时水产交易规模日渐扩大，体现了民国初期该地水产市场的实际状况，该墟市对研究民国初期农村墟市商业发展有一定价值。该址至今仍有存原来状貌，并保留重修后的民初建筑数栋，部分房屋空置，部分有人居住。

1994年6月，公布为黄埔区文物保护单位。

民国　卫国尧故居

位于海珠区沥滘村东街七巷6号。

建筑为三间两廊式民居，砖木结构，硬山顶，碌灰筒瓦，青砖墙。占地面积147.3平方米。

卫国尧（1913—1944），沥滘村人。1934年高中毕业后东渡日本留学，毕业于东京政法大学政治经济系。曾参加郭沫若举办的专题讲座，读过马克思、列宁的著作，又翻译了冈山万之助的著作《历史的唯物论》。抗日战争爆发后，卫国尧在武汉国民党中央军委政治部第三厅任少校参谋，从事抗日宣传工作，1938年5月加入中国共产党，1940年4月被党组织安排到珠江三角洲参加敌后游击队，在中山县九区挺进第三纵队第一支队工作，逐步在广州近邻和沥滘建立秘密据点。卫国尧回到村中，与号称“十老虎”的村中恶霸周旋。1944年卫国尧趁“十老虎”清明扫墓的机会，与游击队二支队一举擒拿其中最为凶恶的“八虎”。后被任命为游击队二支队第一大队队长。后因汉奸告密，在番禺塔沙岗与日军遭遇，英勇战斗，不幸牺牲。

1993年8月，公布为广州市文物保护单位。

卫国尧故居

民国　粤字第一号水准原点及石碑

位于越秀区中山三路东皋大道19号大院9栋二单元门前。包括水准原点石柱一个、石碑一块、原点竖井、广东陆军测量局旧址围墙的局部。

水准原点于1908年由清两广督练公所测绘处设置，作为广东水准原点。民国二十六年（1937），当时的参谋本部陆地测量总局派人在距离原点约26米处另外埋设一等水准标石，编号为测量总局粤第一号一等水准点。民国四年（1915）的珠江三角洲水准施测，民国初的广东省治河事宜处的水利测绘，中华人民共和国成立后广州市城建部门、航运系统及珠江水利工程总局均以该原点为基础进行适合性修订，以满足水准高程的各种使用需求。1956年因建筑施工倾倒。1965年广东测绘管理处对该历史文物进行了修复，并恢复与保存了原水准原点（粤字第一号）及原粤第一号一等水准点［粤字第一号（一）］。

水准原点石柱高35厘米，宽20厘米，东、北、南面分别刻“粤字一号”“永久保存”“国家财产”字样。石碑刻文记载水准原点设置的时间、设置机构、重建时间等重要内容。

二十世纪五六十年代，广东一直使用此原点延伸的水准网。后来全国联网“平差”，改以黄河基面为准，但此原点在相当长一段时间里，对广东的水准网仍起着重要作用。

2015年7月，公布为广州市文物保护单位。

粤字第一号水准原点及石碑

民国　广州大元帅府旧址

位于海珠区东沙街18号。原为清末官办广东士敏土（水泥）厂。孙中山在广州建立革命政权时，先后于民国六年（1917）、民国十二年（1923），将这里作为大元帅府。

旧址坐南朝北，由门楼、南北两座主体大楼及东、西广场组成。两座大楼为三层券西式建筑，砖木混合结构，金字架灰脊瓦面。柱身饰线脚，拱券多线条叠涩而出，设券心石，各层副阶周匝，混合结构，金字架碌筒瓦屋面，花岗石基，米黄色抹灰外立面，百叶窗。北楼长38米，宽17米，占地面积646平方米。每层楼的四周均有3米宽的走廊，南北两面拱廊。每层楼的正中为楼梯上落间，木板楼级直通三楼，楼下室内为大方阶砖铺地，二、三楼地面全部用木板。南楼略小，长26米，宽23米，占地面积598平方米。

民国六年，孙中山南下护法，9月10日在该处宣誓就职中华民国护法军政府大元帅，设元帅府，至民国七年（1918）5月21日因护法主张受阻而离开。1923年4月3日，孙中山在驱逐叛军陈炯明后重返广州，在此设陆海军大元帅府，至1924年11月13日离粤进京。孙中山的多次重大政治、军事活动，都曾在此决策。孙中山逝世后，大元帅府旧址先后曾办过国父纪念馆和中山文化教育馆西南分馆。现为孙中山大元帅府旧址纪念馆。

1996年11月，公布为全国重点文物保护单位。

民国　杨匏安旧居

位于越秀区越华路116号越华大院内。

杨匏安旧居，原名“杨家祠”，又名“泗儒书室”，本为珠海香山县杨氏家族在省城设立的宗族祠，亦是杨氏子弟到广州读书的邸舍。原为三间两进的祠堂，现仅存前座，硬山顶，碌灰筒瓦，青砖墙。

广州大元帅府旧址

杨匏安旧居

1918年，杨匏安举家迁居广州，住在杨家祠，开始在广州宣传马克思主义，与李大钊并称“南杨北李”。杨家祠成为大革命时期广州共产党组织活动的重要场所。2008—2009年修缮后，辟为杨匏安旧居陈列馆。

2019年4月，公布为广东省文物保护单位。

民国　塔影楼

位于荔湾区沿江西路36号。建于民国八年（1919）。1919年，陈少白出资购下联兴码头，并在码头旁（今沿江西路）建一楼宇，作为事务所及家居，取名为“塔影楼”。

楼坐南朝北，钢筋混凝土结构，高四层，中西合璧式楼房。建筑平面呈梯形，东狭西宽，最大面宽12.88米，最大进深9.52米，占地面积91.8平方米。外墙洗水石米批荡。大门旁立两根西式大柱。顶层为四檐滴水塔楼，筒瓦屋面造型独特，仿歇山顶，丁字脊。塔楼西面有烟囱。顶层所在的天台向四周外挑，使天台视野开阔。

陈少白（1869—1934），原名闻韶，号夔石，广东新会（今江门市新会区）人。1890年入读香港雅丽医院附设西医学堂，与孙中山成为同学，并与志趣相投的杨鹤龄、尢烈同被称为反清“四大寇”。1895年加入兴中会，此后一直追随孙中山积极从事革命活动。1897年赴台湾设立兴中会台北分会。1900年，奉孙中山命回香港办《中国日报》宣传革命，还成立了“采南歌”“振天声”“振天声白话剧”等剧社。遗作有《兴中会革命史要》《兴中会革命史别录》等文献。

塔影楼

2015年8月，公布为广州市文物保护单位。

民国　李福林庄园中心区住宅建筑

位于海珠区广州大道南933号。建于民国十年（1921）。

庄园由门楼、主楼、耕仔楼、水榭、钓鱼台等组成，主体占地面积约13334平方米，当地俗称其为“二十亩”。建筑群四面环水，若一小岛，占地面积约1200平方米。主楼位于岛心，西式建筑风格，高四层，设拱券形窗户。顶层四角有挑出墙外约1米的角堡，四周及楼底部有枪眼。主楼两旁沿湖建有曲尺形的耕仔楼，高两层，为工人、护卫人员居室。庄园内遍植果树。

李福林庄园中心区住宅建筑

李福林（1874—1952），字登同，广州番禺县大塘乡（今海珠区大塘乡）人。绿林出身的国民党军人，早年跟随孙中山加入同盟会，率民军参加辛亥革命，一直盘踞于广州河南。1924年9月任广州市市长、国民革命军第五军军长，抗战前离开军界。1952年病逝于香港。

1999年7月，公布为广州市文物保护单位。

民国　第一公园旧址

位于越秀区连新路8号人民公园。

园址从元代至清均为历朝官衙所在地。公园总占地面积4.46万平方米，由广州著名建筑师杨锡宗采用意大利图案式庭园布局进行设计，总体呈方形对称，植栽结合了广州地域特色。现址保留有当时的大门、音乐亭、喷水池、石鼓、石狮等。民国十年（1921）建成为向公众开放的公园，广州市市长孙科在开幕式上发表演讲，将其命名为“第一公园”。

1924年1月，孙中山在此主持悼念列宁的大会。3月8日，广州市妇女两千多人在此召开纪念“三八”国际劳动妇女节大会，以何香凝为主席，其为中国妇女纪念“三八”节日的开端。10月10日，周恩来以民族解放协会代表的名义，在此参加了双十节纪念活动，并发表重要讲话。1927年广州起义时，此处是重要的战斗地点。第一公园是广州历史最早的综合性公园，也是中国人民反帝反封建斗争的重要见证。

2021年3月，公布为广州市文物保护单位。

第一公园旧址

民国　中国劳动组合书记部南方分部旧址

位于越秀区解放中路玉华坊玉华中约1号。民国时期建筑。

建筑高三层，砖木结构，平面布局呈“凹”字形。二楼正面设阳台，木栏杆。楼顶前部为天台，后部为金字架瓦顶。每层面积为48平方米，现仅存外貌。

1921年中国共产党成立后，为了加强对工人运动的领导，中共中央在上海成立了中国劳动组合书记部，作为领导工人运动的公开合法机关。8月，中国劳动组合书记部南方分部在此处成立。谭平山、冯菊坡先后兼任南方分部主任，阮啸仙、刘尔崧、周其鉴等也积极参加该部的活动。分部成立后，集中力量在工人中开展宣传教育，改组旧工会，建立新工会，领导工人运动，同时受中国劳动组合书记部委托为第一次全国劳动大会在广州召开做筹备工作。9月，南方分部在该部二楼设立“爱群通讯社”，出版《星期报》，以联络工人，指导工人进行斗争。10月，发动一百零九个工会，通电拥护中国劳动组合书记部提出的《劳动法大纲》以及在全国掀起的“劳动立法运动”，要求政府立即颁布执行，还积极沟通南北劳工运动，为交流工人运动经验做努力。随着工人运动的发展，广东工会联合会成立。1923年2月，中国劳动组合书记部南方分部和该部出版的《星期报》同时宣告结束，另办《劳动周报》。从此，广东工人运动又揭开了新的一页。

中国劳动组合书记部南方分部旧址

2008年12月，公布为广州市文物保护单位。

民国　广东省立宣讲员养成所遗址

位于越秀区素波巷30号广州市第十中学内。又称“小红楼”。1921年8月，广东革命政府在此开办“广东省立宣讲员养成所”，以共产党员为办学骨干，由陈公博任所长，谭植棠任教务主

广东省立宣讲员养成所遗址

任，谭平山、谭天度等任教员。学员主要来自省内学生、社会青年和工人，培养了一批革命干部。该处又是中共广东党组织和团组织的重要活动地方。1928年开办兴华中学时，将该房屋拆除重建。

2021年3月，公布为广州市文物保护单位。

民国　第一次全国劳动大会旧址

位于海珠区滨江西路230号。民国初期建筑。

建筑为西式混凝土结构三层楼房，坐南向北，面阔25米，深16米。大楼中座平列三间，左右对称，肩楼突出1米。立面中央为两根科林斯式柱，自底座贯至四楼天台。天台周围设女墙，中托半圆齿轮状拱饰，中塑五角星。天台肩楼各加上盖，女墙开窗。二、三楼主楼带护栏，内为走廊。肩楼各开三个并排对掩。顶层与首层各出飘檐0.5米，相连围镶全楼。各楼层均对外开窗采光。大楼于1920年建成，为广州机器工人和粤籍旅居东南亚的机器工人捐献兴建，故名“广东机器工会”（广州河南机器维修会）。

1922年5月1—6日，第一次全国劳动大会在此召开，参会代表一百七十三名，代表全国十二个城市的一百一十个工会、三十四万有组织的工人。大会通过了《第一次全国劳动大会宣言》，号召全国工人反对帝国主义和封建军阀。大会还通过了影响深远的《八小时工作制案》《罢工援助案》等决议。大会一致承认中国共产党为中国

第一次全国劳动大会旧址

工人运动的领导者。

第一次全国劳动大会旧址为具有重要历史意义的红色史迹，也是保存较好的有代表性的民国建筑之一。

2022年7月，公布为广东省文物保护单位。

民国　叶剑英商议讨逆旧址

位于越秀区西湖路小马站15号（曾家祠）。原名崇圣公祠。

叶剑英商议讨逆旧址

建筑原深三进，现只余后座，面阔三间23.55米，进深9.9米，占地面积约233平方米。砖木结构，硬山顶，人字形山墙，碌灰筒瓦，青砖墙，花岗岩石脚。“文化大革命”期间，房管部门在祠堂内增建阁楼，改变了室内原状，但瓦顶和外墙尚保存原貌。

1921年底，孙中山举行北伐，组织海军陆战队，任命叶剑英为该队营长，随孙中山转战桂林、韶关。1922年6月16日，陈炯明公开叛变，叶剑英率领海军陆战队与叛军作战，因寡不敌众而失败。为组合力量与叛军作战，叶剑英与云南讲武堂同学张国森、梁国材等十余人在曾家祠秘密商议讨伐陈炯明大计，并草拟《致海外各埠同学》《致海外华侨各团体》等电文，送香港发表，声讨陈炯明。

2002年7月，公布为广州市文物保护单位。

民国 协和堂

位于荔湾区西增路18号广州协和学校内。为民国时期广州私立女子师范学校校址之一。

协和堂面宽13.04米，进深25.8米，占地面积314.8平方米。砖混结构，歇山顶，绿琉璃瓦，外墙红砖砌筑。高二层，前、后门以内走廊相连。前门廊建歇山顶琉璃瓦屋面。

广州协和学校前身是私立协和女子师范学校，1922年由美国基督教长老会开办。1935年因国民政府禁止私立师范教育，改为私立协和女中。抗战期间迁往台山、澳门，1947年迁回原址。1953年与广州粤秀师范、省一师合并为广州市师范学校，校址包括现址及广州市第五十五中学、广州市第三十中学，后更名为广州市第一师范学校。“文化大革命”期间，先后迁到从化县（今从化区）吕田镇和广州市瘦狗岭原华侨补习学校旧址。1977年，迁回现址，复名广州市师范学校，后改名广州协和学校。

2015年8月，公布为广州市文物保护单位。

协和堂

民国 潘文治故居

位于天河区珠村东乔大街42号。建于民国十一年（1922）。

建筑为中西合璧建筑风格的两层砖木结构楼房。总面阔12.18米，总进深12.77米，占地面积155.54平方米。首层为两进一天井。大门额上悬挂王光英书“潘文治将军故居”黑色木匾。有两个圆形玻璃观察口。屋顶均为硬山顶。该建筑形制、结构糅合了中西建筑风格。

潘文治（1882—1949），1910年留学英国，早年加入中华革命党，追随孙中山革命。曾任豫楚舰舰长、大元帅府大本营咨议、海军中将等职。

2009年7月，公布为天河区文物保护单位。

潘文治故居

民国 何与斗故居

位于番禺区沙湾镇北村鹤鸣巷3号。何与斗、何乾裕父子是20世纪初经营谷米业的著名商人，于20年代初建成该宅，土地改革期间被划归公产，六七十年代成为“沙湾公社毛泽东思想宣传站”（后为沙湾镇广播站）的办公场所，至1996年搬出，归还给房主旅居香港的后人。数年后，

何与斗故居

其后人因两地奔波难于管理，将该宅捐回给镇内相关部门维护和使用。

建筑坐西南向东北，总面阔8.9米，进深18.4米，占地面积约163.76平方米，为砖木结构的二层洋楼。外有砖砌的围墙，形成一个水泥铺地的小院，左侧开门。建筑主体为青砖墙，花岗岩基础。首层临街的一面开三扇窗户，大门设于右侧。内部为三室一厅，后侧带一小院，设厨房间。大厅后侧有木梯通往二层。二层结构与一层相仿，再上为楼顶天台。天台四周建水泥围栏，正面中间有山花装饰，具有明显的中西结合风格。

2021年3月，公布为番禺区文物保护单位。

民国 棠荫楼

位于增城区新塘镇瓜岭村旧村区。

建筑坐西向东稍偏北，面阔进深均一间，边长5.85米，楼高四层14.5米，占地面积34.22平方米。楼的四面墙上设有窄长形射击孔。顶层东面墙上塑有“棠荫楼”三字。四角处各有一分立的柱状外飘堡自棱外跳挂出，直达三楼后收分为尖锥状，十分独特。楼内首层有水井，其余各层设有炮台和土制铁炮。混凝土楼梯设在楼的后部，攀梯可直上楼顶。

据传，1919年秋，瓜岭村逢匪劫，村民被掳三十六名，洗劫白银八万两。因村内侨眷甚多，土匪的洗劫激起了侨胞的义愤。为保家振乡，遂由黄田惠、黄焕森等人牵头在海外筹款修建“棠荫楼”，“棠荫”之取名亦出此意。

棠荫楼

2023年1月，公布为增城区文物保护单位。

民国 中国共产党第三次全国代表大会会址

位于越秀区恤孤院路3号。1923年6月12—20日，中国共产党在此召开第三次全国代表大会。出席大会代表至少四十人，代表全国四百二十名党员。大会通过了《关于国民运动及国民党问题的议决案》等文件，决定共产党员以个人名义加入国民党，建立革命统一战线，促进了第一次国共合作的迅速形成和国民革命运动发展。

这里原是一幢两层砖木结构金字瓦顶的房子，坐西向东，门临大街，北面是“逵园”。抗战时期，会址被日机炸毁。1965—1972年，通过专项调查，最终确认其所在地为恤孤院路3号。2006年经考古勘探发掘，确定会址建筑的部分基址。后在会址西侧新建中共三大会址纪念馆。2021年，纪念馆实施改扩建，规模比之前扩大了两倍。

春园 位于越秀区新河浦路22号、24号、26号。1923年4月，中共三大召开前，中共中央机关迁到春园。建筑建于民国年间，坐北向南，是三幢并列同一式样的3层洋房，楼高13.5米，每层深14.1米，宽9.5米。四周有围墙，高2米。围墙门口向南，安装两扇铁门，门楣上写着“春园”两字。院内有水井。建筑物现基本保存完整，24号后部的八角房和小平房是20世纪40年代加建。

逵园 位于越秀区恤孤院路9号。美国华侨马灼文于1922年所建。坐北朝南。仿西洋式的三层楼，有前后花园，外设围墙。面阔12米，进深19.2米，占地面积230平方米。砖、混凝土结构，红砖外墙，铁窗花，屋顶设天台及女儿墙。正面一楼、二楼设爱奥尼柱式门廊。二楼顶山花上有灰塑“1922”字样。平面布局对称，东侧有突出的拱券式门廊，现仍保持原貌，改动不大。据三大代表回忆，由于当时参会的许多代表是外地人，对广州并不熟悉，所以逵园的“1922”字样，成为他们寻找会议地点的主要标识。2006年对三大会址进行考古发掘时，亦是通过逵园的方位，判定会址建筑的位置。

简园　位于越秀区新河浦培正路13号。坐北朝南，楼高三层，面阔17.5米，进深11米，占地面积约192平方米，钢筋混凝土结构，布局对称。一楼中部有仿希腊柱式拱券的门楼，长3.1米，宽3米，门楼上端是飘出的阳台，外墙涂刷米黄色粒状灰砂，出檐处施几何纹饰。大门侧有“简园”二字。据三大代表回忆，中共三大会议期间，毛泽东曾在休会时到简园拜访时任大元帅大本营建设部部长的谭延闿，争取他支持国共合作。

2013年3月，公布为全国重点文物保护单位（包括春园、逵园和简园）。

中国共产党第三次全国代表大会会址

民国　国民党“一大”旧址

位于越秀区文明路215号。原广东高等师范学校钟楼底层的礼堂。始建于清光绪三十一年（1905）。

旧址总面积300多平方米。钟楼大院前面有个宽阔的广场，占地面积17460平方米，广场中间是一片大草坪，东西两端各有一个大讲台，周围绿树成荫。正门是开拱形圆柱廊，廊上有平台，廊下是门厅。底层四周是柱廊走道。钟楼的前半部为两层，后半部为一层。

1924年1月20—30日，孙中山在此召开中国国民党第一次全国代表大会，重新解释三民主义，实行“联俄、联共、扶助农工”三大政策。共产党人李大钊、林伯渠、毛泽东等参加。大会的召开，标志着第一次国共合作的实现和反帝反封建革命统一战线的真正形成。旧址前面的革命广场，是大革命时期革命群众集会活动重要场所之一。

1988年1月，公布为全国重点文物保护单位。

国民党“一大”旧址

民国　中央银行旧址

位于越秀区沿江中路193号。

建筑坐北朝南，总面阔52.6米，总进深26.56米，占地面积1098.5平方米。大楼高两层，钢筋混凝土结构。正中大厅的外墙由花岗岩石构筑，门口两侧置两只西式风格的石狮。步上石台阶可进入营业大厅，大厅上空是椭圆形的透光藻井，大厅二楼设跑马廊，廊上下各施爱奥尼柱。外墙刷水洗石米，墙面饰以椭圆形图案，楼顶是低矮的女儿墙。

原为1914年开设的中国银行广州分行行址，民国十三年（1924），孙中山于此亲手创办中央银行。1927年南京设国民政府后，在上海增设中

中央银行旧址

央银行。广州的中央银行遂于1929年改称“广东中央银行”，1932年又改称“广东省银行”。

2002年7月，公布为广东省文物保护单位。

民国 黄埔军校旧址

位于黄埔区长洲街道军校路。1924年，孙中山在苏联和中国共产党帮助下创办黄埔军校（初名陆军军官学校）。

学校由孙中山任总理，蒋介石任校长，廖仲恺任党代表，下设政治、教授等部。1924年6月16日，黄埔军校开学。中国共产党十分重视黄埔军校的工作，从各地选派了党、团员和革命青年到军校学习，培养了一大批军事人才。第一期学生中有蒋先云、陈赓、左权、徐向前等共产党员和青年团员五六十人，约占学生总数的十分之一。在教职员中也有不少共产党员，如金佛庄、茅延桢、严凤仪、徐成章等。1924年11月，周恩来出任黄埔军校政治部主任，开始建立政治部的正常工作秩序和工作制度，并加强对军校学生的政治教育。黄埔军校的最大特点是把政治教育提升到和军事训练同等重要的地位，注重培养学生的爱国思想和革命精神，这是它同一切旧式军校不同的根本地方。共产党人恽代英、萧楚女、熊雄、聂荣臻等后来也到军校担任政治教官和各级领导工作。至1930年，军校在此共办七期，其间还在燕塘等地设立分校，培养了大批军政干部。

黄埔军校旧址包括校本部、孙中山先生故居、俱乐部、孙总理纪念碑、东征阵亡烈士墓、燕塘分校旧址等。抗战时期，校本部被日机炸毁，1996年按“原位、原面貌、原尺度”重建。

1988年1月，公布为全国重点文物保护单位。

民国 孙总理纪念碑

位于黄埔区长洲街道梅园社区军校路170号内。1928年10月11日奠基，由黄埔军校师生捐资建造，1930年9月26日举行落成典礼。

孙总理纪念碑

碑高4.3米，其中孙中山铜像高2.6米，座高0.15米，空心，重逾1吨。此像是日本友人梅屋庄吉捐资铸造，1930年5月22日运抵黄埔军校。纪念碑四面均有阴刻铭文，正面为隶书“孙总理纪念碑”，背面篆书《总理像赞》：

先生之道，天下为公。先生之志，世界大同。三民建国，允执厥中。况在吾校，化

黄埔军校旧址

被春风。江河不废，终古朝宗。

西面楷书是孙中山于1924年6月16日在黄埔军校开学时的训词：

三民主义，吾党所宗，以建民国，以进大同。咨尔多士，为民前锋，夙夜匪懈，主义是从。矢勤矢勇，必信必忠，一心一德，贯彻始终。

东面是孙中山的临终遗训：

和平奋斗救中国

纪念碑设计独具匠心，由碑、平台和东西两条登山小路，构成孙文的“文”字，平台下面镶嵌黄埔军校校训“亲爱精诚”四个大字。碑下为中山公园，建有音乐亭。

民国　东征阵亡烈士墓

位于黄埔区长洲街道黄船社区思亭路5号。建于1926年。是纪念黄埔军校师生在1925年两次东征中光荣牺牲的516位烈士的墓园。

墓园占地面积约5万平方米，由纪念坊、墓道、墓冢、碑亭和纪功坊组成。坐南向北，面临珠江，后枕万松岭，依山而建，气势雄伟，有“小黄花岗”之称。纪念坊矗立在珠江边，高约10米，宽约47米，用长方形花岗石砌成，三个大石拱门，中门较大。坊上两面石额篆刻贴金“东征阵亡烈士纪念坊”，为黄埔军校校长蒋介石题书。顶上为棕色琉璃瓦，庄严美观。墓道用花岗石板铺成。墓冢成正方形，高1.85米，长、宽各约31米，面积约1000平方米，周边绕以铁栏杆，正中建一方形花岗石碑亭，高约3.4米，亭中石碑隶书“东江阵亡烈士墓”七个大字。墓冢前有一座水磨石米的长方形大拜桌。纪功坊在墓冢后，为花岗石砌成的凯旋门式建筑，高约10米，宽约14.3米，坊上横额刻“东江阵亡烈士纪功坊”，上款“民国十五年八月”，下款“张人杰敬题”。坊内中厅两边石壁镶嵌有《国民革命军军官学校东征阵亡将士纪念碑》《陆军中将刘君墓碑》《国民革命军军官学校东征阵亡将士题名碑》和《东征阵亡烈士墓重修碑记》等文。纪功坊后面为军校学生墓群。墓东侧为蔡光举烈士墓，西侧为黄埔军校出身的国民党少将十七人的合葬墓。

1924—1925年，黄埔军校师生先后参加了平定商团叛乱，两次东征，讨伐军阀陈炯明，平定滇桂杨希闵、刘震寰军阀叛乱，“六二三”沙基反帝示威游行，屡建奇勋，对统一广东，巩固广东革命根据地作出了重大贡献。1925年12月，军校在万松岭修建大型墓园，安葬各次战役中为国捐躯的师生。1926年，校长蒋介石主持墓园落成典礼。

1988年1月，公布为全国重点文物保护单位。

东征阵亡烈士墓

民国　黄埔军校燕塘分校旧址

位于天河区禺东西路38号。清宣统三年（1911），广东新军驻守此处，后广东飞行器公司在此修建机场。1924年，黄埔军校成立，利用原新军燕塘营地设分校。

现存旧址建筑始建于1924年，钢筋混凝土结构，坐北朝南，二层方形楼房。1925—1929年，黄埔第四、五、六期部分学生在该楼临时集中训练，第七期全部六百多名学生在此上学。1926年9月3日，第六届农民运动讲习所所长毛泽东在此给军校学生做报告。

2019年10月，并入全国重点文物保护单位黄埔军校旧址。

黄埔军校燕塘分校旧址

民国　黄埔军校同学会旧址

位于越秀区沿江中路239号。建于1924年。原为陆军军官学校筹备委员会所在地。黄埔军校正式成立后，筹委会宣告结束，此处改为黄埔军校驻省办事处。黄埔军校同学会成立后，会址曾设在此。中国青年军人联合会亦曾在此办公。廖仲恺、李济深、王柏龄、邓演达、叶剑英等曾在此办公，蒋介石在军校期间亦曾在此工作。

黄埔军校同学会旧址

建筑楼高三层，面阔24.3米，进深约28.8米，占地面积约700平方米。建筑立面及屋面形式均极富变化：门窗有方形、拱形、三角形等；中间及右侧楼顶为人字形坡屋面，左侧屋面则为平顶。楼内厅堂空间开阔，天花、立柱造型优美大气。当年陆军军官学校筹备委员会设在一楼大堂，二楼为教授、训练、管理、军需、军医五部临时办公以及筹委住宿之地，三楼为会议厅和接待室。

有观点认为，该建筑应为“黄埔海军同学会旧址”，待考。

1987年7月，公布为广州市文物保护单位。

民国　中国共产党广东区执行委员会旧址

位于越秀区文明路194号、196号、198号、200号。

建筑为四幢三层骑楼建筑，砖木结构，木楼板，坐南向北，内部有门相通。每幢宽4米，深12.8米，二、三楼为区委办公场所。现为中共广东区委旧址纪念馆。

中国共产党广东区执行委员会是中共最早建立的地方区委之一，设组织、宣传、工人、农民、妇女等部，1924年10月，从法国归来的周恩来任区委委员长一职。次年2月，陈延年接任，称书记。中国共产党广东区执行委员会创设的军事部和监察委员会开党的军事工作和纪检工作先河，也是大革命时期辖区最大、党员最多的区委，为发展党员、推动国共合作，开展工农运动作出了重要贡献。

2019年10月，公布为全国重点文物保护单位。

中国共产党广东区执行委员会旧址

民国　广州市郊一区农会旧址

位于荔湾区中市南街6号谢家祠内。

谢家祠建于清代。面阔三间11.4米，深三进37.9米，占地面积432.06平方米。砖木结构，硬山顶，龙船脊，碌灰筒瓦，青砖石脚。

1924年，市郊一区农民协会正式在谢家祠成立，同时还成立农民自卫军，与封建势力、军阀、地主、民团、土匪斗争。1925年，市郊一区农民协会参加省港大罢工，支持和声援罢工工人。1927广州起义爆发，市郊一区农民协会被编为广州工人赤卫队第六联队参加起义，攻打交通枢纽石围塘，胜利后配合第二团攻打佛山。起义失败后，农军还担负掩护主力部队撤退的任务。该旧址是广州农民运动的发源地。

2008年12月，公布为广州市文物保护单位。

广州市郊一区农会旧址

民国　花县第一届农会旧址

位于花都区花东镇九湖村的王氏大宗祠。王氏大宗祠，俗称“显承堂”。始建于明代，于清道光三年（1823）、1990年重修。

旧址坐北朝南，广三路，深三进，总面阔26米，总进深44米，建筑占地面积1144平方米。中路主体建筑面阔三间，深三进，砖木结构，硬山顶，人字封火山墙，灰塑博古脊，碌灰筒瓦，青砖石脚。灰塑、砖雕、石雕、壁画、木雕等广府传统建筑装饰构件栩栩如生，工艺精美。

民国十二年（1923），中共广东区委派彭湃、阮啸仙等到花县指导农民运动，开展宣传发

花县第一届农会旧址

动工作。1924年10月19日，花县农民协会在王氏大宗祠正式宣布成立，并在此召开花县第一届农民代表大会，选出王福三为花县第一届农民协会执行委员会副执行委员长（正执行委员长暂缺）兼任第二区农民协会执行委员长。大会通过了实行“二五”减租和组织农民自卫军两项决定，并制定了会员须知和农会章程。该旧址是广州地区重要的近现代革命史迹之一。

2002年7月，公布为广州市文物保护单位。

民国　珠村农民协会旧址

位于天河区珠村东桥大街56号。原为潘姓的公事厅。建于清末，现为民居。

建筑坐东朝西。两进一天井，通宽6.4米，通深12.8米，占地面积82平方米。硬山顶，龙船正脊，碌筒瓦面。人字脊封火山墙，清水砖墙，花岗岩墙裙。凹斗门，中间偏左处开大门。大门上方墙上有壁画。天井两边有走廊。

珠村农民协会旧址

1924年12月，珠村农民协会在此成立，潘文治、潘苑添被选为正、副执行委员长。翌年6月，领导珠村农民参与平定刘、杨叛乱等斗争。

2012年10月，公布为天河区文物保护单位。

民国　越南青年政治训练班旧址、越南青年革命同志会旧址

位于越秀区文明路248号、250号。是大革命时期越南革命者胡志明（后为越南社会主义共和国主席）领导越南革命运动的地方。

建筑建于20世纪20年代初。坐南朝北，为两幢砖木结构的骑楼式建筑，共三层。面阔15米，进深9米，占地面积约135平方米。红砖墙，屋顶设山花及女儿墙。三楼前半部是金字架瓦顶，后半部有气楼和两个平天台，在二楼、三楼临街处有内阳台，里面有中门相通，两幢连成整体。东、南、西三面紧靠民房，北面临街。

1924年11月，胡志明从莫斯科来到广州，公开身份是苏联顾问鲍罗廷的翻译。胡志明曾租用该建筑二、三层从事革命活动。1925年6月，改组“心心社”为越南青年革命同志会（越南共产党的前身），并开办越南青年政治训练班，培养革命干部，为建立越南共产党做思想上和组织上的准备。东边一幢的三楼有一厅两房，是胡志明与工作人员工作和休息的地方。西边的一幢三楼是越南青年训练班的课堂和宿舍。

越南青年政治训练班旧址、越南青年革命同志会旧址

2008年11月，公布为广东省文物保护单位。

民国　颐养园旧址

位于越秀区大通路28号广东省二沙体育训练中心内。建于20世纪20年代，由广州著名药商梁培基与当时的知名人士集资四十万银圆兴建留医医院，仿北京颐和园，取颐养天年之意，取名“颐养园”。

颐养园旧址

颐养园占地面积约2万平方米，包括九栋民国时期建筑和一栋门楼。静廼寿楼作为主要园林建筑。梁培基出资兴建的“江滨一屋”，与陈可钰将军的可庐、岭南派著名画家高奇峰的天风楼，号称“三家村”。园内遍植花草树木，环境优雅清静，易于保卫。孙中山曾到此视察，蒋介石曾携家人在可庐居住，20世纪20年代初期，二沙岛成为军政要人会晤之所。二十世纪三四十年代，陈济棠、张文英、余汉谋、白崇禧、李宗仁、黄绍竑等国民党要人常来此居住。当时书画界知名人士常聚集在天风楼吟诗、写字、作画，并组成“清游会”。陈树人、高剑父、高奇峰、商承祚、邓尔雅等名人在此留下不少墨迹。解放前，颐养园作为肺病疗养院，并开办护士学校。解放后，人民政府接管，改为银行培训班，后又改为银行疗养院，1956年改为“广东省体委体工队”，后改为“广东省体育运动技术学院”。

2002年7月，公布为广州市文物保护单位。

民国　中华全国总工会旧址

位于越秀区越秀南路89号。原为惠州会馆。建于民国时期。

建筑周边有围墙，中间有一圆拱形大门和雕花铁栏栅门扇。由大门进入前院，为一座两层带地下室的砖木结构西式洋房，坐西朝东，宽约27.8米，长约21.5米，总高约11米，建筑占地面积约600平方米，会馆占地面积1746平方米。首层及二层外立面刷黄色涂料，东南立面为柱廊式。地下半层高约2.2米，为清水红砖外墙，花岗岩石脚，墙体角位嵌花岗岩，有拱形及圆形窗。门廊处有石台阶。大楼两侧有水泥木扶手楼梯通往二楼，二楼有花岗岩栏杆，楼顶山花上有浮雕装饰。大楼门廊左右两侧立有“廖仲恺先生牺牲处纪念碑”和“工农运动死难烈士纪念碑”各一座。“廖仲恺先生牺牲处纪念碑”碑身下大上小，尖顶，高4.7米；分两级碑座，从小到大，下面一级台基每边各长1.6米、高0.3米；正面镌刻叶剑英题“廖仲恺先生牺牲处纪念碑”，背面镶嵌原碑幸存的中国第三次劳动大会敬志的《廖先生纪念碑铭》。“工农运动死难烈士纪念碑”由花岗岩石砌成，下大上小，尖顶，高4.27米，分三级碑座；碑身正面阴刻“工农运动死难烈士纪念碑”，落款为“中国第三次劳动大会　广东第二次农民大会建”“中华民国十五年五月十二日立”；最高一级碑座正面阴刻“中国职工运动死难烈士碑记”和历次反帝反封建职工运动死难烈士一百二十七人名单；背面阴刻“广东农民运动死难烈士纪念碑”碑文和广东农民运动死难烈士二十七人名单。现为中华全国总工会旧址纪念馆。

1925年5月，在中国共产党领导下，第二次全国劳动大会在广州召开，成立了中国工人阶级全国统一的工会领导机关——中华全国总工会，制定和通过了中华全国总工会章程，设立执行委员会，以林伟民为委员长，刘少奇为副委员长，邓中夏为秘书长，由刘少奇主持日常工作。

1988年1月，公布为全国重点文物保护单位。

民国　广东省农民协会旧址

位于越秀区东皋大道礼兴街6号。

建筑坐北向南，是一座砖木结构连体楼房，前楼两层，后楼三层，彼此相通。前楼平面为“凸”字形，一、二楼前有走廊式阳台，中部为联立式柱，两边为方形柱。总进深24.3米，面阔31米，总高约10米，占地面积约770平方米。

1925年1月，农民运动讲习所从越秀南路惠州会馆迁到此地续办第三至五届。同年5月1日，广东省第一次农民代表大会在广州召开，成立广东省农民协会，办公室设于此址二楼。阮啸仙、彭湃、周其鉴等曾在此办公，指导各地农运开展。广东省农民协会是中共领导的全国第一个省级农会组织，也是大革命时期全国最大的农会组织，推动了农民运动的发展。1925年10月，毛泽东曾

中华全国总工会旧址

广东省农民协会旧址

在二楼东面房间办公、住宿，并在第五届农民运动讲习所讲授农民运动理论，撰写《中国农民中各阶级的分析及其对于革命的态度》。

2019年10月，公布为全国重点文物保护单位。

民国 省港罢工委员会旧址

位于越秀区东园横路3号。原地为“东园”，建于清宣统二年（1910），后开放为广州最早的游乐场。1922年5月5—10日，中国社会主义青年团第一次全国代表大会在东园的室外广场召开。1925年，为抗议帝国主义制造的上海“五卅”惨案，在中国共产党的领导下，爆发了世界工运史上时间最长的罢工——省港大罢工，并在东园设立省港大罢工指挥部。

东园内原有的建（构）筑物，仅剩下东园门楼、部分围墙和红楼前的水池。现存省港罢工委员会旧址建筑，因外墙刷红漆，俗称“红楼”，为1984年政府在原址上重建。旧址坐南向北，原为两层的砖木结构楼房，首层是罢工工人纠察队的礼堂，二楼为工人纠察队的模范队宿舍。旧址前原有一条小溪经过，现已不存，改为路面。

1978年7月，公布为广东省文物保护单位。

省港罢工委员会旧址

民国 文德楼

位于越秀区文德东路21—27号、文德楼1—6号。由五栋高三层的楼房围合而成，中间为中空天井。各栋楼房均为砖混结构，红砖墙。入口处为拱券式门楼。屋顶为平天台，筑女儿墙。

文德楼

1925年，中共广东区委租赁文德楼的部分房子给工作人员居住。周恩来、邓颖超住3号二楼，李富春、蔡畅住1号二楼，中山舰舰长李之龙等住4号二楼。3号二楼有一厅三室，深10米，宽4米，面积40平方米。客厅陈设简单，两张普通沙发，一张方形饭桌；居室用屏风间隔而成，周恩来、邓颖超住前室，除床和椅子、办公桌外，还有两箱衣服和两箱书籍。1926年周恩来、邓颖超随中共广东区委军委迁往万福路南华银行楼上。3月发生中山舰事件时，李之龙在文德楼被蒋介石拘捕。

1999年7月，公布为广州市文物保护单位。

民国 彭加木故居

位于白云区松洲街槎龙村天枢里10号。始建年代不详，2018年由村委会出资重修。

现存故居为清末民初建筑风格，砖木结构，由门廊、前后厅堂、书房、厨房、起居楼、天井、水井、后花园等组成，占

彭加木故居

地面积约170平方米。据当年留守故居的彭加木女仆讲述，建筑原名“翠园”，是彭加木父亲从他人手中购得，彭加木少年时代曾在此生活。中华人民共和国成立后，该故居曾被分割给村民。建筑现状保存完好，计划作为彭加木陈列馆场所使用。

彭加木（1925—1980），原名彭家睦，广东番禺（今白云区松洲街槎龙村）人，1947年毕业于南京国立中央大学，1953年加入中国共产党，1979年兼任中国科学院新疆分院副院长，于1980年在罗布泊考察时失踪。

2022年6月，公布为白云区文物保护单位。

民国　沙基惨案“毋忘此日”纪念碑

位于荔湾区沿江西路人民桥东侧。

碑为方锥形，上小下大。花岗石质地，碑正面刻“毋忘此日”“中华民国十四年六月二十三日”，落款“中华民国十五年六月二十三日广州市政府立”。

沙基惨案“毋忘此日”纪念碑

1925年6月23日，省港罢工工人，广州工、农、商、学、兵和黄埔军校学生共十万人，为抗议帝国主义在上海“五卅”惨案中的血腥屠杀，举行示威游行。游行队伍到达沙基时，沙面租界的英、法军队向游行群众开枪射击，制造了骇人听闻的“沙基惨案”。为纪念这一反帝斗争，1926年1月，广州市政府将沙基路定名为“六二三路”，并在沙面西桥东侧竖立纪念碑。该碑后来拆去。1950年，广州市人民政府于沙面东桥头立一座宏伟纪念碑，正面刻有“一九二五年六月二十三日沙基反对帝国主义斗争中牺牲的烈士们永垂不朽”，并署“一九五〇年十月一日立”。1967年，人民桥扩建，该碑被拆。2001年1月，广州市人民政府按1926年原碑样式复建纪念碑于现址。

1963年3月，公布为广州市文物保护单位。

民国　周恩来同志主持的中共两广区委军委旧址

位于越秀区万福路190号。建筑始建于1922年。为南华置业股份有限公司的产业。

1926年5月至1927年4月，中共广东区委军委租赁二楼作为办公室。周恩来、邓颖超、聂荣臻、黄锦辉、麻植、朱楷等人曾在此办公和居住。向警予、李富春、蔡畅常来此做客，胡公冕、宋希濂、陈恒乔等黄埔军校师生亦曾到此拜访周恩来。1926年秋，周恩来参加北伐以后，军委由黄锦辉负责。1927年四一五反革命政变前，军委撤离此处并改为秘密办公，一直坚持到大革命失败。

中共广东区委军委是中国共产党诞生后建立的第一个地方军事机构，是全党第一个军事委员会。周恩来同志曾在这里领导黄埔军校及国民革命军的共产党特别支部，并派遣共产党员到军校和军队工作，对中国共产党从事革命运动、领导革命斗争产生了重要的促进作用。

1979年12月，公布为广东省文物保护单位。

周恩来同志主持的中共两广区委军委旧址

广州农民运动讲习所旧址

民国 广州农民运动讲习所旧址

位于越秀区中山四路42号。第一次国共合作时期，为培养农民运动干部，创设农民运动讲习所。1926年5—9月，中国国民党第六届农民运动讲习所在番禺学宫举办，毛泽东任所长，彭湃、周恩来等任教员。

第六届农讲所用番禺学宫作所址，将大成门的左右两侧分别隔成教育部、值星室、庶务部。东耳房是毛泽东的办公室兼卧室，西耳房是图书室。大成殿是课堂；崇圣殿正间为膳堂，东间为军事训练部；前院的两庑和后院的两廊均是学员宿舍。农讲所现存中轴线上的建筑包括棂星门、泮池拱桥、大成门、大成殿、崇圣殿及东西廊庑，占地面积5425平方米。主体建筑大成殿规模较大，坐北朝南，占地面积约352平方米。单檐歇山顶，黄琉璃瓦，抬梁式木结构。现为毛泽东同志主办农民运动讲习所旧址纪念馆。

毛泽东给学员讲授“中国农民问题”“农村教育”“地理”等三门课程，并主编《农民问题丛刊》。学员三百二十七人，来自全国二十个省区。农民运动讲习所对促进中国革命运动发展起了重要作用。

1961年3月，公布为全国重点文物保护单位。

民国 仁兴街越南青年政治训练班旧址

位于越秀区东皋大道仁兴街5号、7号。

建筑楼高二层，砖木结构，木楼板，占地面积约117.8平方米。外立面为西式建筑风格，门楣、窗楣灰塑图案。

仁兴街越南青年政治训练班旧址

1924年11月，胡志明来到广州从事革命活动。1925年起在广州共举办三期越南青年政治训练班，每期学习三四个月。第一期学员十人；第二期十五人。1926年底举办第三期，学员增加到五十人，因原来的地方狭小，训练班迁到此处继续开办。

2015年7月，公布为广州市文物保护单位。

民国 仲恺农校旧址

位于海珠区纺织路东沙街24号仲恺农业工程学院。仲恺农工学校为第一次国共合作时期，由近代民主革命先驱何香凝等提议，为纪念伟大的爱国主义者廖仲恺先生爱护农工的意愿而创办的，1927年开始招生。何香凝任首任校长。旧址原为何香凝于民国十六年（1927）创办的仲恺农工学校办事处，落成于1928年。

建筑是一座砖木结构的二层楼房，占地面积704平方米。现辟为廖仲恺何香凝纪念馆。

仲恺农校旧址

廖仲恺何香凝纪念馆由时任国务院副总理王震同志提议，经中共中央书记处批准，由广东省人民政府设立。1982年8月30日正式开馆，叶剑英同志题写馆名。纪念馆正门向北，以八方柱顶托二楼露台作门廊。首层大厅置放廖仲恺、何香凝夫妇半身石膏塑像。

廖仲恺（1877—1925），原名恩煦，又名夷白，字仲恺，广东归善（今惠州市仲恺高新技术开发区）人。著名的近代民主革命家、伟大的爱国主义者、国民党左派领袖、中国共产党的挚友。1925年8月20日，在广州被国民党右派暗杀。

何香凝（1878—1972），原名谏，又名瑞谏，别号双清楼主，广东南海（今广州）人，生于香港。著名的国民党左派、妇女运动领袖，民革主要创始人之一，杰出的美术家。中华人民共和国成立后，曾任全国人大常委会副委员长、全国政协副主席、中央人民政府华侨事务委员会主任等职。

1982年10月，公布为广东省文物保护单位。

民国　白云楼鲁迅故居

位于越秀区白云路5—25号。建于1924年。

建筑为钢筋混凝土结构三层楼房，坐西北朝东南，立面呈西式风格。平面呈梯形，面阔约93米，进深约28米。西南和北面墙壁上原悬挂木刻“白云楼”横匾，后改为水泥，今已不存。曾用作邮政部门职工宿舍，在西墙第一道门上留有“邮局”字样。楼下西侧是走廊，面对东濠涌，螺旋式楼梯，可通二楼、三楼。鲁迅当时租住的是西段第一道门二楼的一厅三房。鲁迅和他的好友许寿裳各住一房，鲁迅房子的窗户正对马路。许广平和女工合住一房。会客厅在入门处，陈设简朴。

1927年1月，鲁迅南下广州，就任中山大学教务主任兼文学系主任。四一五反革命政变后，鲁迅辞去中山大学职务，在白云楼潜心写作。在蛰居白云楼的半年时间中，他编订了《朝花夕拾》《野草》等书，写下了《可恶罪》《小杂感》《略谈香港》等三十多篇富于战斗性的杂文、散文。

1979年12月，公布为广东省文物保护单位。

白云楼鲁迅故居

民国　广大路中共广州市委机关旧址

位于越秀区广大路广大二巷4号四楼。是大革命时期中共广州市委的第一个机关所在地。民国时期建筑。四楼是顶层，正立面两柱贯通三、四层，带阳台，瓶式栏杆。

民国十五年（1926），“中山舰事件”发生后，中共广东区委宣传部直接领导的国光书店经理黄国梁秘密租赁了这里的四楼。中共广东区委书记陈延年及穆青、任卓宣、赖学润和肖学文在此办公、居住。1927年四一二反革命政变后，4月17日，中共广东区委在此地召开紧急会议，决定成立中共广州市委，领导广州人民开展对敌斗争。4月22日，中共广州市委正式成立。市委机关就设在此。

2015年8月，公布为广州市文物保护单位。

广大路中共广州市委机关旧址

民国　南石头监狱遗址

位于海珠区南石头街道南石路28号。南石头监狱遗址所在地原为清代的镇南炮台。1913年，广东省城警察厅在炮台故址建立惩戒场，其后民国政府将此处改为监狱。1927年4月，国民党右派叛变革命实行“清党”时将大批共产党人及革命群众关押在此。后改名“惩教场”。在狱中的共产党员组织起来，成立了中共南石头特别支部，领导难友进行绝食等斗争。熊雄、萧楚女、刘尔崧、邓培、李森、何耀全、熊锐、陈复等大批共产党人被关押于此，英勇就义。抗战时期广州沦陷后，监狱被日伪当局改为难民收容所，造成大批难民饿死、病死。

南石头监狱遗址

2021—2022年进行考古发掘，发掘面积5000平方米，清理清代炮台和民国牢房基址。牢房基址平面呈“井”字形，东西长约94米，南北宽约71米，总面积约12900平方米。可确认监房132间，面积最大的10.4平方米，最小的4.3平方米。墙体以灰砂砖砌筑，砖长约23厘米，宽约11厘米，厚约7厘米，砖面有“YY”模印，残墙最高0.5米。此外，还出土了铁镣、玻璃药剂瓶等遗物。

南石头监狱遗址不仅是国民党关押、迫害、杀害共产党人和革命群众的罪证，更是彰显先辈们英勇斗争、反抗压迫革命精神的重要载体。

2022年7月，公布为广东省文物保护单位。

民国　广州公社旧址

位于越秀区起义路200号。包括门楼、苏维埃政府办公楼、工农红军指挥部、警卫连连部、拘留所等。

苏维埃政府办公楼坐东向西，占地面积约910平方米。平面呈“凹”字形，为混合结构的两层建筑，碌灰筒瓦，红砖墙涂成黄色。木框架玻璃门窗。楼下为起义总指挥张太雷的办公室、苏维埃政府会议室以及临时救护处。二楼南面是苏维埃政府委员和工人赤卫队负责人的办公室。北面是大会议室。苏维埃政府办公楼北面，有一幢坐北向南、混合结构的两层楼房，是当时的工农红军指挥部，占地面积约400平方米。苏维埃政府办公楼西南侧，为一幢坐南向北、混合结构的三层楼房，占地面积约207平方米，是警卫连的连部和军械杂物仓库。苏维埃政府办公楼东北角原有一幢两层混合结构建筑，占地面积约824平方米，为苏维埃政府扣押反动政权人员的拘留所。

旧址原为广州市公安局所在地。1927年12月11日，中共广东省委书记张太雷和周文雍、叶挺、聂荣臻、叶剑英等领导工人赤卫队、农民自卫军、教导团、警卫团举行起义，攻克广州市公安局，并在此建广州苏维埃政府和工农红军指挥部。1987年，依托旧址成立广州起义纪念馆。

1961年3月，公布为全国重点文物保护单位。

广州公社旧址

民国　广州起义部队宿营地（谢氏大宗祠）

位于白云区太和镇谢家庄村宝树路谢氏大宗祠内。祠堂始建于清乾隆二十五年（1760），于嘉庆二十五年（1820）、光绪十八年（1892）、2007年重修。

谢氏大宗祠坐东向西，广三路，深三进，为岭南广府祠堂形制，砖木瓦结构，占地面积约1100平方米，祠前建有广场及池塘。

1927年12月13日傍晚，参加广州起义的教导团官兵及工人赤卫队的部分战士自市区撤至花都，途经太和镇，分别于联升社学和谢氏大宗祠宿营休整一夜。抗战期间，谢氏大宗祠曾被侵华日军作为军需仓库使用，投降时日军将后堂烧毁。20世纪60年代作为小学校舍使用，现为村中老人活动场所及村民举办喜庆筵席的场所。

广州起义部队宿营地（谢氏大宗祠）

2022年6月，公布为白云区文物保护单位。

民国　柏园

位于越秀区恤孤院路12号。始建于20世纪20年代。该建筑有资料可查的最早门牌号为恤孤院街33号（西座）、35号（东座）。曾用作国立中央研究院历史语言研究所、大韩民国临时政府、国民政府交通部公路总局第三区公路工程管理局和中共中央华南分局交通部等机构的办公场所。

柏园

1928年7月，国立中央研究院历史语言研究所创立于文明路国立中山大学内，10月从中山大学迁入柏园。这是中国第一个国立考古学、历史学和语言学等现代人文学科的研究机构，曾聚集傅斯年、顾颉刚、杨振声、陈寅恪、赵元任等一批享誉世界的学者，在殷墟考古发掘、古文字、民俗学、方言调查、人类学、民族学等多个领域取得辉煌成绩，奠定了中国现代新学术发展的起点，并创办出版了第一本官办历史学、考古学和语言学学术期刊《国立中央研究院历史语言研究所集刊》。1929年6月5日，其迁至北平（今北京）北海静心斋。

柏园高三层，建筑南面中部为带有伊斯兰风格的拱券门廊，外墙为清水红砖墙。西座宽约14.44米，深约23.07米，一、二层建筑面积约 640平方米，平面为左右对称的砖混结构建筑，屋顶为平顶带女儿墙。采用砖墙承重（局部砖柱），现浇钢筋混凝土楼、屋面板结构。室内地面铺饰花阶砖，内墙面抹灰扫白。首层设置客厅、卧房、厨房、洗手间及杂物间等，正门前置爱奥尼克柱式门廊。二层大体同首层，有过厅连接卧房。各厅房均以线脚装饰天花板，各厅室有大量装饰拱券木门，后部有天井进行采光。西式栏杆、拱券等特色构件和工艺保存较好，是广州市体量较大的中西结合风格独立住宅。

2022年4月18日，广东省文物考古研究院启动对柏园的修缮保护工程，设置“此虽旧域 其命维新——国立中央研究院历史语言研究所在广州”主题展览。10月22日，柏园正式向公众开放。

2022年7月，公布为广东省文物保护单位，公布地址为越秀区恤孤院路12号西座1—2层。

民国 孔可权旧居

位于黄埔区联和街暹岗社区暹岗中街二巷1号。又名“可园”。建于1928年。

旧居坐北向南偏西。主体建筑为石脚红砖墙、砖混结构，杉木楼板，铺六角形阶砖地板，木楼梯，花窗，前面阳台、墙体多处地方置有防御用的枪眼。大门口门楼上镶嵌“可园”石匾，主楼前方为花园，西边建一厨房和一走廊，西边围墙开侧门向巷。整座建筑保存较好。

孔可权故居

孔可权（1891—1950），本名孔宪立，联和街暹岗村人。毕业于番禺八桂中学，1912年在禺东书院任教。1913年11月考入广东陆军速成军校工程科，1928年升入国民政府陆军步兵队三十四师任中校团副。1930年奉命改编二四五团，任团长。1936年调任一五五师四六三旅任旅长（少将）。1938年升任师长（中将），抵抗日军侵略，屡立战功。1940年1月调任六十五军任副军长。1941年春任韶关警备司令。抗日战争胜利后，母亲病故，回家守制，此间国民政府召之委以重任，遭婉拒。当时禺东械斗一触即发，将祸及禺东数十村庄，伤及无辜乡民，孔可权出面调停，及时化解了禺东械斗和当地村庄的水利纠纷。

2009年8月，公布为萝岗区文物保护单位。

民国 长洲黄埔军校史迹

位于黄埔区长洲街道黄船社区黄埔造船厂内、长洲社区长洲路至思亭路一带。包括黄埔公园内的牛膀山山脚、山腰两亭，中正楼遗址、望江亭、袖海亭，济深公园内的教思亭、花架、北伐纪念碑及长洲路东段路旁两门柱。

长洲黄埔军校史迹之北伐纪念碑

原黄埔公园为清光绪十九年（1893）两广总督李翰章裁撤黄埔船局归鱼雷局时修建。现存亭子四座，分别为牛膀山山脚一座、山腰一座、山顶望江亭一座以及在牛膀山山脚珠江边为纪念孙中山在1922年蒙难脱险而建造的袖海亭一座。在牛膀山山顶有一栋由国民党海军造船所于1947年建的双层洋楼，取名“中正楼”，为蒋介石南巡时到黄埔小住的官邸。该楼现已毁，仅存花阶砖地面，面积约80平方米。

济深公园是黄埔军校继中山公园、仲恺公园、中正公园之后兴建的第四座公园。1928年11月由黄埔军校总部命名并建立。原公园东连蝴蝶岗，西邻仲恺公园，占地约60亩。现仅存：东门石柱门楼的两根石柱，砌体结构，外表水刷石及拉毛式抹灰；教思亭，建于1929年，砖石结构，六角柱式凉亭，攒尖顶，高约9米。教思亭的东西两侧相距约100米的两个山岗上，各有一个钢筋混凝土结构的花架。

北伐纪念碑是1929年为缅怀北伐战争中阵亡烈士而建。高7.49米，砖砌石米批荡，分三级：第一级为方形碑座；第二级四面嵌连州青石碑，刻国民革命军军官学校学生北伐阵亡将校纪念碑文以及烈士芳名，分别由时任黄埔军校代理教务长的何遂和黄家谦书；第三级为碑身，攒尖顶，刻“国民革命军军官学校出身北伐阵亡将校纪念碑”“捐躯救国”“为民牺牲”“中华民国十八年二月敬立”。

2002年7月，公布为广州市文物保护单位。

民国　中共新塘支部和中共增城第一个县委成立遗址

位于增城区新塘镇新何村。建筑始建于清末民初。

建筑坐西北向东南，原是一座古色古香的祠堂——伍氏祠堂，现已不复存在，旧址现已建成民房。它是大革命时期增城第一个地方党组织和土地革命时期中共增城县委的诞生地。

伍来成（1899—1943），原是新塘火车站工人。大革命时期积极参加中共领导下的革命活动，1926年加入中国共产党组织，任新塘地区党支部（增城第一个中共党组织）书记，成立了近

中共新塘支部和中共增城第一个县委成立遗址

七百人的粤、港、澳同德工会新塘分会，筹集钱粮支援省港大罢工，支援国民政府北伐。1928年2月，中共增城县委成立，伍来成任县委书记，半年后，因白色恐怖，党组织被迫停止活动。他一度避走东莞等地秘密隐藏，坚守革命气节。1943年在东洲河面上用船渡抗日人士过河时，他被日军击伤不治牺牲。中华人民共和国成立后被追认为革命烈士。

1984年3月，公布为增城县文物保护单位。

民国　八泉亭

位于番禺区新造镇思贤村。民国十八年（1929）番禺县县长陈樾为纪念屈大均兴建。屈大均酷爱翁源山水，尤爱其中八泉，自号八泉翁，故此亭取名“八泉亭”。

八泉亭

八泉亭坐东北向西南。钢筋混凝土结构，攒尖顶，平面呈正方形。亭中立碑一座，上刻线描屈大均画像，右上角题篆书“屈翁山先生像”，左下侧刻楷书“摹叶南雪清代学者像传原本己巳十月博罗卢寰台山赵浩公绘”，画像下刻“八泉亭记”，原番禺县县长陈樾所撰并书，南海冯容孙刻。

1989年6月，公布为广东省文物保护单位。

民国　光复纪念亭

位于越秀区解放北路988号越秀公园内。始建于民国十八年（1929），后毁。民国三十七年（1948）在原址重建。

光复纪念亭

纪念亭平面呈方形，边长3.5米，高7米，四角攒尖顶，绿琉璃瓦面。垂带为原牌坊的抱鼓石。纪念亭四面嵌原牌坊上由胡汉民题的“光复纪念”、古应芬题的“脱离帝制”、杨西岩题的“实现共和”、摹刻民族英雄岳飞笔迹的“还我河山”石额。石额背面刻邓仲泽等人撰写的《建造光复纪念亭梗概》。

1911年，辛亥武昌起义后，广东于同年11月9日宣布脱离清廷（时称光复），成立广东军政府。但当时广州“库藏如洗，饷粮告匮”，参加广东军政府工作的广州旅港同胞代表李煜堂、杨西岩、邓仲泽等三十余人，组成侨港筹饷局，“先后募得三百余万元，接济军糈，籍屋清社，政府嘉之，为建光复牌坊于粤秀山”。

1989年12月，公布为广州市文物保护单位。

民国　广州市界碑

现位于原址的，仅有小洲碑等七处。原位于天河区东圃车陂十二社新冲口的车陂碑，现存于天河区博物馆。均立于民国十九年（1930）。

小洲碑　位于海珠区华洲街道小洲村。方尖形，花岗石制，高约1.8米，平面方形，底部边长约0.36米。碑身四面分别刻“广州市界”“以对河中心线段为界”“市区界石毁窃严究”“中华民国十九年立”。

沥滘碑　位于海珠区南洲街道沥滘村。花岗石方尖碑。碑高约1.8 米，底部边长约0.36米。碑身四面刻有楷书文字，分别为“广州市界”“中华民国十九年立”“以对河中心线为界”和“市区界石毁窃严究”。

南漖碑　位于荔湾区芳村东胜坊码头旁。花岗岩石制，方尖形，平面方形，底部边长约0.4米。界碑四面均刻文字，分别为“广州市界”“以对河中心线为界”“市区界石毁窃严究”“中华民国十九年竖”。20世纪90年代末，该处修建防洪堤坝，将界碑向前移动约10米。

石围塘碑　位于荔湾区洞企石路永宁街23号旁。花岗岩石制，呈方尖形。露出地面的碑身刻字，分别为“广州市界”“市区界石毁”字样。原置于花地河边，由于河道变窄，逐渐被填埋。

广州市界碑

上元岗碑　位于天河区上元岗村大街市界一巷1号。花岗石碑，方尖形，平面方形。碑身下段被混凝土路面所埋，露出地面的部分高0.9米，可见刻有“中华民国”“广州”字样。

同德围碑　位于白云区西槎路529号河涌东岸边（上步村）。花岗岩石质，方尖形，高1.66米，平面方形，底部边长0.38米。碑身四面分别刻“广州市界”“市区界石毁窃严究”“中华民国十九年立”等。

元下田碑　位于白云区元下田白云山五雷岭山路旁。花岗岩石质，方尖形，高1.66米，平面方形，底部边长0.38米。碑身四面分别刻“广州市界”“中华民国十九年立”“市区界石毁窃严究”等。

1930年12月10日，广州市土地局先后会同南海、番禺两县，派员竖立界石，当时广州新划定界址后的面积为53703平方市里（134.26平方千米）。广州市界碑是广州城市变迁与发展的重要实物见证。

2002年7月，公布为广州市文物保护单位。

民国　孙中山读书治事处纪念碑

位于越秀区解放北路988号越秀公园百步梯中段。建于1930年。为孙中山于1921年在广州就任非常大总统时，曾和宋庆龄居住过的“粤秀楼”遗址。

纪念碑坐北向南，碑身高约5.5米，碑脚2.28米，呈尖顶方柱形，台座宽6.2米，高0.76米，正面有五级台阶。钢筋混凝土构筑，水洗石米批荡。正面镌刻“孙先生读书治事处”，背面镶嵌高1米、宽0.6米的连州青石，上刻《抗逆卫士题名碑记》。碑记记载六十一名总统府卫士与陈炯明叛军浴血奋战之情形。1981年，碑上的“孙先生读书治事处”八个大字贴金翻新。

孙中山读书治事处纪念碑

2008年12月，公布为广州市文物保护单位。

民国　中山纪念碑

位于越秀区越秀公园观音山顶。1929年1月动工，1930年1月建成。

中山纪念碑

碑坐北朝南，高37米，由花岗岩石砌成。碑呈方锥形，下大上小，尖顶。碑身南正面镌刻《总理遗嘱》；碑座刻“中华民国十八年一月十五日孙中山先生纪念碑经始筹备建筑委员会李济深等立石”“建筑师吕彦直，承造人林佐”。碑座平台上四周筑有石栏杆，南正面有一圆拱门，碑内有斜坡式盘旋梯可达碑顶。

1926年，国民党第二次全国代表大会决定选址兴建中山纪念堂与中山纪念碑（决议称此碑为“接受总理遗嘱纪念碑”），前堂后碑。两者互为一体，形势天然。碑、堂的设计和施工均采用公开征稿及招标的办法，设计中奖者为吕彦直，纪念碑工程承包商为香港宏益公司。

2001年6月，公布为全国重点文物保护单位。

民国　中山纪念堂

位于越秀区东风中路295号。原为清代抚标箭道、督练公所。1921年5月，孙中山就任非常大总统，在此办公。1922年陈炯明部叛变，炮轰此地。为纪念孙中山先生，1931年10月，在总统府原址建成该纪念堂。抗战胜利后，驻广州地区的日本侵略军代表在这里签字投降。

中山纪念堂

建筑整体坐北朝南，包括门楼、纪念堂及东西附楼，总占地面积为6万平方米，是仿古的宫殿式建筑，由建筑师吕彦直和结构工程师李铿、冯宝龄设计。主体建筑呈八角形，占地面积1.2万平方米，是当时亚洲最大的会堂式建筑，也是全球最大的孙中山纪念堂。建筑采用钢架和钢筋混凝土结构，由中心高起的八角攒尖顶和前后左右四个重檐歇山抱厦建筑组成。屋顶铺青色琉璃瓦，瓦面分高低四层，层层飞檐出卷。檐下施彩绘水泥斗拱和额枋，外墙贴乳黄色面砖，墙裙为辽宁青石，香港花岗岩作须弥座台基和阶级。廊柱为红色水磨石米柱和红色隔扇。檐下悬孙中山手书“天下为公”横匾。大堂内空间广阔，无一柱遮挡视线，而由隐蔽在墙壁的八根柱子支撑巨大的钢桁架，承托起八角琉璃瓦顶，整座建筑庄严堂皇，富于艺术性和韵律美，是建筑艺术杰作。

2001年6月，公布为全国重点文物保护单位。

民国　千里驹旧居

位于荔湾区多宝路77号。

千里驹旧居

建筑为砖混结构三层楼房，建于民国时期。坐北朝南，平面呈方形，总面宽7.9米，总进深9米，总占地面积71.1平方米。正立面外墙石米批荡，简洁水平划线装饰，侧立面青砖砌筑，整栋房屋窗套、线脚装饰细致、精美。女儿墙灰塑“吾庐”二字，三楼带两个外挑小洋台。该楼房为著名粤剧表演艺术家千里驹始建并居住，颇具民国时期建筑风貌及特点。

千里驹（1888—1936），粤剧界一代宗师，原名区家驹，又名区仲吾，番禺县乌洲乡（今属广州市南沙区）人，世居广州西关，艺术精湛，被誉为“花旦王”“悲剧圣手”，戏德高尚，大胆扶掖后进，选拔人才，享誉艺坛。

2011年9月，公布为荔湾区文物保护单位。

民国　何少霞故居

位于番禺区沙湾镇北村车陂街惠岩巷7号。建于清末。

建筑为三间两廊式的传统广府民居。整体硬山顶，碌灰筒瓦，青砖墙，花岗岩石脚。明间为

何少霞故居

客厅，两次间为起居室。左侧次间设木楼梯上二层，为何少霞的卧室。现房间内陈列有何少霞留下的乐器、曲谱等重要文物。

何少霞（1894—1942），名振渠，字乾调，广州番禺沙湾北村人。广东音乐“沙湾何氏三杰”之一，精通广东音乐，熟弹琵琶、三弦等各种乐器。创作的乐曲有《春光好》《桃李争春》《将军试马》《夜沉沉》《白头吟》《游子悲秋》《一代艺人》等。

2015年8月，公布为广州市文物保护单位。

民国　何小静、何虹烈士故居

位于番禺区沙湾街北村骏兴巷5号。

建筑为三间两廊式的广府传统民居，砖木结构，青砖墙，总占地面积约200平方米。

何小静（1921—1942），女，早年毕业于沙湾明德小学，后就读于广州职业学校英文夜校。1938年任广州少年抗敌先锋队第一大队副大队长，同年10月加入中国共产党。1939年被派往国民党第七战区政工总队部，从事统一战线和抗日宣传工作。1941年皖南事变后被捕入狱，1942年3月被秘密杀害。

何虹（1927—1945），何小静胞妹。早年参加艺协剧团少年组，1938年参加抗日宣传工作，1943年加入中国共产党，1945年春参加东江纵队，抗战胜利前夕随东江纵队北上会师，被敌人跟踪搜捕，惨遭杀害。

2021年3月，公布为广州市文物保护单位。

何小静、何虹烈士故居

民国　古勷勤先生祠

位于越秀区仓边路56号后座。1931年为纪念辛亥革命元勋、国民党元老古应芬而建。

建筑坐东朝西，面阔约13米，进深约18米，占地面积约234平方米。

主楼高三层，红砖外墙，花岗岩石墙脚，西式风格，前面原有花园。首层正门设倚柱，柱头带涡卷。大门上方设石飘檐、石门框及飘檐雕刻的西式装饰纹样。正立面二层明间设走廊。第三层为天面，天面房平面呈“T”字形，天面中部筑房，屋面为坡屋顶。天面设红砖砌筑的烟囱，周边设女儿墙。建筑布局、用材考究，装饰较精美。

古勷勤先生祠

古应芬（1873—1931），字勷勤，亦作湘芹，广东番禺（今广州）人。辛亥革命元勋，国民党元老。早年留学日本，1905年加入中国同盟会，先后参与广州新军起义、黄花岗起义、辛亥广东光复之役、二次革命、“讨袁护国”、护法运动、东征、北伐等重大事件。1925年后，历任广东省财政厅厅长、中国国民党中央监察委员、南京国民政府财政部部长、文官长等职。1931年病逝。

2008年12月，公布为广州市文物保护单位。

民国　海员亭

位于越秀区解放北路988号越秀公园内。为纪念香港海员大罢工而建。

亭前有花岗岩石砌筑的三间四柱冲天式牌

坊。明间面阔6.21米，高约5米，坊额刻“海员亭”三个大字。两次间坊额刻文字记载建亭经过。穿过牌坊，沿石级往上，便是海员亭。亭高约6米，八根石米批荡的圆柱，重檐八角攒尖顶，绿色琉璃瓦。亭内地面绘中华海员工业联合总会会徽，蓝底白字黑色铁锚图案。

1922年1月12日，香港中华海员工业联合会在苏兆征、林伟民等领导下，为反抗香港英国资本家的压迫剥削，要求增加工资，举行大罢工。一万多罢工工人毅然返回广州，在西濠口设立罢工总办事处。海员在各界人士支持下，经过五十六天斗争取得了胜利。1931年，广东海员支部委员梁国英、黄玉成、罗贵生、冼禄等发起筹款，1933年海员亭建成。

1983年8月，公布为广州市文物保护单位。

海员亭

民国　“孙逸仙博士开始学医及革命运动策源地”纪念碑

位于越秀区沿江西路107号。

清道光十四年（1834），美国公理会传教士兼医生彼得·伯驾到广州开设眼科医院，后迁到此扩充为博济医院。清光绪十二年（1886），孙中山入该院附设的南华医学堂学习，并经常与好友讨论时事，发表爱国言论。1895年，孙中山领导的广州乙未起义未遂，陆皓东等革命党人被捕，孙中山在此避难。1935年11月，在楼前广场建“孙逸仙博士开始学医及革命运动策源地”纪念碑。碑高约5米，方柱体，占地面积约13平方米。平面呈方形，花岗岩材质，正面刻有“孙逸仙博士开始学医及革命运动策源地”。该文物包括纪念碑、门楼、南座、北座、教堂和潮音街1号建筑（原银行宿舍）。

2002年7月，公布为广州市文物保护单位。

“孙逸仙博士开始学医及革命运动策源地”纪念碑

民国　七星岗炮楼

位于从化区江埔街禾仓村。又名“张瑞贵楼”。国民党十二集团军六十三军军长张瑞贵所建。

1935年，张瑞贵在江埔禾仓村根竹园社七星岗一带开垦农场，征地建居，并将之名曰“大塘围”。为保卫农庄，在东西两侧各建一座碉楼。西座面阔6.05米，进深11米，占地面积40.9平方米，高三层9米；东座外有围墙，宽18.16米，进深15.9米，占地面积311平方米。两座均悬山顶，砖、石混合结构，各层四面墙上开枪眼数个。楼外建水泥高墙，楼下设防空洞，楼原架有木旋梯。东西楼形制相同。炮楼所在区域地面开阔坦荡，周围环境俯览无遗。

2001年12月，公布为从化市文物保护单位。

七星岗炮楼之西座

民国　蒋光鼐旧居

位于荔湾区龙津西路逢源北街87号。建于民国初期。

建筑坐南朝北，砖木结构，高三层，平面呈不规则形，总占地面积463.2平方米。青砖外墙，平屋顶设天台，宝瓶栏杆。立面窗楣饰灰塑。

蒋光鼐（1888—1967），字憬然，广东东莞人。杰出的爱国民主人士和政治活动家，功勋卓著的抗日名将，中国国民党革命委员会的领导人和创始人。1932年1月，率十九路军在上海英勇抗击日军侵略。1933年11月与李济深、陈铭枢、蔡廷锴等在福建成立抗日反蒋的“中华共和国人民革命政府”，并任财政部部长。1935年，联合原十九路军将领通电反蒋，主张联共抗日。抗日战争期间任国民党第七战区副司令长官。1946年在香港参与筹建民主促进会。中华人民共和国成立后，历任中央人民政府纺织工业部部长、中国人民政治协商会议全国委员会常务委员、中国国民党革命委员会中央常务委员等职。

1993年8月，公布为广州市文物保护单位。

蒋光鼐旧居

民国 中法韬美医院旧址

位于越秀区沿江西路151号广医一院内。由法国领事馆出资于清光绪二十九年（1903）兴建。

现存一栋旧建筑，面宽约12.4米，进深约20.7米，占地面积256.68平方米。高两层，南立面首层为骑楼，楼顶设三角形山花，塑“1903”。

抗日战争时期，中法韬美医院曾担负起救治难民的任务。法国派驻安南总督和法国驻华大使来穗均到此视察。汪精卫、江秉乾、谭学衡、林修梅等军政要员均曾在中法韬美医院住院治病。程璧光、邓铿、钮永建以及安南总督被刺后也是被送往该院急救。

2015年8月，公布为广州市文物保护单位。

中法韬美医院旧址

民国 燕岗桥碉堡

位于增城区中新镇坑贝村燕岗桥北面西福河西岸。建于1938年。

碉堡为钢筋混凝土结构，面积126平方米。高二层，西北角为圆柱状望楼，其余为方形的碉堡。上下均有排列整齐的广口枪眼，可以调整多种射击角度，火力控制范围广，异常坚固。碉堡外墙镶嵌一块水泥质纪年碑，刻“潮田部队施工，昭和十六年九月三十日竣工”。

该碉堡是日军入侵增城并在中新驻扎重兵后所建，地处西福河与广汕公路的交叉点，位置重要。1939年冬，我抗日游击队曾袭击该碉堡并毙

燕岗桥碉堡

敌多名。该碉堡是日本军国主义侵华战争的罪证之一。

2015年8月，公布为广州市文物保护单位。

民国　豸山碉堡

位于增城区荔城街沿江居委南面豸山顶。

碉堡整体呈不规则的六角形。最大宽度4米，最大深度3米，高2米，墙厚0.6米。青砖钢筋混凝土结构，堡门向东北，向外凸出1米。顶部呈品字形开三个透气天窗，前面梯形的三面墙上各开一个外“广口”射击孔。堡内空间宽敞，射击孔的下方各建一个长方形混凝土射击依托，可容纳8—12人，可贮藏弹药、粮食和食水，可以固守。该碉堡是用于扼守县城南部增江河及增滩公路等主要水陆交通要道的军事建筑，是日军侵华的历史见证。

2023年1月，公布为增城区文物保护单位。

豸山碉堡

民国　长湴村抗日先锋队旧址

位于天河区长湴村南大街5号。建于1938年，1993年重修。

旧址坐南朝北。三间三进，总面阔10.91米，总进深32.53米，占地面积354.9平方米。该屋原为梁氏宗祠，头门面阔三间，进深两间，硬山顶，石门额刻“梁氏公祠”。两侧廊为卷棚顶。中堂面阔三间，进深三间，硬山顶。两侧廊为卷棚顶。后堂面阔三间，进深三间，保存状况较差，梁柱有开裂，柱础风化破损，墙角受潮生苔，屋面杂草丛生，局部漏雨。

2009年7月，公布为天河区文物保护单位。

长湴村抗日先锋队旧址

民国　广东民众抗日自卫团增城县第三区常备队旧址

位于增城区仙村镇竹园村。

主体建筑是一座三间两进民宅，坐西朝东稍偏南，四间两进，总面阔14.3米，总进深13.1米，占地面积187.33平方米。头门九架出后廊，门为凹斗门，正面为水磨青砖墙，花岗岩石门框，左、右次间为暗房。天井左右为四架卷棚廊。后堂十一架前出四架轩廊，檐柱、金柱为红砂岩质。整座建筑用青砖砌墙，花岗岩石脚，封檐板和挑头上有简单的木雕。主体建筑

广东民众抗日自卫团增城县第三区常备队旧址

南面有面阔一间深两间的建筑，用作厨房和贮藏室。

1938年，阮海天、陆松亨、杜娟、徐文、杨步尧等抗日游击队领导人在此指挥作战，打击日寇。

2023年1月，公布为增城区文物保护单位。

民国　竹林中共增城县委旧址

位于增城区正果镇竹林村。包含竹林祠堂和竹林四角楼两处建筑。

竹林祠堂坐北向南稍偏西，五间三进，占地面积513.6平方米。悬山顶，平脊，阴阳瓦屋顶，青砖、土坯砖、灰砂、卵石混合砌墙，砖墙搁檩。下厅进深两间7.17米，凹斗门。中厅进深一间7.8米，明间为厅，次间、梢间建房。厅前为天井，左右为房，人字顶。上厅进深一间7.43米。

竹林村是抗战初期中共增城县委和中共增城龙门博罗中心县委机关所在地。1938年3月，广州党组织派遣王新民回增城开展工作。10月，王新民等人在正果竹林村发展了王世模等人参加中国共产党，并于竹林村四角楼王新民的家中建立中共竹林支部，隶属东莞中心县委领导。王新民以竹林支部党员为核心，建立了增城青年战地服务团，并在此基础上，成立东江华侨回乡服务团增城分团。1941年秋，国民党掀起第二次反共高潮，王新民等中共地下党员离开增城，竹林支部停止活动。该旧址整体保存较好。

2023年1月，公布为增城区保护文物单位。

竹林中共增城县委旧址

民国　日军侵华碉堡遗址

位于天河区渔沙坦村，是一座混凝土钢筋砌筑军用碉堡。

碉堡坐西北朝东南。由大小两个碉堡组成。占地面积20平方米。小碉堡近似长方形，残高1.9米，边长3.7米，直径2.7米，钢筋已被取去，顶盖已塌，只剩四面墙壁。大碉堡位于山崖边，呈不规则五边形，残高2.1米，边长4.8米，直径4米，墙厚0.22米，顶盖已塌，只剩五面墙壁和墙上的四个机枪口。两碉堡均为侵华日军所建，是抗日战争时期日军侵占广州的罪证。

2012年10月，公布为天河区文物保护单位。

日军侵华碉堡遗址

民国　蛇头山侵华日军驻地遗址

位于花都区花东镇洛柴岗社区蛇头山。建于民国二十九年（1940）。现留存着日军驻扎在此修建的碉堡和战壕。

民国二十七年（1938）底，日本侵略军占据花县。民国二十九年，日军在蛇头山建造了六座碉堡。最大的一座在山顶，地上两层，地下一层，周围还挖了一条800米长的战壕，驻扎一个排的兵力。日军强迫村民每家每户轮流挑水上山，还将该村大半土地划为军事范围，先后有五名村民因过界被打死，两人被打伤。日军还经常到山下抢东西，强暴妇女。民国三十三年（1944），花县游击队与日军交火，打伤两名日军，烧掉日军马棚。日军对村民进行变本加厉的迫害，借口村民私藏枪支，挨家挨户搜查，村民曾某被活活打死。

2017年1月，公布为花都区文物保护单位。

蛇头山侵华日军驻地遗址

民国　华岭村西社炮楼

位于花都区炭步镇华岭村西社。原为村口西社门楼。始建年代不详，清道光二十一年（1841）重建。民国四年（1915）改建为炮楼，2002年再次修缮。

炮楼坐东朝西，高三层，总面阔8.8米，进深5米，占地面积44平方米。炮楼前门石门额阴刻“西接长庚”，上款刻“道光二十一年春月”，下款刻“西社重建”。后门石额上阴刻“闾阎保障”。前后门额上均有灰塑图案，一层楼内墙嵌镶两方重修碑记。

民国二十八年（1939），日军以华岭村窝藏抗日军队为由，烧毁光禄大夫家庙及民房四十余间，将炮楼的梯屋顶拆毁，并杀死村民三十二人。炮楼外墙有电线铁码架和日军侵华时期留下的弹痕，是日军侵华和花县人民抗击日军的历史见证。

华岭村西社炮楼

2017年1月，公布为花都区文物保护单位。

民国　象岗岭侵华日军驻地遗址

位于花都区炭步镇文二村象岗岭。

山岭上有数百米长的战壕和一座碉堡。碉堡呈锥形，现存四个射击孔和一个门口。堡内墙体镶嵌一块砂砖，刻有年号文字为“昭和十〇年七月”，其余文字模糊不清。碉堡顶部有损毁，有一个射击孔和大门严重破坏。

2017年1月，公布为花都区文物保护单位。

象岗岭侵华日军驻地遗址

民国　粤军第一师诸先烈纪念碑

位于天河区银河村燕岭路144号。

纪念碑为钢筋混凝土结构，外砌花岗岩石，呈方锥形，高约38米。碑分两部分：下部一至三层是基座，宽15.2米，深12.9米，四周建有气窗；上部四至九层是碑身，第四层边长各6米，逐层有收分。碑身正面镌刻青天白日国民党党徽和“粤军第一师诸先烈纪念碑”十一个大字，落款“中华民国二十八年九月”。纪念碑首层设大门，内设旋梯可上顶层。

1917年孙中山南下护法，虽有海军方面支持，然本身并无基本武装力量，实际上受桂系势力掣肘。1918年，孙中山决定以原省防军20营约五千人为基础成立粤军，以陈炯明为总司令，邓仲元为参谋长。成立后的粤军即进军援闽，1920

年回粤，克复广州，驱走桂系军阀。孙中山任命陈炯明为广东省省长兼粤军总司令，并把粤军扩充为五个军，队伍两万人，邓仲元仍任总司令部参谋长兼第一军第一师师长。第一师成立后，即参加讨桂战役，在粤北小北江击溃桂系残部。1922年邓仲元遇刺后，由梁鸿凯任第一师师长。陈炯明叛变时，第一师为其整编。1923年1月当西路讨贼军讨伐陈炯明时，第一师在西江前线起义。后第一师参加第一次东征，协助李宗仁、黄绍竑统一广西，平定杨（希闵）、刘（震寰）叛乱。1925年国民革命军成立，以粤军第一师为基础，扩编为国民革命军第四军，参加了第二次东征、南讨、北伐诸役，屡立战功。牛眠岗一带原为粤军第一师及扩编后第四军的阵亡将士坟场，后将粤军第一师在战争中牺牲的将士安葬于此。“文化大革命”期间，坟场被毁，只余此纪念碑。1986年，广州市人民政府重修该碑。

粤军第一师诸先烈纪念碑

2022年7月，公布为广东省文物保护单位。

民国　抗战时期日军细菌试验遗址

位于越秀区中山二路74号中山大学北校区内。建于民国时期。1939年，侵华日军的四支细菌战部队之一代号波字第8604部队以此作为疟疾研究室、动物室及大本营本部。

建筑坐北朝南，高两层半，花岗岩石筑半地下室，红砖外墙。面阔三间49.6米，进深31.2米，占地面积为1548平方米。正立面以仿爱奥尼式巨柱贯通第一、第二层形成柱廊。现学校内部分旧桌椅上仍留有“波字8604部队”的字样，生物生理教研室的木椅有“保长室”字样及标注日文的玻璃柜。该遗址是侵华日军在中国犯下罪行的重要证据。

1996年11月，公布为广州市文物保护单位。

抗战时期日军细菌试验遗址

民国　黄沙氹坳抗日烈士纪念亭

位于增城区正果镇白面石村。1939年由王雁门等为纪念在打响“华南抗日第一枪”战斗中牺牲的烈士而建。

纪念亭坐北向南稍偏西，是一间宽4.2米，深7米的长方形单间砖木结构平房建筑，占地面积29.4平方米。硬山顶，人字山墙，灰塑脊，碌灰筒瓦，共十五桁砖墙搁檩。正面为敞开式，两山墙前端左右各设一门通外。后墙正中镶嵌一方碑石，上横刻“黄沙氹坳抗日烈士纪念亭”。正中竖刻“独立二十旅阵亡烈士永垂不朽”。左右刻一联，联曰“黄种图存群英抗日；沙场战死烈士流芳”。上款刻“原王雁门等人一九三九年筹资建”。下款刻“增城市人民政府一九九八年重

黄沙氹坳抗日烈士纪念亭

修”。在纪念堂内右山墙上镶嵌一方“白面石抗日阻击战纪事碑”。

1984年3月，公布为增城县文物保护单位。

民国　缸瓦窑惨案遗址

位于增城区中新镇大安村缸瓦窑村。

1939年秋，日军占领官塘村，四处搜刮抢掠。农历十二月二日晚，数名日军窜到缸瓦窑村搜刮民财。村民陈善林开枪打死一名日军。翌日上午，日军将缸瓦窑村全体村民押到村前一丘田里集中，并用机枪扫射，烧毁房屋一百一十多座，杀害村民一百二十八人，全村仅有三人幸免于难。

1985年6月，公布为增城县文物保护单位。

缸瓦窑惨案遗址

民国　中共从化县第一个党支部成立会议旧址

位于从化区温泉镇河西竹庄3号楼。是中共从化县第一个党支部成立会议旧址。

民国二十五年（1936），林群兴在该处建竹庄别墅。高两层，坐北向南，屋顶铺绿色琉璃瓦，外墙喷砂，是一座混凝土式近代建筑。民1939年4月，邓澄心、黄翰明、骆翠琼三人与后来入党的谢秉培成立了从化第一个党小组。中共从湿区工委派梁尚立来从化，在温泉竹庄三号楼主持会议，于1939年11月成立从化第一个党支部，大会选举邓澄心为支部书记，时全县共有党员十三人。现别墅被作旅馆之用。

1995年6月，公布为从化市文物保护单位。

中共从化县第一个党支部成立会议旧址

民国　广游二支队独立一中队队部旧址

位于番禺区沙湾镇涌边村陈氏宗祠。陈氏宗祠始建于清同治九年（1870），为传统的广府祠堂建筑。

旧址坐西北向东南，三间两进，总面阔17.65米，总进深28.89米，占地面积509.91平方米。硬山顶，碌灰筒瓦，人字封火山墙，灰塑博古脊，青砖石脚。祠前立四对旗杆夹石。后堂上悬挂六块清代御赐功名匾。

1938年11月，广州沦陷后，成立了以吴勤为司令员的广州市区游击第二队（简称“广游二支队”），在珠江三角洲开展抗日武装活动。1940年9月，成立了以中共党员为骨干的广游二支队第一中队，中队队长林锵云，指导员黄柳言。中队

广游二支队独立一中队队部旧址

部就设在陈氏宗祠内，并以此为据点，开展敌后斗争。

2002年7月，公布为广州市文物保护单位。

民国　中共增龙博中心县委旧址

位于增城区正果镇白面石村。原建筑物已被敌人烧毁，中华人民共和国成立后地方政府重建，现建筑为2005年再次重建。

旧址为客家四合院式布局，砖、木、石结构平房建筑。坐西朝东稍偏南，由门厅、客厅和两横屋组成，总面阔14.1米，总进深14.5米，占地面积204.45平方米。

中共增龙博中心县委旧址

1940年3月，为适应东团博罗队事件发生以后的形势变化，中共东江特委决定在增城县委的基础上，成立中共增龙博中心县委，统一领导增城、龙门、博罗三个县的党组织。中心县委设在增城正果白面石村，隶属前东特委领导，郭大同任书记，下辖中共龙门工委、中共博罗县委和增城县的正果、派潭、福和三个区委，领导增龙博三个县的广大党员和人民群众抗击日本侵略者和国民党顽固派。1942年5月，前东特委针对当时增城出现的反共逆流情况，决定撤销中共增龙博中心县委，增城县分设敌后县委和后方县委。至此，中共增龙博中心县委结束了它的历史使命。

1984年3月，公布为增城县文物保护单位。

民国　中共从化从北区第一个党支部办公旧址

位于从化区吕田镇三村胡氏公屋。

胡氏公屋是一座泥砖、鹅卵石、木结构的两层建筑，坐东向西，屋宽31.6米，屋深17米，面积320.4平方米，建筑占地面积106.8平方米，含四房、一厅、两廊、一天井及两侧炮楼。左炮楼高两层7米，右侧炮楼高三层12米，每层炮楼各面墙壁设有枪眼。

1940年6月，中共从化吕田游击区成立第一个党支部，胡斯增任支部书记，并三村白石咀胡氏公屋对发展的新党员进行培训。抗战期间，吕田支部不断发展壮大，到解放战争时期，组建了一支八百多人的武装队伍。经过三年多艰苦斗争，其解放从化北部地区，建立人民政权，配合随后南下大军解放了从化县和广州。

2001年12月，公布为从化市文物保护单位。

中共从化从北区第一个党支部办公旧址

民国　海港检疫所旧址

位于海珠区南石头街道棣园社区。

通过实地调查，原南石头村西侧一带，现存有四栋建造时代相对较早的建筑（即南石西新二街9号、13号、16号，兴隆大街44-1号）。其中，9号的占地面积为224平方米，单层，双坡屋面，后期加建较多；13号的占地面积为510平方米，分两层，L形双坡屋面，木梁架，外墙绘有红十字标志，后期加建较多；16号的主体占地面积为131平方米，平面呈长方形，单层，双坡屋面，后期改建较多。44-1号的占地面积为434平方米，分两层，L形双坡屋面，砖混结构，主入口门廊天花局部露出有日文字样的水泥包装袋痕迹。经考证，上述建筑应为1941年伪广州市政府重设海港检疫所时保留至今的史迹。

1926年，国民政府收回海港检疫权，在南石头建立海港检疫所。1932年初，改由全国海港检疫总管理处直接领导。抗战爆发后，广州海港检疫所南石头所址遭毁坏，检疫人员失散。1941年，伪广州市政府收用南石头原全国防疫所、水上警察署、广州造纸厂及附近一带田地，重设海港检疫所。1942年，更名为"粤海关海港检疫所"，并增设医院。1945年，国民政府接收粤海关海港检疫所，复名广州海港检疫所。中华人民共和国成立后，海港检疫所地段及大部分建筑，由广东省干部疗养院南石头疗养所接管并征用。

2021年3月，公布为广州市文物保护单位。

海港检疫所旧址

民国　西洲大屠杀遗址

位于增城区新塘镇西洲村西定大街29号。始建于清代，后有维修。

建筑坐北向南稍偏东，面阔三间，深原有两进，现后进及天井已改为混凝土建筑，仅余头门，现存占地面积50平方米。硬山顶，人字封火山墙，灰塑博古脊，碌灰筒瓦，共九架前后廊三步，檐柱、虾公梁及其上的驼峰斗拱、墙裙及大门框用花岗岩石构筑，门廊穿插梁上施博古式梁

西洲大屠杀遗址

架，正面墙水磨青砖，墙上饰传统题材壁画。石门匾刻"一宏徐公祠"阳纹。檐柱挑头施石刻人物，次间虾公梁上施石雕狮子异形斗拱。该祠壁画精美，石刻精致。

1941年6月9日，日军把该村一百多名青壮年村民关入一宏徐公祠，并向内灌入瓦斯毒气，后把人放出来进行毒打。

1985年6月，公布为增城县文物保护单位。

民国　中国共产党增城县地下交通联络总站遗址

位于增城区派潭镇鹅兜村陈屋村。是中共增城区在抗战时期的地下交通联络总站。

遗址所在建筑始建于民国二十六年（1937），是一座由十六间房组成的两层砖木结构岭南特色骑楼建筑。坐北朝南稍偏东，总面阔62.6米，总进深8.6米，占地面积538.36平方米。硬山顶，人

中国共产党增城县地下交通联络总站损毁前

字封火山墙，灰塑脊，阴阳瓦面，砖墙搁檩，二楼铺木板阁。骑楼在楼前跨人行道而建，以楼柱支承，其上建楼层，可以避风雨，防日晒，特别适合岭南地区热带气候。楼柱多用青砖砌筑，柱头承托木梁，二楼临街处的梁上砌半截十字通透砖墙。在二楼中央正面墙的墙楣上施一幅彩色壁画，正中书“五胜堂”三个大字。

1942年，为打击日寇的嚣张气焰，严惩为虎作伥的汉奸、叛徒，中共地下党组织在鹅兜村成立了以宋力行为站长的交通联络情报站。1948年3月，增龙地区成立增龙县委，机关就设在本旧址内。

1985年6月，公布为增城县文物保护单位。

民国　抗日战争粤北第一、第二次会战战地医院旧址

位于从化区吕田镇新联村德庆第民居。现为潘姓及罗姓村民居所，原为官洞肇基第罗姓村民于民国初年建的大宅院，名曰“德庆第”。

旧址建筑属从化吕田地区客家围屋形式。坐东南朝西北，广三路32米，中间一路为主体建筑，隔横巷，后建三层“永安楼”。整体深三进42米，占地面积1250.6平方米。左右两侧门楼连接前围墙，以房间相连的四个楼角和“永安楼”炮楼把中路建筑围在中间，三路建筑以两个天井相间，中路第一、二进又以天井相邻。四个楼角高两层，歇山顶，在人字顶下挂木制悬鱼。其余建筑为悬山顶，墙体涂以白色石灰，正门上方、墙壁、阁楼等多处留有抗战时期的大蓝标语和纪实铅笔画。

抗日战争粤北第一、第二次会战战地医院旧址

2020年3月，公布为从化区文物保护单位。

民国　陆军第六十二军一五七师抗日阵亡将士纪念碑

位于从化区良口镇流溪河水库大坝旁。

碑坐东北朝西南，方尖碑形式。碑分三段，第一段高1.15米，第二段高1.26米，第一、第二段均有9级石阶可登。第三段为纪念碑，高12.27米，宽0.95米，刻“陆军第六十二军一五七师抗日阵亡将士纪念碑”。碑座四壁嵌四块碑石，碑文为六十二军军长黄涛于1942年12月撰书，其他三面碑文分别为第一五二师师长陈见田、桂浔刘栋材、武平练惕生所撰，详述牛背脊战役经过，讴歌将士之英勇事迹。

1938年10月下旬，日军占据广州后，企图夺取粤北，打通粤汉铁路。1939年12月17日，日军十二万人分兵三路进攻粤北。国民党第十二集军总司令余汉谋指挥六十五军、六十三军、六十二军在清远、源潭、佛冈、花县一带阻击日军。12月20日，六十二军军长黄涛命令一五七师出击盘踞良口牛背脊的日军主力，激战两昼夜，攻克了牛背脊，歼灭日军一千九百余人，缴获枪械无数，取得粤北会战第一次会战大捷，一五七师也伤亡九百余人。为了纪念在这次战役中阵亡的将士，1942年修建了烈士墓及纪念碑。后因修流溪河水库，1987年迁建至现址。

2002年7月，公布为广州市文物保护单位。

陆军第六十二军一五七师抗日阵亡将士纪念碑

民国　悦享温公祠

位于白云区太和镇穗丰村高坆路三巷9号。是为纪念高坆村温氏始祖温悦享而建的祠堂。始建时间不详，民国二年（1913）、1996年和2012年三次重修。

祠堂坐西北朝东南，为上五间下五间客家堂屋布局。硬山顶，人字山墙，砖砌平脊，衬祠盖阴阳瓦，金包银墙体（外墙砌青砖，内墙泥砖加批荡），现存占地面积约330平方米。中华人民共和国成立后曾作小学校舍、粮仓、办公场所使用，现为村民喜庆筵席场所。

据当地长者回忆及邬强《烽火》一书记载，1933年初，邬强受中共党组织委派到设在高坆村悦享温公祠的学校任教，组织群众抗日，并先后发动温亦田等十多位青年农民加入东江抗日游击纵队独立二大队。1945年，中国人民抗日战争进入决战阶段，时任东江抗日游击纵队第四支队作战参谋的萧光星于1945年5月率部入驻高坆，以悦享温公祠为指挥部，策划、指挥与盘踞在西罗乡一带之日寇残部开展罗布洞战斗。

2022年6月，公布为白云区文物保护单位。

悦享温公祠

民国　太和西罗乡抗日民主政府旧址

位于白云区太和镇穗丰村罗布洞路。始建年代不详，2022年重修。

建筑坐西南向东北，为院落式建筑布局，砖木瓦结构，占地面积约500平方米。

1941年4月，中国共产党领导下的东江纵队活动于广州东北郊帽峰山一带，发动群众参加抗日游击队，开展抗日游击活动。东江纵队独立二大队负责人张冠雄说服当时的乡长管其琳交出联防队枪支，并与游击队合作。1944年8月6日，正式挂牌成立“西罗乡抗日民主西罗乡政府”，是当时禺北地区第一个乡级红色政权，1945年1月遭敌人破坏围剿而停止运作。

2022年6月，公布为白云区文物保护单位。

太和西罗乡抗日民主政府旧址

民国　“血泪洒黄华”碑

位于越秀区黄华路黄华塘（黄华中约外街21号对面）。刻于1946年7月。

碑坐南向北，高1.71米，宽0.76米，以花岗岩石镌刻。碑正中隶书“血泪洒黄华”五个大字，两旁为小字，楷书，记述日军轰炸黄华塘乡民的惨况。

“血泪洒黄华”碑

抗日战争初期，广州经常遭受日军飞机狂轰滥炸，许多房屋店铺被毁，无数市民在炸弹下丧生。1938年5月30日和6月10日（农历五月初二日和十三日），黄华塘乡先后两次惨遭敌机轰炸，居民死伤达一百多人。抗日战争胜利后，该乡民众于1946

年组织“追悼殉敌会”，举行追悼死难者大会，并由“追悼殉敌会”在乡中被炸处刻石立碑，以志日本侵略军的暴行和乡民受害的惨况。“血泪洒黄华”碑是日军侵华的重要罪证，是见证日本侵华罪行的重要证据。

1993年8月，公布为广州市文物保护单位。

民国　中共中央华南分局秘密联络点中原行旧址

位于越秀区沿江西路153号。原为20世纪30年代嘉应同乡会馆产业。

建筑楼高四层，平面呈方形，面阔三间约20米，进深约20米，占地面积约400平方米。首层沿街为骑楼。

1946年，中共地下党员温盛湘成立中原运输商行，并以中原行作为中共中央华南分局的一个秘密联络点，获取和送出了大量的政治、经济情报。广州解放后，旧址一度成为中共广州市委的临时办公地点。

2015年8月，公布为广州市文物保护单位。

中共中央华南分局秘密联络点中原行旧址

民国　中共广州市委特派员旧址

位于越秀区起义路维新横街6号。

现存建筑高三层，砖木结构，占地面积约83.2平方米。1946年6月，蒋介石悍然撕毁停战协定和政协协议，大举围攻中原解放区，全面内战爆发。中共广东区委为保存力量，坚持斗争，决定大量撤退已经暴露身份的党员到香港和农村，改变组织机构和联系，并租赁维新横6号二楼为秘密办公地点。由钟明任广州总特派员，陈南翔任学运特派员，余美庆任工运特派员，李国霖任机关职员、中小学教师特派员。特派员直属中共广东区委城市工作委员会领导。

中共广州市委特派员旧址

2021年3月，公布为广州市文物保护单位。

民国　禺南武工队旧址

位于番禺区大石街会江村石中二路71号纯菴区公祠。

建筑为三间两进的砖木结构建筑，青砖墙。1947年12月，中共禺南特派员直接领导的反击国民党反动统治的禺南武装工作队在此成立。工作队发动群众向国民党反动派展开反“三征”武装斗争，在斗争中不断发展壮大，成为中国人民解放军粤赣湘边纵队番禺独立团的重要组成部分。

2021年3月，公布为广州市文物保护单位。

禺南武工队旧址

民国　八和会馆

八和会馆

位于荔湾区恩宁路177号。清光绪十五年（1889）由粤剧武生邝新华倡议并出资创建，原址在广州黄沙。该馆有慎和、兆和、新和、福和、永和、庆和、德和、普和等八个堂，取八方和合之意，故名为“八和会馆”，是粤剧艺人的行业会馆。

1938年8月，日军轰炸黄沙，随后扩大侵略，八和会馆原址被日军拆毁。1946年10月，广东省八和粤剧协进会举行第一次会员大会，选举马师曾、关德兴、薛觉先、曾三多、廖侠怀、白玉堂、黄君武等组成新理事会，决定恢复八和会馆，随后发动海外侨胞和粤剧伶人筹集资金，翌年购置并迁入八和会馆新址。1951年，广州市总工会将广东省八和粤剧协进会纳入文艺工会，成立粤剧曲艺工人临时代表会。1957年起八和会馆暂停活动，1985年复会，更名为“广东省粤剧八和联谊会”。2003年1月重修会址，恢复“广东八和会馆”名称。

2011年9月，公布为荔湾区文物保护单位。

民国　中共增龙县委旧址

位于增城区派潭镇小迳村。

建筑坐东北朝西南，是一座客家四合院建筑，建于清末民初。总面阔24.7米，总进深16.3米，占地面积403平方米。悬山顶，灰塑脊，阴阳瓦面，泥砖、灰砂、石块混合筑墙，墙表批灰砂，砖墙搁檩。正门上方横匾书“镇海山”三字，两侧墙上悬挂五块由增城区人民政府或新四区人民政府赠给中华人民共和国成立前参军的“军（工）属光荣”木牌匾。整座建筑保存较好。

为了统一领导江北地区的武装斗争，1947年3月（增城党史记载为1948年3月），中共广东区委决定撤销广州郊区特派员，分别成立了中共江北地区工作委员会和中共增城县委，部队编为江北支队二团，钟育民任县委书记兼二团政委，钟达明任副书记，徐文任团长。县委机关设在该旧址中。

1985年6月，公布为增城县文物保护单位。

中共增龙县委旧址

民国　龙洞抗清旧址

位于天河区龙洞村西街9巷13号。该处原为璞庵樊公祠的围墙，长约220米，高6米，厚1米，因围较高大，围内面积也较大，故称“大围”。始建年代待考，重建于民国三十六年（1947），于2004年重修。

据清同治版《番禺县志》记载，清顺治七年（1650），清兵到龙洞征粮，遭拒，围村。因龙洞村四周种满簕竹，簕竹外有深沟，清兵久攻不下，最后采用火攻，烧去簕竹才攻入村。大围成了村民抵抗的最后据点。最后大围被攻破，全村人几乎被杀光。

1947年，樊姓族人在原地按原规模重建祠堂和围墙。璞庵樊公祠又称“新璞庵樊公祠”“大祠”。始建于顺治七年前，中华人民共和国成立后，曾作为龙洞小学分教处及幼儿园。“文化大革命”期间，祠堂屋顶、外墙浮雕和壁画被毁坏，2004年重修。祠堂坐北朝南。面阔三间，进深两进。总面阔13.6米，总进深21米，建筑占地面积285.6平方米。头门面阔三间，进深两间。后堂面阔三间，进深两间。保存状况较好。其中牌坊式门楼、围墙基本保存原貌。

2012年10月，公布为天河区文物保护单位。

龙洞抗清旧址

民国　同和握山村解放战争游击根据地（其明何公祠）

位于白云区同和街握山村握山中路55号的其明何公祠，堂号“敦义堂”。始建于清乾隆元年（1736），道光三十年（1850）重修，1999年修葺。

其明何公祠坐西朝东，砖木瓦结构，为一座三路两进的岭南广府祠堂形制建筑，占地面积约510平方米。

1947—1949年解放战争期间，中共番禺县工委派遣李汉光、陈红娇等一批党、团员到同和地区，以握山小学（其明何公祠）为阵地，以教师身份为掩护，开展武装游击活动。通过办农民夜校团结群众，建立交通情报站，搜集敌情，接待革命同志，为游击队筹备经费等，并策反当时的沙河警察局扩充力量，创立人民解放委员会。

同和握山村解放战争游击根据地（其明何公祠）

2022年6月，公布为白云区文物保护单位。

民国　广州东北郊人民游击队念溪杨公祠驻地旧址

位于白云区太和镇穗丰村石船路四巷22号的念溪杨公祠。祠堂建于民国十三年（1924），曾遭侵华日军焚烧，1986年重修，1994年修缮。

祠坐东朝西，硬山顶，人字山墙，灰砂平脊，盖阴阳瓦，上三间下三间一天井的客家堂屋，占地面积186.7平方米。石门额阴刻楷书“念溪杨公祠”，年款“民国甲子岁孟秋吉旦”，落款“寿昌敬书”。内墙上沿绘有多幅壁画。

广州东北郊人民游击队念溪杨公祠驻地旧址

1949年5月，中共珠江三角洲地区工委和中共番禺县工委决定，在广州东北部一带地方建立广州东北郊人民游击队，配合南下大军解放广州。同月，广州东北郊人民游击队正式宣告成立，由中共禺北独立区委具体领导，李汉光任队长，徐幽明任政委，周伯尧和梅日新（农工民主党）任副队长，陈明负责部队政训室工作，陈康负责地方党组织。该部常以穗丰村的石船念溪杨公祠为驻地。

2022年6月，公布为白云区文物保护单位。

民国　黄花岗七十二烈士墓

位于越秀区先烈中路79号黄花岗公园内。清宣统三年（1911）农历三月二十九日，同盟会在全国各地及华侨中挑选八百人，组成“选锋”，在黄兴率领下进攻清两广总督署等军政机关。但因寡不敌众，起义失败，喻培伦、方声洞、林觉民等革命党人壮烈牺牲。同盟会会员潘达微冒险收得七十二具烈士遗骸埋于红花岗（后改称黄花岗）。

1912年，广东军政府始建烈士墓园，至1935年基本建成。黄花岗七十二烈士墓前为牌坊式大门，三间四柱，面阔32.5米，门额镌刻孙中山题书的“浩气长存”四个镏金大字，上款“民国十年”。门后是长达230余米的墓道，两旁植有翠柏和古榕。中段建有喷水池和石拱桥，过桥拾级而上便是墓园。墓平面呈正方形，前设一石拜桌，以花岗岩石砌成墓基，每边长17.5米，在石砌围栏的四周围着铁链栏杆，中央建一石亭，顶的四边镌上革命党徽，亭中竖《七十二烈士之墓》碑，为方声涛的隶书。墓前右侧有碑亭，内竖《黄花岗七十二烈士之碑》，刻着七十二位烈士的姓名，左侧竖着刻有1932年继续审查所得十四位烈士姓名的《补书辛亥三月二十九日广州革命烈士碑》。墓后为“缔造民国七十二烈士纪功坊”，花岗石构筑，由著名革命党人章炳麟篆额。坊墙正面刻着与正门相同的“浩气长存”四个大字，坊内东西两侧各有螺旋式石梯可达石坊的顶层，顶层中间以七十二块长方形青石砌成的“献石堆”。“献石堆”顶端矗立着高举火炬的自由神石雕像，两侧各竖有一个折柱。纪功坊后，竖着《广州辛亥三月二十九日革命记》丰碑，邹鲁撰文，详细记述了起义历史和建园的经过，碑阴刻八十六名烈士的英名。墓园西南角还有一侧门，拱形铁门额上嵌着“黄花岗七十二烈士墓道”十个大字。

1961年3月，公布为全国重点文物保护单位。

民国　辛亥革命烈士墓园

位于天河区银河村燕岭路394号。建于民国元年（1912）。

墓园深5米，宽300米，占地面积1500平方米。墓门为双柱单门米色石牌坊。门额上刻“辛亥革命烈士陵园”。墓碑竖立在三级石阶之上，分两排工整竖立。墓碑为四方花岗石柱，高90厘米，边长25厘米，上面刻有烈士英名、籍贯和立

黄花岗七十二烈士墓

碑时间，少数还有职务。

2009年7月，公布为天河区文物保护单位。

辛亥革命烈士墓园

民国　史坚如墓

位于越秀区先烈中路79号黄花岗公园内。1913年原葬于先烈路青菜岗，1978年迁葬至现址。

墓园占地面积约400平方米。墓门上镌刻胡汉民题书的“史坚如先生祠”石额。后为一座花岗岩石砌的三级平台，台中有方形石座，上置史坚如立像，座与像均由白云石雕成。基座的正面刻碑文，记述烈士的生平，末署“中华民国二年七月孙文等公建”。

史坚如（1879—1900），原名文纬，广东番禺（今广州）人，中国近代民主革命家。1899

史坚如墓

年，加入兴中会，从事革命活动。1900年10月，为配合郑士良在惠州三洲田起义，他挖地道谋炸巡抚衙门及两广总督德寿未遂，不幸被捕，同年11月9日壮烈就义，时年仅二十一岁。

2022年7月，公布为广东省文物保护单位。

民国　伍汉持墓

位于越秀区东风中路651号中山大学附属肿瘤医院西侧广场。

墓呈长方形，长12米，宽5米，四周以水泥柱、铁链作栏杆。墓中间置花岗岩石棺，边长1.6米，高0.8米。墓棺上有小型石塔，正面中央刻“十”字及“伍烈士汉持墓”。墓前石碑记述了伍汉持先生的生平事迹。

伍汉持墓

伍汉持（1872—1913），广东新宁（今台山）人，中国近代民主革命家。早年学习西医。毕业之后，先后在开平、香港、广州等地创办医馆，悬壶济世，并与友人合创了赤十字会，对百姓施医赠药，开创了中国红十字会的先河。与此同时，秘密参加孙中山先生领导的民主革命活动，在惠州起义、刘师复暗杀广东水师提督李准、广州黄花岗起义以及辛亥广东光复等事件中发挥了重要作用。中华民国成立后，担任中华民国广东军政府医务部部长、第一届国会众议院议员。对于袁世凯向英、法、德、日、俄五国银行借款两千五百万英镑充作军费，镇压二次革命等事件，伍汉持以临时约法为武器，提出弹劾袁世凯案，要求袁世凯下台。1913年8月19日，袁世凯派人将伍汉持秘密杀害。

2008年12月，公布为广州市文物保护单位。

民国　粤剧八和公墓

位于越秀区三元里大道走马岗路。

墓呈不规则形状。占地面积约695平方米。公墓内最早的墓碑可推算至1917年。1957年粤剧八和会馆斥资建围墙、门楼。门楼汉白玉门额上阴刻楷书“粤剧八和公墓”字样，年款“一九八七年八月”，落款“粤剧八和联谊会立”。该墓园呈不规则形状，其中以薛觉先的墓穴最为宏大、壮观，是整个墓园的核心。

薛觉先（1904—1956），原名薛作梅，别号平恺，出生于广东顺德龙江镇十三坊，中国粤剧男演员。薛觉先是粤剧老倌，四大天王之一。有“粤剧伶王”“万能老倌”“万能泰斗”的美誉，与梅兰芳并称“南薛北梅”。薛觉先以文武生见长，又能反串女角，兼演红生，人称“万能老倌”，代表剧目有《胡不归》等。

2009年9月，公布为越秀区文物保护单位。

粤剧八和公墓

民国　四烈士墓

位于越秀区中山二路92号广州起义烈士陵园内。为同盟会会员温生才、陈敬岳、林冠慈、钟明光四烈士的合葬墓。建于1918年。

墓由石牌坊、墓道、纪念石碑、墓冢、拜桌

四烈士墓

组成。墓冢为半球形，混凝土结构，宽9.3米，高3.2米。墓碑刻“温生才、陈敬岳、林冠慈、钟明光烈士之墓”“中华民国二十六年重修”。墓前为花岗石拜桌。墓道的东西两侧各建一钢筋混凝土结构的六角亭，琉璃瓦顶，高8米，庄严肃穆。

温生才（1870—1911），广东嘉应（今梅州）人，1911年4月5日，在广东咨议局前击毙清广州将军孚琦，被捕后英勇就义。

陈敬岳（1870—1911），广东嘉应（今梅州）人，1911年8月13日与林冠慈在广州双门底（今北京路）行刺李准时被捕，11月7日遇害。

林冠慈（1870—1911），广东归善（今惠阳）人，1911年8月13日，与陈敬岳行刺李准时，遭清兵枪击身亡。

钟明光（1881—1911），广东兴宁人，1915年7月17日在广州积厚坊刺杀支持袁世凯“称帝”的军阀龙济光，被捕后牺牲。

2022年7月，公布为广东省文物保护单位。

民国　冯如墓

位于越秀区先烈中路79号黄花岗公园内。

墓碑高约4米，方尖形，正面刻“中国创始飞行大家冯君如之墓”，左右两侧刻《民间第一飞行家冯君如墓志铭》，记叙冯如的生平事迹；背面刻临时大总统孙中山按少将阵亡例抚恤冯如家属及将事迹宣付国史馆的命令。

冯如（1883—1912），号鼎三，广东恩平

冯如墓

人。中国第一个飞机设计、制造师和飞行家。在美国开始自行研制飞机。1909年9月21日，其所制飞机在美国奥克兰市郊区试飞成功，从此揭开中国航空史的第一页。次年7月，冯如驾驶自己制造的飞机进行飞行表演并获成功，博得中外人士的赞赏。1911年2月，冯如谢绝了外国人的高薪聘请，将在美国创办的飞机制造公司迁至广州燕塘，致力发展祖国的航空事业。1912年8月25日，他在市郊燕塘作飞行表演时，不幸失事遇难。

1983年8月，公布为广州市文物保护单位。

民国　朱执信墓

位于天河区先烈东路127号（衣冠冢）、越秀区执信南路152号执信中学内（墓冢）。原葬于先烈东路，1936年秋因墓遭受白蚁侵袭，遗骸迁往执信南路。

衣冠冢墓园由门楼、墓道、墓亭、墓表、一座八角形凉亭、两座六角凉亭组成，总占地面积4200平方米。四周绕以祟垣，台阶宽敞，沿岗层叠，树木葱茏，丰碑高耸。门楼为西式拱门，门额上刻“朱执信先生墓道”。墓亭为四柱西式攒尖顶，亭中立一方青石碑，上刻“朱执信先生墓”“孙文敬题”。墓亭后竖墓表，高9米，纪念碑形式，正面刻“朱执信先生墓表”“汪兆铨题，汪兆铭撰并书”，其余三面刻朱执信生平事迹，落款“中华民国十一年四月一日”。

墓冢为混凝土结构山手墓，占地面积500多平方米，由护岭、垄环、享堂、墓冢、拜桌、山手、拜台组成。享堂中浇筑拱形的墓冢，高约2.5米，正面镶嵌一块从先烈路迁来的“朱执信先生墓”石碑，由孙中山题书，上款“民国十一年”。

朱执信（1885—1920），名大符，浙江萧山县（今杭州市萧山区）人，出生于广州番禺。著名的民主革命家。一生追随孙中山为中国独立、民主、富强奋斗不息。先后参加广州新军起义、“三二九”起义和讨袁、护法等斗争。曾先后任广东军政府总参议、孙中山大元帅府军事联络等职。1920年9月，从上海赴虎门策动该地驻军讨伐盘踞广东的军阀莫荣新，不幸于9月21日遇刺身亡。孙中山参加追悼大会并撰写挽文，赞颂其革命献身精神。朱执信还是我国最早译播马克思《共产主义宣言》的学者之一。

1963年3月，公布为广州市文物保护单位。

朱执信墓

民国　伍廷芳墓、伍朝枢墓

位于越秀区解放北路988号越秀公园内。两墓原在先烈中路黄花岗七十二烈士墓对面，因建设需要，1988年迁现址。

墓园由两座墓亭和伍廷芳像组成，总占地面积约1250平方米。伍廷芳墓亭平面为“十”字形，高约6.77米，穹隆顶，四面建柱廊，柱廊顶饰三角形山花。墓亭中央立墓碑。伍朝枢墓亭平面呈均等的四瓣花形。亭顶为内圆外方的造型。

伍廷芳墓、伍朝枢墓

墓亭内立方尖式墓碑。伍廷芳像原建于1934年，铜铸，由我国近代雕塑家李金发塑造，现已毁。现雕像由广州雕塑工作室于1985年以混凝土仿原像重塑。

伍廷芳（1842—1922），广东新会（今江门市新会区）人，字文爵，号秩庸。生于新加坡，清光绪二十二年（1896）起，先后任清政府驻美国、西班牙、秘鲁、古巴等国公使及修订法律大臣、会办商务大臣、外务部右侍郎、刑部右侍郎等职。武昌起义后，他宣布赞成共和，被南方各省代表推为外交总代表和革命军全权代表，参加南北议和。南京政府成立后，他先后任司法总长、外交总长、代国务总理等职。1917年，他跟随孙中山南下广州，参加护法运动，先后任护法军政府外交部部长、政务总裁、广东省省长等职。1922年伍廷芳愤于陈炯明叛变而病逝。

伍朝枢（1887—1934），广东新会（今江门市新会区）人，伍廷芳之子。外交家。先后任广东大元帅府外交部部长、国民中央党部商民部部长、广东省政府主席兼琼崖特区长官。

2008年12月，公布为广州市文物保护单位。

民国　兴中会坟场

位于越秀区先烈南路25号青龙坊。

墓园占地面积约3200平方米，自东向西依次排列有兴中会会员潘嘉、宋绍殷、宋居仁、甄壁、甄吉庭、黄璧华、黄隆生及夫人、黄桂月、林永伦及妻何氏、宋少东、林海山及妻郑氏等。其中以1923年建造的黄璧华墓年代较早，规模较大。各墓有纪念碑式、墓亭式、山手式、墓碑式。

坟场前建一牌坊，镌刻“兴中会坟场”，左下方嵌两方石碑《革命元祖兴中会先进坟墓碑记》（民国二十六年立）、《兴中甘泉》（民国二十九年立）。牌坊内竖立一方形石柱，柱正面镌刻“元祖兴中会坟场”，柱座刻建立坟场的缘起及经过。

兴中会是中国最早的民主革命团体，孙中山于1894年11月在美国檀香山创立，提出了“振兴中华”的口号和“驱除鞑虏，恢复中国，创立合众政府”的纲领。坟场由兴中会会员钟荣光、邓植卿、陈少白、苏焯南等二十七人发起。1923年10月，孙中山以大元帅名义令广东省省长在东郊大宝岗（今址）拨地建立。

1983年8月，公布为广州市文物保护单位。

兴中会坟场

民国　范鸿泰墓

位于越秀区先烈中路79号黄花岗公园内。墓原在先烈路二望岗，20世纪50年代后期迁至现址。

墓坐西北朝东南，占地面积80平方米。花岗石墓碑高3.27米，正面刻“越南范鸿泰烈士之墓”。墓侧立墓表碑，高2.6米，端石，由番禺书法家胡弃手书，记述烈士生平事迹。

范鸿泰（1895—1924），越南义安人，早

范鸿泰墓

年加入越南革命组织，投身越南民族解放事业。1924年6月19日，刺杀血腥镇压越南革命的法国驻越南总督马兰，未果，跳入珠江牺牲。

2002年7月，公布为广州市文物保护单位。

民国　杨仙逸墓

位于越秀区先烈中路79号黄花岗公园内。建于民国十三年（1924）。

墓由墓门、杨仙逸墓、谢铁良墓、苏从山墓、墓表碑组成，占地面积150多平方米。墓门为红砖砌成的双柱拱形门，高5米，宽12米。铁制拱形上镶“杨中将仙逸墓”六字，中央弧顶置铁制飞机模型，象征烈士“志在冲天”的志气。杨仙逸墓呈方形，高约3米，石米批荡，正面镶嵌孙中山手书“杨仙逸先生墓”石碑，上款“民国十五年”。后面墓表碑高2.8米，上刻着烈士生平事迹。墓后东西两侧分别为同时殉难的谢铁良和苏从山之墓。在三墓之间竖有一块高1.7米、宽0.84米的石碑，上刻1924年9月27日孙中山以元帅名义颁发给杨仙逸、谢铁良、苏从山三人“技术湛深，志行纯洁，尽瘁国事，懋著勋劳”褒令的石碑。

杨仙逸墓

杨仙逸（1891—1923），字学华，号铁庵，广东香山县（今中山市）人，被孙中山誉为“中国革命空军之父”。曾在大沙头建飞机制造厂和飞机场，1923年研制成功“洛士文”号（以宋庆龄英文名命名）飞机。孙中山偕宋庆龄亲自参加命名试飞典礼。同年9月，随孙中山出师讨伐陈炯明，20日，与海军鱼雷局局长谢铁良、长洲要塞司令苏从山往博罗县梅湖白沙堆检阅水雷时，水雷不慎爆炸，三人同时遇难。孙中山下令追赠杨仙逸为陆军中将。1924年，其遗体安葬于黄花岗前三望岗空军坟场。后因建设需要迁往市郊贤庄。1981年，根据宋庆龄副委员长的指示，广州市政府拨专款在黄花岗七十二烈士墓东侧重建墓园。

1983年8月，公布为广州市文物保护单位。

民国　邓仲元墓

位于越秀区先烈中路79号黄花岗公园内。建于民国十三年（1924）。

墓园坐西北朝东南，由墓道、门楼、铜像、乐台、八角亭、墓冢亭和墓表柱组成，占地面积约3600平方米。门楼仿西式古典建筑风格，三开间，山花有隶书“邓仲元先生墓道”七个大字。穿过门楼，拾级而上，设一平台为祭场，其右侧置邓仲元铜像、八角亭和乐台。铜像为邓仲元手握军刀、身披戎装的形象，原置于广九车站门前邓氏被刺牺牲处，20世纪50年代初移到现址。墓冢亭仿西式古典建筑风格，亭中央立孙中山题书的“邓仲元先生之墓”碑。墓冢亭后立墓表柱，高约15米，刻胡汉民撰、陈融书的《陆军上将邓仲元墓表》。祭场左侧为邓夫人李顺春及其子邓伟东墓。

邓仲元（1886—1922），名铿，惠阳人。清光绪三十一年（1905）入广州将弁学堂，次年毕业，任步兵科助教、代理区队长等职。1911年参加黄花岗起义，失败后前往香港。武昌起义后，在东江率民军响应起义。广东军政府成立，任参谋长；1920年10月，任粤军参谋长兼第一军第一师师长；1922年，孙中山率军北伐，他在后方筹饷，3月21日，在广九火车站被陈炯明部署行刺重伤不治。孙中山下令追赠他为陆军上将，派徐绍桢致奠，并着陆军部从优拟议恤典。

1983年8月，公布为广州市文物保护单位。

邓仲元墓

民国　邓荫南墓

位于越秀区先烈南路25号。

邓荫南墓与兴中会坟场相邻。墓园由大门、墓体、纪念碑、墓表碑组成，占地面积2156平方米。墓碑由孙中山亲题“陆军上将邓荫南先生之墓”。纪念碑高9米，呈上小下大的方尖形，正面题“邓上将荫南纪念碑”。墓东侧立民国十八年（1929）刻的《邓荫南先生墓表》石碑，由胡汉民撰文并书，简述邓荫南生平，基座上刻有“革命纪念会监修”等字。该墓是广州革命先烈的重要墓葬之一，为研究广州近代史提供了重要的实物资料。

邓荫南（1846—1923），原名松盛，字有相，广东开平人，兴中会会员，著名的民主革命家，大力资助并参与策划广州起义。民国成立后，先后参与讨袁、护法、驱莫、讨陈（炯明）等运动。历任新安民军总监督、开平县县长、孙中山总统府咨议等职。1923年2月5日，因忧愤劳累过度病逝于澳门，时年七十七岁。孙中山追授其为陆军上将。1924年10月6日，国民政府将邓荫南的遗体由澳门运回广州，安葬于现址。

邓荫南墓

1983年8月，公布为广州市文物保护单位。

民国　林宝宸烈士墓

位于天河区燕岭路394号银河烈士陵园。始建于民国十四年（1925）2月。原位于先烈路黄花岗乐天坟场，1957年迁至现址。

墓坐东朝西。水泥墓地，宽2.5米，深5米，占地面积12.5平方米。墓碑外铺水磨石米，立于墓地末端，高1.86米，长0.5米，宽0.92米。两边有衬柱形装饰，下有碑座。碑上方嵌有烈士瓷像，中间镶嵌青石碑，刻“林宝宸烈士之墓”“花县马溪人”“广东省农民协会立”。

林宝宸烈士墓

墓后立有花岗石方柱，高0.76米，边长0.5米，尖顶，刻“广东省农民协会立”。方柱由原墓地迁来。

林宝宸（1881—1924），广东花县人，积极联合农民，受彭湃启发，成立广州市郊第一区农民协会，被选为执行委员长，坚持为农民争取经济利益和政治权利。1924年被买凶枪击杀害。

2009年7月，公布为天河区文物保护单位。

民国　华侨五烈士墓

位于越秀区先烈中路120号广州动物园旁。为爱国华侨谢八尧、邓伯曜、郑行果、谭振雄、范运焜五位烈士的合葬墓。

墓园由牌坊、墓道、五烈士墓、墓碑组成，占地面积为948平方米。石牌坊为一间两柱的冲天式，坊额上刻“五烈士墓道”。五烈士墓高4米，平面为方形，底座边长8米。墓正面刻孙中山题书的“五烈士之墓”；背面刻《五烈士墓碑记》。墓道另一侧为1922年秘密安葬五烈士时立的墓碑，以及胡汉民（时任国民政府代理大元帅）撰书的五烈士革命事迹碑。

1922年6月16日，陈炯明叛变，炮轰总统府。华侨革命党人谢八尧非常愤慨，秘密联络华侨中的革命党人邓伯曜、谭振雄、郑行果和范运焜等，立誓谋刺陈炯明，为民除害，后不幸事败，7月16日五人先后被捕遇害，暴尸白云山麓。华侨革命党人秘密将其殓葬，立石纪念，因恐被株连，乃托名“河南公民立石为志”，并将烈士范运焜改名为郭家信。陈炯明被逐后，1924年10月10日，国民革命政府将五烈士墓迁葬于现址，并重新立碑。

华侨五烈士墓

1983年8月，公布为广州市文物保护单位。

民国　沙基惨案烈士墓

位于天河区燕岭路394号银河烈士陵园内。

墓为纪念碑形式，四面筑石栏杆，占地面积9.6平方米。花岗岩石墓碑，高2.02米，宽0.97米，正上方刻两束红花烘托一颗红五星，下书“一九二五年‘六·二三’沙基惨案烈士之墓”，右下阴刻四十七位烈士英名，并刻有“一九五七年三月三十日迁建”字样。

沙基惨案烈士墓

1925年6月23日，广州各界人士十万余人，为声援上海“五卅”反帝运动举行示威游行。当队伍途经沙面租界对岸的沙基时，遭到沙面英、法军队开枪射击，当场死伤二百五十多人，史称“沙基惨案”。9月23日，广州各界为沙基惨案烈士举行国葬，四十七具烈士遗骸安葬在大宝岗邓荫南墓侧。其余烈士遗骸已由其家属先行安葬，未入公墓内。1957年迁葬现址。

1963年3月，公布为广州市文物保护单位。

民国　张民达墓

位于越秀区先烈中路120号广州动物园西侧。建于1926年。

墓由牌坊、墓道、风雨亭、宣讲台、墓堂组成，占地面积2438平方米。墓园大门为两柱花岗

张民达墓

岩石牌坊，坊额上横书“张民达先生墓道”。坊内水泥墓道的右边是风雨亭和邓泽如撰文、邹鲁书《建国粤军第二师师长追赠陆军上将张君民达碑》碑记；左边是宣讲台，台内石碑刻“捐躯为国”四字，左右各有嵌刻“通文”“达理”的碑石。沿墓道拾级而上是半月形墓堂，堂中央是花岗岩石墙，中嵌谭延闿手题的“张民达先生之墓”石碑，上款“中华民国十五年”。碑前有花岗岩石拜桌。

张民达（1885—1925），名章，广东梅县人。早年参加同盟会。1918年先后任粤军许崇智部营、团、旅长等职，1924年擢升建国粤军第二师师长。1925年2月，率部参加第一次东征，4月奉命赴汕头商讨刘（震寰）、杨（希闵）大计，在潮州湘子桥附近覆舟遇难。1926年在韩江发现其遗骨，运回广州安葬，国民政府军事委员会追赠其为陆军上将。1953年，中央人民政府授予革命烈士称号。

1983年8月，公布为广州市文物保护单位。

民国　卢廉若墓

位于白云区同和街道白云山双溪别墅后面的青龙岗。为卢廉若及其妻妾合葬墓。建于1927年。

墓坐西北向东南。花岗岩石山手墓，由后土、四级护岭、垄环、拜台、挂榜、山手、月台、二级台基组成。该墓气势恢宏，总宽16米，总进深30米，占地面积480平方米。墓两侧顺山势设石阶，旁有山界石桩刻“卢荣禄第”。第四级护岭左右端分别立一块“奉天诰命”碑和“乐善好施”碑。正中墓碑刻“清诰授资政大夫廿一世廉若卢公、封夫人卢母陈太夫人合墓”。左右挂榜石碑分别刻“廿一世庶妣卢母郭氏、张氏、黄氏孺人墓”“廿一世庶妣卢母区氏、陈氏孺人墓”。两侧山手各嵌一块青石碑，刻有汪兆镛撰写、谭颐年书丹的《清资政大夫花翎二品顶戴浙江补用道廪贡生卢君墓志铭》。拜台前设月台，三边设石栏板、望柱，左右两侧设石阶。月台上立一对花岗岩石鼓。月台前设二级台基。第二级台基上立石狮、石羊、石马、石人各一对。第一级台基上立花岗岩石华表和旗杆夹石各一对。

卢廉若（1878—1927），清末民初澳门富商，知名慈善家和教育家。在澳门创办孔教学校，自任校长，免费招收贫家子弟就读。他又是澳门镜湖医院的董事长、澳门商会的第二任主席。辛亥革命期间，卢氏曾资助孙中山的革命活动。

2008年12月，公布为广东省文物保护单位。

卢廉若墓

民国　林伟民墓

位于天河区银河烈士陵园内。始建于民国十六年（1927）。

墓基呈长方形，以栏杆围绕，占地面积32平方米。墓碑刻“林伟民同志之墓”。

林伟民（1887—1927），广东省香山县（今珠海市三灶镇）人。1922年和苏兆征一起领导香

林伟民墓

港海员大罢工。1924年加入中国共产党，任中华海员联合会广州总办事处主任。1925年任第一届中华全国总工会执委会委员长，随后积极筹备和领导省港大罢工。1927年9月1日病逝，年仅四十岁。当时，盐业工人自发集资葬其遗体于先烈路二望岗。1960年迁葬于此。

2008年12月，公布为广州市文物保护单位。

民国　何耀全烈士墓

位于天河区银河公墓陵园内烈士山二区2行3号。始建于民国十六年（1927），1988年重建。

墓地长4米，深4米，占地面积16平方米。铺水泥石板，两侧和墓后由碎石砌成类似山手的矮围墙。墓碑立在墓地中央偏后，长1米，宽0.7米，高1.5米，水泥石米批荡，无拜桌。半圆顶处有墓主瓷像，下镶嵌石碑，正面刻“何耀全烈士之墓”，落款“一九八八年十二月二十八日立”。

何耀全（1897—1927），香港工人运动领袖，曾任中共省港罢工委员会党团成员，中华全国总工会执委，坚持罢工斗争。四一五反革命政变中被捕，后被囚于南石头监狱，不久被残酷杀害，沉尸珠江。

2009年7月，公布为天河区文物保护单位。

何耀全烈士墓

民国　陈伯陶墓

位于黄埔区联和街道开创大道金峰岭山。

墓坐东南朝西北。交椅墓，水泥灰面构筑，由后土、来龙、护岭、享堂、山手、挂榜、踢靴、月池、石狮、华表组成。享堂较小，垄环正中有双龙戏珠石刻碑额，其下有主碑一方，碑前有长方形石拜桌，山手上有石狮一对，挂榜两侧均镶碑刻一方，三级拜台，月池近踢靴处有石鼓一对，墓前有石狮和华表各一对，圆柱形上有石狮。石狮基座石刻“陈探花第”四字。2004年，因建设需要迁移至山顶，与林云陔墓为邻。

陈伯陶（1855—1930），号象华，一字子砺，东莞中堂凤涌人。清光绪五年（1879）中广东乡试解元，光绪十八年（1892）中进士，殿试获一甲第三名（探花），授翰林院编修、文渊阁校理、武英殿协修。后又任国史馆协修、总纂。1906年，协助两江总督端方，在南京创办“暨南学堂”，为暨南大学的创始人之一。

2015年8月，公布为广州市文物保护单位。

陈伯陶墓

民国　杨西岩夫妇合葬墓

位于天河区燕岭路街广州基督教公墓内。建于民国十九年（1930）。

墓为花岗石砌筑交椅墓，坐北朝南，由护岭、垄环、享堂、山手、月池组成，宽7.19米，深8.68米，占地面积62.4平方米。墓头顶部有祥云涌月石刻，云朵上有浮雕朱雀。

杨西岩（1868—1929），1898年任清政府驻美国檀香山领事馆领事。1905年加入同盟会，之后多次捐巨款资助孙中山。1923年任广州国民政府广东省财政厅厅长，1924年任广州国民政府内政部次长，1926年任广州国民政府参事，1928年任筹建孙中山纪念堂委员会委员，捐资兴建广州中山纪念堂。

2009年7月，公布为天河区文物保护单位。

杨西岩夫妇合葬墓

民国　古应芬墓

位于白云区同和街道白山居委东坑。

墓园由石狮、墓道、门楼、墓冢、墓志碑等组成，总占地面积约2760平方米。门楼为歇山顶，蓝色琉璃瓦。墓冢为半球形。墓志碑为连州青石，高3.6米，正面刻由胡汉民撰的“国民政府委员古公之墓”，背面刻“民国二十年十一月国民政府令建”。

古应芬（1873—1931），字勷勤，亦作湘芹，广东番禺（今广州）人。辛亥革命元勋，国

古应芬墓

民党元老。早年留学日本，于1905年加入中国同盟会，先后参与广州新军起义、黄花岗起义、辛亥广东光复之役、二次革命、“讨袁护国”、护法运动、东征、北伐等重大事件。1925年后，历任广东省财政厅厅长、中国国民党中央监察委员、南京国民政府财政部部长、文官长等职。1931年病逝。

2002年7月，公布为广州市文物保护单位。

民国　十九路军淞沪抗日将士坟园

位于天河区水荫路街113号。始建于1932年，2000年重修。

坟园坐西北向东南，占地面积62120平方米。由凯旋门、战士墓、抗日亭、英名碑、先烈纪念馆、将士墓、将军墓和先烈纪念碑等建筑组成，设有浮雕墙、航空纪念碑等景观。整座坟园建筑规模宏伟，布置严谨，造型庄重典雅，南北走向的墓道形成一条十分明显的中轴线，主体建筑均用花岗岩石砌成，是一座富有古罗马建筑风格的坟园。

该坟园是为纪念国民革命军第十九路军淞沪抗日阵亡将士所建的坟园。1932年1月28日凌晨，日本海军陆战队突然袭击驻守上海闸北的十九路军，史称“一·二八事变”。十九路军蒋光鼐、蔡廷锴以及前来助战的京沪卫戍长官陈铭枢、淞沪警备司令戴戟等率领部队奋起抵抗，激战三十三天，毙伤日军万余人，狠狠打击了日本侵

略者的嚣张气焰，伸张了中华民族的正义，鼓舞了全国军民抵抗日本侵略的信心。

2002年7月，公布为广东省文物保护单位。

十九路军淞沪抗日将士坟园

民国　陈复烈士墓

位于海珠区中东街14号南侧。

墓园占地面积约90平方米，坐北朝南。墓园大门石额所刻“陈复烈士之墓”字样，为聂荣臻手书。墓道两旁遍植红棉及柏树，墓园中有钢筋混凝土结构的六角攒尖墓亭，墓亭直径4.4米，高2.7米。亭后为墙，镶“陈复先生墓”墓碑。碑两侧各有石刻两块，分别为陈树人书的《为陈复惨被掳杀报告书》及《哭子复》诗四首。

陈复（1907—1932），字志复，化名陈志文。广州番禺县人。1925年加入中国共产党。先后担任香港《工人日报》社副社长、天津中共顺直省委宣传部部长、广州市委宣传部部长。在白色恐怖下开展地下工作被捕入狱，1932年于广州南石头惨遭杀害，年仅二十五岁。陈树人收葬其遗体并建“思复亭”作为纪念。解放后，烈士遗骨由人民政府迁葬于银河公墓。

陈复烈士墓

2008年12月，公布为广州市文物保护单位。

民国　潘兆銮烈士墓

位于天河区银河烈士陵园内烈士山二区1行2号。始建于民国二十一年（1932），1956年由银河村马蹄岗迁建于现址。

墓为地为水泥地板，宽2米，深4米，占地面积8平方米。墓碑批荡水磨石米，立于墓地中央，高1.86米，长0.5米，宽1米，两边有衬柱形装饰，下有碑座，上方有墓主瓷像，中镶嵌连州青石碑，上刻：“中国共产党党员，粤汉铁路工会书记，中共广东省委派员，中国工农红军革命军事委员会秘书潘兆銮烈士之墓。一九三一年三月在红花岗就义。一九五六年十一月一日迁葬。”

潘兆銮烈士墓

潘兆銮（1902—1932），广东铁路工人运动先驱。1922年加入中国共产党，国共合作后以个人身份加入国民党。1924年成立粤汉铁路总工会，当选为执行委员兼秘书长。1925年任国民党广州党部秘书长。广州起义失败后，东渡日本，后潜回广东，秘密开展革命活动。1930年被捕，押送广州仓边监狱。1932年被枪杀于红花岗。

2009年7月，公布为天河区文物保护单位。

民国 广州文总六烈士墓

位于天河区燕岭路394号银河公墓陵园烈士山二区2行5号。

墓地平面呈方形，占地面积96平方米。墓碑为花岗岩石碑，位于墓中央，墓碑左右分别是刻有烈士简介和烈士墓志的石碑。墓四面用低矮的石栏杆围护，内部两侧各置一条形石凳。

中国左翼文化总同盟广州分盟成立于1933年4月，下设“中国左翼社会科学家联盟”“中国左翼作家联盟”和“中国左翼戏剧家联盟”等组织。1934年1月，温盛刚、谭国标、凌伯骥、赖寅仿、郑挺秀、何仁棠等六人被国民党反动派逮捕，在狱中进行英勇不屈的斗争，同年8月1日英勇就义。

2009年7月，公布为天河区文物保护单位。

广州文总六烈士墓

王和顺夫妇合葬墓

民国 王和顺夫妇合葬墓

位于天河区燕岭路394号银河烈士陵园内统战墓一区16行7号。始建于民国二十三年（1934），1992年迁建现址。

墓坐北朝南。宽3米，深4米，占地面积12平方米。墓道为水泥石板，两旁立青松。花岗岩墓，底宽，往上逐渐收窄。上方为馒头顶，顶上有尖顶方柱体纪念碑。底边长约1.4米，高约2.5米，正面有墓主瓷像。连州青石碑，宽0.8米，高1米，正面刻“中华民国军南军都督王和顺妣刘守初合墓”。上款“中国革命同盟会会员”，下款“一九九二年三月建”。碑后刻“王和顺，广西邕宁人，1903—1905年，以会党身份领导南宁地区的农民起义。1907年加入同盟会，在孙中山领导下，从事反清活动。曾任中华革命军南军都督，在廉江、防城和镇南关起义中功勋卓著”。

王和顺（1869—1934），广西邕宁（今南宁）人。早年参加刘永福领导的抗法战争，任哨官。后加入三合会，秘密组织反清武装。1907年加入中国同盟会，被委为中华国民军南军都督，指挥防城起义。1911年组织民军，参与克复惠州。1916年在广东组织义军反袁。1922年陈炯明叛变，发动滇桂军将领入粤讨伐。1934年于广州逝世。

2009年7月，公布为天河区文物保护单位。

民国 胡汉民墓

位于天河区龙洞街道广汕一路297路广东生态工程职业学院狮岭斗文塱山。始葬于民国二十五年（1936），“文化大革命”时期被毁，1985年8月改至现址重建，为衣冠冢。

墓园依山而建，园内遍种青松翠柏，占地面积约1800平方米。墓均为山手墓。六角亭挂匾额“不匮亭”。

胡汉民（1879—1936），字展堂，晚号不匮室主。出生于广东番禺，祖籍江西吉安。中国国民党早期主要领导人之一。清光绪二十七年（1901），中举人。光绪二十八年（1902）赴日本留学。光绪三十一年（1905）加入中国同盟会，任《民报》主编，从此成为孙中山主要助手之一。“汉民”是他在《民报》上发表文章时所用的笔名。于孙中山逝世后主持编写了《总理全集》。曾代行大元帅职权，兼广东省省长。后任国民政府主席、立法院院长、国民党中央常务委员会主席等要职。民国二十五年（1936）病逝。为纪念胡汉民的贡献，国民政府于广州市设立汉民路（今北京路）。

2002年7月，公布为广州市文物保护单位。

胡汉民墓

民国　李是男墓

位于广州市天河区沙河顶街65号。建于民国二十六年（1937）。

纪念碑式墓，高约5米，平面方形，自下而上收分，底座边长2.25米，基座镶嵌有墓志铭。

李是男墓

李是男（1884—1937），名吉堂，字奕豪，号公狭，广东台山人。出身于美国旧金山华侨家庭。1906年在香港加入同盟会。1909年与黄伯耀在旧金山组织少年中国学社，创办《美洲少年周报》，宣传革命。次年改少年中国学社为同盟会，任会长，改《美洲少年周报》为《少年中国晨报》，任编辑。民国三年（1914）组织剧团，为革命筹款。1921年任孙中山大总统府秘书。

2008年12月，公布为广州市文物保护单位。

民国　邓镜人夫妇合葬墓

位于天河区沙河顶新一街14号。建于民国二十六年（1937）。

邓镜人夫妇合葬墓

墓为花岗石砌筑纪念碑式墓。坐北朝南。四方基座，梯形尖顶。宽2.23米，深2.23米，占地面积4.9平方米。碑身高1.6米，底边长0.43米，基座高0.76米。梯形体墓碑上刻“显考邓公镜人妣叶太夫人墓”。

邓镜人（1865—1936），清光绪年间秀才，地方著名教育家，国民党元老邓演达的父亲。

2009年7月，公布为天河区文物保护单位。

民国　黄慕松墓

位于白云区永平街道官厅东街二巷9号旁。葬于1937年，“文化大革命”期间遭到严重破坏，1985年重修成现状。

墓为灰砂石米批刷山手墓。坐东向西，依山势而建，由两级护岭、垄环、拜台、月池、一对石华表及一对石狮子等组成，总占地面积约900平方米。墓碑阴刻“黄慕松之墓”，上款刻“公元一九八五年四月吉日重修”，下款刻“众房子孙立”。

黄慕松（1884—1937），广东梅州人，1904

年被清政府选派往日本士官学校学习，次年在东京加入同盟会，追随孙中山革命，投身北伐。先后任黄埔军校高级班副主任、代理陆军大学校长、蒙藏委员会委员长、广东省政府主席。1937年于广州病逝，国民政府追授其陆军上将军衔，予以国葬。

2022年6月，公布为白云区文物保护单位。

黄慕松墓

民国 万人坑

位于黄埔区文冲街道文冲社区牛山北侧山脚。

日本侵略军占领广州期间，残酷逮捕杀害广州人民。牛山炮台北面山脚下有壕沟长约100米，宽约4米，深约3米，当中埋有大批被害中国民众遗骸。

据当时目击者称，当年日军把无辜的中国老百姓抓到后，由宪兵队用军车运抵牛山炮台附近。现场日军岗哨林立，戒备森严。屠杀前，日军刽子手先饮烈性酒壮胆，然后将老百姓强拉到坑边跪下，又在被害者背后插上一支香，然后用锋利的指挥刀斩杀，再用脚将被害者踢下坑内。时人称此地为“万人坑”，是日军侵华罪行的历史见证。

1989年12月，公布为广州市文物保护单位。

万人坑

民国 老虎石顶抗日烈士墓

位于增城区正果镇白面石村。1939年由王雁门等筹建，1998年重修。

墓为砖石钢筋混凝土混合结构墓。坐南朝北稍偏东。通宽15.6米，通深20.2米，占地面积315.12平方米。墓前和两侧为水泥台阶，后墙用红砖砌筑，中央设两柱一间亭状圆顶碑龛，龛墙上镶嵌一方墓碑石，正中刻“国民革命军第四路军独立二十旅卓斌等抗日烈士墓”，右刻“一九三九年王雁门先生筹资建墓”，左刻“一九九八年春增城市人民政府重修”。碑石左右刻一对联，联曰“虎岗开墓地，牛嶂作朝山”。横批为“千古流芳”。

1984年3月，公布为增城区文物保护单位。

老虎石顶抗日烈士墓

民国 萧红墓

位于广州市天河区燕岭路394号银河烈士陵园内二级墓一区二行6号。始建于民国三十一年（1942），原葬香港浅水湾，1957年迁建于现址。

墓坐东南朝西北。墓地四周有石栏杆，长2.8米，宽2.8米，占地面积7.84平方米。墓在墓地中央，为须弥座、梯形碑身纪念碑式墓，长1米，宽1米，高2.2米。墓碑正面镶嵌萧红遗像，下有两束红花雕塑。碑中央镶嵌连州青石，宽0.4米，高0.3米，碑刻“女作家萧红同志之墓”，下款“一九一一年生于黑龙江省呼兰县，一九四二年卒于香港，原葬香港浅水湾，一九五七年八月十五日迁骨灰安葬于银河公墓”。

萧红（1911—1942），作家，原名张迺莹，笔名悄吟、玲玲、田娣等，被誉为“20世纪30年代的文学洛神”。

2009年7月公布为区级文物保护单位。

萧红墓

民国　新一军印缅阵亡将士公墓

位于天河区广园中路2133号。始建于民国三十四年（1945）10月，1947年9月6日落成。中华人民共和国成立后曾遭到严重破坏，2001年对墓门、纪功亭、纪念塔、墓碑作部分重修。

墓园依山而建，坐北向南，占地面积约7万平方米，主要由墓门、纪功亭、纪念塔三部分组成。为三孔牌坊建筑，混凝土结构，石米批荡，两旁各有一座方形门楼，高4米，宽35.4米。墓门牌坊处已开出一条濂泉路，立柱上部已毁，下部依稀可辨“新一军征缅阵亡将士公墓”。纪功亭建于1947年下半年，是专为安装蒋介石的题词“勋留炎徼”而增建的。八角攒尖顶黄色琉璃瓦。匾额现已不存。墓冢为纪念塔，坐北向南，底座方形，耸立四条高达20多米的尖顶石柱，正面开一门可入内。门额正方镶嵌孙立人题“陆军新编第一军印缅阵亡将士纪念塔”青石碑。

新一军印缅阵亡将士公墓

第二次世界大战期间，民国三十一年（1942），中国政府派出新一军赴印度、缅甸对日军作战，保卫滇缅公路（中国昆明至缅甸仰光的公路）。抗日战争胜利后，为纪念印缅作战中阵亡将士，新一军在此修建阵亡将士公墓。

2015年12月，公布为广东省文物保护单位。

民国　张炎夫妇合葬墓

位于天河区燕岭路394号银河烈士陵园内烈士山一区一行2号。始建于民国三十四年（1945），重建于1957年。

墓坐东向西。水泥地，宽2米，深4米，占地面积8平方米。墓碑批荡水磨石米，立于墓地中央，高1.86米，长0.5米，宽1米，两边有衬柱形装饰，下有碑座，上方有墓主瓷像，中镶嵌连州青石碑，上刻“张炎烈士郑坤廉同志夫妇之墓”“一九五七年十二月三十日立”。

张炎夫妇合葬墓

张炎（1902—1945），祖籍广东吴川，1922年参加粤军。1932年率部参加“一·二八”淞沪抗战，1933年参加福建人民革命政府的抗日反蒋运动。1938年，任广东省民众抗日自卫团第十一区统率委员会主任。1945年3月22日，慷慨就义。

郑坤廉（1909—1951），张炎的夫人，原籍广东香山，毕业于中山大学。“九一八”事变后，参加抗日救亡活动。抗日战争时期，任广东南路妇女服务队总队长。1945年加入民盟，任南方总支部常委、港九妇女联合会负责人。1949年中华人民共和国成立后，任政务院参事、民革中央委员，1951年病逝。

2009年7月，公布为天河区文物保护单位。

民国　陆军第六十三军抗日阵亡将士公墓

位于从化区良口镇六三市石榴花山。建于民国三十五年（1946）。

公墓坐东北向西南，纪念碑为方尖式。碑分两段：下段为基座，高1米，边长2米，正面刻“抗日阵亡将士永垂不朽”，背面刻六十三军军长张发奎撰写的《六十三军抗日阵亡将士公墓之铭》；上段为碑身，高约11米，正面刻“陆军六十三军抗日阵亡将士公墓”，落款“端州余汉谋题”。

民国二十九年（1940）5月，日军主力沿广从公路北犯，与国民党六十三军一五二师激战于良口亚夷山、石榴花山。浴血奋战十昼夜，我军歼灭日军逾千人，取得了巨大胜利。为了纪念这次战役中的阵亡将士，1946年修建了烈士墓和纪念碑。

2002年7月，公布为广州市文物保护单位。

陆军第六十三军抗日阵亡将士公墓

民国　五十四军赴印、缅作战阵亡将士公墓

位于越秀区永福路35号。

1941年太平洋战争爆发后，日本侵略军企图截断中国的国际补给线滇缅公路。为了粉碎日军这一计划，中国政府派出远征军赴缅作战。由于种种原因，远征军初战惨败，伤亡过半。1943年

五十四军赴印、缅作战阵亡将士公墓

10月，中国军队第二次入缅作战，在恶劣的地理环境和气候条件下取得了胜利，不仅使缅甸战场日军陷入被动，而且为英印军在印度英帕尔地区作战及整个缅甸战场取得胜利创造了有利条件，为世界反法西斯战争作出了重要贡献。抗日战争胜利后，为纪念赴印、缅作战牺牲的五十四军将士而建此公墓。

现存亭两座，墓表碑，台阶，挡土墙。武扬亭，绿琉璃瓦面，六角攒尖顶。六面均有题额，原字迹已模糊难辨，其中一面依稀可见“碧血春秋”字迹。墓表碑由阙汉骞手书。

2015年8月，公布为广州市文物保护单位。

民国　林云陔墓

位于黄埔区联和街道开创大道金峰岭山。始葬于民国三十七年（1948），2004年迁葬。

墓葬坐东南向西北，为交椅墓，全墓为花岗岩块石、水泥构筑。由护岭、享堂、山手、挂榜、踢靴、月池组成。护岭正中有祥云拱月石刻，垄环正中有祥云拱月石刻碑额的碑龛，其下镶主碑一方，碑前有长方形石拜桌，拜台宽阔，月池呈长方形。2004年，因建设需要迁移至山顶，与陈伯陶墓为邻。

林云陔（1881—1948），广东信宜人。1911年参加广州“三二九”起义，1912年策动高州起义。民国九年（1920）赴广州任孙中山大元帅府秘书兼土地登记局局长，后兼大本营金库库长、广西银行行长。民国十二年（1923）任广州市政

林云陔墓

厅委员长（相当于市长），后任高等审判厅代理厅长、高等检察厅检察长。民国十六年（1927）任广州市政委员会委员长。民国十七年（1928）5月任广州市市长。民国二十年（1931）5月任广东省政府主席。1936年任国民政府审计部部长。1948年病逝于南京。

2015年8月，公布为广州市文物保护单位。

民国　陈树人夫妇合葬墓

位于天河区燕岭路394号银河烈士陵园统战墓区。始建于民国三十七年（1948），重建于1997年。

墓坐北朝南。宽3米，深4米，占地面积12平方米。墓碑为大理石，高1.8米，上部为花岗岩雕陈树人头像，下部为基座，立于一块长2.2米、宽1.2米的红水磨石米水泥石土。大理石中镶嵌碑石，上刻“陈树人先生夫人合墓”，上款“一九九七年重建”，下款“子女率孙、曾孙立石，欧初敬题”。署名后面有一枚方印。雕像后面是高1.2米、宽2.4米的屏风式大理石，上刻《陈树人先生生平》。墓地平面整体呈长方形，墓长4.1米，宽3米，用石材砌筑。墓碑为中国传统长方碑，碑上立陈树人半身雕像。墓碑后方立有圆弧形墓志铭碑刻，墓旁青柏环绕。

陈树人（1884—1948），出生于番禺明经乡。师事画家居廉。1905年加入中国同盟会。历任国府秘书长、国民党中央执委、侨务委员会委员长、国府委员、国府顾问等职。与高剑父、高奇峰被誉为“岭南画坛三杰”。抗战胜利后，辞官归里致力于艺术事业。1948年，因胃溃疡不治去世。

居若文，陈树人的夫人，居巢孙女，毕业于东京女子美术学校。1957年按照陈树人遗愿，选其精品八十余幅捐赠给国家博物馆。

2009年7月，公布为天河区文物保护单位。

陈树人夫妇合葬墓

民国　城北抗战阵亡将士纪念碑

位于白云区江高镇河心洲公园内。1946年7月由伍观淇主持建造，立于江高镇江夏岭，因学校建设需要，1995年迁至现址。

纪念碑坐北朝南，基座为正方体，碑身为下大上小的四棱锥体，总高度6.7米，基座边长2.15米，高1.1米。整座纪念碑表面为水刷石米。正面嵌长条形花岗岩石板，阴刻行书“城北抗战阵亡将士纪念碑”。基座正面嵌一白色大理石，上刻碑铭“城北抗战阵亡将士纪念碑是伍观淇先生于一九四六年七月主持兴建并亲笔题字。该碑原立

城北抗战阵亡将士纪念碑

于江高镇江夏岭，一九九五年迁移至此”。

1938年10月23日，侵华日军企图经石井、江村向北进犯，控制粤汉铁路。广东民众抗日自卫团第四战区第一游击纵队司令伍观淇指挥部下及各乡抗日民众在流溪河北岸设防，阻击日军北进。双方在流溪河两岸对峙，激战持续了十一天，后因日军改用东西两路包抄战术，从从化太平场渡过流溪河，迂回到抗日自卫团的背后，自卫团和抗日民众被迫撤离。此役共击沉日军橡皮艇二十多艘，击伤敌机一架，毙伤日军两百余人。自卫团六十一人为国捐躯，三十八人负伤，史称“江高之役”。抗战胜利后，为纪念城北抗战死难烈士而建此纪念碑。

2022年6月，公布为白云区文物保护单位。

民国　太和乡抗战殉国同胞纪念碑

位于白云区太和镇广东外贸外语大学实验中学校内。1946年秋，为纪念太和地区在抗日战争中死难的同胞，由江弼东发起，广大绅耆及乡民捐资，在太和墟土名为望岗岭的小山岗建造此碑。

纪念碑碑身为四棱锥体，高3.4米，砖结构灰砂批荡，碑顶塑有国民政府标识。由于地貌变迁，纪念碑所在的望岗岭现为校舍，仅存一角作为纪念碑拜台。碑旁竖立“寒食孤魂”碑一方，是清光绪十五年（1889）日新善堂收敛饿殍集中掩埋之处。

2022年6月，公布为白云区文物保护单位。

太和乡抗战殉国同胞纪念碑

中华人民共和国　解放军进城式检阅台旧址

位于越秀区府前路市人民政府大楼前月台。

月台宽约34米，长约8米，占地面积约272平方米。台基三面设石阶，栏杆望柱头石雕云纹。

解放军进城式检阅台旧址

1949年10月14日，广州解放。11月11日，中国人民解放军举行了解放广州入城式以及庆祝广州解放大会。检阅台上空悬挂“中国人民解放军解放广州入城式暨庆祝广州解放大会”的大红布横额。红旗招展，气氛热烈。参加受检阅的部队有第四野战军第十五兵团、粤赣湘边纵队和广州各界群众二十多万人。检阅台上有叶剑英、陈赓、邓华、赖传珠、萧向荣、方方、尹林平、李章达、朱光等军政首长。

1989年12月，公布为广州市文物保护单位。

中华人民共和国　中国致公党中央党部旧址

位于荔湾区多宝路221号。

建筑为中西合璧式的西关民居，建于民国时期。砖混结构，高四层，两开间，中设梯间，青砖墙，花岗岩石脚，大门设木趟栊、板门。前三层正立面带小阳台，第四层正立面设山花。

1925年10月致公党在美国旧金山由华侨社团美洲洪门致公总堂发起成立。1931年10月总部迁至香港，1949年后，由香港迁到广州。在广州期间先后召开第四、第五次全国代表大会。致公党中央党部在广州的旧址，是中国致公党“诞生于海外，发展于国内”的一个重要历史见证，是中国致公党在选择与中国共产党合作的道路之后，在内地全面发展的起点，是中国致公党发展历程中的重要里程碑纪念地。

2022年10月，公布为广东省文物保护单位。

中国致公党中央党部旧址

中华人民共和国　花县人民政府旧址

位于花都区花山镇洛场村。

建筑坐西朝东，建于解放初期。总面阔23.2米，总进深27.6米，总占地面积640.32平方米。1950年花县人民政府由花山镇花城村搬迁到此，1955年再搬迁到新华镇。旧址共有三座建筑，苏式建筑风格。主体建筑为歇山顶，楼高二层，左右两侧各带一路建筑，高一层为悬山顶，每座建筑的两侧山墙顶部均带有通风散热孔。主体建筑阔23.2米，深13.8米。一、二层均有宽约1.75米的外廊，背面有楼梯上二层，二层木楼板上铺红阶砖。每层正面开有二门，回廊内均吊木板天花。楼前有较大面积的院子，院子南面有一个值班室并开有四柱三门，其中一柱已毁，另有二柱间加建小房屋，只余大门。

花县人民政府旧址

2017年1月，公布为花都区文物保护单位。

中华人民共和国　清音亭

位于从化区温泉镇温泉村。

亭子坐西南向东北，边长3米，占地面积37.75平方米。原为一间立于温泉路口的树皮盖顶木构凉亭。从温泉路口至“百丈飞泉”瀑布的距离为二里，故其又名曰“二里亭”。1956年，董必武到此休息，认为这里林荫静谧，清隔闲音，欣然题写“清音亭”三字。1957年改建为混凝土结构，黄琉璃瓦绿脊六角攒尖顶。红色圆柱，柱间连虾公梁。

2001年12月，公布为从化市文物保护单位。

清音亭

中华人民共和国　翠溪一号别墅

位于从化区温泉镇温泉宾馆。始建于1956年。

建筑坐北向南，是一座混凝土结构两层别墅，建筑总长20.2米，宽33.7米，占地面积420.7平方米。别墅建于台基上，设会客大厅、主人房、书房、附房等。1959年，周恩来总理和邓颖超同志在此下榻。周恩来总理在工作的间隙，在庭院里栽了一棵梅花树，还帮助宾馆工作人员推车。翠溪楼前塑一尊周恩来总理的坐像。

2001年12月，公布为从化市文物保护单位。

翠溪一号别墅

中华人民共和国　松园一号别墅

位于从化区温泉镇温泉宾馆。

别墅坐北朝南，傍山而立，总长25.18米，宽43米，占地面积1206.3平方米，钢筋混凝土结构，庑殿屋顶铺绿琉璃瓦，正面中间为一外伸廊榭，房间前为一列圆柱廊，作为过道。共六间房，中间为客厅，旁为男、女主人房，秘书房，警卫房和司机房。主人房各设书房，餐间位于左侧。

松园一号别墅用于接待国家领导人和外国元首。邓小平、刘少奇、杨尚昆等领导同志和美国、越南、柬埔寨等多国元首曾经下榻。1960年，刘少奇、邓小平和陶铸等领导同志带领宾馆职工在别墅周围种植松树。

2001年12月，公布为从化市文物保护单位。

松园一号别墅

中华人民共和国　毛泽东视察棠下农业生产合作社旧址

位于天河区棠下达善大街。包含两个文物点：龙葵钟公祠位于达善大街47-1号，湛川钟公祠位于达善大街27号。

毛泽东视察棠下农业生产合作社旧址

龙葵钟公祠始建于明代，于清咸丰十年（1860）、1994年、2003年重修。坐西朝东。五间三进，总面阔21米，总进深48.7米，占地面积1022.7平方米。头门面阔五间，硬山顶，镬耳封火山墙，龙船正脊，碌筒瓦面，雕花封檐板，清水青砖墙，麻石墙裙。内、外檐柱均为驼峰斗拱梁架；梁架、横梁雕刻精细，雕花繁复。檐柱两侧设有塾台。内檐柱花岗岩门框，门额石刻“龙葵钟公祠”，墙壁上端有壁画。两侧廊为卷帘棚顶，花岗岩檐柱，天井为麻石铺地。中堂面阔五间，硬山顶，镬耳封火山墙，龙船正脊，碌筒瓦面，雕花封檐板，清水青砖墙。两侧廊为卷帘棚顶，花岗岩檐柱，后堂面阔五间，硬山顶，镬耳封火山墙，龙船正脊，碌筒瓦面，雕花封檐板，清水青砖墙。1958年4月30日，毛泽东主席视察棠下，与随同的中共广东省委第一书记陶铸、广州市市长朱光接见了棠下社的部分干部，并亲切交谈。毛泽东主席风趣地把这次交谈称为“六级干部会议”。1968年，该址辟为纪念馆，门枋上悬挂黑漆木匾金字“毛主席视察棠下纪念馆”，供群众参观。

湛川钟公祠始建于明代，于清末和20世纪多次重修。面阔三间，进深两进。总面阔9.89米，总进深15.2米。头门面阔三间，硬山顶，龙船正脊，碌筒瓦面，雕花封檐板。清水青砖墙，花岗石勒脚。凹斗门，门框和门枋都是花岗石，门枋上悬挂黑漆木匾金字“毛主席视察棠下纪念馆”。后檐为瓜柱抬梁梁架，天井两侧均为卷棚廊，天井中心起棚，并与前后封闭连接。天井地面由麻石铺砌，两侧廊均为卷棚屋面。后堂面阔三间，硬山顶，龙船正脊，碌筒瓦面，雕花封檐板，瓜柱抬梁梁架。1958年毛泽东主席视察棠下时，路过这里，曾步入种子仓库，观看和检查种子贮藏情况，并赞扬了保管员的工作。

2002年7月，公布为广州市文物保护单位。

中华人民共和国　周总理视察岑村纪念旧址

位于天河区岑村南街16号。清末祠堂建筑。

建筑面阔三间11.96米，深二进29.5米，占地面积353平方米，硬山顶，灰塑龙船脊，人字形封火山墙，碌筒瓦面，青砖墙，花岗岩石脚。

1972年4月4日，周恩来总理陪同马耳他总理多米尼克·明托夫到岑村访问，在纪念旧址听取大队党支部书记何周的汇报。

2008年12月，公布为广州市文物保护单位。

周总理视察岑村纪念旧址

中华人民共和国　欧阳山旧居

位于越秀区中山一路梅花村36号。建于20世纪30年代。1983—1998年欧阳山在此居住。

建筑坐南朝北，面阔24.8米，进深6.6米，占地面积为164平方米。砖混结构，高两层，屋面原为天台，后期加建了一层房屋。一楼、二楼北面设走廊。楼前原有一个小花园，现仅余一个六角凉亭，重檐攒尖顶，绿琉璃瓦。

欧阳山（1908—2000），原名杨凤岐，笔名凡鸟、罗西等，作家，著有《玫瑰花残了》《英雄三生》《前程似锦》《一代风流》《三家巷》等具有影响力的作品。中华人民共和国成立后，历任中国作协广东分会主席、广东省文联主席、中国作协副主席等职。

2015年8月，公布为广州市文物保护单位。

欧阳山旧居

中华人民共和国　广东人民抗英斗争烈士纪念碑

位于白云区三元里大道35号。

纪念碑建立在约600平方米的平台中央，方尖形，高约8.5米，正面刻“一八四一年广东人民在三元里反对英帝国主义侵略斗争中牺牲的烈士们永垂不朽”。纪念碑前有宽敞的神道和台阶。纪念碑所在地已辟为纪念公园，占地面积近8000平方米。园内柏树青翠，环境庄严肃穆。

1841年5月，三元里及城北103乡民众大败英国侵略军于牛栏岗，为中国人民的反侵略斗争写下了光辉的一页。中华人民共和国成立后，广州市人民政府为纪念三元里抗英斗争牺牲的烈士，于1950年9月14日建成此碑。

1963年3月，公布为广州市文物保护单位。

广东人民抗英斗争烈士纪念碑

中华人民共和国　画家李铁夫先生之墓

位于天河区燕岭路394号银河烈士陵园内烈士山一区4行2号。

墓地平面呈方形，占地面积约100平方米，墓碑位于后方，四面有低矮石护栏，周围绿树葱葱，墓结构为石质。

李铁夫（1869—1952），原名玉田，字昭龙，广东鹤山人。早年师从同乡吕辉生习诗文、书法，喜绘画。十六岁随叔父到海外谋生与求学，在西方四十多年间，曾入多所艺术院校及机构研习。早年追随孙中山加入兴中会、同盟会从事“反清”活动。1930年归国，久居香港。1950年，受人民政府之邀，回到广州，任华南文艺学院（今广州美术学院）名誉教授，并兼任华南文学艺术联合会副主席。1952年在广州逝世。

2009年7月，公布为天河区文物保护单位。

李铁夫先生之墓

中华人民共和国　植地庄抗日战斗烈士纪念碑

位于番禺区南村镇里仁洞村植地庄竾沙岗。

番禺县人民委员会为纪念1944年7月26日番禺人民武装抗击日军在植地庄战斗中光荣牺牲的卫国尧等四十八位烈士而立。建于1956年10月31日，1992年12月重立。

纪念碑依山势而建，碑前分四层台阶，拾级而登，碑后有墓道直达烈士墓。纪念碑高8米，分成四段，逐段收分，顶部饰宝珠。碑的正面为郑少康题“植地庄抗日战斗烈士纪念碑”，侧面为林锵云题“与当地人民结合起来的保卫禺南英勇战斗的抗日烈士们永垂不朽”以及郭信民题“革命精神永世长存”，背面为黎春华题“为国为民而英勇斗争的烈士们永垂不朽”。

1993年8月，公布为广州市文物保护单位。

植地庄抗日战斗烈士纪念碑

中华人民共和国　广州起义烈士陵园

位于越秀区中山二路92号。广州起义烈士陵园是为纪念在1927年广州起义中英勇牺牲的烈士们而兴建的一座大型园林式墓园，1957年落成。

墓园正门左右两旁都矗立着一座厚实的花岗石阙，石阙上刻着周恩来手书的园名。大门正对宽敞笔直的主墓道，两旁青松翠柏，四季常青。墓道北端为高45米的广州起义纪念碑，1987年为纪念广州起义六十周年而兴建。纪念碑东侧为埋葬烈士忠骨的圆丘形坟墓。封土由护墙保护，墙体正面刻着朱德同志的题字 “广州公社烈士之墓”。陵园按功能的不同分为陵和园两个区。陵

广州起义烈士陵园之广州起义烈士纪念碑

区建筑庄严肃穆，瞻仰英烈，绿化以苍松翠柏和红花为基调；园区则是典型的岭南园林风格，作为市民休闲场所。陵园内有烈士墓冢、中苏人民血谊亭、中朝人民血谊亭、血祭轩辕亭等。

1978年7月，公布为广东省文物保护单位。

中华人民共和国　从化解放纪念碑

位于从化区教育路与西宁中路交会处的公园内。建于1957年11月，1964年重修。

墓碑坐北向南，红砖结构，碑表批荡白色粗石米。全碑分为台阶、碑座和碑身三部分。台阶分两层，一层四阶，隔一平台上二层三阶，每级台阶次第内缩，簇拥长方体碑身。碑座四周塑花瓣托，再上是波浪状浮雕。碑座下是墓室，安放烈士遗骸。碑身高7.02米，竖梯形体，两侧十二式间，中间竖镌刻“为人民解放事业牺牲的革命烈士永垂不朽”。

从化解放纪念碑

1995年6月，公布为从化市文物保护单位。

中华人民共和国　广州解放纪念像

位于越秀区海珠广场。1959年为纪念广州解放十周年而建，作者为尹积昌。“文化大革命”期间遭拆除。1979年重建，作者为潘鹤、梁明诚。

纪念像由花岗岩石雕凿，坐北朝南，高11.5米，方形基座高3.6米，边长4.3米。塑造的是一位解放军战士昂首挺胸的立身像，肩背小米袋，腰围子弹带，左挎驳壳枪，右手持步枪，左手抱花束。基座正面镌刻解放后首任广州市市长叶剑英的题字“一九四九年十月十四日　广州解放纪念”。基座四角分别刻“一切权力属于人民”。

1963年3月，公布为广州市文物保护单位。

广州解放纪念像

中华人民共和国　花县革命烈士纪念碑

位于花都区新华街道秀全社区花都革命烈士陵园内。1959年12月为纪念自辛亥革命以来的花县籍革命烈士而兴建。1993年3月重修。

纪念碑位于陵园中部，坐北朝南，原为水泥三合土结构，外表为石

花县革命烈士纪念碑

米，分碑座和碑身两部分。最下层碑座为正方形，第二级四面嵌花岗石，正面刻“永垂不朽”四字，左右和背面铭刻一百七十位烈士英名。碑身为尖塔形，顶端置五角星，碑高12米，碑正面刻“花县革命烈士纪念碑”。在革命烈士陵园内的四角亭内还有中共花县委员会、花县人民政府于1993年3月立的《花县革命烈士纪念碑志》。

2017年1月，公布为花都区文物保护单位。

中华人民共和国　三烈士纪念碑

位于白云区钟落潭镇竹料大街马路旁。建于1959年4月，1995年因建设而拆除，1996年重立。

纪念碑由碑座和碑身组成，水刷石米批荡，碑身宽1.1米，高4米，边宽1.4米，正面嵌一花岗岩石板，石板上以仿毛体行书镌刻“烈士永垂不朽”六个大字，上款“1959年4月1日”。碑座下面安放着三块花岗岩石碑，从左至右分别为：烈士张冰同志之墓，烈士庄鎏同志之墓，烈士郑云同志之墓。

庄鎏、张冰、郑云三位同志为中国人民解放军粤赣湘边纵队政治部文工团干部，1950年2月奉命开赴禺北，深入太和、竹料、钟落潭、九佛等乡村发动群众清匪反霸、支前建政。1950年3月17日在执行任务途中，突遭匪徒伏击，壮烈牺牲。

2022年6月，公布为白云区文物保护单位。

三烈士纪念碑

中华人民共和国　花东革命烈士纪念碑

位于花都区花东镇象山村象山岭。原纪念碑于1968年兴建在花东镇象山村花果山坡上。2003年于现址重建。

纪念碑坐西朝东，为砖砌水泥三合土结构，外表洗石米。有两重正方形栏杆围护，成回字形。纪念碑分碑座与碑身两部分。碑座为塔式四级，底座边长3.4米，高1.9米，最下面一级正面石刻“永垂不朽”，背面刻花东籍历次革命时期所牺牲的五十八位烈士名字，碑身高约9米，为尖塔形，顶端置五角星，正中直书“花东革命烈士纪念碑”。护栏下方墓道左侧嵌抗美援朝烈士乔焕山、田立忠、卢山兴、叶家良、韦汉清、罗成生、周宝兴的墓碑，右侧嵌革命烈士黄星儿、杨锦添等烈士的墓碑。

2017年1月，公布为花都区文物保护单位。

花东革命烈士纪念碑

中华人民共和国　冼星海墓

位于越秀区麓湖路8号麓湖公园星海园。1985年12月1日，由广东省音乐家协会和广州市政府出资合建而成。

星海园占地面积5000多平方米。园内青松翠柏，庄严肃穆。进入园门，正面立一座高1.5米的黄蜡石（石英岩），正面刻毛泽东题词“为人民的音乐家冼星海同志致哀”，背面刻吕骥所撰《冼星海纪念碑》。碑文引用冼星海给母亲信中的一句话“为了生存，我们就应该努力战斗，去保卫比母亲更伟大的祖国”。墓道尽头是一宽阔平台，平台上竖立着冼星海的半身塑像，高约1.5米，呈沉思状。塑像下安放冼星海的骨灰。

冼星海（1905—1945），曾名黄训、孔宇，广东番禺（今广州）人，著名作曲家。曾先后就读于岭南大学预科、北京艺术专门学校音乐系、上海国立音乐院、法国巴黎音乐学院。1935年回国，积极参加抗日救亡运动。1938年赴延安，翌年任鲁迅艺术文学院音乐系主任。1939年加入中国共产党。抗日战争期间，冼星海创作了500多首歌曲，其中有著名的《黄河大合唱》《在太行山上》《到敌人后方去》等，被毛泽东誉为“人民的艺术家”。1940年去苏联考察，1945年10月病逝于莫斯科，骨灰于1984年1月运回祖国。

1989年12月，公布为广州市文物保护单位。

冼星海墓雕塑

中华人民共和国　杨财生烈士墓

位于南沙区大岗镇上村杨家山西麓。始建于1992年。

杨财生烈士墓

墓坐东向西，依山势而建，四周用围栏围砌成墓园。墓园平面呈长方形。

杨财生（1956—1979），1976年参军，后任“塔山英雄连”班长，在对越自卫反击战中壮烈牺牲，荣立三等战功。

2023年7月，公布为南沙区文物保护单位。

中华人民共和国　吕田革命烈士纪念碑

位于从化区吕田镇吕中村105国道旁。建于1994年。

纪念碑坐东北朝西南，通高约11米，由台基、碑座、碑身三部分组成。台基分三阶，其上设碑座，座底面宽2.94米，正面嵌有“吕田革命烈士纪念碑碑铭”，背面刻“革命烈士名录”。碑身高约7.5米，正面刻“革命烈士纪念碑”七个大字，碑顶置一金色五角星。

革命战争时期，吕田地区先后有五十八名革命志士献出了宝贵生命。为了缅怀先烈，勉励后人，特立此碑纪念。

1995年6月，公布为从化市文物保护单位。

吕田革命烈士纪念碑

中华人民共和国　海军广州烈士陵园

位于黄埔区长洲街道军校路170号大院内。1994年，广州市人民政府和海军广州基地为纪念在1950年中国人民解放军海军第一战例——万山海战中牺牲的烈士而兴建陵园，1995年4月1日竣工。

海军广州烈士陵园

陵园坐西朝东，共三层。第一层，地面全铺花岗岩，右侧边上砌有花岗岩石像墙，墙上雕刻五名海军战士在“万山海战”作战时的战斗姿势，墙前地面放置一块倾斜的枣红色大理石“万山海战”碑，介绍万山海战战役简况。第二层为过渡层，正面用花岗岩石砌筑的墙上嵌有叶选平同志的题词“海军广州烈士陵园”。第三层石墙上有原海军司令员刘华清同志于1994年5月的题词“万山海战烈士永垂不朽”，石墙右侧刻有在万山海战中英勇牺牲的八十五名烈士名字。第三层左侧有林文虎烈士碑和二十四名英烈的墓碑群。

万山群岛是位于珠江口之外，香港以南及西南，澳门以东的多个岛屿统称。万山海战自1950年5月25日开始，至8月4日结束，历时七十二天，经大小战斗数十次。毙、伤国民党第三舰队官兵六百余人，俘国民党海军官兵一百九十三名，击沉击伤敌各类舰艇十余艘，缴获大量军用物资。此战创下木船打兵舰、抢滩攻坚、以弱胜强的战例，受到毛泽东主席的赞扬和中央军委、中南军区的嘉奖。

2008年12月，公布为广州市文物保护单位。

中华人民共和国　良田革命烈士纪念碑

位于白云区钟落潭镇良田村。建于2004年。

纪念碑园区占地面积约1000平方米，纪念碑居中，坐东朝西，建在面积约80平方米的平台上，碑身为棱锥体，高5.5米，碑座高1.2米，以瓷砖贴面。正面镌刻“良田革命烈士纪念碑”。碑座三面均刻有题记，记述良田事件经过及六烈士生平。

1950年2月11日夜，匪首谢活荣、陈六禧网罗一百三十多名匪徒包围政府驻同升乡（良田村）工作组住地金花庙，杀害杜子骏、曹沛霖、曹灿坤、谢雨金、沈容珍、沈秀华等六位工作组人员，史称“良田事件”。

良田革命烈士纪念碑

2022年6月，公布为白云区文物保护单位。

中华人民共和国　新塘革命烈士纪念碑

位于增城区新塘镇甘涌村沙园街48号。

纪念碑坐东向西，占地面积113平方米。台基边长10.63米。碑呈四方塔状，实心，共分三级，逐级收分。正面竖塑“革命烈士永垂不朽”八个红色大字。碑底座南侧镶嵌一方石刻匾，记述1967年11月2日在国防施工中光荣牺牲的王同生烈士生平。王同生烈士遗体原安葬在新塘担杆坳，2004年春迁葬于此。

2023年1月，公布为增城区文物保护文物单位。

新塘革命烈士纪念碑

中华人民共和国　九佛革命烈士纪念碑

位于黄埔区龙湖街迳下村。于2006年重修。

纪念碑整体为长方体形状，坐北朝南。正

面中镶黑色花岗岩碑石，碑石正中书“革命烈士纪念碑”，上款书“中国人民解放军粤赣湘边纵队东江第三支队直属先遣总队”，下款书“九佛、高和场、竹山窿、虎窿仝立，广州市萝岗区人民政府重修二OO六年六月”。纪念碑后面镶灰色花岗岩碑石，为纪念碑原碑石，碑文记载了立碑的缘由。该纪念碑是为纪念1949年在迳下村突围战斗中牺牲的解放军战士而建。

2009年8月，公布为萝岗区文物保护单位。

九佛革命烈士纪念碑

第二节 近现代代表性建筑

清末 广州沙面建筑群

位于荔湾区白鹅潭畔，占地面积约20万平方米。该处原是一片沙洲，南临白鹅潭，北面与沙基（今六二三路）相连，曾是渔民小艇聚集之地。明代在此设华节亭（码头），管理外商货物进出。清代中叶在此修建西固炮台，拱卫广州城池。第二次鸦片战争爆发后，清咸丰九年（1859），英法侵略者凭着其强迫清政府签订的不平等的《天津条约》，以“恢复商馆洋行”为借口，强向两广总督租借沙面，并要求清政府出资雇工在北面挖人工河即沙基涌，修护河堤，填土筑基，形成近似刀形的沙面岛，此处后成为英、法等国租界。

岛内东西分界，英占西面的五分之四，法占东面的五分之一。岛内主次道路纵横交错，东西走向的主道路30米宽（现沙面大街），贯通全岛，南北各有一条与主干道平行的次道路（现沙面南街和沙面北街）；南北走向五条次道路（现沙面一至五街），接通环岛路，把沙面岛分成十二个区和四块公共用地。在岛东、北侧各有一桥连结岛外。同治四年（1865），英国领事馆首先迁入，法国领事馆于光绪十六年（1890）迁入。从19世纪末到20世纪初，沙面租界内的公共设施已基本完备，建筑主要有领事馆、教堂、银行、邮局、电报局、商行、医院、酒店和住宅等，还有俱乐部、酒吧、网球场和游泳场等，其住户多是各国领事馆、银行、洋行的人员以及外籍的税务官和传教士。

沙面建筑群的主要建筑风格有早期的英法殖民地风格、中期的仿古折中主义风格和中后期的早期现代主义风格。外国人在广州兴建的建筑，既反映了当时他们本国的建筑技术与艺术，也体现了他们对广州文化的吸收，对广州近代建筑有着重要影响。至今保留有较高文物价值的建、构筑物共计五十四处（见附表）。近现代许多重要历史事件发生在沙面，如1924年6月越南范鸿泰行刺法国驻越总督；1924年7月沙面洋务工人罢工；1925年6月21日沙面洋务工人参加省港大罢工，同月23日发生震惊中外的沙基惨案；等等。沙面是中国近代史与租界史的缩影。

1996年11月，公布为全国重点文物保护单位。

广州沙面建筑群

附：广州沙面建筑群文物本体清单

序号	名称	时间	地址
1	法国租界花园	清末民初	沙面南街 7 号
2	皇后花园（英）	清末	沙面南街 3 号
3	英国圣公会基督教堂	清同治四年（1865）	沙面南街 60 号
4	旧石堤、石埗头	清咸丰九年（1859）	环沙面南北堤岸
5	英国领事馆副楼（含东座与西座）	清同治四年（1865）	沙面南街 44 号、46 号
6	沙面一街印度人住宅	民国	沙面一街 16 号、18 号、20 号
7	东方汇理银行（法）Banque de L' Indo-chine	20 世纪初	沙面一街 3 号
8	沙面北街印度人住宅	20 世纪初	沙面北街 91 号、93 号、95 号、97 号、99 号
9	国民政府广播事业管理处	20 世纪初	沙面北街 73 号
10	三菱银行（日）、万国医院（日）	民国四年（1915）	荔湾区沙面北街 65 号、65 号之一、65 号之二
11	沙面游泳池	清光绪十三年（1887）	沙面北街 51 号
12	渣打银行（英）Chartered Bank of India Australia And China 好时洋行（荷兰）、德士古洋行（美）	20 世纪初	沙面北街 61 号，沙面三街 5 号、5-1 号、7 号
13	沙面北街私人住宅	清末民初	沙面北街 43 号
14	英格兰桥 沙面西桥（现名）	清咸丰十一年（1861）	沙面三街北路口的沙基涌上
15	葛理福孚公司（英）	20 世纪初	沙面北街 39 号、41 号
16	HK 牛奶公司制冰厂	20 世纪初	沙面北街 29 号、31 号
17	捷克领事馆	清末民初	沙面北街 1 号、3 号
18	法军巡捕房	19 世纪末	沙面大街 1 号
19	露德天主教圣母堂	清光绪十六年（1890）	沙面大街 14 号
20	沙面大街印度人住宅 永胜洋行	19 世纪末	沙面大街 16 号、18 号、20 号
21	法国传教社楼	19 世纪下半叶	沙面大街 36 号、38 号
22	万国宝通银行（美）	清末民初	沙面大街 46 号、沙面三街 5-3 号
23	旗昌洋行（美）	19 世纪末	沙面大街 48 号
24	汇丰银行 Hong Kong & Shanghai Bank 卜内门洋碱公司（英）The Imperial Chemistry Industries Ltd. 亚细亚火油公司（英）The Asiatic Petroleum Co.Ltd. 丹麦领事馆、挪威领事馆 美国大使馆驻粤武官馆舍	清同治四年（1865）	沙面大街 54 号

（续上表）

序号	名称	时间	地址
25	正金银行（日） 美国领事馆	20 世纪初期	沙面大街 56 号、沙面四街 5 号
26	洛士利洋行（英）Loxeley&Co.Ltd. 的见洋行（英）	20 世纪初	沙面大街 62 号
27	广州俱乐部 The Canton Club	清同治四年（1865）	沙面大街 60 号
28	苏联领事馆 苏联驻华商务代表团广州办事处	20 世纪初期	沙面大街 68 号
29	台湾银行广州支行（日）	清光绪三十三年（1907）	沙面大街 26 号
30	英国医院、招商局	民国二十一年（1932）	沙面大街 22 号、24 号
31	德国领事馆 亚细亚火油公司（英）The Asiatic Petroleum Co.Ltd.	20 世纪初	沙面大街 59 号，沙面四街 1 号、3 号
32	渣打银行（英）Chartered Bank of India Australia And China	20 世纪初期	沙面大街 49 号、49-1 号
33	天祥洋行（英）Dodwett & Co.Ltd.	民国十三年（1924）	沙面大街 61 号
34	英国圣公会牧师住宅	清同治四年（1865）	沙面大街 69 号
35	沙逊洋行（英）D.Sassoon Sons Co.Ltd. 新志利洋行（法） 法国传教社楼房	19 世纪末	沙面大街 39 号、41 号，沙面二街 4 号、6 号
36	中国盐务副总稽核 Evnest（埃维内斯特，英国人）住宅 中国财政部两广盐务部	20 世纪初	沙面南街 58 号
37	法国兵营	19 世纪末	沙面大街 10 号、12 号
38	海关馆舍（红楼）Imperial Maritime Customs	清光绪三十四年（1908）	沙面大街 2 号、4 号、6 号
39	中法实业银行 日本领事馆（抗战前）	民国二年（1913）	沙面南街 22 号
40	宝华义洋行	19 世纪末	沙面南街 14 号
41	法国领事馆 东方汇理银行（法）Banque de L’ Indo-china 美国大使馆陆军武官驻地	民国四年（1915）	沙面南街 20 号
42	法国邮政局 Poste Frincaise 原法国海军办事处	19 世纪末	沙面南街 12-1 号
43	汇丰银行宿舍（英）	20 世纪初	沙面南街 24 号
44	泰国人俱乐部	19 世纪末	沙面南街 34 号
45	太古洋行（英）Butterfield & Swire Co.Ltd. 太古轮船公司	清光绪七年（1881）	沙面南街 48 号
46	新沙逊洋行（英）D.Sassoon & Swire Co. 安达银行（荷兰）	20 世纪初	沙面南街 50 号
47	沙逊洋行（英） 法国传教社楼、葡萄牙领事馆 大西洋领事馆（二楼）	19 世纪末	沙面南街 42 号

（续上表）

序号	名称	时间	地址
48	赫德爵士（英国人）楼	20 世纪初	沙面五街 1 号
49	泰和洋行（英）	20 世纪初	沙面五街 4 号
50	沙面南街印度人住宅	19 世纪下半叶	沙面南街 2 号、4 号、6 号、8 号、10 号
51	屈臣氏药房（英） 贯华企业公司	19 世纪末	沙面三街 4 号
52	慎昌洋行（美）Anderzen Mysner Co.Ltd.	19 世纪末	沙面四街 8 号、8 号之一、8 号之二
53	美国领事馆	20 世纪 40 年代	沙面三街 2 号
54	沙面网球场（英） CTC 网球俱乐部	清末	沙面南街 5 号

清末　莲香楼

位于荔湾区第十甫路67号。原为专营糕点美食的糕点馆，清光绪十五年（1889）由陈姓制饼师傅创建。光绪三十四年（1908），被“茶楼王”谭信义收购，改名为“连香大茶楼”。宣统二年（1910），翰林学士陈如岳品尝莲蓉点心后，提议将“连”字改为“莲”，并手书“莲香楼”三字。以此三字制成的招牌至今仍悬挂于该楼门前。发展至今，莲香楼已成为全国著名的老字号品牌。

莲香楼为骑楼式建筑，高三层，占地面积约200平方米。正立面二、三层为柱廊式，山花造型精美，并嵌“莲香楼”三个大字。天面筑六角亭。

2015年7月，公布为广州市文物保护单位。

莲香楼

清末　汀根梁氏大宗祠

位于番禺区沙头街道汀根村青云大街35号。始建于清同治十年（1871），2000年重修房顶瓦面，2016年重修。

祠坐南朝北，广三路，深两进，总面阔14.5米，总进深31.73米，占地面积460.09平方米。中路三间两进，均为硬山顶，人字封火山墙，灰塑龙船脊，碌灰筒瓦，青砖墙，花岗岩墙基。头门前廊两次间建有花岗岩须弥座台基，上立有四根花岗岩檐柱，前檐板雕花鸟，木梁架雕戏剧人物，挑头饰石雕人物像，墀头饰砖雕。明间花岗岩石门夹，门额上石匾刻“梁氏大宗祠”，大门两侧立石礅，浮雕瑞兽纹饰。头门后为天井，两侧为廊。后堂前有前廊，墙楣绘有人物故事壁

汀根梁氏大宗祠

画，题款为“同治十年”，为杨瑞石所画。后堂明间后侧建神台，供奉祖先牌位。祠左右路建有青云巷与祠堂连通，青云巷左石额刻“水渟”，右石额刻“岳峙”，祠堂前为地塘，再前为放生池。

2021年3月，公布为番禺区文物保护单位。

清末 广州圣心大教堂

位于越秀区一德路旧部前56号。是我国最大的哥特式石构建筑，又是天主教广州教区的主教堂。因墙壁、柱子等全部用花岗岩砌筑，俗称“石室”。

第二次鸦片战争后，法国强迫清政府出租原两广总督府地，兴建此教堂。由法国工程师明稽章（Guillemin）设计，中国石匠蔡孝等人施工。清同治二年（1863）奠基，光绪十四年（1888）竣工。

圣心大教堂原占地面积4万多平方米，除教堂外，还有医院、神学院及中、小学校等房舍，现尚存教堂、主教府、神父楼、苦修院及东侧的天主教女青年会所、西侧的男青年会所。圣心大教堂平面呈“拉丁十字”形，坐北朝南，东西阔35米，南北深78.69米。堂内以两排纵向束柱把空间分为中厅和侧廊，采用尖形肋骨十字顶，东西两侧的外墙建有飞拱和飞扶壁，凌空斜撑。整座建筑的尖形拱窗、玫瑰窗、女儿墙及室内装饰精细。

1996年11月，公布为全国重点文物保护单位。

广州圣心大教堂

清末 金锁排灯塔

位于南沙区南沙街道南北台社区居委港前大道以东虎门水道上横档岛东侧金锁排礁上。东与威远炮台隔水相望，四面环水。

金锁排灯塔

据广州市海事局档案记载，金锁排灯塔始建于清光绪三十二年（1906），为广州海关所建。灯塔坐西北朝东南，标高11米，灯高12.6米，方形石砌结构，原建筑长约4米，宽3米，占地面积约12平方米。礁石面积约400平方米。初期使用煤油灯作为光源，之后改用乙炔灯。1987年7月改造，方塔上加白色圆形玻璃钢塔，高13米，改用新型灯具。现已停止使用。这是广州现存最早的航海灯塔，对于了解广州航海史的发展进程具有较重要的意义。

2015年12月，公布为广东省文物保护单位。

清末 普惠医院旧址

位于白云区江高镇夏花三路（江村段）。始建于1910年。原址位于高塘圩内，因场地有限无法满足使用需求，民国六年（1917）在江村进行选址新建，民国七年（1918）于现址落成。

该院是当时新西兰基督教长老会创办的教会医院，由新西兰基督教徒威尔逊（曾任中山二院的行政主任）担任设计和监理。旧址附近原有一片教会建筑群，共有楼房十栋，设有医务人员宿舍、教学楼、医护楼及礼堂。该院建有二层，为

普惠医院旧址

混凝土楼板，红砖墙，屋顶铺传统瓦顶，楼内四周有回廊。在抗战时期，该院曾被侵华日军军机轰炸，并为江高之役受伤的士兵和民众做出了一定的贡献。作为白云区内最早、最先进的西式医院，普惠医院集医、教于一体，为白云区医疗事业培养出了一大批人才。1951年该院由广东省卫生厅接管，后改作部队177医院，部队医院迁出后又作为戒毒所使用。医院主体仅存4600多平方米，现为江都医院使用。建筑至今保存完好，是一处中西文化合璧的标志性建筑。

2022年6月，公布为白云区文物保护单位。

清末民初　宝源路旧民居

位于荔湾区宝源路8—34单号，5—23双号。建于清末民初。

宝源路8—34号坐南朝北，5—23号坐北朝南。一般为砖木结构，立面及建筑形式既体现西

宝源路旧民居

关大屋的一些特点，也体现“西学东渐”向西方建筑学习的趋向。一般为两开间或三开间建筑，楼高两层，个别高三层，带小阳台，每间面阔约3米多，首层高约4米。其中西合璧的建筑风格，是典型的清末民初广州西关旧民居的代表。

1999年7月，公布为广州市文物保护单位。

清末民初　多宝路旧民居

位于荔湾区多宝路201—219单号。

民居包含十座建筑风格相类似的二至三层青砖建筑联排。总面宽64.7米，总进深20.42米，总占地面积约1321.2平方米。

除203号、205号为三开间带青云巷的民居之外，其余均面阔两开间。该旧民居群外观整齐划一，形式相类：正立面均为水磨青砖石脚，大门设脚门、趟栊、板门“三件套”，二、三楼带阳台。其中西合璧的建筑风格，是典型的清末民初广州西关旧民居代表。

1999年7月，公布为广州市文物保护单位。

多宝路旧民居

清末民初　鸿昌大街22号西关大屋

位于荔湾区长寿西路鸿昌大街22号。为较典型的广州西关大屋之一。

建筑坐北朝南，面阔三间，深三进，占地面积439.7平方米。砖木结构，高两层，青砖墙。左侧原有约20平方米的小花园，现仍保留有小型假山。

西关，指广州城西的西关角（今荔湾区）一

带，清以来逐渐成为广州的商贸中心，因此当年也聚集了许多名门望族、官僚巨贾。他们在此兴建的具有岭南特色的广州传统民居形式，被称为“西关大屋”。西关大屋多为砖木结构，青砖石脚。其平面布局按传统的正堂屋形式，往纵深方向展开。其典型平面为左右对称，中间为主厅堂，两侧为偏间。中轴线自前而后依次为门廊、门厅（门官厅）、轿厅（茶厅）、正厅（大厅或神厅）、头房（长辈房）、天井、二厅（饭厅）、二房（尾房）。每厅为一进，一般大屋为二、三进。两旁偏间分别为书房、小院和偏厅、客房。偏厅、客房后面为卧房、厨房等。较大型的西关大屋有屋顶平台，供乘凉、赏月和西关小姐们七夕拜月（拜七姐）等。庭园中栽种花木，筑假山鱼池，极富风情。

鸿昌大街22号西关大屋

1999年7月，公布为广州市文物保护单位。

清末民初　同盛机器厂旧址

位于荔湾区上市路镇东街广安里1号。建于清末民初时期。

建筑为砖混结构，高二至四层，长13.2米，宽7.5米，占地面积99平方米。屋面为金字架，碌灰筒瓦，青砖墙，南、北外墙分别有“同盛号”“同盛机器厂”灰塑字样。正门设趟栊门。

同盛机器厂旧址

同盛机器厂由太和巧明火柴厂股东吴宗岳创办，是太和巧明火柴厂附属厂，主要制造和修理生产火柴的机器设备。1966年，太和巧明火柴厂与东山火柴厂合并，并迁往广州市河南马涌桥，同盛机器厂停产。

2008年12月，公布为广州市文物保护单位。

清末民初　和平路侨批局旧址

位于荔湾区和平东路50号。建于清末民初。

旧址坐北朝南，楼高三层，面阔8米，进深20米，占地面积约160平方米。中西合璧的建筑风格。正立面第二、三层均有阳台，天台建有一个六角攒尖顶的凉亭。大门保留了趟栊。

和平路侨批局旧址

侨批，俗称“番批”“银信”，专指海外华侨通过海内外民间机构汇寄至国内的汇款暨家书，是一种信、汇合一的特殊邮传载体。该旧址由当时的昆源银号兴建，后被卖给“广、肇、惠”府会会长彭慰农作为府会的地点，主要为南洋一带的华人与家乡亲人提供联系往来、传递邮件和汇驳等业务，并兼营药材。

2008年12月，公布为广州市文物保护单位。

民国　宝庆大押旧址

位于荔湾区多宝路宝庆新中约39号、39-1号、39-2号、41号、41-1号、43号、45号。建于民国时期。

宝庆大押坐南朝北，为前铺后仓砖混结构建筑，平面略呈方形。总面宽 28.16 米，总进深 14.84 米，总占地面积 340.03 平方米。分东、西两部分，东面的39号、39-1号、39-2号，原为居住办公区，现为民居。西面的41-1号、43号、45号原为铺面，两部分以41号（巷道）相隔。后方有一栋五层砖混结构库房，库房位于居住区及铺面以南，平天顶，四周设女儿墙，北立面女儿墙上带“宝庆大押”字样灰塑，其上三角山花，外墙四周开设多个小窗眼，内大外小，装有铁枝，用于防盗。

宝庆大押是清末广州六大当铺之一。民国时期曾由当时著名的医科专家张巨斌买下，原打算将其改建成医馆，但因其结构过于坚固，不适宜改造而放弃，遂出租作为民房。1958年广州穗西鞋厂租作职工宿舍，后由房管站接收。该建筑为民国时期较大的当铺建筑。

2011年9月，公布为荔湾区文物保护单位。

宝庆大押旧址

民国　商务印书馆广州分馆旧址

位于越秀区北京路336号。商务印书馆于1897年2月在上海创建，是我国第一家现代出版事业机构，广州分馆建于20世纪初。

建筑坐东朝西，宽约21.4米，长约30米，占地面积约654平方米。保存较为完整，为现代式四层钢筋混凝土骑楼建筑，顶部设有女儿墙及山花，首层柱廊五开间，跨建在人行道上，高约7米，现外墙为水洗石米，大理石脚，天台第四层上加

商务印书馆广州分馆旧址

建半层，现其后门墙上有灰塑“□□□馆时设儿童图书馆”字样，后门还有一方奠基石。旧址大楼保存完好，现为广州市新华书店下属的科技书店。

该旧址是一栋具有明显西方建筑风格的特色建筑，也是体现北京路在历史上曾汇聚图书经营场所的建筑之一。

2010年8月，公布为越秀区文物保护单位。

民国　红园

位于越秀区中山二路菜园西37号。建于20世纪30年代。是民国初年广州市政当局推行模范住宅区运动的产物。

建筑坐西北朝东南，宽约13.2米，长约17.3米，占地面积约353平方米。楼高两层，为钢筋混凝土框架结构。建筑外墙底层为清水红砖墙面，二层现状为涂料面。正面门廊双柱以块石装饰，侧面入口顶部为砖砌券拱。建筑造型采用英国乡村风格，部分细部采用中国传统装饰纹样，造型独特。现除室内部分增加可逆性板墙间隔外，建筑外貌及内部装饰、用材及器具等保存较完好，真实地反映了20世纪30年代广州建筑设计、建筑技术的发展水平，并部分反映该时期广州市民的经济状况和生活习俗，具有较高的建筑艺术价值和历史价值。

红园位于民国时期广州兴建新式住宅的主要

区域，直到现在该区域仍保存着数十栋建于二十世纪二三十年代的西式洋房。

2010年8月，公布为越秀区文物保护单位。

红园

民国　宝生大押旧址

位于荔湾区中山七路22号后座。建于民国元年（1912）。

建筑坐北朝南，前铺高三层，后仓高四层，平面略呈方形，总面宽15.105米，总进深12.89米，建筑总占地面积195平方米。青砖砌筑，外墙四周开设多个小窗。东面女儿墙有“宝生大押”字样。各层均设楼梯。该旧址对研究广州典当业发展史具有较高价值。

宝生大押旧址

1999年7月，公布为广州市文物保护单位。

民国　平岭头村任氏宗祠

位于花都区炭步镇平岭头村。建于民国二十六年（1937），2007年重修。

祠坐西北朝东南，三间两进，左侧带一路建筑。总面阔18.4米，总进深25.7米，占地面积约473平方米。主体建筑为人字封火山墙，青砖墙，设0.7米高的石脚，灰塑博古脊，碌灰筒瓦。头门面阔三间，进深三间共十一架。前廊梁架木雕花果卷草纹饰。木雕卷草纹饰的大雀替，装饰华丽，工艺精美。封檐板木雕戏剧人物、花草，雕刻精致细腻。大门嵌宽3.4米花岗岩门夹，石门额刻“任氏宗祠”，上款刻“民国丁丑仲春穀旦”，下款刻“南村系□□元熙书”。前廊次间设虾公梁、石狮、异形斗拱和雀替。青石挑头雕刻人物，造型生动。后廊墙楣绘有“郭子仪祝寿”“竹林七贤”“卯民聚首”等壁画，落款为“南邑联熊居士”，保存完整。明间设中门。后堂面阔三间，进深三间共十架。坤甸木金柱，后金柱间上悬挂“兰桂堂”木匾。后堂前带两廊，面阔三间，六架卷棚顶，后廊门呈拱形。天井以花岗岩条石铺地。祠堂两侧设青云巷，左右石门额分别刻“礼门”“义路”。左路建筑为衬祠，与主体建筑以1.72米的青云巷相隔，衬祠单间两进，前堂进深一间共十五檩；后堂进深一间共十七檩，前带两廊，为二架卷棚顶，天井中间砌有横墙，墙上设有花窗和灰塑装饰。

2017年1月，公布为花都区文物保护单位。

平岭头村任氏宗祠

民国　广东邮务管理局旧址

位于荔湾区沿江西路43号。清光绪二十三年

（1897）为广州大清邮局所在地，后遭火毁。广东国税厅筹备处于1913年将该址拨给粤海关扩建邮政新局，请英国工程师丹备设计，1916年建成开业。

建筑为钢筋混凝土结构，坐北朝南，平面呈梯形，占地面积1740平方米。南部主楼三层半（半层为地下室），高18米。北部副楼两层（后改为三层），高12.5米。石砌外墙，天面四周带女儿墙，四角均设方形锥顶柱。正立面以希腊爱奥尼柱通贯第二、第三层，内为柱廊。楼内各室宽敞，设有壁炉，室内门窗、地板均为柚木材质，铸铁漏花装饰楼梯扶手，是广州近代仿欧洲新古典主义风格的代表性建筑之一。

2002年7月，公布为广东省文物保护单位。

广东邮务管理局旧址

民国　广东财政厅旧址

位于越秀区北京路376号。原为明清两代的广东承宣布政使司所在地（即藩司衙门），民国后在此筹建广东省财政厅。民国四年（1915）奠基，民国八年（1919）竣工。

建筑是一幢仿欧洲古典建筑风格的砖、木、钢筋混凝土结构大楼。面阔37.14米，高28.57米，进深约28米，占地面积约为1036平方米，平面呈“凹”字形。高五层半，原第一、第三层为钢筋混凝土楼板，第二、第四、第五层为木楼板。穹隆顶，首层作基座处理，开平缓的旋拱。大楼门顶部石匾书有“广东财政厅中华民国

广东财政厅旧址

八年六月吉日”字样。正面大门施以仿罗马多立克巨柱，双柱和方壁柱贯通到三楼檐部，气势轩昂。

1921年，孙中山在此与国会议员举行茶话会，4月24日在此欢迎援闽粤军回粤。同年5月5日，他宣誓就任非常大总统后，在财政厅阳台检阅庆祝游行的群众队伍。1922年6月12日，孙中山在此举行新闻记者会，揭露陈炯明反对北伐的阴谋。1927年12月广州起义时，叶挺和聂荣臻曾在此楼屋顶观察战况。

2002年7月，公布为广东省文物保护单位。

民国　舢舨洲灯塔

位于南沙区龙穴社区居委龙穴岛东侧珠江口和伶仃洋交汇处的舢舨洲岛，即虎门水道与蕉门水道出海处之间的龙穴岛东侧的一个孤岛，四面临水。据中国航标史记载，舢舨洲灯塔建于民国四年（1915），位于舢舨洲礁岛顶部，为当年广州海关方便各国商船进入广州而建，由法国设计师设计。

灯塔为钢筋混凝土结构，外墙乳白色。南北向，塔高5层，高约20米。灯塔的主楼建筑长约14.74米，宽10米，占地面积约147.4平方米。整座岛面积约2000平方米。从楼梯可直上五楼楼顶，楼顶呈圆锥形，四周墙壁嵌有透明玻璃，构成一个约5平方米的圆形楼阁。内有两架巨大的灯具，在夜间通过玻璃直射四方。该塔至今还留有当年

舢舨洲灯塔

日军飞机俯冲扫射的痕迹，周遭铁护栏有四根被子弹打弯，一枚子弹至今仍嵌在铜门上不能拔出，凸出在门板上。在灯塔北面约三十米处，建有一座方钢旗杆和两边砌矮墙的曲形走道。舢舨洲灯塔是广州唯一仅存的、还在使用的近代航海灯塔。

2015年12月，公布为广东省文物保护单位。

民国　康乐园早期建筑群

位于海珠区新港西路135号中山大学。原为岭南大学校园。岭南大学的前身为格致书院，1888年由美国人创办，校址原在广州沙基利埠（今六二三路），后改名为“岭南学堂”，1904年迁校至康乐村附近，因此称校园为“康乐园”。1927年由中国人收回该校自办，并成立岭南大学董事会，孙科任董事长，钟荣光博士任第一任校长。1952年全国高等院校调整时，岭南大学文理科合并到中山大学，此处成为中山大学校址。陈寅恪、姜立夫、陈序经、许崇清、冯日超、冼玉清、容庚、商承祚等著名学者先后在此居住。

康乐园近代建筑是我国早期引进西方建筑技术的典范，其大部分建筑用硬制红砖墙，绿琉璃瓦顶，建筑材料采用钢筋混凝土，部分建筑设地下室。康乐园早期建筑群是广州市建筑发展的重要标志。现存中山大学南校门到北校门中轴线一带的建筑，以及东侧的马岗顶洋教授建筑群，东南侧的广寒宫和西侧的模范村中国教授住宅群。中轴线一带的建筑有怀士堂、陈寅恪故居（第一麻金墨屋）、马丁堂、格兰堂、岭南大学附小建筑群、荣光堂、哲生堂、爪哇堂、十友堂、岭南大学附中建筑群、张弼士堂、惺亭等。这些建筑如今已成为近代中国固有式建筑的“露天博物馆”。

2002年7月，公布为广东省文物保护单位。

康乐园早期建筑群之怀士堂（小礼堂）

附：康乐园早期建筑群文物本体清单

序号	名称	地址	时间
1	马丁堂（东院）	中山大学东北区 334 号	1905 年
2	格兰堂（大钟楼）	中山大学东北区 333 号	1915—1916 年
3	陆达理堂（西院，理学院）	中山大学西北区 536 号	1925—1928 年
4	十友堂（农学院）	中山大学西北区 537 号	1928—1929 年
5	爪哇堂（第一学生宿舍）	中山大学西北区 555 号	1920 年
6	陆祐堂（第三学生宿舍）	中山大学西北区 565 号	1930—1931 年

（续上表）

序号	名称	地址	时间
7	哲生堂（工学院）	中山大学西北区 571 号	1929—1931 年
8	荣光堂（第二学生宿舍）	中山大学东北区 350 号	1924 年
9	马应彪招待所（招待室）	中山大学东北区 388 号	1922 年
10	卡彭特楼（旧女学）	中山大学东北区 378 号	1911 年
11	怀士堂（小礼堂）	中山大学西南区 492 号	1915—1917 年
12	张弼士堂	中山大学西南区 486 号	1921 年
13	新女学（广寒宫）	中山大学东南区 210 号	1933 年
14	惺亭（钟亭）	中山大学原 50 号建筑	1928 年
15	八角亭	中山大学西北区 542 号	1919 年
16	马岗堂（新教堂）	中山大学东北区 338 号	1936 年
17	高利士屋（高礼士屋）	中山大学东北区 313 号	—
18	三栋孖屋之一	中山大学东北区 312 号	1919 年
19	何尔达屋	中山大学东北区 311 号	1921 年
20	泽臣屋（积臣屋）	中山大学东北区 308 号	—
21	陈寅恪故居（第一麻金墨屋）	中山大学东北区 309 号	1911 年
22	黑石屋	中山大学东北区 306 号	1914 年
23	希伦高屋（歌德屋）	中山大学东北区 305 号	1911 年
24	19 号住宅（包令留旧居）	中山大学东北区 304 号	1936 年之前
25	神甫屋（马利诺堂）	中山大学东北区 303 号	1937—1948 年
26	三栋孖屋之二	中山大学东南区 241 号	1920 年
27	第二麻金墨屋（麻金墨屋二号）	中山大学东南区 280 号	1913 年
28	谭礼庭屋	中山大学东南区 278 号	1925 年
29	马应彪夫人护养院	中山大学东南区 279 号 A	1919 年
30	8 号住宅	中山大学东南区 240 号	1936 年之前
31	四敦楼（炮台屋）4 栋之一	中山大学东南区 234 号	—
32	四敦楼（炮台屋）4 栋之二	中山大学东南区 235 号	—
33	四敦楼（炮台屋）4 栋之三	中山大学东南区 236 号	—
34	四敦楼（炮台屋）4 栋之四	中山大学东南区 237 号	—
35	协和神学院建筑群 3 栋之一	中山大学东南区 261 号	1947—1948 年
36	协和神学院建筑群 3 栋之二	中山大学东南区 265 号	1947—1948 年
37	协和神学院建筑群 3 栋之三	中山大学东南区 268 号	1947—1948 年
38	制种室（育蚕制种场）	中山大学西南区 410 号	1921 年
39	农事职业科宿舍	中山大学西北区 546 号	1920 年
40	惠师礼屋	中山大学东北区 332 号	1924—1925 年
41	白德理屋	中山大学东北区 324 号	1927 年

（续上表）

序号	名称	地址	时间
42	屈林宾屋（威林宾屋）	中山大学东北区 329 号	1914 年
43	47 号住宅（陈序经旧居）	中山大学东北区 319 号	1936 年之前
44	韦耶孝实屋	中山大学东北区 318 号	1916 年
45	宾省校屋（许崇清旧居）	中山大学东北区 317 号	1920 年
46	伦敦会屋	中山大学东北区 316 号	1916 年
47	原 2 号村屋	中山大学西北区 509 号	1918 年之前
48	原 3 号村屋	中山大学西北区 510 号	1918 年之前
49	原 11 号村屋	中山大学西北区 513 号	1918 年之前
50	原 12 号村屋	中山大学西北区 514 号	1918 年之前
51	原 13 号村屋	中山大学西北区 515 号	1930 年之前
52	原 7 号村屋	中山大学西北区 517 号	1930 年之前
53	原 18 号村屋	中山大学西北区 518 号	1930 年之前
54	原 6 号村屋	中山大学西北区 519 号	1930 年之前
55	原 17 号村屋	中山大学西北区 520 号	1930 年之前
56	原 5 号村屋	中山大学西北区 521 号	1930 年之前
57	原 16 号村屋	中山大学西北区 522 号	1930 年之前
58	原 4 号村屋	中山大学西北区 523 号	1930 年之前
59	原 14—15 号村屋	中山大学西北区 524 号	1930 年之前
60	第一宿舍	中山大学西北区 507 号	1910 年
61	第二宿舍	中山大学西南区 493 号	1911 年
62	第三宿舍	中山大学西北区 505 号	1912 年
63	第四宿舍	中山大学西北区 501 号	1916 年
64	文虎堂（中学新寄宿舍）	中山大学园东区 118 号	1933 年
65	翘燊堂（中学新寄宿舍）	中山大学园东区 116 号	1933 年
66	小学校舍第一栋	中山大学东北区 339 号	1915 年
67	小学校舍第二栋	中山大学东北区 340 号	1915 年
68	小学校舍第三栋	中山大学东北区 342 号	1916 年
69	小学校舍第四栋	中山大学东北区 343 号	1916 年
70	小学校舍第五栋	中山大学东北区 344 号	1919 年
71	小学校舍第六栋	中山大学东北区 345 号	1930 年
72	小学校舍第七栋	中山大学东北区 346 号	1948 年改建
73	陈嘉庚堂（附小礼堂）	中山大学东北区 341 号	1919 年
74	方亭	中山大学原 52 号建筑	1932 年
75	乙丑七进士牌坊	—	—
76	孙中山铜像	—	—
77	墓园	中山大学蒲园区 697 号东侧	—

民国　平和大押旧址

位于白云区均禾街均和圩。建于民国六年（1917），2011年重修。

旧址由铺面、当楼、凉亭组成。铺面在前，当楼在后，以天桥相连。铺面面阔三间13.5米，进深三间16米。硬山顶，人字山墙，碌灰筒瓦，青砖石脚，凹斗门。内部明间为营业大厅，设柜台；次间搭阁楼，首层为会客厅，阁楼为工作间。当楼面阔14米，进深14.3米。碉楼式建筑，共六层。四坡顶，碌筒瓦面。墙体厚实，外侧青砖，内侧灰砂夯土，结构坚固，具有防御功能，四面墙体设内宽外窄的射击孔一百零八个。室内首层设四根边长1米的方形砖柱直通顶层。天台层的四角建圆锥形瞭望塔，下尖上宽。女儿墙上放置共九十九块大小不一的花岗岩石块，用于防御。顶层建有一个储水量1.2吨的水池，用于消防。

平和大押旧址是目前广东省已知的建筑规模最宏伟、保存最完整的当铺。其规模之大，建筑之牢固，防卫措施之周密，实为罕见。现辟为白云区博物馆。

2008年12月，公布为广州市文物保护单位。

平和大押旧址

民国　中山大学天文台旧址

位于越秀区越秀中路125号。建于1929年。

天文台依山而建，高三层，地面上两层，主体建筑有一层地下室，红砖墙，砖混结构建筑。一楼中部有台阶通往大门，前设一个以两条仿爱奥尼式柱支撑的门廊；二楼中部有出挑的阳台，阳台上设拱券式门通往屋内，屋顶有三角形山花。主体建筑东侧建有折式楼梯可上高三层、平面八角形的天文观测工作室。

中山大学天文台由留法天文学博士张云教授提议修建，比南京紫金山天文台的落成早五年。天文台除了教学科研之外，还承担了许多民用军用项目，同时也为我国培养了大批天文学人才，邹仪新、叶叔华就是其中的杰出代表。1952年全国高校院系调整，中山大学天文学系全体师生和天文台全体员工及仪器设备并入南京大学。

1978年7月，公布为广东省文物保护单位。

中山大学天文台旧址

民国　仲元图书馆旧址

位于越秀区解放北路988号越秀公园镇海路。为纪念辛亥革命将领邓仲元而建。1929年奠基，次年建成。

建筑包括一座门楼及一座仲元楼，总面积7600平方米。门楼建在小山岗前，立柱采用水磨青砖砌筑，铁门和柱顶融合中西建筑装饰的风格。仲元楼为钢筋混凝土结构，建在一台基上，台基边缘设石望柱、栏板，雕工精致。高两层，副阶周匝，绿琉璃瓦重檐庑殿顶，用混凝土仿斗拱和飞檐，额枋有彩绘，外墙水磨青砖，花岗岩石脚。明间门廊突出，大门两旁用花岗岩石雕刻

仲元图书馆旧址

成须弥座墙体装饰，富丽典雅，颇具特色。首层后半部有地下室。

邓仲元（1886—1922），名铿，惠阳人。清光绪三十一年（1905）入广州将弁学堂，次年毕业，留校任步兵科助教、代理区队长等职。1911年参加黄花岗之役，失败后出走香港。武昌起义后，在东江率民军响应起义。广东军政府成立，任参谋长；1920年10月，任粤军参谋长兼粤军第一师师长；1922年，孙中山率军北伐，他在后方筹饷，3月21日，在广九火车站被陈炯明部署行刺，重伤不治。孙中山下令追赠他为陆军上将，派徐绍桢致奠，并着陆军部从优拟议恤典。

2022年7月，公布为广东省文物保护单位。

民国　永安堂

位于越秀区沿江西路149号。建于20世纪30年代。

永安堂为西式建筑风格，坐西朝东，平面呈方形，面阔五开间26.9米，进深五开间26.3米，占地面积约707平方米。高五层，首层沿街以骑楼建筑形式跨建在人行道上。东面为入口大门，明间砌圆拱门。明间楼顶以上砌五层钟楼，呈三级收分，最高一层为方钟面，四面均设钟，顶部竖旗杆。建筑外墙为水洗石米批荡，骑楼地面为水磨石米，入口大厅地面铺大理石。

1908年，胡文虎与其弟胡文豹继承永安堂中药铺，在南洋将其父所创制的“玉树神散”改良成既能外涂又能内服、携带方便、畅销东南亚等地的虎标万金油。20世纪30年代回广州设厂经销，在沿江路建此堂，作为生产和经销虎标万金油的主要场所。1950年广东省人民政府接管胡文虎永安堂产业后，一直为省总工会使用。1994年政府发还产权，胡文虎女儿胡仙把永安堂捐赠给广州市人民政府，辟为少年儿童图书馆。

2022年7月，公布为广东省文物保护单位。

永安堂

民国　广州市立中山图书馆旧址

位于越秀区文德北路71号。1927年6月，在市政委员长林云陔的倡议下，经第105次市政会议决定，筹建广州市立中山图书馆。同年9月，派伍智梅、黄谦益前往美国、加拿大、墨西哥、古巴四国，募得美金二十多万元，用于建造该馆。图书馆由林克明设计，1933年10月15日建成。

旧址为正方形宫殿式建筑，面阔45米，共两层，高18.3米。中西合璧风格。外墙红砖砌筑，花岗岩石墙脚，室内铺大理石拼花地砖。绿色琉璃瓦，四角的角楼为四角攒尖顶。中间有一八角亭，为重檐八角攒尖顶，四边各有一走廊与亭相通。角楼、八角亭屋脊前端皆有脊兽。外立面以红色水磨石倚柱贯通一、二层，柱头施绘有图案的仿古额枋。檐下施水泥仿木斗拱。大门位于建筑东立面明间，圆拱门，花岗岩石镶边。

1933年该馆开放后，日平均读者达1200人次。1938年广州沦陷后，馆舍被日本海军武官府霸占。抗战胜利后，1946年3月11日复馆开放。中华人民共和国成立后经短期整顿，更名为广州市中山图书馆。1955年5月17日，与广东人民图书馆合并成立广东省中山图书馆。

2022年7月，公布为广东省文物保护单位。

广州市立中山图书馆旧址

民国　陈济棠公馆

位于越秀区中山一路梅花村3号。建于民国十九年（1930）。为红砖清水墙的两层西式园林别墅，由广州市工务局罗明燏设计建造。

公馆原院门朝东，院内建有六角亭和主、副楼，原尚有假山、水池。主楼建于院子中部，主楼东西侧各建一附楼，附楼设楼梯与主楼后座相连。现占地面积约2150平方米。

陈济棠（1890—1954），字伯南，广西防城港人，粤系军阀代表，中国国民党一级上将，曾任中华民国农林部部长、国防最高委员会委员。长时间主政广东，政治上与当时南京中央政府分庭抗礼，在经济、文化和市政建设方面颇多建树，有“南天王”之称。

陈济棠公馆

1993年8月，公布为广州市文物保护单位。

民国　明园

位于越秀区培正路12号、14号。建于民国时期。

明园

明园坐北朝南，由两座高三层、风格形式相同的楼房组成。砖混结构，外墙由红砖砌筑，中间入口建罗马柱式的门廊。楼顶为天台，设女儿墙。西侧楼房面阔8.4米，进深14.6米；东侧楼房面阔9米，进深11米。

1993年8月，公布为广州市文物保护单位。

民国　东亚酒店

位于越秀区长堤大马路320号。由旅澳华侨马应彪集资，于1914年兴建，落成后称“先施有限公司环球货品粤行东亚大酒店”。

东亚酒店

酒店坐北朝南，高七层，正面三开间，钢筋混凝土结构，折中主义建筑风格。占地面积约8000平方米。正立面塑有黑色的

"EAST ASIA HOTEL"和红色的"东亚"字样。首层以拱券形柱廊跨建在人行道上，成为骑楼。

民国时期，该酒店作为享誉省港澳和东南亚的豪华酒店，与其邻近的先施公司（当时广州著名的百货商店）、海珠大戏院（广州戏院之王），形成广州当时最繁华的商业区，是富商巨贾、达官贵人经常出入的场所。第七层天台设花园，曾有"不夜天"之称。抗战胜利后，中国共产党在酒店成立地下支部。1949年10月15日凌晨，这里升起广州地区第一面五星红旗。

1993年8月，公布为广州市文物保护单位。

民国　爱群酒店

位于越秀区沿江西路113号。原是香港爱群人寿保险有限公司的产业，为早年追随孙中山革命的陈卓平集海外华侨的资本所创办。由陈荣枝、李炳垣设计，1934年10月1日动工兴建，1937年4月落成、7月开幕。

爱群酒店先后名为香港爱群人寿保险有限公司广州分行、爱群大厦、人民大厦，是广州第一幢钢框架结构的仿美国摩天式的高层建筑，也是当时华南地区最高的建筑物。占地面积800多平方米，平面为三角形，高十五层64米，首层沿街以骑楼建筑形式跨建人行道上，内设门厅、餐厅、商场，第二层以上为中空设计，周边设立客房和写字楼，设有电梯和步行梯。在第十层楼的平台上建尖平顶塔楼，尖平顶上塑"爱群"两字。建筑外墙原刷白色水洗石米饰面，开长方形钢窗。

爱群酒店

1993年8月，公布为广州市文物保护单位。

民国　陈廉仲旧居

位于荔湾区龙津西路逢源北街84号。建于民国时期，为中西合璧式的园林建筑。

旧居总占地面积920平方米。包括主楼及庭园两部分。主楼为西式风格，高三层，正立面柱廊式。主楼内部间隔仿当地的西关大屋。院内筑有高两层的西式凉亭。庭园内水池直通荔湾涌，原有停船埠头。原院内的其中一座假山（名为"狮子滚绣球"）已塌毁，仅余一座原名"风云际会"的假山仍立于池畔，形如九龙探水。石上榕树婆娑，盘根错节，与石山融为一体，形成"石上飞榕"的独特景观。1996年辟为荔湾区博物馆。

陈廉仲旧居

陈廉仲（1884—1974），字仲荣、恒济，广东南海西樵简村人。陈廉伯之弟。其继承祖父陈启沅创办的丝业生意，活跃于广东商界，积极发展海外贸易，热心地方公益事业。

1993年8月，公布为广州市文物保护单位。

民国　陈廉伯旧居

位于荔湾区沙地一巷36号。建于民国时期。原为带庭院的建筑。现庭院已不存，只余主楼及凉亭。

主楼坐东朝西，平面呈不规则形，总面宽20.3米，总进深20.2米，占地面积441.9平方米。

旧居为西式建筑风格，外立面及内部纹饰均丰富精美。室内地面铺大理石，柚木门、窗，用料考究。高六层，内设直通的旋转楼梯，颇具气势。该处曾为洋务工商巨子及粤系、桂系军界高官云集聚会活动的场所，名为“荔湾俱乐部”。

陈廉伯（1884—1944），字朴庵，广东南海西樵简村人。曾任英国汇丰银行买办、广州商团团长，广东省商团总团长。

1993年8月，公布为广州市文物保护单位。

陈廉伯旧居

民国 中山医学院校本部旧址

位于越秀区中山二路74号中山大学中山医学院内。始建于1916年冬，1918年竣工。包括校本部办公楼、西侧辅助建筑群（含四座建筑）、图书馆（抗战时期日军细菌试验遗址）、医学博物馆、实验动物中心以及孙中山铜像。

校本部办公楼依山势而建，平面布局近似“工”字形，包括中楼与东西两翼，中楼与西楼均分前后两座。总面阔93.5米，总进深61.5米，占地面积5750平方米。除中楼后座高两层外，其余部分均高三层，红砖外墙。中楼正面突出的部分为三开间，柱廊式，有花岗岩石筑的半地下层，立面二、三层以巨柱贯通，楼顶设三角形山花，并镶嵌邓小平题“中山医科大学”六个金色大字。东西两侧为圆筒形建筑，绿琉璃瓦，锥形尖顶，颇具特色。

中山医学院校本部旧址

原中山大学医学院的前身为私立广东公立医学专门学校，1909年春由潘佩如等创建。1924年，学校改名为“广东公立医科大学”，同年，孙中山创办国立广东大学而改属该校医科。1926年，广东大学改名为“国立中山大学”后改属该校医学院。1952年，全国高等院校调整，中山大学医学院与岭南大学医学院、广东光华医学院合并，成立华南医学院。1957年改名“中山医学院”。1982年改名“中山医科大学”。2001年并入中山大学。

1999年7月，公布为广州市文物保护单位。

民国 执信中学文物建筑

位于越秀区执信南路152号执信中学。执信中学是由孙中山于1921年为纪念民主革命家朱执信而亲自创办的学校。原在应元路，1923年迁至现址。1928年曾改名为“广东省立执信女子中学”。1978年复用执信中学校名至今。执信中学现存文物建筑主要有学校正门门楼、南座及北座红墙绿瓦建筑、池塘、小桥等。

门楼与南座、北座均为红砖外墙，绿琉璃瓦顶。门楼面阔三间，进深一间。明间为歇山顶，屋面高于两次间，明、次间各开一拱券门。明间檐下出混凝土结构的仿斗拱。正面花岗岩石额上刻“执信中学”四个金字，落款“廖承志题”。背面石额上刻“崇德瀹智”四字，为执信中学校训。南座和北座均为硬山顶，高两层半，以石砌半地下室。北座有民国十五年（1926）的奠基石和石额，刻“忠孝仁爱，信义和平”；南座石额刻“厚德载物”“仁慈博厚以育万物为女德之要义”等，年款为“民国二十年春月”。

执信中学自创办以来一直是广州地区的著名中学，为培育人才做出过卓越贡献，廖承志、廖梦醒等是该校早期学生。其校园建筑是民国广州地区中西合璧风格代表之一。

1999年7月，公布为广州市文物保护单位。

执信中学文物建筑

民国　隅园

位于越秀区寺贝通津42号、44号。1930年由广州早期留英学生伍景英自行设计建造，1932年落成。

隅园分东、西两座，均为高两层的砖混结构，以西座为主，东座为副。西座红砖外墙，绿琉璃瓦硬山顶，瓦顶高低错落分三级，券拱门，门外筑红砖围栏。东座为平屋顶的二层小洋房，外墙批荡，南立面开拱券形窗，建筑年代比西座稍晚。室内完整地保留了英国进口的铺地砖、壁炉和洗漱室洁具等。隅园有前、后花园，园内有同时期种植的花旗杉、红棉树，今仍枝繁叶茂。当年室外的水池、水井及井用抽水设备等尚存。建筑造型典雅别致，材料、工艺上乘，是广州地区典型的中西合璧式民居建筑代表之一。

隅园

伍景英（1890—1993），1905年留英，是中国最早的留洋学生之一。学成后归国加入海军，参与制作军舰水雷抵抗侵华日军。中华人民共和国成立后担任人民海军南海舰队高级技术顾问。

1999年7月，公布为广州市文物保护单位。

民国　越秀山水塔

位于越秀区解放北路988号越秀公园内。1930年3月奠基，1932年4月1日落成启用。是广州现役水塔中年代最久的一座。

水塔为球形，钢铁制造，外刷绿色油漆，造型优美壮观，为越秀山一大景观。塔高14.6米，内径12米，可容水1000多立方米。离塔基3.4米处立一高约11米的梯状水尺，显示塔内水位高低。水塔顶部有一直径0.94米的圆形井口，井内有铜制浮球控制水位。井口内建有一铁梯直通塔底，以备塔内检修。塔顶井口上建有高2.5米的八角尖顶小屋遮盖。屋有四个弧形小窗，各高1.1米，宽0.61米。塔外悬挂弧形铁梯，凭梯可登上塔顶小屋。梯还可绕塔转动。

广州早期修建的自来水塔有两个：一是西关长寿路的西关水塔，建于1908年；一是建于1928年的东山杨箕村东山水塔。这两座水塔是官商合办的，体积小，离地不高，供水市中心，路线长，以致水压下降，供水时断时续。1928年广州市政府接管自来水厂后即议建水塔，并择定市中心距地面50米高的越秀山原设炮台山岗为水塔基址。塔基工程由宏益公司承造，市自来水管理委员会江河工程师指挥。自来水源自西村增埗水厂，塔下延伸直径30英寸（1英寸等于0.0254米）水管13700米和24英寸水管3000米，水管均从国外购入，由和兴公司安装。水塔安装工程由裕生公司负责，工程总费用2034421元。水塔启用后，由于储量大、地势高，亦可为市区内高十层的楼供水。嗣后，市区不断扩大，人口不断增加，老式的水塔供水系统已不适应实情，成为观赏性文物。水塔旁边有一石碑，记载由时任市长林云陔奠基的时间和建造公司的名称。

越秀山水塔

1999年7月，公布为广州市文物保护单位。

民国　南方大厦

位于荔湾区沿江西路49号。1918年动工，1922年建成。是广州第一座钢筋混凝土的高层建筑，珠江边的标志性建筑之一。

南方大厦原名城外大新公司，为澳洲华侨集资创办，主要经营百货、旅业、酒店。1938年10月，被焚毁，只余框架。1954年3月重修加固，同年10月竣工，易名“南方大厦”。大厦坐北朝南，建筑平面呈曲尺形，总面宽38米，总进深89.3米，占地面积1700平方米。高十二层，共50米，第十层以上为塔楼。正立面为古典三段式设计。第一、二层为高大的骑楼，中间入口为西式柱廊，并饰三角形山花。第三层以上各开间正立面均为玻璃窗。塔楼为巴洛克风格外形。

南方大厦

1999年7月，公布为广州市文物保护单位。

民国　李福林公馆

位于海珠区宝岗大道1号，建于民国初期。

公馆坐北朝南，四层西式楼房。正门是四柱弧形拱门，正中第二、三楼窗户为凸窗，易于采光，其余窗户上端以白色弧线层叠出线，白色山花。第四层屋顶略低，走道顶部直长，两头及两侧房间均设有大小不一的阳台。南面则围成花园，广种果木。

2008年12月，公布为广州市文物保护单位。

李福林公馆

民国　广州市消防局旧址

位于越秀区文明路47号。1927年落成。

建筑由主楼和瞭望台组成。主楼高两层，面阔约31.3米，进深约27.2米，占地面积约851平方米。正立面山花有“广州消防”四字。瞭望台高29.52米，共三层：第一层面积最大，层高最高，以后逐层递减；第一、二层内设楼梯，第三层外设铁梯，平屋顶。第二、三层四面开长形瞭望口。

20世纪初，由于火灾频频发生，市政府成立的警察处在文明路设消防队。1924年，建立消防总局，由英国留学归国的广州消防总署署长陈墨秀仿照英国消防建筑建造，由美国设计师伯捷设计。瞭望台是当时广州市最高的建筑之一。消防总局还从国外引进了多种先进的消防设备。

2002年7月，公布为广州市文物保护单位。

广州市消防局旧址

民国　黄宝坚石屋

位于荔湾区文昌南路敬善里13号。建于民国元年（1912），是清末民初西关爱育堂著名医师黄宝坚的寓所。

建筑设计图纸由黄宝坚之兄从美国带回。整幢楼房外墙均用进口长方形花岗岩石精工砌成，石面自带天然的花岗岩石纹理，为广州市现仅存的三间石屋之一。楼高三层，占地面积255.18平方米。首层内部间隔与西关大屋相类。寓内右侧有约40平方米的封闭式小庭园：鹅卵石砌筑水池，建半边亭，绿琉璃瓦，四根白色西式圆柱，以形状各异的蜡石为基座。

黄宝坚石屋

2002年7月，公布为广州市文物保护单位。

民国　真光书院旧址

位于荔湾区培真路17号真光中学内。由美国长老会女传教士那夏理1872年创办于广州金利埠（今六二三路容安街），名叫“真光书院”。1878年迁往仁济路，1909年改名为“真光中学堂”，1912年改名为“真光女子中学”。1917年迁往白鹤洞，并建真光堂、连德堂等。1921—1926年，得海外华侨、华人和外国人捐资赞助，陆续增建怀素堂、必德堂、协赞堂等校舍，1934年建中山纪念运动场。

真光书院旧址包括真光堂、怀素堂、连德堂、必德堂、协赞堂、白求恩楼、真庐、中轴线门楼及校道、旧游泳池。真光堂高三层，砖混结构，柱廊式，绿色琉璃瓦顶，红砖外墙。分为三个瓦顶，中为重檐，两侧为歇山顶。怀素堂、连德堂、必德堂、协赞堂、门楼、白求恩楼、真庐等房舍的风格、形式、特点与真光堂相协调，都为砖混结构的红砖外墙，或为绿琉璃瓦顶，或为平顶。旧游泳池设六条泳道，池壁及周边铺马赛克，北面依稀可见“□□公司出品”字样。

2002年7月，公布为广州市文物保护单位。

真光书院旧址

民国　国立中山大学石牌旧址建筑

位于天河区石牌五山路东莞庄，占地面积175.5平方米。中山大学前身为国立广东大学，原位于文明路，1926年为纪念孙中山而改名为“国立中山大学”。按照孙中山生前所嘱，1931—1937年，在石牌建设了国立中山大学新校园及其建筑群。1952年全国高校院系调整，中山大学迁往海珠区康乐园。石牌原中山大学校址由华南工学院（今华南理工大学）、华南农学院（今华南农业大学）等单位使用至今。

中山大学在石牌历时十八年，主要建筑有校门牌坊和位于五山街今华南理工大学的体育馆、工学院教室、法学院教室、机械电气工程教室、化学教室、化学工程教室，今华南农业大学的农林化学馆、农学馆、生物地质地理教室、物理数学天文教室等建筑。

国立中山大学石牌旧址建筑群规模宏大，仿中国固有民族建筑形式进行创作，造型古典，装饰丰富，中西结合，是天河地区规模最大、保存最完好的民国时期大型建筑群。

2002年7月，公布为广州市文物保护单位。

国立中山大学石牌旧址建筑

附：国立中山大学石牌旧址建筑文物本体清单

序号	名称	地址
1	南门牌坊	天河区石牌五山路
2	西门牌坊	天河区粤垦路
3	明远亭	天河区广园东路广东外语艺术职业学院田螺岗
4	法学院	华南理工大学 12 号楼
5	日晷台	华南理工大学法学院南侧
6	百步梯	华南理工大学法学院前阶梯
7	体育馆	今华南理工大学体育馆
8	文学院	华南理工大学 5 号楼
9	“国立中山大学新校舍记”碑和“明远亭铭”碑	华南理工大学 2 号楼东侧
10	游泳池旧址	华南理工大学 2 号楼东南侧
11	农学院农林化学馆	华南农业大学 2 号楼
12	农学院农学馆	华南农业大学 3 号楼
13	传达室	华南农业大学 2 号楼西侧
14	工学院机械电气工程教室	华南理工大学 8 号楼
15	工学院土木工程教室	华南理工大学 9 号楼
16	钟亭	华南农业大学 4 号楼西南角
17	理学院数学天文物理教室	华南农业大学 4 号楼
18	狮头喷水池	华南农业大学 4 号楼北侧

（续上表）

序号	名称	地址
19	理学院生物地质地理教室	华南农业大学5号楼
20	理学院化学教室	华南理工大学6号楼
21	工学院化学工程教室	华南理工大学7号楼
22	利寅教授住宅	华南农业大学杀虫植物标本园内
23	电话所	现华南理工大学办公楼
24	男生第一宿舍	华南理工大学东一宿舍
25	男生第二宿舍	华南理工大学东二宿舍
26	男生第三宿舍	华南理工大学东三宿舍
27	男生第四宿舍	华南理工大学东四宿舍
28	男生第五宿舍	华南理工大学东五宿舍
29	中山大学校训石刻	华南理工大学北区
30	刘义亭	华南理工大学北区长江北路4号楼西侧
31	植树亭	华南农业大学附小
32	启新亭	华南理工大学西南区13栋西侧
33	孙总理像	华南理工大学1号楼前（1998年迁建于现址）
34	天文台	现华南农业大学10号楼农村政策研究中心
35	研究院	现华南农业大学9号楼动物医院
36	农学院蚕学馆	现广东省农科院蚕业研究所办公大楼
37	简易蚕室	现广东省农科院蚕业研究所仓库
38	女生第一宿舍	华南理工大学西二宿舍
39	女生第二宿舍	华南理工大学西三宿舍
40	教职员宿舍	华农16号楼
41	教职员食堂	现为华南农业大学12号楼办公楼
42	娱乐场	现为华南农业大学13号楼办公楼
43	乙组膳堂	现为华南农业大学第一宿舍北侧香园咖啡厅
44	男生第六宿舍	华南农业大学第一宿舍
45	男生第七宿舍	华南农业大学第二宿舍
46	男生第八宿舍	华南农业大学第三宿舍
47	男生第九宿舍	华南农业大学第四宿舍
48	发电厂	现为华南理工大学嵩山路酒吧

（续上表）

序号	名称	地址
49	教职员住宅	华南理工大学辽河路 24 号
50		华南理工大学辽河路 26 号
51		华南理工大学辽河路 28 号
52		华南理工大学松花江路 13 号
53		华南理工大学松花江路 17 号
54		华南理工大学松花江路 22 号
55		华南理工大学松花江路 24 号
56		华南理工大学九一八路 18 号
57		华南理工大学九一八路 20 号
58		华南理工大学九一八路 22 号
59		华南理工大学九一八路 24 号
60		华南理工大学九一八路 26 号
61		华南理工大学九一八路 28 号
62		华南理工大学九一八路 30 号
63		华南理工大学九一八路 32 号

民国　宁远楼

位于增城区新塘镇瓜岭村。建于民国十九年（1930）。

楼为钢筋混凝土砖木结构的碉楼，平面为正方形，边长6.4米。楼的四周设有宽4米、深5米的护楼沟。楼高四层21米。第三、四层的外墙四角筑上大下小的枪眼堡，墙上开设狭长的射击孔，堡底为尖锥形，使射击时无死角，杀伤面较大。其余各层设有炮台和土制铁炮。楼的大门为钢铁铸成，并有吊桥可收可放。楼内部有水井，宜于固守。楼内镶嵌一方碑记，记述了华侨筹款兴建宁远楼的经过及使用管理规定。

宁远楼

2002年7月，公布为广州市文物保护单位。

民国　群园建筑

位于番禺区市桥街道海傍路69号。建于1941年，因是汉奸李辅群的私邸，故取名“群园”。

群园包括七座建筑：前门楼、侧门楼、前楼、主楼、后楼、南楼和北楼。该园正门为三楼如意门式门楼。门顶镶有赭红色大理石门额，阴刻“群园”。前楼大门门额嵌大理石匾刻“群远堂”。该园建筑均以红砖砌筑，高二至三层，屋面为中式绿色琉璃瓦的歇山顶、硬山顶、四坡顶或者西式的平顶。檐下施斗拱，中式柱，西式门窗。部分楼之间设天桥相连。后楼建有突出外墙的射击楼，并在顶层开“T”形射击孔。园内建有防空洞，地下暗室。该园建筑具有典型的中西合璧风格，属广州近现代代表性建筑之一，同时也为研究番禺近现代历史提供了重要的实例。

2002年7月，公布为广州市文物保护单位。

群园建筑

民国　五仙门发电厂旧址

位于越秀区沿江西路183号。清光绪二十七年（1901），英商旗昌洋行在广州五仙门承办粤垣电灯公司。1909年，官商合股组成广州电力股份有限公司，赎回粤垣电灯公司自办，是广州历史上最早的电力公司。由于设在沿江西路五仙门一带，俗称“五仙门电厂”。当时该厂安装蒸汽发电机组四台共546千瓦。

现旧址建筑为钢筋混凝土结构，西式风格，平面布局为曲尺形。最南侧建筑高三层，清水红砖外墙，立面以巨柱贯通二、三层，檐口设装饰，屋面带女儿墙。南立面正中间设浮雕山花，东南外立面各柱间设窗口，木质百叶窗扇，窗框设锁石装饰。首层为骑楼。西侧建筑最高为五层，东侧建筑最高为四层，外立面刷黄色涂料，立面为不规则形状。东立面正中间设门廊，三角形山花。经修缮后，现为广州华侨博物馆。

2008年12月，公布为广州市文物保护单位。

五仙门发电厂旧址

民国　光孝堂

位于越秀区光孝路29号。是一座由中国信徒出资兴建的基督教教堂。1924年落成，取名为“中华基督教会光孝堂”。

教堂高三层，两侧为五层高的塔形钟楼。建筑总占地面积1470平方米。红砖墙，外立面采用意大利批荡。正立面有一直径6米的彩色玻璃玫瑰窗。山花之上立十字架。二楼和三楼的礼拜大堂可容一千两百名信徒同时聚会。塔形钟楼为四角攒尖顶。光孝堂是广州规模较大的基督教礼拜堂之一，也是西方宗教建筑艺术和岭南建筑特色融为一体的代表之一。

2008年12月，公布为广州市文物保护单位。

光孝堂

民国　小东门桥

位于越秀区越秀南路三角市。建于1936年。

小东门桥为钢筋混凝土结构的梁式桥，横跨东濠涌。桥长9.8米，宽10.5米，离水面最高处约4米。桥两侧水泥护栏高约1.3米，南侧护栏刻“小东门桥”四个大字，上款“民国二十五年建”，下款“广州市工务局局长文树声题”。

2008年12月，公布为广州市文物保护单位。

小东门桥

民国　近代洋行仓库和码头旧址

位于海珠、荔湾两区珠江两岸。建于清末民初。

太古仓旧址　位于海珠区革新路124号。始建于1927—1934年，原是英商太古轮船公司的码头仓库，俗称“太古仓”。陆域面积约54888

太古仓旧址

平方米，码头岸线约321米，包括仓库十座，码头三个。其中砖木结构仓库六座，混合结构仓库两座，钢筋混凝土结构仓库两座。码头为混凝土高桩梁板式结构。落成之初，由太古洋行代理的黑烟囱轮船公司经营，有二十六艘三千吨左右的货船游轮在太古仓码头靠泊装卸货物。

大阪仓旧址　位于海珠区新民八街36号。全称为“大阪株式会社”码头仓库，与太古仓相隔约200米。码头始建于1930—1934年。大阪仓高约6米，为重坡顶，面积5160平方米，旁边的三角形仓库面积32.3平方米。与大阪仓、三角仓一同保存下来的，还有一座极富日本风格的别墅楼。别墅楼高三层，约12米，总占地面积约997平方米，兼有办公、住宿功能。

德士古油库旧址　位于荔湾区白鹤洞南枝围1号，是美国德士古火油股份有限公司在广州最早开办的油料仓库。始建于1924年，占地面积2.36万平方米。初期是一座桶装油料仓库，主要储存汽油。1946年，在油库原址上建四个金属油罐，并建有办公楼及水塔。现仅余码头。

美孚仓旧址　位于荔湾区芳村大道沙涌南侧。建于民国时期，是当时美国美孚石油公司的原油码头仓库。仓库东临珠江，坡屋面，正立面山花塑有装饰。

日清仓旧址　位于荔湾区芳村大道东8号。建于民国初期，是日本商人用于储运粮食、日用品、五金等商品的码头、仓库。日清仓旧址于1950年由中国进出口公司广州分公司管理，1952年起移交广州市港务局管理。日清仓旧址包括仓库五座，其中四座联排，现编6号仓，另一座现编1号仓。6号仓总面阔115米，总进深21.6米，占地面积2484平方米，高约13米，室内钢桁架，石棉瓦面，青砖外墙。旧址仅剩下东部一座临江仓库。

亚细亚花地仓旧址　位于荔湾区芳村大道东信联路29号。始建于1906年，原是英国亚细亚火油公司所建的储油仓库。原占地面积3.3万平方米。包括办公楼一栋、仓库两座、金属储油罐两个、油罐护墙四座、码头一个、水塔一座。办公楼（自编1号楼）建于清末，砖混结构，高两层，四坡顶，柱廊式，红砖外墙，面阔16.6米，进深16米，占地面积265.6平方米。仓库两座（自编2号、3号），联排，建于二十世纪二三十年代，每座面阔12米，进深22.5米，占地面积270平方米。室内钢桁架，双坡顶，碌灰筒瓦，屋面开气窗，红砖外墙。圆柱形油罐护墙共四座（自编16号、17号、18号、19号）建于20世纪30年代。均为红砖所砌筑的圆柱形墙体，厚约0.6米，高与储油罐相近，其中16号、19号金属油罐尚存：16号油罐高12.6米，直径20.7米；19号金属油罐高12米，直径18.7米。金属油罐建于1918年。日军占领广州时，为防空袭，环绕油罐各加建防护墙一座。临江码头位于仓库东侧，延伸出江面长度约15米，面积约60平方米，以供停泊油船与装卸货物之用。

亚细亚龙唛仓旧址 位于荔湾区白鹤洞新马路1号。始建于1906年，为英国亚细亚火油公司建造的储存桶装油料仓库，原占地面积1.06万平方米。包括办公楼一座、仓库两座。办公楼建于1906年，砖混结构，建筑平面呈“凸”字形，面阔14.5米，进深25.2米，占地面积约322平方米，高一层半，半层为半地下室，外墙为意大利批荡，屋顶平天台。两座仓库约建于20世纪20年代，并联排列，总面阔 31.8米，总进深77.2米，占地面积为2455.9平方米，室内钢桁架，碌灰筒瓦，红砖外墙。

渣甸仓旧址 位于荔湾区芳村大道东48号。始建于1913年，是英国怡和洋行（又叫渣甸洋行）在广州建造的码头和仓库，主要储存粮食、日用百货与五金类商品。原占地面积13.7万平方米，包括六座仓库和一个临江码头。六座仓库（自编122号、123号、124号、125号、126号、127号）联排式，总占地面积约8060平方米，室内钢桁架，碌灰筒瓦，红砖外墙，设有通风窗。122号、123号仓库建于1913年，正立面装饰三角形的山花。124号、125号、126号、127号仓库的大小、形式相似，建于20世纪30年代。临江码头建于民国初年，宽83米，深12.5米，占地面积约1000平方米。

根据《广州港史》记载，20世纪20年代，外国商人争相进占广州港口。当时所建的洋行仓库码头分布于珠江两岸，形成建筑群。

2008年12月，公布为广州市文物保护单位。

民国　广东饮料厂旧址

位于荔湾区西增路63号。建于民国二十三年（1934）。是陈济棠主粤时兴建的专门从事啤酒、汽水生产的省营企业，是当时华南地区第一家，也是最大的啤酒生产企业。

旧址现存三栋小楼房，均为高两层、红砖墙、歇山顶的建筑。另有奠基石碑一方，刻 “广东饮料厂奠基，中华民国二十三年十二月，林云陔，何启澧”。

2008年12月，公布为广州市文物保护单位。

广东饮料厂旧址

民国　对山园

位于荔湾区福州路8号增埗公园内。又名“黄冠章别墅”。建于民国时期。

对山园是由门楼、拱桥、亭阁、主楼、副楼等九座建筑组成的园林别墅，总占地面积1796平方米。门楼面阔三间，立面呈“凸”字形，三个绿琉璃瓦歇山顶的屋面高低错落有致。主楼为四合院，由建于台基之上的前座、东厢、西厢和后座围合而成。其中前座为重檐歇山顶，副阶周匝；厢房歇山顶，临水而建，推窗见水。东南面小山丘上建两层高的亭阁。该别墅建筑虽然为钢筋混凝土结构，但是承袭了中国古代建筑的形制，重檐、歇山等构造浑厚大气；借用了中国古代造园手法，楼台、拱桥、水池、绿树相映成趣，自带南方园林的秀气典雅，并依地势高低变化，建筑有聚有散，其中西结合、南北融汇、古今兼具的独特风格使其具有很高的建筑艺术价值。

黄冠章（1899—1945），广东防城（今广西防城港市）人，早年毕业于广东法政专门学校。1928—1936年陈济棠主粤期间，他深得陈济棠赏识，官至第一集团军军需处少将处长兼广东省银行副行长，1929年起主持建造广州中山纪念堂。对山园为其别墅私家园林。

2008年12月，公布为广州市文物保护单位。

对山园

民国　协同和机器厂旧址

位于荔湾区芳村大道东146号。1911年，由陈拔廷、陈沛霖和何渭文三人合股经营，故称“协同和”，是广州柴油机厂的前身。

旧址占地面积约1.4万平方米。旧址原包括主厂房一座、仓库三座、陈拔廷别墅一栋（2009年底被拆毁）。主厂房为砖混结构，总进深83.8米（原进深39.8米，后加建44米），面宽22.3米，占地面积约1868.74平方米。碌灰筒瓦，室内钢桁架，顶部设有两排采光窗。前座外墙为灰砂砖砌筑，后座为红砖砌筑。正门上方山花灰塑“协同和机器厂”和“1922”字

协同和机器厂旧址

样。厂房内设有吊车导轨。

2008年12月，公布为广州市文物保护单位。

民国　广安钱庄旧址

位于荔湾区梯云东路188号。始建于民国十七年（1928）。原由周氏族人创办，经营国内外周氏家族存款、汇款。

楼坐北朝南，高四层，平面略呈梯形，总面宽5.54米，总进深18.38米，占地面积100.8平方米。正立面两柱贯通三、四层，带阳台。楼内每层墙上均镶有壁画四幅，共十六幅，题材为人物、山水、花鸟、诗词。

2008年12月，公布为广州市文物保护单位。

广安钱庄旧址

民国　广州圣经学院旧址

位于海珠区前进路学院巷2号。

楼坐北朝南，包括四幢建筑（现编号分别为1号楼、5号楼、7号楼、F号楼），总占地面积约7000平方米。1号楼红砖外墙，布局独特，前

门廊、主楼、后楼的屋面高低错落有致。前门廊为西式平顶，门廊发券，立两根西式混合式柱。主楼为筒瓦屋面，悬山顶。后楼面阔三间，中间高两层，筒瓦屋面，悬山顶，两次间则为西式平顶。5号楼高一层，红砖外墙，筒瓦屋面，悬山顶，正立面为柱廊。7号楼高两层半，平顶，天台建有楼梯间，正面柱廊式，墙脚石刻“T.S.E.F.C OF USA”。F号楼高两层，红砖外墙，筒瓦屋面，悬山顶。

广州圣经学院旧址历史沿革清晰，保存完整，各建筑以廊相连，细节精巧，整体较独特，是前进路基立村民国时期大量侨民聚居的实物见证之一，具有较高的历史价值。

2008年12月，公布为广州市文物保护单位。

广州圣经学院旧址

民国　潘氏大院

位于海珠区南华中路231号。建于民国时期。为十三行行商潘氏的私宅，由潘氏入粤第四代潘佩如所建，又名“潘佩如别墅”。

潘氏大院坐西北朝东南，主楼居中巍然兀立，为西式折中主义风格，混凝土结构，主楼宽23米，深33.4米，高10米。基座处理成半地下室。楼前以露天石阶十四级登上首层。首层高4米，大门居中，前部有深2米的方柱券廊，护栏施铁花。红木大门镶彩色玻璃，图案精巧。顶楼为平天台，四周女儿墙上有灰塑，正面当中有等边三角形山花，内塑花卉图案。首层进门为过厅，双侧有红木门通两边大厅，左右对称。各开木制

潘氏大院

百叶门通向前廊。过厅后为过道，左右有楼梯通二楼和地下室。过厅后仍为过厅，两侧对称为房间，木门向过厅开。后为过道，与前过道同，有楼梯上下相通。其后有并排房间三间，同向过道开门。全屋各厅房靠墙一面均向外开窗采光，有窗楣、窗台、窗花。室内设壁炉，木装饰。铺柚木地板，饰木墙裙。三层布局和设施与二层大致相同。

2008年12月，公布为广州市文物保护单位。

民国　基督教洪德堂旧址

位于海珠区洪德五巷23号。又称“基督教河南堂”。建于民国二十四年（1935）。

主堂占地面积约800平方米。砖混结构，楼高两层，红墙绿瓦。首层正面中开三个圆拱门，中轴对称。左右两侧有外楼梯可登二楼，

基督教洪德堂旧址

楼梯置石栏板。圆拱门后两边为室内木楼梯，同样可通往二楼。二楼为拜堂。明间主梁高8.67米，金字顶，上有通风气窗。两次间为单坡顶，侧墙开双掩窗。基督教洪德堂创办于清光绪十六年（1890），原为同寅会礼拜堂。最初由美国教士巴色古牧师在此传教，光绪三十年（1904）由华人牧师刘星南主持。民国二十三年（1934），因开辟马路，迁移到现址。1935年4月13日，新堂建成，称“中华基督教教会洪德堂”，由何少泉牧师主持。1950—1951年，教会所办学校、医院先后由政府接管，保留洪德教堂。“文化大革命”期间停止宗教活动。1981年2月正式恢复。

2008年12月，公布为广州市文物保护单位。

民国　卧云庐

位于白云区金沙街道横沙南围大道75号。又称“藏修精舍”。清末民初由省港道教界人士募捐兴建。

建筑为中西合璧风格，砖木结构，面阔五间16.2米，进深三间12.5米，高两层，占地面积202.5平方米。歇山顶，碌灰筒瓦，青砖墙。第一、二层四周设回廊，拱券式柱廊，地面铺花阶砖。建筑内部采用木柱、木楼板，首层地铺阶砖，屋面下为抬梁式木梁架。楼前建有小花园、拱桥、半圆形水池，周边遍植树木。

2008年12月，公布为广州市文物保护单位。

卧云庐

民国　蝴蝶楼

位于南沙区东涌镇鱼窝头村广州市双钱糖业有限公司内。始建于20世纪30年代，1949年后，鱼窝头乡政府曾在此办公，后为糖厂的办公用房。

蝴蝶楼

建筑是一座青砖墙、钢筋混凝土结构的二层楼房，外墙粉刷成黄色。坐西北朝东南，楼高两层，约9.2米，首层面阔14.48米，进深14.32米，建筑占地约207.35平方米。首层面阔三间，正立面似凹斗门。明间内凹，左右次间面墙向外弯砌成弧状，楼背面中间筑半圆形炮楼，整体立面形似展翅欲飞的蝴蝶。正门嵌坤甸木门框。楼背面中间部位凸出约4米，砌筑成平面半圆形的炮楼。上下设有多个枪眼和瞭望窗。楼顶四周设有围栏，每隔0.3米设一炮眼。第一层至二层设有折上式石砌楼梯。2022年修缮。

2008年12月，公布为广州市文物保护单位。

民国　彰德阁

位于花都区花山镇洛场村美成小学内。是美成小学的钟楼。建于1923年。

建筑为中西合璧式风格，面阔三间5.6米，进深9.4米，占地面积约53平方米。前部钟楼高两层，首层为券廊，立面塑有中式、西式彩色浮雕。第二层原为木楼板，1997年重修时改为钢筋混凝土结构。钟楼顶悬挂着一口铜钟。二楼外墙正中塑“彰德阁”，上款“民国十二年仲春”，落款“江绍甲书”。墙上镶嵌《学校碑记》和《重修彰德阁碑记》两块石碑。后部为一幢中式风格建筑，高两层，硬山顶，两坡屋面，碌灰筒瓦，青砖墙。

彰德阁

美成小学创建于1921年，是花县创办最早的三所华侨学校之一。建校资金全部由旅美华侨捐助，故以“美成”为校名。1926年，在农会与民团的混战中，校舍被烧毁。后由侨胞再捐资重扩建校舍。1979年8月30日，时任美国副总统蒙代尔访华时曾到该校参观，对该校办学实绩表示赞扬。随后，美成小学早年学生、美国加州前州务卿余江月桂亦回母校探望。

2008年12月，公布为广州市文物保护单位。

民国　思明东校

位于花都区花山镇平山村花山华侨中学内。由该村旅美华侨刘广祯于民国十四年（1925）倡议华侨捐资创建。

学校以刘氏太祖刘思明之名为校名，分别在东、西村建成东、西两校，此为东校。东、西校建筑形式相近，其西式装饰构件精美，融合中式建筑屋面，成为民国时期广州地区华侨建筑的特色之一。1926年3月正式开学，1937—1945年间停办，1947年改为“思明中学”。1959年改名为“华侨中学”。

思明东校共有前、后两座中西合璧式建筑，围合成院落，有院墙，总面阔十一间共30.9米，总进深28.3米，总占地面积874.47平方米。前、后座均为砖木结构，绿色琉璃瓦，青砖墙面被刷成红色。前、后座的第二层中间以钢筋混凝土的天桥相通。屋面高低错落有致：中部高两层，四坡顶，屋面前后设栏杆式的女儿墙。两翼屋面稍低，两坡顶。前、后座建筑形式相似，均设拱券式柱廊。

2008年12月，公布为广州市文物保护单位。

民国　思明西校

位于花都区花山镇平西村树滋庄。由该村旅美华侨刘广祯于民国十四年（1925）倡议华侨捐资创建。

学校以刘氏太祖刘思明之名为校名，分别在东、西村建成东、西两校，此为西校。东、西校建筑形式相近，其西式装饰构件精美，融合中式建筑屋面，成为民国时期广州地区华侨建筑的特色之一。

学校有前、中、后三座建筑，混凝土结构，中西合璧风格。总面阔30.4米，总进深35.5米，

思明东校

思明西校

总占地面积1079.2平方米。前、中、后座间建有天桥相通。屋面高低错落有致。前座建筑十一开间，明间高三层，为钟楼；两次间高两层，山花设装饰；两翼屋面最低，设拱券式柱廊。中座首层十一开间，明、次间高两层。后座为平房，面阔六间。

2008年12月，公布为广州市文物保护单位。

民国　王彭楼

位于花都区花东镇三凤村鱼笥庄。为爱国华侨王彭建造的楼房。

主楼面阔9.6米，进深12.2米，占地面积124平方米。高四层，木楼板，木楼梯。首层墙脚为灰砂三合土，高3.6米，厚0.6米，十分坚固。第二、三、四层为青砖墙，窗口窄小，可做枪眼射击孔。楼分前后两进，中间天井有一口水井。四面墙壁布满弹痕和炮弹洞。1989年重修时将已霉烂的楼板、楼梯改成钢筋混凝土结构。楼前有一栋三间两廊的前屋。前屋天井的照壁上有灰塑团寿和花鸟图案。

王彭（1867—1927），原名王应彭，花县花东镇九湖乡（今属三凤村）鱼笥庄人。早年旅美打工谋生，曾参加孙中山领导的兴中会。1920年回国，1922年参加王福三领导的农民自治会（后改为农民协会），并为主要领导人之一，经常捐款解决农会经费问题。其后，又多次奔赴美国为农会筹集资金。1927年5月11日，反动地主武装集结番禺、花县附近二十八个乡民团，勾结反动军队李务滋团，疯狂进攻九湖农民协会。农民自卫军以王彭楼为据点，进行抗击。农军坚持战斗近三个月之久，最后弹尽粮绝，被迫撤退。王彭在撤退时中弹受伤，后不幸被捕，就义于迳岭。

王彭楼

2008年12月，公布为广州市文物保护单位。

民国　勋庐

俗称“德仔楼”或“读月楼”。位于花都区花山镇平山村。建于民国十六年（1927）。

勋庐

勋庐包括主楼、花园、祺勋家塾、门楼等。主楼为中西合璧式的碉楼，高四层，面阔22米，进深8.5米，占地面积187平方米。外墙青砖砌筑，平顶，天台四周砌女儿墙，并有灰塑装饰的西式山花。天台还建有塔楼，平面为六边形，尖顶，青砖砌筑。顶层四个角均筑燕子窝，外观为八边形，内部为圆形，墙上设狭小的瞭望射击口。主楼前建一排平房，作厨房及杂物房，与主楼围合成院落，总占地面积约2202平方米。院落中间为花园。门楼为青砖砌筑，花岗岩石门夹，门额灰塑“勋庐”二字。门楼东南侧建“祺勋家塾”，面阔一间，硬山顶，青砖墙，占地面积21平方米。

2008年12月，公布为广州市文物保护单位。

民国　花县县立初级中学钟楼

位于花都区花山镇花城村花城中学内。民国二十四年（1935）由华侨捐资兴建。

楼为砖混结构，早期现代主义建筑风格。高

花县县立初级中学钟楼

两层，14米，平面呈方形，宽4.2米，深5.6米，占地面积约23.5平方米。正立面门额刻“花县县立初级中学钟楼”。二楼中间悬铜钟一枚。

民国十八年（1929），花县政府改建花县学宫，在此创办了花县第一所初级中学——花县县立初级中学。翌年改为“花县县立乡村师范学校”。民国二十三年（1934），恢复原校建制和校名。

2008年12月，公布为广州市文物保护单位。

民国　广州培正中学早期建筑群

位于越秀区培正路2号培正中学内。培正中学前身为创办于清光绪十五年（1889）位于德政街的培正书院。光绪三十三年（1907）在现址建校，名“培正学堂”。1912年改名“培正学校”。1984年用现名“广州培正中学”。

学校占地面积6.6万平方米。包括门楼、美洲华侨纪念堂、澳洲华侨纪念楼、王广昌寄宿舍、图书馆、青年会楼共六栋民国时期旧建筑，均为中西合璧风格。美洲华侨纪念堂，始建于1929年，是为纪念培正中学建校四十周年，由美洲华侨捐资建成。高三层，绿琉璃瓦庑殿顶，清水红砖墙，占地面积约为622平方米。正面出抱厦券门，券门上嵌民国十八年（1929）由胡汉民所题“美洲华侨纪念”石额。澳洲华侨纪念楼高三层，绿琉璃瓦庑殿顶，红砖外墙，正立面各层均为柱廊式。王广昌寄宿舍建于1918年，高三层，庑殿顶，碌筒瓦面，红砖外墙。正立面各层均为柱廊式。门廊设白色石柱贯穿一、二层，柱头出涡卷，上承第三层中间的飘台。飘台之上立精美的山花。图书馆高三层，绿色琉璃瓦面，红砖外墙。抱厦券门，传统中式风格，歇山卷棚顶，飞檐翘角。青年会楼，全称“学生基督教青年会所”，1925年建成。1928年人民音乐家冼星海在培正中学任教时在此楼前与银乐队合影。

2015年7月，公布为广州市文物保护单位。

广州培正中学早期建筑群

民国　基督教救主堂

位于越秀区万福路184号。原为基督教圣公会的礼拜堂。1903年由中外基督教教徒集资兴建，1912年建成。

建筑平面呈“十”字形，总面阔23.1米，进深四间28.7米，占地面积约662平方米。主楼高两层约10.2米，主楼上建有钟楼，高两层，约10米。红砖外墙，绿琉璃瓦顶，中西合璧风格。室内第一、二层为中空大厅。建筑西南角处嵌有一石刻“此殿荣归上帝　伦会督祝立　一九一九年四月廿七日”。

20世纪60年代，广州实行教堂大联合，兴华浸信会堂、循道会高第堂、崇真会越华堂、神召

基督教救主堂

会文明堂、大马站福音堂、约老会维新堂、安息日会南关堂等合并为广州基督教救主堂。“文化大革命”期间，教会停止活动。1985年4月恢复开放。

2015年7月，公布为广州市文物保护单位。

民国　嘉南堂

位于越秀区人民南路2—12号、7—15号。1919—1921年间由华侨先后集资建成，是广州较早的大型西式骑楼建筑，由著名建筑师杨锡宗设计。

嘉南堂包括南楼（现新华酒店）、西楼（现新如意楼）以及南华第一楼（今新亚酒店）三座建筑。南楼占地面积600平方米，建筑面积4000平方米；西楼占地面积400平方米，建筑面积2700平

嘉南堂

方米；南华第一楼占地面积500平方米，建筑面积3400平方米。均为七层，约30米高，英国古典式风格，采用拱券柱廊跨人行道。骑楼的拱券造型各有特色。

1926年，中华全国总工会和省港罢工委员会在嘉南堂创办劳动学院，是中国共产党创办的第一所培养工运干部的高等学校，也是最早的工人大学。

2015年7月，公布为广州市文物保护单位。

民国　北园酒家庭园

位于越秀区小北路202号北园酒家内。建于1928年，由陈济棠主粤时期的商会会长邹殿邦出面集资创办。

北园酒家庭园

该园当时地处广州北郊，故有“山前食肆，水尾茶寮”之称。1938年曾停业，1947年由杨仁辅等以合德公司名义集股复业。1956年公私合营后，时任广州市市长朱光提出扩建计划，并书写“北园”招牌。1957年，扩建部分由岭南建筑大师莫伯治设计，保存原有古树名木，采用深远曲折的综合式庭园布局，充分利用从民间收集得来的传统建筑装饰构件，以丰富地方特色的同时，保持中国庭园建筑富于精美装饰的效果，使其成为广州首家园林酒家。当时与泮溪酒家、南园酒家并称“广州三大园林酒家”。

2015年7月，公布为广州市文物保护单位。

民国　泮溪酒家贵宾楼

位于荔湾区龙津西路151号泮溪酒家内。民国三十六年（1947）由泮溪人李文伦、李声铿父子创办，因附近有小溪“泮溪”而得名，当时面积只有200平方米。

泮溪酒家贵宾楼

1959年，该楼进行大规模扩建，由著名园林建筑专家莫伯治设计，落成后占地面积为1.2万平方米。青砖、青瓦，绿榕掩映，大门上墨绿色洒金牌匾由当时广州市市长朱光题书“泮溪酒家”四字。酒家采用内院分割式布局。全园分厅房、厅堂、山池和别院四个主要部分。各部分之间以游廊相连。建筑物错落有致，大小相宜，荟萃江南庭园特色及装饰艺术精华。园林景致幽雅，假山耸立，水榭画舫、曲桥流水相映成趣。该建筑设计获得了1993年“中国建筑学会优秀建筑创作奖”。贵宾楼依假山而建，檐角飞翘，四面饰以五彩套色花玻璃，古朴典雅。

2015年7月，公布为广州市文物保护单位。

民国　广东陆军总医院旧址建筑群

位于越秀区流花路111号。民国二十二年（1933），陈济棠在此创办国民党陆军总医院。1949年广州解放后，该院先后被改为陆军总医院、广州军区广州总医院，并添建部分建筑。

现存文物建筑包括门楼、栏杆、华侨楼（原正气楼）、解放楼（原忠孝楼）和胜利楼（原信义楼）、医学实验楼。均为中西合璧风格的钢筋混凝土结构楼房。总占地面积约3万平方米。

门楼坐北朝南。面阔三间约12米，进深一间约3米。明间绿玻璃瓦歇山顶，两次间歇山顶，高度低于明间瓦顶。两侧有石栏杆，门前大道宽阔。

华侨楼坐北朝南。面阔约70米，深约32米，占地面积约2240平方米。中楼突出，绿琉璃瓦重檐四角攒尖顶，各脊均设脊兽。内分五层，中楼第五层外墙有“天下为公”四字，第三、第四层间外墙有“华侨楼”三字。首层前设抱厦式正门，绿琉璃瓦歇山顶。中间两侧的东西翼楼内分四层，为绿琉璃瓦歇山顶，红砖墙，外墙贴红色瓷砖，花岗岩石脚。大楼内铺水磨石地面。内部原貌已改。

解放楼和胜利楼为一曲尺形连体大楼，东西楼以约5米长的走廊连接。东西楼总占地面积约6200平方米。均为高两层或三层的混合结构建筑。东楼坐西朝东。面阔约100米，进深40米。绿琉璃瓦歇山顶，博古纹饰屋脊，外墙已改贴马赛克。东楼正面设三个带绿琉璃瓦歇山顶、水磨石柱的门楼。南北门楼檐下分别刻有“解放楼”及“胜利楼”。中间门楼檐下刻有八一军徽，门前设台阶。胜利楼一楼四面有爱奥尼柱式柱廊，柱头出涡卷。中部有红十字标记，支撑二楼出挑的阳台。西楼坐北朝南。面阔55米，深约40米。为绿琉璃瓦庑殿顶，正面设拱券形大门。檐下有钢筋混凝土结构的仿木阑额、角梁、飞檐等。带有

广东陆军总医院旧址建筑群

明显的中国古代建筑风格。外墙有石脚。现为医院办公用楼。

医学实验楼主体为两层砖混结构。与胜利楼以5米长的走廊连接。建筑屋面为绿色琉璃瓦覆顶，以杉木桁架压混凝土的方式搭建，有歇山式十字脊顶，屋檐下饰有大型垂花、仿木檩条和仿木飞子。该建筑群具有较高的艺术价值，对研究广州军事医院发展史有一定的价值，同时又是近代广州军事医院发展的重要见证。

2021年3月，公布为广州市文物保护单位。

民国　茂园

位于越秀区东山街道江岭南2号。由旅美华侨谭先生于20世纪30年代建造。

楼高三层，前有庭院，建筑坐北朝南，占地面积约113平方米。茂园保存较完整，为典型的东山近代红砖洋楼建筑，承载了民国时期东山地区追求现代生活的典型建筑风格及艺术特点，是龟岗民国建筑群的代表性建筑之一。

2021年3月，公布为广州市文物保护单位。

茂园

民国　培道中学广州旧址建筑群

位于越秀区烟墩路28号。清光绪十四年（1888），美国南方浸信会创办培道学校，1907年迁入该址。

现存文物建筑有三座：建于1928年的四十周年纪念堂，建于1934年的科学馆楼和接待亭，均为中西合璧风格的建筑。培道中学历史悠久，是中国教育史上的名校。该建筑群具有较高的近代建筑艺术价值，同时又是近代广州教育史重要的见证之一。

2021年3月，公布为广州市文物保护单位。

培道中学广州旧址建筑群

民国　启明四马路10号民居

位于越秀区启明四马路10号。1927年修建。为广州近代较典型的红砖洋房别墅。

民居外墙装饰为西方早期现代主义时期风格。楼高三层，顶层建有亭子间，歇山顶，绿琉璃瓦屋面。第一层略高于地面，第一、二层结构布局为两厅四房。现结构保持原貌。

2021年3月，公布为广州市文物保护单位。

启明四马路10号民居

民国 伯捷旧居

位于荔湾区鹤洞路8号之二。为20世纪初期美国建筑师和土木工程师查尔斯·伯捷设计、建造并居住的地方。

楼高两层，有地下室，主体占地面积约470平方米，兼有殖民地外廊式和欧洲古典主义建筑的特征。伯捷和帕内创办的治平洋行在广州设计建造了广东士敏土厂、粤海关沙面红楼等重要的公共建筑，在广州近代建筑史上有重要的影响。

2021年3月，公布为广州市文物保护单位。

伯捷旧居

民国 培英中学早期建筑群

位于荔湾区培真路60号培英中学内。美国教会长老会于清光绪五年（1879）创办了安和堂，光绪十四年（1888）更校名为培英，1935年购买了该址的土地建校舍。

培英中学早期建筑群之方社钟亭

现存五座中西合璧风格的文物建筑：校长楼、校友楼、德光楼、礼智楼、方社钟亭。培英中学教学活动始于清末，历史悠久，是中国教育史上的名校，是近代教育转制的重要例证。

2021年3月，公布为广州市文物保护单位。

民国 中华书局广州分局旧址

位于越秀区北京路314号。1912年，中华书局创立，该年冬，广州分局设立。20世纪30年代初期，广州分局于原址重建，1935年建成使用。中华人民共和国成立后，中华书局撤出广州，该建筑由广州市房管局“代管”。1954年，店面由新华书店租赁用作儿童书店用房。2004年11月，原业主中华书局收回，继续经营书店业务。

中华书局广州分局旧址

中华书局广州分局旧址由中国近代著名建筑师、中国建筑师学会创始人之一的范文照设计，是近代广州摩登式建筑的重要代表。建筑坐东朝西，楼高六层，宽约13米，长约51米，占地面积约320平方米。保存较为完整。建筑外墙采用清水红砖墙面，造型简洁。首层沿街为骑楼，高6米多，反映了现代建筑与地域传统的结合。中华书局广州分局是广州最早的大型书店之一。

2010年8月，公布为越秀区文物保护单位。

民国 昌华新街27、29、29号之一民居

位于荔湾区多宝路昌华新街27号、29号、29-1号。建于民国时期。

民居为两栋风格相似的两层半砖混结构建

昌华新街27、29、29号之一民居

筑，坐东朝西，建筑平面呈梯形，前窄后宽，由南面庭园和北面主体建筑两部分组成。总面宽12.3米，总进深11米，总占地面积145.6平方米。主体建筑正立面外墙石米批荡，侧墙白砂砖砌筑，正立面施精美线条、图案装饰，圆弧形山花，金字形券拱。侧立面为不规则设计，开设多个窗户，石窗框，回纹装饰。两屋中设梯间，内部间隔为中厅侧房设计，最南面通天处带小庭园。两栋楼房较具民国时期建筑风格特色。

2011年9月，公布为荔湾区文物保护单位。

民国 多宝路73号民居

位于荔湾区多宝路73号。建于民国时期。

民居为三层混凝土结构平天顶小洋房建筑，坐北朝南，平面呈“凹”字形，总面宽14.21米，总进深26.06米，总占地面积344.4平方米。建筑分主副两楼，主楼位于正中，左右两边对称向前伸出为副楼，主楼前原有小庭院，

多宝路73号民居

铸铁通花院门。1958—1959年间大炼钢铁，院门被拆，小庭院现为凹进空地。建筑主楼外墙石米批荡，敷绿色混凝土门洞、窗框，南面带门廊，外凸半月形，绿色混凝土仿爱奥尼式柱支承，檐枋饰波浪形浮雕，二、三楼带阳台。副楼设于主楼左右两侧，对称设计，外墙石脚青砖墙，混凝土批荡角柱。青砖以“万”字造型，较有特色。正立面石窗框，饰回纹图案。内侧饰精美圆形石雕花纹图案，线条流畅。二、三楼带外挑小阳台，铁围栏。房屋内部间隔为前厅后房，主楼两侧开边门，设梯通主楼二、三楼及副楼，楼房北面为天井。建筑外墙装饰较有特色，雕花精美，为荔湾区内保存较好、较有特色的建筑之一。

2011年9月，公布为荔湾区文物保护单位。

民国 多宝路75号民居

位于荔湾区多宝路75号。建于民国时期。

民居为三层双开间砖混结构建筑，坐北朝南，平面呈方形，总面宽7.62米，总进深9.21米，总占地面积约70.2平方米。楼房外墙石米批荡，窗框“万字”纹装饰，檐口及阳台天花有精美雕花图案，正间第二、三层正立面带阳台，首层门楣上刻“十全堂建筑”字样。内部间隔为前厅后房设计。该楼房立面装饰较为精美，体现民国时期建筑风格特点。楼房外立面保存较好，装饰线条、图案、“十全堂建筑”字样及窗户玻璃仍保留。

多宝路75号民居

2011年9月，公布为荔湾区文物保护单位。

民国 吉祥坊1号民居

位于荔湾区多宝街吉祥坊社区恩宁路吉祥坊1号。建于民国时期。

吉祥坊1号民居

民居坐西北向东南，为三层高双开间砖混结构楼房。建筑平面呈梯形，西南短东北长。楼房总面宽8.36米，总进深17.4米，总占地面积124.56平方米。该址外墙为青砖石脚，偏间正立面外墙有青砖回字形砌饰，做工精细。楼房正间设凹肚门，有板门、趟栊、脚门，门旁各设一窗。二、三层带不外挑阳台，阳台两侧各设一石方柱装饰支承，仿爱奥尼柱头装饰。偏间正立面右侧开设梯门，梯门旁设窗，二、三层各设两窗，与首层门窗呼应，楼房顶部女儿墙横跨两间。平天台，右侧建梯屋，左侧建一小亭。亭为四柱方亭，绿琉璃瓦滴水剪边，盝顶装饰。该建筑正立面各门窗均为石门夹、石窗夹，与阳台围栏雕花、阳台天花灰塑、柱饰、女儿墙石刻以及趟栊头木雕等精工装饰相互映衬。建筑正间内部间隔为前厅后房设计，带后门。前厅有头门，与大门相隔。正间右侧开边门通向偏间。偏间仍为前厅后房设计，中带小天井。倒朝房右侧开梯门，设混凝土梯通向二、三层及天台。二、三层内部间隔仍为前厅后房，三楼尾房设一外挑小阳台。该楼房室内全部使用玻璃木屏风作间隔，天花角线及顶灯灰塑雕花精美，地面铺花阶砖。该址为荔湾区内保存较完整的中西合璧建筑，楼房做工精美考究，具有一定价值。

2011年9月，公布为荔湾区文物保护单位。

民国 龙津西路骑楼建筑

位于荔湾区龙津西路55号、57号、59号、61号、63号、65号、67号。建于民国时期。

建筑为砖混结构四层骑楼建筑，坐西朝东，平面略呈方形，东南及东北两边外墙导圆角，总面宽38.9米，总进深17.62米，总占地面积674.3平方米。正立面外墙青砖砌筑，南、北立面外墙红砖砌筑。分南北两楼，南楼三间四层，北楼六间三层，东跨人行道设骑楼，以八根带凹槽方柱分隔各间，檐枋饰回字纹图案。大门正对骑楼处施两根希腊爱奥尼风格立柱支承，柱础分两段，底部为须弥座，柱边简饰竹节纹，其上为多级圆线中式复合圆形柱础。柱上施券拱，融合中西风格，带石刻花饰，中有券心石。二楼带半外挑阳台，三楼带内嵌式阳台，两阳台均有铁铸围栏。女儿墙山花雕刻对称云纹，凤凰装饰，海上升太阳居中，图案精美。南楼骑楼天花有图案精致的灯影花，房屋周边有窗户，嵌石窗套。

2011年9月，公布为荔湾区文物保护单位。

龙津西路骑楼建筑

民国 李雍别墅

位于海珠区元龙大街50号。建于民国早期。

别墅共有中西合璧风格建筑五座。包括门楼、主楼、后楼、八角亭、平房，占地面积约293平方米。门楼坐西朝东，面阔三间共11米，进深三间共15米，十九架梁。硬山顶，人字山墙，碌灰筒素瓦。前墙为水磨青砖墙石脚。明间入口做凹门廊，石夹门，原装有趟栊、板门。门厅侧有砖雕门官位，两侧为双层更楼，楼上装精致的玻璃窗。门厅原有中门，上有横批。门厅后加混凝土西式廊。廊顶砌琉璃花瓶栏杆女儿墙。廊柱为爱奥尼式。主楼坐西北朝东南，为两层西式混凝土洋楼。内宽三开间，外宽五开间，共16.4米，深五开间19米。碌灰筒瓦顶及混凝土平天台结合。前有连续拱券廊，爱奥尼柱式。两侧建有三层穹隆顶角楼。室内中为大厅，两侧为耳房及梯间。主楼东侧有八角亭一座，西式柱，八角攒尖钢筋混凝土顶，有鳌鱼戏珠脊饰。红砖台基，蓝色琉璃花瓶栏杆。后楼为三层西式混凝土楼房，宽两开间，深四开间。大院西北角处有一硬山顶平房，为士兵居住之房。

2011年6月，公布为海珠区文物保护单位。

李雍别墅

民国　渔沙坦村张氏宗祠

位于天河区渔沙坦村渔北路209号。建于民国二十五年（1936），1953年重修。

祠坐东北朝西南。面阔三间，进深两进。两侧有青云巷。祠前有禾堂、池塘，右边有水井。总面阔11.83米，总进深17米，占地面积201.1平方米。头门面阔三间，进深两间。悬山顶，博古正脊，人字封火山墙，碌筒瓦面，雕花封檐板，瓜柱抬梁，清水砖墙，麻石墙裙。天井地面由麻石铺砌。后堂面阔三间，进深两间。悬山顶，博古正脊，人字封火山墙，碌筒瓦面，雕花封檐板，瓜柱抬梁，清水砖墙。渔沙坦村张氏宗祠是渔沙坦村保存较完整的宗祠，在平面布局上与一般祠堂不同，兼具岭南广府民居与客家民居建筑风格。

2009年7月，公布为天河区文物保护单位。

渔沙坦村张氏宗祠

民国　贵成家塾

位于天河区黄村中心街19号。建于民国十四年（1925）。

建筑坐南朝北。总面阔13.39米，总进深15.02米，占地面积201.1平方米。中西合璧两层砖木结构小楼，平面三间两进。头门心间为硬山顶，博古脊，脊上有灰塑图案，人字封火山墙，碌筒瓦面。天井两侧均为厢房。西式天台屋顶。清水砖墙，麻石墙裙。檐下有壁画。该建筑建造年代较晚，但天河区此类建筑仅此一例，在形制、结构、布局上有其特别之处。室内现改造为黄村江夏社区居委会办公场所。

2009年7月，公布为天河区文物保护单位。

贵成家塾

民国　红楼别墅

位于天河区中山大道西街55号。建于民国时期，20世纪90年代后期装修。

建筑坐南向北，总面阔12.9米，总进深10.39米，占地面积134平方米。歇山顶，绿色琉璃瓦，滴水剪边。楼高两层，首层前门呈“凹”字形，两侧为外凸窗台、小阳台。入口处设五级台阶，门内为客厅，卧室位于客厅两侧，厅内设梯上二楼。首层后门有门廊。

此别墅由陈济棠购下送给莫秀英。莫秀英，广东高州人，先被陈济棠纳为妾，后成为其妻室，为陈济棠生下七男四女。

2009年7月，公布为天河区文物保护单位。

红楼别墅

民国　敬修堂

位于番禺区石碁镇茶东村楼街南十四巷6号。始建于1935年，2000年重修。

建筑主体坐西南朝东北，为砖混结构中西合璧二层建筑。外围建有围墙，形成庭园式住宅，占地面积1390.8平方米。大门坐西朝东，门楼式大门，绿色琉璃瓦，下嵌红色瓷砖，刻“敬修堂”三字。前座客厅分两层，为歇山顶，龙船脊，绿色琉璃瓦筒、碌灰瓦当。大厅前廊顶部有龙凤灰塑装饰，大门前有两根罗马柱，上有雄鹰灰塑装饰，正面大门左右各一扇窗户。大厅内有四根黄色石柱，柱顶为钢筋横梁。二层客厅四周有回廊。后座为硬山顶三间两廊式二层平房。首层中间为神厅，两侧及两廊为居室。二层间隔与首层同，三间均为居室，两廊为走廊，天井铺花岗岩条石。主体建筑大门前原有金鱼池，旁有假山及八角亭，1964年被拆除，现为二层平顶青砖民房。

敬修堂

2010年11月，公布为番禺区文物保护单位。

民国　适庐

位于番禺区化龙镇塘头村子荫路1号。原名“永树楼”，又叫“汝俊楼”。建于民国时期。

建筑主体为三间两进式三层混合结构建筑，外墙用石米批荡，具有民国时期别墅建筑特色，中西合璧，2018年局部修缮。大门朝西北，总面阔10.23米，总进深12.77米，占地面积130.64平方米。门前为围墙，装饰竹节形栏杆，正中开一门与大门相通，门顶部为两层绿瓷筒瓦顶，门额有“适庐”两字。院内左侧有古井一口。主体建筑为凹斗门，花岗岩石门夹，青砖墙，红砂岩墙

适庐

基。窗楣有花卉、动物、水果、灰塑等装饰。厅堂右侧有楼梯间上二、三层。二层厅堂外有一露台。三层有厅堂一间，其余部分为天台。天台有绿色琉璃瓶形装饰，天台前方正中竖牌一块，其上阳刻“永树楼”。抗日战争时期，日军曾使用过该栋楼。别墅主人黄永树，又名汝荣、俊生。

2010年11月，公布为番禺区文物保护单位。

民国　群庐

位于番禺区化龙镇山门村下街12号、14号。始建于20世纪30年代，1995年、2020年两次重修。

群庐

建筑坐西朝东，分为左前座、右前座和后座三部分。建筑主体为青砖墙，以黄色涂料粉刷外墙，中西结合装饰风格。总占地面积约654.36平方米。左前座为两层楼房，前立一牌坊，坊额上刻“群庐”，落款为“乙亥年二月吉日村委重修”。右前座面阔11.86米，进深16.06米，为两层楼房，门前有一小院落，该座在“文化大革命”期间曾遭火灾，内部结构损毁，现仅剩外墙。后座面阔9.97米，进深20.01米，为两层建筑，二层是阁楼，木梯折上。屋内有一小天井，铺花岗岩石，该建筑基本为中式建筑风格。建筑形制和结构保存较完整。左前座外墙和瓦顶贴了瓷砖，内部进行了翻新装修。群庐是李朤鸡（原名李辅群）在原籍村中的住所。

2010年11月，公布为番禺区文物保护单位。

民国　靖南楼

位于黄埔区夏港街墩头基社区东基靖南街12号。建于民国初年。

靖南楼

楼坐东朝西，面阔一间，进深一间，高五层。墙体为青砖结构，楼面为钢筋混凝土结构，室内有木梯，每层楼的墙面上均开有射击孔，供侦察和防御之用。该楼是当地少有的炮楼建筑之一，曾是东基村用以防御匪患的设施。

2011年11月，公布为萝岗区文物保护单位。

民国　修业学校旧址

位于花都区花山镇洛场村成人文化技术学校内。

修业学校由本村旅美华侨江活涵、江星渡和江作根于民国十九年（1930）出资创办。抗战时期被烧毁，民国三十五年（1946）复办。1986年改为修业中学，并附设花山青少年业余体校。2005年改为花山镇职业技能培训基地和成人文化技术学校。坐北朝南。中路礼堂面阔21.6米，进深

修业学校旧址

9.3米，屋顶类似重檐歇山顶，青砖墙。左右路为教室，面阔5.4米，进深11.2米，与中路礼堂以4.7米阔内院相隔，总面阔41.8米，总进深18.7米，建筑占地782平方米。礼堂后为阔12.8米、深7.6米的大厅。礼堂前廊上有一座高二层的钟楼，面阔7.2米，进深3.3米，水泥石米柱，杉木楼板，二楼砌青砖墙，楼顶有精美的灰塑图案和钟楼。礼堂两旁开有月洞门，月洞门上砌瓦，外侧为教室。

2017年1月，公布为花都区文物保护单位。

民国　詹屋桥

位于花都区花山镇源和村。民国二十六年（1937）由巴拿马华侨捐款建造。

桥为九孔石梁平桥，横跨石子径河（铁山河上游）。桥长31.5米，宽1.1米，高1.8米。桥面每跨并铺三条厚30厘米的花岗岩石梁，桥墩及两边金刚墙均用花岗岩规整石块砌成。桥墩砌分水尖。墩顶凿出凹槽以嵌入桥面石梁，使整体更加稳固。桥南端左侧有建桥碑记，叙述建桥时间及过程，同时刻写捐款华侨名单及捐款数量。

2017年1月，公布为花都区文物保护单位。

詹屋桥

民国　福厚家塾

位于花都区梯面镇民安村。又名“和合屋”。建于民国二十四年（1935）。

建筑为客家围楼，坐南朝北，呈长方形，总面阔25.7米，总进深33.3米，占地面积855.8平方米。主体建筑悬山顶，墙体外砌青砖、内砌泥砖。该楼高二层，杉木梁檩，木板楼面。大门石额阴刻“福厚家塾”。门后设大厅，厅前有宽阔的天井，阔7.3米，深20.6米。两侧各设三个套间，正面设两间小房。每个套间为四房朝厅，厅后有楼梯。二楼回廊设钢筋混凝土栏杆。两层合计七十间厅房。

2017年1月，公布为花都区文物保护单位。

福厚家塾

民国　街口基督教堂

位于从化区街口街东成路14号。1910年由街口镇江埔新围村邝达时发起集资兴建。抗日战争时期被烧毁，1946年又集资重建，1989年又再次被拆改建，1993年9月建成。现为七层混凝土结构建筑。

1990年12月，公布为从化县文物保护单位。

民国　陈济棠别墅

位于从化区温泉镇河东荔园路50号。

建筑坐东北朝西南。建筑平面呈“十”字形，面阔七间。楼高两层，明间向前伸出，成歇山顶抱厦。屋顶举折明显，盖素瓦，绿琉璃瓦剪边。墙头、梁架上绘和玺彩画，北方风格明显，地面铺彩色水泥花地砖。角梁出头，下施斗拱，飞檐灵巧别致。中间凸出飘台以四根圆柱承托，西式柱头。正厅开于明间，两偏间开木框玻璃窗，装套色满洲窗，窗下为装饰性小阳台。别墅内结构为明间大堂，前两侧有廊通两房，楼梯房在大堂后。别墅布局以楼梯所在的明间为中轴，楼梯前为大堂，大堂两侧是房间。

1995年6月，公布为从化市文物保护单位。

陈济棠别墅

民国　谢瀛洲别墅

位于从化区温泉镇河东5号楼。建于1937年。

建筑坐东南朝西北。主体建筑共两座，以廊榭相连，中间夹一花院。第一座面阔三开间，深三开间，绿色琉璃瓦庑殿顶，外围檐柱间以砖砌墙，月亮门开于侧面，正面开三窗。圆柱粗大，以挑檐枋出檐，下承以斗拱，柱础为鼓形。墙上端施彩绘。廊榭为多柱廊，与主体建筑相连处做成半歇山顶形式。树木、花草、别墅、假山、庭院错落有致，别墅前面有一水塘，水塘中间建留春亭。

谢瀛洲（1893—1972），别字仙庭，广东从化木棉村人，父谢耀堂为广东省咨议局常驻议员。谢瀛洲于民国五年（1916）膺选半官费生，赴法国巴黎大学法学院学习，本科毕业后

谢瀛洲别墅

转入该校研究院，1924年获法学博士学位。主要著作有：阐释五权宪法的《五权宪法大纲》（1926）、《论五权宪法》、《澄清吏治平议》（20世纪30年代）、《王宠惠先生传略》、《中华民国宪法论》等。

1995年6月，公布为从化市文物保护单位。

民国　刘沛泉别墅

位于从化区温泉镇河东6号楼。又名“若梦庐”，取“人生如梦”之意。建于1934年。

刘沛泉别墅

别墅原主人刘沛泉是民国时期西南航空公司经理，他刻意把别墅建成两侧房形式，如飞机两翼，因而别墅又叫“飞机楼”。别墅是一座中西结合的园林建筑，坐东北朝西南。主体建筑楼高两层，主体平面“十”字形，宽18.1米，深17.5米。明间前方设单层柱廊厦，深4.3米。以钢筋混凝土、砖、石等为建筑材料。中央间用四角攒尖顶，以斗拱出檐，有挑檐枋，前方飘台以圆柱托起，上层外围琉璃瓦筒栏杆。两翼次间宽5.9米，为单层半边庑殿顶，出檐。尾部两层，半边歇山顶。屋顶铺盖绿琉璃瓦。

1995年6月，公布为从化市文物保护单位。

民国　滴翠亭

位于从化区温泉镇河西碧浪桥桥头。始建于20世纪30年代，由名医师梁培基出资，在天医处至广州珠江颐养园温泉分园的入口间建起一座混

滴翠亭

凝土结构亭子，并名之曰“应声亭”。1961年，郭沫若游历到此，在亭里抒怀览胜，亲笔题写“滴翠亭”三字。

亭坐东北朝西南，阔三开间7.68米，深一开间4.75米。八根柱子列两排承托屋架，柱间设横坐平椅，顶铺绿色琉璃瓦。20世纪90年代初重修时在柱面贴上红瓷片。

1995年6月，公布为从化市文物保护单位。

民国　陆炜故居

位于从化区太平镇钱岗古村。始建于清初，民国年间重修。

故居坐北朝南，为砖、木、石结构的硬山顶式建筑。总面阔16.88米，总进深11.82米，总占地面积227.1平方米。大屋为五间两廊两天井的布局，以迂曲的廊道、错落的房子排列，以及精雕细琢的饰件而区别于普通民居。大屋以1米高的花岗岩石条作墙脚，天井地面、廊道、门框、天井两侧屋檐也全为花岗岩石材质，其中以屋檐构件的雕工最为细腻，仿瓦当滴水的雕刻古朴雅拙。左天井外开侧门旁有一精美砖雕门官神位，其左右两侧各雕一条草尾龙。大屋的正堂名“旺相堂”。其正门有高大趟栊，内侧有一屏门高至顶屋，前为神台。大堂前架卷棚为廊，天井内侧墙身开花岗岩石木框方窗，石框雕三重线脚。左间天井前方墙身引排水陶管，纤节形，墙身开砖雕漏窗，天井种有花树。

陆炜（1896—1954），号慈云，从化太平

陆炜故居

钱岗人。曾赴法国巴黎大学攻读法律，获硕士学位。回国后，任民国政府外交部翻译官，后改任汕头善后公署处长。民国二十年（1931）回从化从事教育工作，任从化中学校长。民国三十五年（1946），被选为从化县参议长。1952年移居澳门。1954年在澳门镜湖医院去世，终年58岁。

2001年12月，公布为从化市文物保护单位。

民国　瀛洲堂

位于从化区太平镇木棉小学（原蔚南小学）内。谢瀛洲在法国留学回国后，参照西欧近现代建筑风格亲自设计，并从法国运回所需建筑材料建造。

瀛洲堂为砖砌混合结构现代建筑，坐北朝南。以砖构建力柱。建筑整体宽15米，深16米，占地面积174.8平方米。主体两层半建筑，大门

瀛洲堂

上方悬挂“瀛洲堂”石匾。楼前一中式廊亭为四柱歇山顶，柱上身和梁架雕饰瑞兽图案，屋顶铺素瓦。过廊亭，右侧为两层瓦顶小楼。铺绿色琉璃瓦的中式亭台在主体建筑大门之后，并与主体建筑相连。建筑外观为八根粗大且高壮的柱子骨架，内四根高过二楼楼顶，左右对称。

2001年12月，公布为从化市文物保护单位。

民国　尚义社学

位于从化区吕田镇圩内。

建筑坐东朝西，是一座砖、木、石结构建筑，总面阔三间15.8米，总两进深22米，总面积326平方米，悬山顶式。一进大门有对联“流风归雅化，溪水湧文澜”。“尚义社学”匾额刻于大门正上方石框上，落款为“道光岁次乙巳仲冬月吉旦立”，道光乙巳年即1845年。第一进木构，抬梁式梁架。第二进高两层，以木板作楼面，天井两侧庑廊宽广。

2001年12月，公布为从化市文物保护单位。

尚义社学

民国　蚌湖大钟楼

位于白云区人和镇广州空港实验中学西校区。因其楼顶建有钟楼，故称为“大钟楼”，原名“蚌湖小学”。始建于民国十八年（1929）8月。

整座建筑为西式风格，楼高二层，平面呈正方形，钢筋混凝土框架结构，占地面积约170平方米。楼内建有纪念亭，楼顶另建有专门放置机械

蚌湖大钟楼

钟的钟楼，内里安装的是德国进口机械钟。

20世纪20年代，为解决当地子弟读书的问题，蚌湖地区士绅苏俊文、朱溥源倡议，苏德渠、苏耀墀等人发起，华侨、乡绅父老捐资踊跃，耗资7.2万两白银建成蚌湖小学大钟楼。抗战时期，钟楼曾被日军占据，大钟被拆。1946年广东省立师范学校由韶关迁回广州，改名为“广东省襄勤师范学校”，以大钟楼为校舍。1952年大钟楼恢复为蚌湖中心小学，后更名为“蚌湖大钟楼小学”。1958年9月，蚌湖侨联以该校舍创办蚌湖中学，“文化大革命”期间易名为“红星中学”，1972年再次更名为“广州市第七十二中学”，2022年更名为“广州空港实验中学”（西校区）。钟楼现作学校图书馆及放置教学器材使用。

2022年6月，公布为白云区文物保护单位。

民国　东里红楼

东里红楼

位于南沙区黄阁镇东里村。始建于民国二十五年（1936）。

建筑坐北向南，总面阔9.2米，总深9.97米，占地面积91.7平方米。该楼高三层，外墙为机制红砖，水泥饰口勾线。二、三楼阳台设圆形园艺柱，

彩色玻璃窗门。建筑物外墙风格独特，具有20世纪中叶外国建筑特色。

红楼原为东里村第一乡绅麦东正府第。麦东正是东里村的族长，富甲一方，亦有经商，曾任黄阁中心学校董事。

2023年7月，公布为南沙区文物保护单位。

民国　广升楼

位于南沙区黄阁镇大塘村。建于民国二十四年（1935）。

楼坐南朝北，砖混凝土结构三层楼房，总面阔4.55米，总进深11.2米，占地面积50.96平方米。楼房正门水泥批荡，设铁闸门、钢门，窗门为磨砂玻璃。二楼有悬挑阳台，设铁栏杆。原楼上为住家，首层曾经营布匹、杂货、客店等，现为中药店。

广升楼

2023年7月，公布为南沙区文物保护单位。

中华人民共和国　五羊石雕

位于越秀区解放北路988号越秀公园内。相传周夷王时，有五位仙人着五色衣，骑五色羊，手各拿一串谷穗，飞临楚庭（广州古称）。仙人将谷穗赠予广州人民，并“愿此阛阓，永无饥荒”。仙人言毕冉冉升空而去，羊化为石。

广州著名的雕塑家尹积昌、孔繁纬、陈本宗根据五羊神话于1960年雕成五羊石像。五羊石雕高11米，用130块花岗石雕刻而成。以四头形态各异的小羊簇拥着一头口衔稻穗的高大老羊为造型。老羊居中，站在高处，昂首远眺，羊髯微拂，口衔“一茎六出”谷穗，雄浑有力的羊角伸向半空。余下四头小羊环列四周，或跪乳，或回首，或吃草饮水，或嬉戏打闹，形态各异，栩栩如生。

五羊石雕

2022年7月，公布为广东省文物保护单位。

中华人民共和国　凌边会堂

位于番禺区石碁镇凌边村凌环南路3号。为凌边村村民大会堂。始建于1961年，2020年重修。

会堂坐南朝北，钢筋混凝土结构，总面阔24米，总进深46.5米，占地面积1116平方米。该会堂为硬山顶，大门为半圆拱形顶，上有红色五角星，外墙扫黄色灰水。会堂内搭建“金”字形角

凌边会堂

铁支架，左右两侧各立六条仿罗马式水泥柱支撑支架。会堂内北高南低，原设有多排水泥条凳，可容纳八百多人，重修后放置多排胶凳；正前方为舞台，横额上有“为人民服务”五字，上有红色五角星，舞台两侧墙上有“虎踞龙盘今胜昔；天翻地覆慨而慷”对联和红色五角星。会堂两侧均开玻璃窗，设铁栅栏。

2010年11月，公布为番禺区文物保护单位。

中华人民共和国　南村公社涌口水闸

位于番禺区南村镇市头村涌口村村口。始建于20世纪50年代，2016年重修。

水闸坐西北朝东南，总占地面积341.53平方米。由水闸和一栋二层楼房组成，水闸横跨在河涌之上，由花岗岩石砌两侧桥墩，水闸架用钢筋水泥制成。水闸为一块巨大的生铁板，悬挂在架上，架下架有桥面，人车可通行。前后有三个分水尖，其中主航道一个大分水尖，西南侧两个小分水尖。水闸右侧有红砖砌成的二层楼房，为控制室及工作人员休息室。该水闸曾经扼守整个南村镇出河口，对全镇的河涌水网起到调节作用，发挥调节水量及保护耕地、村庄的作用。2007年在珠江入市头涌水口新建了水闸代替该水闸。

2010年11月，公布为番禺区文物保护单位。

南村公社涌口水闸

中华人民共和国　流溪温泉牌坊

位于从化区温泉镇温泉路口，建于20世纪50年代。

牌坊坐西朝东，两柱单门三楼，宽14.7米，通高6.7米。砖石结构，仿庑殿顶，盖绿色琉璃瓦。两柱饰汉白玉石块，柱脚高约1米。大门门额塑“流溪温泉”，黄底绿字。

2001年12月，公布为从化市文物保护单位。

流溪温泉牌坊

附表　广州市一般不可移动文物名单

一、越秀区一般不可移动文物（共53处）

序号	名称	地址	公布时间
1	流花古桥	流花街道流花路119号	2012年9月21日
2	越秀山体育场	洪桥街道解放北路988号越秀公园越秀山南麓	2012年9月21日
3	《大公报》临时社址	六榕街道惠吉西二坊2号	2012年9月21日
4	解放北路679号教堂	六榕街道解放北路679号	2012年9月21日
5	妙吉祥室	光塔街道海珠中路123号	2012年9月21日
6	基督教锡安堂	光塔街道人民中路392号	2012年9月21日
7	天字码头	人民街道沿江中路200号	2012年9月21日
8	水母湾美洲同盟会会馆旧址	人民街道泰康路水母湾21号	2012年9月21日
9	李占记钟表铺	北京街道中山四路348号与中山四路344号	2012年9月21日
10	东江纵队交通站旧址	北京街道中山四路谈家巷2号之一及中山四路342号	2012年9月21日
11	廖承志举办新闻界招待会旧址	北京街道北京路229号	2012年9月21日
12	许应鏾故居	北京街道许地26号、36号	2012年9月21日
13	许卓故居	北京街道许地3号	2012年9月21日
14	许应骙故居	北京街道许地9号、10号、12号	2012年9月21日
15	许祥光故居	北京街道许地6号之三	2012年9月21日
16	许地门楼	北京街道许地19号	2012年9月21日
17	太平馆	北京街道北京路342号	2012年9月21日
18	赤社旧址	北京街道广大路8号、10号	2012年9月21日
19	宋子文旧居	农林街道农林上路二横路1号	2012年9月21日
20	潘达微墓	黄花岗街道先烈中路79号黄花岗公园内	2012年9月21日
21	叶少毅墓	黄花岗街道先烈中路79号黄花岗公园内	2012年9月21日
22	梁国一墓	黄花岗街道先烈中路79号黄花岗公园内	2012年9月21日
23	雷荫棠墓	黄花岗街道先烈中路79号黄花岗公园内	2012年9月21日
24	梁沾鸿墓	黄花岗街道先烈中路79号黄花岗公园内	2012年9月21日
25	王昌墓	黄花岗街道先烈中路79号黄花岗公园内	2012年9月21日
26	韦德墓	黄花岗街道先烈中路79号黄花岗公园内	2012年9月21日
27	金国治墓	黄花岗街道先烈中路79号黄花岗公园内	2012年9月21日

（续上表）

序号	名称	地址	公布时间
28	喻培伦衣冠冢	黄花岗街道先烈中路 79 号黄花岗公园内	2012 年 9 月 21 日
29	普济院旧址	建设街道黄华路 43 号广州南洋电器厂内	2012 年 9 月 21 日
30	古家祠	大塘街道中山四路 230 号	2012 年 9 月 21 日
31	张光琼将军宅邸	大塘街道豪贤路 48 号	2012 年 9 月 21 日
32	朱有光夫妇墓	登峰街道麓湖路 11 号麓湖公园聚芳园青龙咀	2012 年 9 月 21 日
33	白云仙馆	登峰街道麓湖路 50 号	2012 年 9 月 21 日
34	赵耀廷夫妇墓	登峰街道麓湖路 11 号麓湖公园聚芳园大鸿鹄岗	2012 年 9 月 21 日
35	叶剑英同志纪念碑	大塘街道中山二路 92 号广州起义烈士陵园内	2012 年 9 月 21 日
36	越秀北路 394 号建筑	洪桥街道越秀北路 394 号	2014 年 6 月 12 日
37	“府学双泉”古井	北京街道中山四路学源里 63—69 号之间	2014 年 6 月 12 日
38	中国民主同盟会南方总支部机关旧址	大塘街道德政中路德政新街 18 号、20 号	2020 年 4 月 13 日
39	毛泽东同志主办农民运动讲习所陈列馆旧址	大塘街道中山四路 42 号	2012 年 9 月 21 日
40	古之楚庭石牌坊	洪桥街道解放北路 988 号越秀公园中山纪念碑南侧	1993 年 11 月
41	张发奎旧居	光塔街道朝天路崔府街孝友东街 2 号	2002 年 9 月 1 日
42	广交会旧址	人民街道起义路 1 号	2008 年 9 月 28 日
43	新青年社旧址	北京街道昌兴街 26 号、28 号	1993 年 11 月
44	玉虚宫	梅花村街道中山一路泰兴直街 60 号	2002 年 9 月 1 日
45	圣婴院遗址	华乐街道麓苑路南端	2002 年 9 月 1 日
46	达庐	大塘街道东皋大道一横路 15 号	2002 年 9 月 1 日
47	增园	大塘街道东皋大道增园 1 号、3 号、5 号、7 号、9 号、11 号	2002 年 9 月 1 日
48	皋园	大塘街道东皋大道皋园 1 号、3 号	2002 年 9 月 1 日
49	适庐	大东街道启明三马路 10 号	2005 年 9 月 22 日
50	憩庐	大东街道启明二马路 12 号后座	2005 年 9 月 22 日
51	江岭北 1 号	东山街道江岭北 1 号	2005 年 9 月 22 日
52	道南书院	光塔街道解放中路师好巷 6 号	2005 年 9 月 22 日
53	许广平故居遗址	北京街道许地 33 号、34 号、35 号	2005 年 9 月 22 日

二、海珠区一般不可移动文物（共126处）

序号	名称	地址	公布时间
1	心和卫公祠	南洲街道沥滘村西街大街	2011 年 10 月 17 日
2	御史卫公祠	南洲街道南洲路沥滘中区一巷 18 号	2011 年 10 月 17 日
3	石崖卫公祠	南洲街道沥滘村沥滘东街 4 号	2011 年 10 月 17 日

（续上表）

序号	名称	地址	公布时间
4	志宇卫公祠	南洲街道沥滘村东街坊 13 号	2011 年 10 月 17 日
5	登瀛码头	华洲街道小洲村登瀛外街	2011 年 10 月 17 日
6	翰墨桥	华洲街道瀛洲路小洲村西浦大街至西园大街的石岗涌上	2011 年 10 月 17 日
7	裔兴谭公祠	华洲街道华洲路土华村育贤大街 21 号	2011 年 10 月 17 日
8	祖兴谭公祠	土华村华东大街 4 号	2011 年 10 月 17 日
9	小洲人民礼堂	华洲街道小洲村拱北大街 20 号	2011 年 10 月 17 日
10	基立南街 16 号民居	素社街道基立南街 16 号	2011 年 10 月 17 日
11	基立南街 18 号民居	素社街道基立南街 18 号	2011 年 10 月 17 日
12	六圣宫	新港街道新港路凤凰直街 1 号	2012 年 8 月 13 日
13	西园三巷 9 号蚝壳屋	华洲街道瀛洲路小洲村西园三巷 9 号	2012 年 8 月 13 日
14	南洲大街 12 号蚝壳屋	华洲街道瀛洲路小洲村南洲大街 12 号	2012 年 8 月 13 日
15	阳山范公祠	南石头街道南石西路棣园里 12 号	2012 年 8 月 13 日
16	斌阳范公祠	南石头街道南石西路棣园里 11 号	2012 年 8 月 13 日
17	田心扬巷 9 号民居	龙凤街道宝岗大道同和里田心扬巷 9 号	2012 年 8 月 13 日
18	田心扬巷 9 号之一民居	龙凤街道宝岗大道同和里田心扬巷 9 号之一	2012 年 8 月 13 日
19	田心扬巷 9 号之二民居	龙凤街道宝岗大道同和里田心扬巷 9 号之二	2012 年 8 月 13 日
20	田心扬巷 7 号民居	龙凤街道宝岗大道同和里田心扬巷 7 号	2012 年 8 月 13 日
21	南雪横街 2 号民居	龙凤街道宝岗大道同和里南雪横街 2 号	2012 年 8 月 13 日
22	南雪横街 4 号民居	龙凤街道宝岗大道同和里南雪横街 4 号	2012 年 8 月 13 日
23	汾阳里郭氏宗祠	龙凤街道南田路汾阳里 1 号	2012 年 8 月 13 日
24	状元井	龙凤街道同福中路南市大街 48 号对面，龙圣里旁	2012 年 8 月 13 日
25	将军庙	龙凤街道同福中路将军直街 2 号	2012 年 8 月 13 日
26	永康里 1 号民居	琶洲街道黄埔村永康里 1 号	2012 年 8 月 13 日
27	永康里 5 号民居	琶洲街道黄埔村永康里 5 号	2012 年 8 月 13 日
28	永康里 6 号民居	琶洲街道黄埔村永康里 6 号	2012 年 8 月 13 日
29	永康里 7 号民居	琶洲街道黄埔村永康里 7 号	2012 年 8 月 13 日
30	客家井	海幢街道同福中路新凤祥大街 33 号对面，宝岗球场前	2012 年 8 月 13 日
31	荆宝巷 7 号民居	琶洲街道黄埔村荆宝巷 7 号	2012 年 8 月 13 日
32	果轩家塾	官洲街道仑头村中约直街 7 号	2012 年 8 月 13 日
33	容安民居	琶洲街道黄埔村夏阳大街 4 号	2012 年 8 月 13 日
34	南山锁钥门楼	官洲街道仑头村后底岗西南山脚	2012 年 8 月 13 日
35	仁厚里门楼	官洲街道仑头村仁厚里巷口	2012 年 8 月 13 日
36	青云里门楼	官洲街道北山大路北山村青云大街	2012 年 8 月 13 日

（续上表）

序号	名称	地址	公布时间
37	龙吟门楼	官洲街道北山大路北山村龙吟大街	2012年8月13日
38	龙吟古井	官洲街道新滘南路北山村“旧屋”龙吟大街六巷口	2012年8月13日
39	北山十八级民居	官洲街道北山大路北山村龙吟大街4号	2012年8月13日
40	隔山社学	昌岗街道江南大道中南昌大街1号	2012年8月13日
41	细桥	华洲街道小洲村细桥大街与中华大街之间	2012年8月13日
42	瑞宝村卢氏宗祠	瑞宝街道东晓南路瑞宝东约六巷8号	2012年8月13日
43	何善衡祖居	瑞宝街道工业大道南石溪村涌边街8号	2012年8月13日
44	东池公祠	华洲街道小洲村南胜大街11号	2012年8月13日
45	东道大街门楼	华洲街道小洲村东道大街	2012年8月13日
46	拱北大街门楼	华洲街道小洲村拱北大街	2012年8月13日
47	泉源林公祠	凤阳街道江泰路五凤村五村紫来大街5号	2012年8月13日
48	竹窗林公祠	凤阳街道江泰路五凤村五村紫来大街3号	2012年8月13日
49	镜吾荣禄林公家庙	凤阳街道江泰路五凤村五村九龙大街2号西侧	2012年8月13日
50	五凤村马氏宗祠	凤阳街道江泰路五凤村沙溪马岗顶	2012年8月13日
51	大塘村曹氏宗祠	江海街道新滘南路大塘东华大街13号	2012年8月13日
52	观荫李公祠	江海街道新滘南路大塘村广州消防仪器厂旁	2012年8月13日
53	大塘村李氏宗祠	江海街道新滘南路大塘西华大街5号	2012年8月13日
54	石榴岗天后宫	江海街道石榴岗路石榴岗村南九巷4号	2012年8月13日
55	蓬洲家塾	江海街道石榴岗路红卫村新村直街60号	2012年8月13日
56	文焕伍公祠	江海街道石榴岗路红卫村新村直街56号	2012年8月13日
57	伍氏私房厅	江海街道新村直街文焕伍公祠后方	2012年8月13日
58	三帝庙	华洲街道小洲村登瀛四巷7号东侧	2012年8月13日
59	泗海公祠	华洲街道小洲村东道大街9号	2012年8月13日
60	小洲村简氏宗祠	华洲街道小洲村内	2012年8月13日
61	粤梅简公祠	华洲街道小洲村新路巷4号之一	2012年8月13日
62	司马第	华洲街道瀛洲路小洲村西园一巷1号、4号	2012年8月13日
63	慕南简公祠	华洲街道小洲村西园大街1号	2012年8月13日
64	穗乔简公祠	华洲街道小洲村西约大街	2012年8月13日
65	西溪简公祠	华洲街道小洲村西约大街	2012年8月13日
66	娘妈桥	华洲街道瀛洲路小洲村石岗滘东北涌面上	2012年8月13日
67	登瀛古村围	华洲街道登瀛路小洲村登瀛外街1号至登瀛新街一巷11号旁边	2012年8月13日
68	吕山简公祠	华洲街道小洲村新南大街13号	2012年8月13日
69	小洲牌坊码头遗址	华洲街道小洲社区小洲村东部珠江后航道边	2012年8月13日
70	龙潭村洪圣殿	华洲街道龙潭村西约43号	2012年8月13日

（续上表）

序号	名称	地址	公布时间
71	土华村天后古庙	华洲街道华洲路土华村东华大街 2 号	2012 年 8 月 13 日
72	勉吾书室	华洲街道华洲路土华村东华大街 12 号	2012 年 8 月 13 日
73	土华村洪圣古庙	华洲街道华洲路土华村庙前大街 20 号	2012 年 8 月 13 日
74	巩图梁公祠	华洲街道华洲路土华村怀宁前街 10 号	2012 年 8 月 13 日
75	景福梁公祠	华洲街道土华村紫气前街 6 号	2012 年 8 月 13 日
76	法潫谭公祠	华洲街道华洲路土华村育贤四巷 3 号	2012 年 8 月 13 日
77	景祥梁公祠	华洲街道华洲路土华村崇善大街 25 号	2012 年 8 月 13 日
78	岐周卫公祠	南洲街道沥滘副四约南街 7 号	2012 年 8 月 13 日
79	丽溟卫公祠	南洲街道沥滘副四约北 12 号	2012 年 8 月 13 日
80	义所卫公祠	南洲街道沥滘村西街大街	2012 年 8 月 13 日
81	崌崍卫公祠	南洲街道沥滘三约南街 6 号	2012 年 8 月 13 日
82	芝岩卫公祠	南洲街道沥滘二约大街 21 号	2012 年 8 月 13 日
83	上涌村梁氏宗祠	南洲街道新滘南路上涌村西约大街 35 号	2012 年 8 月 13 日
84	大塘林氏宗祠	南洲街道新滘南路大塘华丰大街 8 号	2012 年 8 月 13 日
85	仑头进士第	官洲街道仑头村北约三巷 7 号	2012 年 8 月 13 日
86	赤沙村简氏宗祠	官洲街道新滘南路赤沙村东约茂里一巷 3—6 号对面	2012 年 8 月 13 日
87	叶山会室	官洲街道仑头社区	2012 年 8 月 13 日
88	仁厚里 2 号民居	琶洲街道黄埔村夏阳大街仁厚里 2 号	2012 年 8 月 13 日
89	耀南里 1 号民居	琶洲街道黄埔村耀南里 1 号	2012 年 8 月 13 日
90	敦伦里 4 号民居	琶洲街道黄埔村敦伦里 4 号	2012 年 8 月 13 日
91	德存祖祠	官洲街道仑头村街市前二队队址	2012 年 8 月 13 日
92	月江黎公书室	官洲街道仑头村中约直街 8 号	2012 年 8 月 13 日
93	中正里 2 号民居	琶洲街道黄埔村中正里 2 号	2012 年 8 月 13 日
94	中正里 4 号民居	琶洲街道黄埔村中正里 4 号	2012 年 8 月 13 日
95	申明大街 6 号民居	琶洲街道黄埔村申明大街 6 号	2012 年 8 月 13 日
96	青云里 7 号民居	琶洲街道黄埔村青云里 7 号	2012 年 8 月 13 日
97	青云里 9 号民居	琶洲街道黄埔村青云里 9 号	2012 年 8 月 13 日
98	结宁里 1 号民居	琶洲街道黄埔村结宁里 1 号	2012 年 8 月 13 日
99	结宁里 2 号民居	琶洲街道黄埔村结宁里 2 号	2012 年 8 月 13 日
100	云垄黎公祠	官洲街道仑头村中约直街 2 号	2012 年 8 月 13 日
101	十九路军淞沪抗日残废军人教养院纪念碑	新港街道新港西路 179 号第六中学内	2012 年 8 月 13 日
102	马涌禁占官涌碑记	马涌直街汇津桥（马涌街）南桥头东侧	2012 年 8 月 13 日
103	马鬣征祥石碑	昌岗街道德怡居服装批发市场恂恂大街 5 巷 3 号楼对面民居台阶石	2012 年 8 月 13 日

（续上表）

序号	名称	地址	公布时间
104	番禺县政府指令石碑	南石头街道南石路南石西兴隆街码头前街心花园内	2012 年 8 月 13 日
105	土华禁械斗石碑	华洲街道华洲路土华村庙前大街 6 号村委会旁	2012 年 8 月 13 日
106	禁占毁涌基约碑	琶洲街道新港东路黄埔村西畴里 16 号旁	2012 年 8 月 13 日
107	海傍东约门楼石匾	琶洲街道黄埔村海傍街	2012 年 8 月 13 日
108	同福西路 247 号骑楼	南华西街道同福西路 247 号	2012 年 8 月 13 日
109	馨园	龙凤街道昆仑后街 1 号	2012 年 8 月 13 日
110	棉苑	龙凤街道兆和新街 60 号	2012 年 8 月 13 日
111	同寅医院旧址	南华西街道同福西路 166 号	2012 年 8 月 13 日
112	龙骧大街 6 号民居	龙凤街道宝岗大道龙骧大街 6 号	2012 年 8 月 13 日
113	耕田公凉茶铺	南华西街道洪德路 56 号一楼	2012 年 8 月 13 日
114	五知堂	江南中街道南田路新张里 2 号	2012 年 8 月 13 日
115	永泰别墅（含八角楼、红楼）	八角楼：沙园街道工业大道缘觉路 2 号菩提路小学内；红楼：沙园大街 37 号大院	2012 年 8 月 13 日
116	劬劳小学	瑞宝街道工业大道南石溪村涌边街 1 号之五	2012 年 8 月 13 日
117	大塘西华大街 38 号公馆	江海街道新滘南路大塘西华大街 38 号	2012 年 8 月 13 日
118	简佛祖庙（又名简公佛庙）	华洲街道小洲村登瀛四巷 7 号	2012 年 8 月 13 日
119	卢维庆故居	南华西街道同福西路龙庆北 8 号	2012 年 8 月 13 日
120	荆宝巷 5 号民居	琶洲街道黄埔村荆宝巷 5 号	2012 年 8 月 13 日
121	利济桥	昌岗街道隔山社区	2002 年 9 月 1 日
122	小洲村天后宫	华洲街道小洲村东渡大街 3 号	2002 年 9 月 1 日
123	南园	江南中街万寿社区	2002 年 9 月 1 日
124	南达堂	南华西街道福安社区	2002 年 9 月 1 日
125	遯庐	龙凤街道龙导社区	2002 年 9 月 1 日
126	叶山会室	官洲街道仑头社区	2012 年 8 月 13 日

三、荔湾区一般不可移动文物（共125处）

序号	名称	地址	公布时间
1	广州基督教女青年会鹤洞会所	白鹤洞街道鹤洞路一巷 1 号	2011 年 12 月 27 日
2	鹤翔路 12 号民居	白鹤洞街道鹤翔路 12 号	2011 年 12 月 27 日
3	协和神学院旧址	白鹤洞街道培真路 2 号	2011 年 12 月 27 日
4	培真路 52 号民居	白鹤洞街道培真路 52 号	2011 年 12 月 27 日
5	茶滘简氏宗祠	茶滘街道茶滘路汾水大街 47 号之二	2011 年 12 月 27 日

（续上表）

序号	名称	地址	公布时间
6	昌华横街 10 号民居	昌华街道昌多宝路昌华横街 10 号	2011 年 12 月 27 日
7	昌华新街 11、13 号民居	昌华街道昌多宝路昌华新街 11 号、13 号	2011 年 12 月 27 日
8	昌华新街 15 号民居	昌华街道昌多宝路昌华新街 15 号	2011 年 12 月 27 日
9	昌华新街 16 号民居	昌华街道多宝路昌华新街 16 号	2011 年 12 月 27 日
10	多宝南横 26 号民居	昌华街道恩宁路多宝南横 26 号	2011 年 12 月 27 日
11	多宝南横 28 号民居	昌华街道恩宁路多宝南横 28 号	2011 年 12 月 27 日
12	多宝南横 30—34 双号民居	昌华街道昌华苑社区恩宁路多宝南横 30 号、32 号、34 号	2011 年 12 月 27 日
13	皞遐书舍旧址	昌华街道泮塘社区龙津西路泮塘五约七巷 21 号	2011 年 12 月 27 日
14	半溪五约亭	昌华街道泮塘路泮溏五约直街街口，泮溏五约直街 69 号旁	2011 年 12 月 27 日
15	林护堂	昌华街道多宝路 63 号广医三院内	2011 年 12 月 27 日
16	富兴大押旧址	昌华街道龙津西路 83 号	2011 年 12 月 27 日
17	逢源大街 33 号民居	昌华街道龙津西路逢源大街 33 号	2009 年 5 月 20 日
18	逢源大街 4 号民居	昌华街道龙津西路逢源大街 4 号	2011 年 12 月 27 日
19	聚龙村 10 号民居	冲口街道芳村大道东聚兴大街聚龙村 10 号	2011 年 12 月 27 日
20	聚龙村 12 号民居	冲口街道芳村大道东聚兴大街聚龙村 12 号	2011 年 12 月 27 日
21	聚龙村 13 号民居	冲口街道芳村大道东聚兴大街聚龙村 13 号	2011 年 12 月 27 日
22	聚龙村 14 号民居	冲口街道芳村大道东聚兴大街聚龙村 14 号	2011 年 12 月 27 日
23	邝明觉旧居	冲口街道芳村大道东聚兴大街聚龙村 1 号	2011 年 12 月 27 日
24	聚龙村 20 号民居	冲口街道芳村大道东聚兴大街聚龙村 20 号	2011 年 12 月 27 日
25	邝衡石旧居	冲口街道芳村大道东聚兴大街聚龙村 21 号	2011 年 12 月 27 日
26	聚龙村 2 号民居	冲口街道芳村大道东聚兴大街聚龙村 2 号	2011 年 12 月 27 日
27	聚龙村 3 号民居	冲口街道芳村大道东聚兴大街聚龙村 3 号	2011 年 12 月 27 日
28	邝其照旧居	冲口街道芳村大道东聚兴大街聚龙村 4 号	2011 年 12 月 27 日
29	邝伍臣旧居	冲口街道芳村大道东聚兴大街聚龙村 5 号	2011 年 12 月 27 日
30	聚龙村 6 号民居	冲口街道芳村大道东聚兴大街聚龙村 6 号	2011 年 12 月 27 日
31	聚龙村 7 号民居	冲口街道芳村大道东聚兴大街聚龙村 7 号	2011 年 12 月 27 日
32	聚龙村 8 号民居	冲口街道芳村大道东聚兴大街聚龙村 8 号	2011 年 12 月 27 日
33	聚龙村 9 号民居	冲口街道芳村大道东聚兴大街聚龙村 9 号	2011 年 12 月 27 日
34	广州市郊区鹤洞公社涌口电排站	冲口街道芳村大道东堤岸东街毓灵桥旁	2011 年 12 月 27 日
35	北溪郭公祠	东漖街道浣花西路观兰坊 74 号	2011 年 12 月 27 日
36	东漖郭氏大宗祠	东漖街道龙溪东路仁秀坊 185 号	2011 年 12 月 27 日
37	文祐关公祠	东漖街道西塱永安大街 7 号	2011 年 12 月 27 日

（续上表）

序号	名称	地址	公布时间
38	五显古庙	东漖街道西塱大桥坊 1 号之一旁	2011 年 12 月 27 日
39	晚兴麦公祠	东漖街道西塱大桥坊 1 号之一	2011 年 12 月 27 日
40	咏梅关公祠	东漖街道西塱江厦村九巷 14 号	2011 年 12 月 27 日
41	南漖陈氏祖祠	东沙街道南漖涌边街 47 号	2011 年 12 月 27 日
42	逢源正街 22 号民居	多宝街道逢源路逢源正街 22 号	2011 年 12 月 27 日
43	三连直街 25 号，25 号之一、之二民居	多宝街道龙津西路三连直街 25 号，25 号之一、之二	2011 年 12 月 27 日
44	大同路 121—125 号单号民居	多宝街道大同路 121 号、123 号、125 号	2011 年 12 月 27 日
45	李小龙祖居	多宝街道恩宁路永庆一巷 13 号	2011 年 12 月 27 日
46	蓬莱正街 10 号民居	多宝街道蓬莱路蓬莱正街 10 号	2011 年 12 月 27 日
47	十六甫西二巷 21—25 单号民居	多宝街道宝华路十六甫西二巷 21 号、23 号、25 号	2011 年 12 月 27 日
48	宝华正中约 40、42 号民居	多宝街道宝华路宝华正中约 40 号、42 号	2011 年 12 月 27 日
49	十五甫正街 15、15 号之一民居	多宝街道宝华路十五甫正街 15 号、15 号之一	2011 年 12 月 27 日
50	永庆大街 24—28 双号民居	多宝街道恩宁路永庆大街 24 号、26 号、28 号	2011 年 12 月 27 日
51	宝源路 101 号民居	逢源街道宝源路 101 号	2011 年 12 月 27 日
52	宝源路 109、111 号民居	逢源街道宝源路 109 号、111 号	2011 年 12 月 27 日
53	逢源路 159、161 号民居	逢源街道逢源路 159 号、161 号	2011 年 12 月 27 日
54	南村凉亭	海龙街道海北南村大街 6 号旁	2011 年 12 月 27 日
55	西浦楼巷坊 132、133、136 号民居	海龙街道楼巷直街二十二巷 6 号、8 号，楼巷直街二十一巷 12 号	2011 年 12 月 27 日
56	西浦楼巷坊 135 号民居	海龙街道楼巷直街二十巷 5 号	2011 年 12 月 27 日
57	沙溪梁氏宗祠	海龙街道龙溪沙溪六街七巷 4 号	2011 年 12 月 27 日
58	花地罗氏宗祠	花地街道联桂北路大策直街 60 号	2011 年 12 月 27 日
59	培英书院花地校区旧址	花地街道上市路新隆沙西 1 号	2011 年 12 月 27 日
60	禁赌碑	华林街道文昌南路庆寿里 18 号侧	2011 年 12 月 27 日
61	禁娼赌碑	华林街道文昌南路庆寿里 18 号侧	2011 年 12 月 27 日
62	长寿西路 110、112 号民居	华林街道长寿西路 110 号、112 号	2011 年 12 月 27 日
63	文昌南路当铺旧址	华林街道文昌南路 122 号之一、之二、之三	2011 年 12 月 27 日
64	梅家大院旧址	华林街道文昌南路鸿昌大街 26 号之一、之二、之三	2011 年 12 月 27 日
65	皇上皇佳栈烧腊店	华林街道十八甫路 13 号	2011 年 12 月 27 日

（续上表）

序号	名称	地址	公布时间
66	十六甫东街15、17号民居	华林街道宝华路十六甫东街15号、17号	2011年12月27日
67	四会会馆旧址	华林街道宝华路十六甫东街2号	2011年12月27日
68	十六甫东四巷14号民居	华林街道宝华路十六甫东四巷14号	2011年12月27日
69	十六甫东四巷16号民居	华林街道宝华路十六甫东四巷16号	2011年12月27日
70	翁源里12—18双号民居	华林街道连登社区文昌南路翁源里12号、14号、16号、18号	2011年12月27日
71	华林寺舍利塔	华林街道华林寺前31号华林禅寺内	2011年12月27日
72	旧宝华3号民居	华林街道宝华路旧宝华3号	2011年12月27日
73	西禅寺遗址	金花街道西华路大保直街1号广州市第四中学内	2011年12月27日
74	斗姥宫旧址	金花街道光复北路斗姥前街与芦荻西街交汇处	2011年12月27日
75	中华基督教会万善堂	金花街道蟠虬社区光复北路芦狄西街50号	2011年12月27日
76	和息里7号民居	岭南街道梯云路和息里7号	2011年12月27日
77	迪吉大押旧址	岭南街道珠玑路49号，梯云东路105号、107号	2011年12月27日
78	沿江西路61号民居	岭南街道沿江西路61号	2011年12月27日
79	冼基东24号民居	岭南街道康王南路冼基东街24号	2011年12月27日
80	冼基西15号，15号之一、之二民居	岭南街道十八甫路冼基西街15号，15号之一、之二	2011年12月27日
81	冼基西30号之一、之二民居	岭南街道十八甫路冼基西街30号之一、之二	2011年12月27日
82	冼基西5号民居	岭南街道十八甫路冼基西街5号	2011年12月27日
83	冼基东33号，33号之一、之二、之三民居	岭南街道十八甫南路冼基东33号，33号之一、之二、之三	2011年12月27日
84	西荣横参茸行旧址	岭南街道光复南路西荣横街12号、14号、14号之一	2011年12月27日
85	纶园旧址	龙津街道龙津东路洞神坊32号	2011年12月27日
86	乐行会馆旧址	龙津街道龙津东路洞神坊小禹里14号	2011年12月27日
87	小禺里4号民居	龙津街道龙津东路小禺里4号	2011年12月27日
88	桥梓一巷3—7单号民居	石围塘街道芳村大道西桥梓一巷3号、5号、7号	2011年12月27日
89	桥梓一巷8—14双号民居	石围塘街道芳村大道西桥梓一巷8号、10号、12号、14号	2011年12月27日
90	广三铁路石围塘站旧址	石围塘街道公寓二巷18号	2011年12月27日
91	广三铁路总工会旧址	石围塘街道山村路石围塘工区一巷12号	2011年12月27日
92	大新大押旧址	石围塘街道芳村大道西五眼桥横街17号之一	2011年12月27日
93	西村士敏土厂大楼旧址	西村街道西湾路150号之三	2011年12月27日

（续上表）

序号	名称	地址	公布时间
94	南京路 26 号民居	西村街道南京路 26 号	2011 年 12 月 27 日
95	南京路 28 号民居	西村街道南京路 28 号	2011 年 12 月 27 日
96	协和中学旧址	西村街道西湾路 93 号广州市协和中学内	2011 年 12 月 27 日
97	中华基督教西村堂旧址	西村街道西增路 62 号	2011 年 12 月 27 日
98	华业里 4 号民居	西村街道西增路华业里 4 号	2011 年 12 月 27 日
99	华业里 8 号民居	西村街道西增路华业里 8 号	2011 年 12 月 27 日
100	华业里 9 号民居	西村街道西增路华业里 9 号	2011 年 12 月 27 日
101	美华中学旧址	西村街道西增路 33 号广州市美华中学内	2011 年 12 月 27 日
102	天市门楼	西村街道增埗大街 78 号	2011 年 12 月 27 日
103	思谦蔡公祠	西村街道增埗大街 32 号	2011 年 12 月 27 日
104	大脚板井	鹤洞街道鹤洞路松涧一巷 3 号门前、梅涧三巷 3 号东外墙侧	2013 年 12 月 26 日
105	孖眼井	鹤洞街道鹤洞路松涧上街 8 号东外墙侧	2013 年 12 月 26 日
106	惠爱医院自编 6 号楼	花地街道明心路 36 号广州市脑科医院内	2013 年 12 月 26 日
107	拾翠大屋	岭南街道杨巷路扬仁南 17 号	2013 年 12 月 26 日
108	中共广东省临时委员会活动旧址	逢源街道源胜社区文昌北路耀华东街 49 号	2022 年 2 月 28 日
109	周文雍、陈铁军革命活动旧址	华林街道河傍社区和平中路荣华西街 17 号二楼	2022 年 2 月 28 日
110	广州儿童剧团团部旧址	岭南街道冼基社区梯云东路 42 号	2022 年 2 月 28 日
111	中共赤岗党支部旧址（郭氏宗祠）	中南街道海南社区香凝街 14 号	2022 年 2 月 28 日
112	谢爱琼妇孺医院旧址	华林街道连登社区宝华路十六甫大街 70 号	2022 年 2 月 28 日
113	聚龙村更楼旧址	冲口街芳村大道东聚兴大街聚龙村 27 号旁	2022 年 11 月 25 日
114	六松园古石桥	花地街道芳村大道中 275 号醉观公园内	2005 年 9 月 22 日
115	南漖门楼、武帝古庙、陈永泽堂水埠建筑群——南漖门楼	东沙街道南漖村东胜坊渡江码头旁	2005 年 9 月 22 日
	南漖门楼、武帝古庙、陈永泽堂水埠建筑群——武帝古庙	东沙街道南漖村东胜坊渡江码头旁	2005 年 9 月 22 日
	南漖门楼、武帝古庙、陈永泽堂水埠建筑群——陈永泽水埠	东沙街道南漖村东胜坊堤岸边	2005 年 9 月 22 日
116	文澜书院清濠公所石碑	多宝街道恩宁路吉祥坊 1 号西北侧涌边	2002 年 9 月 1 日
117	开越陆大夫驻节故址碑	南源街道广州发电厂南门围墙内	2002 年 9 月 1 日
118	听松园门额石刻	白鹤洞街道培真路 60 号培英中学方社钟亭旁	2002 年 9 月 1 日
119	招村清代民居	冲口街道芳村大道东招村东八巷 1 号、2 号	2005 年 9 月 22 日

（续上表）

序号	名称	地址	公布时间
120	陶陶居	华林街道第十甫路 20 号	1993 年 11 月
121	岭南艺苑旧址	华林街道第十甫路湛露直街 24 号	1993 年 11 月
122	万源堂参茸行旧址	岭南街道光复南路西荣巷 2 号	2005 年 9 月 22 日
123	广州酒家	华林街道文昌南路 2 号	1993 年 11 月
124	泮溪酒家	昌华街道龙津西路 151 号、153 号	1993 年 11 月
125	白天鹅宾馆	沙面街道沙面南街 1 号	2008 年 9 月 28 日

四、天河区一般不可移动文物（共130处）

序号	名称	地址	公布时间
1	刘淡然家族墓	长兴街道岑村社区居委会火炉山旧场口南坡	2012 年 2 月 2 日
2	潘氏安人墓	长兴街道岑村社区居委会火炉山大白架顶	2012 年 2 月 2 日
3	谭氏安人墓	长兴街道岑村社区居委会火炉山大白架顶	2012 年 2 月 2 日
4	李芳芝夫妇合葬墓	长兴街道岑村社区居委会火炉山大白架顶	2012 年 2 月 2 日
5	苏太宜人墓	长兴街道岑村社区居委会火炉山小白架顶东车坡	2012 年 2 月 2 日
6	桂庭梁公祠	长兴街道长湴社区居委会长湴南大街 9 号	2012 年 2 月 2 日
7	长湴村招氏宗祠	长兴街道长湴社区居委会长湴西大街 2 号	2012 年 2 月 2 日
8	岑村机场侵华日军碉堡遗址	长兴街道岑村社区居委会岑村西街二巷岗头社五巷 5 号前	2012 年 2 月 2 日
9	隆兴苏公祠	车陂街道西岸社区居委会车陂村隆兴公大街 14 号	2009 年 7 月 9 日
10	伯李苏公祠	车陂街道西岸社区居委会伯李大街 6 号	2012 年 2 月 2 日
11	车陂村三板石巷	车陂街道沙美社区居委会车陂村启明大街	2012 年 2 月 2 日
12	伯和梁公祠	车陂街道沙美社区居委会启明大街 36 号	2012 年 2 月 2 日
13	北九巷民居（现已消失）	车陂街道沙美社区居委会车陂村启明大街北九巷 3 号	2012 年 2 月 2 日
14	梅友郝公祠	车陂街道龙口社区居委会车陂北门大街 29 号	2012 年 2 月 2 日
15	四义塚碑	车陂街道西岸社区居委会中山大道中 140 号旁	2012 年 2 月 2 日
16	王东庄夫妇墓	凤凰街道凤凰社区居委会渔沙坦村蓝屋二街东北面山岗上	2012 年 2 月 2 日
17	苏隆兴夫妇合葬墓	凤凰街道柯木塱社区居委会柯木塱村南路石围山	2009 年 7 月 9 日
18	樊西奥夫妇合葬墓	凤凰街道柯木塱社区居委会柯木塱村和顺岗	2012 年 2 月 2 日
19	姚南庄夫妇墓	凤凰街道柯木塱社区居委会柯木塱村背坪窑尾地西街四巷 4 号背后赫山	2012 年 2 月 2 日
20	后山梁氏墓地	凤凰街道柯木塱社区居委会柯木塱村廖屋后山	2012 年 2 月 2 日
21	徐太君之墓	凤凰街道柯木塱社区居委会柯木塱村坳头北西街山岗上	2009 年 7 月 9 日

（续上表）

序号	名称	地址	公布时间
22	炮山姚氏墓地	凤凰街道渔沙坦社区居委会渔沙坦村旺岗西和街新六巷8号炮山半山腰	2012年2月2日
23	鸿英杨公祠	凤凰街道柯木塱社区居委会柯木塱村背坪老屋街14号	2009年7月9日
24	旺岗村徐氏宗祠	凤凰街道渔沙坦社区居委会渔沙坦旺岗西和街8号	2012年2月2日
25	渔沙坦村谢氏宗祠	凤凰街道渔沙坦社区居委会渔沙坦白秀岗渔北路街111-3号	2012年2月2日
26	渔沙坦村李氏宗祠	凤凰街道凤凰社区居委会渔沙坦村楼角西街9号	2012年2月2日
27	大坝村廖氏宗祠	凤凰街道凤凰社区居委会渔沙坦大坝东环街5号	2012年2月2日
28	廖屋村廖氏宗祠	凤凰街道凤凰社区居委会大坝村中环街一巷5号	2012年2月2日
29	张屋村廖氏宗祠	凤凰街道凤凰社区居委会渔沙坦官山大街19号	2012年2月2日
30	剑咀大街廖氏宗祠	凤凰街道凤凰社区居委会渔沙坦村剑咀大街30号	2012年2月2日
31	爱峰书室	黄村街道江夏社区居委会黄村中心街1号	2012年2月2日
32	有桂祖祠	黄村街道江夏社区居委会黄村中心街1号之二	2012年2月2日
33	敬昌书室	黄村街道黄村社区居委会黄村北便街青云里大街13号	2012年2月2日
34	敦叙祖祠	黄村街道江夏社区居委会黄村中心街21号	2012年2月2日
35	黄庆祖祠（现已消失）	黄村街道江夏社区居委会黄村东明里大街1号	2012年2月2日
36	成会书室	黄村街江夏社区居委会黄村南胜里大街33号	2012年2月2日
37	肇民书室	黄村街道黄村社区居委会黄村南胜里下九巷东二横1号	2012年2月2日
38	黄村机场侵华日军碉堡遗址	黄村街道江夏社区居委会黄村大山顶	2012年2月2日
39	胡文苍墓	龙洞街道绿洲社区居委会龙眼洞村白虎窿李赖南墓正下方100米处	2012年2月2日
40	瓦窑岗樊氏墓地	龙洞街道西社社区居委会龙洞村瓦窑岗	2012年2月2日
41	樊华阳家族墓	龙洞街道西社社区居委会龙洞村瓦窑岗凤髻山	2012年2月2日
42	樊茂芝夫妇合葬墓	龙洞街道西社社区居委会龙洞村瓦窑岗馒头石	2012年2月2日
43	樊前山夫妇合葬墓	龙洞街道西社社区居委会龙洞村火界头	2012年2月2日
44	樊明泉夫妇合葬墓	龙洞街道西社社区居委会龙洞村大窝山	2012年2月2日
45	樊景祚夫妇合葬墓	龙洞街道上社社区居委会龙洞村大窝山坡上	2009年7月9日
46	龙眼洞遗址	龙洞街道绿洲社区居委会龙眼洞村	2009年7月9日
47	有余书室	龙洞街道西社社区居委会龙洞村西大街23号南侧	2012年2月2日
48	西耕家塾	龙洞街道西社社区居委会龙洞村西大街23号	2012年2月2日
49	西乔公祠	龙洞街道西社社区居委会龙洞村双闸巷9号	2012年2月2日
50	西奥樊公祠	龙洞街道上社社区居委会龙洞村东大街72号	2012年2月2日
51	龙洞村樊氏大宗祠	龙洞街道中南社区居委会龙洞村东大街1号	2012年2月2日
52	璞庵樊公祠	龙洞街道中南社区居委会龙洞村东街一巷10号	2012年2月2日

（续上表）

序号	名称	地址	公布时间
53	华阳樊公祠	龙洞街道中南社区居委会龙洞东大街35号	2012年2月2日
54	玉山家塾	龙洞街道中南社区居委会龙洞西大街18号	2012年2月2日
55	万善堂	龙洞街道中南社区居委会龙洞村东大街52号	2009年7月9日
56	罗锋凌公祠	前进街道宦溪社区居委会前进村宦溪南边街阳和里旁	2012年2月2日
57	子初凌公祠	前进街道石溪社区居委会前进村石溪长乐街6号	2012年2月2日
58	莲溪村郑氏宗祠	前进街道莲溪社区居委会前进村莲溪北边街13号	2012年2月2日
59	南涧凌公祠	前进街道宦溪社区居委会前进村宦溪西路91号	2012年2月2日
60	光成秦公祠	前进街道石溪社区居委会前进村石溪桥头街3号	2012年2月2日
61	石牌村潘氏宗祠	石牌街道逢源社区居委会石牌村潘祠大街3号、4号	2009年7月9日
62	石牌村池氏大宗祠	石牌街道南镇社区居委会石牌村豪居大街1号	2009年7月9日
63	董氏宗祠	石牌街石牌村绿荷社区居委会绿荷西大街1号	2009年7月9日
64	善平书室	石牌街石牌村南镇东大街六巷17号	2009年7月9日
65	瑞藻家塾	石牌街道朝阳社区居委会石牌村朝阳大街24号	2009年7月9日
66	朝阳里新闸门	石牌街道朝阳社区居委会石牌村朝阳大街朝阳里巷口	2012年2月2日
67	棠东村水月宫	棠下街道丰乐社区居委会棠东村新庙前街13号	2009年7月9日
68	文翘李公祠	棠下街道丰乐社区居委会棠东村龙门大街86号	2009年7月9日
69	瑶园公书室	棠下街道丰乐社区居委会棠东村龙门西街4号	2012年2月2日
70	棠东村南海神祠	棠下街道丰乐社区居委会棠东村龙门大街44号	2012年2月2日
71	达孝苏公祠	棠下街道丰乐社区居委会棠东村毓桂大街20号	2012年2月2日
72	福善庙	棠下街道达善西社区居委会棠下村南边大街	2009年7月9日
73	御南卢公祠	冼村街道冼村社区居委会冼村范阳大街138号	2009年7月9日
74	简万爵夫妇合葬墓	新塘街道新塘社天河区居委会新塘村牛眠岗	2009年7月9日
75	简赞亭家族墓地	新塘街道新塘社天河区居委会新塘村牛眠岗	2012年2月2日
76	姚元相墓	新塘街道高塘社区居委会凌塘村背底山	2012年2月2日
77	刘星垣夫妇墓	新塘街道高塘社区居委会凌塘村背底山	2012年2月2日
78	黎康璇家族墓	新塘街道高塘社区居委会凌塘村火炉山石仔岗北坡	2012年2月2日
79	郝中山夫妇墓	新塘街道新园社区居委会大观北路2号广州市新塘华侨公墓	2012年2月2日
80	苏世笋墓	新塘街道沐贸社区居委会沐陂村石仔岗南侧	2009年7月9日
81	许端伯夫妇合葬墓	新塘街道新园社区居委会大观北路2号广州市新塘华侨公墓新塘骨6区	2009年7月9日
82	纱帽岭郝氏墓地（含郝位安墓）	新塘街道新园社区居委会大观北路2号广州市新塘中华永久墓园纱帽岭棺柩二区10段	2012年2月2日
83	洞莱家塾	珠吉街道吉山西社区居委会吉山上街48-5号	2012年2月2日

（续上表）

序号	名称	地址	公布时间
84	简佛祖庙	新塘街道新塘社区居委会新塘紫气大街 13 号	2012 年 2 月 2 日
85	文祖潘公祠	新塘街道沐贤社区居委会沐陂村大街 1 号	2012 年 2 月 2 日
86	新塘十三村民纪念碑	新塘街道新景社区居委会新塘村新景路	2012 年 2 月 2 日
87	周氏兄弟夫妇墓	兴华街道侨源阁社区居委会瘦狗岭燕岭公园内	2012 年 2 月 2 日
88	陈秋霖墓	兴华街道建武社区居委会银河村燕岭路 394 号	2009 年 7 月 9 日
89	黄驹烈士墓	兴华街道建武社区居委会银河村燕岭路 394 号	2009 年 7 月 9 日
90	崔楷烈士墓	兴华街道建武社区居委会银河村燕岭路 394 号	2009 年 7 月 9 日
91	高剑父墓	兴华街道建武社区居委会银河村燕岭路 394 号	2009 年 7 月 9 日
92	广州市银河革命公墓	兴华街道建武社区居委会银河村燕岭路 394 号	2012 年 2 月 2 日
93	朱太夫人墓	兴化街道鳌鱼岗社区居委会广州基督教会	2012 年 2 月 2 日
94	洪圣庙	元岗街道下元岗社区下元岗西大街 18 号	2009 年 7 月 9 日
95	泰冈谭氏宗祠	元岗街道上元岗社区上元岗村大街一巷 4 号	2012 年 2 月 2 日
96	邓泽如墓	元岗街道天源社区天源路原广州军区射击场内木头窿	2013 年 1 月 29 日
97	程界东村李氏宗祠	员村街道程界东社区程界西南社大街 5 号	2012 年 2 月 2 日
98	程界西村李氏宗祠	员村街道程界西社区程界东大街 21 号	2012 年 2 月 2 日
99	广州南方面粉厂南筒库区	员村街道南富社区临江大道自编 506 号	2012 年 2 月 2 日
100	广州化工厂煤仓、烧碱车间（现已消失）	员村街道新墟社区黄埔大道中街 368 号广州昊天化学（集团）有限公司院内	2012 年 2 月 2 日
101	梁太孺人墓	珠吉街道吉山东社区吉山村吉岐路吉贝岗	2012 年 2 月 2 日
102	郝孟德夫妇合葬墓	珠吉街道岐岗社区珠村虎岭	2012 年 2 月 2 日
103	简山简氏墓地	珠吉街道岐岗社区吉山村大淋岗大街简山	2012 年 2 月 2 日
104	宦斯潘公书室（现已消失）	珠吉街道珠村南社区珠村南门下街 40 号	2012 年 2 月 2 日
105	可田潘公祠	珠吉街道珠村南社区珠村南门下街 32 号	2012 年 2 月 2 日
106	元德陈公祠	珠吉街道珠村南社区珠村大塘边街 23 号	2012 年 2 月 2 日
107	国斯家塾	珠吉街道珠村南社区珠村大塘边街 22 号	2012 年 2 月 2 日
108	兴明潘公祠	珠吉街道珠村南社区珠村大塘边街 7 巷 18 号	2012 年 2 月 2 日
109	启初潘公祠	珠吉街道珠村南社区珠村大塘边街 20 号	2012 年 2 月 2 日
110	珠村南海神祠	珠吉街道珠村北社区珠村南便大街 3 号	2009 年 7 月 9 日
111	仁可潘公祠	珠吉街道珠村北社区珠村文华大街 18 号	2012 年 2 月 2 日
112	东溪家塾	珠吉街道珠村北社区珠村文华大街 11 号	2012 年 2 月 2 日
113	念源潘公书舍	珠吉街道珠村北社区珠村南门上街 3 号	2012 年 2 月 2 日
114	渭南潘公书舍	珠吉街道珠村北社区珠村南门上街 5 号	2012 年 2 月 2 日
115	世韬潘公祠	珠吉街道珠村北社区珠村环村北路	2012 年 2 月 2 日

（续上表）

序号	名称	地址	公布时间
116	伯祥潘公祠	珠吉街道珠村北社区珠村北社大街 11 号	2012 年 2 月 2 日
117	满聚钟公祠	珠吉街道珠村北社区珠村中东下街七巷 6 号	2012 年 2 月 2 日
118	接山潘公祠	珠吉街道珠村北社区珠村南便大街六巷 1 号	2012 年 2 月 2 日
119	均和社学	珠吉街道吉山西社区吉山村吉山下街二十四巷 15 号	2012 年 2 月 2 日
120	吉峰公祠	珠吉街道吉山西社区吉山村吉山上街 44 号	2012 年 2 月 2 日
121	泰垣梁公祠	珠吉街道吉山西社区吉山上街 48-2 号	2012 年 2 月 2 日
122	友竹家塾	珠吉街道吉山西社区吉山上街 48-2 号泰垣梁公祠旁	2012 年 2 月 2 日
123	东壁门楼	珠吉街道吉山西社区吉山村东吉上街十一巷	2012 年 2 月 2 日
124	珠村潘氏墓群（含潘名江墓等二十穴）	珠吉街道吉山西社区珠村珠吉路鹤鸣山西坡	2009 年 7 月 9 日
125	广九铁路吉山站	珠吉街道珠村北社区	2012 年 2 月 2 日
126	胡绍宗墓	凤凰街道凤凰社区柯木塱村涂屋鸡冠地	2005 年 9 月 22 日
127	龙母庙	猎德街道猎德社区猎德村海月路 2 号	2002 年 9 月 1 日
128	侵华日军飞机库遗址一组	石牌街道松岗社区龙口东路 129 号旁	2005 年 9 月 22 日
129	潘达微祖居	棠下街道丰乐社区棠东村启明大街 19 号	2002 年 9 月 1 日
130	莲池寺普同塔	兴华街道建武社区广州大道北路伍仙桥街 75706 部队营区天主山上	1993 年 11 月

五、白云区一般不可移动文物（共560处）

序号	名称	地址	公布时间
1	谢忠卿墓	江高镇蒲村	2010 年 8 月 26 日
2	周苇如墓	江高镇南岗村三元岗	2010 年 8 月 26 日
3	梁凤山夫妇墓	江高镇南岗村三元岗	2010 年 8 月 26 日
4	苏氏大宗祠	江高镇长岗村	2010 年 8 月 26 日
5	禺北民众抗日纪念亭	江高镇河心洲公园	2010 年 8 月 26 日
6	源进胡公祠（包括六宜书室、树人书舍）	江高镇大岭村	2010 年 8 月 26 日
7	邝氏宗祠	江高镇大龙头村	2010 年 8 月 26 日
8	黄氏大宗祠	江高镇大龙头村	2010 年 8 月 26 日
9	伍氏大宗祠	江高镇大龙头村	2010 年 8 月 26 日
10	黄氏宗祠	江高镇大石岗村西社	2010 年 8 月 26 日
11	胡氏宗祠	江高镇大石岗村	2010 年 8 月 26 日
12	谢氏大宗祠	江高镇大田村	2010 年 8 月 26 日
13	原珍谢公祠	江高镇大田村	2010 年 8 月 26 日

（续上表）

序号	名称	地址	公布时间
14	北帝古庙（包括康公庙、张王庙、乡约）	江高镇大田村文化公园	2010年8月26日
15	宣文谭公祠	江高镇郭塘村	2010年8月26日
16	妙华黄公祠	江高镇何布村	2010年8月26日
17	蔡氏宗祠	江高镇何布村	2010年8月26日
18	鹤岗村周氏宗祠（含宗广周公祠）	江高镇鹤岗村	2010年8月26日
19	鹤岗村胡氏大宗祠	江高镇鹤岗村	2010年8月26日
20	江村村江氏宗祠	江高镇江村村	2010年8月26日
21	江村村谭氏宗祠	江高镇江村村	2010年8月26日
22	两上村西门邝氏宗祠	江高镇两上村西门	2010年8月26日
23	两上村南门邝氏宗祠	江高镇两上村南门	2010年8月26日
24	两上村黄氏宗祠	江高镇两上村	2010年8月26日
25	两下村黄氏宗祠	江高镇两下村	2010年8月26日
26	蓼江村梁氏大宗祠	江高镇蓼江村	2010年8月26日
27	王氏大宗祠	江高镇蓼江村	2010年8月26日
28	文武庙	江高镇蓼江村	2010年8月26日
29	乐渊胡公祠	江高镇罗溪村	2010年8月26日
30	风雨听松亭	江高镇茅山村	2010年8月26日
31	潜圃周大夫祠	江高镇南岗村	2010年8月26日
32	信夫周中宪祠	江高镇南岗村	2010年8月26日
33	三清堂	江高镇南岗村	2010年8月26日
34	周汝钧故居	江高镇南岗村	2010年8月26日
35	南岗村黎氏宗祠	江高镇南岗村	2010年8月26日
36	南岗村水月宫	江高镇南岗村	2010年8月26日
37	南岗村周氏大宗祠	江高镇南岗村	2010年8月26日
38	西周竹基边碉堡	江高镇南岗村	2010年8月26日
39	帝佑伍公祠	江高镇南浦村	2010年8月26日
40	永馀谭公祠	江高镇沙龙村	2010年8月26日
41	沙溪村欧阳大宗祠	江高镇沙溪村	2010年8月26日
42	石龙张王古庙	江高镇石龙居委	2010年8月26日
43	伯颜沈公祠	江高镇水沥村	2010年8月26日
44	塘贝村炮楼	江高镇塘贝村	2010年8月26日
45	子盛刘公祠	江高镇五丰村	2010年8月26日
46	硖石村门楼（包括昌仁里门楼、整和里门楼）	江高镇硖石村	2010年8月26日

（续上表）

序号	名称	地址	公布时间
47	旺祖欧阳公祠	江高镇小塘村	2010 年 8 月 26 日
48	小塘村欧阳氏宗祠	江高镇小塘村	2010 年 8 月 26 日
49	小塘村	江高镇小塘村	2010 年 8 月 26 日
50	新楼村梁氏宗祠	江高镇新楼村	2010 年 8 月 26 日
51	玄帝古庙	江高镇雄丰村	2010 年 8 月 26 日
52	徐氏宗祠	江高镇雄丰村	2010 年 8 月 26 日
53	蒲氏宗祠	江高镇杨山村	2010 年 8 月 26 日
54	江氏宗祠	江高镇叶边村	2010 年 8 月 26 日
55	至圣家庙	江高镇叶边村	2010 年 8 月 26 日
56	信义李公祠	江高镇珠江村	2010 年 8 月 26 日
57	复安龙公祠	江高镇珠江村	2010 年 8 月 26 日
58	谷宽龙公祠	江高镇珠江村	2010 年 8 月 26 日
59	胡氏大宗祠	江高镇大岭村	2010 年 8 月 26 日
60	福安邓公祠	江高镇井岗村	2010 年 8 月 26 日
61	李氏大宗祠	三元里街道三元里大街 77 号	2010 年 12 月 8 日
62	文洲李公祠	三元里街道世康大街 27 号之一	2010 年 12 月 8 日
63	雪溪李公祠	三元里街道三元里大街 47 号	2010 年 12 月 8 日
64	碧山李公祠	三元里街道三元里大街 103 号	2010 年 12 月 8 日
65	完白李公祠	三元里街道长塘大街 19 号	2010 年 12 月 8 日
66	景恩李公祠	三元里街道三元里大街二十九巷 30 号	2010 年 12 月 8 日
67	韦氏宗祠	三元里街道长塘大街三巷 12 号	2010 年 12 月 8 日
68	飞鹅岭李氏家族墓	景泰街道政民路 79 号旁	2010 年 12 月 8 日
69	永平马市岭村解放战争游击根据地旧址	永平街道东平村马市岭	2010 年 12 月 8 日
70	永平二帝古庙	永平街道文盛庄	2010 年 12 月 8 日
71	捷焕徐公祠	永平街道东平横岗东路 99 号	2010 年 12 月 8 日
72	哪吒宫	永平街道东平马市岭岭南路 2 号	2010 年 12 月 8 日
73	永平黄氏宗祠	永平街道官厅窿东街路	2010 年 12 月 8 日
74	朱善夫墓	金沙街道浔峰山犁头嘴	2010 年 12 月 8 日
75	吴玉堂夫妇墓	金沙街道浔峰山孖指岗	2010 年 12 月 8 日
76	果融招公祠	金沙街道横沙大街 14 号	2010 年 12 月 8 日
77	逸亭招公祠	金沙街道横沙大街 56 号	2010 年 12 月 8 日
78	维邦陈公祠	金沙街道横沙大街 140 号	2010 年 12 月 8 日
79	兆年家塾	金沙街道荣基里五巷 19 号	2010 年 12 月 8 日

（续上表）

序号	名称	地址	公布时间
80	先锋古庙	金沙街道凤岗西街50号	2010年12月8日
81	康公古庙	云城街道萧岗涌南大街	2010年12月8日
82	区氏大宗祠建筑群（包含凤池家塾、发传书舍、朝熙别墅、炽堂区公祠、资深民居）	云城街道萧岗安怀里	2010年12月8日
83	关氏大宗祠	云城街道萧岗三多里巷	2010年12月8日
84	何氏大宗祠	云城街道萧岗怀安里巷	2010年12月8日
85	徐氏大宗祠	云城街道萧岗村履泰大街七巷右侧	2010年12月8日
86	介石黄公家庙	新市街道小坪南街42号	2010年12月8日
87	廷谏黄公祠	新市街道小坪南街10号	2010年12月8日
88	梁氏大宗祠	新市街道棠涌西约大街18号	2010年12月8日
89	严氏大宗祠	新市街道棠涌唐基街3号	2010年12月8日
90	乡约	新市街道小坪南街58号	2010年12月8日
91	白鸽窦老井	同和街道握山中路60号旁	2010年12月8日
92	范家大屋	同和街道新村同新路32-1号	2010年12月8日
93	斯文井	同和街道同和路南湖斯文井段	2010年12月8日
94	林氏宗祠	同德街道田心大街8号	2010年12月8日
95	周氏宗祠	同德街道上步大街54号	2010年12月8日
96	颜氏大宗祠	棠景街道棠下西约一巷	2010年12月8日
97	梁氏大宗祠	棠景街道岗贝大街	2010年12月8日
98	洪圣古庙	棠景街道岗贝大街	2010年12月8日
99	松南书院	松洲街道松南街83号	2010年12月8日
100	叶氏大宗祠	松洲街道松北街39号	2010年12月8日
101	黄氏大宗祠	松洲街道槎龙天枢街55号	2010年12月8日
102	槎溪牌坊	松洲街道槎龙仁德里路	2010年12月8日
103	寅山李公祠	松洲街道松北街84号	2010年12月8日
104	陈氏大宗祠	嘉禾街道长湴仙师街6号	2010年12月8日
105	仙师宫	嘉禾街道长湴仙师街10号	2010年12月8日
106	联义堂	嘉禾街道长湴街178号	2010年12月8日
107	崇德堂	嘉禾街道长湴广新街	2010年12月8日
108	大远堂	嘉禾街道长湴中街东一巷12号	2010年12月8日
109	怀德堂	嘉禾街道长湴中街东一巷8号	2010年12月8日
110	仪福堂	嘉禾街道长湴信利巷1号	2010年12月8日
111	可章家塾	嘉禾街道双和西街22号	2010年12月8日
112	盘古庙	嘉禾街道竹仔园大街67号	2010年12月8日

（续上表）

序号	名称	地址	公布时间
113	锦辉家塾	嘉禾街道双和西街 30 号	2010 年 12 月 8 日
114	黎氏大宗祠（包括龙祥黎公祠、君彦别墅）	嘉禾街道望岗街 56 号	2010 年 12 月 8 日
115	南墅黎公祠	嘉禾街道望岗街 60 号	2010 年 12 月 8 日
116	朝用黎公祠	嘉禾街道望岗西胜街	2010 年 12 月 8 日
117	洪圣古庙	嘉禾街道望岗街 58 号	2010 年 12 月 8 日
118	黎氏大宗祠	嘉禾街道望岗东胜街 19 号	2010 年 12 月 8 日
119	二围	嘉禾街道望岗西街 89 号	2010 年 12 月 8 日
120	观护龙公祠	鹤龙街道黄边中街 19 号	2010 年 12 月 8 日
121	何氏宗祠	鹤龙街道鹤边新兴东街 1 号	2010 年 12 月 8 日
122	本潮何公祠	鹤龙街道鹤北中街 2 号	2010 年 12 月 8 日
123	康公古庙	鹤龙街道黄边中街 5 号	2010 年 12 月 8 日
124	医灵古庙	鹤龙街道鹤边村鹤边吉祥街 7 号	2010 年 12 月 8 日
125	叶氏大宗祠	鹤龙街道彭西街 27 号	2010 年 12 月 8 日
126	刘氏宗祠	鹤龙街道彭上中心街 32 号	2010 年 12 月 8 日
127	陈氏宗祠	鹤龙街道员村中街 34 号	2010 年 12 月 8 日
128	德士家塾	鹤龙街道彭西大街 35 号	2010 年 12 月 8 日
129	坚祖彭公祠	鹤龙街道彭西钟厚街 2 号	2010 年 12 月 8 日
130	黎氏大宗祠	均禾街道石马桃源南东街	2010 年 12 月 8 日
131	黄氏大宗祠	均禾街道石马乐善街 5 号旁边	2010 年 12 月 8 日
132	同彰黄公祠	均禾街道石马乐善街 5 号黄氏大宗祠左侧	2010 年 12 月 8 日
133	仁和里门楼	均禾街道石马仁和里巷东北角	2010 年 12 月 8 日
134	黎家炮楼	均禾街道石马西蒲南街一巷	2010 年 12 月 8 日
135	陈家炮楼	均禾街道石马尚仁街四巷 16 号旁	2010 年 12 月 8 日
136	黎氏宗祠	均禾街道石马西蒲东街 2 号旁	2010 年 12 月 8 日
137	均和公所	均禾街道均和圩东面	2010 年 12 月 8 日
138	洪圣古庙（含后楼）	均禾街道石马青龙南街旁	2010 年 12 月 8 日
139	青龙社门楼	均禾街道石马青龙南街	2010 年 12 月 8 日
140	仕安黎公祠	均禾街道石马青龙南街五巷	2010 年 12 月 8 日
141	东庄黎公祠	均禾街道石马东庄祖街五巷	2010 年 12 月 8 日
142	适意草庐	均禾街道石马青龙南街二巷 16 号	2010 年 12 月 8 日
143	黄氏宗祠	均禾街道清湖中街 73 号	2010 年 12 月 8 日
144	清隐李公祠	均禾街道清湖中街 83 号	2010 年 12 月 8 日
145	清湖（上李）李氏宗祠	均禾街道清湖中街 85 号	2010 年 12 月 8 日
146	胡氏宗祠	均禾街道罗岗垂思街 61 号	2010 年 12 月 8 日

（续上表）

序号	名称	地址	公布时间
147	商山黎公祠	均禾街道罗岗商山东街	2010 年 12 月 8 日
148	李氏宗祠	均禾街道罗岗拱北街 1 号	2010 年 12 月 8 日
149	谢氏宗祠	均禾街道罗岗联庆街	2010 年 12 月 8 日
150	李氏大宗祠	黄石街道江夏公园路 3 号	2010 年 12 月 8 日
151	宝林堂	黄石街道江夏公园路 1 号	2010 年 12 月 8 日
152	王韶光墓	白云山五雷岭牛绳岗	2010 年 12 月 8 日
153	黄税清夫妇墓	白云湖街道大朗村西街三十巷旁东赤岗岭半坡上	2011 年 4 月 1 日
154	刘英豪父子墓	白云湖街道夏茅村	2011 年 4 月 1 日
155	侯氏宗祠	白云湖街道大冈村大冈北街 3 号	2011 年 4 月 1 日
156	李氏大宗祠	白云湖街道大冈村大冈大街 9 号	2011 年 4 月 1 日
157	原俊李公祠	白云湖街道大冈村大冈北街 1 号	2011 年 4 月 1 日
158	谢氏大宗祠	白云湖街道大朗村西街南八巷	2011 年 4 月 1 日
159	岑氏宗祠	白云湖街道大朗村街南	2011 年 4 月 1 日
160	莫氏大宗祠	白云湖街道大朗村莫来泰六巷 1 号旁	2011 年 4 月 1 日
161	梁氏宗祠	白云湖街道大朗村正梁南街三巷旁	2011 年 4 月 1 日
162	黄氏宗祠	白云湖街道大朗村正街园四巷 1 号旁	2011 年 4 月 1 日
163	黄氏大宗祠	白云湖街道大朗村新屋大街七巷	2011 年 4 月 1 日
164	乐清黄公祠	白云湖街道大朗村桑下大街	2011 年 4 月 1 日
165	谢氏宗祠	白云湖街道大朗村西街中一巷旁	2011 年 4 月 1 日
166	福祥谢公祠	白云湖街道大朗西街中六巷旁	2011 年 4 月 1 日
167	许氏宗祠	白云湖街道大朗西街中北十六巷旁	2011 年 4 月 1 日
168	福润刘公祠	白云湖街道大朗村枝园南街十二巷 1 号旁	2011 年 4 月 1 日
169	谢氏大宗祠	白云湖街道环滘村西约大街 18 号	2011 年 4 月 1 日
170	李氏宗祠	白云湖街道环滘村东津大街 2 号	2011 年 4 月 1 日
171	缘贵李公祠	白云湖街道环滘村东津大街 8 号	2011 年 4 月 1 日
172	开贵周公祠	白云湖街道龙湖村义龙街 37 号	2011 年 4 月 1 日
173	叶氏宗祠	白云湖街道唐阁村南路西 27 号	2011 年 4 月 1 日
174	何氏宗祠	白云湖街道唐阁村唐阁街北 11 号	2011 年 4 月 1 日
175	胜祖刘公祠	白云湖街道夏茅村夏茅大道北约	2011 年 4 月 1 日
176	松溪刘公祠	白云湖街道夏茅村海口街	2011 年 4 月 1 日

（续上表）

序号	名称	地址	公布时间
177	彦琪刘公祠	白云湖街道夏茅村沙园坊	2011 年 4 月 1 日
178	彦举刘公祠	白云湖街道夏茅村沙园坊	2011 年 4 月 1 日
179	彦宝刘公祠	白云湖街道夏茅村	2011 年 4 月 1 日
180	刘氏大宗祠	白云湖街道夏茅村海口街	2011 年 4 月 1 日
181	称念刘公祠	白云湖街道夏茅村北约	2011 年 4 月 1 日
182	严氏宗祠	白云湖街道夏茅村南约大街	2011 年 4 月 1 日
183	康公庙（含洪圣庙）	白云湖街道夏茅村北约大街	2011 年 4 月 1 日
184	慎琪刘公祠	白云湖街道夏茅村西约大街	2011 年 4 月 1 日
185	道宏刘公祠	白云湖街道夏茅村石马头	2011 年 4 月 1 日
186	光霁祖祠	白云湖街道夏茅村石马头	2011 年 4 月 1 日
187	浩宏家塾	白云湖街道夏茅村石马头	2011 年 4 月 1 日
188	汉元刘公祠	白云湖街道夏茅村石马头	2011 年 4 月 1 日
189	文昌宫	白云湖街道夏茅村海口街	2011 年 4 月 1 日
190	刘氏大宗祠	白云湖街道大朗村南街东二十三巷	2011 年 4 月 1 日
191	乡约	白云湖街道大朗村路中北二巷 12 号后面	2011 年 4 月 1 日
192	玄福郭公祠	白云湖街道大朗村汾阳西六巷 1 号旁	2011 年 4 月 1 日
193	北帝庙	白云湖街道夏茅村友谊大街	2011 年 4 月 1 日
194	廖氏宗祠	石门街道朝阳村海头自然村	2011 年 4 月 1 日
195	思保陆公祠	石门街道朝阳村萃村自然村	2011 年 4 月 1 日
196	陆氏大宗祠	石门街道朝阳村萃村自然村	2011 年 4 月 1 日
197	彭氏宗祠	石门街道朝阳村石门自然村	2011 年 4 月 1 日
198	苏氏宗祠	石门街道朝阳村田心自然村	2011 年 4 月 1 日
199	普观张公祠	石门街道朝阳村杨梅岗自然村	2011 年 4 月 1 日
200	康公古庙（包括文武殿、水月宫、乡约）	石门街道朝阳村杨梅岗自然村	2011 年 4 月 1 日
201	林氏宗祠	石门街道朝阳村田心自然村	2011 年 4 月 1 日
202	陈氏宗祠	石门街道红星村	2011 年 4 月 1 日
203	黄氏宗祠	石门街道红星村	2011 年 4 月 1 日
204	世昌黄公祠	石门街道红星村	2011 年 4 月 1 日
205	学士祠	石门街道红星村	2011 年 4 月 1 日
206	宗善、宗贤梁公祠	石门街道红星村	2011 年 4 月 1 日
207	梁氏大宗祠	石门街道红星村浮山自然村	2011 年 4 月 1 日
208	都天府（含观音庙）	石门街道滘心村	2011 年 4 月 1 日
209	刘氏宗祠	石门街道滘心村	2011 年 4 月 1 日

（续上表）

序号	名称	地址	公布时间
210	南庄许公祠	石门街道滘心村	2011 年 4 月 1 日
211	恒俭李公祠	石门街道滘心村	2011 年 4 月 1 日
212	何氏大宗祠	石门街道鸦岗村	2011 年 4 月 1 日
213	万春邓公祠	石门街道鸦岗村	2011 年 4 月 1 日
214	蔡氏大宗祠	石门街道鸦岗村	2011 年 4 月 1 日
215	鸦岗学校	石门街道鸦岗村	2011 年 4 月 1 日
216	梁氏宗祠	石门街道红星村	2011 年 4 月 1 日
217	东约石桥	石井街道凰岗村	2011 年 4 月 1 日
218	允中苏公祠	石井街道凰岗村	2011 年 4 月 1 日
219	苏氏大宗祠	石井街道庆丰村	2011 年 4 月 1 日
220	文祥凌公祠	石井街道潭村	2011 年 4 月 1 日
221	张氏宗祠	石井街道潭村	2011 年 4 月 1 日
222	秀京凌公祠	石井街道潭村	2011 年 4 月 1 日
223	帝生凌公祠	石井街道潭村	2011 年 4 月 1 日
224	从政凌公祠	石井街道潭村	2011 年 4 月 1 日
225	观遂凌公祠	石井街道潭村	2011 年 4 月 1 日
226	振彩炮楼	石井街道凰岗村	2011 年 4 月 1 日
227	电动排涝站	石井街道潭村	2011 年 4 月 1 日
228	梁伯轩夫妇墓	人和镇明星村三狮岗岭上	2011 年 4 月 1 日
229	玉虚宫	人和镇镇湖村蚌湖墟北街 33 号	2011 年 4 月 1 日
230	己章周公祠	人和镇镇湖村周屋街 1–1 号	2011 年 4 月 1 日
231	善达杨公祠	人和镇镇湖村著义街 13 号	2011 年 4 月 1 日
232	法达杨公祠	人和镇镇湖村东门街五巷 1 号	2011 年 4 月 1 日
233	湖龙书舍	人和镇黄榜岭村黄榜岭路 5 号	2011 年 4 月 1 日
234	方石居	人和镇方石村方石贤兴街 75 号	2011 年 4 月 1 日
235	沈氏宥禾公祠	人和镇方石村方石贤兴街 11 号	2011 年 4 月 1 日
236	刘氏宗祠	人和镇岗尾村窝贝自然村口	2011 年 4 月 1 日
237	陈氏宗祠	人和镇鸦湖村茅布街 11 号	2011 年 4 月 1 日
238	万竹书舍	人和镇鸦湖村灰沙坦灰沙街 28 号	2011 年 4 月 1 日
239	段氏宗祠	人和镇鸦湖村茅布街 35 号	2011 年 4 月 1 日
240	曹氏宗祠	人和镇鸦湖村全德东街一巷 1 号	2011 年 4 月 1 日
241	润成曹公祠	人和镇大巷村成泰街 5 号	2011 年 4 月 1 日
242	曹氏宗祠	人和镇大巷村大巷中南街 9 号	2011 年 4 月 1 日
243	梁氏宗祠	人和镇明星村明星南路 1 号	2011 年 4 月 1 日

（续上表）

序号	名称	地址	公布时间
244	伯轩梁公祠	人和镇明星村同安街 9 号	2011 年 4 月 1 日
245	梁氏别墅	人和镇明星村明星南路 33 号	2011 年 4 月 1 日
246	刘氏大宗祠	人和镇民强村民强路 69 号	2011 年 4 月 1 日
247	奇谏戴公祠	人和镇人和村华榕中街 1 号	2011 年 4 月 1 日
248	道真骆公祠	人和镇人和村四社	2011 年 4 月 1 日
249	北帝古庙	人和镇人和村华榕中街 43 号	2011 年 4 月 1 日
250	戴氏大宗祠	人和镇高增村昌和路 1 号	2011 年 4 月 1 日
251	鼎庆戴公祠	人和镇高增村世和街 50 号	2011 年 4 月 1 日
252	骆氏宗祠	人和镇高增村上和路 3 号	2011 年 4 月 1 日
253	朗苑桥	人和镇高增村前第七十三中学旁	2011 年 4 月 1 日
254	启雄曹公祠	人和镇凤和村凤和街东一巷 8 号	2011 年 4 月 1 日
255	国权苏公祠	人和镇矮岗村矮岗南街	2011 年 4 月 1 日
256	君茂家塾	人和镇矮岗村矮岗南街	2011 年 4 月 1 日
257	仁兴苏公祠	人和镇矮岗村矮岗南街 54 号旁	2011 年 4 月 1 日
258	观圣李公祠	人和镇矮岗村矮岗北街 4 号旁	2011 年 4 月 1 日
259	丁绍书舍	人和镇建南村建南门口	2011 年 4 月 1 日
260	君达李公祠	人和镇罗汉塘村汉塘万里东路 62 号	2011 年 4 月 1 日
261	梦龄书舍	人和镇秀水村秀水塘东街四巷 2 号	2011 年 4 月 1 日
262	卓华苏公书舍	人和镇南方村永隆东路 22 号	2011 年 4 月 1 日
263	四房书舍	人和镇鹤亭村鹤亭东路 35 号	2011 年 4 月 1 日
264	保安和华侨会所	人和镇湖村镇清街 118 号	2011 年 4 月 1 日
265	蚌湖华侨广播站	人和镇蚌湖居委镇湖大街 23 号	2011 年 4 月 1 日
266	甘先故居	人和镇岗尾村月龙东街中六巷 14 号	2011 年 4 月 1 日
267	戴宗汉故居	人和镇高增村上四社 49 号	2011 年 4 月 1 日
268	曹佑和故居	人和镇矮岗村岗泰连新街东九巷 13 号	2011 年 4 月 1 日
269	矮岗炮楼	人和镇矮岗村光太路边	2011 年 4 月 1 日
270	清平桥	人和镇罗汉塘村榕荫路君秀李公祠右侧	2011 年 4 月 1 日
271	息骢亭	人和镇清河村清河小学校园内	2011 年 4 月 1 日
272	汉三书舍	人和镇黄榜岭村黄榜岭南路 9 号	2011 年 4 月 1 日
273	应三书舍	人和镇黄榜岭村黄榜岭南路 3 号	2011 年 4 月 1 日
274	审三书舍	人和镇黄榜岭村黄榜岭南路 1 号	2011 年 4 月 1 日
275	有辅朱公祠	人和镇新兴村仁胜街 3 号	2011 年 4 月 1 日

（续上表）

序号	名称	地址	公布时间
276	曹氏宗祠	人和镇矮岗村光太路旁	2011 年 4 月 1 日
277	孙氏宗祠	人和镇太成村太成西路 56 号旁	2011 年 4 月 1 日
278	莫永昌夫妇墓	太和镇大源村甲床石场右侧山腰	2011 年 5 月 10 日
279	伍菊溪夫妇墓	太和镇大源村茶岘山山坡	2011 年 5 月 10 日
280	白纶生夫妇墓	太和镇大源村高田窿自然村对面山坡上	2011 年 5 月 10 日
281	郑汉章墓	太和镇大源村张屋自然村华南快速干线西北侧	2011 年 5 月 10 日
282	赵祖江公祠	龙归街道夏良村良溪大街	2011 年 5 月 10 日
283	江氏宗祠	龙归街道夏良村特贤街 2 号	2011 年 5 月 10 日
284	江聚公祠	龙归街道夏良村良溪大街 84 号	2011 年 5 月 10 日
285	叶氏大宗祠	龙归街道夏良村东街夏良路 123 号	2011 年 5 月 10 日
286	谢氏大宗祠	龙归街道夏良村市头大街 33 号	2011 年 5 月 10 日
287	必昌谢公祠	龙归街道夏良村市头大街东会龙南巷 5 号	2011 年 5 月 10 日
288	思继谢公祠	龙归街道夏良村市头北街 19 号	2011 年 5 月 10 日
289	颜氏大宗祠	龙归街道园下村园下中街 24 号	2011 年 5 月 10 日
290	莅兴书舍	龙归街道南村莅兴二巷	2011 年 5 月 10 日
291	文帝宫	龙归街道园夏村园下南路 4 号	2011 年 5 月 10 日
292	蟠龙书舍	龙归街道南村蟠龙西街 51—53 号	2011 年 5 月 10 日
293	逸耕书舍	龙归街道南村蟠龙西街 47—49 号	2011 年 5 月 10 日
294	南亩周公祠	龙归街道南村蟠龙西街 43—45 号	2011 年 5 月 10 日
295	西井	龙归街道南村西井大街 22 号	2011 年 5 月 10 日
296	园伟庄民居群	龙归街道柏塘村园伟街	2011 年 5 月 10 日
297	可达谢公祠	太和镇沙亭岗村沙亭南路 31 号	2011 年 5 月 10 日
298	北帝庙	太和镇沙亭岗村沙亭南路 30 号	2011 年 5 月 10 日
299	麟芝刘公祠	太和镇谢家庄村西园南街四巷	2011 年 5 月 10 日
300	腾石何公祠	太和镇谢家庄村西元南街 37 号	2011 年 5 月 10 日
301	黄氏宗祠	太和镇田心村桂香街 22 号	2011 年 5 月 10 日
302	中约书院	太和镇营溪村营中街 70 号	2011 年 5 月 10 日
303	汤氏宗祠	大源街道米龙村上南自然村上南街二巷口	2011 年 5 月 10 日
304	还清谢公祠	大源街道石湖村村前路 14 号旁	2011 年 5 月 10 日
305	方增谢公祠	太和镇谢家庄村永利西街四号	2011 年 5 月 10 日
306	钜昌管公祠	太和镇穗丰村场田自然村场田路八巷 10 号	2011 年 5 月 10 日

（续上表）

序号	名称	地址	公布时间
307	许氏宗祠	太和镇兴丰村坑口自然村	2011年5月10日
308	公群章温宗祠	太和镇穗丰村排辣自然村高浪路二巷17号	2011年5月10日
309	象兰高公祠	太和镇头陂村高屋自然村内	2011年5月10日
310	昌凤家塾	太和镇头陂村廻龙亭中街	2011年5月10日
311	仰发张公祠	太和镇头陂村廻龙亭中街	2011年5月10日
312	圣聪杨公祠	太和镇头陂村微犹坑自然村南巷右侧	2011年5月10日
313	积坚陈公祠	太和镇大沥村南约一巷1号	2011年5月10日
314	悦华家塾	太和镇大沥村东约街七巷1号	2011年5月10日
315	达才江公祠	太和镇田心村江屋自然村西二街15号	2011年5月10日
316	源泰江公祠	太和镇田心村田心江街15号	2011年5月10日
317	学明黄公祠	太和镇大沥村细沥自然村一街十巷巷口	2011年5月10日
318	彦华周公祠	太和镇大沥村东约街十巷	2011年5月10日
319	仕君周公祠	太和镇大沥村东约街九巷	2011年5月10日
320	广清苏公祠	龙归街道柏塘村聚龙街3号	2011年5月10日
321	朝俊刘公祠	太和镇大沥村太和庄三街四巷	2011年5月10日
322	月峰徐公祠	龙归街道北村村前大街21号	2011年5月10日
323	怀村董公祠	龙归街道北村村前大街19号	2011年5月10日
324	董氏宗祠	龙归街道北村村前大街9号	2011年5月10日
325	乡约	龙归街道北村村前大街7号	2011年5月10日
326	范氏宗祠	龙归街道永兴村瑚琏直街	2011年5月10日
327	德才范公祠	大源街道黄庄南路西街13号旁	2011年5月10日
328	老屋井	龙归街道永兴村瑚琏直街旁	2011年5月10日
329	支氏大宗祠	大源街道半迳自然村上迳南街三巷旁	2011年5月10日
330	始祯李公祠	大源街道上迳南街十巷1号	2011年5月10日
331	谢氏宗祠	大源街道岐山自然村岐山东街23号	2011年5月10日
332	张氏大宗祠	大源街道张屋自然村岐山北街5号旁	2011年5月10日
333	扬浩徐公祠	大源街道大源白路东街14—18号	2011年5月10日
334	叶吉家塾	大源街道大源田心东路10号	2011年5月10日
335	李氏宗祠	太和镇白山村二社	2011年5月10日
336	侵占坟地审结碑刻	太和镇白山村村口池塘边	2011年5月10日

（续上表）

序号	名称	地址	公布时间
337	滇军墓碑	大源街道黄庄南路 80 号基督教坟场西侧	2011 年 5 月 10 日
338	谢焯焰民居	龙归街道夏良村南胜中街 11 号	2011 年 5 月 10 日
339	周家良民居	龙归街道南村公园路 35 号	2011 年 5 月 10 日
340	南村华侨肇福赠医局	龙归街道南村西华大街 18 号	2011 年 5 月 10 日
341	广州东北郊人民游击队第一区队驻地旧址	太和镇穗丰村矮障自然村 16 号	2011 年 5 月 10 日
342	金城世第	大源街道大源白路西街 12 号	2011 年 5 月 10 日
343	和龙水库大坝（含发电站）	太和镇和龙村的东面	2011 年 5 月 10 日
344	作球家塾	龙归街道南岭村南岭中西路 40 号	2011 年 5 月 10 日
345	特贤家塾	龙归街道夏良村特贤街 4 号	2011 年 5 月 10 日
346	许氏宗祠	太和镇兴丰村四社新村	2011 年 5 月 10 日
347	文宾汤公祠	太和镇头陂村廻龙自然村亭中街	2011 年 5 月 10 日
348	德祯李公祠	大源街道大源新维五巷旁	2011 年 5 月 10 日
349	启发纪念校舍旧址	龙归街道永兴村永兴庄幼儿园	2011 年 5 月 10 日
350	梁名世夫妇墓	钟落潭镇障岗村田心自然村西侧	2011 年 6 月 7 日
351	胡雨行墓	钟落潭镇障岗村田心自然村西侧旁	2011 年 6 月 7 日
352	邓康惠夫妇墓	钟落潭镇茅岗村龙抬头龙狮顾尾（土名）的山坡上	2011 年 6 月 7 日
353	董氏祖墓	钟落潭镇梅田村松园岭上	2011 年 6 月 7 日
354	刘福祖夫妇墓	钟落潭镇良田村象岭上	2011 年 6 月 7 日
355	刘镜善墓	钟落潭镇良田村潘林风飘罗带岭山坡上	2011 年 6 月 7 日
356	翁婿墓	钟落潭镇良田村壆尾土岗（土名）上	2011 年 6 月 7 日
357	帽峰古庙	帽峰山森林公园	2011 年 6 月 7 日
358	曾氏宗祠	钟落潭镇龙岗村龙岗街 116 号	2011 年 6 月 7 日
359	应阳曾公祠	钟落潭镇龙岗村龙岗街 112 号	2011 年 6 月 7 日
360	曾惠公祠	钟落潭镇龙岗村龙岗街 110 号	2011 年 6 月 7 日
361	法通钟公祠	钟落潭镇五龙岗村四社	2011 年 6 月 7 日
362	廖氏宗祠	钟落潭镇五龙岗村八、九社	2011 年 6 月 7 日
363	麦氏宗祠	钟落潭镇五龙岗村十一、十二社	2011 年 6 月 7 日
364	官路桥	钟落潭镇长腰岭村荆隆庄土碑坑上	2011 年 6 月 7 日
365	康平祖	钟落潭镇钟落潭村白水中四巷 12 号	2011 年 6 月 7 日
366	显扬曾公祠	钟落潭镇钟落潭村白水中五巷旁	2011 年 6 月 7 日

（续上表）

序号	名称	地址	公布时间
367	麟书曾公祠	钟落潭镇钟落潭村白水中五巷1号旁	2011年6月7日
368	潮洋洞门楼	钟落潭镇黎家塘第六、第七经济联合社	2011年6月7日
369	大街门楼	钟落潭镇黎家塘第五、第八经济联合社	2011年6月7日
370	西宁里门楼	钟落潭镇黎家塘第四经济联合社	2011年6月7日
371	迎峰里门楼	钟落潭镇黎家塘第一、第三经济联合社	2011年6月7日
372	东华里门楼	钟落潭镇黎家塘第二经济联合社	2011年6月7日
373	长乐里门楼	钟落潭镇黎家塘第九经济联合社	2011年6月7日
374	东侯祠	钟落潭镇大塘路16号	2011年6月7日
375	朱氏宗祠	钟落潭镇湴湖村湴湖路	2011年6月7日
376	洪圣古庙	钟落潭镇长沙埔村长沙坽大街5号	2011年6月7日
377	邓氏宗祠	钟落潭镇茅岗村茅岗街3号	2011年6月7日
378	积良邓公祠	钟落潭镇茅岗村茅岗街	2011年6月7日
379	龚氏宗祠	钟落潭镇马洞村一社	2011年6月7日
380	大将宫	钟落潭镇白土村广陈路	2011年6月7日
381	三星堂	钟落潭镇白土村石阶东路	2011年6月7日
382	障岗村古村落（包括议事厅、耀斗胡公祠、障岗村水井、奉宪严禁强丐示碑、四耳楼遗址）	钟落潭镇障岗村东侧	2011年6月7日
383	三圣古庙	钟落潭镇梅田村	2011年6月7日
384	董氏宗祠	钟落潭镇梅田村南新街2号旁	2011年6月7日
385	文贵董公祠	钟落潭镇梅田村南新街2号旁	2011年6月7日
386	开春童公祠	钟落潭镇红旗村童庄南街10号	2011年6月7日
387	谢氏宗祠	钟落潭镇红旗村大庄四社	2011年6月7日
388	怀泗萧公祠	钟落潭镇红旗村西贤庄红旗六社	2011年6月7日
389	明远萧公祠	钟落潭镇寮采村寮采中路	2011年6月7日
390	文善萧公祠	钟落潭镇寮采村寮采中路10号	2011年6月7日
391	东华里门楼	钟落潭镇寮采村寮采中路	2011年6月7日
392	冯氏大宗祠	钟落潭镇竹料居委竹料大街184号竹料第一中学校园内	2011年6月7日
393	龙氏宗祠	钟落潭镇竹一村安庆路十二社	2011年6月7日
394	永兴刘公祠	钟落潭镇竹一村安庆路十社	2011年6月7日
395	焕平冯公祠	钟落潭镇竹一村焕平街	2011年6月7日
396	焕平别墅	钟落潭镇竹一村焕平街	2011年6月7日

（续上表）

序号	名称	地址	公布时间
397	观一冯公祠	钟落潭镇竹一村安庆路	2011年6月7日
398	冯氏宗祠	钟落潭镇竹二村竹二中路11号旁	2011年6月7日
399	丹逸二公祠	钟落潭镇竹二村竹二中路33号旁	2011年6月7日
400	邝氏宗祠	钟落潭镇东凤村东凤南路	2011年6月7日
401	藜光别墅	钟落潭镇东凤村东凤北路西华里旁	2011年6月7日
402	罗氏大宗祠（仲富祖）	钟落潭镇大罗村大罗路210号	2011年6月7日
403	罗氏大宗祠（文思祖）	钟落潭镇大罗村大罗路194号	2011年6月7日
404	洪圣古庙	钟落潭镇乌溪村乌溪西路	2011年6月7日
405	周氏大宗祠	钟落潭镇乌溪村乌溪路旁	2011年6月7日
406	耷坚周公祠	钟落潭镇乌溪村乌溪路边	2011年6月7日
407	冯氏宗祠	钟落潭镇大纲领村大纲领北路33号	2011年6月7日
408	观清刘公祠	钟落潭镇东凤村东凤北路西华里旁	2011年6月7日
409	张氏大宗祠	钟落潭镇龙塘村龙塘中街	2011年6月7日
410	乔东张公祠	钟落潭镇龙塘村龙塘中街	2011年6月7日
411	龙塘古庙	钟落潭镇龙塘村龙塘中街	2011年6月7日
412	子宏罗公祠	钟落潭镇小罗村小罗路16号	2011年6月7日
413	超恒书室	钟落潭镇小罗村小罗路28号	2011年6月7日
414	愈秀罗公祠	钟落潭镇小罗村小罗路36号	2011年6月7日
415	冯氏宗祠	钟落潭镇沙田村沙田金沙路103号	2011年6月7日
416	梅仙苏公祠	钟落潭镇陈洞村苏村南街	2011年6月7日
417	德昌宋公祠	钟落潭镇光明村三社	2011年6月7日
418	何氏宗祠	钟落潭镇良田村仁和里右侧	2011年6月7日
419	陈氏大宗祠	钟落潭镇良田村良田大道173号	2011年6月7日
420	杨氏大宗祠	钟落潭镇白沙村白沙校兴路1号	2011年6月7日
421	东山杨公祠	钟落潭镇白沙村白沙路	2011年6月7日
422	北辰杨公祠	钟落潭镇白沙村白沙前社街26号	2011年6月7日
423	曹氏宗祠	钟落潭镇白沙村白沙榕柏街32号	2011年6月7日
424	宋氏宗祠	钟落潭镇金盆村三永旗杆街内	2011年6月7日
425	书斋馆	钟落潭镇金盆村三永旗杆街内	2011年6月7日
426	翠庄骆公祠（含嘉赞骆公祠）	钟落潭镇马沥村	2011年6月7日
427	刘氏宗祠	钟落潭新村南街六巷1号	2011年6月7日
428	华坑村古村落（包括冯氏宗祠、扬伍冯公祠）	钟落潭镇华坑村	2011年6月7日

（续上表）

序号	名称	地址	公布时间
429	莲塘水圳碑	钟落潭镇大罗村罗氏大宗祠前塘边上竖立	2011年6月7日
430	普通书局	钟落潭镇竹二村竹二中路11号旁	2011年6月7日
431	桂森萧公祠	钟落潭镇寮采村寮采中路44号	2011年6月7日
432	秀北里门楼	钟落潭镇寮采村寮采中路	2011年6月7日
433	朝进林公书室	钟落潭镇虎塘村虎塘西街中五巷旁	2011年6月7日
434	印哉家塾	钟落潭镇虎塘村虎塘西街中九巷	2011年6月7日
435	官仪高公祠	钟落潭镇浺湖村浺湖路	2011年6月7日
436	翠筠廖公祠	钟落潭镇五龙岗村迎秀里	2011年6月7日
437	宏瑶书舍	钟落潭镇寮采村寮采中路42号	2011年6月7日
438	人民公社大饭堂旧址	钟落潭镇寮采村寮采中路	2011年6月7日
439	李氏宗祠	钟落潭镇米岗村米岗中路76号	2011年6月7日
440	瑞鸣家塾	钟落潭镇大纲领村纲领北路29号	2011年6月7日
441	人民公社大饭堂旧址	钟落潭镇沙田村沙田中街	2011年6月7日
442	沙田水库大坝	钟落潭镇沙田村	2011年6月7日
443	白云寺遗址	白云山九龙泉	2011年8月16日
444	上景泰寺遗址	白云山上景泰	2011年8月16日
445	药王庙遗址	白云山五龙谷	2011年8月16日
446	乳泉遗址	白云山鸣泉居后山小蛇岭山脚	2011年8月16日
447	黄天严墓	白云山冲宵凤	2011年8月16日
448	黄念和夫妇墓	白云山狮尾岭	2011年8月16日
449	冯澹然墓	白云山马岭	2011年8月16日
450	梁子超墓	白云山马腰岗	2011年8月16日
451	张正纪夫妇墓	白云山龙公塘山坡上	2011年8月16日
452	吴荣光父母墓	白云山龙公塘山坡	2011年8月16日
453	何秋岩夫妇墓	白云山小蛇岭	2011年8月16日
454	张澄江墓	白云山松园宾馆黄龙岗	2011年8月16日
455	孔继勋墓	白云山松园宾馆老鼠落禾仓	2011年8月16日
456	张启佐墓	白云山企人石	2011年8月16日
457	黎教忠堂祖墓	白云山象牙峰	2011年8月16日
458	霍氏坟茔	白云山冲宵凤	2011年8月16日
459	关安国夫妇墓（含关慕桥夫妇墓）	白云山御书阁	2011年8月16日
460	何敬堂夫妇墓	白云山御书阁	2011年8月16日
461	杨承雯墓	白云山御书阁	2011年8月16日

（续上表）

序号	名称	地址	公布时间
462	沈皞卿夫妇墓	白云山御书阁	2011 年 8 月 16 日
463	杨静轩墓	白云山犀牛岭	2011 年 8 月 16 日
464	陈心田墓	白云山犀牛岭	2011 年 8 月 16 日
465	陈积厚堂祖墓群	白云山犀牛岭	2011 年 8 月 16 日
466	罗子骢夫妇墓	白云山青龙岗	2011 年 8 月 16 日
467	梁母陈太恭人墓	白云山莲花台	2011 年 8 月 16 日
468	黄有为墓	白云山大凤岗	2011 年 8 月 16 日
469	梁麟玉墓	白云山大凤岗	2011 年 8 月 16 日
470	海幢寺祖师墓群	白云山朝天狮岭	2011 年 8 月 16 日
471	翠微古道石刻	白云山鸣春谷	2011 年 8 月 16 日
472	红尘不到石刻	白云山云岩门楼前左侧山体上	1993 年 11 月
473	马锡珍夫妇墓	白云山御书阁	2011 年 8 月 16 日
474	马廷华夫妇墓	白云山御书阁	2011 年 8 月 16 日
475	廖东山夫妇墓	白云山犀牛岭	2011 年 8 月 16 日
476	黄玉生夫妇墓	白云山犀牛岭	2011 年 8 月 16 日
477	古霁雪墓	白云山百步梯路北端东侧	2011 年 8 月 16 日
478	冯启昌夫妇墓	白云山凤凰岗	2011 年 8 月 16 日
479	梅彩迺墓	白云山莲花台	2011 年 8 月 16 日
480	黎佩兰墓（含黎梦如夫妇墓）	白云山二龙谷	2011 年 8 月 16 日
481	棠景街赵氏宗祠	棠景街棠溪村	2017 年 5 月 5 日
482	光孝寺祖师墓群	白云山景泰坑蝴蝶岗	2017 年 5 月 5 日
483	陈伯坛家族墓	白云山鸡颈坑象岗岭	2017 年 5 月 5 日
484	梁东屏墓	白云山元下田飞鹅岭	2017 年 5 月 5 日
485	双溪寺遗址	白云山双溪旅社	2012 年 10 月 19 日
486	云岩寺遗址	白云山郑仙岩	2012 年 10 月 19 日
487	能仁寺遗址	白云山南面山麓	2012 年 10 月 19 日
488	陈达明、陈达道合墓	白云山青草塘	2012 年 10 月 19 日
489	欧阳应元家族墓	白云山象牙峰	2012 年 10 月 19 日
490	李心月家族墓	白云山牛岭	2012 年 10 月 19 日
491	黄嘉芳墓	白云山元下田飞鹅岭	2012 年 10 月 19 日
492	陈永荫堂祖墓群	白云山象牙峰	2012 年 10 月 19 日
493	张母金夫人墓	白云山海螺岭	2012 年 10 月 19 日
494	谭母邓恭人墓	白云山冲宵凤	2012 年 10 月 19 日
495	梁子祥墓	白云山冲宵凤	2012 年 10 月 19 日

（续上表）

序号	名称	地址	公布时间
496	王廷相夫妇墓	白云山御书阁	2012年10月19日
497	李舆九夫妇墓	白云山御书阁	2012年10月19日
498	傅母何太夫人墓	白云山御书阁	2012年10月19日
499	冯文波墓	白云山御书阁	2012年10月19日
500	曹藻庭夫妇墓	白云山御书阁	2012年10月19日
501	潘云轩夫妇墓	白云山御书阁	2012年10月19日
502	凌母招太夫人墓	白云山犀牛岭	2012年10月19日
503	白如彭墓	白云山犀牛岭	2012年10月19日
504	庄定邦夫妇墓	白云山犀牛岭	2012年10月19日
505	梁敦仁堂祖墓	白云山犀牛岭	2012年10月19日
506	李尚志墓	白云山濂泉大牛栏岗	2012年10月19日
507	伍亿颂夫妇墓	白云山青龙岗	2012年10月19日
508	朱厚徽墓	白云山莲花台	2012年10月19日
509	董为举墓	白云山莲花台	2012年10月19日
510	陆春培墓	白云山莲花台	2012年10月19日
511	钟静谷夫妇墓	白云山狮尾岭	2012年10月19日
512	张敬夫妇墓	白云山柯子岭和顺岗	2012年10月19日
513	吴云亭墓	白云山柯子岭	2012年10月19日
514	江母杨氏宜人墓	白云山将军岭	2012年10月19日
515	梁严氏祖墓	白云山将军岭	2012年10月19日
516	苏氏家族墓	白云山将军岭	2012年10月19日
517	张母朱太夫人墓	白云山将军岭	2012年10月19日
518	李文田墓	白云山象牙峰	2012年10月19日
519	梁代祺墓	白云山象牙峰	2012年10月19日
520	黄典臣墓	白云山象牙峰	2012年10月19日
521	龙太史墓	白云山象牙峰	2012年10月19日
522	卫母孙太夫人墓	白云山象牙峰	2012年10月19日
523	高母张太恭人墓	白云山象牙峰	2012年10月19日
524	伊母李太恭人墓	白云山马岭	2012年10月19日
525	余达海夫妇墓	白云山马岭的小路边	2012年10月19日
526	盘裔进墓	白云山黄坑	2012年10月19日
527	梁芷卿夫妇墓	白云山龙公塘	2012年10月19日
528	刘满政墓	白云山摩云路边	2012年10月19日
529	许母骆太恭人墓	白云山青草塘	2012年10月19日

（续上表）

序号	名称	地址	公布时间
530	周衍堂墓	白云山蝙蝠岭	2012年10月19日
531	张奉仪墓	白云山石鼓岭	2012年10月19日
532	黄天侣夫妇墓	白云山官浦岭	2012年10月19日
533	卢灿周墓	白云山元下田飞鹅岭	2012年10月19日
534	彭季良墓	白云山元下田飞鹅岭	2012年10月19日
535	朱母卢宜人墓	白云山元下田飞鹅岭	2012年10月19日
536	马花农夫妇墓	白云山元下田飞鹅岭	2012年10月19日
537	伍辛楣夫妇墓	白云山松园宾馆黄龙岗	2012年10月19日
538	薛迪康墓	白云山松园宾馆老鼠落禾仓	2012年10月19日
539	伍子裳墓	白云山松园宾馆老鼠落禾仓	2012年10月19日
540	邓歧峰墓	白云山松园宾馆老鼠落禾仓	2012年10月19日
541	徐畏三墓	白云山松园宾馆老鼠落禾仓	2012年10月19日
542	梅槐轩家族墓	白云山马岭	2012年10月19日
543	于士松夫妇墓	白云山御书阁	2012年10月19日
544	黄颂平墓	白云山牛岭	2012年10月19日
545	刘朗晖墓	白云山海螺岭	2012年10月19日
546	黎桂泽夫妇墓	白云山冲宵凤	2012年10月19日
547	梁敥秋墓	白云山鸣春谷	2012年10月19日
548	郑雍宁墓	白云山青龙岗双溪后山	2012年10月19日
549	池世韶夫妇墓	白云山云天南路	2012年10月19日
550	吕母罗太夫人墓	白云山大凤岗	2012年10月19日
551	龙锦昌夫妇墓	白云山将军岭西坡	2012年10月19日
552	卢善享夫妇墓	白云山摩云路	2012年10月19日
553	何母周氏墓	白云山龙公塘	2012年10月19日
554	石马陈氏宗祠	均禾街道石马桃源南街101号旁	2005年9月22日
555	侵华日军景泰飞机库遗址	景泰街道大金钟居委会白云大道720号、750号	2005年9月22日
556	侵华日军永平飞机库遗址	永平街道东平南路黄草埔22号	2005年9月22日
557	李长卿家族墓群	永平街道虎爪山西南半坡	2005年9月22日
558	大仙庙	金沙街道横沙村锦鱼嘴	2005年9月22日
559	九龙泉	白云山九龙泉	1993年11月
560	梁晃亭墓	白云山碑林	2005年9月22日

六、黄埔区一般不可移动文物（共289处）

序号	名称	地址	公布时间
1	南湾人民会堂	穗东街道南湾社区朝阳北街1号	2009年7月10日
2	张氏大宗祠	黄埔街道下沙社区下沙大街23号	2009年7月10日
3	世贤张公祠	黄埔街道下沙社区下沙大街25号	2009年7月10日
4	澄谷家塾	黄埔街道下沙社区景云大街12号	2009年7月10日
5	心逸吴公祠	黄埔街道下沙社区下沙大街3号之三	2009年7月10日
6	宗敏张公祠	黄埔街道下沙社区景云大街2号	2009年7月10日
7	麟堂吴公祠	黄埔街道下沙社区景云大街16-1号	2009年7月10日
8	李氏宗祠	黄埔街道下沙社区珠江南街4—6号中间	2009年7月10日
9	吴氏大宗祠	黄埔街道下沙社区下沙大街3号之二	2009年7月10日
10	万昌梁公祠	黄埔街道下沙社区珠江下街1号	2009年7月10日
11	东濂吴公祠	黄埔街道下沙社区下沙大街8号之二	2009年7月10日
12	狮山炮台	黄埔街道下沙社区狮山路西侧的狮山公园内	2009年7月10日
13	良壁周公祖	鱼珠街茅岗社区井头大街井头五巷5号前左侧	2009年7月10日
14	社学	黄埔街道下沙社区新溪直街1号	2009年7月10日
15	龙泉井	穗东街道南湾社区南约大街南基龙泉里9号左侧	2009年7月10日
16	初泰麦公祠	穗东街道南湾社区皆佳街5号	2009年7月10日
17	福德祠	穗东街道南湾社区榕影大街3号	2009年7月10日
18	秋枫古堤	穗东街道南湾社区南湾涌北侧	2009年7月10日
19	南滨麦公祠	穗东街道南湾社区南约大街25号	2009年7月10日
20	祐卿李公祠	穗东街道夏园社区石门市街4号	2009年7月10日
21	松石徐公祠	穗东街道夏园社区城里坊九巷30号左侧	2009年7月10日
22	唐氏宗祠	穗东街道夏园社区敦厚街15号	2009年7月10日
23	黄氏大宗祠	穗东街道夏园社区敦美南街43号	2009年7月10日
24	曾省斋墓	长洲街道长洲社区上庄石坑岗	2009年7月10日
25	蟹山炮台	鱼珠街道蟹山社区港前路蟹山公园内	2009年7月10日
26	南园徐公祠	穗东街道夏园社区兴贤坊街14号	2009年7月10日
27	九世岑公祠	穗东街道庙头社区敦仁里23号	2009年7月10日
28	岑氏宗祠	穗东街道庙头社区庙头大街83号	2009年7月10日
29	何氏宗祠	南岗街道沙步社区沙涌大街四十二巷20号	2009年7月10日
30	梁氏大宗祠	南岗街道沙步社区鹿步大街66号	2009年7月10日
31	鹿沙区公祠	南岗街道沙步社区沙涌大街十五巷8号	2009年7月10日
32	唐氏宗祠	南岗街道沙步社区鹿步大街106号	2009年7月10日
33	落马桥	穗东街道庙头社区西北面的铜鼓山东南侧的一条小溪上	2009年7月10日

（续上表）

序号	名称	地址	公布时间
34	曾公说黄氏太恭人墓	长洲街道长洲社区上庄仓头山（黄埔造船厂工人新村旁）	2009年7月10日
35	黄庆元家族墓	长洲街道梅园社区海虹路的扯旗山上(原名飞鹅岭，现海军黄埔军事博览中心内)	2009年7月10日
36	进昌秦公祠	南岗街道南岗社区亨元上街24号	2009年7月10日
37	秦进昌墓	南岗街道南岗社区南岗西路柏子岗(南岗溶剂厂前)	2009年7月10日
38	秦逸轩墓	南岗街道南岗社区南岗西路广州立德粉厂后山（庄园簕竹山）	2009年7月10日
39	天祥秦公祠	南岗街道南岗社区南岗柯庄上街二十三巷2号	2009年7月10日
40	默斋秦公祠	南岗街道南岗社区柯庄上街十巷7号	2009年7月10日
41	秦清慎家族墓群	南岗街道南岗社区柯庄村后山南侧（飞凤饮泉山）	2009年7月10日
42	清慎秦公祠	南岗街道南岗社区柯庄上街二十三巷3号	2009年7月10日
43	监湖家塾	南岗街道南岗社区南岗北街大街10号	2009年7月10日
44	兰花井	南岗街道南岗社区南岗南园兰花一巷5号前	2009年7月10日
45	乐淡秦公祠	南岗街道南岗社区南岗街大街44号	2009年7月10日
46	心斋秦公祠	南岗街道南岗社区南岗南街大街50号	2009年7月10日
47	宗麟秦公祠	南岗街道南岗社区南岗大街48号	2009年7月10日
48	南江秦公祠	南岗街道南岗社区南岗南街大街22号	2009年7月10日
49	恺东梁公祠	南岗街道沙步社区鹿步南宁坊大街9号	2009年7月10日
50	俊成家塾	南岗街道沙步社区鹿步新南大街1号	2009年7月10日
51	见东梁公祠	南岗街道沙步社区鹿步大街78-1号	2009年7月10日
52	昇如何公祠	南岗街道沙步社区沙涌大街四十二巷22号	2009年7月10日
53	广大区公祠	南岗街道沙步社区沙涌大街十六巷自编1号之二	2009年7月10日
54	德平梁公祠	南岗街道南岗社区鹿步大街80号	2009年7月10日
55	本勤何公祠	南岗街道沙步社区鹿步大街78号	2009年7月10日
56	麦信坚故居	穗东街道南湾社区皆佳街3号	2009年7月10日
57	耕隐区公祠	云埔街道沧联社区四房大街4号	2009年7月10日
58	戴氏宗祠	荔联街道沧联社区小迳文运坊七巷之3	2009年7月10日
59	南墅区公祠	云埔街道沧联社区四房大街10号	2009年7月10日
60	北帝古庙	荔联街道沧联社区沧头孟田街31号对面	2009年7月10日
61	东岳古庙	荔联街道沧联社区小迳文运坊三巷13号	2009年7月10日
62	文昭区公祠	云埔街道沧联社区四房大街6号	2009年7月10日
63	区氏大宗祠	云埔街道沧联社区沧头中路52号	2009年7月10日
64	彦贵岑公祠	红山街道双沙社区沙浦村东八巷2号	2009年7月10日

（续上表）

序号	名称	地址	公布时间
65	周松庄夫妇合葬墓	鱼珠街茅港社区茅岗坑头大街坑头二甲园新村四巷左侧天岭岗	2009年7月10日
66	广俊钱公祠	大沙街道姬堂社区碧山大街	2009年7月10日
67	觉绅周公祠	大沙街道姬堂社区乐善下街16-2号	2009年7月10日
68	寅所周公祠	大沙街道姬堂社区上堂大街8-2号	2009年7月10日
69	康养周公祠	大沙街道姬堂社区乐善坊1-2号	2009年7月10日
70	三麟书舍	大沙街道姬堂社区乐善坊1-1号	2009年7月10日
71	乐善坊门楼	大沙街道姬堂社区乐善大街	2009年7月10日
72	鹿庄秦公祠	大沙街道姬堂社区新围大街一巷2号	2009年7月10日
73	三闰周公祠	大沙街道姬堂社区长庚大街18号	2009年7月10日
74	观音庙	大沙街道姬堂社区碧山大街东路3巷	2009年7月10日
75	允威书室	大沙街道姬堂社区乐善下街16号右侧	2009年7月10日
76	经洪家塾	大沙街道姬堂社区长庚大街16号	2009年7月10日
77	新围门楼	大沙街道姬堂社区新围大街八巷2号右侧	2009年7月10日
78	亮生书室	南岗街道南岗社区南岗南街大街46号	2009年7月10日
79	万聪书室	大沙街道姬堂社区姬堂乐善坊1-5号	2009年7月10日
80	陆受卿夫妇合葬墓	文冲街道文冲社区郭七岭上	2009年7月10日
81	黎氏宗祠	大沙街道横沙社区横沙北正街4号斜对面	2009年7月10日
82	善居别墅	大沙街道姬堂社区上堂大街一巷1号	2009年7月10日
83	周忠轩墓	大沙街道姬堂社区碧山村白粉岭	2009年7月10日
84	梁氏墓群	大沙街道姬堂社区新围村对面山上	2009年7月10日
85	吴太夫人墓	大沙街道横沙社区九社埗岗（俗称“状元岗”或“乱石岗”）	2009年7月10日
86	艺圃别墅	红山街道双沙社区平阳大街漱芳里3号	2009年7月10日
87	纯斋区公祠	红山街道双沙社区平阳大街44号	2009年7月10日
88	粤政区公祠	红山街道双沙社区平阳大街10号	2009年7月10日
89	粤昌区公祠	红山街道双沙社区平阳大街30号	2009年7月10日
90	区氏宗祠	红山街道双沙社区平阳大街92号	2009年7月10日
91	士能区公祠	红山街道双沙社区双岗漱芳里5号	2009年7月10日
92	华帝古庙	红山街道双沙社区双岗西华里2号	2009年7月10日
93	两存岑公祠	红山街道双沙社区沙浦村东八巷3号	2009年7月10日

（续上表）

序号	名称	地址	公布时间
94	中兴里门楼	红山街道双沙社区沙浦村东一巷	2009 年 7 月 10 日
95	永安堂	红山街道双沙社区沙浦村东一巷 8 号	2009 年 7 月 10 日
96	启翔家塾	红山街道双沙社区沙浦村西十九巷 5 号	2009 年 7 月 10 日
97	佐君简公祠	红山街道双沙社区华坑村大街 9 号	2009 年 7 月 10 日
98	富仓岑公祠	红山街道双沙社区沙浦村西三巷 9 号	2009 年 7 月 10 日
99	能富家塾	红山街道双沙社区沙浦村七巷 6 号	2009 年 7 月 10 日
100	裕品家塾	红山街道双沙社区沙浦村东二巷 1 号	2009 年 7 月 10 日
101	肖江岑公祠	红山街道双沙社区沙浦村西七巷 4 号之二	2009 年 7 月 10 日
102	左岗岑公祠	红山街道双沙社区沙浦村西 17 巷 2 号	2009 年 7 月 10 日
103	华坑村简氏宗祠	红山街道双沙社区华坑村前街 13 号	2009 年 7 月 10 日
104	卓轩家塾	荔联街道沧联社区沧头孟田街 13 号	2009 年 7 月 10 日
105	彭氏宗祠	鱼珠街道茅岗社区西华大街 78 号	2009 年 7 月 10 日
106	苏福胙家族墓	大沙街道姬堂社区将军地山岗南侧	2009 年 7 月 10 日
107	苍璧周公祠	鱼珠街道茅岗社区爱莲大街 5-1 号	2009 年 7 月 10 日
108	监库彭公祠	鱼珠街道茅岗社区仓下大街 5 号右侧	2009 年 7 月 10 日
109	处之周公祠	鱼珠街道茅港社区和贵大街 8 号斜对面	2009 年 7 月 10 日
110	北墅周公祠	鱼珠街道茅岗社区爱莲大街 5-2 号	2009 年 7 月 10 日
111	振子彭公祠	鱼珠街道茅岗社区西华大街	2009 年 7 月 10 日
112	赵氏宗祠	鱼珠街道茅岗社区坑田大街 1-1 号	2009 年 7 月 10 日
113	祐之周公祠	鱼珠街道茅岗社区坑头大街 3 号	2009 年 7 月 10 日
114	康德周公祠	鱼珠街道茅岗社区东福大街 6-1 号	2009 年 7 月 10 日
115	菊庄周公祠	鱼珠街道茅岗社区坑头大街	2009 年 7 月 10 日
116	均德周公祠	鱼珠街道茅岗社区井头大街	2009 年 7 月 10 日
117	慕隐公祠	鱼珠街道茅岗社区和贵下街 42 号右侧	2009 年 7 月 10 日
118	贤基家塾	鱼珠街道茅岗社区城门四巷 1 号	2009 年 7 月 10 日
119	石峰公书室	鱼珠街道茅岗社区西华大街	2009 年 7 月 10 日
120	绶亭陆公祠	文冲街道文冲社区东坊大街 14 号	2009 年 7 月 10 日
121	以忠梁公祠	鱼珠街道茅岗社区塘口大街一巷	2009 年 7 月 10 日
122	竹溪梁公祠	鱼珠街道茅岗社区塘口大街一巷	2009 年 7 月 10 日
123	德璋黄公祠	鱼珠街道茅岗社区沙井黄大街 2 号右侧	2009 年 7 月 10 日

（续上表）

序号	名称	地址	公布时间
124	万里程公祠	鱼珠街道茅岗社区沙井程街前8号	2009年7月10日
125	松隐梁公祠	鱼珠街道茅岗社区塘口大街二巷	2009年7月10日
126	区氏家族墓群	红山街道双沙社区双岗村黄岗街1号旁的黄岗山	2009年7月10日
127	北帝古庙	鱼珠街道茅岗社区塘口大街十五巷	2009年7月10日
128	秉之周公祠	鱼珠街道茅岗社区元贝头二巷左侧	2009年7月10日
129	周衍诜墓	鱼珠街道茅岗社区飞鹅岭	2009年7月10日
130	边岗文塔	长洲街道长洲社区上庄村的边岗（土名打钟岗）上	2009年7月10日
131	南州曾公祠	长洲街道长洲社区上庄永耀坊大街21号	2009年7月10日
132	梅庄曾公祠	长洲街道长洲社区下庄善安坊大街15-1号	2009年7月10日
133	端圃家塾	长洲街道长洲社区下庄福聚坊大街23号	2009年7月10日
134	三锡家塾	文冲街道文冲社区东坊大街28号	2009年7月10日
135	瀚章家塾	文冲街道文冲社区西坊大街26号	2009年7月10日
136	兰泉陆公祠	文冲街道文冲社区西坊大街18号	2009年7月10日
137	绍山书院	文冲街道文冲社区西坊南大街2号	2009年7月10日
138	文炳陆公祠	文冲街道文冲社区东坊大街南埠里四巷六号	2009年7月10日
139	廷亨陆公祠	文冲街道文冲社区东坊大街43号	2009年7月10日
140	梁氏宗祠	文冲街道文冲社区江东氹园街1号	2009年7月10日
141	陈氏宗祠	文冲街道文冲社区江北中约大街2号之一	2009年7月10日
142	仪羽陈公祠	文冲街道文冲社区江北中约大街5号之一	2009年7月10日
143	吉州梁公祠	文冲街道文冲社区江北东约大街7号	2009年7月10日
144	观德陆公祠	文冲街道文冲社区文园祠堂巷	2009年7月10日
145	衢野陆公祠	文冲街道文冲社区西坊南大街24号	2009年7月10日
146	东溪陆公祠	文冲街道文冲社区东坊大街42号	2009年7月10日
147	达松陆公祠	文冲街道文冲社区东坊大街44号	2009年7月10日
148	秦仕廉墓	文冲街道文冲社区岗北渡头岭（又名蟹山）	2009年7月10日
149	秦乐淡墓	文冲街道文冲社区岗北渡头岭（又名蟹山）	2009年7月10日
150	南海神祠	鱼珠街道茅岗社区东福大街6-2号	2009年7月10日
151	玉虚宫	文冲街道文冲社区文冲圩地街40号	2009年7月10日
152	文冲大巷门楼	文冲街道文冲社区东坊大街东坊六巷南端巷口	2009年7月10日
153	文冲门楼	文冲街道文冲社区东坊大街东入口	2009年7月10日

（续上表）

序号	名称	地址	公布时间
154	周文穗墓	鱼珠街茅岗社区茅岗爱莲大街爱莲 4 巷 2 号斜对面	2009 年 7 月 10 日
155	大田山墓葬	文冲街文冲社区大田山南麓	2009 年 7 月 10 日
156	太公园区氏家族墓	红山街道双沙社区双沙工业区太公园 1 号西北侧	2009 年 7 月 10 日
157	吴潜轩家族墓	长洲街道梅园社区军校路 170 号大院内狮子台山岗	2009 年 7 月 10 日
158	凌赓堂夫妇合葬墓	长洲街道深井社区深井村湾螺岗（又称番头岗）的东坡	2009 年 7 月 10 日
159	凌杼云夫妇合葬墓	长洲街道深井社区深井村后底岗西坡	2009 年 7 月 10 日
160	乡约亭	鱼珠街道茅岗社区西华大街 9 号	2009 年 7 月 10 日
161	扶胥镇遗址	穗东街道庙头社区	2009 年 7 月 10 日
162	达云家塾	南岗街道南岗社区亨元上街 26 号	2009 年 7 月 10 日
163	南岗五板麻石街路	南岗街道南岗社区南岗墟集正街 38 号至南园正街 54 号	2009 年 7 月 10 日
164	钟德普家族墓	萝岗街道萝峰社区	2012 年 7 月 26 日
165	陆北庄家族墓	新龙镇镇龙村	2012 年 7 月 26 日
166	钟南墅家族墓	萝岗街道萝岗社区	2012 年 7 月 26 日
167	钟松岩墓群	长岭街道水西社区	2012 年 7 月 26 日
168	陈汴梁夫妇墓	长岭街道水西社区	2012 年 7 月 26 日
169	钟松翠家族墓群	长岭街道水西社区	2012 年 7 月 26 日
170	钟德轩家族墓群	萝岗街道萝岗社区	2012 年 7 月 26 日
171	钟善充家族墓群	长岭街道水西社区	2012 年 7 月 26 日
172	屈氏孺人墓	长岭街道水西社区	2012 年 7 月 26 日
173	许氏杜太夫人墓	新龙镇镇龙村	2012 年 7 月 26 日
174	钟清溪墓	永和街贤江社区	2012 年 7 月 26 日
175	石坑尾钟氏家族墓	长岭街道水西社区	2012 年 7 月 26 日
176	羌洞山钟氏家族墓	长岭街道长平社区	2012 年 7 月 26 日
177	钟门招氏太孺人墓	新龙镇金坑村	2012 年 7 月 26 日
178	钟元福夫妇墓	长岭街道岭头社区	2012 年 7 月 26 日
179	车突山夫妇墓	长岭街道水西社区	2012 年 7 月 26 日
180	水西黎氏墓	长岭街道水西社区	2012 年 7 月 26 日
181	陈母吴氏墓	九佛街道枫下村	2012 年 7 月 26 日
182	崔爱拙夫妇墓	云埔街道刘村社区	2012 年 7 月 26 日

（续上表）

序号	名称	地址	公布时间
183	刘心一墓	云埔街道刘村社区	2012 年 7 月 26 日
184	钟毓庵墓	萝岗街道萝岗社区	2012 年 7 月 26 日
185	湛莲樵墓	新龙镇九楼村	2012 年 7 月 26 日
186	陆士昭墓	永和街道永岗社区	2012 年 7 月 26 日
187	戴仕凭家族墓群	九佛街道凤尾村	2012 年 7 月 26 日
188	水西罗氏祖墓	长岭街道水西社区	2012 年 7 月 26 日
189	刘府蔡氏孺人墓	永和街道禾丰社区	2012 年 7 月 26 日
190	孔鲁礼夫妇墓	长岭街道长平社区	2012 年 7 月 26 日
191	孔公童夫妇墓	长岭街道长平社区	2012 年 7 月 26 日
192	钟国良家族墓	长岭街道水西社区	2012 年 7 月 26 日
193	罗翔凤墓	新龙镇镇龙村	2012 年 7 月 26 日
194	范母陈老孺人墓	新龙镇镇龙村	2012 年 7 月 26 日
195	慎余书室	萝岗街道萝峰社区	2012 年 7 月 26 日
196	北窗祖祠	萝岗街道萝峰社区	2012 年 7 月 26 日
197	庆堂书室	萝岗街道萝峰社区	2012 年 7 月 26 日
198	东樵祖祠	萝岗街道萝峰社区	2012 年 7 月 26 日
199	国祥汤公祠	龙湖街道汤村	2012 年 7 月 26 日
200	必达书室	萝岗街道萝峰社区	2012 年 7 月 26 日
201	实昭公祠	萝岗街道萝峰社区	2012 年 7 月 26 日
202	火村冈头园门楼	云埔街道火村社区	2012 年 7 月 26 日
203	衢山祖祠	萝岗街道萝峰社区	2012 年 7 月 26 日
204	迳子社学	萝岗街道萝峰社区	2012 年 7 月 26 日
205	泗水客家围	新龙镇均和村	2012 年 7 月 26 日
206	光远祖祠	萝岗街道萝峰社区	2012 年 7 月 26 日
207	宏远祖祠	萝岗街道萝峰社区	2012 年 7 月 26 日
208	爱松祖祠	萝岗街道萝峰社区	2012 年 7 月 26 日
209	子和陈公祠	龙湖街道黄田村	2012 年 7 月 26 日
210	启荣何公祠	新龙镇新田村	2012 年 7 月 26 日
211	官仪杨公祠	九佛街道佛塱村	2012 年 7 月 26 日
212	世盛陈公祠	龙湖街道黄田村	2012 年 7 月 26 日
213	年卜家塾	萝岗街道萝峰社区	2012 年 7 月 26 日
214	蔼如书室	萝岗街道萝峰社区	2012 年 7 月 26 日
215	永保里门楼	萝岗街道萝峰社区	2012 年 7 月 26 日

（续上表）

序号	名称	地址	公布时间
216	巧山祖祠	萝岗街道萝峰社区	2012 年 7 月 26 日
217	泰明祖祠	萝岗街道萝峰社区	2012 年 7 月 26 日
218	青紫社学	萝岗街道萝峰社区	2012 年 7 月 26 日
219	凌孟祖祠	萝岗街道萝峰社区	2012 年 7 月 26 日
220	文中书室	萝岗街道萝峰社区	2012 年 7 月 26 日
221	东园家塾	萝岗街道萝峰社区	2012 年 7 月 26 日
222	兴德书室	萝岗街道萝峰社区	2012 年 7 月 26 日
223	碧涯祖祠	萝岗街道萝岗社区	2012 年 7 月 26 日
224	冈园社学	萝岗街道萝岗社区	2012 年 7 月 26 日
225	钟氏二宗祠	萝岗街道萝岗社区	2012 年 7 月 26 日
226	堂安何公祠	新龙镇新田村	2012 年 7 月 26 日
227	瑞玙家塾	联和街道暹岗社区	2012 年 7 月 26 日
228	东鲁南轩	联和街道暹岗社区	2012 年 7 月 26 日
229	天然孔公祠	联和街道暹岗社区	2012 年 7 月 26 日
230	枫下村马氏大宗祠	九佛街道枫下村	2012 年 7 月 26 日
231	应奇黄公祠	联和街道暹岗社区	2012 年 7 月 26 日
232	康养黄公祠	联和街道暹岗社区	2012 年 7 月 26 日
233	华光古庙	联和街道玉树社区	2012 年 7 月 26 日
234	超洋龙公祠	联和街道玉树社区	2012 年 7 月 26 日
235	超岳龙公祠	联和街道玉树社区	2012 年 7 月 26 日
236	岭头胡氏宗祠	长岭街道岭头社区	2012 年 7 月 26 日
237	北涧李公祠	联和街道天鹿湖社区	2012 年 7 月 26 日
238	胡氏大井	长岭街道岭头社区	2012 年 7 月 26 日
239	光远堂	长岭街道岭头社区	2012 年 7 月 26 日
240	新田村孖厅	新龙镇新田村	2012 年 7 月 26 日
241	庐江堂	联和街道天鹿湖社区	2012 年 7 月 26 日
242	四约庙	云埔街道刘村社区	2012 年 7 月 26 日
243	什二汤公祠	龙湖街道汤村	2012 年 7 月 26 日
244	合心井	云埔街道刘村社区	2012 年 7 月 26 日
245	日宽吴公祠	新龙镇均和村	2012 年 7 月 26 日
246	仰山祖祠	云埔街道刘村社区	2012 年 7 月 26 日
247	见湖祖祠	云埔街道刘村社区	2012 年 7 月 26 日
248	湖山祖祠	云埔街道刘村社区	2012 年 7 月 26 日
249	刘村刘氏宗祠	云埔街道刘村社区	2012 年 7 月 26 日

（续上表）

序号	名称	地址	公布时间
250	大珍朱公祠	云埔街道笔岗社区	2012年7月26日
251	浚川徐公祠	云埔街道笔岗社区	2012年7月26日
252	桂堂书室	云埔街道火村社区	2012年7月26日
253	龙旋钟公祠	云埔街道刘村社区	2012年7月26日
254	天浴杨公祠	九佛街道山龙村	2012年7月26日
255	绍兰钟公祠	云埔街道火村社区	2012年7月26日
256	乐善孙公祠	云埔街道火村社区	2012年7月26日
257	锡贵公祠	新龙镇大坦村	2012年7月26日
258	火村冯氏宗祠	云埔街道火村社区	2012年7月26日
259	洪禄祖祠	萝岗街道萝岗社区	2012年7月26日
260	默斋朱公祠	云埔街道笔岗社区	2012年7月26日
261	三山朱公祠	云埔街道笔岗社区	2012年7月26日
262	光禄朱公祠	云埔街道笔岗社区	2012年7月26日
263	卧云朱公祠	云埔街道笔岗社区	2012年7月26日
264	鳌江朱公祠	云埔街道笔岗社区	2012年7月26日
265	义可公祠	永和街道永岗社区	2012年7月26日
266	蜀江源流门楼	永和街道永岗社区	2012年7月26日
267	凤尾村汤氏宗祠	九佛街道凤尾村	2012年7月26日
268	羡名欧阳公祠	永和街道永岗社区	2012年7月26日
269	永岗洪圣古庙	永和街道永岗社区	2012年7月26日
270	班岭村龙氏宗祠	联和街道黄陂社区	2012年7月26日
271	三六汤公祠	龙湖街道汤村	2012年7月26日
272	少七陈公祠	九佛街道镇龙村	2012年7月26日
273	季四陈公祠	九佛街重岗村	2012年7月26日
274	新围村古井	新龙镇镇龙村	2012年7月26日
275	丹水坑摩崖石刻	云埔街道笔岗社区	2012年7月26日
276	孔可权夫妇合葬墓	联和街道暹岗社区	2012年7月26日
277	东江纵队增、从、番独立大队活动旧址	龙湖街道旺村村	2012年7月26日
278	油麻山地区革命烈士纪念碑	新龙镇均和村	2012年7月26日
279	观生陈公祠	由义里大街	2012年8月13日
280	居仁里门楼	官洲村华帝古庙右侧	2012年8月13日
281	官洲村华帝古庙	官洲村原官洲小学旁	2012年8月13日

（续上表）

序号	名称	地址	公布时间
282	观德陈公祠	官洲村居由外街 4 号	2012 年 8 月 13 日
283	官洲村水月宫	官洲村居仁外街	2012 年 8 月 13 日
284	由义里门楼	官洲村华帝古庙左侧	2012 年 8 月 13 日
285	德胜陈公祠	儒山大街半坡上	2012 年 8 月 13 日
286	锡江岑公祠	红山街道双沙社区沙浦村东四巷 1 号	2009 年 7 月 10 日
287	狮腰炮台	黄埔街道下沙社区珠江村中山大道南侧狮山上	2009 年 7 月 10 日
288	敬祖麦公祠	穗东街道南湾社区南约大街 17 号	2005 年 9 月 22 日
289	沈维正夫妇合葬墓	穗东街道庙头社区打头岗西侧	2005 年 9 月 22 日

七、花都区一般不可移动文物（共449处）

序号	名称	地址	公布时间
1	文阁刘公祠	花东镇大东村	2008 年 5 月 8 日
2	朗东别墅	花东镇大东村	2010 年 4 月 20 日
3	大东村黄氏宗祠	花东镇大东村	2010 年 4 月 20 日
4	胡祥忠旧居	花东镇大东村	2010 年 4 月 20 日
5	凤岗村江氏宗祠	花东镇凤岗村	2010 年 4 月 20 日
6	港头村文孙曾公祠	花东镇港头村	2008 年 5 月 8 日
7	港头商氏墓群（含商神保夫妇合葬墓、商宜夫妇合葬墓、商端墓、商禄夫妇合葬墓）	花东镇港头村	2010 年 4 月 20 日
8	福如楼	花东镇港头村	2010 年 4 月 20 日
9	绍文堂	花东镇港头村	2010 年 4 月 20 日
10	芝聘王公祠	花东镇高溪村	2008 年 5 月 8 日
11	高溪村炮楼	花东镇高溪村	2010 年 4 月 20 日
12	适庐	花东镇高溪村	2010 年 4 月 20 日
13	善同堂	花东镇高溪村横沙庄南巷 33 号	2010 年 4 月 20 日
14	鸿鹤村张氏宗祠	花东镇鸿鹤村	2010 年 4 月 20 日
15	沂溪曾公祠	花东镇吉星村	2010 年 4 月 20 日
16	成之曾公祠	花东镇吉星村	2008 年 5 月 8 日
17	京塘村洪圣古庙	花东镇京塘村	2008 年 5 月 8 日
18	活元王公祠	花东镇九湖村	2008 年 5 月 8 日
19	世良张公祠	花东镇李溪村	2008 年 5 月 8 日
20	百岁流芳祠	花东镇联安村	2008 年 5 月 8 日
21	康祖危公祠	花东镇农光村大水坑	2008 年 5 月 8 日

（续上表）

序号	名称	地址	公布时间
22	云山宫	花东镇七星村	2008年5月8日
23	九湖乡农民协会旧址	花东镇三凤村	2008年5月8日
24	高云峰夫妇合葬墓	花东镇狮前村	2010年4月20日
25	陈老安人墓	花东镇狮前村	2010年4月20日
26	高氏家族墓	花东镇狮前村	2010年4月20日
27	作宏商公祠	花东镇水口营村	2010年4月20日
28	商氏宗祠遗址	花东镇水口营村	2008年5月8日
29	望顶村温氏大宗祠	花东镇望顶村	2008年5月8日
30	元福江公祠	花东镇象山村	2008年5月8日
31	莘田村北帝古庙	花东镇莘田村	2008年5月8日
32	莘田村庾氏大宗祠	花东镇莘田二村	2008年5月8日
33	观富庾公祠	花东镇莘田二村	2010年4月20日
34	莘田二村明氏宗祠	花东镇莘田二村	2008年5月8日
35	官铭谢公祠	花东镇莘田二村	2008年5月8日
36	罗信谢公祠	花东镇莘田二村	2008年5月8日
37	莘田二村谢氏祖祠	花东镇莘田二村	2008年5月8日
38	阳升村胡氏宗祠	花东镇阳升村	2008年5月8日
39	曹伍隅夫妇合葬墓	花东镇杨二村	2010年4月20日
40	志清高公祠	花东镇杨三村	2008年5月8日
41	德杨家塾	花东镇元岗村	2008年5月8日
42	杨华就夫妇合葬墓	花东镇镇东村	2010年4月20日
43	布头村刘氏宗祠	炭步镇布头村	2008年5月8日
44	白鹿汤公祠	炭步镇布头村	2008年5月8日
45	布头村汤氏宗祠	炭步镇布头村	2008年5月8日
46	步云村北社李氏宗祠	炭步镇步云村	2008年5月8日
47	步云村村民抗日殉难纪念碑	炭步镇步云村	2008年5月8日
48	藏书院下社南炮楼	炭步镇藏书院村	2010年4月20日
49	藏书院村谭氏祖祠	炭步镇藏书院村	2008年5月8日
50	藏书院村下社北炮楼	炭步镇藏书院村	2008年5月8日
51	法明公祠	炭步镇藏书院村	2010年4月20日
52	兰堂书院	炭步镇藏书院村	2010年4月20日
53	德馀书舍	炭步镇茶塘村	2010年4月20日
54	万良汤公祠	炭步镇茶塘村	2008年5月8日
55	元颖书舍	炭步镇茶塘村	2008年5月8日

（续上表）

序号	名称	地址	公布时间
56	汤琼宇民宅	炭步镇茶塘村	2010 年 4 月 20 日
57	德星里井	炭步镇茶塘村	2010 年 4 月 20 日
58	性所书舍	炭步镇茶塘村	2010 年 4 月 20 日
59	敬止汤公祠	炭步镇茶塘村	2010 年 4 月 20 日
60	朝金书室	炭步镇茶塘村	2010 年 4 月 20 日
61	同风书舍	炭步镇茶塘村	2010 年 4 月 20 日
62	允卿汤公祠	炭步镇茶塘村	2010 年 4 月 20 日
63	俊辅许公书院	炭步镇大坳村	2013 年 5 月 6 日
64	原爵骆公祠	炭步镇大涡村	2010 年 4 月 20 日
65	大涡村植氏宗祠	炭步镇大涡村	2010 年 4 月 20 日
66	骆氏家塾	炭步镇大涡村	2010 年 4 月 20 日
67	东风村黄氏宗祠	炭步镇东风村	2008 年 5 月 8 日
68	象峰黄公祠	炭步镇东风村	2008 年 5 月 8 日
69	积公书舍	炭步镇东风村	2008 年 5 月 8 日
70	肇基甘公祠	炭步镇东风村	2008 年 5 月 8 日
71	横岗村张氏宗祠	炭步镇横岗村	2010 年 4 月 20 日
72	赤峰书院	炭步镇红峰村	2008 年 5 月 8 日
73	骆秉章继室何氏夫人墓	炭步镇华岭村	2008 年 5 月 8 日
74	云液骆公祠	炭步镇华岭村	2008 年 5 月 8 日
75	松石骆公祠	炭步镇华岭村	2008 年 5 月 8 日
76	福才龚公祠	炭步镇环山村	2008 年 5 月 8 日
77	文湛公书室	炭步镇塱头村	2010 年 4 月 20 日
78	积墨楼	炭步镇塱头村	2008 年 5 月 8 日
79	宣重光门楼	炭步镇塱头村	2008 年 5 月 8 日
80	耀轩公书室	炭步镇塱头村	2008 年 5 月 8 日
81	俭斋公书室	炭步镇塱头村	2008 年 5 月 8 日
82	南野公书舍	炭步镇塱头村	2008 年 5 月 8 日
83	履中蹈和门楼	炭步镇塱头村	2008 年 5 月 8 日
84	经纬阁门楼	炭步镇塱头村	2008 年 5 月 8 日
85	云涯公祠	炭步镇塱头村	2008 年 5 月 8 日
86	台华公书院	炭步镇塱头村	2008 年 5 月 8 日
87	菽圃公书室	炭步镇塱头村	2008 年 5 月 8 日
88	以湘公祠	炭步镇塱头村	2008 年 5 月 8 日
89	三馀里古井	炭步镇塱头村	2010 年 4 月 20 日

（续上表）

序号	名称	地址	公布时间
90	稚溪公书室	炭步镇塱头村	2010 年 4 月 20 日
91	拱北门门楼	炭步镇塱头村	2010 年 4 月 20 日
92	迎龙门门楼	炭步镇塱头村	2010 年 4 月 20 日
93	骆村骆氏家庙	炭步镇骆村	2008 年 5 月 8 日
94	雪轩骆公祠	炭步镇骆村	2008 年 5 月 8 日
95	凤山骆公祠	炭步镇骆村	2008 年 5 月 8 日
96	骆建光民宅	炭步镇骆村	2010 年 4 月 20 日
97	莲溪骆公祠	炭步镇骆村中社	2008 年 5 月 8 日
98	乐善骆公祠	炭步镇骆村中社	2008 年 5 月 8 日
99	赖汉英墓	炭步镇民主村	2008 年 5 月 8 日
100	蒋文达夫妇合葬墓	炭步镇民主村	2008 年 5 月 8 日
101	民主村北帝古庙	炭步镇民主村	2008 年 5 月 8 日
102	月槎王公祠	炭步镇三联村	2010 年 4 月 20 日
103	社岗村许氏宗祠	炭步镇社岗村	2008 年 5 月 8 日
104	康辅应元祖祠	炭步镇社岗村	2008 年 5 月 8 日
105	汤金铭民宅	炭步镇石湖村	2010 年 4 月 20 日
106	石湖村汤氏家庙	炭步镇石湖村	2008 年 5 月 8 日
107	仰湖汤公祠	炭步镇石湖山村	2008 年 5 月 8 日
108	楷所汤公祠	炭步镇石南村	2010 年 4 月 20 日
109	渔隐汤公祠	炭步镇石南村	2010 年 4 月 20 日
110	石南村林氏宗祠	炭步镇石南村	2010 年 4 月 20 日
111	竹溪任公祠	炭步镇水口村	2008 年 5 月 8 日
112	唐美村庾氏大宗祠	炭步镇唐美村	2008 年 5 月 8 日
113	松石谢公祠	炭步镇文二村	2008 年 5 月 8 日
114	文二村谢氏宗祠	炭步镇文二村	2008 年 5 月 8 日
115	文二村谢氏大宗祠	炭步镇文二村西十巷	2008 年 5 月 8 日
116	兰蕙谢公祠	炭步镇文二村	2008 年 5 月 8 日
117	水园庾公祠	炭步镇新太村	2008 年 5 月 8 日
118	西园庾公祠	炭步镇新太村	2008 年 5 月 8 日
119	安宗黄公祠	炭步镇新太村	2008 年 5 月 8 日
120	鸭湖村张氏祖祠	炭步镇鸭湖村	2008 年 5 月 8 日
121	让斋张公祠	炭步镇鸭湖村	2008 年 5 月 8 日
122	圣祥张公祠	炭步镇鸭湖村	2008 年 5 月 8 日
123	崧生张公祠	炭步镇鸭湖村	2008 年 5 月 8 日

（续上表）

序号	名称	地址	公布时间
124	朝伯张公祠	炭步镇鸭湖村	2008 年 5 月 8 日
125	鸭湖村天后庙	炭步镇鸭湖村	2008 年 5 月 8 日
126	王福三墓	花山镇布岗村	2008 年 5 月 8 日
127	文笔岭侵华日军驻地遗址	花山镇布岗村	2010 年 4 月 20 日
128	鹫岭古寺	花山镇城西村	2008 年 5 月 8 日
129	张永琏客家民宅	花山镇城西村	2010 年 4 月 20 日
130	翔斋何公祠	花山镇东湖村	2008 年 5 月 8 日
131	东湖村梁氏大宗祠	花山镇东湖村	2008 年 5 月 8 日
132	东湖村邝氏大宗祠	花山镇东湖村	2008 年 5 月 8 日
133	知行农民协会旧址	花山镇东湖村	2008 年 5 月 8 日
134	炳辉家塾	花山镇东华村	2008 年 5 月 8 日
135	仰山江公祠	花山镇东华村	2008 年 5 月 8 日
136	聚龙庄民宅	花山镇东华村	2008 年 5 月 8 日
137	王经舫楼	花山镇和郁村	2008 年 5 月 8 日
138	桂贞楼	花山镇和郁村	2010 年 4 月 20 日
139	福荫祠	花山镇花城村	2008 年 5 月 8 日
140	红四师成立大会遗址	花山镇花城村	2008 年 5 月 8 日
141	鬼龙岭侵华日军驻地遗址	花山镇花城村	2013 年 5 月 6 日
142	秀林刘公祠	花山镇两龙村	2008 年 5 月 8 日
143	文济俞公祠	花山镇两龙村	2008 年 5 月 8 日
144	两龙村刘氏宗祠	花山镇两龙村	2008 年 5 月 8 日
145	悦贤书院	花山镇两龙村南街	2008 年 5 月 8 日
146	财能楼	花山镇两龙村九队 4 号	2010 年 4 月 20 日
147	有能楼	花山镇两龙村九队 10 号	2010 年 4 月 20 日
148	晃能楼	花山镇两龙村九队 14 号	2010 年 4 月 20 日
149	花县乡村教育实验区青年学校旧址	花山镇龙口村江民祠	2008 年 5 月 8 日
150	龙口村炮楼	花山镇龙口村	2008 年 5 月 8 日
151	龙口村范氏宗祠	花山镇龙口村	2008 年 5 月 8 日
152	绍庚楼	花山镇洛场村	2008 年 5 月 8 日
153	禄海楼	花山镇洛场村	2010 年 4 月 20 日
154	营辉楼	花山镇洛场村二队 17 号	2010 年 4 月 20 日
155	兰芳楼	花山镇洛场村二队 38 号	2010 年 4 月 20 日
156	景芳楼	花山镇洛场村二队	2010 年 4 月 20 日
157	配芬家塾	花山镇洛场村	2010 年 4 月 20 日

（续上表）

序号	名称	地址	公布时间
158	通亮楼	花山镇洛场村二队	2010 年 4 月 20 日
159	容南楼	花山镇洛场村二队 42 号	2010 年 4 月 20 日
160	惠南楼	花山镇洛场村二队 41 号	2010 年 4 月 20 日
161	江梓球楼	花山镇洛场村	2008 年 5 月 8 日
162	绍甲楼	花山镇洛场村三队	2010 年 4 月 20 日
163	容膝楼	花山镇洛场村三队	2010 年 4 月 20 日
164	开康楼	花山镇洛场村三队	2010 年 4 月 20 日
165	耀宗楼	花山镇洛场村一队 28 号	2010 年 4 月 20 日
166	汝威楼	花山镇洛场村一队 37 号	2010 年 4 月 20 日
167	岳楼楼	花山镇洛场村一队	2010 年 4 月 20 日
168	江梓桥楼	花山镇洛场村	2008 年 5 月 8 日
169	雄庐	花山镇洛场村三队	2010 年 4 月 20 日
170	广威楼	花山镇洛场村三队	2010 年 4 月 20 日
171	若芙庐	花山镇洛场村十四队 8 号	2010 年 4 月 20 日
172	江如楼	花山镇洛场村十二队	2010 年 4 月 20 日
173	应钊楼	花山镇洛场村十二队 27 号	2010 年 4 月 20 日
174	先甲楼	花山镇洛场村十二队 2 号	2010 年 4 月 20 日
175	耀黎楼	花山镇洛场村八队	2010 年 4 月 20 日
176	澄庐	花山镇洛场村八队	2010 年 4 月 20 日
177	津仁楼	花山镇洛场村	2013 年 5 月 6 日
178	鹰扬堂	花山镇洛场村八队	2010 年 4 月 20 日
179	活元楼	花山镇洛场村八队	2010 年 4 月 20 日
180	彰柏家塾	花山镇洛场村	2010 年 4 月 20 日
181	静观庐	花山镇洛场村八队	2010 年 4 月 20 日
182	濯斯江公祠	花山镇洛场村	2008 年 5 月 8 日
183	廷辉楼	花山镇洛场村九队 28 号	2010 年 4 月 20 日
184	桂昌楼	花山镇洛场村九队	2010 年 4 月 20 日
185	活钦庐	花山镇洛场村八队	2010 年 4 月 20 日
186	穗庐	花山镇洛场村九队	2010 年 4 月 20 日
187	桂添楼	花山镇洛场村九队 25 号	2010 年 4 月 20 日
188	廷芳楼	花山镇洛场村六队 16 号房对面	2010 年 4 月 20 日
189	桂帮楼	花山镇洛场村九队 23 号	2010 年 4 月 20 日
190	拱日楼	花山镇洛场村九队	2010 年 4 月 20 日

（续上表）

序号	名称	地址	公布时间
191	桃李园	花山镇洛场村九队	2010 年 4 月 20 日
192	桂俭楼	花山镇洛场村九队	2010 年 4 月 20 日
193	江启楼	花山镇洛场村八队 28 号	2010 年 4 月 20 日
194	岳鸾楼	花山镇洛场村二队	2010 年 4 月 20 日
195	岳崧楼	花山镇洛场村二队	2010 年 4 月 20 日
196	铜鼓河桥	花山镇洛场村	2010 年 4 月 20 日
197	开诚楼	花山镇洛场村	2010 年 4 月 20 日
198	大贤罗公祠	花山镇南村一队	2010 年 4 月 20 日
199	允达邱公祠	花山镇平东村	2008 年 5 月 8 日
200	象贤黄公祠	花山镇平东村上社	2008 年 5 月 8 日
201	琼伯黄公祠	花山镇平东村广丰社	2008 年 5 月 8 日
202	平东村黄氏大宗祠	花山镇平东村	2008 年 5 月 8 日
203	平山村刘氏大宗祠	花山镇平山村	2008 年 5 月 8 日
204	著贤江公祠	花山镇平山村下堡	2008 年 5 月 8 日
205	平山村江氏大宗祠	花山镇平山村上堡	2008 年 5 月 8 日
206	志善江公祠	花山镇平山村	2008 年 5 月 8 日
207	平山村危氏大宗祠	花山镇平山村	2008 年 5 月 8 日
208	平山村梁氏大宗祠	花山镇平山村	2008 年 5 月 8 日
209	富楼	花山镇平山村	2010 年 4 月 20 日
210	平西村唐村唐氏宗祠	花山镇平西村	2008 年 5 月 8 日
211	万青刘公祠	花山镇平西村	2008 年 5 月 8 日
212	光远邵公祠	花山镇铁山村	2008 年 5 月 8 日
213	康明梁公祠	花山镇五星村	2008 年 5 月 8 日
214	光福楼	花山镇五星村十一队	2010 年 4 月 20 日
215	万友楼	花山镇五星村三队	2010 年 4 月 20 日
216	潮希楼	花山镇五星村	2013 年 5 月 6 日
217	果成黄公祠	花山镇小布村	2013 年 5 月 6 日
218	新和村利氏大宗祠	花山镇新和村	2008 年 5 月 8 日
219	景志利公祠	花山镇新和村	2008 年 5 月 8 日
220	利寅故居	花山镇新和村	2008 年 5 月 8 日
221	新和村江氏大宗祠	花山镇新和村	2008 年 5 月 8 日
222	新和村更楼	花山镇新和村	2008 年 5 月 8 日
223	新和村向东庄利家欣民宅	花山镇新和村	2008 年 5 月 8 日
224	利树宗故居	花山镇新和村	2008 年 5 月 8 日

（续上表）

序号	名称	地址	公布时间
225	永乐村邝氏宗祠	花山镇永乐村	2008 年 5 月 8 日
226	巨臣邝公祠	花山镇永乐村	2008 年 5 月 8 日
227	永乐村客家民宅	花山镇永乐村	2010 年 4 月 20 日
228	元田村农民协会旧址	花山镇元田村	2008 年 5 月 8 日
229	曾乐雩夫妇合葬墓	花山镇紫西村	2008 年 5 月 8 日
230	敦吉门更楼	赤坭镇白石村三队	2010 年 4 月 20 日
231	连元公祠	赤坭镇白石村	2013 年 5 月 6 日
232	白石村曾氏宗祠	赤坭镇白石村	2010 年 4 月 20 日
233	柏轩高公祠	赤坭镇白石村	2013 年 5 月 6 日
234	和合公祠	赤坭镇缠岗村	2008 年 5 月 8 日
235	缠岗村鹤栖怖郭氏宗祠	赤坭镇缠岗村	2010 年 4 月 20 日
236	接源门门楼	赤坭镇缠岗村	2013 年 5 月 6 日
237	诒谷别墅	赤坭镇缠岗村	2010 年 4 月 20 日
238	缠岗村罗氏大宗祠	赤坭镇缠岗村	2010 年 4 月 20 日
239	长庚门门楼	赤坭镇缠岗村	2013 年 5 月 6 日
240	罗康养夫妇合葬墓	赤坭镇缠岗村鹤栖布山	2010 年 4 月 20 日
241	厚德乡祠	赤坭镇赤坭村八社	2008 年 5 月 8 日
242	赤坭村沙湾黄氏宗祠	赤坭镇赤坭村	2008 年 5 月 8 日
243	华侨义祠旧址	赤坭镇赤坭街 11 号	2008 年 5 月 8 日
244	东升村陈氏宗祠	赤坭镇东升村	2008 年 5 月 8 日
245	东升村钟氏大宗祠	赤坭镇东升村	2008 年 5 月 8 日
246	钟德门旧居	赤坭镇东升村	2008 年 5 月 8 日
247	尧爵钟公祠	赤坭镇丰群村	2008 年 5 月 8 日
248	丰群村戴氏宗祠	赤坭镇丰群村	2010 年 4 月 20 日
249	现隆书舍	赤坭镇官坑村	2010 年 4 月 20 日
250	官坑村古井	赤坭镇官坑村自然村二巷 3 号房后侧	2010 年 4 月 20 日
251	子贵书舍	赤坭镇官坑村自然村二巷	2010 年 4 月 20 日
252	明宗书舍	赤坭镇官坑村自然村三巷 1 号	2010 年 4 月 20 日
253	汝珍书舍	赤坭镇官坑村自然村四巷 1 号	2010 年 4 月 20 日
254	徐亨旧居	赤坭镇荷塘村	2008 年 5 月 8 日
255	麒祥书室	赤坭镇荷塘村	2008 年 5 月 8 日
256	崇德乡祠	赤坭镇荷塘村	2008 年 5 月 8 日
257	荷塘村何氏宗祠	赤坭镇荷塘村	2008 年 5 月 8 日

（续上表）

序号	名称	地址	公布时间
258	云史曾公祠	赤坭镇荷塘村	2008 年 5 月 8 日
259	荷溪村赖氏宗祠	赤坭镇荷溪村	2008 年 5 月 8 日
260	荷溪村叶氏宗祠	赤坭镇荷溪村	2008 年 5 月 8 日
261	荷溪村利氏宗祠	赤坭镇荷溪村	2008 年 5 月 8 日
262	嘉元书室	赤坭镇横沙村	2008 年 5 月 8 日
263	祐石周公祠	赤坭镇横沙村	2008 年 5 月 8 日
264	栋宇周公祠	赤坭镇横沙村	2008 年 5 月 8 日
265	帝王古庙	赤坭镇横沙村	2008 年 5 月 8 日
266	宋楙堂家族墓	赤坭镇皇母村拱桥岭	2008 年 5 月 8 日
267	玉堂乡祠	赤坭镇黄沙塘村	2010 年 4 月 20 日
268	干亭朱公祠	赤坭镇黄沙塘村	2008 年 5 月 8 日
269	湛经家塾	赤坭镇黄沙塘村	2008 年 5 月 8 日
270	黄沙塘井	赤坭镇黄沙塘村玉堂乡祠门前	2010 年 4 月 20 日
271	朱兆莘夫妇合葬墓	赤坭镇黄沙塘村	2008 年 5 月 8 日
272	宋鉴秋墓	赤坭镇锦山村	2008 年 5 月 8 日
273	宋士台夫妇合葬墓	赤坭镇锦山村佳锦山	2010 年 4 月 20 日
274	廷芳李公祠	赤坭镇蓝田新村	2008 年 5 月 8 日
275	达章陈公祠	赤坭镇蓝田新村	2008 年 5 月 8 日
276	鲤塘村楠木叶氏宗祠	赤坭镇鲤塘村	2008 年 5 月 8 日
277	鲤塘村林氏宗祠	赤坭镇鲤塘村	2008 年 5 月 8 日
278	莲塘村钟氏宗祠	赤坭镇莲塘村	2008 年 5 月 8 日
279	莲塘村五巷民宅	赤坭镇莲塘村	2008 年 5 月 8 日
280	留香楼	赤坭镇莲塘村十五社立巷二号	2008 年 5 月 8 日
281	莲塘村卢氏大宗祠	赤坭镇莲塘村	2008 年 5 月 8 日
282	茂英卢公祠	赤坭镇莲塘村	2008 年 5 月 8 日
283	洪富骆公祠	赤坭镇莲塘村	2008 年 5 月 8 日
284	卿品骆公祠	赤坭镇莲塘村十社	2008 年 5 月 8 日
285	泉石骆公祠	赤坭镇莲塘村十社	2008 年 5 月 8 日
286	莲塘村骆氏大宗祠	赤坭镇莲塘村莲中社	2008 年 5 月 8 日
287	辉千骆公祠	赤坭镇莲塘村六、七社	2008 年 5 月 8 日
288	环谷别墅	赤坭镇莲塘村六、七社	2008 年 5 月 8 日
289	文湛骆公祠	赤坭镇莲塘村	2010 年 4 月 20 日
290	莲塘村骆氏宗祠	赤坭镇莲塘村	2008 年 5 月 8 日
291	莲塘村炮楼	赤坭镇莲塘村	2008 年 5 月 8 日

（续上表）

序号	名称	地址	公布时间
292	迳溪书舍	赤坭镇莲塘村	2013 年 5 月 6 日
293	佐英别墅	赤坭镇门口坑村一队	2010 年 4 月 20 日
294	洪政书舍	赤坭镇门口坑村一队	2010 年 4 月 20 日
295	柱万骆公祠	赤坭镇门口坑村	2008 年 5 月 8 日
296	瑞岭村矮岭姚氏宗祠	赤坭镇瑞岭村	2008 年 5 月 8 日
297	长裕姚公祠	赤坭镇瑞岭村	2008 年 5 月 8 日
298	连珠村任氏宗祠	赤坭镇连珠村	2008 年 5 月 8 日
299	坤高张公祠	赤坭镇石坑村张屋自然村	2008 年 5 月 8 日
300	吴荣光夫妇墓	赤坭镇竹洞村	2008 年 5 月 8 日
301	豪斌麦公祠	赤坭镇田心村	2008 年 5 月 8 日
302	田心村更楼	赤坭镇田心村	2008 年 5 月 8 日
303	西边村岗头东梁氏宗祠	赤坭镇西边村岗头自然村	2008 年 5 月 8 日
304	西边村岗头西梁氏宗祠	赤坭镇西边村岗头自然村	2008 年 5 月 8 日
305	西边村南社夏氏宗祠	赤坭镇西边村南社	2008 年 5 月 8 日
306	西边村北社夏氏宗祠	赤坭镇西边村北社	2008 年 5 月 8 日
307	超远张公祠	赤坭镇下连珠村新屋三队	2008 年 5 月 8 日
308	下连珠村张氏宗祠	赤坭镇下连珠村	2008 年 5 月 8 日
309	东约乡祠	赤坭镇心和村	2008 年 5 月 8 日
310	心和村李氏宗祠	赤坭镇心和村	2008 年 5 月 8 日
311	心和村黄氏宗祠	赤坭镇心和村	2008 年 5 月 8 日
312	印荣黄公祠	赤坭镇心和村禾地布自然村	2008 年 5 月 8 日
313	竹洞村蓝珠吴氏宗祠	赤坭镇竹洞村蓝珠自然村	2008 年 5 月 8 日
314	竹洞村邝氏宗祠	赤坭镇竹洞村	2008 年 5 月 8 日
315	龙王井	梯面镇民安村	2010 年 4 月 20 日
316	徐氏家族墓	梯面镇西坑村	2008 年 5 月 8 日
317	郑门钟氏安人墓	梯面镇西坑村	2010 年 4 月 20 日
318	洪浴三墓	狮岭镇芙蓉度假区	2008 年 5 月 8 日
319	陈济棠母亲墓	狮岭镇芙蓉度假区	2008 年 5 月 8 日
320	江周桢夫妇合葬墓	狮岭镇芙蓉度假区	2008 年 5 月 8 日
321	国民革命军陆军第六十三师诸先烈墓及纪念碑	狮岭镇迳口村	2008 年 5 月 8 日
322	达贤书室	狮岭镇均田村德昌队后仁里 1 号	2010 年 4 月 20 日
323	贞定冯公祠	狮岭镇联合村新联社	2008 年 5 月 8 日
324	联合村冯氏大宗祠	狮岭镇联合村西群社	2008 年 5 月 8 日

（续上表）

序号	名称	地址	公布时间
325	联合村毕氏书室	狮岭镇联合村旧屋自然村	2008 年 5 月 8 日
326	天衢毕公祠	狮岭镇联合村	2008 年 5 月 8 日
327	联星村麦氏宗祠	狮岭镇联星村	2008 年 5 月 8 日
328	邓太君墓	狮岭镇瑞边村狮山南面	2010 年 4 月 20 日
329	翰屏林公祠	狮岭镇西头村新林庄	2008 年 5 月 8 日
330	玉山林公祠	狮岭镇西头村新林庄	2008 年 5 月 8 日
331	嘉琴李公祠	狮岭镇西头村北向社	2008 年 5 月 8 日
332	西头村邱氏宗祠	狮岭镇西头村西二社	2008 年 5 月 8 日
333	西头村汤氏宗祠	狮岭镇西头村	2010 年 4 月 20 日
334	新民村大夫第	狮岭镇新民村楼屋自然村	2008 年 5 月 8 日
335	维翰钟公祠	狮岭镇新民村七队	2008 年 5 月 8 日
336	黄俊禄夫妇合葬墓	狮岭镇新扬村	2008 年 5 月 8 日
337	金鉴家塾（现已消失）	狮岭镇新扬村七队	2008 年 5 月 8 日
338	文武帝官	狮岭镇义山村	2010 年 4 月 20 日
339	枘公宗祠	狮岭镇中心村黎村自然村	2008 年 5 月 8 日
340	中心村李氏大宗祠	狮岭镇中心村南社	2008 年 5 月 8 日
341	建亭李公祠	狮岭镇中心村横西社	2008 年 5 月 8 日
342	翠琳李公祠	狮岭镇中心村横西社	2008 年 5 月 8 日
343	静轩宋公祠	狮岭镇中心村黎村自然村	2008 年 5 月 8 日
344	裕轩宋公祠	狮岭镇中心村	2010 年 4 月 20 日
345	轻轩宋公祠	狮岭镇中心村	2010 年 4 月 20 日
346	文贵李公祠	狮岭镇中心村	2010 年 4 月 20 日
347	大陵村常氏大宗祠	新华街道大陵村中陵社	2008 年 5 月 8 日
348	莲塘村文孙曾公祠	新华街道莲塘村	2008 年 5 月 8 日
349	复孙曾公祠	新华街道莲塘村	2008 年 5 月 8 日
350	锁龙桥	新华街道三华村水仙石庙前	2008 年 5 月 8 日
351	洞湖徐公祠	新华街道三华村西华社	2008 年 5 月 8 日
352	郁山徐公祠	新华街道三华村西华社	2008 年 5 月 8 日
353	松涧徐公祠	新华街道三华村东华社	2008 年 5 月 8 日
354	仲和徐公祠	新华街道三华村中华社	2008 年 5 月 8 日
355	福源徐公祠	新华街道三华村中华社	2008 年 5 月 8 日
356	云山徐公祠	新华街道三华村元华社	2008 年 5 月 8 日
357	凤山徐公祠	新华街道三华村元华社	2008 年 5 月 8 日
358	松冬徐公祠	新华街道三华村元华社	2008 年 5 月 8 日

（续上表）

序号	名称	地址	公布时间
359	徐焰民宅	新华街道三华村元华社中心巷29号	2008年5月8日
360	昌甫刘公祠	新华街道田美村东南社	2008年5月8日
361	田美村北帝古庙	新华街道田美村旧村社	2008年5月8日
362	宝田小学校旧址	新华街道田美村	2008年5月8日
363	田美村杜氏宗祠	新华街道田美村中心社	2008年5月8日
364	新街村布心曾氏大宗祠	新华街道新街村布心自然村	2008年5月8日
365	玉成钟公祠	新华街道钟村	2010年4月20日
366	钟村钟氏大宗祠	新华街道钟村	2010年4月20日
367	帝养曾公祠	花城街道石岗村	2008年5月8日
368	石岗村更楼	花城街道石岗村	2008年5月8日
369	廷仲书舍（现已消失）	花城街道石岗村	2013年5月6日
370	帝聪曾公祠	花城街道石岗村	2008年5月8日
371	石岗村曾氏宗祠	花城街道石岗村	2008年5月8日
372	富德书室	花城街道杨二村	2008年5月8日
373	宣礼杨公祠	花城街道杨二村	2008年5月8日
374	联芳书室（现已消失）	花城街道杨二村	2013年5月6日
375	粤山杨公祠	花城街道杨二村	2008年5月8日
376	杨一村杨氏大宗祠	花城街道杨一村	2008年5月8日
377	宣义杨公祠	花城街道杨一村	2008年5月8日
378	永超楼	花城街道长岗村	2013年5月6日
379	建昌楼	花城街道长岗村	2013年5月6日
380	款楷楼	花城街道长岗村	2013年5月6日
381	纯斋卢公祠	花城街道长岗村	2008年5月8日
382	观敬何公祠	花城街道长岗村	2010年4月20日
383	万全叶公祠	花城街道东边村	2008年5月8日
384	应宗徐公祠	花城街道东边村	2008年5月8日
385	发志叶公祠	花城街道东边村	2008年5月8日
386	应田徐公祠	花城街道东边村	2008年5月8日
387	毓畦邓公祠	花城街道罗仙村	2008年5月8日
388	嘉儒卢公祠	花城街道罗仙村	2008年5月8日
389	政平卢公祠	花城街道罗仙村	2008年5月8日
390	慎衷卢公祠	花城街道罗仙村	2008年5月8日
391	罗山卢公祠	花城街道罗仙村	2008年5月8日
392	仁圃邓公祠	花城街道三东村	2008年5月8日

（续上表）

序号	名称	地址	公布时间
393	中宪大夫祠	花城街道三东村	2008 年 5 月 8 日
394	奉政大夫祠	花城街道三东村	2008 年 5 月 8 日
395	三东村洪圣古庙	花城街道三东村	2008 年 5 月 8 日
396	怡园	花城街道三东村	2008 年 5 月 8 日
397	得贤梁公祠	花城街道三东村	2008 年 5 月 8 日
398	宗贤梁公祠	花城街道三东村	2008 年 5 月 8 日
399	康廷梁公祠	花城街道三东村	2008 年 5 月 8 日
400	岑境村岑氏宗祠	新雅街道岑境村	2010 年 4 月 20 日
401	宗贤邓公祠	新雅街道旧村	2008 年 5 月 8 日
402	元明邓公祠	新雅街道旧村	2008 年 5 月 8 日
403	伯球邓公祠	新雅街道旧村	2008 年 5 月 8 日
404	邝家庄村陈氏宗祠	新雅街道邝家庄村	2008 年 5 月 8 日
405	邝家庄村李氏宗祠	新雅街道邝家庄村	2008 年 5 月 8 日
406	联英张公祠	新雅街道三向村	2008 年 5 月 8 日
407	存胜邓公祠	新雅街道新村	2010 年 4 月 20 日
408	褅兴刘公祠	新雅街道广塘村广岭自然村	2008 年 5 月 8 日
409	广塘村白鳝塘陈氏宗祠	新雅街道广塘村	2008 年 5 月 8 日
410	花县乡村教育实验区基础学校旧址	新雅街道清布村南阳庄张氏宗祠	2008 年 5 月 8 日
411	俊生公祠	新雅街道清布村	2013 年 5 月 6 日
412	孔生陈公祠	新雅街道清布村	2013 年 5 月 6 日
413	石塘村黄氏宗祠	新雅街道石塘村	2010 年 4 月 20 日
414	冯英联墓	秀全街道大布村大迳岭	2008 年 5 月 8 日
415	冯光宗墓	秀全街道大布村	2008 年 5 月 8 日
416	洪仁玕故居遗址	秀全街道大布村	2010 年 4 月 20 日
417	鹤龄公祠	秀全街道官溪村横沥社	2008 年 5 月 8 日
418	赤峰公祠	秀全街道九潭村	2008 年 5 月 8 日
419	世禄公祠	秀全街道九潭村流书社	2008 年 5 月 8 日
420	环清毕公祠	秀全街道九潭村	2008 年 5 月 8 日
421	起潜毕公祠	秀全街道九潭村	2008 年 5 月 8 日
422	立庵公祠	秀全街道九潭村九潭社	2008 年 5 月 8 日
423	乐同村毕氏宗祠	秀全街道乐同村	2010 年 4 月 20 日
424	广福书舍	秀全街道马溪村	2008 年 5 月 8 日
425	南渭姚公祠	秀全街道马溪村	2008 年 5 月 8 日

（续上表）

序号	名称	地址	公布时间
426	镇龙桥	秀全街道马溪村西河社镇龙石庙前	2008 年 5 月 8 日
427	振全姚公祠	秀全街道马溪村南岳庄	2008 年 5 月 8 日
428	裔广姚公祠	秀全街道马溪村南岳庄	2008 年 5 月 8 日
429	淮阳姚公祠	秀全街道马溪村南岳庄	2008 年 5 月 8 日
430	祝公桥（现已消失）	秀全街道马溪村	2008 年 5 月 8 日
431	林文亭民宅	秀全街道马溪村西河社中和里	2010 年 4 月 20 日
432	维安别墅	秀全街道马溪村	2010 年 4 月 20 日
433	德彦黎公祠	秀全街道马溪村	2008 年 5 月 8 日
434	马溪村黎氏宗祠	秀全街道马溪村位育社	2008 年 5 月 8 日
435	马溪村林氏宗祠	秀全街道马溪村西河社	2008 年 5 月 8 日
436	岐山村黄氏宗祠	秀全街道岐山村	2008 年 5 月 8 日
437	乡贤故里门楼	秀全街道岐山村	2010 年 4 月 20 日
438	仲宾黄公祠	秀全街道岐山村岐东社	2008 年 5 月 8 日
439	道显黄公祠	秀全街道岐山村岐北社	2008 年 5 月 8 日
440	岐东社民宅	秀全街道岐山村	2008 年 5 月 8 日
441	西湖姚公祠	秀全街道马溪村	2008 年 5 月 8 日
442	镇龙古庙	秀全街道马溪村西河社	2008 年 5 月 8 日
443	曾泉家族墓	赤坭镇石坑村石头岭	2013 年 5 月 6 日
444	花县县城遗址	花山镇花城村	2012 年 3 月 23 日
445	花县学宫遗址	花山镇花城村	2012 年 3 月 23 日
446	龙园里井	炭步镇藏书院村	2012 年 3 月 23 日
447	贤华里井	新华街道三华村	2012 年 3 月 23 日
448	起鹏楼	花山镇洛场村	2005 年 9 月 22 日
449	节孝流芳牌坊	赤坭镇蓝田村	2002 年 9 月 1 日

八、番禺区一般不可移动文物（共681处）

序号	名称	地址	公布时间
1	贺从家塾	沙头街道沙头村银平路 121 号博物馆内	2011 年 1 月 21 日
2	永靖营淡水井	石碁镇石碁村石碁中学校园内	2011 年 1 月 21 日
3	永善张氏宗祠	石碁镇永善村义里上街 14 号	2011 年 1 月 21 日
4	飞龙堂	石碁镇永善村新村大街 15 号	2011 年 1 月 21 日
5	陈光汉家族墓	市桥街道沙圩一村、沙圩二村长巷岗	2011 年 1 月 21 日
6	眉山寺	市桥街道黄编村村口	2011 年 1 月 21 日

（续上表）

序号	名称	地址	公布时间
7	番禺人民英雄纪念碑	市桥街道道社学社区星海公园内	2011 年 1 月 21 日
8	“宁仁古道”门楼	沙头街道汀根村宁仁巷	2011 年 1 月 21 日
9	五龙里门楼	沙头街道汀根村五龙里巷	2011 年 1 月 21 日
10	沙头百岁坊门楼	沙头街道汀根村宁仁大街 20 巷	2011 年 1 月 21 日
11	汀根武帝庙	沙头街道汀根村青云大街 33 号	2011 年 1 月 21 日
12	竹居陈公祠	沙头街道大罗村西约大街 2 号	2011 年 1 月 21 日
13	陈元书夫妇合葬墓	沙头街道南双玉村东南方大凹口处（大夫山森林公园南麓）	2011 年 1 月 21 日
14	汀根余氏宗祠	沙头街道汀根村宁仁大街 56 号	2011 年 1 月 21 日
15	松琴黎公祠	沙头街道汀根村东桥大街二巷 4 号	2011 年 1 月 21 日
16	北涧刘公祠	沙头街道汀根村北街 1 号	2011 年 1 月 21 日
17	五世余公祠	沙头街道汀根村五龙里街	2011 年 1 月 21 日
18	联涧刘公祠	沙头街道汀根村向东街 31 号	2011 年 1 月 21 日
19	碧川刘公祠	沙头街道大罗村东约大街一横 3 号	2011 年 1 月 21 日
20	大罗袁氏宗祠	沙头街道大罗村西约大街 14 号	2011 年 1 月 21 日
21	南昌古庙	沙头街道沙头村庙前大街	2011 年 1 月 21 日
22	月堂王公祠	沙头街道沙头村西祠大街	2011 年 1 月 21 日
23	沙头王氏大宗祠	沙头街道沙头村玉芝大街	2011 年 1 月 21 日
24	方百里夫妇合葬墓	钟村街道谢村大夫山西南侧	2011 年 1 月 21 日
25	横江黎氏宗祠	沙头街道横江村井头中心三街	2011 年 1 月 21 日
26	横江杜氏宗祠	沙头街道横江村西约二街	2011 年 1 月 21 日
27	横江麦氏宗祠	沙头街道横江村北约街	2011 年 1 月 21 日
28	永佳黎公祠	沙头街道横江村中心一街	2011 年 1 月 21 日
29	胜惠何公祠	沙头街道横江村中心一街	2011 年 1 月 21 日
30	横江黄氏宗祠	沙头街道横江村南约一街	2011 年 1 月 21 日
31	赤泉黄公祠	沙头街道横江村南约一街	2011 年 1 月 21 日
32	黎声之夫妇合葬墓	沙头街道横江村金鸡岭将军臂	2011 年 1 月 21 日
33	黎巨川墓	沙头街道南双玉村大夫山森林公园大乌岗上	2011 年 1 月 21 日
34	大乌岗烽火台遗址	沙头街道南双玉村大夫山森林公园大乌岗山顶	2011 年 1 月 21 日
35	市桥大桥头	沙头街道南双玉村大夫山森林公园内	2011 年 1 月 21 日
36	松堂苏公祠	市桥街道黄编村黄编新路	2011 年 1 月 21 日
37	竹轩苏公祠	市桥街道黄编村黄编新路	2011 年 1 月 21 日
38	时菴苏公祠	市桥街道黄编村拱辰直街	2011 年 1 月 21 日
39	梅菴苏公祠	市桥街道黄编村拱辰直街	2011 年 1 月 21 日
40	丹山黎氏宗祠	市桥街道丹山村北正大街 5 号	2011 年 1 月 21 日

（续上表）

序号	名称	地址	公布时间
41	元朗陈公祠	石楼镇赤岗村聚星大街 5 号	2011 年 1 月 21 日
42	赤岗陈氏大宗祠	石楼镇赤岗村聚星大街 1 号	2011 年 1 月 21 日
43	吉堂陈公祠	石楼镇赤岗村清颍大街 6 号	2011 年 1 月 21 日
44	可台陈公祠	石楼镇赤岗村清颍大街 8 号	2011 年 1 月 21 日
45	九世陈公祠	石楼镇赤岗村清颍大街 18 号	2011 年 1 月 21 日
46	南村朱氏祠堂	南村镇南村村东源大街鱼虾巷	2011 年 1 月 21 日
47	西成里门楼	石楼镇赤岗村清颍大街西成里街	2011 年 1 月 21 日
48	赤岗陈氏宗祠	石楼镇赤岗村清颍大街 28 号	2011 年 1 月 21 日
49	南畦陈公祠	石楼镇赤岗村清颍大街 38 号	2011 年 1 月 21 日
50	裔堂戴公祠	石楼镇赤山东村註礼大街	2011 年 1 月 21 日
51	林隐公祠	石楼镇赤山东村註礼大街 30 号	2011 年 1 月 21 日
52	乐隐戴公祠	石楼镇赤山东村乐隐大街 28 号	2011 年 1 月 21 日
53	日新戴公祠	石楼镇赤山东村乐隐大街	2011 年 1 月 21 日
54	註礼门门楼	石楼镇赤山东村註礼大街	2011 年 1 月 21 日
55	雪松戴公祠	石楼镇赤山东村註礼大街 12 号	2011 年 1 月 21 日
56	乡评公祠	石楼镇赤山东村註礼大街 9 号	2011 年 1 月 21 日
57	石庄戴公祠	石楼镇赤山东村石庄大街	2011 年 1 月 21 日
58	东涧戴公祠	石楼镇赤山东村东涧大街	2011 年 1 月 21 日
59	东南黄氏大宗祠	化龙镇东南村南街 7 号	2011 年 1 月 21 日
60	荔庄黄公祠	化龙镇东南村东街前街 5 号	2011 年 1 月 21 日
61	东谭屈公祠	化龙镇沙亭村石街一街 7 号	2011 年 1 月 21 日
62	松石李公祠	化龙镇沙亭村北约大街 19 号	2011 年 1 月 21 日
63	山渗氹	化龙镇沙亭村北约大街水巷屋马腰岗脚	2011 年 1 月 21 日
64	五色泉	化龙镇沙亭村启贤五巷巷口	2011 年 1 月 21 日
65	大岭陈氏大宗祠	石楼镇大岭村山祠塘街	2011 年 1 月 21 日
66	大岭禁约碑	石楼镇大岭村山祠塘街	2011 年 1 月 21 日
67	官桥袁氏宗祠	石楼镇官桥村南约街 1 号	2011 年 1 月 21 日
68	官桥陈氏宗祠	石楼镇官桥村新村大街	2011 年 1 月 21 日
69	官桥土地公雕像	石楼镇官桥村梁地大街同心亭南侧	2011 年 1 月 21 日
70	松菴黄公祠	石楼镇官桥村桥联大街 22 号	2011 年 1 月 21 日
71	大岭接龙桥	石楼镇大岭村西约街	2011 年 1 月 21 日
72	大岭堵塞川梁口碑	石楼镇大岭村村中心公园门口左侧	2011 年 1 月 21 日
73	榕庄戴公祠	石楼镇赤山东村东涧大街 19 号	2011 年 1 月 21 日
74	宗人戴公祠	石楼镇赤山东村宗仁大街	2011 年 1 月 21 日

（续上表）

序号	名称	地址	公布时间
75	蓝田戴公祠	石楼镇赤山东村启明大街 3 号	2011 年 1 月 21 日
76	永思堂	石楼镇大岭村菩玉路 38 号	2011 年 1 月 21 日
77	朝列大夫陈公祠	石楼镇大岭村中兴街仁厚一巷	2011 年 1 月 21 日
78	大岭革命烈士纪念亭	石楼镇大岭村菩山路	2011 年 1 月 21 日
79	陈四世祖姑及贞婢墓	石楼镇大岭村菩山东侧	2011 年 1 月 21 日
80	耘隐古民居	石楼镇赤岗村东明大街 17 号	2011 年 1 月 21 日
81	许和德夫妇合葬墓	石楼镇大岭村菩山西麓	2011 年 1 月 21 日
82	陈氏祖山之墓	石楼镇大岭村菩山南麓	2011 年 1 月 21 日
83	陈母戴太恭人墓	石楼镇大岭村菩山西北麓	2011 年 1 月 21 日
84	胜洲天后宫	石楼镇胜洲村南塘大街	2011 年 1 月 21 日
85	胜洲文武庙	石楼镇胜洲村南塘大街	2011 年 1 月 21 日
86	“胜洲正道”门楼	石楼镇胜洲村正道大街	2011 年 1 月 21 日
87	南胜里门楼	石楼镇胜洲村南胜里大街	2011 年 1 月 21 日
88	南浦杨氏大宗祠	石碁镇南浦村文明大街 9 号	2011 年 1 月 21 日
89	“南华正道”门楼	石楼镇大岭村龙漖自然村龙漖路	2011 年 1 月 21 日
90	龙漖西炮楼	石楼镇大岭村龙漖自然村庄祠街	2011 年 1 月 21 日
91	西园家塾	石楼镇大岭村龙漖自然村庄祠街	2011 年 1 月 21 日
92	胜洲李氏宗祠	石楼镇胜洲村南塘大街 40 号	2011 年 1 月 21 日
93	胜洲王氏宗祠	石楼镇胜洲村南塘大街 54 号	2011 年 1 月 21 日
94	朝万陈公祠	石楼镇胜洲村颍源大街得胜巷	2011 年 1 月 21 日
95	恒集陈公祠	石楼镇胜洲村颍源大街	2011 年 1 月 21 日
96	胜洲陈氏宗祠	石楼镇胜洲村祠堂街 7 号侧	2011 年 1 月 21 日
97	“颍水流长”门楼	石楼镇胜洲村颍源大街	2011 年 1 月 21 日
98	胜洲水月宫	石楼镇胜洲村颍源大街	2011 年 1 月 21 日
99	茭塘东包相府	石楼镇茭塘东村蒲江大道文武庙左侧	2011 年 1 月 21 日
100	表海黄公祠	石楼镇茭塘东村祠道巷 8 号	2011 年 1 月 21 日
101	桥头炮楼	石楼镇茭塘西村墟心街跃龙桥头	2011 年 1 月 21 日
102	茭塘西乡公所旧址	石楼镇茭塘西村墟心街 8 号洪圣庙右侧	2011 年 1 月 21 日
103	半峰黄公祠	石楼镇茭塘西村聚秀街 12 号	2011 年 1 月 21 日
104	道长黄公祠	石楼镇茭塘西村聚秀街 38 号	2011 年 1 月 21 日
105	清流天后宫	石楼镇清流村下滘	2011 年 1 月 21 日
106	梁江亭、梁健松墓	石楼镇官桥村梁地大公山东麓	2011 年 1 月 21 日
107	大富张氏宗祠	沙头街道沙头居委大富自然村村中祠堂坊 1 号	2011 年 1 月 21 日
108	岳溪蛇药仙方碑	石楼镇岳溪村岳溪大道塘大一街街口	2011 年 1 月 21 日

（续上表）

序号	名称	地址	公布时间
109	崔官岭炮楼	石楼镇茭塘东村德厚东二巷	2011 年 1 月 21 日
110	茭塘东天后宫	石楼镇茭塘东村沙边大街天厚巷	2011 年 1 月 21 日
111	茭塘东黄氏大宗祠	石楼镇茭塘东村心街	2011 年 1 月 21 日
112	黄南峰家族墓	石楼镇茭塘东村后岗西北麓	2011 年 1 月 21 日
113	植地庄珠江纵队驻守旧址	南村镇里仁洞村植地庄南约文明大街 4 号	2011 年 1 月 21 日
114	郭塱郭氏宗祠	小谷围街道原郭塱村村前大街 2 号（小谷围岛中部）	2011 年 1 月 21 日
115	黎南珍夫妇合葬墓	沙湾街道东村滴水岩森林公园内青萝嶂第二峰东麓	2011 年 1 月 21 日
116	里仁洞玉虚宫	南村镇里仁洞村鹤地街尾	2011 年 1 月 21 日
117	黎环翠家族墓	沙头街道横江村沙煲岗东北麓	2011 年 1 月 21 日
118	则颜曾公祠	石碁镇桥山村忠恕下街	2011 年 1 月 21 日
119	莲湖高氏宗祠	沙头街道横江村莲湖自然村大街 10 号	2011 年 1 月 21 日
120	玉川曾公祠	石碁镇桥山村东鲁街	2011 年 1 月 21 日
121	黄道长家族墓	石楼镇茭塘西村后岗	2011 年 1 月 21 日
122	后岗炮楼	石楼镇茭塘西村后岗西麓	2011 年 1 月 21 日
123	桂林劳公祠	大龙街道茶东村桂阳大街 6 号	2011 年 1 月 21 日
124	曾宗惠、陈氏安人墓	石楼镇茭塘西村后岗西北麓	2011 年 1 月 21 日
125	李家礼旧居	沙湾街道龙岐村百岁坊 1 号	2011 年 1 月 21 日
126	东涧公祠	大石街道植村西约一街 5 号旁	2011 年 1 月 21 日
127	乡贤世大夫马公祠	大石街道植村北约马地	2011 年 1 月 21 日
128	植村马氏宗祠	大石街道植村北约马地	2011 年 1 月 21 日
129	柏堂刘氏大宗祠	化龙镇柏堂村大街务本坊 5 号	2011 年 1 月 21 日
130	尚义李公祠	化龙镇柏堂村柏堂街 16 号侧	2011 年 1 月 21 日
131	东溪炮楼	化龙镇柏堂村东溪自然村宏福里街	2011 年 1 月 21 日
132	宏福里门楼	化龙镇柏堂村东溪自然村东大街宏福里	2011 年 1 月 21 日
133	东埜李公祠	化龙镇柏堂村东溪大街祠堂巷 8 号	2011 年 1 月 21 日
134	解元李公祠	化龙镇柏堂村东溪大街祠堂巷 7 号	2011 年 1 月 21 日
135	“百岁流芳”牌坊	化龙镇柏堂村东溪自然村东溪大街七巷	2011 年 1 月 21 日
136	刘门黎氏太安人墓	化龙镇莘汀村松岗南麓	2011 年 1 月 21 日
137	草堂李氏大宗祠	化龙镇草堂村南社下街 15 号侧	2011 年 1 月 21 日
138	南社炮楼	化龙镇草堂村南社下街 28 号	2011 年 1 月 21 日
139	草堂关氏宗祠	化龙镇草堂村北社街 14 号	2011 年 1 月 21 日
140	李观善家族墓	化龙镇草堂村花生岗南麓	2011 年 1 月 21 日
141	龙岐百岁坊门楼	沙湾街道龙岐村百岁坊巷	2011 年 1 月 21 日

（续上表）

序号	名称	地址	公布时间
142	福涌黎氏宗祠	沙湾街道福涌村田心自然村北正里	2011 年 1 月 21 日
143	鲤鱼井	石楼镇石一村竹园大街竹园八巷北端	2011 年 1 月 21 日
144	福庆古井	石楼镇石一村福庆大街九巷 1 号门口	2011 年 1 月 21 日
145	祖山古井	石楼镇石一村安敦巷	2011 年 1 月 21 日
146	陈敏行夫妇合葬墓	石楼镇石一村竹园山东北麓	2011 年 1 月 21 日
147	雪松公祠	石楼镇石一村中街	2011 年 1 月 21 日
148	石一村大井头	石楼镇石一村大井头街	2011 年 1 月 21 日
149	勤敷堂公禁碑	石楼镇石一村坟前岗龙窟头东北麓	2011 年 1 月 21 日
150	明重堂公禁碑	石楼镇石一村坟前岗龙窟头东北麓	2011 年 1 月 21 日
151	善元庄公祠	石楼镇大岭村龙漖自然村庄祠街 5 号	2011 年 1 月 21 日
152	龙漖东炮楼	石楼镇大岭村龙漖自然村龙漖通津街	2011 年 1 月 21 日
153	陈显良旧居	石楼镇石二村阳明下街 2 号	2011 年 1 月 21 日
154	玉成家塾	石楼镇石二村阳明大街 27 号	2011 年 1 月 21 日
155	与松公祠	石楼镇石二村阳明大街	2011 年 1 月 21 日
156	文林郎越菴公祠	石楼镇石二村阳明大街 9 号	2011 年 1 月 21 日
157	明经郭氏宗祠	化龙镇明经村前街 20 号、22 号	2011 年 1 月 21 日
158	敦和书院	化龙镇明经村前街 16 号	2011 年 1 月 21 日
159	明经周氏宗祠	化龙镇明经村后直街 22 号	2011 年 1 月 21 日
160	景均胡公祠	化龙镇明经村祠堂大街 3 号	2011 年 1 月 21 日
161	侣竹胡公祠	化龙镇明经村祠堂大街 1 号	2011 年 1 月 21 日
162	东池胡公祠	化龙镇明经村祠堂大街 7 号	2011 年 1 月 21 日
163	北所廖公祠	化龙镇明经村南约大街居仁里侧	2011 年 1 月 21 日
164	艺洲廖公祠	化龙镇明经村南约大街 10 号	2011 年 1 月 21 日
165	振兴廖公祠	化龙镇明经村仙岭南约	2011 年 1 月 21 日
166	东溪刘公祠	化龙镇明经村纬南街	2011 年 1 月 21 日
167	刘景昂家族墓	化龙镇明经村大园岗南麓	2011 年 1 月 21 日
168	二田刘公家塾	化龙镇明经村中约祠堂大街 2 号	2011 年 1 月 21 日
169	胡益庄夫妇合葬墓	化龙镇明经村大园岗南麓	2011 年 1 月 21 日
170	福涌方家祠	沙湾街道福涌村石涌下街 1 号	2011 年 1 月 21 日
171	关良故居	小谷围街道南亭村东宁里二巷 1 号	2011 年 1 月 21 日
172	南亭黄氏宗祠	小谷围街道南亭村千顷码头街 5 号	2011 年 1 月 21 日
173	文边劳氏宗祠	石碁镇文边村文山南约上街 9 号	2011 年 1 月 21 日
174	吴维采祖祠	石碁镇金山村塘前大街 8 号	2011 年 1 月 21 日
175	康衢门楼	小谷围街道贝岗村康衢大街	2011 年 1 月 21 日

（续上表）

序号	名称	地址	公布时间
176	康衢大街 10 号古民居	小谷围街道贝岗村	2011 年 1 月 21 日
177	康衢大街 16 号古民居（现已消失）	小谷围街道贝岗村	2011 年 1 月 21 日
178	青云门楼	小谷围街道贝岗村康衢大街右侧青云坊	2011 年 1 月 21 日
179	湛泉邵公祠	小谷围街道贝岗村康衢大街二巷 2 号之 5	2011 年 1 月 21 日
180	贝岗邵氏宗祠	小谷围街道贝岗村和乐坊 10 号	2011 年 1 月 21 日
181	雅乐黄公祠	小谷围街道穗石村原中约大街 8 号（现华南理工大学校区内）	2011 年 1 月 21 日
182	应麟黄公祠	小谷围街道穗石村原中约大街 10 号（现华南理工大学校区内）	2011 年 1 月 21 日
183	仁厚里 1 号古民居	小谷围街道穗石村仁厚里 1 号（现华南理工大学校区内）	2011 年 1 月 21 日
184	仁厚里 2 号古民居	小谷围街道穗石村仁厚里 2 号（现华南理工大学校区内）	2011 年 1 月 21 日
185	仁厚里 3 号古民居	小谷围街道穗石村仁厚里 2 号侧（现华南理工大学校区内）	2011 年 1 月 21 日
186	仁厚里 4 号古民居	小谷围街道穗石村仁厚里街北端（现华南理工大学校区内）	2011 年 1 月 21 日
187	仁厚里 5 号古民居	小谷围街道穗石村	2011 年 1 月 21 日
188	仁厚里 6 号古民居	小谷围街道穗石村仁厚里街（现华南理工大学校区内）	2011 年 1 月 21 日
189	节孝坊牌坊	化龙镇水门村牌坊一巷	2011 年 1 月 21 日
190	龙山李公祠	化龙镇水门村西宁一街 1 号	2011 年 1 月 21 日
191	龙溪李公祠	化龙镇水门村安义街 3 号	2011 年 1 月 21 日
192	水门李氏宗祠	化龙镇水门村安义街 21 号	2011 年 1 月 21 日
193	恩母祠	化龙镇水门村安义街 21 号内	2011 年 1 月 21 日
194	李尚直夫妇合葬墓	化龙镇水门村隔岗山东北麓	2011 年 1 月 21 日
195	东庄李公祠	化龙镇水门村东明街 54 号	2011 年 1 月 21 日
196	石函李公祠	化龙镇水门村龙门街 2 号	2011 年 1 月 21 日
197	伍国英墓	化龙镇水门村赤珠岗西麓	2011 年 1 月 21 日
198	黄粤南夫妇合葬墓	化龙镇水门村黄岗东南麓	2011 年 1 月 21 日
199	来高公祠	化龙镇山门村下街 6 号	2011 年 1 月 21 日
200	东城公祠	化龙镇山门村上街 74 号	2011 年 1 月 21 日
201	山门炮楼	化龙镇山门村上街西二十四巷 11 号侧	2011 年 1 月 21 日
202	瑞琳公祠	化龙镇山门村大街 36 号	2011 年 1 月 21 日
203	白苏公祠	化龙镇山门村上街 32 号	2011 年 1 月 21 日
204	山门大宗祠	化龙镇山门村上街 28 号	2011 年 1 月 21 日

（续上表）

序号	名称	地址	公布时间
205	石涌街古井	沙湾街道福涌村石涌街古井	2011 年 1 月 21 日
206	福涌潘氏宗祠	沙湾街道福涌村石涌上街	2011 年 1 月 21 日
207	福涌褚氏宗祠	沙湾街道福涌村兰陵自然村	2011 年 1 月 21 日
208	福涌莫氏宗祠	沙湾街道福涌村金井大街 14 号	2011 年 1 月 21 日
209	福涌林氏宗祠	沙湾街道福涌村林地大街	2011 年 1 月 21 日
210	靖波桥	沙湾街道新洲村新洲大道口	2011 年 1 月 21 日
211	茶东曹氏宗祠	大龙街道茶东村祠堂前大街 9 号	2011 年 1 月 21 日
212	西山潘氏宗祠	化龙镇西山村河阳大街 2 号	2011 年 1 月 21 日
213	南溪公祠	化龙镇西山村河阳大街 12 号	2011 年 1 月 21 日
214	可大公祠	化龙镇西山村河阳大街 14 号	2011 年 1 月 21 日
215	城庵公祠	化龙镇西山村河阳大街 20 号	2011 年 1 月 21 日
216	月轩公祠	化龙镇西山村河阳大街 22 号	2011 年 1 月 21 日
217	竹屏公祠	化龙镇西山村河阳大街 28 号	2011 年 1 月 21 日
218	镇锋公祠	化龙镇西山村河阳大街 62 号	2011 年 1 月 21 日
219	西堂公祠	化龙镇西山村荥阳西里 7 号	2011 年 1 月 21 日
220	昆岩公祠	化龙镇西山村荥阳西里 18 号	2011 年 1 月 21 日
221	叶氏宗祠	化龙镇西山村崇庆大街 2 号	2011 年 1 月 21 日
222	居安里门楼	沙湾街道三善村福善路十二巷	2011 年 1 月 21 日
223	融斋陈公祠	沙湾街道三善村德善北路 6 号	2011 年 1 月 21 日
224	三善陈氏宗祠	沙湾街道三善村德善北路 4 号	2011 年 1 月 21 日
225	三善黎氏宗祠	沙湾街道三善村德善大街 4 号	2011 年 1 月 21 日
226	三善梁氏宗祠	沙湾街道三善村福善路十四巷 34 号	2011 年 1 月 21 日
227	洞泉何公祠	沙湾街道北村西安里直街 4 号	2011 年 1 月 21 日
228	潘兰隐家族墓	化龙镇塘头村石旗干岗西北麓	2011 年 1 月 21 日
229	怀德堂	沙湾街道北村承芳里三横巷 2 号	2011 年 1 月 21 日
230	潘尚贤夫妇合葬墓	化龙镇水门村马头岭南麓	2011 年 1 月 21 日
231	联桂里门楼	化龙镇塘头村村心大街联桂里巷	2011 年 1 月 21 日
232	若泉祖室	化龙镇塘头村村心大街 15 号	2011 年 1 月 21 日
233	密松刘公祠	化龙镇塘头村村心大街 14 号	2011 年 1 月 21 日
234	有为黄公祠	化龙镇塘头村村心大街 21 号	2011 年 1 月 21 日
235	黄荆璧墓	化龙镇塘头村村心街后街巷 6 号民居前	2011 年 1 月 21 日
236	朴吾马公祠	钟村街道谢村魁杰大街 24-2 号	2011 年 1 月 21 日
237	黄爱南夫妇合葬墓	化龙镇塘头村村心后山西麓	2011 年 1 月 21 日
238	黄慕南墓	化龙镇莘汀村老虎岗东麓	2011 年 1 月 21 日

（续上表）

序号	名称	地址	公布时间
239	屈成业家族墓	化龙镇莘汀村老虎头岗南麓	2011 年 1 月 21 日
240	时思堂	沙湾街道北村庐江周道	2011 年 1 月 21 日
241	屈鸣镳墓	化龙镇沙亭村花果山北麓	2011 年 1 月 21 日
242	耀庚门门楼	化龙镇潭山村环村公路东街五巷巷口	2011 年 1 月 21 日
243	竹溪公祠	化龙镇潭山村环村公路西街一街 4 号	2011 年 1 月 21 日
244	潭山会堂	化龙镇潭山村玄字东街	2011 年 1 月 21 日
245	地字一街潭山公所旧址	化龙镇潭山村环村公路地字一街 28 号	2011 年 1 月 21 日
246	寅轩公祠	化龙镇潭山村环村公路玄字西一街 18 号	2011 年 1 月 21 日
247	刘元祐墓	化龙镇潭山村水牛山北麓	2011 年 1 月 21 日
248	眉山苏氏宗祠	化龙镇眉山村宾日大街 10 号	2011 年 1 月 21 日
249	侣松苏公祠	化龙镇眉山村宾日大街 8 号	2011 年 1 月 21 日
250	渐明苏公祠	化龙镇眉山村宾日大街 16 号	2011 年 1 月 21 日
251	东谷公祠	化龙镇潭山村环村公路黄字东街 55 号	2011 年 1 月 21 日
252	区太华墓	化龙镇眉山村铜鼓岭	2011 年 1 月 21 日
253	李尚义夫妇合葬墓	新造镇思贤村白芋头山东麓	2011 年 1 月 21 日
254	刘东明家族墓	化龙镇莘汀村白鹤岗南麓	2011 年 1 月 21 日
255	北村玉虚宫	沙湾街道北村庐江周道留耕堂左侧	2011 年 1 月 21 日
256	萃德刘公祠	化龙镇柏堂村大街自然村务本坊街	2011 年 1 月 21 日
257	红石四方井	化龙镇柏堂村大街自然村居仁里 9 号内	2011 年 1 月 21 日
258	秀山李公祠	化龙镇柏堂村东溪自然村东大街	2011 年 1 月 21 日
259	“花萼留香”门楼	化龙镇柏堂村东溪直街	2011 年 1 月 21 日
260	简府祠尹	石壁街道屏山二村东街 27 号	2011 年 1 月 21 日
261	福涌黄氏宗祠	沙湾街道福涌村聚龙里 7 号	2011 年 1 月 21 日
262	戴门植氏安人墓	石楼镇石一村坟头岗龙窟头	2011 年 1 月 21 日
263	双冈古庙	石碁镇金山村金庄路	2011 年 1 月 21 日
264	蟾蜍仙庙	化龙镇潭山村玄字东街二巷巷口	2011 年 1 月 21 日
265	悠然公祠	化龙镇潭山村环村公路地字二街 3 号	2011 年 1 月 21 日
266	先锋古庙	化龙镇潭山村环村公路 2 号	2011 年 1 月 21 日
267	许才举家族墓	化龙镇西山村铜鼓岭	2011 年 1 月 21 日
268	许秀淑墓	化龙镇潭山村天字二街六巷 15 号房旁	2011 年 1 月 21 日
269	爱兰公祠	石碁镇金山村陈庄大街 6 号	2011 年 1 月 21 日
270	柏堂李母陈氏墓	化龙镇柏堂村四房岗将军山西坡	2011 年 1 月 21 日
271	沙湾紫坭糖厂老厂房	沙湾街道紫坭村紫坭糖厂	2011 年 1 月 21 日
272	胜广梁公祠	小谷围街道原练溪村（岭南印象园内）	2011 年 1 月 21 日

（续上表）

序号	名称	地址	公布时间
273	丛荫林公祠	小谷围街道原练溪村（岭南印象园内）	2011 年 1 月 21 日
274	练溪包丞相庙	小谷围街道原练溪村（岭南印象园内）	2011 年 1 月 21 日
275	练溪天后宫	小谷围街道原练溪村（岭南印象园内）	2011 年 1 月 21 日
276	练溪村七号民居	小谷围街道原练溪村选文里 1 号（岭南印象园内）	2011 年 1 月 21 日
277	练溪村六号民居	小谷围街道原练溪村（岭南印象园内）	2011 年 1 月 21 日
278	练溪村五号民居	小谷围街道原练溪村（岭南印象园内）	2011 年 1 月 21 日
279	练溪村四号民居	小谷围街道原练溪村（岭南印象园内）	2011 年 1 月 21 日
280	练溪村三号民居	小谷围街道原练溪村（岭南印象园内）	2011 年 1 月 21 日
281	练溪村二号民居	小谷围街道原练溪村（岭南印象园内）	2011 年 1 月 21 日
282	练溪村一号民居	小谷围街道原练溪村（岭南印象园内）	2011 年 1 月 21 日
283	前锋大街十二巷 1 号古民居	市桥街道先锋社区前锋大街十二巷 1 号	2011 年 1 月 21 日
284	东明大街十四巷 2 号古民居	石楼镇赤岗村东明大街十四巷 2 号	2011 年 1 月 21 日
285	东明大街十四巷 14 号古民居	石楼镇赤岗村东明大街十四巷 14 号	2011 年 1 月 21 日
286	东明大街十四巷 6 号古民居	石楼镇赤岗村东明大街十四巷 6 号	2011 年 1 月 21 日
287	东明大街十四巷 1 号古民居	石楼镇赤岗村东明大街十四巷 1 号	2011 年 1 月 21 日
288	东明大街十四巷 10 号古民居	石楼镇赤岗村东明大街十四巷 10 号	2011 年 1 月 21 日
289	秋水陈公祠	大石街道植村东约大街十五巷 4 号对面	2011 年 1 月 21 日
290	留园	沙湾街道紫坭村辅仁大街 2 号	2011 年 1 月 21 日
291	紫坭修路记事碑	沙湾街道紫坭村关西桥头边	2011 年 1 月 21 日
292	北城侯庙	沙湾街道紫坭村西安路 22 号	2011 年 1 月 21 日
293	百龄人瑞牌坊	沙湾街道紫坭村桥西 1 大街瑞园内	2011 年 1 月 21 日
294	里仁洞冯氏宗祠	南村镇里仁洞村冯地西约坊大市街 15 号	2011 年 1 月 21 日
295	张氏大雅堂	沙湾街道紫坭村东安路 9 号	2011 年 1 月 21 日
296	张氏光裕堂	沙湾街道紫坭村东安路 11 号	2011 年 1 月 21 日
297	吴氏十世祖祠	石碁镇金山村塘前大街 10 号	2011 年 1 月 21 日
298	紫坭包相府	沙湾街道紫坭村宝墨园街 1 号	2011 年 1 月 21 日
299	君弼李公祠	沙湾街道龙岐村渡头海傍街 7 号	2011 年 1 月 21 日
300	慈溪李公祠	沙湾街道龙岐村渡头海傍街 7 号	2011 年 1 月 21 日
301	陈乐庭夫妇合葬墓	石楼镇石一村马鞍岗西麓	2011 年 1 月 21 日
302	陈兰畦家族墓	石楼镇石一村马鞍岗老虎恰西北麓	2011 年 1 月 21 日

（续上表）

序号	名称	地址	公布时间
303	敦厚里门楼	沙湾街道北村敦厚里巷	2011 年 1 月 21 日
304	光裕堂	沙湾街道北村光裕路	2011 年 1 月 21 日
305	进士里门楼	沙湾街道北村安宁西街进士里	2011 年 1 月 21 日
306	沙井泉	大石街道礼村东路口南大公路旁	2011 年 1 月 21 日
307	礼村名泉	大石街道礼村东华街	2011 年 1 月 21 日
308	华光庙	大石街道礼村山子街 2 号	2011 年 1 月 21 日
309	“宣教初基”门楼	大石街道礼村宣教街	2011 年 1 月 21 日
310	“渤海通衢”门楼	大石街道礼村洪昌工业路 3 号之一	2011 年 1 月 21 日
311	河村华帝古庙	大石街道河村陇西大街 28 号	2011 年 1 月 21 日
312	白土泉	大石街道会江村石中二路 105 路	2011 年 1 月 21 日
313	同野梁公祠	大石街道会江村青云北街 6 号	2011 年 1 月 21 日
314	耕学区公祠	大石街道会江村江丽路	2011 年 1 月 21 日
315	彦齐何公祠	大石街道官坑村官坑大街十八巷	2011 年 1 月 21 日
316	德光麦公祠	大石街道官坑村官坑大街	2011 年 1 月 21 日
317	存著堂	沙湾街道东村朱涌大街 14 号	2011 年 1 月 21 日
318	孔思范家族墓	钟村街道钟三村孔地大岗北麓	2011 年 1 月 21 日
319	水绿山青文阁	沙湾街道北村安宁西街步云里巷	2011 年 1 月 21 日
320	骏兴门门楼	沙湾街道北村骏兴巷	2011 年 1 月 21 日
321	衍庆堂	沙湾街道北村安宁路仁让公局侧	2011 年 1 月 21 日
322	马腾波夫妇合葬墓	钟村街道谢村正面岗南麓	2011 年 1 月 21 日
323	区氏家族墓	石壁街道石壁四村沙涌岗南麓	2011 年 1 月 21 日
324	裔菴曹公祠	大龙街道茶东村下约中街	2011 年 1 月 21 日
325	达斋曹公祠	大龙街道茶东村庵边大街 2 号	2011 年 1 月 21 日
326	华斋朱公祠	石碁镇金山村朱庄街 1 号	2011 年 1 月 21 日
327	肇仪苏公祠	石碁镇金山村白庙街 9 号	2011 年 1 月 21 日
328	赵氏郡主墓	石壁街道石壁二村村中心公园旁	2011 年 1 月 21 日
329	黄半峰家族墓	石楼镇莲花山社区半山亭	2011 年 1 月 21 日
330	炽昌堂	沙湾街道北村车陂街 8 号	2011 年 1 月 21 日
331	佑启堂	沙湾街道北村车陂街 6 号	2011 年 1 月 21 日
332	高瑶巷 11 号古民居	沙湾街道北村高瑶巷 11 号	2011 年 1 月 21 日
333	珠海何公祠	沙湾街道北村鹤鸣街 14 号	2011 年 1 月 21 日
334	戴天则夫妇合葬墓	石楼镇赤山东村飞鹅豚南麓	2011 年 1 月 21 日
335	黄宗鲁家族墓	石壁街道石壁二村宝峰岗南麓	2011 年 1 月 21 日
336	屏山二村简氏大宗祠	石壁街道屏山二村东街 27 号	2011 年 1 月 21 日

（续上表）

序号	名称	地址	公布时间
337	竹浦曾公祠	沙湾街道龙岐村岐头上街 18 号	2011 年 1 月 21 日
338	礼泉曾公祠	沙湾街道龙岐村岐头上街 12 号	2011 年 1 月 21 日
339	曾氏十世司马祠	沙湾街道龙岐村岐头下街 6 号	2011 年 1 月 21 日
340	简勉斋夫妇合葬墓	石壁街道屏山二村小金坑岗	2011 年 1 月 21 日
341	简居城家族墓	石壁街道屏山二村杉岗与附近的东烧坑尾	2011 年 1 月 21 日
342	振昌堂	沙湾街道南村岐山巷 26 号	2011 年 1 月 21 日
343	黄华山家族墓	石壁街道屏山二村蚕岗	2011 年 1 月 21 日
344	龙岐侯王古庙	沙湾街道龙岐村岐头上街 2 号	2011 年 1 月 21 日
345	邓明玉夫妇合葬墓	石壁街道屏山二村杉岗	2011 年 1 月 21 日
346	东村康公古庙	沙湾街道东村安宁东街 50 号	2011 年 1 月 21 日
347	东村何氏十世祠	沙湾街道东村安宁东街 56 号	2011 年 1 月 21 日
348	东村黎氏宗祠	沙湾街道东村安宁东街 96 号	2011 年 1 月 21 日
349	安宁东街芽菜巷巷口古民居	沙湾街道东村安宁东街芽菜巷巷口	2011 年 1 月 21 日
350	李古唐夫妇合葬墓	石壁街道石壁二村种子塘岗南	2011 年 1 月 21 日
351	李门屈氏太夫人墓	石壁街道石壁一村赤甲山北侧	2011 年 1 月 21 日
352	福安巷 12 号古民居	沙湾街道东村福安巷 12 号	2011 年 1 月 21 日
353	屏山窑址	石壁街道屏山二村工业开发区内	2011 年 1 月 21 日
354	陈星隐家族墓	石楼镇石一村老树园	2011 年 1 月 21 日
355	悠远堂	沙湾街道东村朱涌大街 13 号	2011 年 1 月 21 日
356	郭彦夫妇合葬墓	石壁街道屏山二村杉岗	2011 年 1 月 21 日
357	简嘉诰夫妇合葬墓	沙头街道南双玉村大夫山森林公园七星岗	2011 年 1 月 21 日
358	孔复夫妇合葬墓	沙头街道南双玉村大夫山森林公园内	2011 年 1 月 21 日
359	孔元凯家族墓	大龙街道大龙村大龙公园大龙岗北麓	2011 年 1 月 21 日
360	东村北帝祠	沙湾街道东村安宁东街	2011 年 1 月 21 日
361	天海黎公祠	沙湾街道东村安宁东街 77 号	2011 年 1 月 21 日
362	孖井	沙湾街道东村安宁东街 117 号旁	2011 年 1 月 21 日
363	东村武帝古庙	沙湾街道东村安宁东街 5 号	2011 年 1 月 21 日
364	义庐	沙湾街道东村青萝大街 25 号	2011 年 1 月 21 日
365	幸隐耕夫妇合葬墓	大龙街道沙涌村	2011 年 1 月 21 日
366	江缓斋夫妇合葬墓	大龙街道沙涌村蟠龙岗	2011 年 1 月 21 日
367	坑头禁伐古松碑	南村镇坑头村子集陈公祠内	2011 年 1 月 21 日
368	陈玉泉夫妇合葬墓	南村镇梅山村白山前岗星河湾文园内	2011 年 1 月 21 日
369	谭性存夫妇合葬墓	大龙街道大龙村坑尾岗公园内	2011 年 1 月 21 日

（续上表）

序号	名称	地址	公布时间
370	古仕通夫妇合葬墓	石楼镇大岭村唐帽岗	2011 年 1 月 21 日
371	张母麦氏太宜人墓	大石街道官坑村便岗	2011 年 1 月 21 日
372	高台夫妇合葬墓	大石街道礼村隔巷山东南麓	2011 年 1 月 21 日
373	潘克直夫妇合葬墓	化龙镇塘头村龙松岗	2011 年 1 月 21 日
374	黄巨海家族墓	石楼镇茭塘东村交柿岗	2011 年 1 月 21 日
375	陈翅天墓	石楼镇石一村马鞍岗柯山东麓	2011 年 1 月 21 日
376	陈耕逸家族墓	石楼镇石一村马鞍岗西北麓	2011 年 1 月 21 日
377	九世卫祖祠	沙头街道榄山村仁厚三街与五街之间	2011 年 1 月 21 日
378	黎氏家族墓	南村镇板桥村后底岗北麓	2011 年 1 月 21 日
379	石岗东华帝庙	大龙街道石岗东村万石大街 49 号	2011 年 1 月 21 日
380	黎耕乐夫妇合葬墓	南村镇板桥村内	2011 年 1 月 21 日
381	蒋建宏夫妇合葬墓	南村镇市头村大山西麓	2011 年 1 月 21 日
382	邬大昕家族墓	南村镇南村村七星岗东麓	2011 年 1 月 21 日
383	彭敬南、彭碧严、彭振禹墓	南村镇南村村大丛林西北麓	2011 年 1 月 21 日
384	朱裕斋、朱思斋墓	南村镇南村村大南岗东北麓	2011 年 1 月 21 日
385	陈天敏夫妇合葬墓	南村镇梅山村后底岗	2011 年 1 月 21 日
386	陈林聚夫妇合葬墓	南村镇市头村冲口后底岗东麓	2011 年 1 月 21 日
387	陈南叟夫妇合葬墓	南村镇塘东村登云大路东边大岗头红山（土名）	2011 年 1 月 21 日
388	性存谭公祠	大龙街道大龙村谭坊环村大街 37 号	2011 年 1 月 21 日
389	明塘街二巷 4 号古民居	大龙街道大龙村明塘大街二巷 4 号	2011 年 1 月 21 日
390	明塘街二巷 6 号古民居	大龙街道大龙村明塘街二巷 6 号	2011 年 1 月 21 日
391	张开岐夫妇合葬墓	沙湾街道龙岐村张鉴湖大夫家庙左后侧	2011 年 1 月 21 日
392	梁自牧家族墓	沙湾街道北村青萝嶂滴水岩南竹径岗东北坡	2011 年 1 月 21 日
393	王梅湾家族墓	沙湾街道西村南排岗金鸡抱窝	2011 年 1 月 21 日
394	誌蕴何公祠	沙湾街道西村罗山里大街 28 号	2011 年 1 月 21 日
395	宗濂何公祠	沙湾街道西村罗山里善堂巷横三巷 2 号	2011 年 1 月 21 日
396	何乙三夫妇合葬墓	沙湾街道西村塔边岗	2011 年 1 月 21 日
397	李门陈氏合墓	化龙镇柏堂村四房岗将军山西坡	2011 年 1 月 21 日
398	张心耀夫妇合葬墓	沙湾街道三善村岗顶	2011 年 1 月 21 日
399	古坝东韩氏大宗祠	沙湾街道古坝东村东兴路 12 号	2011 年 1 月 21 日
400	韩节轩家族墓	沙湾街道古坝东村大松林岗	2011 年 1 月 21 日
401	南川何公祠	沙湾街道西村三桂路 36 号	2011 年 1 月 21 日
402	节奇何公祠	沙湾街道西村三桂路 34 号	2011 年 1 月 21 日

（续上表）

序号	名称	地址	公布时间
403	本和李公祠	沙湾街道西村文溪里大街 18 号	2011 年 1 月 21 日
404	韩门龚氏安人墓	沙湾街道古坝东村黄村岗	2011 年 1 月 21 日
405	韩振宗夫妇合葬墓	沙湾街道古坝西村唐帽岗	2011 年 1 月 21 日
406	韩征铨夫妇合葬墓	沙湾街道古坝东村南台山	2011 年 1 月 21 日
407	大臂山走马松岗告示碑	沙湾街道古坝西村青罗嶂北坡大臂山脚	2011 年 1 月 21 日
408	韩丹一家族墓	沙湾街道古坝西村青罗嶂北坡大臂山	2011 年 1 月 21 日
409	作善王公祠	沙湾街道西村三槐里大街 35 号	2011 年 1 月 21 日
410	西村王氏大宗祠	沙湾街道西村三桂路 50 号	2011 年 1 月 21 日
411	韩诚桂夫妇合葬墓	沙湾街道古坝西村青罗嶂北坡大坑尾	2011 年 1 月 21 日
412	许紫岭夫妇合葬墓	化龙镇潭山村矮岭东北麓	2011 年 1 月 21 日
413	孔克直家族墓	钟村街道诜敦村冯地岗东北麓	2011 年 1 月 21 日
414	苏世宝家族墓	沙湾街道古坝东村青罗嶂山南坡	2011 年 1 月 21 日
415	同安社学	石碁镇石碁村碁山路	2011 年 1 月 21 日
416	粤峰张公祠	大龙街道石岗东村万石大街三巷 3 号	2011 年 1 月 21 日
417	石岗东张氏五世祠	大龙街道石岗东村万石大街三巷 4 号	2011 年 1 月 21 日
418	石岗东张氏大宗祠	大龙街道石岗东村宁仁大街 47 号	2011 年 1 月 21 日
419	南石张公祠	大龙街道石岗东村美心路 28 号	2011 年 1 月 21 日
420	韩文起祠堂	沙湾街道古坝西村涌口坊	2011 年 1 月 21 日
421	昆石韩公祠	沙湾街道古坝西村岗头坊东	2011 年 1 月 21 日
422	聚贤里二横巷 11 号古民居	沙湾街道古坝西村聚贤里二横巷 11 号	2011 年 1 月 21 日
423	惠圃黎氏宗祠	新造镇崇德村新街 18 号	2011 年 1 月 21 日
424	西涧祠	新造镇崇德村西街大街 1 号	2011 年 1 月 21 日
425	崇德黎氏宗祠	新造镇崇德村崇德坊 12 号	2011 年 1 月 21 日
426	和睦街梁氏宗祠	新造镇新造社区和睦路二巷 10 号	2011 年 1 月 21 日
427	黎炎孟烈士故居	新造镇秀发村得月街三巷 5 号	2011 年 1 月 21 日
428	二·一八抗战烈士纪念碑	新造镇秀发村东明岗西北麓	2011 年 1 月 21 日
429	继善堂	新造镇新造社区和平路 5 号	2011 年 1 月 21 日
430	北正里门楼	新造镇北约村北约大街	2011 年 1 月 21 日
431	云埜黎公祠	新造镇北约村北约大道三巷 1 号	2011 年 1 月 21 日
432	贵达家塾	新造镇北约村北约大道七巷侧	2011 年 1 月 21 日
433	中正门门楼	新造镇北约村北约大道七巷	2011 年 1 月 21 日
434	新亚旅店旧址	新造镇新造社区和平路 41 号	2011 年 1 月 21 日
435	罗月黎公祠	新造镇南约村塘畔街 2 号	2011 年 1 月 21 日

（续上表）

序号	名称	地址	公布时间
436	燕山家塾	新造镇南约村塘畔街 22 号	2011 年 1 月 21 日
437	日英家塾	新造镇南约村田南街 14 号	2011 年 1 月 21 日
438	南约拱桥	新造镇南约村市新路边	2011 年 1 月 21 日
439	曾边玉虚宫	新造镇曾边村曾边大街 32 号	2011 年 1 月 21 日
440	曾边曾氏宗祠	新造镇曾边村曾边大街 38 号	2011 年 1 月 21 日
441	迪光曾公祠	新造镇曾边村曾边大街 68 号	2011 年 1 月 21 日
442	观生曾公祠	新造镇曾边村曾边大街 72 号	2011 年 1 月 21 日
443	屈门四硕人墓	新造镇思贤村石坑山	2011 年 1 月 21 日
444	思贤李氏宗祠	新造镇思贤村山屋自然村大街	2011 年 1 月 21 日
445	甘棠苏氏宗祠	东环街道甘棠村甘棠大道 21 号	2011 年 1 月 21 日
446	甘棠陈氏宗祠	东环街道甘棠村丛桂里坊五巷 1 号	2011 年 1 月 21 日
447	蔡一文昌塔	东环街道蔡边一村螺山岗	2011 年 1 月 21 日
448	恒堂蔡公祠	东环街道蔡边一村南街坊大街 23 号	2011 年 1 月 21 日
449	子遂蔡公祠	东环街道蔡边一村三径坊大街 15 号	2011 年 1 月 21 日
450	厚斋蔡公祠	东环街道蔡边一村三径坊大街 15 号	2011 年 1 月 21 日
451	罗墅蔡公祠	东环街道蔡边一村三径坊五巷 1 号	2011 年 1 月 21 日
452	岩耕蔡公祠	东环街道蔡边二村红门东坊北大街 1 号	2011 年 1 月 21 日
453	国才蔡公祠	东环街道蔡边二村彩虹路 5 号	2011 年 1 月 21 日
454	蔡宗阶夫妇合葬墓	东环街道蔡边二村珠坑岗北坡	2011 年 1 月 21 日
455	子西蔡公祠	东环街道蔡边三村杠木坊大街 6 号	2011 年 1 月 21 日
456	建润蔡公祠	东环街道蔡边三村槐花坊大街 11 号	2011 年 1 月 21 日
457	聚龙庙	东环街道龙美村清河大街	2011 年 1 月 21 日
458	东沙黄氏宗祠	东环街道东沙村下黄坊汪波大街 29 号	2011 年 1 月 21 日
459	前冈黄公祠	东环街道东沙村上黄东街 7 号	2011 年 1 月 21 日
460	朝议大夫陈公祠	东环街道左边村环村西路 54 号	2011 年 1 月 21 日
461	左边杜氏宗祠	东环街道左边村东约大街 9 号	2011 年 1 月 21 日
462	逸菴古公祠	大龙街道傍江东村东元中街北一巷 1 号	2011 年 1 月 21 日
463	傍江大庙	大龙街道傍江东村厚德大街	2011 年 1 月 21 日
464	宏勋古公祠	大龙街道傍江东村仁寿大街 18 号	2011 年 1 月 21 日
465	承务郎古公祠	大龙街道傍江东村仁寿大街 14 号	2011 年 1 月 21 日
466	绍宗古公祠	大龙街道傍江东村仁厚大街 26 号	2011 年 1 月 21 日
467	友诚古公祠	大龙街道傍江东村仁和里 2 号	2011 年 1 月 21 日
468	文璲古公祠	大龙街道傍江东村东元大街 1 号	2011 年 1 月 21 日
469	震东古公祠	大龙街道傍江东村西荣街 9 号	2011 年 1 月 21 日

（续上表）

序号	名称	地址	公布时间
470	傍江东陈氏宗祠	大龙街道傍江东村祠前路 16 号	2011 年 1 月 21 日
471	韦涌苏氏宗祠	石壁街道韦涌村苏基坊仁寿三巷 2 号	2011 年 1 月 21 日
472	韦涌方氏大宗祠	石壁街道韦涌村进士里大街三巷 5 号	2011 年 1 月 21 日
473	有德方公祠	石壁街道韦涌村市场路光禄大街	2011 年 1 月 21 日
474	韦涌雷氏大宗祠	石壁街道韦涌村三拜祠大街 5 号	2011 年 1 月 21 日
475	韦涌雷氏祖祠	石壁街道韦涌村三拜祠大街 7 号	2011 年 1 月 21 日
476	履平雷公祠	石壁街道韦涌村三拜祠大街 1 号	2011 年 1 月 21 日
477	韦涌苏氏大宗祠	石壁街道韦涌村南边大街	2011 年 1 月 21 日
478	韦涌接龙桥	石壁街道韦涌村	2011 年 1 月 21 日
479	韦涌莫氏大宗祠	石壁街道韦涌村莫地南涌边东路	2011 年 1 月 21 日
480	沧洲史公祠	石壁街道大洲村北边路史地大街 10 号	2011 年 1 月 21 日
481	大洲冼氏大宗祠	石壁街道大洲村祠堂巷头	2011 年 1 月 21 日
482	东壁门楼	石壁街道石壁一村东壁大街	2011 年 1 月 21 日
483	乌利大将军石庙	石壁街道石壁一村东壁大街石庙巷	2011 年 1 月 21 日
484	木斋区公祠	石壁街道石壁一村东门大街木斋祠一巷 2 号	2011 年 1 月 21 日
485	石壁一东炮楼	石壁街道石壁一村东壁大街云峰巷 12 号民居内	2011 年 1 月 21 日
486	东门门楼	石壁街道石壁四村东门大街与平阳大街交界处	2011 年 1 月 21 日
487	文瑀区公祠	石壁街道石壁四村东门大街 44 号	2011 年 1 月 21 日
488	石三横街 18 号古民居	石壁街道石壁三村石三横街 18 号	2011 年 1 月 21 日
489	保民社稷坛	石壁街道石壁三村社前大街	2011 年 1 月 21 日
490	石壁三村武帝庙	石壁街道石壁三村区陈涌水道边	2011 年 1 月 21 日
491	祖义黄公祠	石壁街道石壁三村涌边大街 3 号	2011 年 1 月 21 日
492	敏修黄公祠	石壁街道石壁三村涌边大街 20 号	2011 年 1 月 21 日
493	淡轩李公祠	石壁街道石壁三村涌边大街 14 号	2011 年 1 月 21 日
494	东源李公祠	石壁街道石壁三村涌边大街 4 号	2011 年 1 月 21 日
495	万寿宫	化龙镇潭山村环村公路 2 号	2011 年 1 月 21 日
496	当峰古井	石壁街道石壁二村当峰亭旁边	2011 年 1 月 21 日
497	草场古井	石壁街道石壁二村逸华何公祠前右方	2011 年 1 月 21 日
498	逸华何公祠	石壁街道石壁二村西河街 13 号	2011 年 1 月 21 日
499	财神石庙	石壁街道石壁二村解放大街 58 号右侧	2011 年 1 月 21 日
500	世北大街世芳巷 12 号古民居	石壁街道石壁二村世北大街世芳巷 12 号	2011 年 1 月 21 日
501	务本区公祠	石壁街道石壁二村百岁里街 9 号	2011 年 1 月 21 日
502	屏山二村天后宫	石壁街道屏山二村汾阳大街	2011 年 1 月 21 日

（续上表）

序号	名称	地址	公布时间
503	简佛祖庙	石壁街道屏山二村东街 58 号	2011 年 1 月 21 日
504	乔翠简公祠	石壁街道屏山二村东街 27 号	2011 年 1 月 21 日
505	屏山一村郭氏大宗祠	石壁街道屏山一村虾春基涌口 5 号	2011 年 1 月 21 日
506	通表郭公祠	石壁街道屏山一村镇北西大街 48 号	2011 年 1 月 21 日
507	谢村张氏宗祠	钟村街道谢村环村南路 72 号	2011 年 1 月 21 日
508	宪所李公祠	钟村街道谢村尊朝里大街 33 号	2011 年 1 月 21 日
509	南塘李公祠	钟村街道谢村环村南路 84 号	2011 年 1 月 21 日
510	翠林李公祠	钟村街道谢村桥头市大街 21 号	2011 年 1 月 21 日
511	爱廷公祠	钟村街道谢村桥头市大街 19 号	2011 年 1 月 21 日
512	祖保李公祠	钟村街道谢村会龙大街 28 号（一队）	2011 年 1 月 21 日
513	崙番张公祠	钟村街道谢村纯仁里大街 2–1 号	2011 年 1 月 21 日
514	祐宾家塾	钟村街道谢村魁杰大街 10–1 号	2011 年 1 月 21 日
515	魁杰坊门楼	钟村街道谢村吉祥大街街口	2011 年 1 月 21 日
516	洪福阁	钟村街道谢村魁杰大街十四巷 2–2 号	2011 年 1 月 21 日
517	延载马公祠	钟村街道谢村魁杰大街 42–2 号	2011 年 1 月 21 日
518	培桂家塾	钟村街道谢村金紫西街 24 号左侧	2011 年 1 月 21 日
519	林埜李公祠	钟村街道谢村街口北街 7 号左侧	2011 年 1 月 21 日
520	祖立李公祠	钟村街道谢村福寿里大街 20 号	2011 年 1 月 21 日
521	拱宸里门楼	钟村街道谢村福寿里大街	2011 年 1 月 21 日
522	楚棠甘雨祠	钟村街道诜敦村人民路 27 号	2011 年 1 月 21 日
523	友梅祖公祠	钟村街道诜敦村友梅祖大街	2011 年 1 月 21 日
524	康公主帅庙	钟村街道诜敦村市广路诜敦路段 120 号	2011 年 1 月 21 日
525	松庄孔公祠	钟村街道诜敦村环村北路 29 号	2011 年 1 月 21 日
526	诜敦大井头	钟村街道诜敦村大井头街 16 号右侧	2011 年 1 月 21 日
527	仕富何公祠	钟村街道谢村聚龙大街五巷 30 号	2011 年 1 月 21 日
528	祖坚家塾	钟村街道谢村街口北街 6–1 号	2011 年 1 月 21 日
529	仁甫李公祠	钟村街道谢村凝紫里大街 50–1 号	2011 年 1 月 21 日
530	钟四康公古庙	钟村街道钟四村十字街口	2011 年 1 月 21 日
531	钟一村雷氏宗祠	钟村街道钟一村担水涌 5 号	2011 年 1 月 21 日
532	文甫陈公祠	钟村街道钟一村西天大街 29 号左侧	2011 年 1 月 21 日
533	钟一圣王庙	钟村街道钟一村莲塘里大街庙巷	2011 年 1 月 21 日
534	钟一村三圣宫	钟村街道钟一村清亮门大街 3 号	2011 年 1 月 21 日
535	员岗康公古庙	南村镇员岗村三台坊大街“瑞接三台”门楼前	2011 年 1 月 21 日
536	高峰崔公祠	南村镇员岗村长堤大街 14 号	2011 年 1 月 21 日

（续上表）

序号	名称	地址	公布时间
537	员岗崔氏宗祠	南村镇员岗村“丛桂坊”门楼西侧大元坊大街 2 号	2011 年 1 月 21 日
538	员岗石拱桥	南村镇员岗村腾蛟坊大街 2 号乡约亭前	2011 年 1 月 21 日
539	乡约亭	南村镇员岗村腾蛟坊大街 2 号	2011 年 1 月 21 日
540	海云寺遗址	南村镇陈边村雷锋山	2011 年 1 月 21 日
541	育清罗公祠	南村镇罗边村南约西街	2011 年 1 月 21 日
542	谷亭蒋公祠	南村镇市头村新社坊前街 15 号	2011 年 1 月 21 日
543	鹤峰蒋公祠	南村镇市头村新社坊前街 17 号	2011 年 1 月 21 日
544	伯田梁公祠	南村镇市头村前进街 2 号	2011 年 1 月 21 日
545	来隐井	南村镇市头村沙边自然村	2011 年 1 月 21 日
546	市头陈氏宗祠	南村镇市头村新荣街 4 号	2011 年 1 月 21 日
547	聚星坊门楼	南村镇市头村聚星坊大街	2011 年 1 月 21 日
548	陈世宝堂	南村镇市头村聚星坊横街 7 号	2011 年 1 月 21 日
549	市头涌口陈氏宗祠	南村镇市头村涌口街 1 巷左侧	2011 年 1 月 21 日
550	“瑞接潮宗”门楼	南村镇市头村西街	2011 年 1 月 21 日
551	兰洞吴公祠	南村镇市头村北约延陵下街 12 号	2011 年 1 月 21 日
552	海沙吴公祠	南村镇市头村延陵大街 7 号	2011 年 1 月 21 日
553	东园蒋公祠	南村镇市头村西街 19 号	2011 年 1 月 21 日
554	南圃邬公祠	南村镇南村村南山大道	2011 年 1 月 21 日
555	松峰林公祠	南村镇草堂村草堂路 6 号	2011 年 1 月 21 日
556	草堂观音庙	南村镇草堂村旧基街 4 号	2011 年 1 月 21 日
557	博厚李氏宗祠	南村镇草堂村博厚路三街 1 号	2011 年 1 月 21 日
558	金山陈氏宗祠	石碁镇金山村陈庄大街北 4 号	2011 年 1 月 21 日
559	金山康帅府	石碁镇金山村金庄路	2011 年 1 月 21 日
560	恩复祠	大龙街道新桥村南坊下街 43 号	2011 年 1 月 21 日
561	可堂周公祠	大龙街道新桥村南坊下街 25 号	2011 年 1 月 21 日
562	新桥周氏宗祠	大龙街道新桥村南坊下街 17 号	2011 年 1 月 21 日
563	北坊大街社坛	大龙街道新桥村北坊大街 15 号前	2011 年 1 月 21 日
564	拱明门门楼	石碁镇凌边村北约大街九巷	2011 年 1 月 21 日
565	耕隐凌公祠	石碁镇凌边村北约大街 48 号	2011 年 1 月 21 日
566	永宁里门楼	南村镇南村村大塘边永宁里	2011 年 1 月 21 日
567	从志凌公祠	石碁镇凌边村环村公路凌环南路	2011 年 1 月 21 日
568	简山凌公祠	石碁镇凌边村东约大街 5 号	2011 年 1 月 21 日
569	梅隐凌公祠	石碁镇凌边村北约大街 24 号	2011 年 1 月 21 日
570	恒台凌公祠	石碁镇凌边村西约大街 5 号	2011 年 1 月 21 日

（续上表）

序号	名称	地址	公布时间
571	南约大街二巷16号古民居	石碁镇凌边村南约大街二巷16号	2011年1月21日
572	龚湛泉祖祠	大龙街道罗家村武凌大街10号	2011年1月21日
573	龚洁波祖祠	大龙街道罗家村武凌大街16号	2011年1月21日
574	罗家龚氏宗祠	大龙街道罗家村武陵大街14号	2011年1月21日
575	十世龚抱川祠	大龙街道罗家村渤海前街2号	2011年1月21日
576	金顺庙	大龙街道罗家村武陵大街22号	2011年1月21日
577	罗家苏氏宗祠	大龙街道罗家村水口大街4号	2011年1月21日
578	潮溪苏公祠	大龙街道罗家村迎源街1号	2011年1月21日
579	罗家招氏宗祠	大龙街道罗家村南约大街53号	2011年1月21日
580	莲塘黄氏宗祠	石碁镇莲塘村莲塘大街17号	2011年1月21日
581	黄啸侠旧宅	石碁镇莲塘村莲塘大街十四巷8号	2011年1月21日
582	南宾黄公祠	石碁镇莲塘村莲塘大街79号	2011年1月21日
583	莲塘大街九巷门楼	石碁镇莲塘村莲塘大街九巷	2011年1月21日
584	容菴梁公祠	石碁镇塱边村东约大街3号	2011年1月21日
585	塱边梁氏宗祠	石碁镇塱边村村中大街4号	2011年1月21日
586	茂生纪念学校老校舍	石碁镇官涌村路21号	2011年1月21日
587	念慈亭	石碁镇官涌村路21号茂生纪念学校东北20米处	2011年1月21日
588	官涌姚氏宗祠	石碁镇官涌村路25号	2011年1月21日
589	雪松麦公祠	石碁镇官涌村麦上街4号	2011年1月21日
590	官涌高氏宗祠	石碁镇官涌村郭大街9号	2011年1月21日
591	廷吉郭公祠	石碁镇官涌村郭大街十一巷	2011年1月21日
592	官涌合乡衿老公启碑	石碁镇官涌村武陵街12号	2011年1月21日
593	官涌金花庙	石碁镇官涌村武陵街12号	2011年1月21日
594	官涌华帝古庙	石碁镇官涌村武陵街12号	2011年1月21日
595	官涌长生庙	石碁镇官涌村武陵街12号	2011年1月21日
596	广声陈公祠	大龙街道旧水坑村水濂大街86号	2011年1月21日
597	北极殿	大龙街道旧水坑村水濂大街52号	2011年1月21日
598	西涧陈公祠	大龙街道旧水坑村水濂大街36号	2011年1月21日
599	镇南锁钥门楼	大龙街道旧水坑村水濂大街扶南坊一巷2号	2011年1月21日
600	两山陈公祠	大龙街道旧水坑村水濂大街40号	2011年1月21日
601	旧水坑陈尚书祠	大龙街道旧水坑村水濂大街10号	2011年1月21日
602	广誉陈公祠	大龙街道新水坑村环村东路	2011年1月21日
603	南潮陈公祠	大龙街道新水坑村谨岗大街15号	2011年1月21日

（续上表）

序号	名称	地址	公布时间
604	广据江公祠	大龙街道沙涌村东南大街 48 号	2011 年 1 月 21 日
605	沙涌江氏宗祠	大龙街道沙涌村东南大街 36 号	2011 年 1 月 21 日
606	隐耕幸公祠	大龙街道沙涌村西街 4 号	2011 年 1 月 21 日
607	沙涌幸氏宗祠	大龙街道沙涌村东南大街 6 号	2011 年 1 月 21 日
608	广源江公祠	大龙街道沙涌村环东路一巷 9 号	2011 年 1 月 21 日
609	沙涌乡约	大龙街道沙涌村紫光街 12 号	2011 年 1 月 21 日
610	南潮江公祠	大龙街道沙涌村紫光街 10 号	2011 年 1 月 21 日
611	鼎隆堂	大龙街道沙涌村紫光街 14 号	2011 年 1 月 21 日
612	沙涌天后宫	大龙街道沙涌村东南大街 16 号	2011 年 1 月 21 日
613	防匪楼	大龙街道沙涌村环村西路	2011 年 1 月 21 日
614	聚龙堂	大龙街道沙涌村环村西路 5 号	2011 年 1 月 21 日
615	金山曾氏小宗祠	石碁镇金山村金庄路	2011 年 1 月 21 日
616	黄振朝夫妇合葬墓	石楼镇莲花山社区莲花山北半坡	2011 年 1 月 21 日
617	里溪古庙	南村镇里仁洞村里溪大道 35 号	2011 年 1 月 21 日
618	南村彭氏宗祠	南村镇南村村卜年坊大街 45 号	2011 年 1 月 21 日
619	解放路七巷 3 号古民居	市桥街道三堂社区解放路七巷 3 号	2021 年 8 月 25 日
620	解放路七巷 6 号古民居	市桥街道三堂社区解放路七巷 6 号	2021 年 8 月 25 日
621	解放路七巷 5 号古民居	市桥街道三堂社区解放路七巷 5 号	2021 年 8 月 25 日
622	彭启正夫妇合葬墓	钟村街道谢村飘岗彭家坳	2021 年 8 月 25 日
623	大龙村谭氏大宗祠	大龙街道大龙村谭坊环村大街北一巷七号	2021 年 8 月 25 日
624	长堤老舍	市桥街道海滂路 38 号对面	2021 年 8 月 25 日
625	欧孺人何氏墓	沙湾街道青罗嶂	2021 年 8 月 25 日
626	古文炳墓	南村镇大江南村牛马岗	2021 年 8 月 25 日
627	高氏家族墓	钟村街道市广路旁	2021 年 8 月 25 日
628	麦华三故居	石碁镇官涌村麦上街三巷 5 号	2021 年 8 月 25 日
629	猛涌林氏九世祖十世祖墓	大石街道猛涌村华表岗	2021 年 8 月 25 日
630	探花山李仙芝墓	大石街道猛涌村华表岗	2021 年 8 月 25 日
631	卫达夫妇合葬墓	南村镇华南碧桂园翠山蓝天苑入口（马嘴岗）	2021 年 8 月 25 日
632	韩殷夫妇合葬墓	沙湾街道古坝西村青罗嶂北坡大臂山	2021 年 8 月 25 日
633	厚斋陈公祠	南村镇坑头村孝思堂北一巷旁	2021 年 8 月 25 日
634	叙熊陈公祠	南村镇坑头村西约街二房巷 55 号	2021 年 8 月 25 日
635	云窝陈公祠	南村镇坑头村南约街十二巷 16 号	2021 年 8 月 25 日
636	振堂陈公祠	南村镇坑头村南约街十巷 38 号	2021 年 8 月 25 日

（续上表）

序号	名称	地址	公布时间
637	子集陈公祠	南村镇坑头村北约街西三巷1号	2021年8月25日
638	宗旺陈公祠	南村镇坑头村孝思堂北一巷24号	2021年8月25日
639	何氏福堂祖	沙湾街道北村安宁西街14号	2021年8月25日
640	镇南何公祠	沙湾街道北村安宁西街20号	2021年8月25日
641	新桥乡公所	大龙街道新桥村南坊下街45号	2021年8月25日
642	谭门冯氏安人墓	大龙街道大龙村坑尾岗公园内	2011年1月21日
643	江碧溪夫妇合葬墓	大龙街道沙涌村蟠龙岗	2011年1月21日
644	沙路石猫像	化龙镇沙亭村北约坊新“猫咪庙”内	2011年1月21日
645	天南三街潭山公所旧址	化龙镇潭山村天南三街2号	2011年1月21日
646	节南王公祠	沙头街道沙头村庙前大街10号	2011年1月21日
647	沙北村抗日烈士纪念碑	沙湾街道北村青萝嶂滴水岩南竹径岗东北坡山脚	2011年1月21日
648	韩甘澹夫妇合葬墓	沙湾街道古坝西村青罗嶂北坡大坑尾	2011年1月21日
649	古坝西韩门黄氏墓	沙湾街道古坝西村青罗嶂北坡大坑尾	2011年1月21日
650	何侯潮夫妇合葬墓	沙湾街道西村塔边岗	2011年1月21日
651	莲塘黄氏大宗祠	石碁镇莲塘村莲塘大街13号	2011年1月21日
652	曾边窑遗址	新造镇曾边村	2011年1月21日
653	松菊邵公祠	小谷围街道贝岗村	2011年1月21日
654	铁牛	沙头街道番禺博物馆内	2011年1月21日
655	竹间李公祠	市桥街道大市社区	2023年5月12日
656	上漖梁氏宗祠	洛浦街道上漖村	2023年5月12日
657	黄艮庸家族故居（含熊十力旧居）	化龙镇塘头村	2023年5月12日
658	先锋大街12、14号民居	市桥街道先锋社区	2023年5月12日
659	何贤故居	石楼镇岳溪村	2023年5月12日
660	屈大均撰屈士煤、屈士煌墓表碑	新造镇思贤村石坑山	2023年5月12日
661	陈存诚家族墓	石楼镇坟前岗龙窟头	2005年9月22日
662	蒙熙家族墓	化龙镇农业大观园	2005年9月22日
663	李襟湖夫妇合葬墓	钟村街道谢村	2005年9月22日
664	襟湖李公祠	钟村街道谢村	2005年9月22日
665	方帅庙	钟村街道谢村	2005年9月22日
666	培兰书院	南村镇罗边村	2005年9月22日
667	练溪陆氏宗祠	小谷围街道岭南印象园	2005年9月22日
668	怀爱堂	小谷围街道岭南印象园	2005年9月22日

（续上表）

序号	名称	地址	公布时间
669	南亭关氏宗祠	小谷围街道南亭村	2005 年 9 月 22 日
670	洪圣庙	石楼镇茭塘西村	2005 年 9 月 22 日
671	贞寿之门牌坊	石楼镇大岭村	2002 年 9 月 1 日
672	龙门桥	化龙镇水门村	2002 年 9 月 1 日
673	清水井	沙湾街道北村	2002 年 9 月 1 日
674	石壁一村文昌阁	石壁街道石壁一村	2005 年 9 月 22 日
675	陈捷云墓	石楼镇大岭村	2005 年 9 月 22 日
676	镇东楼	石楼镇胜洲村	2005 年 9 月 22 日
677	镇西楼	石楼镇胜洲村	2005 年 9 月 22 日
678	何树享住宅	沙湾街道南村	2005 年 9 月 22 日
679	中共番禺县工委旧址（松露小学）	石碁镇塱边村	2005 年 9 月 22 日
680	何柳堂故居	沙湾街道北村	2002 年 9 月 1 日
681	何与年故居	沙湾街道北村	2002 年 9 月 1 日

九、南沙区一般不可移动文物（共62处）

序号	名称	地址	公布时间
1	鹿颈遗址	港湾街道鹿颈村	2013 年 4 月 27 日
2	大山乸烟墩	黄阁镇大井村	2013 年 4 月 27 日
3	朱陈南峰家族墓	港湾街道塘坑村	2013 年 4 月 27 日
4	黎蕃庄夫妇合葬墓	南沙街道板头村	2013 年 4 月 27 日
5	李敬达夫妇合葬墓	黄阁镇大塘村	2013 年 4 月 27 日
6	李母邓氏太夫人墓	黄阁镇大塘村	2013 年 4 月 27 日
7	陈德甫夫妇合葬墓	黄阁镇大塘村	2013 年 4 月 27 日
8	李会春夫妇合葬墓	黄阁镇东里村	2013 年 4 月 27 日
9	张宏施夫妇合葬墓	黄阁镇大井村	2013 年 4 月 27 日
10	张宗荣墓	黄阁镇蕉门村	2013 年 4 月 27 日
11	麦观明夫妇合葬墓	黄阁镇蕉门村	2013 年 4 月 27 日
12	麦六三家族墓	黄阁镇蕉门村	2013 年 4 月 27 日
13	麦辅熊墓	黄阁镇大井村	2013 年 4 月 27 日
14	李靖墓	黄阁镇大井村	2013 年 4 月 27 日
15	李靖隐夫妇合葬墓	黄阁镇东里村	2013 年 4 月 27 日
16	张广祥墓	黄阁镇大井村	2013 年 4 月 27 日
17	李岐山夫妇合葬墓	黄阁镇蕉门村	2013 年 4 月 27 日

（续上表）

序号	名称	地址	公布时间
18	张宗良夫妇合葬墓	黄阁镇大井村	2013 年 4 月 27 日
19	麦子和夫妇合葬墓	黄阁镇东里村	2013 年 4 月 27 日
20	麦门莫氏太老安人家族墓	黄阁镇大井村	2013 年 4 月 27 日
21	亭角山王氏墓地	南沙街道亭角村	2013 年 4 月 27 日
22	李大荣夫妇合葬墓	黄阁镇蕉门村	2013 年 4 月 27 日
23	李卿垣夫妇合葬墓	黄阁镇蕉门村	2013 年 4 月 27 日
24	麦隐庵墓	黄阁镇蕉门村	2013 年 4 月 27 日
25	溯旸公祠	港湾街道塘坑村	2013 年 4 月 27 日
26	上坊天后庙	港湾街道塘坑村	2013 年 4 月 27 日
27	洪圣古庙	黄阁镇莲溪村	2013 年 4 月 27 日
28	龙穴三圣宫	龙穴街道龙穴社区	2013 年 4 月 27 日
29	少山麦公祠	黄阁镇东里村	2013 年 4 月 27 日
30	辅熊麦公祠	黄阁镇东里村	2013 年 4 月 27 日
31	将军麦公祠	黄阁镇东里村	2013 年 4 月 27 日
32	几松公祠	港湾街道塘坑村	2013 年 4 月 27 日
33	校尉庙	港湾街道塘坑村	2013 年 4 月 27 日
34	东瓜宇天后宫	南沙街道东瓜宇村	2013 年 4 月 27 日
35	华亭公祠	南沙街道板头村	2013 年 4 月 27 日
36	正台张公书舍	黄阁镇大井村	2013 年 4 月 27 日
37	善轩书室	港湾街道塘坑村	2013 年 4 月 27 日
38	坑尾古井	港湾街道深湾村	2013 年 4 月 27 日
39	沙岭巷古井	港湾街道塘坑村	2013 年 4 月 27 日
40	山坑古井	黄阁镇莲溪村	2013 年 4 月 27 日
41	陈家古井	黄阁镇大塘村	2013 年 4 月 27 日
42	文燕巷古井	黄阁镇大井村	2013 年 4 月 27 日
43	新村古井	港湾街道塘坑村	2013 年 4 月 27 日
44	中和坊古井	黄阁镇大塘村	2013 年 4 月 27 日
45	塘尾古井	黄阁镇大塘村	2013 年 4 月 27 日
46	尹城泉古井	黄阁镇大井村	2013 年 4 月 27 日
47	学余古井	黄阁镇东里村	2013 年 4 月 27 日
48	万年荫古井	黄阁镇莲溪村	2013 年 4 月 27 日
49	九王古庙石刻	港湾街道东井村	2013 年 4 月 27 日
50	大井通衢石刻	黄阁镇大井村	2013 年 4 月 27 日
51	石湾山龙翔凤翥石刻	黄阁镇东里村	2013 年 4 月 27 日

（续上表）

序号	名称	地址	公布时间
52	麻鹰山石刻	黄阁镇东里村	2013年4月27日
53	新丰炮楼	黄阁镇莲溪村	2013年4月27日
54	五涌炮楼	珠江街道义隆社区	2013年4月27日
55	吴朝科烈士之墓	万顷沙镇年丰村	2013年4月27日
56	海头炮楼	黄阁镇莲溪村	2013年4月27日
57	公山炮楼	黄阁镇莲溪村	2013年4月27日
58	新兴四方楼	横沥镇新兴村	2013年4月27日
59	乌洲山碉堡	黄阁镇体育公园内	2013年4月27日
60	大鹤山麦氏家族墓	黄阁镇东里村	2013年4月27日
61	大生包相府	榄核镇大生村	2016年8月11日
62	东涌炮楼	东涌镇东涌村	2005年9月22日

十、从化区一般不可移动文物（共115处）

序号	名称	地址	公布时间
1	宗盛庚公祠	鳌头镇白兔村	2012年9月12日
2	白兔庚氏宗祠	鳌头镇白兔村	2012年9月12日
3	洞勇邝公祠	鳌头镇白兔村	2012年9月12日
4	宥全萧公祠	鳌头镇车头村	2012年9月12日
5	大氹村罗氏宗祠	鳌头镇大氹村	2012年9月12日
6	陈伯恩民宅	鳌头镇官庄村	2012年9月12日
7	黄罗曾氏宗祠	鳌头镇黄罗村	2012年9月12日
8	毓生家塾	鳌头镇黄茅村	2012年9月12日
9	裕堂家塾	鳌头镇黄茅村	2012年9月12日
10	秀灵古庙	鳌头镇黄茅村	2012年9月12日
11	邱氏宗祠	鳌头镇龙角村	2012年9月12日
12	国厚里民居	鳌头镇龙田村	2012年9月12日
13	民乐南埔贾氏宗祠	鳌头镇民乐村	2012年9月12日
14	养中家塾	鳌头镇沙迳村	2012年9月12日
15	谭氏宗祠	鳌头镇水西村	2012年9月12日
16	李氏宗祠	鳌头镇水西村	2012年9月12日
17	章堂徐公祠	鳌头镇松园村	2012年9月12日
18	积安陈公祠	鳌头镇西塘村	2012年9月12日
19	声灵古庙	鳌头镇小坑村	2012年9月12日

（续上表）

序号	名称	地址	公布时间
20	小坑村刘氏宗祠	鳌头镇小坑村	2012年9月12日
21	子明张公祠	鳌头镇新隅村	2012年9月12日
22	敏慎草庐	鳌头镇月荣村	2012年9月12日
23	敏四馆	鳌头镇月荣村	2012年9月12日
24	永坚李公祠	城郊街道大夫田村	2012年9月12日
25	东风殷氏宗祠	城郊街道东风村	2012年9月12日
26	殷福熙民宅	城郊街道东风村	2012年9月12日
27	光岩殷公祠	城郊街道东风村	2012年9月12日
28	善仕黄公祠	城郊街道黄场村	2012年9月12日
29	李洁之故居	城郊街道埔顶村从化农科所	2012年9月12日
30	大墩邝氏宗祠	城郊街道向阳村	2012年9月12日
31	念六何公祠	城郊街道新开村	2012年9月12日
32	珍邦郭公祠	江埔街道钓鲤村	2012年9月12日
33	云麓公祠	江埔街道凤院村	2012年9月12日
34	云林公祠	江埔街道凤院村	2012年9月12日
35	月竹公祠	江埔街道凤院村	2012年9月12日
36	京恩公祠	江埔街道凤院村	2012年9月12日
37	博雅别墅	江埔街道凤院村	2012年9月12日
38	清溪梁公祠	江埔街道禾仓村	2012年9月12日
39	廷依书舍	江埔街道江村村	2012年9月12日
40	大江埔村古建筑群——武馀公祠	江埔街道江埔村	2012年9月12日
41	大江埔村古建筑群——能缘公祠	江埔街道江埔村	2012年9月12日
42	大江埔村古建筑群——乐秋公祠	江埔街道江埔村	2012年9月12日
43	大江埔村古建筑群——居贤公祠	江埔街道江埔村	2012年9月12日
44	大江埔村古建筑群——怀山公祠	江埔街道江埔村	2012年9月12日
45	大江埔村古建筑群——春花秋月山房	江埔街道江埔村	2012年9月12日
46	清源张公祠	江埔街道锦二村	2012年9月12日
47	克守张公祠	江埔街道锦二村	2012年9月12日
48	文一萧公祠	江埔街道锦三村	2012年9月12日
49	存义书舍	江埔街道锦三村	2012年9月12日
50	长山围屋	江埔街道上罗沙村	2012年9月12日
51	上罗沙村邱氏宗祠	江埔街道上罗沙村	2012年9月12日
52	万馀朱公祠	江埔街道朱山下村	2012年9月12日
53	石峰冯公祠	街口街道大凹村	2012年9月12日

（续上表）

序号	名称	地址	公布时间
54	杰魁李公祠	街口街道大凹村	2012 年 9 月 12 日
55	大凹村邓氏宗祠	街口街道大凹村	2012 年 9 月 12 日
56	李务滋故居	街口街道大凹村	2012 年 9 月 12 日
57	戒欺书室	街口街道大凹村	2012 年 9 月 12 日
58	戚雪松墓	良口镇良明村	2012 年 9 月 12 日
59	戚氏宗祠	良口镇良明村	2012 年 9 月 12 日
60	良新中山纪念亭	良口镇良新村	2012 年 9 月 12 日
61	李安政墓	吕田镇吕中村	2012 年 9 月 12 日
62	如冈世基	吕田镇水埔村	2012 年 9 月 12 日
63	水埔安怀第	吕田镇水埔村	2012 年 9 月 12 日
64	邓澄心革命烈士墓	太平镇邓村村	2012 年 9 月 12 日
65	郭判院墓	太平镇飞鹅村	2012 年 9 月 12 日
66	郭大章墓	太平镇飞鹅村	2012 年 9 月 12 日
67	裔夫家塾	太平镇格塘村	2012 年 9 月 12 日
68	达贤何公祠	太平镇莲塘村	2012 年 9 月 12 日
69	著存堂	太平镇木棉村	2012 年 9 月 12 日
70	永坚书室	太平镇木棉村	2012 年 9 月 12 日
71	木棉谢氏大宗祠	太平镇木棉村	2012 年 9 月 12 日
72	武略第	太平镇木棉村	2012 年 9 月 12 日
73	文植公书舍	太平镇木棉村	2012 年 9 月 12 日
74	清逸堂祖祠	太平镇木棉村	2012 年 9 月 12 日
75	龟咀红砂岩石场遗址	太平镇木棉村	2012 年 9 月 12 日
76	龟咀古码头遗址	太平镇木棉村	2012 年 9 月 12 日
77	谢芳圃墓	太平镇牛心岭	2012 年 9 月 12 日
78	灵秀坊牌坊	太平镇钱岗村	2012 年 9 月 12 日
79	酉七钟公祠	太平镇秋枫村	2012 年 9 月 12 日
80	酉四钟公祠	太平镇秋枫村东	2012 年 9 月 12 日
81	钟华玉墓	太平镇屈洞村	2012 年 9 月 12 日
82	子道谢公祠	太平镇上塘村	2012 年 9 月 12 日
83	云衢谭公祠	太平镇上塘村	2012 年 9 月 12 日
84	谢伟松故居	太平镇上塘村	2012 年 9 月 12 日
85	狮岭侵华日军炮楼遗址	太平镇神岗村	2012 年 9 月 12 日
86	刘邦彦烈士墓	太平镇太平村中石化油站旁	2012 年 9 月 12 日
87	水南骆氏宗祠	太平镇水南村	2012 年 9 月 12 日

（续上表）

序号	名称	地址	公布时间
88	颜村陆氏宗祠	太平镇文阁村	2012年9月12日
89	道亨禤公祠	太平镇元洲岗村	2012年9月12日
90	欧阳仁山墓	太平镇钟楼村	2012年9月12日
91	茶园楼署	温泉镇大岭山林场	2012年9月12日
92	裕祚祥萧公祠	温泉镇龙岗村	2012年9月12日
93	八叶流芳牌坊	温泉镇龙岗村裕祚祥萧公祠内	2012年9月12日
94	德香书室	温泉镇龙桥村	2012年9月12日
95	镇韶萧公祠	温泉镇南星村	2012年9月12日
96	仙人骑鹤李氏墓	温泉镇平岗村	2012年9月12日
97	帅保莫公祠	温泉镇平岗村	2012年9月12日
98	色达李公祠	温泉镇平岗村	2012年9月12日
99	溪山黎公祠	温泉镇石坑村	2012年9月12日
100	儒保塘炮楼	温泉镇石坑村	2012年9月12日
101	汉生苏公祠	温泉镇石坑村	2012年9月12日
102	秀廷高公祠	温泉镇卫东村	2012年9月12日
103	松园七号别墅	温泉镇温泉宾馆	2012年9月12日
104	宣星刘氏宗祠	温泉镇宣星村	2012年9月12日
105	源湖叶氏宗祠	温泉镇源湖村	2012年9月12日
106	源湖刘氏宗祠	温泉镇源湖村	2012年9月12日
107	存珍叶公祠	温泉镇源湖村	2012年9月12日
108	子贤李公祠	温泉镇中田村	2012年9月12日
109	振儒萧公祠	温泉镇中田村	2012年9月12日
110	朝信杨公祠	温泉镇中田村	2012年9月12日
111	梅田社朱氏宗祠	太平镇银林村梅田社	2016年12月30日
112	世良李公祠	鳌头镇象新村村委会附近	2016年12月30日
113	金紫里	良口镇溪头村溪头队	2016年12月30日
114	黎公古墓	温泉镇新南村	2016年12月30日
115	发佑谭公祠（谭氏宗祠）	江埔街道禾仓村	2012年9月12日

十一、增城区一般不可移动文物（共393处）

序号	名称	地址	公布时间
1	曹村北古井	荔城街道城丰村曹村旧村区北面	2010 年 3 月 22 日
2	曹村北门楼	荔城街道城丰村曹村旧村区北面	2010 年 3 月 22 日
3	曹村南门楼	荔城街道城丰村曹村旧村区南面	2010 年 3 月 22 日
4	曹村南古井	荔城街道城丰村曹村旧村区南面	2010 年 3 月 22 日
5	红太阳展览馆旧址	荔城街道道凤凰居委会中山路 37 号	2010 年 3 月 22 日
6	昌凤刘公祠	荔湖街道光明村石门楼村门楼路 24 号	2010 年 3 月 22 日
7	将军第	荔城街道继枚居委中山路北三巷 3 号	2010 年 3 月 22 日
8	志通蒋公祠	荔城街道蒋村村心一路西一巷 5 号	2010 年 3 月 22 日
9	水瓮叵何氏家族墓	荔城街道莲塘村下莲塘村水瓮窿	2010 年 3 月 22 日
10	廖隔塘炮楼	荔城街道廖隔塘村旧村区	2010 年 3 月 22 日
11	廖隔塘村官厅前古井	荔城街道廖隔塘村旧村区官厅前	2010 年 3 月 22 日
12	廖隔塘村西北角古井	荔城街道廖隔塘村旧村区西北角	2010 年 3 月 22 日
13	廖隔塘村西南角古井	荔城街道廖隔塘村旧村区西南角	2010 年 3 月 22 日
14	谢美堂（基督教堂）	荔城街道龙角村谢美村街前	2010 年 3 月 22 日
15	蔡氏宗祠	荔湖街道罗岗村蔡屋村东北部街前	2010 年 3 月 22 日
16	蔡屋门楼	荔湖街道罗岗村蔡屋村东北面	2010 年 3 月 22 日
17	葫芦井	荔城街道罗岗村高桥村二区一巷	2010 年 3 月 22 日
18	分州府第	荔湖街道罗岗村高桥村高桥路 41 号	2010 年 3 月 22 日
19	振贤何公祠	荔湖街道明星村天和村闸门路 22 号	2010 年 3 月 22 日
20	绍端何公祠	荔湖街道明星村天和村闸门路 24 号	2010 年 3 月 22 日
21	桥头村陈氏宗祠	荔城街道桥头村桥头路 13 号	2010 年 3 月 22 日
22	八姓陂遗址	荔城街道庆丰村陂下社亚进仔（土名）	2010 年 3 月 22 日
23	何云章墓	荔城街道庆丰村陂吓汤对面山	2010 年 3 月 22 日
24	荫轩吴公祠	荔湖街道三联村隔水龙村	2010 年 3 月 22 日
25	亨如吴公祠	荔湖街道三联村隔水龙村	2010 年 3 月 22 日
26	鱿鱼岭碉堡	荔城街道棠村东北部增江畔鱿鱼岭（土名）北侧	2010 年 3 月 22 日
27	下角门楼	荔城街道棠村街前	2010 年 3 月 22 日
28	卞龙堂	荔城街道棠厦村榕树下村	2010 年 3 月 22 日
29	西瓜岭战国窑址	荔湖街道西瓜岭村老屋新路 2 号北面台地上	2010 年 3 月 22 日
30	西瓜岭自卫中队旧址	荔湖街道西瓜岭村一社“马氏宗祠”内（吓角街 1—3 号）	2010 年 3 月 22 日
31	昌爱祖祠	荔湖街道西瓜岭村元胜合作社	2010 年 3 月 22 日
32	槎岗东街西门楼	荔城街道夏街村槎岗东街夏街大道旁	2010 年 3 月 22 日

（续上表）

序号	名称	地址	公布时间
33	楼岗东街东门楼	荔城街道夏街村楼岗村高门社	2010年3月22日
34	楼岗山碉堡	荔城街道夏街村楼岗村后山顶	2010年3月22日
35	怀仁堂	荔城街道夏街村夏街路38号	2010年3月22日
36	抚瑶府遗址	荔城街道夏街村夏街路东四巷南侧	2010年3月22日
37	云路先登塔	增江街道白湖村村道	2010年3月22日
38	白湖炮楼	增江街道白湖村楼吓合作社	2010年3月22日
39	浮扶岭墓葬	增江街道白湖村浮扶岭	2010年3月22日
40	增城革命烈士纪念碑	增江街道东桥东路90号	2010年3月22日
41	太史第	增江街道光辉村湖塘埔村元芳路138号	2010年3月22日
42	东街古县治遗址	增江街道联益村东街村增江河畔	2010年3月22日
43	马明德夫妇合葬墓	增江街道联益村新村社横丫冚西面山坡	2010年3月22日
44	蚬壳陂黄巢驻兵地遗址	增江街道陆村村练屋中路	2010年3月22日
45	秀明江公祠	增江街道陆村村教育路8-3路	2010年3月22日
46	子聪江公祠	增江街道陆村新厅社办公地址	2010年3月22日
47	南山钓台遗址	增江街道西山村东境社凤塔山下	2010年3月22日
48	太平天国革命军营地遗址	增江街道西山村南山南面	2010年3月22日
49	姚氏刘安人墓	增江街道西山村新围村	2010年3月22日
50	西山堤围	增江街道西山村增江河东岸	2010年3月22日
51	大岗炮楼	朱村街道丹邱村大岗村北面	2010年3月22日
52	际时刘公祠	朱村街道横塱村三社	2010年3月22日
53	横塱村刘氏宗祠	朱村街道横塱村三社	2010年3月22日
54	龙岗村朱氏宗祠	朱村街道龙岗村	2010年3月22日
55	南岗村朱屋炮楼	朱村街道南岗村朱屋村	2010年3月22日
56	南岗村新屋炮楼	朱村街道南岗村新屋村	2010年3月22日
57	樟油园古井	朱村街道山角村樟油园村西部街前	2010年3月22日
58	吴伯雄民宅	朱村街道山角村樟油园村油园路6号	2010年3月22日
59	牯牛石钟氏墓地	新塘镇永耀纸品有限公司旁	2016年10月26日
60	大夫温公祠	新塘镇群星村温屋街三巷	2016年10月26日
61	逢春湛公祠	新塘镇甘涌村读岗街11号	2016年10月26日
62	广安谢公祠	新塘镇水南村读岗街	2016年10月26日
63	湛邓鋈（丁鸿）民宅	新塘镇新何村市头大街五横巷	2016年10月26日
64	尚书湛甘泉府第遗址	新塘镇解放路市头大街30号（新塘菊泉中学）	2016年10月26日
65	乔林余公祠	新塘镇白江村东宁社	2010年3月22日

（续上表）

序号	名称	地址	公布时间
66	名儒野舟叶先生祠	新塘镇白江村元会社	2010 年 3 月 22 日
67	祥庆堂书室	新塘镇白石村郭屋三巷 1 号	2010 年 3 月 22 日
68	宗礼郭公祠	新塘镇白石村郭屋四巷街前	2010 年 3 月 22 日
69	远斋黄公祠	新塘镇白石村黄屋街 1 号	2010 年 3 月 22 日
70	以招黄公祠	新塘镇白石村黄屋街 2 号	2010 年 3 月 22 日
71	莘叟黄公祠	新塘镇白石村黄屋街七巷街前	2010 年 3 月 22 日
72	庆怀李公祠	新塘镇白石村李屋二巷街前	2010 年 3 月 22 日
73	吕巧联、黄景荣民宅	新塘镇白石村沙巷北街二巷 10 号	2010 年 3 月 22 日
74	白石村大夫第	新塘镇白石村沙巷北街二巷 10 号	2010 年 3 月 22 日
75	德安黄公祠	新塘镇白石村山塘社校前路 17 号	2010 年 3 月 22 日
76	吕氏宗祠	新塘镇白石村社下街 1 号	2010 年 3 月 22 日
77	涓钓遗风门楼	新塘镇白石村社下村街前中心	2010 年 3 月 22 日
78	应求黄公祠	新塘镇白石村新围村街前 1 号	2010 年 3 月 22 日
79	松柏窿古墓群	新塘镇塘边村松柏窿南面山坡上	2010 年 3 月 22 日
80	觉菴卢公祠	新塘镇大敦村西道街 6 号	2010 年 3 月 22 日
81	响当山湛氏家族墓	新塘镇东华村响当山南面山坡上	2010 年 3 月 22 日
82	翠耸波澄门楼	新塘镇瓜岭村旧村区北侧村口	2010 年 3 月 22 日
83	黄会安民宅	新塘镇瓜岭村旧村区九巷 1 号	2010 年 3 月 22 日
84	松皋黄公祠	新塘镇瓜岭村旧村区九巷街前	2010 年 3 月 22 日
85	壮逸黄公祠	新塘镇瓜岭村旧村区六巷街前	2010 年 3 月 22 日
86	近洲家塾	新塘镇瓜岭村旧村区十巷街前	2010 年 3 月 22 日
87	四房黄公祠	新塘镇瓜岭村旧村区十一巷街前	2010 年 3 月 22 日
88	圣匡黄公祠	新塘镇瓜岭村旧村区十至十一巷之间街前	2010 年 3 月 22 日
89	黄国民故居	新塘镇瓜岭村旧村区四巷 5 号	2010 年 3 月 22 日
90	黄全仔民宅	新塘镇瓜岭村旧村区四巷 7 号	2010 年 3 月 22 日
91	黄满波民宅	新塘镇瓜岭村旧村区四巷 8 号	2010 年 3 月 22 日
92	罗峰黄公祠	新塘镇瓜岭村旧村区四巷街前	2010 年 3 月 22 日
93	爱闲黄公祠	新塘镇瓜岭村旧村区五巷街前	2010 年 3 月 22 日
94	清辉可挹门楼	新塘镇瓜岭村新基区东北面	2010 年 3 月 22 日
95	黄美福华侨民宅	新塘镇瓜岭村新基区二巷 1 号	2010 年 3 月 22 日
96	名国黄公祠	新塘镇瓜岭村新基区街前	2010 年 3 月 22 日
97	华侨黄世联民宅	新塘镇瓜岭村新基区一巷 1 号	2010 年 3 月 22 日
98	华侨黄勤浩民宅	新塘镇瓜岭村新基区一巷 6 号	2010 年 3 月 22 日

（续上表）

序号	名称	地址	公布时间
99	玉虚宫	新塘镇瓜岭村新基区右前方100米的广园快速路北面	2010年3月22日
100	志园	新塘镇官道村官道上四巷街前	2010年3月22日
101	雅瑶吴氏家族墓	新塘镇官道村菊子园小土岗（土名）北坡上	2010年3月22日
102	刘氏大宗祠	新塘镇官湖村官湖村	2010年3月22日
103	沙头街7号小洋楼	新塘镇黄沙头村村心街7号	2010年3月22日
104	新源黄公祠	新塘镇黄沙头村村心街中心	2010年3月22日
105	沙头闸桥	新塘镇黄沙头村东北面河涌上	2010年3月22日
106	接常黄公祠	新塘镇黄沙头村浦公街一巷街前	2010年3月22日
107	沙头街11号小洋楼	新塘镇黄沙头村沙头街11号	2010年3月22日
108	沙溪小学旧址	新塘镇黄沙头村沙头街21号沙头小学内	2010年3月22日
109	仁厚约	新塘镇黄沙头村沙头街7号	2010年3月22日
110	黄锡崧小洋楼	新塘镇黄沙头村沙头街9号	2010年3月22日
111	黄善安华侨民宅	新塘镇黄沙头村沙头街仁厚约北面	2010年3月22日
112	沙头村沙吓街二巷1号小洋楼	新塘镇黄沙头村沙吓街	2010年3月22日
113	君凤黄公祠	新塘镇黄沙头村西坊街	2010年3月22日
114	明斋黄公祠	新塘镇黄沙头村西坊街	2010年3月22日
115	西坊书房	新塘镇黄沙头村西坊街十八巷街前	2010年3月22日
116	颐林黄公祠	新塘镇黄沙头村西坊街十二巷街前	2010年3月22日
117	黄汝开秀才屋	新塘镇黄沙头村西坊街十六巷北侧第二排	2010年3月22日
118	四世祖祠	新塘镇黄沙头村西坊街十七巷	2010年3月22日
119	湛母莫太淑人墓	新塘镇久裕村蚬壳岗东面山坡	2010年3月22日
120	南安村陈氏宗祠	新塘镇南安村始祖街1号	2010年3月22日
121	北帝古庙	新塘镇南安村小迳圩商业大街35号	2010年3月22日
122	湛敬所夫妇合葬墓	新塘镇坭紫村光华工业加工区东南角	2010年3月22日
123	信菴湛公祠	新塘镇群星村北约东头街9号	2010年3月22日
124	竹轩湛公祠	新塘镇群星村初庄街67号	2010年3月22日
125	桥西伍公祠	新塘镇群星村岗头田街26号	2010年3月22日
126	帝保伍公祠	新塘镇群星村岗头田街二巷街前	2010年3月22日
127	信孚伍公祠	新塘镇群星村岗头田街四巷街前	2010年3月22日
128	翠林伍公祠	新塘镇群星村沙巷街23号之二	2010年3月22日
129	伍季嘉夫妇合葬墓	新塘镇群星村石龙头山北面山坡上	2010年3月22日
130	畚箕窝墓葬	新塘镇群星村石龙头山畚箕窝（土名）西南面的山坡上	2010年3月22日
131	笃菴湛公祠	新塘镇群星村小学运动场南门前	2010年3月22日

（续上表）

序号	名称	地址	公布时间
132	冲天凤吴氏家族墓	新塘镇长巷村冲天凤北面山坡	2010 年 3 月 22 日
133	上邵炮楼	新塘镇上邵村上邵村东陵街十四巷街前旷地上	2010 年 3 月 22 日
134	南园刘公祠	新塘镇塘美村二坊街 9 号	2010 年 3 月 22 日
135	南田刘公祠	新塘镇塘美村二坊街五巷 2 号	2010 年 3 月 22 日
136	一坊街东一巷 2 号小洋楼	新塘镇塘美村一坊街东一巷 2 号	2010 年 3 月 22 日
137	刘权锐小洋楼	新塘镇塘美村二坊街六巷 9 号	2010 年 3 月 22 日
138	道生刘公祠	新塘镇塘美村塘溪路 13 号	2010 年 3 月 22 日
139	塘美村叶屋街二巷 19 号民宅	新塘镇塘美村叶屋街二巷 19 号	2010 年 3 月 22 日
140	塘美村叶屋街二巷 22 号民宅	新塘镇塘美村叶屋街二巷 22 号	2010 年 3 月 22 日
141	塘美村一坊街东四巷街前传统民宅	新塘镇塘美村一坊街	2010 年 3 月 22 日
142	塘美村一坊街东一巷 13 号小洋楼	新塘镇塘美村一坊街东一巷 13 号	2010 年 3 月 22 日
143	深远沈公祠	新塘镇乌石村沙井大街 28 号	2010 年 3 月 22 日
144	西洲村陈氏祠堂	新塘镇西洲村东平坊大街五巷 1 号	2010 年 3 月 22 日
145	南浦徐公祠	新塘镇西洲村西定大街 37 号	2010 年 3 月 22 日
146	处忍吴公祠	新塘镇巷口村沙口四巷街前	2010 年 3 月 22 日
147	巷口炮楼	新塘镇巷口村探头社	2010 年 3 月 22 日
148	新墩村陈氏祠堂	新塘镇新墩村东大街 25 号	2010 年 3 月 22 日
149	陈氏九世祖祠	新塘镇新墩村西大街 26 号	2010 年 3 月 22 日
150	云庄董公祠	新塘镇新街村祠堂街军富巷街前	2010 年 3 月 22 日
151	新街炮楼	新塘镇新街村祠堂街南面	2010 年 3 月 22 日
152	董氏宗祠	新塘镇新街村祠堂街三巷街前	2010 年 3 月 22 日
153	淡山陈公祠	新塘镇新街村祠堂街五巷街前	2010 年 3 月 22 日
154	帅府	新塘镇新街村基街南端	2010 年 3 月 22 日
155	萼裳书舍	新塘镇新街村基街五巷街前	2010 年 3 月 22 日
156	翠屏陈公祠	新塘镇新街村基街五巷街前	2010 年 3 月 22 日
157	华南卢公祠	新塘镇大敦村西道街	2010 年 3 月 22 日
158	忠信堂	新塘镇东街居委沙园街 115 号	2010 年 3 月 22 日
159	玄女古庙	新塘镇东洲村东洲大道 29 号	2010 年 3 月 22 日
160	宋奉训大夫湛公祠	新塘镇甘涌村甘涌小学内	2010 年 3 月 22 日
161	秀峰刘公祠	新塘镇塘美村一坊街	2010 年 3 月 22 日
162	乡贤副使陈公祠	新塘镇新墩村西大街 28 号	2010 年 3 月 22 日

（续上表）

序号	名称	地址	公布时间
163	黄氏宗祠	仙村镇潮山村田函村黄屋社	2010 年 3 月 22 日
164	葛仙祠	仙村镇第二居委仙村一路 75 号	2010 年 3 月 22 日
165	天后宫	仙村镇第二居委仙村一路葛仙祠南面	2010 年 3 月 22 日
166	孝廉列公墓	仙村镇基岗村基岗公园	2010 年 3 月 22 日
167	梦庚陈公祠	仙村镇基岗村基岗公园小学内	2010 年 3 月 22 日
168	中坊抗日碉堡	仙村镇蓝山村中坊村东门楼外高墩	2010 年 3 月 22 日
169	中兴楼	仙村镇蓝山村中坊村东面门楼南侧	2010 年 3 月 22 日
170	龙岭山抗日碉堡	仙村镇蓝山村中坊村西北面龙岭山（土名）顶	2010 年 3 月 22 日
171	子昂阮公祠	仙村镇蓝山村中坊村中坊街	2010 年 3 月 22 日
172	老虎岭史前遗址	仙村镇沙滘村荔新公路北侧老虎岭（土名）南坡脚	2010 年 3 月 22 日
173	沙头炮楼	仙村镇沙头村庙边东街	2010 年 3 月 22 日
174	沙头村张氏宗祠	仙村镇沙头村小学内	2010 年 3 月 22 日
175	道勤张公祠	仙村镇沙头村小学南面	2010 年 3 月 22 日
176	庸堂陈公祠	仙村镇上境村宝田社	2010 年 3 月 22 日
177	罗月陈公祠	仙村镇上境村宝田社中部街前	2010 年 3 月 22 日
178	忍菴陈公祠	仙村镇上境村官厅大街 31 号	2010 年 3 月 22 日
179	翟屋炮楼	仙村镇十字滘村翟屋社	2010 年 3 月 22 日
180	粤心何公祠	仙村镇西南村南方大街	2010 年 3 月 22 日
181	应忠何公祠	仙村镇西南村南方大街	2010 年 3 月 22 日
182	石泉家塾	仙村镇西南村南方大街	2010 年 3 月 22 日
183	象震何公祠	仙村镇西南村南方大街	2010 年 3 月 22 日
184	西园何公祠	仙村镇西南村南方大街	2010 年 3 月 22 日
185	汇潮门	仙村镇下基村东北面	2010 年 3 月 22 日
186	下基村陈氏宗祠	仙村镇下基村文善街 1 号	2010 年 3 月 22 日
187	私立文善小学旧址	仙村镇下基村下基小学内	2010 年 3 月 22 日
188	列大魁府第	仙村镇下境村塘面大街 102 号	2010 年 3 月 22 日
189	四帅古庙	仙村镇下境村塘面大街 24 号	2010 年 3 月 22 日
190	仙源列公祠	仙村镇下境村塘面大街 68 号	2010 年 3 月 22 日
191	列国光府第	仙村镇下境村塘面大街 69 号	2010 年 3 月 22 日
192	德俊列公祠	仙村镇下境村塘面大街 72 号	2010 年 3 月 22 日
193	梅结列公祠	仙村镇下境村塘面大街 87 号	2010 年 3 月 22 日
194	列氏大宗祠	仙村镇下境村下境小学内	2010 年 3 月 22 日
195	亲睦楼（炮楼）	仙村镇仙联村喊吓村西门楼西侧	2010 年 3 月 22 日
196	阮氏大宗祠	仙村镇竹园村东升社	2010 年 3 月 22 日

（续上表）

序号	名称	地址	公布时间
197	钟屏所夫妇合葬墓	永宁街道石马冚山西南面	2016 年 10 月 26 日
198	召棠家塾	宁西街道白水村碧水村秀园路 1 号	2010 年 3 月 22 日
199	显宗黄公祠	宁西街道白水村碧水村秀园一路 2 号	2010 年 3 月 22 日
200	刘母吴氏夫人墓	宁西街道九如村打鼓潭山西面山坡上	2010 年 3 月 22 日
201	打鼓潭山墓葬	宁西街道九如村打鼓潭山西坡	2010 年 3 月 22 日
202	晓波钟公祠	永宁街道陂头村陂头街六巷 2 号	2010 年 3 月 22 日
203	慕林钟公祠	永宁街道陂头村北面后排	2010 年 3 月 22 日
204	卢永昌夫妻合葬墓	永宁街道公安村钟屋后山南面山坡上	2010 年 3 月 22 日
205	刘袭峰夫妇合葬墓	宁西街道中元村南乡峒山坡上	2010 年 3 月 22 日
206	挺三李公祠	宁西街道路边村北部街前	2010 年 3 月 22 日
207	存业李公祠	宁西街道路边村中部街前	2010 年 3 月 22 日
208	路边村新厅	宁西街道路边村源远大街十四巷 1 号	2010 年 3 月 22 日
209	四景李公书室	宁西街道路边村源远大街 5 号	2010 年 3 月 22 日
210	子俊李公祠	宁西街道路边村南部街前	2010 年 3 月 22 日
211	乾佐楼	宁西街道路边村西南角后龙山脚下	2010 年 3 月 22 日
212	李海珠民宅	宁西街道路边村源远大街十二巷 1 号	2010 年 3 月 22 日
213	贞吉罗公祠	宁西街道百湖村田寮村村前路 62 号	2010 年 3 月 22 日
214	打水坑宋代砖窑遗址	宁西街道斯庄村打水坑鸡石（土名）南面山坡上	2010 年 3 月 22 日
215	吴应雷墓	永宁街道蒌元村银台岗南丘西南面山坡上	2010 年 3 月 22 日
216	银台岗湛氏家族墓	永宁街道蒌元村银台岗鱼撒网（土名）的山坡上	2010 年 3 月 22 日
217	银台岗吴氏家族墓	永宁街道蒌元村银台岗南面山坡	2010 年 3 月 22 日
218	白江右坊炮楼	石滩镇白江村右坊社	2010 年 3 月 22 日
219	仕全列公祠	石滩镇碧江村	2010 年 3 月 22 日
220	爱南家塾	石滩镇碧江村东北面	2010 年 3 月 22 日
221	仕德列公祠	石滩镇碧江村东北面	2010 年 3 月 22 日
222	爱兰徐公书室	石滩镇灯堂村	2010 年 3 月 22 日
223	思学书室	石滩镇顾屋村	2010 年 3 月 22 日
224	顾屋炮楼	石滩镇顾屋村	2010 年 3 月 22 日
225	佑初顾公祠	石滩镇顾屋村田心村街前	2010 年 3 月 22 日
226	顺庵顾公祠	石滩镇顾屋村新墟增江河畔	2010 年 3 月 22 日
227	姚氏大宗祠	石滩镇旧山吓村东部	2010 年 3 月 22 日
228	桥头石桥	石滩镇黎桥头村桥头村河涌上	2010 年 3 月 22 日
229	万祥杜公祠	石滩镇龙地村	2010 年 3 月 22 日
230	确斋公祠	石滩镇麻车村凼元社	2010 年 3 月 22 日

（续上表）

序号	名称	地址	公布时间
231	麻车粮食加工厂旧址	石滩镇麻车村卤元社	2010 年 3 月 22 日
232	松吕祠	石滩镇麻车村东面麻车小学旁	2010 年 3 月 22 日
233	尚书祠	石滩镇麻车村缸瓦山南面	2010 年 3 月 22 日
234	围岭史前遗址	石滩镇沙陇村广惠高速公路北面围岭	2010 年 3 月 22 日
235	南坣村何氏宗祠	石滩镇南坣村塘面村	2010 年 3 月 22 日
236	三益家塾	石滩镇桥头村水口村	2010 年 3 月 22 日
237	毓基书室	石滩镇桥头村水口村	2010 年 3 月 22 日
238	沙陇何仙姑庙	石滩镇沙陇村石新公路北面	2010 年 3 月 22 日
239	社学	石滩镇沙头村	2010 年 3 月 22 日
240	石头村何屋炮楼	石滩镇石头村何屋村门楼西侧	2010 年 3 月 22 日
241	何屋门楼	石滩镇石头村何屋村南村口	2010 年 3 月 22 日
242	长三四房刘公祠	石滩镇石厦村石厦小学旁	2010 年 3 月 22 日
243	天恩堂	石滩镇石厦村鸦山村	2010 年 3 月 22 日
244	张平公祠	石滩镇石厦村原石厦小学内	2010 年 3 月 22 日
245	塘口东区炮楼	石滩镇塘口村东区四巷	2010 年 3 月 22 日
246	瑞兴书室	石滩镇塘口村向北村东南面	2010 年 3 月 22 日
247	宾赐书室	石滩镇塘口村塘西路 4 号	2010 年 3 月 22 日
248	肖氏宗祠	石滩镇塘头村第四合作社	2010 年 3 月 22 日
249	塘头村正西炮楼	石滩镇塘头村第四合作社	2010 年 3 月 22 日
250	兰桂堂官厅	石滩镇田桥村旧村区街前	2010 年 3 月 22 日
251	田桥炮楼	石滩镇田桥村田桥村东北角	2010 年 3 月 22 日
252	田心炮楼	石滩镇田心村炮楼巷东	2010 年 3 月 22 日
253	竹兴姚公祠	石滩镇田心村炮楼巷东一横 1 号	2010 年 3 月 22 日
254	单氏宗祠	石滩镇土江村单屋片	2010 年 3 月 22 日
255	新山吓门楼	石滩镇新山吓村北面村口	2010 年 3 月 22 日
256	新山吓炮楼	石滩镇新山吓村旧村区北面	2010 年 3 月 22 日
257	元美炮楼	石滩镇元美村	2010 年 3 月 22 日
258	山角炮楼	石滩镇元洲村山角社	2010 年 3 月 22 日
259	兰堂单公祠	石滩镇元洲村水头社	2010 年 3 月 22 日
260	梅窗单公祠	石滩镇元洲村元洲小学内	2010 年 3 月 22 日

（续上表）

序号	名称	地址	公布时间
261	成章单公祠	石滩镇岳埔村单屋社	2010年3月22日
262	松轩单公祠	石滩镇岳埔村单屋一社	2010年3月22日
263	袁氏宗祠	石滩镇岳埔村塘面社街前	2010年3月22日
264	禄和袁公祠	石滩镇岳埔村塘面社街前	2010年3月22日
265	袁华照故居	石滩镇岳埔村塘面社街前	2010年3月22日
266	伯坚袁公祠	石滩镇岳埔村洲水村	2010年3月22日
267	朝庵袁公祠	石滩镇岳埔村洲水村西段街前	2010年3月22日
268	赖氏宗祠	石滩镇郑田村郑田村江景社	2010年3月22日
269	赖氏小宗祠	石滩镇郑田村郑田村江景社	2010年3月22日
270	照贤祖书房	石滩镇郑田村郑田村江景社	2010年3月22日
271	吴柏窗夫妇合葬墓	中新镇九和村水车（土名）	2016年10月26日
272	上棚村陈氏宗祠	中新镇安良村上棚村中部街前	2010年3月22日
273	昭武第	中新镇池岭村水口社	2010年3月22日
274	水口社大夫第	中新镇池岭村水口社	2010年3月22日
275	木勺岭碉堡	中新镇官塘村水背社木勺岭	2010年3月22日
276	汤氏宗祠	中新镇濠迳村濠迳村	2010年3月22日
277	毛志荣民宅	中新镇坑贝村街前路13号	2010年3月22日
278	毛先儒祠	中新镇坑贝村坑贝小学内	2010年3月22日
279	坑贝炮楼	中新镇坑贝村右后第五排	2010年3月22日
280	式谷毛公祠	中新镇坑贝村右五巷街前	2010年3月22日
281	坑贝官厅	中新镇坑贝村左侧第二列街前	2010年3月22日
282	坑贝书房	中新镇坑贝村左侧第一列街前	2010年3月22日
283	里汾炮楼	中新镇里汾村里汾村	2010年3月22日
284	莲塘炮楼	中新镇莲塘村旧村区东北面	2010年3月22日
285	洪圣宫	中新镇莲塘村莲塘村东北面主村道旁	2010年3月22日
286	莲塘村书房园林建筑	中新镇莲塘村东面	2010年3月22日
287	有兰毛公祠	中新镇莲塘村旧村区东面街前	2010年3月22日
288	莲塘村香火祠堂	中新镇莲塘村中心街前	2010年3月22日
289	毛兆麟民宅	中新镇莲塘村旧七巷第四排	2010年3月22日
290	毛氏大宗祠	中新镇莲塘村莲塘小学内	2010年3月22日

（续上表）

序号	名称	地址	公布时间
291	砭愚毛公祠	中新镇莲塘村西部街前	2010年3月22日
292	莲塘西门楼	中新镇莲塘村西面村口	2010年3月22日
293	郑中钧故居	中新镇联安村郑新村	2010年3月22日
294	西河桥	中新镇三星村西河村	2010年3月22日
295	湛杰之墓	中新镇三星村西河村大汾岭南面山坡上	2010年3月22日
296	田美炮楼	中新镇田美村田美村的后部中段	2010年3月22日
297	田美官厅	中新镇田美村田美村向北片街前西端	2010年3月22日
298	田美西门楼	中新镇田美村街前西端	2010年3月22日
299	洪圣庙	中新镇乌石村大公街	2010年3月22日
300	渭徵公祠	中新镇乌石村大公街	2010年3月22日
301	诒谋堂	中新镇乌石村头山街	2010年3月22日
302	垂昆公祠	中新镇乌石村乌石小学内	2010年3月22日
303	汝楫祖祠	中新镇乌石村乌石小学内	2010年3月22日
304	乌石书房	中新镇乌石村竹基街	2010年3月22日
305	二云赵公祠	中新镇五联村高车村	2010年3月22日
306	云石赵公祠	中新镇五联村高车村	2010年3月22日
307	高车村香火祠堂	中新镇五联村高车村南部街前	2010年3月22日
308	雅瑶李氏安人墓	中新镇五联村李府山西南面坡上	2010年3月22日
309	赵屋十二角炮楼	中新镇五联村赵屋村	2010年3月22日
310	吴槐台夫妇合葬墓	中新镇霞迳村盘龙山西面坡上	2010年3月22日
311	程氏宗祠	中新镇霞迳村上围村	2010年3月22日
312	组康程公祠	中新镇霞迳村下围村	2010年3月22日
313	钟岭村陈氏宗祠	中新镇钟岭村新屋村	2010年3月22日
314	钟岭村新屋炮楼	中新镇钟岭村新屋村	2010年3月22日
315	抗战时期增城县国民党临时政府旧址	派潭镇背阴村范屋社东侧	2010年3月22日
316	车洞水车作坊群	派潭镇车洞村湖下社	2010年3月22日
317	东埔古井	派潭镇大埔村东埔社旧村场	2010年3月22日
318	石屋北门楼	派潭镇邓村石屋村旧村区北面	2010年3月22日
319	石屋炮楼	派潭镇邓村石屋村旧村区二巷	2010年3月22日
320	武威祠堂	派潭镇邓村石屋村旧村区街前	2010年3月22日

（续上表）

序号	名称	地址	公布时间
321	石焕新民宅	派潭镇邓村石屋村旧村区一横巷	2010年3月22日
322	邓路吓村炮楼	派潭镇邓路吓村三队	2010年3月22日
323	培青叶公祠	派潭镇邓路吓村叶迳贝村旧村区	2010年3月22日
324	观音堂	派潭镇高滩村上塘村中心街前	2010年3月22日
325	旧高埔村张氏宗祠	派潭镇旧高埔村南队社	2010年3月22日
326	刘家炮楼	派潭镇刘家村温屋合作社	2010年3月22日
327	十七烈士墓园	派潭镇派潭村中兴岭西坡	2010年3月22日
328	广东人民解放军江北支队三团交通联络站遗址	派潭镇七境村灵山圩	2010年3月22日
329	曰园	派潭镇新高埔村东兴坊会场侧	2010年3月22日
330	新高埔石桥群	派潭镇新高埔村东兴坊村内河上	2010年3月22日
331	新高埔门楼	派潭镇新高埔村东兴坊村前中心	2010年3月22日
332	花厅	派潭镇新高埔村东兴坊大街二巷5号	2010年3月22日
333	朴斋张公祠	派潭镇新高埔村东兴坊高南社	2010年3月22日
334	务本堂	派潭镇新高埔村东兴坊门楼后	2010年3月22日
335	燕誉楼	派潭镇新高埔村东兴坊西北面	2010年3月22日
336	张汉沾书室	派潭镇新高埔村东兴坊原别墅区内	2010年3月22日
337	梅菴张公祠	派潭镇新高埔村东兴坊中部街前	2010年3月22日
338	柑田村朱氏宗祠	派潭镇新高埔村朱柑田村	2010年3月22日
339	八角风车子母炮楼	派潭镇新高埔村朱柑田村	2010年3月22日
340	关帝庙	派潭镇玉枕村下围村	2010年3月22日
341	下围文塔	派潭镇玉枕村下围村	2010年3月22日
342	派潭上大桥	派潭镇派潭居委派潭河上段河面上	2010年3月22日
343	庠彦慎余公祠	派潭镇新高埔村东兴坊左侧	2010年3月22日
344	老虎石顶抗日战场指挥所旧址	正果镇白面石村老虎石山顶	2010年3月22日
345	到蔚石桥	正果镇到蔚村东南面绕村河涌上	2010年3月22日
346	怡祥桥	正果镇东汾村向阳社东汾河上	2010年3月22日
347	佛爷故居	正果镇番丰村老屋村	2010年3月22日
348	麦永业墓	正果镇番丰村狮子山东南面山坡上	2010年3月22日
349	圭湖村陈氏宗祠	正果镇圭湖村吓头村	2010年3月22日

（续上表）

序号	名称	地址	公布时间
350	吴吉甫墓	正果镇何屋村后山顶	2010年3月22日
351	何石均民宅	正果镇何屋村新围香火堂左侧	2010年3月22日
352	新围村香火祠堂	正果镇何屋村新围村西南面	2010年3月22日
353	仙姑祠	正果镇何屋村新围村增江河畔	2010年3月22日
354	邓氏宗祠	正果镇花园村戴岭村	2010年3月22日
355	宝华庄	正果镇浪拔村沛记村	2010年3月22日
356	吴善庄墓	正果镇麻屲村马料村茶园岭东南坡	2010年3月22日
357	定溪书室	正果镇麦村绵湖村	2010年3月22日
358	玻璃潭摩崖石刻	正果镇畲族村符竹洞玻璃潭	2010年3月22日
359	南州家塾	正果镇岳村村横排岭村村前中间	2010年3月22日
360	横排岭东门楼	正果镇岳村村横排岭村东侧	2010年3月22日
361	瑞堂家塾	正果镇岳村村旧刘村右侧	2010年3月22日
362	旧刘村大夫第	正果镇岳村村旧刘村左侧	2010年3月22日
363	钟氏门楼	正果镇岳村铁路汾村	2010年3月22日
364	钟氏宗祠	正果镇岳村铁路汾村	2010年3月22日
365	东山义学	正果镇正果洋村均安村	2010年3月22日
366	述志亭	正果镇正果洋村正果坳顶	2010年3月22日
367	势凌霄汉（文塔）	小楼镇东境村绕村河畔	2010年3月22日
368	韩村官厅	小楼镇二龙村韩村村	2010年3月22日
369	曾氏宗祠	小楼镇二龙村韩村村	2010年3月22日
370	关氏祠堂	小楼镇黄村关村村南部街前	2010年3月22日
371	司马第	小楼镇江坳村田心村	2010年3月22日
372	赖太一墓	小楼镇九益村坪埔村虾公窿	2010年3月22日
373	朝阳门	小楼镇腊圃村	2010年3月22日
374	春湖赖公祠	小楼镇腊圃村	2010年3月22日
375	赖春湖墓	小楼镇腊圃村大畉田头	2010年3月22日
376	细女坟	小楼镇腊圃村招贤山	2010年3月22日
377	西境门楼	小楼镇西境村村前	2010年3月22日
378	大楼村祠堂	小楼镇小楼村大楼村中部街前	2010年3月22日
379	潭村官厅	小楼镇正隆村潭村村村前	2010年3月22日

（续上表）

序号	名称	地址	公布时间
380	潭村厅厦	小楼镇正隆村潭村村村前	2010 年 3 月 22 日
381	珍儒别墅（炮楼）	小楼镇竹坑村和三村	2010 年 3 月 22 日
382	下塘客家小围屋	小楼镇竹坑村下塘村	2010 年 3 月 22 日
383	竹坑八角炮楼	小楼镇竹坑村竹坑村	2010 年 3 月 22 日
384	东境周氏祠堂	小楼镇东境村街前	2010 年 3 月 22 日
385	宣义曾公夫妇合葬墓	小楼镇二龙村猪笠冚山（土名）	2016 年 10 月 26 日
386	玄佑曾公墓	小楼镇二龙村耙齿岭西面山坡上	2016 年 10 月 26 日
387	李天棐墓	宁西街道南香山森林公园内	2021 年 2 月 9 日
388	中国共产党增城县委员会暨增（城）番（禺）工作委员会办事旧址	新塘镇坭紫村西北北乐街 23 号	2021 年 2 月 9 日
389	凌云楼	中新镇钟岭村新屋村	2010 年 3 月 22 日
390	水上餐厅碉堡	中新镇官塘村 S118 公路旁水上餐厅内	2010 年 3 月 22 日
391	王屋楼	荔城街道夏街村夏西二巷 4 号	2005 年 9 月 22 日
392	石王庙	荔城街道夏街村夏街路 91 号	2002 年 9 月 1 日
393	陈宗南故居	增江街道四丰村白石岭村白石社 5 号	2002 年 9 月 1 日

索 引

A

B

C

D

F

G

H

J

K

L

M

N

O

P

Q

R

S

T

W

X

Y

Z

后　记

2006年国务院颁布实施的《地方志工作条例》规定，地方志书每20年左右编修一次。文物志是地方志书的重要组成部分。广州文物志先后于1990年、1999年、2000年出版过三版。2000年版距今已超20年，其收录的资料截止日期为1998年12月31日。因此，编修新一版《广州文物志》，显得十分迫切。2022年底，中共广州市委宣传部将编修《广州文物志》工作提上日程。按照统一部署，广州市文化广电旅游局（广州市文物局）于2023年初正式启动新编《广州文物志》工作。

考虑到20多年广州文物博物馆事业发展迅速，取得历史性、开创性成就，编修工作领导小组确定，本版《广州文物志》分不可移动文物卷、可移动文物卷、文博事业卷三卷，分别编修，这是与此前各版《广州文物志》显著的一个不同。

不可移动文物卷（以下简称“本卷”）是在《广州市文物志》（1990年版）、《广州市志·卷十六·文物志》（1999年版）、《广州文物志》（2000年版）的基础上，充分吸收广州历次文物普查及近年开展的各类文物考古专项工作成果而编成。

本卷与前版《广州文物志》相比，变化较大：一是条目大幅增加，相较于《广州文物志》（2000年版），不可移动文物条目由323个增加到914个；二是收录对象更加全面，涵盖全市各级不可移动文物833处（其中全国重点文物保护单位33处、广东省文物保护单位61处、广州市文物保护单位361处、区级文物保护单位378处）及未列入文物保护单位的重要考古遗址、墓葬81处；三是按照最新《中华人民共和国文物保护法》要求进行分类编排，即古文化遗址、古墓葬、古建筑、石窟寺及古石刻、近现代重要史迹和代表性建筑等五个类型；四是对条目配图，增强阅读的直观性、美观度；五是对于包含多个文物单体的文物保护单位，则列明文物本体清单。此外，还将全市一般不可移动文物（2983处）分区列表于后，以方便读者查阅。

编修工作自始至终得到各级领导同志的关心和支持。中共广州市委常委、宣传部部长杜新山同志多次主持召开专题会议，推动编修工作。中共广州市委宣传部副部长、市新闻出版局（市版权局）局长陈晓丹，市文化广电旅游局党组书记、局长刘瑜梅，市文化广电旅游局副局长、市文物局局长刘晓明，市文化广电旅游局原二级巡视员欧彩群等领导同志协调解决有关问题。市文化广电旅游局文物保护与考古处处长郑小炉、博物馆处处长梁迅等同志密切关注编修工作进展，并给予指导。各区文物行政部门、市属文博单位则积极参与条目撰稿或提供图文资料，给予鼎力协助。黎显衡、陈泽泓、曹劲、全洪、朱海仁等专家对本卷书稿提出了宝贵的修改意见和建议。对各位领导、专家的悉心指导和有关单位的大力支持，我们在此表示衷心感谢！

文物志编修是一项功在当代、利在千秋的文化传承事业。本版广州文物志编修，不是平地建高楼，不是另起炉灶，而是在前三版广州文物志的基础上加以补充和完善，换言之，我们是站在前辈们的肩膀上继续前行，努力做得更好。在此，我们要深切缅怀为广州文博事业、广州文物志编修工作做出重要贡献的麦英豪、苏乾等已经仙逝的老一辈文博工作者，也要向黎金、黎显衡、何民本、邓炳权、陈登贵、陈玉环、黄森章等依然关心、支持广州文博事业的前辈们致以崇高敬意！他们在广州文博领域的“风餐露宿”和“青灯黄卷”为我们今天的工作打下了坚实的基础。

本卷是集体劳动的成果。易西兵统筹，朱明敏具体负责。以广州市文物考古研究院的专业人员为主，各区文博机构的业务骨干参与，组成了近40人的编纂团队。大家齐心协力完成条目撰写，对文稿反复修改、加以润色，并精心准备照片。张嘉颖承担了前期条目搜集整理任务，李雨珈全程参与文稿编辑、校对和查找图片等工作。易西兵、朱明敏审读和统一全稿。

地方志书编修要求很高，文物志的编修也是如此。囿于学识水平，本卷难免存在不足，祈请方家批评指正。

《广州文物志·不可移动文物卷》编纂团队

二〇二五年五月